KFA – Die Konfigurationsfrequenzanalyse

Alexander von Eye · Wolfgang Wiedermann

KFA – Die Konfigurations-
frequenzanalyse

Alexander von Eye
Department of Psychology
Michigan State University
East Lansing, MI, USA

Wolfgang Wiedermann
Department of Educational, School &
Counseling Psychology, University of Missouri
Columbia, MO, USA

ISBN 978-3-662-63674-9   ISBN 978-3-662-63675-6   (eBook)
https://doi.org/10.1007/978-3-662-63675-6

Die Deutsche Nationalbibliothek verzeichnet diese Publikation in der Deutschen Nationalbibliografie; detaillierte
bibliografische Daten sind im Internet über http://dnb.d-nb.de abrufbar.

Planung/Lektorat: Joachim Coch, Judith Danziger
Springer ist ein Imprint der eingetragenen Gesellschaft Springer-Verlag GmbH, DE und ist ein Teil von
Springer Nature.
Die Anschrift der Gesellschaft ist: Heidelberger Platz 3, 14197 Berlin, Germany

Vorwort

Die Konfigurationsfrequenzanalyse (KFA) wurde 1968 von Lienert als Methode vorgeschlagen, mit der untersucht werden kann, in welchen Zellen einer Kreuzklassifikation
Abweichungen hervortreten, die der Annahme der Variablenunabhängigkeit widersprechen. Im Laufe der Entwicklung der KFA wurde eine große Zahl weiterer Hypothesen spezifiziert, die mit dieser Methode untersucht werden können. Die meisten dieser
Hypothesen sind im Kontext von log-linearen Modellen darstellbar, aber keineswegs alle.

Wird für eine Zelle der untersuchten Kreuzklassifikation die zu prüfende Hypothese
verworfen, weil mehr Fälle aufgetreten sind als unter dieser Hypothese zu erwarten
war, dann konstituiert diese Zelle einen *KFA Typ*. Wird die Hypothese verworfen,
weil weniger Fälle aufgetreten sind als unter der Hypothese zu erwarten war, dann
konstituiert diese Zelle einen *KFA Antityp*. Die Interpretation der KFA Typen und Antitypen basiert auf einer Reihe von Informationsquellen, von denen das Modell, das die zu
prüfenden Hypothesen repräsentiert, die wichtigste ist.

Die Hypothesen, die mit der KFA prüfbar sind, sind oft analog zu den Hypothesen,
die mit anderen Methoden der angewandten Statistik geprüft werden können. Im Unterschied zu Standardmethoden der angewandten Statistik werden mit der KFA aber nicht
Beziehungen zwischen Variablen untersucht. Es werden lokale Abweichungen gesucht,
die Hypothesen über solche Beziehungen widersprechen. Die Modelle, die zu diesem
Zweck spezifiziert werden, es handelt sich um die *Basismodelle* der KFA,sind so aufgebaut, dass nur eine Möglichkeit bleibt, den Hypothesen zu widersprechen. Diese
Möglichkeit besteht in der Existenz der Effekte, die in einer Untersuchung hypostasiert
werden.

Die Ergebnisse der KFA werden interpretiert, indem die Profile der Analyseeinheiten
(Personen, Verhaltensweisen) in den Zellen, die den untersuchten Hypothesen widersprechen, im Hinblick auf diese Hypothesen beschrieben werden. Damit ist die KFA
eine Methode für die *personen-orientierte Forschung*. Die KFA kann allein aber auch in
Tandem mit Methoden der *variablen-orientierten Forschung* eingesetzt werden.

In diesem Band werden die Methoden der KFA umfassend dargestellt. Die Beginne
der KFA und ihr Bezug zur Chi-Quadrat Analyse werden ebenso beschrieben wie die
Entwicklungen, die auf log-linearen Modellen basieren. Dies geht von simplen Modellen

der Variablenunabhängigkeit bis hin zu komplexen Modellen, die bei der Prüfung von Hypothesen der Kausalität untersucht werden. Für jedes Modell und für jede Fragestellung, die mit der KFA untersucht werden können, werden empirische Datenbeispiele präsentiert. Neue Ergebnisse werden durch Monte-Carlo Simulationen untermauert, und neue Modelle werden entwickelt und vorgestellt.

Die Leserschaft, die mit diesem Buch angesteuert wird, benötigt nur wenig mehr Hintergrundwissen in der angewandten Statistik als in einführenden Kursen und in Kursen über log-lineare Modelle vermittelt wird. Aber auch Leserinnen und Leser ohne diese Kenntnisse können von diesem Buch profitieren, weil alle nötigen technischen Elemente eigens eingeführt und erklärt werden. Die Anwendung der KFA wird dadurch erleichtert, dass Computerprogramme vorgestellt und in Beispielen angewendet werden.

Insgesamt stellt sich die KFA als statistische Methode dar, mit der für kategoriale Daten wichtige und interessante Fragen bearbeitet werden können, die im Kontext der Anwendung von Routinemethoden der Statistik nicht zugänglich sind.

Unser Dank gilt Herrn Coch vom Verlag Springer. Er war ein ungewöhnlich angenehmer, kenntnisreicher und konstruktiver Partner bei der Planung und Realisierung dieses Buchs!

Alexander von Eye dankt Donata, Maxine, Valerie und Julian für ihre Unterstützung, die es ermöglicht hat, dass dieses Buch während der ersten und der zweiten Europäischen Welle der Corona Pandemie geschrieben wurde. Much appreciated! Wolfgang Wiedermann dankt Anna und Linus für die Geduld und Unterstützung, die die Arbeit an diesem Buch möglich gemacht haben.

Montpellier   Alexander von Eye
Columbia, MO   Wolfgang Wiedermann
Dezember 2020

Inhaltsverzeichnis

Fragen, die mit der KFA beantwortet werden können

Die Methoden der Datenanalyse, die in den empirischen Wissenschaften Anwendung finden, dienen zum großen Teil der Analyse von Variablenbeziehungen. Man fragt z. B., ob mehr Training zu besseren sportlichen Leistungen führt, ob eine höhere Medikamentendosis der Heilung förderlich ist, oder ob Personen, die mehr Alkohol trinken, eine höhere Wahrscheinlichkeit haben, an einer Leberzirrhose zu erkranken. In der Analyse kategorialer Daten fragt man, analog, nach dem Zusammenhang zwischen Variablen.

So wurde zum Beispiel am 10. März 2020 von der französischen Regierung (Santé Public, 2020) eine Tabelle veröffentlicht, deren Zeilen durch vier Altersgruppen definiert waren (jünger als 18 Jahre, 18–64 Jahre, 65–74 Jahre, älter als 74 Jahre). Die drei Spalten dieser Tabelle sind durch drei Kategorien definiert, die den Status von Patienten nach Covid-19 Infektion betreffen (diagnostizierter Fall, Patient in der Intensivstation, Patient verstorben). Die Kreuzklassifikation der beiden Variablen Alter und Covid-19 Status ist in Tab. 1.1 wiedergegeben.

Hier analysieren wir diese Daten auf zwei Weisen. Erstens stellen wir sie graphisch dar. Zweitens führen wir eine Routine-X^2-Analyse (Chi-Quadrat) durch. Mit der Chi-Quadrat-Analyse fragen wir, ob ein Zusammenhang zwischen Alter und Status nach einer Infektion existiert.

In der graphischen Analyse tragen wir das Alter der Betroffenen auf der X-Achse ab, und die Fallzahlen auf der Y-Achse. Die Fallzahl-Kurven in Abb. 1.1 sind in der Graphik getrennt für die drei Kategorien der Variablen Covid-19 Status dargestellt (die Glättung erfolgte mit spline Funktionen).

© Der/die Autor(en), exklusiv lizenziert durch Springer-Verlag GmbH, DE, ein Teil von Springer Nature 2021
A. von Eye und W. Wiedermann, *KFA – Die Konfigurationsfrequenzanalyse*,
https://doi.org/10.1007/978-3-662-63675-6_1

Tab. 1.1 Alter und Covid-19 Status (beobachtete Zellhäufigkeiten)

Altersgruppe	Covid-19 Status		
	Diagnostiziert	Intensivstation	Verstorben
<18	87	3	0
18–64	1111	36	6
65–74	272	39	5
>74	349	30	33

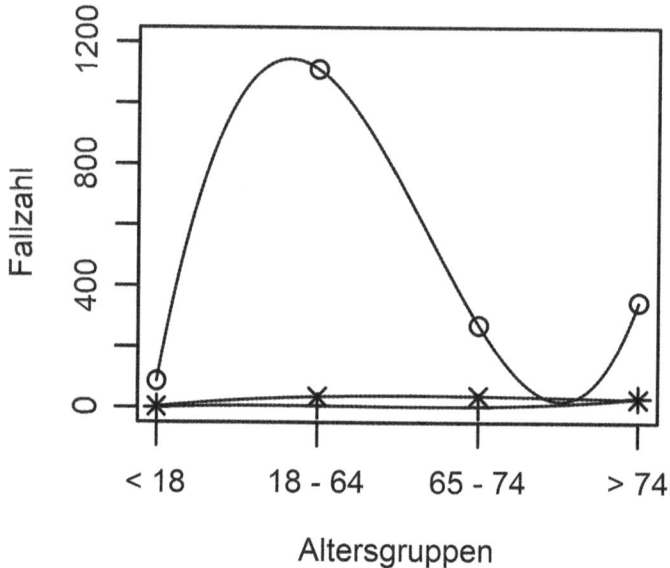

Abb. 1.1 Verlaufskurven von Covid-19 Statuskategorien über das Lebensalter von Patienten (spline-Interpolation); o indiziert diagnostizierte Fälle, × indiziert Patienten in Intensivstationen, + indiziert verstorbene Patienten

Die Abbildung zeigt:

1. die Zahl der Diagnostizierten variiert massiv mit dem Alter; diese Variation zeigt keinen linearen Verlauf;
2. die Zahl der Patienten in Intensivstationen steigt bis zum mittleren Erwachsenenalter und sinkt dann wieder;
3. die Zahl der Verstorbenen bleibt bis zum mittleren Erwachsenenalter gering und steigt erst dann sichtbar an; und

4. die drei Kategorien der Covid-19 Variable werden von diagnostiziert über Intensivstation zu verstorben immer seltener beobachtet;
5. dies gilt für alle Altersgruppen bis auf die höchste;
6. ein klarer Zusammenhang, der die Beziehungen zwischen den drei Kurven beschreibt, ist nicht erkennbar.

Die graphische Analyse gibt durchaus einen interpretierbaren Eindruck der Datentabelle 1.1, ohne dass allerdings Aussagen über den Zusammenhang zwischen Alter und Patientenstatus offenbar werden. Dies gilt ebenso für die Chi-Quadrat-Analyse. Tab. 1.2 zeigt die erwarteten Zellhäufigkeiten für diese Analyse.

Der Pearson Chi-Quadrat-Wert für Tab. 1.1 und 1.2 ist 109.17. Für 6 Freiheitsgrade ist dieser Wert statistisch signifikant ($p < 0.001$). Es kann daher geschlossen werden, dass ein Zusammenhang zwischen Alter und Covid-19 Status vorliegt. Es ist jedoch unklar, welche Art des Zusammenhangs vorliegt und wie dieser beschrieben werden kann.

Hier setzt die Konfigurationsfrequenzanalyse (KFA) ein. Mithilfe dieser Methode kann man die spezifischen Merkmale eines Zusammenhangs identifizieren und inferenzstatistisch testen. Dies geschieht durch Inspektion der einzelnen Zellen einer Kreuzklassifikation wie der in Tab. 1.1. Man fragt bei dieser Inspektion, welche der Zellen bestimmten, vorher spezifizierten Erwartungen statistisch widersprechen. Die Merkmalsprofile der Fälle in diesen Zellen werden dann unter Bezug auf die Theorie interpretiert, auf deren Basis die Erwartungshäufigkeiten geschätzt wurden.

Details zur Methode der KFA werden in den folgenden Kapiteln ausgeführt (in denen auch dieses Datenbeispiel detailliert ausgearbeitet wird). Im folgenden Abschnitt widmen wir uns zunächst einer Liste von Beispielfragen, die mit der KFA behandelt werden können. Eine Einführung in die Elemente der KFA folgt gleich im Anschluss daran, in Kap. 2.

Beispielfragen, die mit der KFA beantwortet werden können
In diesem Abschnitt folgen wir weitgehend von Eye (2002) und von Eye et al. (2010), und illustrieren anhand von Beispielfragen, welche Analysen mit der KFA möglich sind. Die folgende Liste an Fragen ist weder exhaustiv noch folgt sie einer systematischen Ordnung (obwohl die einfacheren Fragen eher am Anfang der Liste stehen und die

Tab. 1.2 Alter und Covid-19 Status (für Chi-Quadrat erwartete Zellhäufigkeiten)

Altersgruppe	Covid-19 Status		
	Diagnostiziert	Intensivstation	Verstorben
<18	83.483	4.498	2.019
18–64	1,069.509	57.621	25.870
65–74	283.842	15.292	6.866
>74	382.166	20.589	9.244

komplexeren eher später kommen). Das Ziel dieses Abschnitts ist es, die Leserinnen und Leser näher an die Denkweise heranzuführen, die die KFA mit sich bringt. Diese Denkweise ist ebenso ungewöhnlich wie fruchtbar, wenn man routinemäßig in Termini von Variablenbeziehungen denkt. In der Diskussion einiger der Fragen werden bereits Hinweise auf technische Aspekte der KFA gegeben. Kap. 2 präsentiert diese Aspekte im Zusammenhang und im Detail. Die Diskussion der Fragen ist auch eine Vorschau auf die Kapitel dieses Buchs. Auf gehts!

1. *Unterscheiden sich die beobachteten von den erwarteten Zellhäufigkeiten einer Kreuztabelle?* Dies ist die fundamentale Frage, die in jeder KFA gestellt wird. In der exploratorischen KFA wird jede einzelne Zelle inspiziert und im Hinblick auf diese Frage untersucht. In der konfirmatorischen KFA wird eine vorher spezifizierte Auswahl an Zellen betrachtet. Zweifelsohne ist es interessant und wichtig, Zellhäufigkeiten so zu betrachten, wie sie berichtet werden, und allein die beobachten Häufigkeiten zu interpretieren. Dies geschah zum Beispiel im März 2020, als in den Medien Rohhäufigkeiten von Covid-19 Patientinnen und Patienten im Ländervergleich diskutiert wurden. Dabei wurde unter anderem gefragt, wie lange es dauert, bis die Fallzahl sich verdoppelt. Ein solcher Vergleich ist interessant und wichtig, speziell dann, wenn Länder sich in den Strategien unterscheiden, mit denen sie dem Virus begegnen. Erwartungswerte sind in diesen Bemühungen nicht verfügbar. Man kann allerdings solche Werte erzeugen, wenn man zusätzliche Information hinzuzieht. Man kann z. B. fragen, ob die Zahl der Fälle proportional zur Bevölkerungsgröße eines Landes ist, oder ob die Änderung dieser Zahl von der Verteidigungsstrategie abhängt, die ein Staat einschlägt. Mit der KFA kann dann die Frage beantwortet werden, ob sich die beobachteten von den auf diese Weise erwarteten Häufigkeiten statistisch unterscheiden. Findet man in einer Zelle der Kreuztabelle signifikant mehr Fälle als erwartet, dann konstituiert diese Zelle einen *KFA Typ.* Findet man weniger Fälle als erwartet, dann konstituiert diese Zelle einen *KFA Antityp.* Details zur Definition und Aufdeckung von KFA Typen und Antitypen folgen in Kap. 2.

2. *Unterscheiden sich zwei oder mehr Gruppen in ihren Zellhäufigkeiten?* Diese Frage ist z. B. von Bedeutung, wenn Geschlechtergruppen miteinander verglichen werden, wenn Altersgruppen komparativ im Hinblick auf Entwicklungsmerkmale beschrieben werden, oder wenn die Effekte von Therapiemethoden verglichen werden. Zur Beantwortung dieser und ähnlicher Fragen wurde die Mehr-Gruppen-KFA entwickelt. Die Erwartungshäufigkeiten für diese Variante der KFA werden so geschätzt, dass potentielle Größenunterschiede der zugrunde liegenden Populationen ins Kalkül einbezogen werden. Zusätzlich werden die Beziehungen berücksichtigt, die zwischen den interessierenden Variablen, den *Diskriminationsvariablen,* existieren können. Gleichzeitig reflektieren die geschätzten Erwartungshäufigkeiten aber die Annahme, dass *keine* Unterschiede zwischen den Vergleichsgruppen vorliegen. Findet man mit der KFA nun statistisch bedeutsame Unterschiede zwischen

den beobachteten und den erwarteten Häufigkeiten, dann weisen diese auf Unterschiede zwischen den Vergleichsgruppen hin. Man spricht in solchen Fällen von *KFA-Diskriminationstypen*. Methoden der Zwei- und der Mehr-Gruppen-KFA werden in Abschn. 3.2.4 vorgestellt und in Beispielen angewendet.

3. *Finden über die Zeit hinweg disproportionale Änderungen statt?* Dies ist eine Frage, die die KFA von längsschnittlichen Daten betrifft. Temporale Änderungen können sich in allen Eigenschaften von Kreuzklassifikationen widerspiegeln. Es kann schlichte Zuwächse in bestimmten Konfigurationen geben, Individuen können von einem Profil zum anderen überwechseln, die Vorhersagbarkeit von Verhalten kann sich ändern, oder Entwicklungstrends können sich über Personengruppen hinweg unterscheiden. Die vielfältigen Methoden der längsschnittlichen KFA (siehe Kap. 4) sind geeignet, diese und viele weitere Fragen zu beantworten, die an längsschnittliche Daten gestellt werden können. In jedem dieser Fälle werden die Erwartungshäufigkeiten so geschätzt, dass die interessierenden Effekte nicht Bestandteil des Schätzmodells sind, alle anderen Effekte aber wohl. Ergeben sich dann Typen oder Antitypen, dann müssen die interessierenden Effekte zumindest in Teilen des Datenraums existieren.

4. *Sind Muster der Konstanz oder Änderung gruppenspezifisch?* Die Beantwortung dieser Frage erfordert ebenfalls längsschnittliche Daten. Sie ist daher ein Spezialfall der Fragen, die unter 2 und 3 gestellt worden war. Die Erwartungswerte werden hier so geschätzt, dass alle möglichen Effekte ins Kalkül einbezogen werden, nur die Effekte nicht, die Unterschiede zwischen den Vergleichsgruppen modellieren würden. Ergeben sich unter einem solchen Modell Typen oder Antitypen, dann müssen die Vergleichsgruppen sich zumindest in Teilen des Datenraums, d. h. gelegentlich, unterscheiden.

5. *Stehen Prädiktoren in einer Beziehung zu Kriteriumsvariablen?* Nach den bisherigen Ausführungen, in denen die KFA im Kontrast zu Methoden dargestellt wurde, die Beziehungen zwischen Variablen anvisieren, mag diese Frage überraschend scheinen. Man kann jedoch anhand gerade dieser Frage den Unterschied der KFA zu solchen Methoden gut illustrieren. Die Methoden, die Variablenbeziehungen anvisieren, drücken solche Beziehungen oft in Form eines Koeffizienten aus, z. B. Regressions- oder Korrelationskoeffizienten. Es wird dann angenommen, dass die damit pauschal ausgedrückte Beziehung über den gesamten zulässigen Wertebereich Gültigkeit hat. In der KFA wird diese Annahme nicht getroffen. Im Gegenteil, es wird angenommen, dass Beziehungen zwischen Variablen durchaus nur in Teilbereichen des Datenraums auftreten mögen. Ein klassisches Beispiel dafür ist das Weber-Fechnersche Gesetz der Psychophysik (Weber, 1834). Dieses Gesetz besagt, dass ein linearer Anstieg der empfundenen Stärke von Wahrnehmungen dem Logarithmus des Anstiegs der objektiven Intensität des Reizes entspricht. Anders formuliert besagt dieses Gesetz, dass zwischen empfundenen und objektiven Veränderungen physikalischer Reize eine spezielle Proportionalitätsbeziehung existiert. Nun ist es aber so, dass bestimmte Änderungen

gar nicht wahrgenommen werden können. Gewichte können so leicht sein, dass etwa eine Verdoppelung nicht erkannt wird, oder sie können so schwer sein, dass ein Mensch sie nicht heben kann. Macht man sie dann noch schwerer, kann diese Veränderung nicht wahrgenommen werden. Dies gilt analog für Lautstärken oder Helligkeiten. Das Weber-Fechnersche Gesetz der Psychophysik gilt damit nur für einen bestimmten, mittleren Bereich solcher Reizskalen. Diese und sogar noch enger angelegte Variablenbeziehungen können mit der KFA identifiziert werden. Die Erwartungshäufigkeiten zur Entdeckung solcher partiellen Variablenbeziehungen werden so geschätzt, dass das Modell postuliert, dass eine Variablenbeziehung über den gesamten Messbereich hinweg unverändert ist. Ergeben sich unter einem solchen Modell Typen oder Antitypen, dann müssen die Variablenbeziehungen bereichsspezifisch sein. Modelle der Prädiktions-KFA werden in Abschn. 3.2.2 vorgestellt und illustriert.

6. *Ist Urteilerübereinstimmung bereichsspezifisch?* Dies ist ein Spezialfall der Frage, die unter 5 gestellt wurde. Koeffizienten der Urteilerübereinstimmung (Cohen, 1960; siehe auch von Eye & Mun, 2005; von Eye & von Eye, 2005, 2008) drücken das Ausmaß der Übereinstimmung zwischen zwei oder mehr Urteilern in einem Durchschnittswert aus, der für die gesamte Kreuzklassifikation der Urteile gilt. Mit der KFA kann nun herausgefunden werden, ob in bestimmten Sektoren der Kreuzklassifikation die Übereinstimmung besonders stark oder besonders schwach ist. Die Erwartungshäufigkeiten für eine solche KFA werden dabei z. B. unter der Annahme geschätzt, dass die Urteiler ihre Urteile unabhängig voneinander abgeben. Typen in der Hauptdiagonalen der Kreuzklassifikation zeigen dann, für welche Urteilskategorien die Übereinstimmung überzufällig groß ist. Antitypen in der Hauptdiagonalen zeigen, für welche Urteilskategorien es wider Erwarten an Übereinstimmung mangelt. Typen und Antitypen außerhalb der Diagonalen der Kreuzklassifikation haben analoge Interpretationen. Modelle der KFA für Urteilerübereinstimmung werden in Abschn. 7.4 vorgestellt und angewendet.

7. *Was passiert mit strukturellen Nullen?* Strukturelle Nullen treten in Zellen auf, die aus technischen, ethischen oder logischen Gründen nicht besetzt sein können. In empirischen Untersuchungen ist es häufig der Fall, dass Zellen der Kreuzklassifikation leer sind. Der Hauptgrund dafür ist, dass schlicht kein Fall gefunden wurde, der in dieser Zelle sein könnte, obwohl solche Fälle nicht ausgeschlossen sind. Solche Nullen nennt man *empirische Nullen.* Im Unterschied dazu gibt es aber Zellen, die gar nicht besetzt sein können. Ein Beispiel wäre eine Person, für die die Zahl der Tage bestimmt werden soll, die sie in Deutschland in Quarantäne verbracht hat, obwohl sie in der Beobachtungsperiode in Missouri in Urlaub war. Diese Zahl muss null sein. Es handelt sich um eine *strukturelle Null.* Für die KFA ist es nun besonders wichtig, dass die Erwartungshäufigkeiten in Zellen mit strukturellen Nullen ebenfalls null sind, weil sonst die Zahl der Fälle, die für die anderen Zellen zur Verfügung steht, reduziert werden würde. Dies könnte zu einer erheblichen Verzerrung der Ergebnisse führen. Dies gilt analog für log-lineare Modelle, logistische

Regression, Chi-Quadrat-Analyse und viele andere Methoden der Analyse von kategorialen Daten. Methoden der KFA, mit denen strukturelle Nullen ins Kalkül einbezogen werden können, werden in Abschn. 5.2 behandelt.

8. *Können Kovariaten Ergebnisse der KFA beeinflussen?* Kovariaten sind Variablen, die außerhalb der Kontrolle der Untersuchenden sind, aber oft enge Beziehungen zu den interessierenden, abhängigen Variablen aufweisen. In praktisch allen Fällen enthalten Kovariaten damit Information, die geeignet ist, Typen und Antitypen verschwinden zu lassen oder erst zum Vorschein bringen. Wie in Abschn. 6.1 beschrieben wird, können Kovariaten bei der Schätzung von Erwartungshäufigkeiten berücksichtigt werden.

9. *Kann das Skalenniveau der Variablen, die eine Kreuzklassifikation aufspannen, die Ergebnisse einer KFA beeinflussen?* Diese Frage ist analog zu der unter 8 gestellten Frage. So wie Kovariaten Information mit sich bringen, die nutzbar sein kann, ist auch das Skalenniveau eine Information, die genutzt werden kann. In der Beispieltafel 1.1 ist die Variable ‚Altersgruppe‘ ordinal. Bezieht man diese Art der Information in die Schätzung der Erwartungswerte mit ein, dann passiert es oft, dass die Erwartungshäufigkeiten näher an den beobachteten Häufigkeiten liegen als wenn diese Information nicht genutzt wird. Ist dies der Fall, können Typen und Antitypen verschwinden, selten auch neu auftauchen. In der Beispieltafel 1.2 wurde Information über das Skalenniveau nicht bei der Schätzung der Erwartungswerte genutzt. In Abschn. 6.2 wird gezeigt, wie das Skalenniveau zum Bestandteil des Modells gemacht werden kann, auf der Basis dessen die Erwartungshäufigkeiten geschätzt werden.

10. *Können Eigenschaften von Messwertreihen zum Thema einer KFA gemacht werden?* Bei der Analyse kategorialer Daten können Messwertreihen durch Muster von Variablenkategorien dargestellt werden. Dabei folgt im univariaten Fall eine Kategorie temporal auf eine andere. Im multivariaten Fall folgt ein Muster temporal auf ein anderes. Liegen Daten mit diesen Charakteristiken vor, dann kann man Fragen stellen, die sich auf zeitbezogene Charakteristiken von Konfigurationen beziehen. Man kann z. B. fragen,
    - ob ein terminales Muster von einer bestimmten Reihe von Variablenkategorien vorhergesagt werden kann;
    - ob ein bestimmtes Muster eine ganze Reihe von Variablenkategorien vorhersagen kann;
    - ob eine Reihe von Variablenkategorien eine andere Reihe vorhersagen kann; oder
    - ob ein Anfangszustand einen Endzustand vorhersagen kann.

In jedem dieser Fälle wird das Modell, mit dem die Erwartungshäufigkeiten geschätzt werden, so spezifiziert, dass alle möglichen Variablenbeziehungen Bestandteil des Modells sind, und nur die vorhergesagten Beziehungen ausgeklammert werden. Entstehen so Typen oder Antitypen, dann müssen diese Beziehungen existieren, zumindest in den Sektoren des Datenraums, in denen die Typen und Antitypen siedeln. Im Kapitel über längsschnittliche KFA werden diese Ansätze beschrieben und illustriert (Kap. 4).

11. *Können Mediatorhypothesen mit der KFA untersucht werden?* Wie bereits einführend und unter 5 diskutiert wurde, werden die Ergebnisse von routinemäßigen Datenanalysen in Termini von Beziehungen ausgedrückt, die über den gesamten Messwertebereich der verwendeten Variablen gültig sein sollen. In der Mediatoranalyse werden dabei die Beziehungen eines Prädiktors, einer Mediatorvariable, und einer abhängigen Variable analysiert (siehe z. B. Baron & Kenny, 1986; McKinnon, 2008; Wiedermann & von Eye, 2015a, 2016b). Mit der Anwendung einer KFA wird davon ausgegangen, dass Mediatoreffekte möglicherweise bereichsspezifisch sind. Das bedeutet, dass Mediatoreffekte nur für bestimmte Konfigurationen beobachtbar sind, nicht aber für andere. Die Modelle zur Schätzung der Erwartungshäufigkeiten können bei der Mediatoranalyse mit der KFA nicht in einem Schritt spezifiziert und geschätzt werden. Deshalb besteht die Mediator-KFA aus einer Abfolge von Schritten, die in Kap. 6 erklärt werden.

12. *Können Moderatorhypothesen mit der KFA untersucht werden?* Dies ist eine ähnliche, aber allgemeinere Frage als die, die unter 4 diskutiert wurde. Führt man eine KFA für eine bestimmte Population durch, dann kann man auch fragen, ob die dabei erzielten Ergebnisse auch für andere Populationen gelten. So ist z. B. wohlbekannt, dass sich Frauen von Männern in den Effekten unterscheiden, die der Konsum von Rotwein haben kann. Auch unterscheiden sich ostasiatische Populationen von europäischen Populationen in den Effekten von Rotweinkonsum. Geschlecht oder Populationszugehörigkeit sind damit Moderatorvariablen für Rotweineffekte. Nimmt man wieder an, dass Effekte nur für bestimmte Variablenkategorien oder Konfigurationen erkennbar sind, oder dass Moderatorbeziehungen nur für bestimmte Variablenkategorien oder Konfigurationen gelten, dann begibt man sich wieder auf das Territorium der KFA. Die Modelle, mit denen die Erwartungshäufigkeiten für Moderatoranalysen mit der KFA geschätzt werden, beziehen alle möglichen Effekte ein, mit Ausnahme der Moderatoreffekte. Zeigen sich dann Typen oder Antitypen, dann existieren Moderatoreffekte. Kap. 6 behandelt die Moderator-KFA.

13. *Können Mediator- und Moderator-KFA verknüpft werden?* Die Antwort ist ja. Stellt man sich ein Mediatormodell vor, das für eine Population etabliert wurde, dann kann man fragen, ob dieses Modell auch für eine andere Population Gültigkeit hat, für eine andere Zeitspanne, oder für eine andere Selektion von Mediatorkategorien. Wird dies untersucht, dann führt dies zu einem *moderierten Mediatormodell*. Man kann, wenn ein Moderatormodell etabliert wurde, fragen, ob Mediatoren eine solche Moderation beeinflussen.

14. *Kann es Typen und Antitypen geben, die auf Effekte jenseits von Auto-Assoziationen zurück zu führen sind?* Modelle der Zeitreihenanalyse betrachten oft die Beziehungen zeitlich direkt benachbarter Messungen zueinander. Dies sind die bekannten Autokorrelationen erster Ordnung. Sie werden oft mit Markov-Prozessen

erster Ordnung modelliert. In einer KFA können die Assoziationen zeitlich direkt benachbarter Beobachtungen ins Modell der Erwartungswertschätzung aufgenommen werden, wie in Abschn. 4.7 erläutert wird. Ergeben sich dennoch Typen oder Antitypen, die auch bei der Berücksichtigung von Kovariaten nicht verschwinden, dann liegen möglicherweise Autoassoziationen zweiter oder höherer Ordnung vor. Die KFA zeigt dann an, wo im Datenraum diese Effekte am stärksten sind.

15. *Welche Effekte erklären Typen und Antitypen?* Es ist nur dann möglich, dass Typen und Antitypen auftreten, wenn das verwendete Modell zur Schätzung von Erwartungshäufigkeiten die Häufigkeitsverteilung unzureichend erklärt. Im Rest dieses Buches nennen wir diese Modelle die *Basismodelle der KFA*. Es gibt viele Gründe, warum Typen und Antitypen auftreten können. Zu den wichtigsten davon gehören Variablenbeziehungen. Diese Beziehungen haben dann die *Funktion*, Typen und Antitypen zu erzeugen. In Verbindung mit log-linearer Modellierung kann die KFA die Beziehungen identifizieren, die zu bestimmten Typen und Antitypen führen. Diese Variante der KFA wird *funktionale KFA* genannt. In Abschn. 7.2 wird erklärt, wie dabei vorzugehen ist.

16. *Kann man mit der KFA intensive longitudinale Daten untersuchen?* Walls und Schafer (2006) haben Methoden der Datenanalyse für Szenarios vorgeschlagen, in denen zu viele Messzeitpunkte für varianzanalytische Auswertungen, aber zu wenige für Zeitreihenanalysen vorliegen (Limitationen des Allgemeinen Linearen Modells werden z. B. bei von Eye & Wiedermann, 2015b, diskutiert). Die KFA kann solche Daten ebenfalls in Angriff nehmen. In diesem Buch werden zwei KFA-Ansätze zu diesem Zweck behandelt. Der erste ist die KFA von *runs*, d. h. von Messwertabfolgen, die ein bestimmtes, vorher festgelegtes Muster zeigen. Das Ergebnis dieser Analyse ist dann ein Muster von Typen und Antitypen von runs. Der zweite Ansatz zielt auf die Analyse von *lags* in Einzelfallanalysen. Damit können Typen und Antitypen analysiert werden, die die Beziehungen zeitlich benachbarter Messpunkte, aber auch zeitlich distanterer Messpunkte reflektieren. Dies wird erst möglich, wenn eine Beobachtungsreihe lang genug ist, wie in Abschn. 7.9 ausgeführt wird.

17. *Ist eine KFA fraktioneller faktorieller Designs möglich?* In experimentellen Untersuchungen in den empirischen Sozialwissenschaften, aber auch in der Medizin, sind die Untersuchungsdesigns üblicherweise komplett, in dem Sinn, dass alle möglichen Kombinationen von Faktorstufen realisiert werden. Es ist allerdings bisweilen nicht zu vermeiden, dass aus logischen, ethischen oder finanziellen Gründen nicht alle Kombinationen realisiert werden können. Geschieht dies für einige wenige Kombinationen, dann kann man wie bei der KFA mit strukturellen Nullen vorgehen (siehe Punkt 7). Werden Kombinationen allerdings systematisch, nach bestimmten, vorher festgelegten Regeln, nicht in ein Experiment aufgenommen, dann können fraktionelle faktorielle Designs entstehen. Der Vorteil dieser Designs ist es, dass viele Faktoren in eine Untersuchung einbezogen werden können, oft

viel mehr als im Fall kompletter Designs. Der Preis, der für das Erzeugen nicht-kompletter Designs zu zahlen ist, besteht darin, dass Interaktionen höherer Ordnung oft konfundiert oder nicht schätzbar sind. Beim log-lineare Modellieren und in der Anwendung der KFA können auch für solche Designs Modelle für die Schätzung von Erwartungshäufigkeiten spezifiziert werden. Die Interpretation entstehender Typen und Antitypen erfordert hier die Annahme, dass die nicht schätzbaren Interaktionen wenig bis keine Variabilität abdecken und daher vernachlässigt werden können. Abschn. 5.1 präsentiert Details der KFA fraktioneller faktorieller Designs in Theorie und an Datenbeispielen.

In Kap. 2 werden einführend technische Elemente der KFA beschrieben. Detailliertere Beschreibungen sind in den Kapiteln über Modelle der KFA zu finden.

Elemente der KFA

In diesem Kapitel beschreiben wir zunächst die Idee, die zur Entwicklung der KFA geführt hat. Im Anschluss daran beschreiben wir den gegenwärtigen Stand der KFA. Diese beiden Beschreibungen enthalten die wesentlichen technischen Elemente der KFA. Wir besprechen die Basismodelle der KFA, Signifikanztests, und den Schutz des Signifikanzniveaus, α. Wir runden dieses Kapitel ab, indem wir die Schritte besprechen, die bei der Durchführung einer KFA gegangen werden. In den späteren Kapiteln werden zusätzliche technische Elemente dort eingeführt, wo sie speziell erforderlich und von Bedeutung sind. Wir beginnen mit Lienerts (1968) Version der KFA.

2.1 Die KFA nach Lienert

1968 präsentierte Lienert (siehe auch Krauth, 1993; Krauth & Lienert, 1973; Lautsch & von Weber, 1995; Lienert & Krauth, 1975; von Eye, 1990b, 2002; von Eye & Gutiérrez-Peña, 2004; von Eye et al., 2010) die KFA als eine Methode, die es erlaubt, das Meehl'sche (1950) Paradox zu lösen. Nach diesem Paradoxon ist es möglich, eine Kriteriumsvariable mit zwei Prädiktoren perfekt vorherzusagen, selbst wenn

- die beiden Prädiktoren miteinander zu Null korreliert sind, und
- jeder der beiden Prädiktoren mit der Kriteriumsvariablen zu Null korreliert ist.

Meehl hat 1950 vorgeschlagen, nichtlineare Gleichungen zur Lösung dieses Problems zu verwenden. Lienert hat 1968 vorgeschlagen, die drei Variablen zu dichotomisieren und zu kreuzen, d. h. eine $2 \times 2 \times 2$ Kreuzklassifikation zu erzeugen und deren einzelne Kategorienprofile, er nannte sie *Konfigurationen*, zu interpretieren. Dies wollen wir hier an dem artifiziellen Beispiel, das Lienert damals verwendet hat, einführend nachvollziehen.

A. von Eye und W. Wiedermann, *KFA – Die Konfigurationsfrequenzanalyse*, https://doi.org/10.1007/978-3-662-63675-6_2

In diesem Beispiel soll anhand von zwei Items vorhergesagt werden, ob ein Patient behandlungsbedürftig ist oder nicht. Die Items haben die beiden Kategorien 0 und 1, wobei 0 bedeutet, dass der Patient die im Item gestellte Frage verneint, und 1 bedeutet, dass der Patient diese Frage bejaht. Die Kriteriumsvariable hat die Kategorien 0 (Patient ist nicht behandlungsbedürftig) und 1 (der Patient ist behandlungsbedürftig). Tab. 2.1 zeigt die 8 Kombinationen dieser drei Variablen und ihre Interpretation. Korreliert man die Variablen auf der Ebene der individuellen Ausprägungen, so erhält man für alle drei Variablenpaare eine Korrelation von Null.

Unter Berücksichtigung der (fiktiven) Häufigkeiten in Spalte 4 zeigen die Konfiguration in Tab. 2.1 folgendes:

- Patienten sind behandlungsbedürftig, wenn sie beide Fragen konsistent beantworten, d. h. beide verneinen oder beide bejahen; dies sind die Patienten mit den Konfigurationen 0 0 1 und 1 1 1;
- Patienten sind nicht behandlungsbedürftig, wenn sie nur eine der beiden Fragen bejahen; dies sind die Patienten mit den Konfigurationen 0 1 0 und 1 0 0.

In der Sprache der KFA konstituieren in diesem Beispiel die Konfigurationen 0 0 1, 1 1 1, 0 1 0, und 1 0 0 *Typen*. Die Konfigurationen 0 0 0, 0 1 1, 1 0 1, und 1 1 0 dagegen konstituieren *Antitypen*.

Mit diesem Beispiel war der Schritt getan, das Augenmerk von der Frage nach Variablenbeziehungen weg und hin zur Interpretation einzelner Konfigurationen zu lenken.

Tab. 2.1 Kreuzklassifikation von zwei dichotomen Items mit der dichotomen ariable Behandlungsbedürftigkeit (artifizielle Daten)

Variable			Häufigkeit m	
Item 1	Item 2	Behandlungs-bedürftigkeit		Interpretation
0	0	0	0	Patient verneint beide Fragen, nicht behandlungsbedürftig
0	0	1	10	Patient verneint beide Fragen, behandlungs-bedürftig
0	1	0	10	Patient verneint eine der beiden Fragen, nicht behandlungsbedürftig
0	1	1	0	Patient verneint eine der beiden Fragen, behandlungsbedürftig
1	0	0	10	Patient verneint eine der beiden Fragen, nicht behandlungsbedürftig
1	0	1	0	Patient verneint eine der beiden Fragen, behandlungsbedürftig
1	1	0	0	Patient bejaht beide Fragen, nicht behandlungsbedürftig
1	1	1	10	Patient bejaht beide Fragen, behandlungs-bedürftig

Tab. 2.2 KFA der $B \times D \times A$ Kreuzklassifikation

Konfiguration

BDA	m	$\hat{m}$	X^2	p	
+++	20	12.506	4.491	.03406717	Typ[a]
++-	1	6.848	4.994	.02543085	Antityp
+-+	4	11.402	4.805	.02837106	Antityp
+--	12	6.244	5.306	.02125117	Typ
-++	3	9.464	4.415	.03563108	Antityp
-+-	10	5.182	4.478	.03432891	Typ
--+	15	8.629	4.705	.03008211	Typ
---	0	4.725	4.725	.02972360	Antityp

[a]Es sollte beachtet werden, dass die Kennzeichnung von Konfigurationen als Typen oder Antitypen in Tabelle 2.2 noch ohne den Schutz des Signifikanzniveaus α erfolgt, der später, aber noch in diesem Kapitel, behandelt wird.

Jetzt muss noch die Frage geklärt werden, wie man die Zellen identifiziert, die Typen und Antitypen konstituieren. Um dies zu erreichen, hat Lienert (1968) seine $2 \times 2 \times 2$ Beispiel-Kreuzklassifikation mit dem Chi-Quadrat-Test analysiert. Dies ist ein durchaus geeignetes Vorgehen, weil mit diesem Test die Annahme geprüft wird, dass die drei Variablen, die diese Kreuzklassifikation aufspannen, unabhängig voneinander sind. Wird diese Annahme durch eine signifikante Chi-Quadrat-Statistik zurückgewiesen, und die drei Variablen, die die Tafel aufspannen, sind paarweise unabhängig, dann können immer noch Typen und Antitypen auftreten, die zeigen, wo die Abweichungen besonders markant sind. Der Grund für diese Typen und Antitypen wäre dann eine dreifach-Interaktion.

Wir illustrieren dies, indem wir das empirische Beispiel, das Lienert damals gerechnet hat, erneut analysieren. Das Beispiel beinhaltet die Ergebnisse einer Untersuchung von Leuner (1962), in der Studierende unter kontrollierten Bedingungen LSD eingenommen haben. Es wurde beobachtet, ob die Teilnehmer an Bewusstseinstrübungen (B) litten, an Denkstörungen (D), oder an affektiven Störungen (A). Diese drei Variablen wurden so dichotomisiert, dass ,$+$' überdurchschnittliche und ,$-$' unterdurchschnittliche Merkmalsausprägung anzeigt. Tab. 2.2 zeigt die $B \times D \times A$ Kreuzklassifikation mit den beobachteten und den für die Chi-Quadratanalyse erwarteten Zellhäufigkeiten. Zudem sind Typen und Antitypen als solche markiert.

Die paarweisen Chi-Quadrat-Tests der Variablenunabhängigkeit ergeben $X^2_{BD} = 0.683$ ($df = 1$; $p = 0.409$), $X^2_{BA} = 0.002$ ($df = 1$; $p = 0.961$) und $X^2_{DA} = 0.287$ ($df = 1$; $p = 0.592$). Damit kann geschlossen werden, dass die paarweisen Beziehungen, ganz wie im Meehl'schen Paradox, nicht existieren.

Für den Chi-Quadrat-Test über die gesamte Tafel wurde ein Wert von $X^2 = 37.920$ errechnet, der bei $df = 4$ Freiheitsgraden nahe legt, die Nullhypothese zurückzuweisen

($p < 0.001$). Es existieren also Beziehungen jenseits der paarweisen, und es kann erwartet werden, dass Typen oder Antitypen entstehen[1].

Konzentriert man sich zunächst nur auf die Typen in Tab. 2.2, so stellt man fest, dass das Auftreten aller drei Störungen deutlich häufiger beobachtet wurde als unter der Unabhängigkeitsannahme erwartet wurde. Die Konfiguration $+++$ konstituiert damit einen Typ. Lienert nannte dies einen *trisymptomatischen Typ*. 20 Teilnehmer berichteten, dass sie alle drei Störungen erlebt hatten, es waren aber nur 12.5 Teilnehmer mit diesem Profil erwartet worden.

Der zweite Typ ist *monosymptomatisch*. Er wird von Konfiguration $+--$ konstituiert. 12 Teilnehmer berichteten, dass sie nur Bewusstseinstrübungen erlebt hatten, 6.2 Teilnehmer waren erwartet worden. Der dritte und der vierte Typ sind ebenfalls monosymptomatisch. Der dritte Typ, konstituiert durch die Konfiguration $-+-$, beschreibt die 10 Teilnehmer, die nur Denkstörungen erlebten (5.2 waren erwartet worden). Der vierte Typ, konstituiert durch die Konfiguration $--+$, beschreibt die 15 Teilnehmer, die nur affektive Beeinträchtigungen erfahren hatten (4.7 erwartet).

Alle anderen Konfigurationen konstituieren in diesem Beispiel Antitypen. Alle bisymptomatischen Störungsbilder treten seltener auf als erwartet. Dies sind die Konfigurationen $++-, +-+,$ und $-++$. Auch Konfiguration $---$ konstituiert einen Antityp.

Mit diesem Beispiel kann die Grundidee der KFA illustriert werden. Ausgehend von einer Hypothese (hier die Hypothese der kompletten Unabhängigkeit der Variablen B, D, und A) werden Erwartungshäufigkeiten geschätzt. Legt die globale goodness-of-fit Statistik (hier der Chi-Quadrat-Test) es nahe, diese Hypothese zurück zu weisen, können im nächsten Schritt die individuellen Zellen der Kreuzklassifikation (Konfigurationen) inspiziert werden. Sind die zell-spezifischen Statistiken (hier die Summanden der Chi-Quadrat Statistik) extrem, dann konstituiert die betroffene Konfiguration einen Typ oder einen Antityp. Diese Typen und Antitypen können dann unter Bezug auf das Modell, mit dem die Erwartungshäufigkeiten geschätzt wurden, im Hinblick auf die inhaltliche Bedeutung der Variablenkategorien einer Konfiguration interpretiert werden.

Es sollte an dieser Stelle ebenfalls darauf hingewiesen werden, dass die zellweise Testung auf Typen und Antitypen einen Fall des multiplen Testens in einer Analyse darstellt. Die Tests könnten dabei abhängig sein und man könnte dem Alpha-Fehler (Fehler erster Art) mit erhöhter Wahrscheinlichkeit zum Opfer fallen. Für die KFA wurde daher, ursprünglich von Krauth (1973a), eine Reihe von Methoden zum Schutz des Alpha-Niveaus entwickelt. Auf diese Methoden wird im Verlauf noch genauer eingegangen werden.

Hier wird zunächst die weitere Entwicklung der KFA nachvollzogen, speziell die Entwicklung der Modelle, die zur Schätzung von Erwartungshäufigkeit verwendet werden, und ihre Einbettung in die Familie der log-linearen Modelle.

---

[1] Es sollte bereits an dieser Stelle darauf hingewiesen werden, dass signifikante Chi-Quadrat Statistiken, die dazu führen, dass das Basismodell abgelehnt wird, keine Garanten für das Auftreten von Typen oder Antitypen sind. Es kann durchaus der Fall eintreten, dass sich die Abweichungen der erwarteten von den beobachteten Zellhäufigkeiten so verteilen, dass keine von ihnen stark genug ist, um einen Typ oder Antityp zu konstituieren.

2.2   Log-lineare Modelle der Erwartungswertschätzung für die KFA

1988 hat von Eye die Analogie der Modelle diskutiert, die einerseits in Varianzanalysen und beim log-linearen Modellieren Verwendung finden und andererseits für die KFA nutzbar gemacht werden kann. Dadurch ergaben sich erstens die Möglichkeit, die KFA in die Familie der verallgemeinerten linearen Modelle einzubetten, und zweitens ein Ansatz, eine große Zahl neuer Modelle für die KFA zu entwickeln. Diese neuen Modelle ermöglichen es, eine sehr große Zahl von Hypothesen mit der KFA zu testen. Dieses Buch gibt einen Überblick über diese Modelle[2].

Verallgemeinerte lineare Modelle (GLM oder auch GLIM genannt; siehe Dobson & Barnett, 2008; McCallagh & Nelder, 1988) haben die Form $g(\mu) = X\beta$, wobei $\mu = E(Y)$ den Erwartungswert der Kriteriumsvariable Y darstellt und g die sogenannte Linkfunktion beschreibt, welche den funktionalen Zusammenhang zwischen dem Erwartungswert μ und dem linearen Prädiktor $X\beta$ darstellt. X stellt die Designmatrix dar, und β den Parametervektor. In empirischen Datenanalysen mit der KFA werden die Parameter mittels maximum likelihood Methode geschätzt. Die anderen Elemente der Gleichung werden in den folgenden Abschnitten speziell im Hinblick auf die KFA besprochen.

Verallgemeinerte lineare Modelle bestehen aus drei Elementen. Dies sind

1. die *systematische Komponente X*; X ist die unabhängige Variable, mit der Y erklärt werden soll; in der Regressionsanalyse enthält X eine gemessene Variable (oder mehrere); in der Varianzanalyse sind die X Variablen fix und repräsentieren die Stufen der varianzanalytischen Faktoren; in log-linearen Modellen repräsentieren die Variablen X die Kategorien der Variablen, die die zu analysierende Kreuzklassifikation aufspannen; die Designmatrix, von der noch im Detail die Rede sein wird, heißt ebenfalls *X;* sie enthält die gemessenen Prädiktoren, die fixen Variablen der Varianzanalyse oder der log-linearen Modelle, oder deren Kombinationen, d. h. die Interaktionen, und möglicherweise Kovariaten;
2. die *Zufallskomponente* des Modells, *Y;* die Variable Y ist die abhängige Variable; von ihr wird z. B. in der Regressions- und Varianzanalyse angenommen, dass sie normalverteilt ist, mit einem normalverteilten Fehlerterm $e_i \sim N(0, \sigma^2)$;
3. die monotone *Linkfunktion* $\eta = g(E(Y_i))$; im Allgemeinen Linearen Modell, z. B. in der Regressions- und der Varianzanalyse, wird die Identitätsfunktion verwendet, d. h. die abhängigen Variablen werden nicht transformiert, oder $\eta = g(E(Y_i)) = E(Y_i)$; in log-linearen Modellen wird die logarithmische Funktion als Linkfunktion verwendet.

---

[2] Es gibt Basismodelle für die KFA, solche, die nicht als log-linear Modelle darstellbar sind. Einige dieser Modelle werden im Verlauf gesondert dargestellt.

Die *Elemente von log-linearen Modellen* sind damit:

1. die *systematische Komponente X;* in der Designmatrix finden sich diskrete Variablen, die die Kategorien der untersuchten Variablen und ihre Kombinationen repräsentieren; in ihren Parametern, hier heißen diese Parameter λ, sind die Variablen in X linear, z. B. $\lambda + \lambda_1^{X_1} + \lambda_2^{X_2} + ...\lambda_k^{X_k} + ...$ (hier stehen im Superskript Variablennamen, nicht Exponenten), woraus sich der Term verallgemeinertes *lineares* Modell ableitet; und

2. die *Zufallskomponente*, gegeben durch die Verteilung der Zellhäufigkeiten; es handelt sich um eine *Poisson*-Verteilung;

3. die monotone *logarithmische Linkfunktion*, $\eta = log(\mu)$, wobei μ die erwarteten Zellhäufigkeiten bezeichnet, und der Logarithmus zur Basis e, der Euler'schen Zahl, definiert ist (natürlicher Logarithmus).

Mehr zu log-linearen Modellen als Spezialfälle von generalisierten linearen Modellen findet man bei Agresti (2018) oder von Eye und Mun (2013). Hier fragen wir jetzt, wie eine Designmatrix, X, für eine KFA aufgebaut werden kann. Dies ist wichtig, weil wir in diesem Buch für fast alle KFA Basismodelle, für die das möglich ist, die Designmatrix angeben, und weil mit Hilfe von Designmatrizen neue KFA Basismodelle abgeleitet werden können. Dabei konzentrieren wir uns auf binäre Variablen. Designmatrizen für Variablen mit mehr als zwei Kategorien werden im Verlauf eingeführt (siehe Agresti, 2018; von Eye & Mun, 2013).

2.3   Modelle der KFA und ihre Designmatrizen

Designmatrizen für log-lineare Modelle und die KFA können auf die gleiche Weise erzeugt werden wie für faktorielle Varianzanalysen (vgl. Kutner et al., 2004). Dabei wird jede mögliche Kombination von Variablenkategorien in je einer Zeile der Designmatrix dargestellt. In kompletten faktoriellen Designs gibt es $t = c_{X_1} \cdot c_{X_2} \cdot ... \cdot c_{X_m}$ solcher Kombinationen, wobei c_{X_i} die Zahl der Kategorien von Variable X_1 bezeichnet. Ist X_1 die erste Variable, X_2 die zweite etc., dann enthält die Designmatrix in den ersten Spalten die Vektoren, die die Haupteffekte von X_1 repräsentieren, dann die Haupteffekte von X_2, so lange bis die Haupteffekte aller Variablen abgedeckt sind. Um alle möglichen Kombinationen abzudecken, werden die Haupteffekte für X_2 zuerst auf der ersten Stufe von X_1 angeschrieben, dann auf der zweiten Stufe etc. Die Haupteffekte aller folgenden Variablen werden schrittweise auf den Stufen der jeweils vorangegangenen Variablen angeschrieben. Auf diese Weise entstehen alle möglichen Kombinationen, eine pro Zelle der Kreuzklassifikation. Das Modell ist damit jedoch noch nicht saturiert, d. h., nicht alle möglichen Effekte sind in die Designmatrix aufgenommen. Interaktionen werden danach spezifiziert (und werden im Folgenden besprochen). Erst wenn alle Interaktionen in die Designmatrix aufgenommen wurden, ist das Modell saturiert. Ein saturiertes Modell

führt zur vollständigen Reproduktion der beobachteten Häufigkeiten anhand der Modellparameter.

Haupteffektmodelle Das Haupteffektmodell soll für die Kreuzklassifikation in Tab. 2.2
illustriert werden. In diesem Beispiel wurden drei dichotome Variablen gekreuzt, *B*,
D, und *A*. Die Designmatrix für das Basismodell, unter dem die KFA in diesem Beispiel durchgeführt wurde (es handelt sich um ein Haupteffektmodell, d. h. es werden
ausschließlich Haupteffekte in das Modell aufgenommen; Modelle mit Interaktionen
werden gleich im Anschluss illustriert; Modelle mit Kovariaten folgen in Abschn. 6.1) ist

$$X = \begin{bmatrix} 1 & 1 & 1 & 1 \\ 1 & 1 & 1 & -1 \\ 1 & 1 & -1 & 1 \\ 1 & 1 & -1 & -1 \\ 1 & -1 & 1 & 1 \\ 1 & -1 & 1 & -1 \\ 1 & -1 & -1 & 1 \\ 1 & -1 & -1 & -1 \end{bmatrix}.$$

Die erste Spalte in dieser Designmatrix repräsentiert die Modellkonstante. Diese
Konstante kann als analog zur Konstanten im Regressionsmodell gesehen werden. Hier
repräsentiert sie den Mittelwert der logarithmierten beobachteten Zellhäufigkeiten. Die
zweite Spalte repräsentiert den Haupteffekt der ersten Variable, *B*. Mit diesem Effekt
wird die erste Kategorie von *B* mit der zweiten kontrastiert. Es ist ohne Bedeutung, ob
zuerst die negativen Werte oder die positiven angeordnet werden. Durch Umordnen
ändert sich lediglich das Vorzeichen des geschätzten Parameters, nicht aber seine
sonstigen Eigenschaften. Dies gilt analog für die anderen Spaltenvektoren in *X*.

Die dritte Spalte in *X* repräsentiert den Haupteffekt der zweiten Variablen, *D*. Wie
man sehen kann, wird auch hier die erste Kategorie mit der zweiten kontrastiert. Dies
geschieht zuerst für die erste Stufe der ersten Variablen, und dann für die zweite Stufe
der ersten Variablen. Insgesamt stellen alle Zellen mit $+1$ für *D* ein Kontrastelement dar,
und alle Zellen mit -1 das andere[3]. Auf diese Weise ergibt sich ein Kontrast zwischen
zwei Variablenkategorien, genau wie bei der ersten Variablen, *B*. Dies wird in der vierten
Spalte analog für die dritte Variable, *A*, durchgeführt.

Modelle mit Interaktionen Eine Interaktion erster Ordnung ist dadurch definiert, dass
ein Kontrast zwischen Kategorien einer Variablen über die Kategorien einer anderen

---

[3]Die hier beschriebene Methode der Kodierung ist bekannt als *Effektkodierung*. Alternativen
sind u. a. dummy Kodierung, Kontrast-Kodierung, Differenz-Kodierung, Kodierung in Helmert-
Kontrasten und viele mehr. Hier verwenden wir Effektkodierung, weil auch damit alle hier
interessierenden Effekte spezifiziert werden können.

Variablen ungleich aussieht, d. h. unterschiedlich stark ist oder sogar seine Richtung ändert. Bei Interaktionen höherer Ordnung gilt das gleiche Prinzip, nur sind dabei mehr als zwei Variablen beteiligt. Die Interaktionen werden wie in der Varianzanalyse durch elementweise Multiplikation der Vektoren der beteiligten Variablen erzeugt. Dies soll jetzt durch zwei Beispiele illustriert werden.

Für die erste Illustration erzeugen wir die Designmatrix für die drei dichotomen Variablen A, B, und C. Die Matrix enthält alle drei Haupteffekte und die Interaktion zwischen A und B. Die Matrix ist

$$X = \begin{bmatrix} 1 & 1 & 1 & 1 & 1 \\ 1 & 1 & 1 & -1 & 1 \\ 1 & 1 & -1 & 1 & -1 \\ 1 & 1 & -1 & -1 & -1 \\ 1 & -1 & 1 & 1 & -1 \\ 1 & -1 & 1 & -1 & -1 \\ 1 & -1 & -1 & 1 & 1 \\ 1 & -1 & -1 & -1 & 1 \end{bmatrix}.$$

Wie immer repräsentiert der erste Spaltenvektor in X die Modellkonstante. Der zweite Spaltenvektor repräsentiert den Haupteffekt der Variablen A. Der dritte Spaltenvektor repräsentiert den Haupteffekt der Variablen B, gefolgt vom Vektor für den Haupteffekt der Variablen C. Der letzte Vektor in X modelliert die Interaktion von A und B. Er entsteht dadurch, dass man die einzelnen Elemente des zweiten Spaltenvektors mit denen des dritten multipliziert. Verwendet man diese Designmatrix, um die $A \times B \times C$ Kreuzklassifikation zu analysieren, dann testet man die Hypothese, dass A mit B interagiert, C aber unabhängig von sowohl A als auch B ist.

Im zweiten Illustrationsbeispiel erzeugen wir die Designmatrix, die der Beispiel-KFA in den Tab. 2.1 und 2.2 zu Grunde gelegt werden kann. Wir weichen damit bereits hier von den von Lienert (1968) und Krauth und Lienert (1973) vorgeschlagenen Methoden ab und orientieren uns an der KFA, die in das System der verallgemeinerten linearen Modelle eingebettet ist. Im ersten KFA-Beispiel wird davon ausgegangen, dass die paarweisen Assoziationen zwischen den Variablen Bewusstseinstrübung (B), Denkstörungen (D) und affektive Störungen (A) nicht signifikant sind. Wenn dann dennoch Typen oder Antitypen entstehen, dann muss die Interaktion aller drei Variablen, d. h. die $B \times D \times A$ Interaktion, existieren. Wir erzeugen jetzt die Designmatrix für das saturierte Modell der drei Variablen B, D und A, und diskutieren dieses Modell im Hinblick auf die KFA in den Tab. 2.1 und 2.2. Das saturierte Modell enthält alle möglichen Haupteffekte und Interaktionen. Die Designmatrix ist

$$X = \begin{bmatrix} 1 & 1 & 1 & 1 & 1 & 1 & 1 & 1 \\ 1 & 1 & 1 & -1 & 1 & -1 & -1 & -1 \\ 1 & 1 & -1 & 1 & -1 & 1 & -1 & -1 \\ 1 & 1 & -1 & -1 & -1 & -1 & 1 & 1 \\ 1 & -1 & 1 & 1 & -1 & -1 & 1 & -1 \\ 1 & -1 & 1 & -1 & -1 & 1 & -1 & 1 \\ 1 & -1 & -1 & 1 & 1 & -1 & -1 & 1 \\ 1 & -1 & -1 & -1 & 1 & 1 & 1 & -1 \end{bmatrix}.$$

Die ersten fünf Spaltenvektoren sind identisch mit denen des ersten Beispiels. Die beiden folgenden repräsentieren die $B \times A$ und die $D \times A$ Interaktionen. Die letzte Spalte repräsentiert die $B \times D \times A$, d. h. die dreifach-Interaktion. Dieser Vektor entsteht durch die elementweise Multiplikation der zweiten, dritten und vierten Spaltenvektoren in X.

Betrachtet man nun das Muster der Typen und Antitypen in Tab. 2.2, dann sieht man sofort, dass eine 1 in der letzten Spalte dieser Designmatrix mit einem Typen und eine -1 mit einem Antitypen korrespondiert. Das Typen-Antitypen-Muster reflektiert in diesem Beispiel die dreifache Interaktion perfekt. Wir können in der Tat schließen, dass das Meehl'sche Paradoxon gelöst werden kann, wenn die dreifach Interaktion der Variablen B, D und A berücksichtigt wird.

Der Gewinn, der mit der Anwendung der KFA erzielt wird, liegt allerdings nicht nur in der Erkenntnis, dass eine dreifach Interaktion erforderlich ist, um die Datenstruktur zu erkennen. Der Gewinn liegt darin, dass die Typen und Antitypen genau sagen, welche Kategorienmuster wider Erwarten häufig und welche andere wider Erwarten selten auftreten, wenn die zweifach Interaktionen bereits berücksichtigt sind.

Es gibt noch erheblich mehr zum Kodieren von Designmatrizen zu sagen. Dies betrifft besonders die Spezifikation von nicht-hierarchischen Modellen, von nicht-standard Modellen, und von Modellen für Variablen mit mehr als zwei Kategorien (siehe Kutner et al., 2004; Mair & von Eye, 2007; von Eye & Mun, 2013; Wiedermann & von Eye, 2020a). An dieser Stelle schließen wir den Überblick allerdings ab und werden Spezialfälle dort diskutieren, wo spezielle Matrizen für eine KFA benötigt werden.

Freiheitsgrade eines Modells Führt man eine KFA auf der Basis verallgemeinerter linearer Modell durch, dann ist es besonders einfach, die Freiheitsgrade eines Basismodells zu bestimmen. Formal müssen Modelle für die KFA zwei Bedingungen erfüllen. Erstens ist es für die KFA wichtig, dass ein Modell nicht saturiert ist, weil sonst kein Raum mehr für die Entstehung von Typen und Antitypen bleibt. Saturierte Modelle haben keinen Freiheitsgrad mehr zur Verfügung, und die Erwartungshäufigkeiten sind exakt gleich den beobachteten Häufigkeiten. Zweitens dürfen Designmatrizen nicht singulär sein. Sie sind singulär, wenn Spaltenvektoren sich durch Linearkombinationen anderer Spaltenvektoren perfekt reproduzieren lassen.

Sind diese Bedingungen erfüllt und ist eine Modell als KFA Basismodell zulässig (Details zu Basismodellen folgen im nächsten Abschnitt), dann errechnen sich die Freiheitsgrade *(degrees of freedom, df)* eines Modells durch die einfache Formel $df = t - s$, wobei t die Zahl der Zellen der Kreuzklassifikation bezeichnet, die analysiert wird, und s die Zahl der Spalten der Designmatrix. Diese einfache Formel ist in fast jeder KFA anwendbar, die in diesem Text besprochen wird. Ausnahmen werden gesondert behandelt.

Im Beispiel in Tab. 2.2 wurden nur die Haupteffekte in das Basismodell aufgenommen. Dies ergibt, weil die Variablen dichotom sind, vier Spalten in der Designmatrix, und zwar eine für die Modellkonstante und je eine für die drei Variablen B, D, und A. Die untersuchte Kreuzklassifikation hat acht Zellen. Damit ergeben sich $df = 8 - 4 = 4$ Freiheitsgrade für dieses Modell.

Nun kann man fragen, warum der Modellgütetest (der goodness-of-fit Test) für eine KFA überhaupt von Bedeutung ist. Die Antwort auf diese Frage ergibt sich daraus, dass es wichtig ist, zu wissen, ob das Basismodell die Häufigkeitsverteilung in der zu untersuchenden Tafel gut erklärt. Ist dies der Fall, dann erübrigt sich der Rest der konfiguralen Analyse. Typen und Antitypen können nicht mehr auftreten. Nur wenn das Basismodell abgelehnt werden kann, ist es möglich (aber keineswegs garantiert), dass Typen und Antitypen aufscheinen.

2.4 Basismodelle der KFA

Bisher wurde nur im Vorübergehen erwähnt, dass nicht jedes Modell als Basismodell für eine KFA geeignet ist. In diesem Abschnitt werden die Eigenschaften diskutiert, die ein KFA Basismodell haben muss (von Eye, 2004; von Eye & Mun, 2013, 2016; von Eye & Schuster, 1998b; von Eye et al., 2020).

Die meisten KFA Basismodelle sind als log-lineare Modelle der Form $\log \hat{m} = X\lambda$ darstellbar (für nicht-log-lineare Basismodelle, z. B. das Symmetriemodell, siehe von Eye, 2002), wobei $\hat{m}$ den Vektor der Modellhäufigkeiten bezeichnet, d. h. der Häufigkeiten, die mit dem log-linearen Modell konform gehen, X die Designmatrix ist (auch *Indikatormatrix* genannt), und λ der Parametervektor. Die Vektoren in X reflektieren die Annahmen, die im Basismodell getroffen werden. Die Werte der Parameter in λ sind nicht von zentralem Interesse für die KFA. Die KFA betrachtet die Diskrepanzen zwischen den im Kontext des Basismodells geschätzten Erwartungshäufigkeiten und den beobachteten Häufigkeiten. Diese Diskrepanzen sind die Grundlage für Typen und Antitypen. Die KFA wird nicht mit dem Ziel durchgeführt, ein passendes und sparsames Modell zu finden, sondern die Konfigurationen zu finden (in der exploratorischen KFA) oder bestätigen (in der konfirmatorischen KFA), die dem Basismodell am stärksten widersprechen. Diese Konfigurationen sind in einer KFA von zentralem Interesse.

Ein KFA Basismodell hat drei wesentliche Eigenschaften (von Eye, 2004; von Eye, et al., 2020):

1. *Interpretierbarkeit*: die Designmatrix wird so spezifiziert, dass es nur einen Weg gibt, wie Typen und Antitypen entstehen können;
2. *Sparsamkeit*: die Designmatrix wird so sparsam spezifiziert wie möglich und erforderlich, um die entstehenden Typen und Antitypen eindeutig interpretieren zu können (siehe auch Schuster & von Eye, 2000); und
3. *Stichprobenziehung*: das Basismodell einer KFA berücksichtigt die Methode der Stichprobenziehung.

In den folgenden Abschnitten diskutieren wir diese drei Eigenschaften.

1. *Interpretierbarkeit*: wie stets beim statistischen Testen, ist die Formulierung von Hypothesen so vorzunehmen, dass die Ergebnisse der Tests eindeutig sind. Für die KFA bedeutet dies, dass die Effekte, die mit den Variablen möglich sind, die die zu untersuchende Kreuztabelle aufspannen, für das Basismodell exhaustiv in zwei Gruppen aufgegliedert werden. Die erste enthält *nur die Effekte* und *alle Effekte*, die für die zu untersuchende Fragestellung *nicht* von Bedeutung sind. Diese Effekte werden in das Basismodell aufgenommen. Ist dies der Fall, dann haben entstehende Typen und Antitypen nur eine mögliche Interpretation: sie sind auf die nicht im Basismodell aufgenommenen Effekte zurück zu führen. Diese Effekte sind bevorzugt von nur einer Art. Im ersten Beispiel einer KFA (Tab. 2.2) sind – jenseits der Modellkonstanten – lediglich Haupteffekte Bestandteile des Basismodells gewesen. Es sollte damit vermieden werden, dass Typen (oder Antitypen) entstehen, weil mehr Teilnehmer ein bestimmtes Symptom zeigten als andere (oder umgekehrt). Nicht in das Modell aufgenommen wurden die paarweisen und die dreifach Interaktionen. Typen und Antitypen konnten daher nur entstehen, weil Interaktionen existieren. Nun war in diesem Beispiel bekannt, dass keine der paarweisen Interaktionen signifikant war. Es gibt daher keine andere Interpretation als die, dass eine dreifach Interaktion existiert. Damit ist das Meehl'sche Paradox für dieses Datenbeispiel eindeutig gelöst. Unter 2. wird dieses Beispiel weiter diskutiert. Später in diesem Kapitel werden Basismodelle für Prädiktor-Kriteriumsbeziehungen diskutiert. In diesen Modellen werden in das Basismodell alle möglichen Beziehungen auf der Prädiktorseite und alle möglichen Beziehungen auf der Kriterienseite aufgenommen, Beziehungen zwischen Prädiktoren und Kriterien aber nicht. Treten dann Typen oder Antityen auf, dann kann es dafür nur einen Grund geben: die Existenz von Prädiktor-Kriterienbeziehungen.
2. *Sparsamkeit*: die Designmatrix wird komplett aber so sparsam spezifiziert wie möglich. Dies bedeutet, dass Effekte, die ohne Belang für die Entstehung von Typen und Antitypen sein sollten, in das Basismodell aufgenommen werden sollten. Zur Illustration kann wieder das Beispiel in Tab. 2.2 herangezogen werden (ein anderes Beispiel kann in der Untersuchung von Krueger, Lienert, Gebert und von Eye, 1979, gefunden werden; siehe Abschn. 3.1.2). In diesem Beispiel war untersucht worden, ob Typen und Antitypen entstehen, die auf Effekte jenseits der zweifach Interaktionen zurückgeführt werden müssen. Wenn dies die Hypothese ist, dann

sollten die zweifach Interaktionen allerdings Bestandteil des Basismodells sein. Die goodness-of-fit Statistik nimmt in diesem Fall den Wert $X^2 = 37.465$ ($df = 1$; $p < 0.001$) an, sie wird damit nicht-signifikant geringer als wenn die zweifach Interaktionen nicht im Modell sind. Dort war dieser Wert $X^2 = 37.920$ ($df = 4$; $p < 0.001$) gewesen. Dies führte zu einem nicht-signifikanten Likelihood Ratio (LR) Differenzentest ($\Delta X^2 = 0.455$; $\Delta df = 3$; $p = 0.929$). Auf der Basis dieses Ergebnisses könnte man daher durchaus rechtfertigen, dass die zweifach Interaktionen nicht ins Basismodell aufgenommen werden. Betrachtet man allerdings die Typen-Antitypen-Muster, die entstehen, wenn man die zweifach Interaktionen in das Basismodell aufnimmt, dann sieht man, dass Typen und Antitypen nur noch in der unteren Hälfte von Tab. 2.2 auftreten, d. h. in dem Teil, in dem B den Wert -1 annimmt.

Fragt man nun, welches dieser beiden Basismodelle in diesem Fall zu bevorzugen sei, dann wird die Antwort von den zu untersuchenden Hypothesen geleitet. Fragt man, ob Variablenbeziehungen, d.h., Effekte jenseits von Haupteffekten zu Typen und Antitypen führen können, dann wählt man das gleiche, sparsame Basismodell wie Lienert (1968), d.h. das Modell ohne jegliche Interaktionen. Zielt man dagegen ausschließlich auf die Lösung des Meehl'schen Paradoxons ab, dann ist das weniger sparsame Basismodell zu bevorzugen, d.h. das, in dem die zweifach Interaktionen Bestandteile des Basismodells sind (zur Diskussion von Sparsamkeit in Basismodellen der KFA siehe auch Schuster & von Eye, 2000).

3. *Stichprobenziehung*: nach von Eye und Schuster (1998b) ist es in der KFA besonders wichtig, die Art der Stichprobenziehung bei der Spezifikation des Basismodells ins Kalkül einzubeziehen. Die häufigsten Methoden der Stichprobenziehung sind die Poisson, die multinomiale und produkt-multinomiale Erhebung. Diese Methoden unterscheiden sich darin, welche Parameter zufällig sind und welche von den Untersuchenden festgelegt werden. Bei der *Poisson Stichprobenziehung* wird keine der Häufigkeiten von den Untersuchenden vor der Erhebung festgelegt. Dies gilt sogar für die Stichprobengröße. Untersucht man zum Beispiel die Zahl und die Motive der Personen, die sich trotz der Ausgangssperre im März 2020 in Südfrankreich am Strand oder am Ozark See (Zentral-Missouri) getummelt haben, dann begibt man sich dort hin und beginnt die Zählung, ohne dass die Zahl der Personen vorher festgelegt wird oder bekannt ist. Poisson Erhebung ist bei quasi-experimentellen Untersuchungen und Beobachtungsstudien die übliche Methode.

Bei der *multinomialen Ziehung* ist die Stichprobengröße von vornherein festgelegt. So untersucht man z. B. den Alkoholspiegel von 500 Autofahrern, die nachts unterwegs sind. Werden kategoriale Variablen untersucht, ist die entstehende Datenverteilung dann multinomial.

Bei der *produkt-multinomialen Ziehung* wird für eine Variable festgelegt, wie viele Fälle in eine bestimmte Kategorie einer untersuchten Variablen fallen sollen (*univariat produkt-multinomial*). So untersucht man z. B. 500 Raucher und 500 Nichtraucher. In *multivariat produkt-multinomialen* Untersuchungen wird dies für mehr als eine Variable getan.

In der Anwendung der KFA ist dies von Bedeutung, weil die Methode der Daten-erhebung die Auswahl der Effekte beeinflusst, die in ein Basismodell eingehen können oder müssen. Insbesondere gibt es bei Poisson-Ziehung keine Beschränkungen. Jedes denkbare Basismodell ist zulässig. Dies gilt auch bei multinomialer Ziehung. Ist die Ziehung dagegen produkt-multinomial, dann können nur solche Basismodelle gewählt werden, mit denen die fixierten Häufigkeiten exakt reproduziert werden. Sind mehrere Variablen betroffen, dann gilt dies für jede dieser Variablen. Sind Untertafeln betroffen, d. h. wird die Besetzung für die Zellen einer Untertafel der zu analysierenden Kreuz-klassifikation vor der Datenerhebung festgelegt, dann muss das Basismodell so spezifiziert werden, dass jede der a priori fixierten Häufigkeiten exakt reproduziert wird. Geschieht dies nicht, kann es zu erheblichen Verzerrungen bei der Parameterschätzung führen und es können Typen und Antitypen auftauchen, die mit der Realität nicht viel zu tun haben.

2.4.1 Eine Klassifikation der Basismodelle der KFA

In diesem Abschnitt präsentieren wir eine Klassifikation der Basismodelle der KFA. Diese Klassifikation basiert auf der, die von von Eye (1990b) vorgeschlagen worden war, wird hier aber erweitert. Abb. 2.1 enthält die Klassifikation. In den folgenden Abschnitten diskutieren wir die Gruppen von Basismodellen aus dieser Abbildung. Die Modellgruppen werden in den folgenden Kapiteln behandelt.

2.4.2 Globale Modelle der KFA

Im Feld ganz links unten in Abb. 2.1 findet man die Gruppe der *globalen KFA Modelle*. In dieser Gruppe haben alle Variablen den selben Status. Es wird nicht zwischen

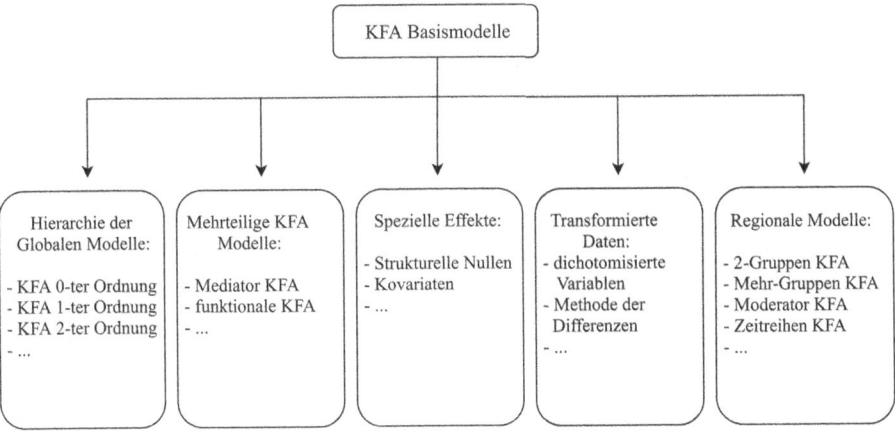

Abb. 2.1 Klassifikation der KFA Basismodelle

abhängigen und unabhängigen Variablen unterschieden, oder Kovariaten, Moderator-oder Mediator-Variablen. Dies ist in Methoden wie der Faktorenanalyse oder der multidimensionalen Skalierung ebenso der Fall. Eine Hierarchie der globalen KFA Modelle kann erzeugt werden auf der Basis der Effekte, die ins Kalkül einbezogen werden. In aufsteigender Reihenfolge sind die folgenden globalen Modelle:

- *KFA 0-ter Ordnung*: hier geht, wenn man von der Modellkonstanten absieht, gar keine Information in das Basismodell ein, die die Variablen betrifft, die eine Kreuzklassifikation aufspannen. Typen und Antitypen können daher auftreten, wenn Haupteffekte, Interaktionen oder beliebige Kombinationen von diesen existieren. Das Modell lautet $\log \hat{m} = 1\lambda$. Dieses Modell wird auch *konfigurale Clusteranalyse* genannt (Krueger, et al., 1979; Lautsch & von Eye, 1998; Lienert & von Eye, 1984, 1985, 1989). Diese Bezeichnung ist angemessen, weil mit dieser Methode nach Dichtezentren im Datenraum gesucht wird. Interessant ist, dass dies die einzige bekannte Methode der Clusteranalyse ist, mit der nicht nur Dichtezentren (KFA Typen) sondern auch Zentren der relativen Leere (KFA Antitypen) im Datenraum statistisch identifiziert werden können.

Im Hinblick auf die im letzten Abschnitt diskutierten Eigenschaften von zulässigen KFA Basismodellen ist es wichtig, zu erkennen, dass die Methoden der Datenerhebung bei der Spezifikation eines Basismodells erhebliche Beschränkungen nach sich ziehen können. Ist die Stichprobe produkt-multinomial gezogen worden, dann müssen die betreffenden univariaten Randwahrscheinlichkeiten (univariat produkt-multinomiales Design) oder die betreffenden multivariaten Wahrscheinlichkeiten in Teiltafeln exakt reproduziert werden. Dies ist nur dann möglich, wenn im univariaten Fall im Schätzmodell der Erwartungshäufigkeiten die Haupteffekte der produkt-multinomial erhobenen Variablen Bestandteile des Basismodells sind. Im multivariaten Fall sind die Haupteffekte und die Interaktionen aller produkt-multinomial erhobenen Variablen in das Basismodell aufzunehmen. Es kann also festgehalten werden, dass die KFA 0-ter Ordnung bei produkt-multinomialer Datenerhebung auch nur einer Variablen bereits als zulässige Methode der Datenanalyse ausscheidet.

Die Designmatrix für das Basismodell einer KFA 0-ter Ordnung ist leicht beschrieben: sie enthält nur einen Spaltenvektor, jenen für die Modellkonstante. Die auf diese Weise geschätzten Erwartungshäufigkeiten sind ebenfalls konstant, weil in diesem Modell keine Variation vorgeschlagen wird. Die Erwartungshäufigkeit ist für jede Zelle der Mittelwert der Zellhäufigkeiten, d. h. $\hat{m} = N/t$. Typen und Antitypen entstehen dann für die Zellen die im Vergleich zu diesem Mittelwert extrem groß oder klein sind.

- *KFA erster Ordnung*: dies ist das ,klassische' und am häufigsten verwendete KFA Modell. In das Basismodell für diesen Ansatz gehen, neben der Modellkonstanten, die Haupteffekte aller Variablen ein, die eine Kreuzklassifikation aufspannen. Typen und Antitypen können daher auftreten, wenn beliebige Interaktionen existieren.

Haupteffekte dagegen haben keinen Einfluss auf das Entstehen von Typen oder Antitypen, weil sie bei der Schätzung der Erwartungshäufigkeiten bereits ins Kalkül einbezogen werden.

Zur Illustration nehmen wir wieder die $2 \times 2 \times 2$ Kreuzklassifikation der drei binären Variablen X_1, X_2 und X_3. In diesem Beispiel ist das Modell $\log \hat{m} = \lambda + \lambda^{X_1} + \lambda^{X_2} + \lambda^{X_3}$ wobei die Variablen, die die Kreuzklassifikation aufspannen, im Superskript genannt sind. Die Designmatrix für eine KFA erster Ordnung für diese Tafel ist, wie oben schon ausgeführt wurde,

$$X = \begin{bmatrix} 1 & 1 & 1 & 1 \\ 1 & 1 & 1 & -1 \\ 1 & 1 & -1 & 1 \\ 1 & 1 & -1 & -1 \\ 1 & -1 & 1 & 1 \\ 1 & -1 & 1 & -1 \\ 1 & -1 & -1 & 1 \\ 1 & -1 & -1 & -1 \end{bmatrix},$$

wobei die erste Spalte, wie immer im gegenwärtigen Kontext, die Modellkonstante repräsentiert. Die folgenden drei Spalten repräsentieren die Haupteffekte der drei binären Variablen, die die Kreuzklassifikation aufspannen.

Produkt-multinomiale Datenerhebung stellt für die KFA erster Ordnung keine Einschränkung dar, so lange sie univariat ist. Bei multivariater produkt-multinomialer Datenerhebung, die Teiltafeln fixiert, kann die KFA erster Ordnung nicht verwendet werden.

- *KFA zweiter Ordnung*: dieses KFA Modell ist in der Hierarchie eine Stufe höher als die KFA erster Ordnung angesiedelt. Zusätzlich in das Basismodell werden hier alle zweifach Interaktionen aufgenommen. Typen und Antitypen können in diesem Modell nur dann entstehen, wenn drei- oder mehrfach Interaktionen existieren. Produkt-multinomiale Datenerhebung ist hier nur dann ein Hemmschuh, wenn trivariate oder noch komplexere Teiltafeln exakt reproduziert werden müssen.

Zur Illustration bleiben wir bei dem Beispiel der $2 \times 2 \times 2$ Tafel. Das Basismodell für eine KFA zweiter Ordnung für eine solche Tafel ist $\log \hat{m} = \lambda + \lambda^{X_1} + \lambda^{X_2} + \lambda^{X_3} + \lambda^{X_1 X_2} + \lambda^{X_1 X_3} + \lambda^{X_2 X_3}$, wobei die Superskripte mit einer Variablen die Haupteffekte anzeigen. Die Superskripte mit zwei Variablen zeigen die zweifach Interaktionen an. Die Designmatrix für das Basismodell für eine KFA zweiter Ordnung einer solchen Tafel ist

$$X = \begin{bmatrix} 1 & 1 & 1 & 1 & 1 & 1 & 1 \\ 1 & 1 & 1 & -1 & 1 & -1 & -1 \\ 1 & 1 & -1 & 1 & -1 & 1 & -1 \\ 1 & 1 & -1 & -1 & -1 & -1 & 1 \\ 1 & -1 & 1 & 1 & -1 & -1 & 1 \\ 1 & -1 & 1 & -1 & -1 & 1 & -1 \\ 1 & -1 & -1 & 1 & 1 & -1 & -1 \\ 1 & -1 & -1 & -1 & 1 & 1 & 1 \end{bmatrix},$$

wobei die ersten vier Spalten identisch mit denen im Basismodell der KFA erster Ordnung sind. Hinzu kommen aber jetzt die drei zweifach Interaktionen der drei Variablen, die die Kreuzklassifikation aufspannen. Diese Interaktionen werden durch die drei letzten Spaltenvektoren repräsentiert. Diese Designmatrix enthält nur eine Spalte weniger als die Designmatrix für das saturierte Modell für dieselbe Tafel, das oben diskutiert wurde. Für das saturierte Modell benötigt man zusätzlich noch die dreifach Interaktion $X_1 \times X_2 \times X_3$.

- *KFA Modelle höherer Ordnung*: technisch meist problemlos realisierbar, sind KFA Modelle höherer Ordnung in der Literatur noch nicht oft diskutiert oder angewendet worden. Das einzige uns bekannte Beispiel einer KFA dritter Ordnung findet man bei von Eye (2002, *pp.* 121 – 124). Das obere Limit der globalen KFA Modelle ist stets das Niveau direkt unter der Interaktion aller Variablen, die eine Kreuzklassifikation aufspannen. Dies gilt speziell für Basismodelle, die hierarchische log-lineare Modelle zur Schätzung der Erwartungshäufigkeiten verwenden. Bei solchen Modellen sind, beginnend mit zweifach Interaktionen, für jeden Interaktionsterm stets alle Terme niedrigerer Ordnung, die aus den selben Variablen gebildet werden können, ebenfalls Bestandteile des Modells.
- *Nicht-hierarchische globale KFA Modelle*: Wie Vermunt (1997) oder Mair und von Eye (2007) diskutiert haben, sind nicht-hierarchische Modelle, sogar nicht-standard Modelle oft von Interesse. Sie sind mit vielen, aber nicht allen log-linearen Modellierungs-Programmen schätzbar. In diesen Modellen wird die Hierarchie durchbrochen, indem nicht alle Terme niedrigerer Ordnung ins Modell aufgenommen werden, wenn ein Term höherer Ordnung im Modell ist.

In dem Beispiel, in dem das Meehl'sche Paradoxon anhand eines Datensatzes aus der klinischen Psychologie untersucht wurde, könnte dies wie folgt aussehen. Fragt man, ob die entstandenen Typen und Antitypen tatsächlich nur durch die dreifach Interaktion der Variablen *B*, *D* und *A* erklärt werden können, dann nimmt man diese Interaktion in das Schätzmodell auf, entfernt aber die drei zweifach Interaktionen. Das resultierende, nicht-hierarchische Modell ist dann $\log \hat{m} = \lambda + \lambda^B + \lambda^D + \lambda^A + \lambda^{BDA}$ wobei der λ Parameter mit den drei Variablen im Superskript die dreifach Interaktion $B \times D \times A$ repräsentiert. Die Designmatrix für dieses Modell ist

$$X = \begin{bmatrix} 1 & 1 & 1 & 1 & 1 \\ 1 & 1 & 1 & -1 & -1 \\ 1 & 1 & -1 & 1 & -1 \\ 1 & 1 & -1 & -1 & 1 \\ 1 & -1 & 1 & 1 & -1 \\ 1 & -1 & 1 & -1 & 1 \\ 1 & -1 & -1 & 1 & 1 \\ 1 & -1 & -1 & -1 & -1 \end{bmatrix}.$$

Im Vergleich zur zuletzt diskutierten Designmatrix findet sich hier der Spaltenvektor für die dreifach Interaktion anstelle der letzten drei Vektoren, die die zweifach Interaktionen repräsentiert hatten. Ist die Hypothese vertretbar, dass die dreifach Interaktion die Typen und Antitypen verursacht, dann müssten diese verschwinden, wenn allein die dreifach Interaktion ins Modell aufgenommen wird. Wendet man dieses Basismodell auf die Lienertschen Daten an, dann erhält man die Ergebnisse, die in der Tab. 2.3 zusammengefasst sind.

Das goodness-of-fit Chi-Quadrat für dieses Modell bestätigt, was man bereits beim Vergleich der beobachteten mit den erwarteten Zellhäufigkeiten in der Tabelle vermuten konnte. Das nicht-hierarchische Modell beschreibt die Häufigkeitsverteilung ausgezeichnet (Pearson $X^2 = 2.40$; $df = 3$; $p = 0.4929$). Typen und Antitypen können daher nicht auftreten.

Es ist wichtig, zu erkennen, dass auch nicht-hierarchische KFA Basismodelle globale Modelle sind, wenn sie das Definitionskriterium erfüllen, dass alle Variablen den gleichen Status besitzen, und damit nicht in abhängige und unabhängige Variablen gruppiert werden können.

2.4.3 Regionale Modelle der KFA

Regionale Modelle der KFA, ganz rechts in Abb. 2.1, unterscheiden sich von globalen Modellen dadurch, dass die Variablen, die in die Analyse eingehen, gruppiert werden

Konfiguration

B	D	A	m	$\hat{m}$	z
1	1	1	20.000	21.207	-0.262
1	1	2	1.000	1.638	-0.498
1	2	1	4.000	2.883	0.658
1	2	2	12.000	11.272	0.217
2	1	1	3.000	2.272	0.483
2	1	2	10.000	8.883	0.375
2	2	1	15.000	15.637	-0.161
2	2	2	0.000	1.208	-1.099

Tab. 2.3 Nicht-hierarchische KFA der Daten aus Tab. 2.2

können. Dies sind z. B. Modelle, die zwischen abhängigen und unabhängigen Variablen unterscheiden. Mediatormodelle oder Modelle mit Kovariaten könnten ebenfalls als Beispiele für regionale Modelle interpretiert werden. Hier werden sie aber gesondert behandelt, weil sie noch zusätzliche Eigenschaften aufweisen, die gesonderte Gruppierungen rechtfertigen. Es folgt eine Auswahl an regionalen Modellen.

- *Zwei-Gruppen KFA*: Bereits von Lienert (1973) vorgeschlagen, ist die zwei-Gruppen KFA ein Beispiel der personen-orientierten KFA (von Eye, 2010a; von Eye, Indurkhya & Kreppner, 2000; von Eye et al., 2008). Die Variable, die die Vergleichs-gruppen bezeichnet, dient der Beantwortung der Frage, ob Typen/Antitypenmuster über die Vergleichsgruppen hinweg konstant sind. Damit hat diese Gruppierungs-variable die Funktion eines Moderators.

  Das kleinste Modell einer zwei-Gruppen KFA, das von einer KFA erster Ordnung unterscheidbar ist, kann mit zwei Diskriminationsvariablen (das sind Variablen, die zur Unterscheidung von Gruppen dienen), X_1 und X_2 gebildet werden, und einer Gruppierungsvariable, G. Das Basismodell für diese drei Variablen ist $\log \hat{m} = \lambda + \lambda^{X_1} + \lambda^{X_2} + \lambda^{G} + \lambda^{X_1 X_2}$. In diesem Modell finden sich die Haupt-effekte und die Interaktion der Diskriminationsvariablen. Dazu kommt der Haupt-effekt der Gruppierungsvariable. Mit diesen drei Effekten wird ausgeschlossen, dass Typen oder Antitypen nur deshalb entstehen, weil diese Effekte vielleicht existieren. Nicht Bestandteil des Modells sind jegliche Interaktionen zwischen X_1 und X_2 und der Gruppierungsvariable, G. Dies sind die Effekte $\lambda^{X_1 G}, \lambda^{X_2 G}$, und $\lambda^{X_1 X_2 G}$. Dies sind alle Effekte, in denen G mit den beiden Diskriminationsvariablen interagiert. Existiert auch nur einer dieser Effekte, dann kann damit gerechnet werden, dass ein resultierendes Typen/Antitypenmuster sich über die Gruppen hinweg unterscheidet. Sind alle drei Variablen binär, dann lautet die Designmatrix für dieses Modell

$$X = \begin{bmatrix} 1 & 1 & 1 & 1 & 1 \\ 1 & 1 & 1 & -1 & 1 \\ 1 & 1 & -1 & 1 & -1 \\ 1 & 1 & -1 & -1 & -1 \\ 1 & -1 & 1 & 1 & -1 \\ 1 & -1 & 1 & -1 & -1 \\ 1 & -1 & -1 & 1 & 1 \\ 1 & -1 & -1 & -1 & 1 \end{bmatrix}.$$

In dieser Designmatrix sieht man hinter dem Spaltenvektor für die Konstante die Haupt-effektvektoren aller drei beteiligten Variablen, d.h. X_1, X_2, und G. Der letzte Spaltenvektor in X repräsentiert die Interaktion zwischen den Diskriminationsvariablen X_1 und X_2.

- *Mehr-Gruppen KFA*: In der mehr-Gruppen KFA werden die Unterschiede zwischen mehr als zwei Gruppen untersucht. Um diese Unterschiede in Form von differentiellen Typen/Antitypenmustern auszudrücken, sind multiple Vergleiche erforderlich. Jeder dieser Vergleiche verläuft analog zu einer zwei-Gruppen KFA (von Eye, 2002).

- *Auto-Assoziations-KFA*: in der Analyse längsschnittlicher metrischer Daten sind Auto-korrelationen oft das Ziel der Analyse. Man fragt dabei, ob gemessene Variablen über die Zeit hinweg mit sich selber korrelieren. So zeigte sich in einer Untersuchung zu den Trinkgewohnheiten von (selbstdiagnostizierten) Alkoholikern (Perrine et al., 1995), dass bei vielen Teilnehmern die an Wochenenden konsumierte Alkoholmenge stark miteinander korrelierte, die an Wochentagen konsumierte Menge dagegen weniger stark. In der Auto-Assoziations-KFA (von Eye et al., 2010) wird nun gefragt, ob bei kategorialen Variablen längsschnittliche Beobachtungen zueinander in Beziehung stehen. Wird eine Variable X zwei mal beobachtet, dann ergibt sich für die Beantwortung dieser Frage das Basismodell $\log \hat{m} = \lambda + \lambda^{X_1} + \lambda^{X_2}$, wobei die Superskripte die wiederholt beobachteten Variablen zu sehen sind. Dieses Modell gleicht einem Basismodell für eine KFA erster Ordnung, unterscheidet sich davon aber dadurch, dass nicht zwei, sondern nur eine wiederholt beobachtete Variable in die Analyse eingehen.

In einer Variante der Autoassoziations-KFA wird gefragt, ob die entstehenden Typen/Antitypen-Muster in Bezug zu einer oder mehreren Variablen stehen, die nur einmal beobachtet wurden. Man kann z. B. fragen, ob das Fortschreiten der Verbreitung eines Virus davon abhängt, welches Land betrachtet wird. Bezeichnet C eine einmal beobachtete Variable, dann könnte ein Autoassoziations Basismodell die Form $\log \hat{m} = \lambda + \lambda^{Y_1} + \lambda^{Y_2} + \lambda^{C} + \lambda^{Y_1 Y_2}$ annehmen. Typen und Antitypen reflektieren dann die Beziehungen der wiederholt beobachteten Variable Y mit der nur einmal beobachteten Variable C. Sind Y und C binär, dann ist die Designmatrix für dieses Basismodell

$$X = \begin{bmatrix} 1 & 1 & 1 & 1 & 1 \\ 1 & 1 & 1 & -1 & 1 \\ 1 & 1 & -1 & 1 & -1 \\ 1 & 1 & -1 & -1 & -1 \\ 1 & -1 & 1 & 1 & -1 \\ 1 & -1 & 1 & -1 & -1 \\ 1 & -1 & -1 & 1 & 1 \\ 1 & -1 & -1 & -1 & 1 \end{bmatrix}.$$

Die Spaltenvektoren nach der Konstanten sind in der Reihenfolge Y_1, Y_2, C und $Y_1 \times Y_2$ angeordnet. Die einzigen Terme, die in diesem Modell nicht enthalten sind, sind die, die C mit Y verbinden, d. h. $\lambda^{Y_1 C}$, $\lambda^{Y_2 C}$, und $\lambda^{Y_1 Y_2 C}$. Damit ist dieses Modell parallel zu dem der bereits oben diskutierten zwei-Gruppen KFA. Der Unterschied liegt wiederum darin, dass nicht zwei Diskriminationsvariablen, sondern nur eine wiederholt beobachtete Variable ins Modell eingeht.

Andere Varianten der Autoassoziations-KFA schließen z.B. Kovariaten oder Mediatorvariablen ein, oder untersuchen mehr als eine Messwertreihe. Solche Modelle werden später in diesem Band behandelt (siehe Abschn. 4.7).

2.4.4 Mehrteilige Modelle der KFA

In der von links zweiten Gruppe der KFA Modelle in Abb. 2.1 finden sich *mehrteilige KFA Modelle*. Dies sind Modelle die mehr als einen Lauf der KFA erfordern, um die gestellten Fragen beantworten zu können. Das Prinzip dieser Gruppe von KFA Modellen besteht darin, mehrere Basismodelle an den selben Daten zu testen und dann durch den Vergleich der Ergebnisse zu Schlüssen zu kommen, die es ermöglichen, entstandene Typen/Antitypenmuster zu interpretieren. Als Beispiele diskutieren wir hier die beiden bekanntesten mehrteiligen KFA Modelle.

- *Mediator KFA*: Mediatormodelle bestehen aus mindestens drei Variablen. Dies sind der Prädiktor, *P*, der Mediator, *M*, und die abhängige Variable, *O*. Abb. 2.2 zeigt, wie diese Variablen zueinander in Beziehung stehen.

Definitionen und Methoden zur Analyse von Mediationshypothesen für metrische Variablen wurden u.a. von Baron und Kenny (1986), MacKinnon (2008) und Wiedermann und von Eye (2015a) vorgeschlagen. Modelle für die konfigurale Analyse von Mediationshypothesen wurden u.a. von Smyth und MacKinnon (2020), von Eye, Mun, und Mair (2009), von Eye et al. (2010) und Wiedermann und von Eye (2020) diskutiert. Die konfigurale Mediationsanalyse schätzt separate Modelle, um die Beziehungen zwischen Prädiktor und abhängiger Variable zu untersuchen, Prädiktor und Mediator, und Mediator und abhängiger Variable. Ergeben sich Typen/Antitypenmuster, dann wird die Hypothese einer kompletten oder partiellen Mediation z.B. auf der Basis einer KFA erster Ordnung interpretiert. Dieser Ansatz wird im Detail in Kap. 6 behandelt.

- *Funktionale KFA*: es ist selten, dass eine KFA isoliert durchgeführt wird. Meist fragen die Untersuchenden nicht allein nach Typen und Antitypen, sondern sie stellen auch variablen-orientierte Fragen. Ein hybrider Ansatz, in dem variablen-orientierte und personen-orientierte Methoden mit einem gemeinsamen Ziel eingesetzt werden ist die *funktionale KFA* (von Eye & Mair, 2008a, 2008b, 2008c). Mit dieser Methode wird die Frage untersucht, welche Variablenbeziehungen die Ursachen für das Auftreten von Typen und Antitypen sind. Zur Beantwortung dieser Frage werden systematisch Effekte, die Variablenbeziehungen darstellen, in Basismodelle aufgenommen oder

Abb. 2.2 Mediatormodell der
Variablen *P*, *M*, und *O*

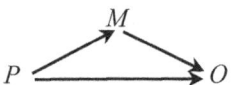

aus ihnen entfernt. Dies wurde ansatzweise bereits am Beispiel der Frage diskutiert, ob die dreifach Interaktion $D \times B \times A$ allein die Typen und Antitypen hervorruft, die im Kontext des Meehl'schen Paradoxons aufgetreten sind. Hat die Aufnahme einer bestimmten Interaktion die Funktion, dass Typen und Antitypen aus einem vorher gefundenen Typen/Antitypenmuster verschwinden, dann ist die Frage für diese Typen und Antitypen beantwortet. In den meisten Fällen wird es erforderlich sein, mehrere Modelle zu rechnen, um die Ursachen für das Auftauchen eines speziellen Typen/Antitypenmusters zu finden. Dies wird in Abschn. 7.2 ausgeführt.

2.5   KFA transformierter Daten

Die vierte Gruppe von KFA Modellen, die in Abb. 2.1 einbezogen ist, ist die, in der transformierte Variablen analysiert werden. In vielen Fällen – und oft kritisiert – werden kontinuierliche Variablen kategorisiert (im Extremfall dichotomisiert), damit sie mit log-linearen Modellen oder einer KFA analysiert werden können. Es kann kaum Zweifel daran bestehen, dass Information verloren gehen kann, wenn Variablen kategorisiert werden. Es kann aber auch der Fall sein, dass durch die Kategorisierung Variableneigenschaften deutlicher zum Vorschein kommen als wenn die Variablen untransformiert analysiert werden (siehe, z. B. von Eye & Mair, 2011). Dies wird besonders deutlich, wenn Kategorisierungen und Transformationen gezielt eingesetzt werden, um bestimmte Effekte zu erzielen. Beispiele solcher Ansätze sind:

- *Konfigurale Trendanalyse*: eine Transformation, die in der Zeitreihenanalyse Routine ist, besteht darin, aufeinanderfolgende Werte voneinander abzuziehen, d. h. $x_i' = x_{i+1} - x_i$. Die dadurch entstehenden *Differenzen erster Ordnung* beschreiben einen Zeitverlauf, aus dem der lineare Trend entfernt worden ist. Kategorisiert man die Differenzen, können sie mit einer KFA untersucht werden. Dies dient der Beantwortung der Frage, ob jenseits etwaiger linearer Änderungen noch lokale Trends, auch in Verbindung mit anderen Variablen, in den Daten erkennbar sind. Diese Trends entsprechen dann z. B. Beschleunigungen oder Verlangsamungen.

Erzeugt man *Differenzen zweiter Ordnung*, das sind Differenzen von Differenzen, dann kann man auch den quadratischen Trend (die Beschleunigung) aus einer Zeitreihe entfernen. Eine KFA von kategorisierten zweiten Differenzen dient dann der Frage, ob Änderungen in Beschleunigungen lokal erkannt werden können. Kapitel 4 beschreibt die konfigurale Trendanalyse im Detail.

- *Konfigurale Analyse von runs*: Über den Vergleich von direkt benachbarten Messwerten kann ein Muster von Auf und Ab-Änderungen erzeugt werden, indem man nur die Vorzeichen von Differenzen mit der KFA analysiert. Dies ist einer Dichotomisierung von Differenzen erster Ordnung äquivalent. Die Zahl von runs, das sind Muster aufeinanderfolgender Auf und Ab-Änderungen, kann für eine KFA genutzt werden. Auf und Ab-Muster könnten global auch mit den bekannten runs Tests (Stevens, 1939; Swed & Eisenhart, 1943; Wald & Wolfowitz, 1940) untersucht werden. Dies gilt ebenso für andere Definitionen von runs (von Eye et al., 2010). In der KFA können für multiple Variablen runs verschiedener Länge gekreuzt werden, und es kann gefragt werden, ob bestimmte multivariate Muster Typen oder Antitypen konstituieren. Wenn zwei Variablen überzufällig häufig gleich lange runs zeigen, dann kann möglicherweise angenommen werden, dass sie auf die gleichen kausalen Faktoren in gleichen Zeiträumen reagieren. Abschn. 7.9 beschreibt die KFA von runs.

2.6   KFA unter Berücksichtigung besonderer Variablen

Die letzte der in Abb. 2.1 dargestellten Gruppen von KFA Modellen enthält Ansätze, die besondere Variablen in die Analyse einbeziehen. Solche Variablen unterscheiden sich von denen, die die untersuchte Kreuzklassifikation aufspannen, dadurch, dass sie z. B. auf andere Weise erhoben wurden oder nicht inhaltlicher Natur sind. Zwei Beispielansätze sind die folgenden.

- *KFA mit strukturellen Nullen:* wie oben, in Beispielfragen 7 und 17, bereits diskutiert wurde, kann der Fall eintreten, dass eine oder mehrere Zellen einer Tafel aus logischen, ethischen oder technischen Gründen nicht besetzt werden können. Die Schätzung von Erwartungshäufigkeiten muss diesem Umstand Rechnung tragen, weil vermieden werden muss, dass Typen und Antitypen auftreten, die nichts mit den untersuchten Hypothesen zu tun haben. In Basismodellen werden strukturelle Nullen durch Vektoren berücksichtigt, die eine 1 dort haben, wo die strukturelle Null liegt, und 0 für alle anderen Zellen. Meist wird jede strukturelle Null mit einem solchen Vektor berücksichtigt. Es ist wichtig, zu verhindern, dass eine zu große Zahl an strukturellen Nullen die Schätzung eines Modells verunmöglicht. Wird eine Designmatrix singulär, weil zu viele strukturelle Nullen berücksichtigt werden müssen, oder bleiben nicht genug Freiheitsgrade übrig, um alle Hypothesen im Basismodell zu repräsentieren, dann ist eine konfigurale Analyse ausgeschlossen. Dies gilt ebenso für korrespondierende log-lineare Modelle.

Zur Illustration nehmen wir wieder das Beispiel mit drei binären Variablen. In diesem Beispiel soll Zelle 1 2 1 eine strukturelle Null sein. Das KFA Basismodell erster Ordnung für diesen Fall hat die Designmatrix

$$X = \begin{bmatrix} 1 & 1 & 1 & 1 & 0 \\ 1 & 1 & 1 & -1 & 0 \\ 1 & 1 & -1 & 1 & 1 \\ 1 & 1 & -1 & -1 & 0 \\ 1 & -1 & 1 & 1 & 0 \\ 1 & -1 & 1 & -1 & 0 \\ 1 & -1 & -1 & 1 & 0 \\ 1 & -1 & -1 & -1 & 0 \end{bmatrix}.$$

Der letzte Spaltenvektor ist derjenige, der erforderlich ist, um zu verhindern, dass für Zelle 1 2 1 eine Erwartungshäufigkeit geschätzt wird, die ungleich Null ist. In Abschn. 5.2 wird das Problem der strukturellen Nullen in einer KFA behandelt. Es wird auch gezeigt, dass strukturelle Nullen aus formalen, design-spezifischen Gründen entstehen können.

- *KFA mit Kovariaten*: Kovariaten sind definiert als Variable, die nicht unter der Kontrolle der Untersuchenden variieren. Fragt man etwa wie Lienert (1968), ob unter LSD mentale Störungsmuster auftreten, dann spielt das Alter der Teilnehmerinnen und Teilnehmer möglicherweise keine Rolle. Nimmt man dagegen das Alter in die Menge der Hypothesen auf, dann kann es als Kovariate in das Basismodell eingebaut werden. Dies geschieht dann z. B., indem man das Durchschnittsalter der Teilnehmer in jeder Zelle als zusätzlichen Vektor in die Designmatrix aufnimmt.
  Aus der Perspektive der log-linearen Modellierung kann diese Art der Kovariaten problematisch sein, weil die entstehenden Vektoren nur selten orthogonal zu den anderen Effektvektoren sind. Das macht es schwer, die geschätzten Parameter zu interpretieren. Eine Option, diesem Problem zu begegnen, besteht darin, das Modell zuerst ohne die Kovariate, und dann unter Einbezug der Kovariaten zu schätzen. Die Differenz zwischen diesen beiden Modellen zeigt dann die Stärke des Einflusses der Kovariaten.

Eine Alternative zu diesem Vorgehen ist, dass eine Designmatrix pro Person erzeugt wird, und auf diese Weise ein personen-spezifisches log-lineares Modell erzeugt wird. Der Vorteil dieses Vorgehens wäre, dass die Kovariaten nicht aggregiert werden müssen. Diese Alternative ist im Zusammenhang mit der KFA noch nicht detailliert diskutiert worden, sollte aber im Auge behalten werden (siehe Kap. 7).

Die Berücksichtigung multipler Kovariaten liegt durchaus im Bereich des Möglichen. Hier ist zu beachten, dass es für die Zahl der Kovariaten eine natürliche Obergrenze gibt. Dies ist die Zahl der Freiheitsgrade, die verfügbar sind, nachdem das Basismodell spezifiziert worden ist, minus 1. In Abschn. 6.1 wird beschrieben und illustriert, wie Kovariaten in der KFA berücksichtigt werden können.

In den folgenden beiden Abschnitten werden die beiden noch verbleibenden Elemente der KFA behandelt. Dies sind die statistischen Tests, die zur Aufdeckung von Typen und Antitypen verwendet werden können und die Methoden, die zum Schutz des Signifikanzniveaus eingesetzt werden können. Wir beginnen mit den Signifikanztests.

2.7   Das Testen von Hypothesen in der KFA

Es wurde eine große Zahl an Signifikanztests vorgeschlagen, die in der KFA Verwendung finden können. Diese Tests haben unterschiedliche Eigenschaften, die z. T. auch mit den Eigenschaften der KFA Basismodelle zusammenhängen, speziell der Methode der Stichprobenerhebung.

Dies wird in den folgenden Abschnitten diskutiert. Bevor wir dies tun, stellen wir aber noch die Nullhypothese dar, unter der diese Tests durchgeführt werden (von Eye & Gutiérrez-Peña, 2004). Diese Hypothese wird auch die *KFA Nullhypothese* genannt. In der KFA können Hypothesen bezüglich einzelner Zellen aber auch bezüglich mehrerer Zellen als Gruppe getestet werden. Die Nullhypothese ist in beiden Fällen die gleiche. In beiden Fällen sucht man nach KFA Typen und Antitypen. Typen zeigen, dass mehr Fälle in einer Zelle gefunden wurden als unter dem Basismodell zu erwarten war. Antitypen zeigen, dass weniger Fälle gefunden wurden als unter dem Basismodell zu erwarten war. Dies gilt entsprechend, wenn Gruppen von Zellen untersucht werden.

Die KFA Nullhypothese lautet H_0: $E[m_i] = m_i$, wobei $E[m_i] = \hat{m}_i$ den Erwartungswert und m_i die Häufigkeit in Zelle i bezeichnet ($i = 1, \ldots, t;$ wobei t die Zahl der Zellen in einer Kreuzklassifikation ist). Wieder anders formuliert ist die KFA Nullhypothese, dass Zelle i keinen Typ oder Antityp konstituiert.

Wir fragen jetzt, wie man zur Kennzeichnung von Zellen als Typ- oder Antitypkonstituierend kommt. Lassen wir $p_i(m_i - 1)$ die Wahrscheinlichkeit bezeichnen, dass Zelle i $m_i - 1$ Fälle enthält. Dann wird die KFA Nullhypothese zugunsten einer Typ-Entscheidung zurück gewiesen, wenn $p_i(m_i - 1) \geq 1 - \alpha$. Umgekehrt wird die KFA Nullhypothese zugunsten einer Antitypentscheidung zurück gewiesen, wenn $p_i(m_i) \leq \alpha$ ist (dies ist im Unterschied zu Krauth, 2003). Die Wahrscheinlichkeit p_i kann mit den Tests geschätzt werden, die in den folgenden Abschnitten behandelt werden (siehe auch von Eye, 2002; von Eye et al., 2010). In diesen Abschnitten besprechen wir ausschließlich Tests, die Typen- und Antitypen-Entscheidungen ermöglichen. Für die Entscheidung, ob ein Basismodell die beobachteten Häufigkeiten gut beschreibt, verwenden wir die Tests, die auch beim log-linearen Modellieren Verwendung finden. Meist sind dies Pearson Chi-Quadrat Tests oder Likelihood Ratio (LR) Tests (siehe Agresti, 2018, oder von Eye & Mun, 2013). Im Anschluss an die Beschreibung der KFA-Tests diskutieren wir Methoden zum Schutz des Signifikanzniveaus α.

2.7.1   Signifikanztests der KFA

In diesem Abschnitt behandeln wir eine Auswahl der vielen Tests, die für die KFA vor-geschlagen wurden. Ausgewählt wurden solche Tests, die häufig Verwendung finden, und solche, die erst vor vergleichsweise kurzer Zeit vorgeschlagen wurden und interessante Eigenschaften haben. Eine Reihe anderer Tests wird hier nicht besprochen, weil sie unseres Wissens nach in empirischen Datenanalysen mit der KFA kaum oder nie ver-wendet worden sind (siehe von Eye, 2002).

2.7.2   Der exakte Binomialtest

Noch bevor wir den Binomialtest und den von Lienert (1968) und Krauth (2003) ver-wendeten Chi-Quadrat Test besprechen, betonen wir erneut die Beziehung der KFA Tests zur Methode der Stichprobenziehung (siehe von Eye & Gutiérrez-Peña, 2004; von Eye, et al., 2010). Wie oben bereits ausgeführt wurde, ist die Stichprobenziehung für kate-goriale Variablen in den meisten Fällen multinomial. Damit erhält man die Verteilung

$$P(m = m_1, \ldots, m_t = m_r | N, \pi_1, \ldots, \pi_t) = \frac{N!}{m_i!, \ldots, m_t!} \sum_{r=1}^{t} \pi_r^{m_r},$$

wobei t wieder die Zahl der Zellen der Kreuzklassifikation bezeichnet, m_i die Häufigkeit in Zelle i ist, $\sum_r p_r = 1$ und $\sum_r m_r = N$ sind, wobei r die Zellen der Kreuzklassifikation indiziert, mit $r = 1, \ldots, t$. Daraus folgt, dass die Zellhäufigkeit m_r binomial verteilt ist, mit

$$P(m = m_r | N, \pi_r) = \frac{N!}{m_r!(N - m_r)!} \pi_r^{m_r} (1 - \pi_r)^{N-m_r},$$

wobei r wieder den Zellenindex darstellt. Damit kann zum Testen der Nullhypothese für Zelle r der exakte Binomialtest verwendet werden. Dieser Test wird definiert durch

$$B_{N,p}(m) = \sum_{j=0}^{m} \frac{N!}{j!(N - J)!} p^j (1 - p)^{N-j},$$

mit $0 \leq m \leq N$. Die Wahrscheinlichkeit p wird meist aus der Stichprobe geschätzt.

Der Binomialtest basiert ausschließlich auf der beobachteten Stichprobenverteilung und ist somit exakt. Er summiert die Wahrscheinlichkeit der einzelnen Ereignisse, die eine Zellhäufigkeit ausmachen. Es ist nicht erforderlich, anzunehmen, dass eine Stich-probenverteilung gut approximiert wird.

Dennoch kann es sein, dass der Binomialtest zu konservativen statistischen Ent-scheidungen führt. Dies liegt daran, dass p meist aus der Stichprobe geschätzt wird. Ist dies der Fall, dann kann p Stichprobeneigenschaften reflektieren, und die Diskrepanz zwischen Stichprobe und Population wird unterschätzt. Deshalb entsteht oft der Eindruck, dass der Binomialtest wenig Power hat. Dennoch ist der Binomialtest interessant, weil er unter jedem Schema der Stichprobenziehung und unter jedem Basismodell verwendet werden kann.

Eine große Zahl von Approximationen des Binomialtests ist vorgeschlagen worden, die den Rechenaufwand sowie numerische Probleme mit unter Umständen sehr großen ganzzahligen Multiplikationen reduzieren sollen. Ein Beispiel einer numerischen Approximation nutzt die Stirling'sche Formel (Feller 1957; von Eye & Bergman, 1987). Diese Approximation ist vergleichsweise genau, vor allem bei großen Zellhäufigkeiten und in dem in der KFA interessierenden Extrembereich, kann aber ebenfalls zu konservativen statistischen Entscheidungen führen.

Ein Beispiel einer statistischen Approximation nutzt das DeMoivre-Laplace Grenzwert-Theorem (Feller, 1957; Bergman & von Eye, 1987). Diese Approximation nutzt die Nähe der Binomialverteilung zur Normalverteilung. Hier muss, wie erwähnt, sichergestellt werden, dass die Approximation der Normalverteilung zulässig und valide ist. Dies ist vor allem bei großen Zellhäufigkeiten meist der Fall.

Diese beiden Approximationen werden hier nicht weiter ausgeführt, weil in der Literatur nur wenig Anwendungen zu finden sind (Details finden sich in von Eye, 2002). Molenaar (1970) diskutiert eine große Zahl weiterer Approximationen des Binomialtests, und Naud (1999) beschreibt die Resultate von vergleichenden Monte-Carlo Simulationen. Auch diese Ergebnisse werden hier zugunsten der Tests in den folgenden Abschnitten nicht weiter ausgeführt (im Überblick werden Nauds Ergebnisse bei von Eye, 2002, in Tabelle 11 dargestellt).

2.7.3 Approximative Tests

Die folgenden approximativen Tests verfügen über mehr Power als der Binomialtest. Man muss allerdings die Annahme treffen, dass eine Stichprobenverteilung valide und gut approximiert wird. Dies wird bereits in einführenden Statistiklehrbüchern diskutiert, z. B. wenn betont wird, dass für einen gültigen Chi-Quadrat-Test die zellspezifischen Erwartungshäufigkeiten mindestens fünf betragen sollen (z. B. in Bortz & Schuster, 2010, S. 142; Tamhane & Dunlop, 2000, S. 320), um eine gute Approximation zu gewährleisten. Mehr zu diesem Thema folgt im nächsten Abschnitt.

Der Chi-Quadrat-Test. Der bekannteste und wohl am häufigsten verwendete KFA Test ist der bereits von Lienert (1973) verwendete Pearson Chi-Quadrat Komponenten-Test. Der Chi-Quadrat Test wird, je nach Kontext, als Ähnlichkeitstest oder als Test der Güte der Anpassung eines Modells verwendet. Die einzelne Komponente dieses Tests ist, für Zelle i,

$$X_i^2 = \frac{\left(m_i - \hat{m}_i\right)^2}{\hat{m}_i},$$

wobei m_i wieder die beobachteten und $\hat{m}_i$ die erwarteten Häufigkeiten der i-ten Zelle bezeichnen.

Es ist oft diskutiert worden, wie groß eine Stichprobe sein muss, damit den Ergebnissen des Chi-Quadrat-Tests vertraut werden kann. Laut Wise (1963) ist der Chi-Quadrat-Test noch valide, wenn $\hat{m}_i \geq 2$ ist, so lange alle $\hat{m}_i$ ungefähr gleich groß sind. Dies ist offenbar besonders für die KFA 0-ter Ordnung interessant, bei der ja alle Erwartungshäufigkeiten gleich groß sind. Everitt (1977) geht deutlich weiter und bezeichnet den Chi-Quadrat-Test als nach wie vor valide, wenn für eine einzelne Zelle i $\hat{m}_i = 1$ gilt. Konzentriert man sich bei dieser Diskussion auf die Ergebnisse von Monte-Carlo Simulationen, dann schließt Larntz (1978), dass der Chi-Quadrat-Test noch valide ist, wenn $N = 8$ und $\hat{m}_i \geq 0.5$ sind. Koehler und Larntz (1980) schließen aus ihren Simulationen, dass die Erwartungshäufigkeit sogar nur $\hat{m}_i \geq 0.25$ zu sein braucht, wenn Symmetriehypothesen getestet werden. Die Autoren empfehlen für Tafeln mit drei oder mehr Zellen eine Stichprobengröße von $N \geq 10$ und $N^2/t \geq 10$, wobei t wieder die Zahl der Zellen in der untersuchten Kreuzklassifikation bezeichnet.

Die z-Approximation des Chi-Quadrat-Tests Es gibt mindestens zwei Ansätze, in der KFA den Chi-Quadrat-Test durch Tests zu ersetzen, die die Standardnormalverteilung approximieren. Der erste Ansatz nutzt, dass, für $df = 1$, die Beziehung $z^2\left(\frac{\alpha}{2}\right) = \chi^2(\alpha)$ gilt, wobei z einen Abschnitt der Standard-Normalverteilung angibt. Aufgrund dieser Beziehung kann jede Nullhypothese einer KFA über die Chi-Quadrat-Komponente mit der Normalverteilung geprüft werden.

Der zweite Ansatz besteht darin, eine Normalverteilungsapproximation durchzuführen. Dies kann wie folgt beschrieben werden. Die Ordinate eines standard-normalverteilten z-Werts ist

$$\Phi(x) = \frac{1}{\sqrt{2\pi}} e^{\frac{-\chi^2}{2}}.$$

Die Summe der quadrierten x-Werte, genannt χ^2, ist $\chi^2 = \sum_{i=1}^{t} x_i^2$, wobei i die Zellen indiziert und t wieder die Zahl der Zellen bezeichnet. Die Chi-Quadrat-Verteilung ist

$$\Phi(\chi) = Ce^{\frac{-\chi^2}{2}} \chi^{t-1},$$

wobei

$$C = \left[\frac{1}{\left(\frac{t-2}{2}\right)!2} \right] 0.5(t-2).$$

Werden, wie in der KFA, nur einzelne Zellen untersucht, dann wird die Chi-Quadrat-Verteilung

$$\Phi(\chi) = Ce^{\frac{-\chi^2}{2}}.$$

Diese Gleichung beschreibt die Verteilung der positiven Werte einer Standard- Normalverteilung. Wegen der Quadrierung ist die Chi-Quadrat-Verteilung immer positiv. Wir
erkennen damit, dass, für $df = 1$, die Verteilung von χ die positive Hälfte der Normalverteilung, d. h. die Chi-Verteilung beschreibt. Für den Test einzelner Zellen ergibt sich
dann, dass

$$\chi_i^2 = \frac{(m_i - Np_i)^2}{Np_iq_i} = \frac{m_i - \hat{m}_i}{\hat{m}_iq_i}$$

wie χ^2 mit einem Freiheitsgrad verteilt ist, wobei $q_i = 1 - p_i$.

Interessant ist, dass sich diese Form für χ^2 trotz der formalen Äquivalenz der
Gleichungen von der Pearson'schen Chi-Quadrat Formel deutlich unterscheidet, und
zwar im Nenner. In der Pearsonschen Formel findet man im Nenner $\hat{m}_i$. Hier findet
man $\hat{m}_iq_i$. Nachdem nun q_i stets ≤ 1 ist ($q_i = 1 - p$ bezeichnet eine Wahrscheinlichkeit),
ist der Nenner in der hier beschriebenen Approximation stets kleiner als in Pearsons
Formel. Nachdem die Zähler in den beiden Formeln identisch sind, wird damit wird die
z-Statistik immer größer sein als die Pearson Statistik, und der z-Test hat systematisch
und immer mehr statistische Power. Der Unterschied zwischen diesen beiden Statistiken
ist aber nie groß, und, wenn $m_i \sim \hat{m}_i$, dann ist er vernachlässigbar. Dennoch kann der Fall
eintreten, dass der z-Test zu einer Typen/Antitypen-Entscheidung führt, wenn der Chi-
Quadrat-Test dies nicht tut.

Abb. 2.3[4] zeigt die beiden Statistiken und die Differenz zwischen ihnen für einen ausgewählten Beispiel-Messwertebereich. Die Statistiken wurden wie folgt erzeugt:

- für m wurden die Werte 1, 20, 1 festgelegt
- $\hat{m}_i$ wurde als $20 - m + 1$ festgelegt
- z und χ^2 wurden mit den oben gegebenen Formeln errechnet.

Das untere Panel in Abb. 2.3 zeigt, dass z^2 in der Tat stets größer ist als χ^2. Dieser Unterschied ist gering, steigt aber wenn die Werte von z^2 und χ^2 sich von $m_i \sim \hat{m}_i$ entfernen. Er
könnte aber durchaus dazu führen, dass in der Analyse empirischer Daten z^2 bevorzugt
angewendet wird.

Auch für den z-Test gibt es eine Reihe von Approximationen, z. B. Anscombes (1953)
Approximation an die Normalverteilung oder Habermans (1973) adjustierte Residuen.
Diese und andere Approximationen werden hier aber nicht ausgeführt, weil sie in der
Anwendung der KFA von eher geringer Bedeutung sind.

Das standardisierte Pearson Residuum von Eye und Mair (2008a) haben eine Möglichkeit vorgeschlagen, KFA Nullhypothesen zu testen, die oft dramatisch mehr power als
die bisher besprochenen Tests aufweist, das *standardisierte Pearson Residuum, r_i.* Diese
Statistik kann beschrieben werden durch

---

[4] Diese Abbildung ersetzt Abb. 1 in von Eye (2002), in die sich ein Fehler eingeschlichen hatte.

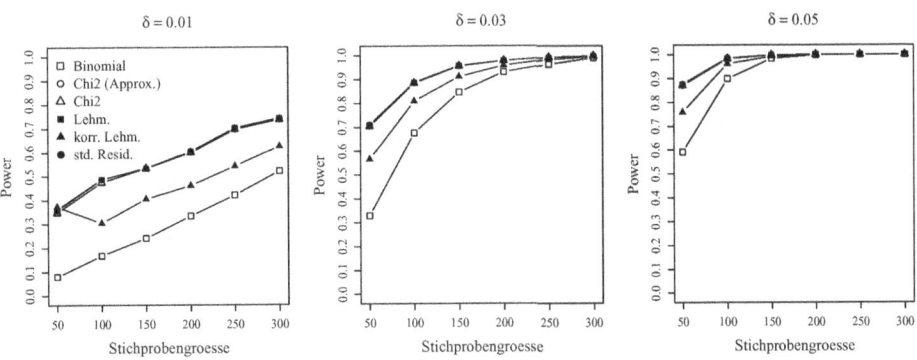

Abb. 2.3 z^2 und χ^2 sowie $\text{DIFF} = z^2 - \chi^2$ für beobachtete Häufigkeiten von 1 bis 20 und erwartete Häufigkeiten von 20 bis 1 (Glättung durch distance-weighted least squares).

$$r_i = \frac{m_i - \hat{m}_i}{\sqrt{\hat{m}_i(1 - h_i)}},$$

wobei i wieder die Zellen indiziert, und h_i das i-te Diagonalelement der Projektionsmatrix (auch als *hat*-Matrix bekannt), d. h.

$$H = W^{1/2}X\left(X'WX\right)^{-1}X'W^{1/2}.$$

Die Elemente w_{ii} der Diagonalmatrix W sind die Erwartungshäufigkeiten $\hat{m}_i$.

Das standardisierte Pearson Residuum hat die folgenden Eigenschaften (von Eye & Mair, 2008a; von Eye et al., 2010):

1. Ist $m_i = \hat{m}_i$, dann kann kein Standardfehler für diese Statistik geschätzt werden. Ein solcher Fall allerdings tritt nur auf, wenn eine Häufigkeit exakt geschätzt wird, was bei strukturellen Nullen immer der Fall sein sollte, oder wenn eine Zelle aus der Analyse ausgeschlossen wird. Dies ist in Anwendungen der KFA durchaus möglich, beeinträchtigt die Gültigkeit der Lösungen aber nicht, insbesondere deshalb, weil bei $m_i = \hat{m}_i$ ein Typen/Antitypentest ohnehin nicht viel Sinn macht.
2. Wenn eine der Variablen in einer Kreuzklassifikation binär ist, sind die standardisierten Pearson Residuen von korrespondierenden Zellen exakt gleich. Hat z. B. die erste Variable eine Kreuzklassifikation 4 Kategorien, die zweite aber 2, dann haben die Zellen 1 1 und 1 2, aber auch 2 1 und 2 2 etc. immer die gleichen absoluten standardisierten Pearson Residuen.
3. Das standardisierte Pearson Residuum unterliegt keinen Beschränkungen, die sich aus der Methode der Stichprobenziehung ergeben würde. Es ist stets anwendbar, auch wenn eine KFA 0-ter Ordnung durchgeführt wird.

4. Es ist bisher noch nicht genau untersucht worden, wie groß eine Stichprobe sein muss, damit dem standardisierten Pearson Residuum vertraut werden kann. Ohne diese Kenntnis gehen wir davon aus, dass die erforderlichen Stichproben groß sein sollten (siehe auch die Simulationsergebnisse weiter unten).

Das standardisierten Pearson Residuum soll durch eine Re-Analyse eines Beispiels aus von Eye et al. (2010, Ch. 10.2, Tabelle 10.9) im Vergleich illustriert werden (Daten aus Wurzer, 2005). In diesem Beispiel wird eine Kreuzklassifikation von den beiden Variablen Wetter (W) und selbst-berichtetes Warten an einem öffentlichen Internet-Terminal ($\ddot{O}$) aufgespannt. W hat die Kategorien $1 =$ trocken und warm, $2 =$ trocken und kalt, $3 =$ regnerisch und warm, $4 =$ regnerisch und kalt, $5 =$ Schneefall und warm, und $6 =$ Schneefall und kalt. $\ddot{O}$ hat die Kategorien $1 =$ ja und $2 =$ nein. Diese Kreuzklassifikation soll jetzt mit einer KFA erster Ordnung analysiert werden. Die Frage, die damit untersucht werden soll, ist, ob selbst-berichtetes Warten vom Wetter abhängig ist, und, wenn ja, auf welche Weise. Tab. 2.4 zeigt die Ergebnisse dieser Analyse. In den Analysen werden das standardisierte Pearson Residuum, r_i, und, zum Vergleich, der z-Test berechnet[5].

Der Pearson Chi-Quadrat-Test auf Assoziation von W und $\ddot{O}$ legt nahe, dass diese beiden Variablen in einer starken Beziehung zueinander stehen ($X^2 = 31.43$; $df = 5$; $p < 0.001$). Wir erwarten daher, dass sich Typen oder Antipen zeigen, die uns eine genaue Beschreibung dieser Beziehung erlauben.

Die Ergebnisse mit dem standardisierten Pearson Residuum führen zur Aufdeckung von zwei Typen und zwei Antipen (angezeigt durch T und A in der viertletzten Spalte der Tabelle). Der erste Typ wird von Konfiguration 1 1 konstituiert. Er zeigt an, dass bei warmem trockenen Wetter überzufällig viele Benutzer bereit sind, an einem öffentlichen Internet-Terminal zu warten. Der korrespondierende Antityp (Konfiguration 1 2) zeigt, dass weniger Personen als mit der Hypothese der Unabhängigkeit von W und $\ddot{O}$ vereinbar wäre, nicht zu warten bereit sind, wenn es trocken und warm ist.

Der zweite Typ wird von Konfiguration 5 1 konstituiert. Überzufällig viele Personen warten, wenn es schneit aber warm ist. Der korrespondierende Antityp (Konfiguration 5 2) zeigt, dass weniger Personen als mit der Hypothese der Unabhängigkeit von W und $\ddot{O}$ vereinbar wäre, nicht zu warten bereit sind, wenn es schneit aber warm ist.

Die im Vergleich dazu mit dem z-Test durchgeführte Analyse, deren Ergebnisse in den letzten drei Spalten von Tab. 2.4 zu finden sind, führt zu unterschiedlichen Ergebnissen. Nur Antityp 1 2 wird identifiziert wie mit dem standardisierten Pearson Residuum, der zweite Antityp und die Typen aber nicht. Betrachtet man die korrespondierenden Statistiken, die beide als z-Werte interpretiert werden können, dann sieht man sofort, dass die Werte des z-Tests alle kleiner als die korrespondierenden standardisierten

---

[5] In dieser Analyse werden die Typ/Antityp-Entscheidungen unter Schutz der Signifikanzschwelle α gefällt, die im nächsten Abschnitt eingeführt wird.

Tab. 2.4 KFA erster Ordnung der Warte-Daten von Wurzer (2005)

Konfiguration

WÖ	m	$\hat{m}$	r	$p(r)$		z	$p(z)$	
11	173.00	142.102	5.2366	< 0.001	T	2.5920	.004771	
12	76.00	106.898	-5.2366	< 0.001	A	-2.9885	.001402	A
21	50.00	54.216	-0.9555	0.3393		-.5725	.283486	
22	45.00	40.784	0.9555	0.3393		.6601	.254598	
31	15.00	15.409	-0.1627	0.8707		-.1041	.458546	
32	12.00	11.591	0.1627	0.8707		.1200	.452234	
41	51.00	61.064	-2.1765	0.0295		-1.2879	.098897	
42	56.00	45.936	2.1765	0.0295		1.4849	.068791	
51	27.00	39.948	-3.3343	0.0009	A	-2.0486	.020249	
52	43.00	30.052	3.3343	0.0009	T	2.3620	.009089	
61	15.00	18.262	-1.1985	0.2307		-.7633	.222630	
62	17.00	13.738	1.1985	0.2307		.8801	.189402	

Pearson Residuums sind. Dies illustriert, dass dieser Test deutlich mehr power aufweist als der z-Test, der selbst schon mehr power aufweist als etwa der Chi-Quadrat-Test oder der Binomialtest.

Im Folgenden beschreiben wir einen asymptotischen Test auf der Basis der hypergeometrischen Verteilung (Lehmacher, 1981; vgl. Lehmacher & Lienert, 1982). Es existieren auch exakte hypergeometrische Tests (z. B. Lehmacher, 1981; Lindner, 1984). Nachdem diese aber rechnerisch sehr aufwändig sind, und Lindners Test nur für binäre Variablen abgeleitet wurde, folgen wir von Eye et al. (2010) und konzentrieren uns hier auf Lehmachers asymptotischen Test und eine Weiterentwicklung dieses Tests.

Lehmachers (1981) asymptotischer hypergeometrischer KFA-Test Lehmachers Test kann abgeleitet werden, wenn man von der bekannten und auch oben bereits verwendeten Beziehung ausgeht, dass, für $df = 1$,

$$X_i = \frac{m_i - \hat{m}_i}{\sqrt{\hat{m}_i}} = N(0, \sigma^2),$$

wobei $\sigma^2 < 1$, wenn das Modell die Daten gut beschreibt (Christensen, 1997; Haberman, 1973). Unter der Nullhypothese sind, so sagt die Beziehung, die Residuen normal verteilt, allerdings mit einer Varianz, die kleiner als 1 ist. Um falsche statistische Typ/Antityp-Entscheidungen zu verhindern, hat Lehmacher (1981) daher die exakte Varianz abgeleitet. Diese ist $\sigma_i^2 = Np_i[1 - p_i - (N - 1)(p_i - \hat{p}_i)]$, wobei p_i so definiert ist wie für den Binomialtest (und auch aus der Stichprobe geschätzt wird), und die Wahrscheinlichkeit $\hat{p}_i$ (im Beispielfall dreier Variablen) wie folgt geschätzt wird

$$\tilde{p}_{ijk} = \frac{(N_{i..} - 1)(N_{.j.} - 1)(N_{..k} - 1)}{(N - 1)^d},$$

obei d die Zahl der Variablen bezeichnet, die die Kreuzklassifikation aufspannen. Mit der exakten Varianz kann für den KFA-Test der $i$ten Zelle eine asymptotisch normalverteile Statistik berechnet werden

$$z_{L,i} = \frac{m_i - \hat{m}_i}{\sigma_i}.$$

Die folgenden drei Eigenschaften der Lehmacher'schen Teststatistik z_L sind von Bedeutung:

1. Auch Lehmachers Test hat wesentlich mehr Power als der oben behandelte z-Test. Der Grund dafür ist, dass $p > \tilde{p}$, und dass daher die Teststatistik z_L stets größer sein wird als die Teststatistik z. Nachdem z stets größer ist als Chi, ergibt sich die folgende Rangreihe: $|X| < |z| < |z_L| \approx |r|$.
2. Weil Lehmachers Test auf der hypergeometrischen Verteilung aufbaut, kann er nur verwendet werden, wenn die Stichprobe produkt-multinomial gezogen wurde.
3. Lehmachers Test erfordert große Stichproben. Ab wann genau die Approximation der Normalverteilung gut genug für eine Anwendung in der KFA ist, muss noch untersucht werden (siehe auch Küchenhoff, 1986).

Küchenhoffs Kontinuitätskorrektur des Lehmacher'schen Tests Küchenhoff suchte in seinen Simulationen (1986; siehe auch Perli et al., 1987) die kleinste Differenz $m_i - \hat{m}_i$, für die Lehmachers Test eine Typ-/Antityp-Entscheidung nahe legen würde. Für Stichproben, die zwischen 10 und 100 Fälle groß waren, zeigt sich, dass z_L im Vergleich mit dem exakten hypergeometrischen Test eine Tendenz zu übermäßig liberalen statistischen Entscheidungen mit sich bringt (vgl. auch Lindner, 1984). Der Autor zeigte, dass dies besonders dann der Fall ist, wenn die Stichprobe klein ist. Um dies einzudämmen, schlug Küchenhoff eine Kontinuitätskorrektur (Yates, 1934) für z_L vor (1986; siehe auch Lautsch et al., 1987). Diese Korrektur adjustiert die beobachtete Häufigkeit, m_i, wie folgt:

$$m_i' = \begin{cases} m_i - 0.5 & \text{wenn } m_i > \hat{m}_i \\ m_i + 0.5 & \text{wenn } m_i < \hat{m}_i \end{cases}$$

In Worten, diese Korrektur subtrahiert von Zellhäufigkeiten, die einen Typ nahelegen könnten, den Wert 0.5, und addiert den selben Wert zu Zellhäufigkeiten, die einen Antityp nahelegen könnten. In beiden Fällen wird damit die Differenz $m_i - \hat{m}_i$ um 0.5 verringert. Küchenhoffs Version des Lehmacher KFA-Test ist damit

$$z_{K,i} = \frac{m_i \pm 0.5 - \hat{m}_i}{\sigma}.$$

Folgt man Küchenhoffs Simulationen, approximiert diese Version des Tests die generalisierte hypergeometrische Verteilung ausgezeichnet und verhindert dabei die Wahrscheinlichkeit erheblich, dass zu liberale Typ/Antityp Entscheidungen getroffen werden. Auch diese Testvariante erfordert produkt-multinomiale Stichprobenziehung.

Um die Powereigenschaften der diskutierten Verfahren zusammenzufassen, untersuchen wir die Tests im nächsten Abschnitt mittels Monte-Carlo Simulationen. Hierzu wurden 3 binäre Variablen (X_1, X_2 und X_3) erzeugt. In Anlehnung an die Simulationsstudie von Schrepp (2006) wurden die Basiswahrscheinlichkeiten für das Auftreten eines interessierenden Einzelereignisses (z. B. $P(X_1 = 1)$) mittels einer gleichverteilten Zufallsvariable $U(0.05, 0.15)$ erzeugt. Die Auftretenswahrscheinlichkeit (δ) des KFA Typs 1 1 1 (hierbei hat die Wahl der KFA Konfiguration keinen Einfluss auf die Simulationsergebnisse) stellt den Effektstärkeparameter dar und wurde systematisch variiert: $\delta = 0.01$ (kleine Effektstärke), $\delta = 0.03$ (mittlere Effektstärke) und $\delta = 0.05$ (große Effektstärke). Die Stichprobenumfänge betrugen $N = 50$, 100, 150, 200, 250 und 300. Pro Simulationsbedingung des 3 (Effektstärke) $\times$ 6 (Stichprobengröße) Designs wurden 1000 Stichproben generiert. Jeder so erzeugte Datensatz wurde mittels exaktem Binomialtest, lokalem Chi-Quadrat Test, approximiertem z-Test, Lehmachers z_L-Test, Küchenhoffs korrigiertem z_K-Test und dem Pearson standardisierten Residuum analysiert. Als KFA Basismodell wurde das Modell 1-ter Ordnung (das Haupteffektmodell) gewählt.

Abb. 2.4 zeigt die Power der Signifikanztests unter Verwendung der Bonferroni α-Korrekur. Wie erwartet, hat der exakte Binomialtest die geringste Power, gefolgt von Küchenhoffs korrigiertem z_K-Test. Die Power des standard Chi-Quadrat Tests unterscheidet sich kaum von jener des z-Tests – der z-Test ist in 2 der 18 Simulationsbedingungen ein wenig trennschärfer. Beide Verfahren unterliegen Lehmachers z-Test sowie dem Test, der auf den standardisierten Residuen basiert. Bei kleinen Stichproben ($N = 50$) und geringer Effektstärke ($\delta = 0.01$) ist Lehmachers Test etwas trennschärfer als der standardisierte Residuen-Test.

Tab. 2.5 zeigt die mittleren (absoluten) Teststatistiken für den Pearson Chi-Quadrat Test, den standard z-Test, Lehmachers z_L-Test, und den standardisierten Residuentest als Funktion der Stichprobengröße und der Effektstärke. Über alle 18 Simulationsbedingungen hinweg, bestätigt sich die oben beschriebene Rangfolge $|X| < |z| < |z_L| \approx |r|$.

Aus diesen Ergebnissen können zwei Schlussfolgerungen gezogen werden. Erstens nähern sich die Tests bei zunehmender Stichprobengröße in ihren Leistungen an (siehe auch Tab. 2.5). Ist eine Stichprobe so groß, wie in dieser Simulation realisiert wurde, dann werden die Unterschiede zwischen den Tests und damit auch die Entscheidung für einen der Tests zunehmend bedeutungslos. Zweitens rückt auf der Basis dieser Ergebnisse die Methode der Datenerhebung wieder in den Vordergrund. Die beiden hypergeometrischen Tests erfordern produkt-multinomiale Datenerhebung. Die anderen Tests sind auch bei multinomialer Datenerhebung einsetzbar.

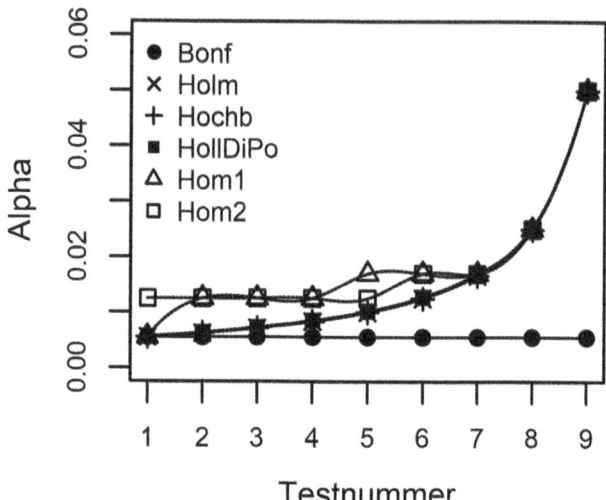

Abb. 2.4 Statistische Power der 6 KFA Tests für 3 binäre Variablen

Tab. 2.5 Mittlere absolute Teststatistiken als Funktion der Stichprobengröße und der Effektstärke

N	δ	X^2	z	z_L	r
50	0.01	2.045	2.047	2.104	2.086
100	0.01	2.933	2.935	2.986	2.987
150	0.01	3.393	3.395	3.448	3.451
200	0.01	3.679	3.681	3.740	3.742
250	0.01	4.168	4.170	4.238	4.240
300	0.01	4.568	4.571	4.645	4.647
50	0.03	4.305	4.310	4.404	4.413
100	0.03	6.492	6.499	6.639	6.649
150	0.03	7.691	7.700	7.868	7.876
200	0.03	9.078	9.088	9.285	9.292
250	0.03	9.931	9.941	10.155	10.161
300	0.03	11.200	11.212	11.454	11.460
50	0.05	5.944	5.955	6.120	6.141
100	0.05	8.546	8.560	8.795	8.809
150	0.05	10.621	10.639	10.935	10.948
200	0.05	12.096	12.115	12.450	12.460
250	0.05	13.662	13.684	14.063	14.072
300	0.05	14.929	14.952	15.372	15.381

2.7.4 Tests für Hypothesen, die mehr als eine Konfiguration betreffen

In den meisten Anwendungen der KFA wird nach individuellen Konfigurationen gefahndet, die Typen oder Antitypen konstituieren. Es ist jedoch bisweilen der Fall, dass Hypothesen aufgestellt werden, nach denen Gruppen von Konfigurationen Typen oder Antitypen konstituieren. Man kann zum Beispiel fragen, ob mehrere Länder gemeinsam überzufällig viele Personen mit Vireninfektionen aufweisen. Ist in Südeuropa der Corona-Virus zum Beispiel stärker verbreitet als erwartet? Oder man kann fragen, ob sich dieser Virus in Großstädten schneller verbreitet als in kleineren Gemeinden. Diese Fragen haben gemein, dass mehrere Einheiten (Länder, Städte) gemeinsam im Hinblick auf eine bestimmte Hypothese untersucht werden.

Zu diesem Zweck können in der KFA die bekannten *probability pooler* eingesetzt werden. Dies sind Statistiken, mit denen sich die Wahrscheinlichkeiten einzelner Ereignisse (Konfigurationen) kombinieren lassen. Der bekannteste unter ihnen ist Stouffers Z (Stouffer et al., 1949; für Beispielanwendungen, siehe von Eye et al., 1991). Diese Teststatistik fasst z-Werte zusammen, die wie der oben beschriebene z-Test definiert sind. Es ergibt sich die Stouffer'sche Statistik Z,

$$Z = \frac{\sum_{j=1}^{J} z_i}{\sqrt{J}},$$

wobei j die Konfigurationen indiziert, die in den gemeinsamen Typ/Antityp-Test eingehen, und J die Zahl dieser Konfigurationen ist. Die wichtigste Bedingung für die Anwendung des Stoufferschen Tests ist, dass die Konfigurationen, die in die Summierung eingehen, unabhängig sind.

In manchen Anwendungen sind manche Summanden eines probability poolers positiv, andere negativ. Dies hat den Effekt, dass die Summe wenig extrem sein kann. In solchen Fällen kann Fishers kombinierter Wahrscheinlichkeitstest verwendet werden. Dieser Test ist

$$X_{2t}^2 = -2 \sum_{i=1}^{t} ln p_i$$

wobei *ln* den natürlichen Logarithmus bezeichnet. Auch dieser Test erfordert, dass die Summanden unabhängig sind. Weitere probability poolers wurden von Kristof (1993) und von Darlington und Hayes (2000) diskutiert.

Tab. 2.6 Re-Analyse der Lienertschen LSD Daten mit dem z-Test

Konfiguration

BDA	m	$\hat{m}$	z	p
+++	20.00	12.51	2.11928	.17034E-01
++-	1.00	6.848	-2.23479	.12715E-01
+-+	4.00	11.400	-2.19212	.14185E-01
+--	12.00	6.244	2.30349	.10626E-01
-++	3.00	9.464	-2.10111	.17815E-01
-+-	10.00	5.182	2.11619	.17164E-01
--+	15.00	8.629	2.16901	.15041E-01
---	.00	4.725	-2.17375	.14862E-01

Im folgenden Anwendungsbeispiel greifen wir wieder auf Lienerts (1986) LSD Daten zurück (siehe Tab. 2.2), in dem untersucht wurde, ob LSD zu Bewusstseinsstörungen (B), Denkstörungen (D), und affektiven Störungen (A) führt. Hier fragen wir, ob die drei bisymptomatischen Störungsbilder, d. h. die drei Konfigurationen + +-, +-+, und -+ + als Gruppe seltener auftreten als nach dem Basismodel einer KFA erster Ordnung, d. h. dem Modell der Variablenunabhängigkeit zu erwarten ist. Die z-Werte, die in diese Analyse eingehen, können Tab. 2.6 entnommen werden. Diese Tabelle enthält die Ergebnisse einer Re-Analyse der Daten in Tab. 2.1. Es wird wieder eine KFA erster Ordnung durchgeführt, als KFA-Test wird hier der z-Test verwendet.

In dieser Analyse interessieren wir uns nicht in erster Linie für die Anpassung des Basismodells oder individuelle Konfigurationen, sondern für das Konfigurationstripel+ +-, +-+ und -+ +. Bereits die visuelle Inspektion zeigt, dass jede dieser Konfigurationen numerisch weniger Fälle enthält als erwartet. Wir setzen die z-Werte ein und errechnen die Stouffer'sche Teststatistik

$$Z = \frac{-2.23478 - 2.19212 - 2.10111}{\sqrt{3}} = \frac{-6.52801}{\sqrt{3}} = -3.7689.$$

Dieser z-Wert kommt mit einer Überschreitungswahrscheinlichkeit von $p = 0.00008$ einher (einseitig). Wir behalten daher die Hypothese bei, dass bisymptomatische Reaktionen auf LSD wider Erwarten selten sind.

2.7.5 Schutz des Signifikanzniveaus α

Bei der Diskussion der Stouffer'schen Z-Statistik und des probability poolers nach Fisher wurde bereits betont, dass die z-Werte die in die Summierung eingehen, voneinander unabhängig sein müssen, damit der Test valide ist. Unabhängigkeit von Tests ist beim multiplen Testen keineswegs selbstverständlich. Besonders ausgeprägt ist das Problem in jeder exploratorischen KFA. Dort werden t Tests (hier und im Folgenden bezieht sich t

auf die Anzahl der Konfigurationen, nicht auf das inferenzstatistische Maß für den Mittelwertevergleich) durchgeführt, die mit sehr großer Wahrscheinlichkeit, z. T. sogar mit Sicherheit (siehe Kap. 7) abhängig voneinander sind. In der konfirmatorischen KFA sind es immerhin noch so viele Tests, wie a priori festgelegt wurde, auch wenn diese Zahl geringer ist als t. Auch diese Tests sind in einem gewissen Umfang abhängig.

In diesem Abschnitt erläutern wir zunächst das Problem der Abhängigkeit in multiplen Tests, das auch in der KFA auftritt, und wo das Problem für das Signifikanzniveau α liegt. Danach diskutieren wir, wo der Schutz des Signifikanzniveaus einsetzen kann. Wir unterscheiden dabei zwischen dem *faktischen* und dem *nominellen* Niveau α. Das faktische Niveau ist jenes, das in einer konkreten Untersuchung erreicht wird. Das nominelle ist jenes Niveau, das der Datenanalytiker vor der Durchführung statistischer Analysen festlegt. Das nominelle Niveau ist bekanntlich $\alpha = 0.05$, seltener $\alpha = 0.01$ oder 0.001.

Warum sollte α in der KFA geschützt werden? Der erste Grund, aus dem das α-Niveau in der KFA geschützt werden sollte, ist die *wechselseitige Abhängigkeit multipler Tests an denselben Daten.* Statistische Tests sind so konstruiert, dass der erste von mehreren Tests an denselben Daten das vorher festgelegte, d. h. das *nominelle* Signifikanzniveau gut einhält. Das bedeutet, dass eine zufällige fälschliche Ablehnung der Nullhypothese nur mit einer Wahrscheinlichkeit von α erfolgt (false positive; auch bekannt als Fehler erster Art). Nun kommt es in der KFA allerdings nur in seltenen konfirmatorischen Analysen vor, dass nur eine Konfiguration getestet wird. In den meisten Fällen – alle exploratorisch – werden Tests t mal durchgeführt. Immer, wenn mehr als ein Test mit der gleichen zugrunde liegenden Nullhypothese an denselben Daten durchgeführt wird, kann nicht ausgeschlossen werden, dass diese Tests wechselseitig abhängig sind.

Beispiele dafür sind leicht zu finden. Hier präsentieren wir drei Fälle. von Weber, Lautsch und von Eye (2003) zeigten, dass, wenn eine 2×2 Tafel mit einer KFA erster Ordnung analysiert wird, die vier Tests komplett voneinander abhängig sind, d. h. die Ergebnisse für den zweiten, dritten und vierten Test sind vom Ergebnis des ersten Tests zu 100 % determiniert (dies wird in Kap. 7 noch detaillierter beschrieben).

Ein zweites Beispiel kann in den Eigenschaften der Tests selber gefunden werden. Verwendet man das oben besprochene standardisierte Pearson Residuum in einer Kreuzklassifikation, in der eine Variable binär ist, dann ist der Test der komplementären binären Kategorie identisch mit dem Test der ersten binären Kategorie. Ist z. B. die dritte von drei Variablen binär, dann sind die Tests für die Konfigurationen 1 3 1 und 1 3 2 identisch. Sie weisen zwar unterschiedliche Vorzeichen auf, der numerische Wert der geschätzten Parameter und deren Standardfehler sind aber exakt gleich.

Ein drittes Beispiel findet sich bei Krauth und Lienert (1973). Nehmen wir an, Datenanalytiker verwenden zuerst den Rangsummen-Test von Wilcoxon. In einem zweiten Schritt versuchen sie, das Ergebnis zu „kreuzvalidieren," indem sie den Mann–Whitney U-Test auf die selben Daten ansetzen. Nun ist es so, dass beide dieser Tests nichtparametrisch sind und zum Vergleich der Lokation (siehe hierzu Divine et al., 2018) von Verteilungen eingesetzt werden. Es ist sogar so, dass diese beiden Tests identisch sind. Daraus ergibt sich, dass die Nullhypothese keine Chance hat, zu bestehen, wenn der zweite dieser beiden Tests eingesetzt wird, nachdem sie im ersten Test zurückgewiesen wurde.

Sogar für Fälle, in denen Tests nicht derart weitgehend wechselseitig abhängig sind, haben Steiger, Shapiro und Browne (1985) gezeigt, dass Chi-Quadrat-Tests, die sequentiell in den selben Daten durchgeführt werden, durchaus hoch interkorreliert sein können. In all diesen Fällen kann die Abhängigkeit oder die Interkorrelation von Tests die Folge haben, dass das *faktische* (nicht das *nominelle*) α-Niveau massiv unterschätzt wird. Die Wahrscheinlichkeit eines Fehlers erster Art steigt auf diese Weise möglicherweise stark an.

Der zweite Grund, aus dem das α-Niveau in der KFA geschützt werden sollte, liegt in der Wahrscheinlichkeit α, die Nullhypothese fälschlich zurück zu weisen. Diese Wahrscheinlichkeit steigt, wenn multiple Tests durchgeführt werden. Dies gilt sogar dann, wenn die multiplen Tests wechselseitig unabhängig sind. Daraus folgt, dass in der KFA Typen und Antitypen als solche ausgewiesen werden können, die keine sind. Nehmen wir z. B. an, dass eine $3 \times 3 \times 3$ Tafel mit der KFA exploratorisch untersucht wird. Dabei werden 27 KFA Tests durchgeführt. Das nominelle α für jeden dieser 27 Tests wird auf $\alpha = 0.05$ gelegt. In dieser Situation ist die Wahrscheinlichkeit, bei drei Tests einen Fehler erster Art zu begehen, $p = 0.4213$. Dies gilt sogar, wenn die Tests unabhängig sind. Für andere Beispiele, siehe z. B. Moyé (2006).

Wo kann das Signifikanzniveau α geschützt werden? Perli, Hommel und Lehmacher (1985, 1987; siehe auch Shaffer, 1995) haben drei Niveaus diskutiert, auf denen α zu schützen ist. Hier beziehen wir diese Strategien direkt auf die KFA.

1. *α-Schutz auf lokalem Niveau*: Wird α in der KFA auf lokalem Niveau geschützt, dann wird garantiert, dass jeder einzelne KFA-Test ein faktisches α mit sich bringt, das nicht größer als das nominelle α ist.

2. *α-Schutz auf globalem Niveau*: Wird α in der KFA auf globalem Niveau geschützt, dann wird garantiert, dass der Fehler erster Art bei mindestens einer Typ/Antityp-Entscheidung eine Wahrscheinlichkeit hat, die nicht größer als das nominelle α ist.

3. *α-Schutz auf multiplem Niveau* (auch Schutz des experiment-wise oder family-wise Fehlers genannt): Wird α in der KFA auf multiplem Niveau geschützt, dann wird garantiert, dass der Fehler erster Art bei mindestens einer Typ/Antityp-Entscheidung nicht größer als das nominelle α ist, und zwar unabhängig davon, welche andere Nullhypothese für eine Typ/Antityp-Entscheidung beibehalten werden kann (vgl. Cribbie et al., 1999; Dunnett & Tamhane, 1992; Keselman et al., 1999; Perli et al., 1987; Williams et al., 1999).

4. *Weniger strikter α-Schutz auf multiplem Niveau:* In großen Tafeln sind oft sehr viele KFA-Tests erforderlich. Die Signifikanzschranke, die für ein geschütztes α bestimmt wird (Methoden dafür werden im nächsten Abschnitt behandelt), kann in einem solchen Fall prohibitiv niedrig sein. Aus diesem Grund haben Benjamini und

Hochberg (1995, 2000) diskutiert, die Schranke für k oder mehr statistische Entscheidungen so festzulegen, als ob die Zahl der Tests k ist. Für die Schwelle k gibt es allerdings bisher keine generell angewendete Richtlinie.

Als Antwort auf die Frage, welche dieser Strategien denn in der KFA angewendet werden soll, schlagen Perli et al. (1985) vor, in der exploratorischen KFA α auf lokalem Niveau zu schützen. Für die konfirmatorische KFA, in der die Zahl der KFA Tests geringer ist, schlagen die Autoren vor, α auf multiplem Niveau zu schützen.

In den folgenden Abschnitten behandeln wir Methoden, die zum Schutz von α in der KFA diskutiert und angewendet worden sind. Diese Methoden lassen sich in drei Gruppen unterteilen (Dunnett & Tamhane, 1992):

1. *Single step Methoden (SS)*: In diesen Prozeduren wird ein einziger geschützter α-Wert festgelegt. Es ist nicht erforderlich, die p-Werte zu ordnen (vgl. Olejnik et al., 1997).
2. *Step up Methoden (SU)*: Für diese Prozedur müssen die Teststatistiken aufsteigend geordnet werden. Die Testung beginnt mit der kleinsten Teststatistik, d. h. dem größten p-Wert. Die Signifikanzschwelle variiert mit der Position, in der sich ein Test in der Reihenfolge befindet.
3. *Step down Methoden (SD)*: Für diese Prozeduren müssen die Teststatistiken absteigend geordnet werden. Die Testung beginnt mit der größten Teststatistik, d. h. dem kleinsten p-Wert. Die Signifikanzschwelle variiert ebenfalls mit der Position, in der sich ein Test in der Reihenfolge befindet.

2.7.6 Methoden zum Schutz von α

In diesem Abschnitt beschreiben wir konkret, wie das nominelle Signifikanzniveau α beim multiplen Testen geschützt werden kann.

Bonferroni-Prozedur (SS) Die bekannteste Korrektur von α auf multiplem Niveau wurde nach *Bonferroni* benannt (Bonferroni, 1936; Dunn, 1958; für kritische Diskussionen dieser Methode siehe Frane, 2015; Moran, 2003; oder Nakagawa, 2004). Es handelt sich um eine single-step Methode, bei der das geschützte Signifikanzniveau wie folgt festgelegt wird.

Die nominelle Schwelle für signifikanzstatistische Entscheidungen sei α. Sei α^* die Wahrscheinlichkeit, dass mindestens ein KFA Test zu einer fälschlichen Zurückweisung der Nullhypothese führt. Dann wird in der Bonferroni Prozedur zuerst festgelegt, dass die Summe aller α_i-Werte der t KFA Tests, für $i = 1, \ldots, t$, den Wert des nominellen α nicht überschreiten soll, d. h. $\sum_i \alpha_i \leq \alpha$. Zweitens fordert die Bonferroni Prozedur, dass die Signifikanzschwelle für jeden der KFA Tests die gleiche ist. Das bedeutet, dass $\alpha_i = \alpha^*$ für alle $i = 1, \ldots, t$, wobei α^* das nach Bonferroni geschützte α Niveau ist. Der Wert α^*, der beide Vorgaben erfüllt, ist $\alpha^* = \alpha/t$. Dieser Wert führt nach Krauth und

Lienert (1973) zu Typ/Antityp-Entscheidungen, die nur geringfügig konservativer sind als α, wenn alle *t* Tests wechselseitig unabhängig sind.

Um ein Beispiel zu geben, denken wir an eine $2 \times 2 \times 2$ Kreuzklassifikation. Eine exploratorische KFA dieser Tafel erfordert 8 Tests. Das nach Bonferroni geschützte α Niveau für diese Analyse ist, für $\alpha = 0.05$, $\alpha^* = 0.05/8 = 0.00125$.

Holm Prozedur (SD) Diese Prozedur legt das Signifikanzniveau für jeden Test individuell und sequentiell fest. Auf diese Weise wird die Vorgabe der Bonferroni-Prozedur durchbrochen, dass alle Tests mit der gleichen Signifikanzschwelle durchgeführt werden. Dadurch wird allerdings erreicht, dass für die Tests, die später in der Liste kommen, eine weniger strenge Schwelle gilt. Das nach Holm (1979) geschützte α ist

$$\alpha_i^* = \frac{\alpha}{t - i + 1}$$

wobei *i* der Rangplatz des einzelnen Tests ist, für $i = 1, \ldots, t$. Für Holms Prozedur müssen die Wahrscheinlichkeiten der einzelnen KFA-Tests aufsteigend angeordnet werden. Auf diese Weise wird der erste, der strikteste Test für die kleinste, d. h. die extremste Wahrscheinlichkeit durchgeführt.

Zur Illustration rechnen wir die Holm-geschützten Signifikanzschwellen für vier KFA Tests aus, und zwar den ersten, den zweiten, den $(t-1)$-ten und den letzten. Dabei ist *t* wieder die Zahl der Zellen in der untersuchten Tafel.

$$\alpha_1^* = \frac{\alpha}{t - 1 + 1} = \frac{\alpha}{t},$$

$$\alpha_2^* = \frac{\alpha}{t - 2 + 1} = \frac{\alpha}{t - 1},$$

$$\alpha_{t-1}^* = \frac{\alpha}{t - (t-1) + 1} = \frac{\alpha}{2},$$

und

$$\alpha_i^* = \frac{\alpha}{t - t + 1} = \alpha.$$

Der Vergleichswert einer Bonferroni-Prozedur ist α/t. Wie sofort erkennbar ist, sind die geschützten Signifikanzschwellen der Bonferroni und der Holm Prozeduren beim ersten Test identisch. Bereits beim zweiten Test ist die Holm-Schwelle aber schon liberaler. Dies wird bis zum *t*-ten Test fortgeführt, für den das nominelle, vorher festgelegte Signifikanzniveau wieder erreicht wird.

In der aktuellen Anwendung der Holm-Prozedur werden meist weniger KFA Tests durchgeführt als unter der Bonferroni-Prozedur. Bei letzterer werden immer *t* Tests durchgeführt. Unter Holms Prozedur wird das Testen beendet, sobald die erste Nullhypothese nicht zurückgewiesen werden kann.

Die Holm-Sidak Prozedur (SD)   Sind die KFA-Tests nicht direkt voneinander abhängig, dann kann die Sequenz der geschützten α-Niveaus nach Holm durch die folgende Sequenz ersetzt werden (vgl. Hommel, 1988, 1989):

$$\alpha_1^* = 1 - (1 - \alpha)^{\frac{1}{i}},$$

$$\alpha_2^* = 1 - (1 - \alpha)^{\frac{1}{i-1}}, \ldots$$

$$\alpha_i^* = 1 - (1 - \alpha)^1.$$

Weitere Varianten der Prozedur von Holm verwenden die ungewichteten oder die gewichteten *p*-Werte der Tests anstelle der α-Werte der Signifikanzschwellen (vgl. auch Marcus, Peritz und Gabriel, 1976). Diese Varianten werden hier nicht weiter ausgeführt, weil sie im Kontext der KFA noch nicht diskutiert oder mit anderen Prozeduren verglichen worden sind.

Die Prozedur von Hochberg (SU)   Auf der Basis der Simes Ungleichung (1986) schlägt Hochberg (1988) eine step up Prozedur vor. Bei dieser Prozedur werden die Wahrscheinlichkeiten der einzelnen Teststatistiken in absteigender Folge angeordnet. Die größte Wahrscheinlichkeit steht dann auf dem ersten Rangplatz. Hochbergs Prozedur kann wie folgt eingeführt werden:

$$\alpha_1^* = \alpha,$$

$$\alpha_i^* = \alpha/i,$$

und

$$\alpha_t^* = \alpha/t,$$

Im Ablauf ist Hochbergs Prozedur genau umgekehrt zu Holms Prozedur. Hier wird das Testen beendet, sobald die erste KFA Nullhypothese abgelehnt werden kann. Alle folgenden Nullhypothesen werden dann ohne expliziten Test auch abgelehnt.

In Simulationen, die Olejnik et al. (1997) durchgeführt haben, zeigte sich, dass Hochbergs Prozedur minimal mehr Power hat als Holms Prozedur. Der Vorteil zeigt sich allerdings meist erst in der dritten Dezimalstelle. Eine weiter verbesserte Prozedur wurde von Benjamini und Hochberg (2000) vorgeschlagen.

Holland und DiPonzio Copenhavers Prozedur (SD)   Wie Holm, so schlagen auch Holland und DiPonzio Copenhaver (1987) eine Verbesserung der Bonferroni-Prozedur vor. Diese basiert auf Sidaks (1967) Ungleichung. Hier werden die Wahrscheinlichkeiten der

KFA-Tests wieder in aufsteigender Reihe angeordnet. Das nach Holland und DiPonzio Copenhaver geschützte α ist

$$\alpha_i^* = 1 - (1 - \alpha)^{\frac{1}{t-i+1}}.$$

Diese Prozedur führt zu Signifikanzschwellen, die weniger extrem sind als die von Holm oder Hochberg. In den Simulationen von Olejnik et al. (1997) zeigte sich aber, dass der Powervorteil nur minimal ist. Es könnte sogar sein, dass Hochbergs Prozedur über etwas mehr Power verfügt.

Die Prozedur von Hommel, Lehmacher und Perli (SD) Eine weitere Verbesserung der Holmschen Prozedur wurde von Hommel, Lehmacher und Perli (1985) vorgeschlagen (siehe auch Hommel, 1988, 1989). Diese Verbesserung betrifft die KFA von Kreuzklassi-fikationen aus zwei oder drei Variablen. Basierend auf Resultaten von Marcus, Peritz und Gabriel (1976) überschneiden sich KFA Nullhypothesen für einzelne Zellen unter bestimmten Bedingungen mit den Nullhypothesen von m anderen Konfigurationen. Für zweidimensionale Tafeln mit t Zellen gilt dann

1. wenn m Nullhypothesen bestehen bleiben, können die verbleibenden $t - m$ Null-hypothesen ebenfalls nicht zurückgewiesen werden, und die globale Nullhypothese besteht; dies gilt für $t > m \geq t - 3$;
2. bestehen in einer KFA $m = t - 5$ Nullhypothesen, dann besteht mindestens eine weitere.

Aus diesen Ergebnissen leiten die Autoren ab, dass in einer Sequenz von KFA-Tests eine bestimmte Zahl von Typen- und Antitypentests mit der gleichen geschützten Signifikanzschwelle durchgeführt werden kann. Damit ergibt sich ein klarer Vorteil gegenüber der Prozedur, die ursprünglich von Holm vorgeschlagen wurde: einige der Signifikanzschwellen sind weniger extrem. Im Beispiel einer zweidimensionalen Tafel mit mindestens drei Zeilen und mindestens drei Spalten ergeben sich für die in auf-steigender Reihe angeordneten Testwahrscheinlichkeiten die geschützten Schwellen

$$\alpha_1^* = \frac{\alpha}{t},$$

$$\alpha_2^* = \dots = \alpha_5^* = \frac{\alpha}{t - 4},$$

$$\alpha_6^* = \alpha_7^* = \frac{\alpha}{t - 6},$$

$$\alpha_8^* = \frac{\alpha}{t - 7},$$

$$\alpha_{t-1}^* = \frac{\alpha}{2}.$$

und

$$\alpha_t* = \alpha.$$

Hommel et al. (1985) schlagen weiterhin vor, den ersten Test einer Konfiguration durch den goodness-of-fit Test des Basismodells zu ersetzen. Wird bei diesem Test das Basismodell zurückgewiesen, dann kann in zweidimensionalen Tafeln die folgende, noch liberalere Prozedur verwendet werden:

$$\alpha_1^* = \ldots = \alpha_5^* = \frac{\alpha}{t-4},$$

und die folgenden geschützten Schwellen bleiben wie oben beschrieben. Hier sind die geschützten Schwellen noch weniger restriktiv als bei Holm, speziell für den ersten Test. Vom sechsten Test an sind die α-Niveaus in den von Holm und den von Hommel vorgeschlagenen Prozeduren identisch.

Perli, Hommel und Lehmacher (1985) erweitern diesen Ansatz auf den Fall dreidimensionaler Tafeln. Hier ergeben sich die geschützten α-Niveaus

$$\alpha_1^* = \frac{\alpha}{t},$$

$$\alpha_2^* = \ldots = \alpha_5^* = \frac{\alpha}{t-4},$$

und

$$\alpha_m^* = \frac{\alpha}{t-m+1}.$$

Die letzte Gleichung gilt ab dem sechsten Test. Für höher-dimensionierte Tafeln schlagen Perli et al. (1985) vor, die konservativere Bonferroni Prozedur zu verwenden (vgl. hierzu auch Naud, 1997).

In Abb. 2.5 vergleichen wir die Prozeduren von Bonferroni, Holm, Hochberg, Holland und DiPonzio Copenhaver, sowie die beiden Ansätze von Hommel und Mitarbeitern zum Schutz des Signifikanzniveaus in der KFA anhand eines Beispiels. In diesem Beispiel werden in einer 3×3 Kreuzklassifikation alle neun Tests durchgeführt. Für jeden dieser Tests zeigt die Abbildung das geschützte Signifikanzniveau. Für die Methoden, die eine Reihung der Teststatistiken oder deren Wahrscheinlichkeiten erfordern, wird angenommen, dass diese Reihung erfolgt ist.

Abb. 2.5 zeigt, dass, mit Ausnahme der Bonferroni-Prozedur, alle Methoden zum Schutz des Signifikanzniveaus den letzten Test auf dem nominellen α-Niveau durchführen. Betrachtet man die Prozeduren, die bei Tafeln jeder Größe angewendet werden

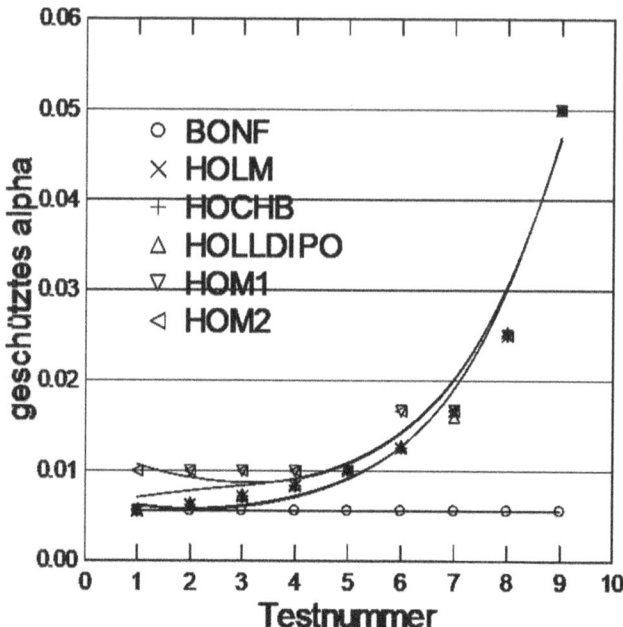

Abb. 2.5 Vergleich von sechs Methoden zum Schutz des α-Niveaus bei einer KFA einer 3×3 Tafel (Glättung mit spline-Funktionen)

können, findet man, dass die von Holland und DiPonzio Copenhaver die liberalste ist, d. h. die am wenigsten prohibitiven Signifikanzschwellen vorgibt. Die Methoden von Hommel und Kollegen sind noch liberaler, sind aber nur beschränkt einsetzbar (nur bei 2- und 3-dimensionalen Tafeln).

In dem bisher diskutierten Rahmen sind die Prozeduren von Holm und von Hochberg äquivalent. In der Anwendung sind sie das jedoch nicht immer. Bei Holms Methode beginnt das Testen mit der kleinsten Wahrscheinlichkeit und endet, wenn die erste Nullhypothese überlebt (also nicht verworfen wird). Bei Hochbergs Methode beginnt das Testen mit der größten Wahrscheinlichkeit und endet, wenn das erste Mal eine Nullhypothese zu Fall gebracht, d. h. abgelehnt wird. Es ist plausibel, wenn angenommen wird, dass diese beiden Methoden nicht immer bei der selben Konfiguration anhalten.

Bevor wir die Einführung der Elemente der KFA im nächsten Abschnitt abschließen, sollen zwei weitere Aspekte des Schutzes von α nicht unerwähnt bleiben. Erstens existiert noch eine Reihe anderer Methoden, α in Situationen multipler Tests zu schützen. Eine interessante graphische Methode wird z. B. von Wang und Ting (2013) im Kontext klinischer Studien diskutiert. Auch diese Methoden werden an dieser Stelle nicht weiter ausgeführt, weil sie im Kontext der KFA noch nicht diskutiert worden sind.

Zweitens ist die Entscheidung für oder gegen eine Methode des Schutzes von α nicht immer eindeutig. So konzentrieren sich z. B. Smyth und MacKinnon (2020) beim Schutz des α-Niveaus für eine Mediations-KFA auf die Zahl der Konfigurationen in einer Tafel. Hierbei wäre es auch vertretbar gewesen, die Gesamtzahl der Tests als Bezugsgröße zu verwenden. In Abhängigkeit von dieser Entscheidung könnten dann die Ergebnisse der Simulationen, die Smyth und MacKinnon zum α-Fehler in der Mediations-KFA durchgeführt haben, unterschiedlich interpretiert werden.

2.8   Die vier Schritte der KFA

In den letzten Abschnitten wurden die Elemente der KFA eingeführt. Jetzt fügen wir diese Elemente zusammen, indem wir den Ablauf einer KFA darstellen. Der Ablauf umfasst die vier Schritte, die im Folgenden diskutiert werden (siehe von Eye et al., 2010; von Eye et al., 2020).

1. *Spezifikation eines Basismodells* und Schätzung der Erwartungshäufigkeiten. Das KFA Basismodell ist ein Wahrscheinlichkeitsmodell, auf der Basis dessen die Auftrittswahrscheinlichkeit einer Konfiguration geschätzt wird. In dieses Modell werden alle Effekte aufgenommen, die für die untersuchte Hypothese *nicht* von Interesse sind. Kommt dieses Modell zu Fall, d. h., wird es abgelehnt, dann gibt es nur eine Interpretationsmöglichkeit, und zwar, dass die Effekte, die von Interesse sind existieren. Mit der KFA wird untersucht, wo im Datenraum diese Effekte besonders deutlich sichtbar sind. Typen und Antitypen bringen dies zum Ausdruck.
   Die meisten Basismodelle der KFA sind log-lineare Modelle. Mit diesen Modellen werden die Erwartungshäufigkeiten so geschätzt, dass sie die Effekte reflektieren, die Bestandteile des Modells sind. Beispiele von KFA Basismodellen sind das Modell erster Ordnung und das Modell für die Prädiktions-KFA. In das Modell erster Ordnung werden nur die Haupteffekte der Variablen aufgenommen, die die untersuchte Kreuzklassifikation aufspannen. Kommt dieses Modell zu Fall, dann müssen Interaktionen zwischen diesen Variablen existieren. In das Modell für die Prädiktions-KFA werden die Haupteffekte aller Variablen aufgenommen, sowie alle Interaktionen zwischen den Prädiktoren und alle Interaktionen zwischen den abhängigen Variablen. Kommt dieses Modell zu Fall, dann müssen Beziehungen zwischen den Prädiktoren und den abhängigen Variablen zumindest lokal existieren. Die KFA zeigt, wo dies im Datenraum sichtbar ist.
2. *Selektion eines Signifikanztests.* Berücksichtigt man, dass eine große Zahl an Tests für die KFA vorgeschlagen, untersucht, und angewendet worden ist, dann wird klar, dass die Auswahl eines solchen Tests für eine gegebene Datensituation nicht immer trivial ist. Die Tests unterscheiden sich in einer Reihe von Eigenschaften. So sind einige exakt, andere approximativ. Einige sind eher konservativ, andere eher liberal. Manche können unter jeder Methode der Stichprobenziehung angewendet werden, andere nur unter bestimmten Methoden. Nicht überraschend ist es, dass Simulationsstudien gezeigt haben, dass es keinen Test gibt, der unter allen Bedingungen der Beste

ist (siehe z. B. Indurkhya & von Eye, 2000; Küchenhoff, 1986; Lehmacher, 1981; Lindner, 1984; von Eye, 2002; von Eye et al., 2010; von Eye & Mair, 2008a; von Eye & Mun, 2003b; von Weber et al., 2003; von Weber et al., 2004). Die Simulations-ergebnisse sprechen jedoch dafür, dass der Chi-Quadrat-Test, der z-Test, der exakte Binomialtest, der kontinuitäts-korrigierte hypergeometrische Lehmacher Test, und das standardisierte Pearson Residuum das gegebenen Signifikanzniveau oft gut einhalten.

3. Durchführung der *Signifikanztests unter Schutz von α*. Es ist kennzeichnend für die KFA, dass multiple Tests durchgeführt werden. In der exploratorischen Anwendung der KFA sind dies je ein Test pro Konfiguration, d. h. insgesamt t Tests, und in der konfirmatorischen Anwendung der KFA sind dies $k < t$ Tests für k vorher bestimmte Konfigurationen. Obwohl statistische Signifikanztests so konstruiert sind, dass für jeden einzelnen Test die Signifikanzschwelle α meist sehr gut eingehalten wird, schwillt bei multiplen Tests der potentielle α-Fehler an. Gründe dafür sind die Abhängigkeit der Tests und das Eingehen des Risikos, dass der α-Fehler mehr-fach begangen wird. Viele Methoden zum Schutz des Signifikanzniveaus sind vor-geschlagen worden. Diese unterscheiden sich in den Kriterien, die für die Ableitung neuer, geschützter α-Niveaus aufgestellt werden, und darin, wie strikt die geschützten α-Niveaus sind. Die KFA wird stets unter Schutz von α durchgeführt.

4. *Interpretation von Typen und Antitypen*. Nach von Eye et al. (2010) werden bei der Interpretation von Typen und Antitypen vier Quellen der Information genutzt. Die erste dieser Quellen ist die *Bedeutung einer Konfiguration*. Diese ergibt sich aus der kombinierten Bedeutung der Variablenkategorien, die in eine Konfiguration ein-gehen. Die zweite Informationsquelle ist das *Basismodell*. Sind nur Haupteffekte in diesem Modell enthalten, dann zeigen Typen und Antitypen an, wo im Datenraum Interaktionseffekte sichtbar werden. Sind keine Beziehungen zwischen Prädiktoren und abhängigen Variablen Bestandteil des Basismodells, dann zeigen Typen und Antitypen an, welche Prädiktorkonfigurationen welche Ausgangskonfigurationen vorherzusagen erlauben. Die dritte Informationsquelle ist die Methode, mit der die Stichprobe erhoben wurde (z. B. Poisson, multinomial, produkt-multinomial). Diese Methode beeinflusst die Wahl des Basismodells und damit – indirekt – auch die Inter-pretation der Ergebnisse der KFA. Die vierte Informationsquelle besteht in externer Information. Solche Information kann z. B. in Form von Kovariaten genutzt werden, die das Auftreten von Typen und Antitypen sowohl behindern als auch verstärken können, oder in Form von Moderatorvariablen, die u. U. zeigen, dass Typ/Antityp-muster sich über Gruppen hinweg unterscheiden.

In früheren Darstellungen der Schritte der KFA (z. B. von Eye, 2002; von Eye & Mun, 2016; von Eye et al., 2020) wurde ein weiterer Schritt diskutiert, der bei der Durch-führung der KFA getan werden muss. Dies ist der Schritt, der zu einer Auswahl eines Konzepts der Abweichung von Unabhängigkeit führt (siehe Goodman, 1991; von Eye et al., 1995). Dieser Schritt ist, nach dem gegenwärtigen Stand der Diskussion, jedoch nur von Bedeutung, wenn eine 2-Gruppen KFA durchgeführt wird. Aus diesem Grund, wird er hier, in der allgemeinen Diskussion, weniger betont (siehe aber Abschn. 3.2.4, in dem die 2-Gruppen KFA behandelt wird).

So, jetzt haben wir die Grundelemente der KFA eingeführt. Wir führen jetzt die vier Schritte einer KFA aus und wenden diese Elemente auf das einführende Datenbeispiel mit den Infektionen des Coronavirus in Frankreich an (Tab. 1.1). In diesem Beispiel werden zwei Variablen untersucht: Altersgruppen (*A;* jünger als 18 Jahre, 18 – 64 Jahre, 65 – 74 Jahre, älter als 74 Jahre) und Status von Patienten nach Covid-19 Infektion (*P;* diagnostizierter Fall, Patient in der Intensivstation, Patient verstorben). Wir analysieren diese Daten mit einer exploratorischen KFA.

Schritt 1: Auswahl eines Basismodells Wird eine Kreuzklassifikation von nur zwei Variablen aufgespannt, dann ist die Zahl der Basismodelle, unter denen sie analysiert werden kann, beschränkt. Hier verwenden wir die KFA erster Ordnung (das Haupteffektmodell). Das Modell lautet $\log \hat{m} = \lambda + \lambda^A + \lambda^P$, wobei die Variablen, deren Haupteffekte in das Modell eingehen, in den Superskripten aufgeführt sind. Wir suchen mit diesem Modell nach lokalen Assoziationen zwischen den Variablen Alter und Covid-19 Status.

Schritt 2 Als Signifikanztest wählen wir den *z*-Test. Die Stichprobe ist groß genug, und wir vertrauen daher den Approximationseigenschaften dieses Tests. Die Stichprobenziehung war Poisson. Daher kann der *z*-Test angewendet werden. Zum Schutz von α verwenden wir die Holland DiPonzio Copenhaver Prozedur.

Schritt 3 Tab. 2.7 präsentiert die Ergebnisse der KFA unter diesen Spezifikationen.

Der Pearson Chi-Quadrat Test zeigt, dass die Assoziation zwischen Alter und Covid-19 Status stark ist ($X^2 = 109.2$; $df = 6$; $p < 0.001$). Es ergeben sich zwei Typen und zwei Antitypen.

Tab. 2.7   KFA erster Ordnung der Covid-19 Daten aus Tab. 1.1

Konfiguration

AS	m	$\hat{m}$	z	p	
11	87.00	83.483	.3849	.350144	
12	3.00	4.498	−.7062	.240030	
13	.00	2.019	−1.4210	.077651	
21	1111.00	1069.509	1.2687	.102272	
22	36.00	57.621	−2.8483	.002198	Antityp
23	6.00	25.870	−3.9067	.000047	Antityp
31	272.00	283.842	−.7029	.241064	
32	29.00	15.292	3.5054	.000228	Typ
33	5.00	6.866	−.7121	.238204	
41	349.00	382.166	−1.6966	.044890	
42	30.00	20.589	2.0739	.019044	
43	33.00	9.244	7.8133	.000000	Typ

Schritt 4: Interpretation der entstandenen Typen und Antitypen Die Typen und Antitypen können wie folgt interpretiert werden:

- Typ 3 2: Patienten in der Gruppe der 65 – 74-jährigen werden überzufällig häufig in die Intensivstation aufgenommen; 29 Personen sind in dieser Gruppe, es waren aber nur 15.29 erwartet worden.
- Typ 4 3: Patienten in der Gruppe der über 74-jährigen sind überzufällig häufig an der Infektion mit dem Coronavirus verstorben; 33 Personen sind in dieser Gruppe, es waren aber nur 9.24 erwartet worden.
- Antityp 2 2: Patienten in der Altersgruppe 18 – 64 Jahre, werden wider Erwarten selten in die Intensivstation aufgenommen; 36 Personen sind in dieser Gruppe, es waren aber 57.62 erwartet worden.
- Antityp 2 3: Patienten in der Altersgruppe 18 – 64 Jahre sind wider Erwarten selten an der Infektion mit dem Coronavirus verstorben; 6 Personen sind in dieser Gruppe, es waren aber 25.87 erwartet worden.

An diesem Beispiel erkennt man die folgenden fünf Eigenschaften einer Analyse mit der KFA:

1. Auch deutliche Zurückweisungen des Basismodells führen meistens zu einer Zahl von Typen und Antitypen, die geringer ist als die Zahl der Zellen einer Kreuzklassifikation. Dies belegt die Annahme der KFA, dass Variablenbeziehungen oft nur lokal sichtbar sind.
2. In den Bereichen des Variablenraums, in denen keine Typen oder Antitypen auftreten, kann die Annahme der Unabhängigkeit nicht zurückgewiesen werden.
3. Ohne den Schutz des Signifikanzniveaus käme es oft zu wesentlich mehr Typen und Antitypen. In Tab. 2.7 würden ohne Schutz von α noch Konfiguration 4 1 einen Antityp und Konfiguration 4 2 einen Typ konstituieren. Welcher der auf diese Weise aufgeblähten Liste an Typen und Antitypen nur wegen eines Fehlers erster Art auf die Liste gekommen ist, kann ohne zusätzliche Information und Analysen nicht entschieden werden.
4. Die KFA ist eine personen-orientierte Analysemethode. Ergebnisse werden nicht in Termini von Variablenbeziehungen formuliert, sondern in Termini von Personengruppen mit spezifischen Profilen.
5. Es sind nicht immer die größten Zellhäufigkeiten, die zu Typen und die kleinsten Zellhäufigkeiten, die zu Antitypen führen. Dies liegt daran, dass die KFA-Tests nicht nach dem Abstand einer Zellhäufigkeit vom Mittelwert fragen (dies geschieht nur in der KFA 0-ter Ordnung), sondern nach der Diskrepanz zwischen den erwarteten von den

beobachteten Zellhäufigkeiten. Ist eine große Zellhäufigkeit nahe dem Erwartungs-
wert, dann sticht sie nicht heraus und die Konfiguration konstituiert keinen Typ.
Entsprechend konstituiert eine Konfiguration, die selten beobachtet wurde, keinen
Antityp, wenn dies der Erwartung entspricht.

In den folgenden Kapiteln werden die in Abb. 2.1 dargestellten Modelle der KFA (und
einige andere) im Detail beschrieben und an Beispielen illustriert. Wir beginnen mit den
globalen Modellen.

Modelle der KFA

In diesem Teil des Buchs stellen wir Modelle der KFA vor. Dabei wird erstens besonders hervorgehoben, welche Frage mit einem Modell beantwortet werden kann und zweitens, wie die Designmatrix für dieses Modell aufzubauen ist. Wir beginnen mit *globalen Modellen der KFA,* fahren mit *regionalen Modellen* fort, und beschreiben im Anschluss *mehrteilige Modelle der KFA* und dann *Modelle für spezielle Effekte* (siehe Abb. 2.1).

3.1 Globale Modelle der KFA

Wie in Kap. 2 bereits ausgeführt wurde, sind globale Modelle der KFA dadurch gekennzeichnet, dass die Variablen, die die untersuchte Kreuzklassifikation aufspannen, alle den gleichen Status haben. Üblicherweise gelten die Hypothesen, die getestet werden auch für alle Variablen auf die gleiche Weise. So werden die Haupteffekte aller Variablen in das Basismodell aufgenommen, oder die Interaktionen zwischen allen Variablenpaaren etc. Es wird daher nicht zwischen Gruppen von Variablen unterschieden. Prädiktoren, abhängige Variablen, Mediatoren, oder Moderatoren sind nicht Bestandteil von globalen Modellen der KFA. Kovariaten können allerdings Bestandteil globaler Modelle sein. Globale Modelle unterscheiden sich voneinander in den Effekten und dem Niveau der Interaktionen, die alle Variablen betreffen und in den Hypothesen, die mit ihnen getestet werden. Dies ist das zentrale Thema dieses Kapitels.

Die Erwartungshäufigkeiten für alle globalen Modelle der KFA können mit log-linearen Modellen der $\log \hat{m} = X\lambda$ geschätzt werden, wobei $\hat{m}$ die Erwartungshäufigkeiten bezeichnet, X die Designmatrix und λ die Parameter des Modells. Diese Modelle sind meistens, aber keineswegs immer, hierarchischer Natur. Modelle sind hierarchisch, wenn ein Effekt höherer Ordnung Bestandteil des Modells ist, und die verwandten Effekte niedrigerer Ordnung ebenfalls Bestandteil des Modells sind. Nicht-hierarchische

A. von Eye und W. Wiedermann, *KFA – Die Konfigurationsfrequenzanalyse,*
https://doi.org/10.1007/978-3-662-63675-6_3

Modelle (Mair & von Eye, 2007), bei denen dies nicht der Fall ist, können ebenfalls in Betracht gezogen werden (siehe Kap. 7).

Die Hierarchie der globalen Modelle der KFA ist auf den Effekten begründet, die in das Basismodell eingehen. In die KFA 0-ter Ordnung gehen gar keine Effekte in das Modell ein (die Modellkonstante wird nicht zu den Effekten gerechnet, die geschätzt werden). In die KFA erster Ordnung gehen die Haupteffekte aller beteiligten Variablen ein. In die KFA zweiter Ordnung gehen zusätzlich alle paarweisen Interaktionen ein, etc. Wie in Kap. 2 bereits angedeutet wurde, können nicht-hierarchische Modelle spezifiziert werden, indem ein Niveau der Effekte (oder individuelle Effekte niedrigerer Ordnung) aus dem Basismodell herausgenommen wird. Dies dient Fragestellungen, die speziell dieses Niveau betreffen. Werden alle Effekte eines Niveaus aus dem Basismodell entfernt, dann ist das resultierende Modell ebenfalls ein globales Modell der KFA. In diesem Kapitel werden auch andere Arten von nicht-hierarchischen Basismodellen eingeführt.

In den folgenden Abschnitten arbeiten wir die globalen Modelle der KFA von unten kommend ab. Wir beginnen daher mit dem Modell 0-ter Ordnung, schreiten zu den Modellen erster und zweiter Ordnung und illustrieren zum Abschluss ein Modell, das nicht-hierarchisch ist, aber dennoch zur Familie der globalen KFA Modelle gehört.

3.1.1   KFA 0-ter Ordnung

Die KFA 0-ter Ordnung (auch *konfigurale Clusteranalyse* genannt; vgl. Krueger et al., 1979; Lautsch & von Eye, 1998; Lienert & von Eye, 1984, 1985, 1989) berücksichtigt keine Effekte jenseits der Modellkonstanten, d. h. gar keine variablenspezifischen Effekte. Mit dieser Methode wird nach Zentren der Dichte oder des Mangels an Dichte im Datenraum gesucht. Dies ist die einzige uns bekannte Methode der Clusteranalyse, mit der nicht nur Dichtezentren, sondern auch Zentren der Leere im Datenraum statistisch identifiziert werden können. Das Modell der KFA 0-ter Ordnung enthält nur einen Parameter, die Modellkonstante. Das Modell ist damit $\log \hat{m} = X\lambda = \mathbf{1}\lambda$, wobei $\mathbf{1}$ ein Vektor ist, der nur Einsen enthält. Ist dieses Modell abzulehnen, dann kann es sein, dass es Konfigurationen gibt, die signifikant häufiger als der Mittelwert aller Konfigurationen beobachtet wurden, und es kann ebenfalls sein, dass es Konfigurationen gibt, die signifikant seltener als der Mittelwert aller Konfigurationen beobachtet wurden. Es würde sich damit um Dichtezentren im Datenraum handeln oder um Sektoren relativer Unterfrequentierung. Der Mittelwert zeigt die *erwartete Datendichte* an.

Im folgenden Beispiel präsentieren wir eine Reanalyse der Coronavirus-Daten, die wir bereits in Kap. 1 und 2 analysiert hatten. Die zwei Variablen, die in diesem Beispiel untersucht werden, sind Altersgruppen (*A;* jünger als 18 Jahre, 18–64 Jahre, 65–74 Jahre, älter als 74 Jahre) und Status von Patienten nach Covid-19 Infektion (*S;* diagnostizierter Fall, Patient in der Intensivstation, Patient verstorben). Wir arbeiten die vier Schritte der KFA wie folgt ab.

Tab. 3.1 KFA 0-ter Ordnung der Coronavirus Daten aus Tab. 2.6

```
Konfiguration

AS         m        m̂         z          p
11      87.00    163.417   -5.9778   .000000   Antityp
12       3.00    163.417  -12.5488   .000000   Antityp
13        .00    163.417  -12.7835   .000000   Antityp
21    1111.00    163.417   74.1258   .000000   Typ
22      36.00    163.417   -9.9673   .000000   Antityp
23       6.00    163.417  -12.3141   .000000   Antityp
31     272.00    163.417    8.4941   .000000   Typ
32      29.00    163.417  -10.5149   .000000   Antityp
33       5.00    163.417  -12.3923   .000000   Antityp
41     349.00    163.417   14.5175   .000000   Typ
42      30.00    163.417  -10.4367   .000000   Antityp
43      33.00    163.417  -10.2020   .000000   Antityp
```

Schritt 1: Auswahl eines Basismodells Für die Coronavirus-Daten stellen wir hier die Frage, ob bestimmte Muster überdurchschnittlich häufig oder überdurchschnittlich selten auftreten. Damit ist der Vergleichswert für jeden der anfallenden KFA-Tests der gleiche und zwar der Gesamtmittelwert der Zellhäufigkeiten. Das Basismodell, das diese Frage zu bearbeiten erlaubt, ist das der KFA 0-ter Ordnung. Es enthält nur einen Vektor, und zwar den für die Modellkonstante. Das Modell lautet $\log \hat{m} = 1\lambda$.

Schritt 2: Signifikanztestung Als Signifikanztest wählen wir den z-Test. Die Stichprobe ist groß genug, und wir vertrauen daher den Approximationseigenschaften dieses Tests. Wir führen eine exploratorische KFA durch. Dabei werden alle Konfiguration mit einem KFA-Test geprüft. Die Stichprobenziehung entspricht den Eigenschaften der Poisson-Verteilung. Daher kann der z-Test angewendet werden. Zum Schutz von α verwenden wir die Holland DiPonzio Copenhaver Prozedur, die wir bei einem nominellen α = 0.05 einsetzen.

Schritt 3: Durchführung der KFA Tab. 3.1 präsentiert die Ergebnisse der KFA unter diesen Spezifikationen.

Schritt 4: Interpretation der entstandenen Typen und Antitypen Der Pearson Chi-Quadrat goodness-of-fit Test zeigt, dass starke Effekte in der Kreuzklassifikation von Alter und Covid-19 Status existieren ($X^2 = 6862.0$; $df = 11$; $p < 0.001$). Hier interessieren wir uns für die zellweisen Auswirkungen dieser Effekte, ohne dass wir uns festlegen (oder ohne, dass wir wissen), um welche Effekte es sich handelt. Es ist zu beachten, dass der Chi-Quadrat-Test für die ganze Tafel in diesem Fall ein goodness-of-fit Test ist und kein Test auf Assoziation. Der Grund dafür ist, dass im letzteren die Haupteffekte der untersuchten Variablen mit ins Modell eingehen. Hier ist dies aber nicht der Fall.

Tab. 3.1 zeigt, dass unter dem Basismodell der 0-ten Ordnung die Erwartungswerte alle gleich sind. Dies liegt darin begründet, dass kein Effekt Bestandteil des Basismodells ist, der eine Variation der Zellhäufigkeiten verursachen könnte. Abweichungen

von diesem Wert zeigen daher an, wo überdurchschnittlich große individuelle Zellhäufigkeiten an (Dichtezentren; Typen) und wo unterdurchschnittlich große Zellhäufigkeiten
(Antitypen) zu finden sind.

Tab. 3.1 zeigt ebenfalls an, dass jede einzelne Konfiguration signifikant häufiger
oder seltener beobachtet wurde als der Mittelwert es hätte erwarten lassen. Dies ist ein
extremes Ergebnis, das in der Anwendung der KFA nur selten auftritt (ein anderes Beispiel findet sich bei Aksan et al., 1999). Hätten wir die striktere Bonferroni-Prozedur verwendet, wäre das Ergebnis nicht anders gewesen. Das *am wenigsten extreme z* in der
Tabelle ist $z = -5.9778$. Dieser Wert hat eine Wahrscheinlichkeit von 0.1×10^{-9}. Das
erste geschützte α nach Holland und DiPonzio Copenhaver (und damit das geschützte α
für jeden der KFA Tests unter der Bonferroni Prozedur) ist $\alpha^* = 0.05/12 = 0.00417$, und
damit wesentlich weniger extrem als die Wahrscheinlichkeit des geringsten z-Werts in
der Tabelle.

Wir verzichten hier auf die Interpretation jeder einzelnen Konfiguration. Wir
bringen als Beispiele nur die Interpretation der größten und der kleinsten Zellhäufigkeit in Tab. 3.1. Konfiguration 2 1 zeigt mit 1111 Fällen die größte Zellhäufigkeit. Dies
sind Patienten der Altersgruppe 18–64 Jahre. Diese Personen sind lediglich als Fälle
diagnostiziert. Weitergehende Komplikationen haben sich noch nicht ergeben. Die
kleinste Konfiguration, 1 2, enthält keinen Fall. Das bedeutet, dass zu diesem Messzeitpunkt nicht eine Person, die jünger als 18 Jahre war, am Coronavirus verstorben war.

Die Analyse in Tab. 3.1 zeigt Zentren relativ großer und relativ geringer Datendichte.
Die Analysen, die zu den Ergebnissen in Tab. 2.6 geführt haben, zeigten, wo genau
Zusammenhänge zwischen Alter und Patientenstatus zu finden sind. Später in diesem
Buch werden wir diese Daten erneut aufnehmen und fragen, ob die Ergebnisse aus
Tab. 2.6 haltbar sind, wenn man berücksichtigt, dass die Altersvariable ordinal ist (siehe
Abschn. 6.2).

Mit der KFA 0-ter Ordnung wird untersucht, ob und, wenn ja, wo im Datenraum
Abweichungen von der Durchschnittsdichte vorliegen. Nachdem die Designmatrix
für dieses Modell nur einen Vektor enthält, kann die KFA 0-ter Ordnung auch dann
angewendet werden, wenn nur eine einzige Variable vorliegt. Damit ist die KFA 0-ter
Ordnung die einzige Variante der KFA, die bei einmaliger Messung auch im univariaten
Fall eingesetzt werden kann.

3.1.2 KFA erster Ordnung

Mit der KFA erster Ordnung wird untersucht, wo im Datenraum Indizien existieren, die
darauf hindeuten, dass Assoziationen zwischen den Variablen vorliegen, die die untersuchte Kreuzklassifikation aufspannen. Ob dies Assoziationen zwischen zwei, drei oder
mehr Variablen sind, geht aus den Resultaten der KFA erster Ordnung nicht hervor. Um
dies zu entscheiden, müsste eine funktionale KFA eingesetzt werden (siehe Abschn. 7.2).
Das log-lineare Basismodell der KFA erster Ordnung ist für die d Variablen X_1, X_2, ...,

und $X_d \log \hat{m} = \lambda + \sum_{i=1}^{d} \lambda^{X_i}$, d. h., dass alle Haupteffekte der d Variablen in das Modell eingehen. Kommt dieses Modell zu Fall, dann muss es Variablenbeziehungen geben. Typen und Antitypen zeigen an, wo genau diese Beziehungen zu Abweichungen vom Modell der Variablenunabhängigkeit führen.

Wie eingangs zu Kap. 1 diskutiert wurde, hat Lienert (1968) in den ersten Arbeiten, die zur KFA veröffentlicht wurden, den Bezug zum Pearsonschen Chi-Quadrat-Test hergestellt. Diesem Test liegt ein log-lineares Haupteffektmodell zu Grunde. Die KFA erster Ordnung ist damit äquivalent zur „klassischen KFA".

Zur Illustration der KFA erster Ordnung wollen wir ein vergleichsweise umfängliches Datenbeispiel verwenden. Wir reanalysieren die Daten, die Krueger, Lienert, Gebert und von Eye (1979) veröffentlicht haben, als sie eine Clusteranalyse für Binärdaten vorgeschlagen haben. In den damals verwendeten Datensatz sind die Antworten von 997 Personen aufgenommen worden, die den Intelligenztest IST von Amthauer (1973) abgelegt hatten. Die Rohdaten der Testteilnehmer wurden am Median dichotomisiert (1 = unter dem Median; 2 = auf dem Median oder darüber). Der Test umfasst die neun Subtests 1 = Satzergänzen, 2 = Wortauswahl, 3 = Analogien, 4 = Gemeinsamkeiten, 5 = Rechenaufgaben, 6 = Zahlenreihen, 7 = Figurenauswahl, 8 = Würfelaufgaben, und 9 = Merkaufgaben. Gekreuzt, formen diese neun Subtests eine Tafel mit $2^9 = 512$ Zellen. Diese Tafel soll jetzt exploratorisch mit einer KFA erster Ordnung untersucht werden. Wir gehen die Schritte der KFA:

Schritt 1: Auswahl eines Basismodells Im vorliegenden Beispiel wird die Frage gestellt, ob die neun Subtests des Amthauer IST miteinander korrelieren. Für einen Generalfaktor der Intelligenz würde das Ergebnis sprechen, dass die Subtests paarweise korrelieren. Krüger et al. (1979) sind auch dieser Frage nachgegangen und haben festgestellt, dass jede der 36 paarweisen Korrelationen signifikant ist. Tab. 3.2 reproduziert die Phi-Korrelationen aus Krueger et al. (1979, S. 546).

Die Phi-Koeffizienten in Tab. 3.2 variieren von 0.138 bis 0.549. Dennoch sind sie alle signifikant. Dies spricht in der Tat für einen Generalfaktor der Intelligenz. Mit einer KFA erster Ordnung gehen wir jetzt der Frage nach, ob sich diese Interkorrelationen in

Tab. 3.2 Phi-Koeffizienten für alle Paare der neun Amthauer Subtests

Subtest	Subtest							
	1	2	3	4	5	6	7	8
2	.417							
3	.475	.505						
4	.459	.440	.549					
5	.391	.404	.497	.440				
6	.350	.401	.498	.423	.492			
7	.247	.238	.292	.265	.302	.286		
8	.171	.138	.192	.169	.193	.185	.262	
9	.301	.361	.386	.407	.330	.443	.191	.227

einzelnen Sektoren des Datenraums in Typen und Antitypen ausdrücken, während in den anderen Sektoren die Unabhängigkeitsannahme beibehalten werden kann. Das Basismodell für diese KFA ist $\log \hat{m} = \lambda + \lambda^1 + \lambda^2 + \lambda^3 + \lambda^4 + \lambda^5 + \lambda^6 + \lambda^7 + \lambda^8 + \lambda^9$, wobei die durchnummerierten Subtests in den Superskripten aufgelistet sind.

Schritt 2: Signifikanztestung Als Signifikanztest wählen wir den Binomialtest. Die Gesamtstichprobe ist mit 997 zwar relativ groß, die Kreuzklassifikation ist aber mit 512 Zellen recht umfangreich. Viele der Zellen sind daher leer oder nur schwach besetzt. In einer solchen Situation vertrauen wir dem exakten Binomialtest. Zum Schutz von α bauen wir auf die Holland DiPonzio Copenhaver Prozedur.

Interessant ist die Frage, ob wir nicht auch einen der auf der hypergeometrischen Verteilung basierenden Tests, z. B. den Lehmacher-Test hätten verwenden können. Die Begründung dafür wäre gewesen, dass wegen der Dichotomisierung am Median die Wahrscheinlichkeiten der Variablenkategorien alle gleich groß sein sollten. Im vorliegenden Beispiel ist dies jedoch nicht der Fall, weil alle Fälle bei Median-Bindung der Kategorie 2, d. h. über dem Median liegend, zugeschlagen wurden. Dadurch ergaben sich z. B. für den sechsten Subtest nur 453 Personen mit sub-medianen Scores, aber 544 mit supra-medianen Scores. Die Randwahrscheinlichkeiten sind daher nicht nah genug an 0.5 und wir wählen den Binomialtest, weil dieser es nicht erfordert, dass die Randwahrscheinlichkeiten a priori festgelegt werden.

Schritt 3: Durchführung der KFA Tab. 3.3 gibt einen Ausschnitt der Ergebnisse der KFA erster Ordnung wieder. Es werden nur die Zellen in der Tafel wiedergegeben, die

Tab. 3.3 KFA erster Ordnung der Kreuzklassifikation der neun Subtests des Amthauer IST Intelligenztests (nur ausgewählte Zellen sind enthalten)

Konfiguration IST Subtest 123456789	m	$\hat{m}$	p	
111111111	88.00	1.3905	.00000000	Typ
111111112	10.00	1.5098	.00000423	Typ
111111121	24.00	1.4446	.00000000	Typ
111111211	19.00	1.4330	.00000000	Typ
111111221	18.00	1.4887	.00000000	Typ
111112111	12.00	1.6699	.00000020	Typ
122222222	11.00	2.4603	.00005219	Typ
211111111	10.00	1.5098	.00000423	Typ
212222222	14.00	2.7420	.00000116	Typ
222212222	12.00	2.3349	.00000622	Typ
222222112	19.00	2.4952	.00000000	Typ
222222122	25.00	2.5922	.00000000	Typ
222222211	13.00	2.3683	.00000127	Typ
222222212	43.00	2.5715	.00000000	Typ
222222221	11.00	2.4603	.00005219	Typ
222222222	99.00	2.6714	.00000000	Typ

im Sinne der KFA erster Ordnung von den Erwartungen abweichen. Die Wiedergabe der gesamten Tafel hätte über 512 Textzeilen erfordert[1].

Der Pearson Chi-Quadrat goodness-of-fit Test, der hier auch als globaler Assoziationstest interpretiert werden kann, zeigt, dass starke Effekte in der Kreuzklassifikation der neun Subtests des Amthauer Intelligenztests IST existieren ($X^2 = 11{,}650.67$; $df = 502$; $p < 0.001$). Dies ist ebenfalls ein deutliches Indiz für einen Generalfaktor der Intelligenz. Die KFA zeigt nun, dass sich diese Effekte durchweg als KFA-Typen manifestieren (dies ist ebenfalls eine selten auftretende Ergebnissituation). Es ergeben sich insgesamt neun Typen. Dies zeigt, dass sich die Assoziationen zwischen den Subtests nur in 9 von 512 Sektoren bemerkbar machen, das sind 1.75 % der Sektoren des Datenraums. In 98.25 % der Sektoren des Datenraums kann die Nullhypothese der Variablenunabhängigkeit nicht verworfen werden. Dieses Ergebnis wäre uns ohne die Anwendung der KFA entgangen.

Schritt 4: Interpretation der entstandenen Typen Im vorliegenden Zusammenhang interpretieren wir die vier besonders extremen Typen. Dies sind diejenigen, die die kleinsten Wahrscheinlichkeiten aufweisen. Sie werden durch die Konfigurationen 1 1 1 1 1 1 1 1 1, 2 2 2 2 2 2 2 2 2, 1 1 1 1 1 1 1 2 1, und 2 2 2 2 2 2 2 1 2 konstituiert. Der erste dieser vier Typen repräsentiert das Profil der 88 Personen, die in allen neun Subtests unterdurchschnittliche Ergebnisse erzielt haben. Unter der Annahme der Unabhängigkeit der Subtests waren nur 1.39 Personen mit diesem Profil erwartet worden. Der zweite dieser vier Typen zeigt genau das gegenteilige Profil. Dies sind die 99 Personen, die in allen Subtests überdurchschnittliche Leistungen gezeigt haben. Lediglich 2.67 Personen mit diesem Profil waren erwartet worden.

Der dritte dieser vier Typen repräsentiert das Profil der 24 Personen, die im Subtest Würfelaufgaben überdurchschnittlich gut abgeschnitten haben, in allen anderen Subtests dagegen unterdurchschnittlich gut. Für dieses Profil waren 1.44 Personen erwartet worden. Der vierte Typ, den wir hier interpretieren, zeigt wieder genau das umgekehrte Profil. Die 43 Personen mit diesem Profil haben im Subtest Würfelaufgaben unterdurchschnittlich abgeschnitten, in allen anderen Subtests aber überdurchschnittlich. Für dieses Profil waren 2.57 Personen erwartet worden.

Auch der dritte und der vierte der Typen, die hier interpretiert wurden, zeigen Profile, die auf einen Generalfaktor der Intelligenz hindeuten, allerdings mit der Einschränkung, dass die Leistungen im räumlichen Denken (Würfelaufgaben) den anderen Leistungen im Niveau genau entgegengesetzt sind. Auch einige der anderen auffälligen Profile beschreiben Testpersonen, die in einem der neun Subtests Leistungen zeigen, die von den anderen so abweichen, dass sie auf der anderen Seite des Medians liegen.

---

[1] Die gesamte Tabelle kann von den Autoren angefordert werden.

Dieses Beispiel illustriert, dass, mit Ausnahme der KFA 0-ter Ordnung, die Typen und Antitypen der KFA nicht dahingehend interpretiert werden können, dass sie Personen mit Profilen kennzeichnen, die überzufällig häufig oder selten auftreten. Es handelt sich vielmehr um Personen mit Profilen, die sich überzufällig häufig oder selten in Sektoren des Datenraums befinden, die Variablenbeziehungen anzeigen, von denen in der Nullhypothese angenommen wurde, dass diese nicht existieren. Sie zeigen dies dadurch, dass in diesen Sektoren mehr oder weniger Fälle als erwartet zu finden sind. Es wird dadurch klar, dass bei der Interpretation von Resultaten die wichtigste Informationsquelle die KFA Nullhypothese ist, die für die einzelnen Konfigurationen getestet wird.

Dieses Beispiel illustriert weiterhin, dass personen- und variablen-orientiertes Vorgehen oft fruchtbar gemeinsam realisiert werden kann (Korrelationen und KFA). Variablen-orientierte Ergebnisse werden hauptsächlich in Termini von Variablenbeziehungen formuliert. Die KFA ist dagegen ein personen-orientiertes Verfahren. Ergebnisse werden immer in Termini von Personen mit bestimmten Profilen interpretiert. Diese Profile werden als Muster von Variablenkategorien beschrieben. Damit zeigt sich aber auch, dass auch in der personen-orientierten Forschung stets ein variablen-orientiertes Element eingebettet ist (Bergman & Magnusson, 1997; von Eye & Bergman, 2003; Wiedermann & von Eye, 2016b, c). Dies gilt für jede Analyse mit der KFA, auch für die KFA zweiter und dritter Ordnung, die im nächsten Abschnitt vorgestellt werden.

3.1.3   KFA zweiter und dritter Ordnung

In der KFA zweiter Ordnung wird gefragt, ob jenseits der paarweisen Beziehungen zwischen den Variablen, die untersucht werden, noch Beziehungen höherer Ordnung existieren. Denkt man wieder an den Generalfaktor der Intelligenz, der in dem Beispiel im letzten Abschnitt diskutiert wurde, dann würde die KFA zweiter Ordnung fragen, ob Strukturen existieren, die Beziehungen widerspiegeln, die zusätzlich zu einem Generalfaktor existieren. In einem Intelligenztest könnte es zum Beispiel sein, dass zusätzlich zum Generalfaktor noch Domänen existieren, die durch jeweils mehrere Subtests abgedeckt werden[2]. So werden im Wechsler Intelligenztest HAWIE (Wechsler, 1955) die vier Aufgabengruppen Sprachverständnis, wahrnehmungsgebundenes logisches Denken, Arbeitsgedächtnis und Verarbeitungsgeschwindigkeit definiert. Diese Gruppen bestehen aus je drei bis fünf Skalen. Jenseits dieser Struktur kann ein Generalfaktor der Intelligenz definiert werden. Untersucht man nun ausschließlich Skalenbeziehungen erster Ordnung,

---

[2] Dieser Generalfaktor kann parallel zu einem Generalfaktor eines Bifaktormodells interpretiert werden (Holzinger & Swineford, 1937; eine Anwendung findet man bei Martel et al., 2011).

d. h. Korrelationen, dann kann man diese Struktur höherer Ordnung nicht erkennen. Es sind dafür Modifikationen der Faktorenstruktur erster Ordnung oder Faktorenmodelle höherer Ordnung erforderlich.

Untersucht man kategoriale Variablen mit der KFA zweiter Ordnung, kann man zusätzlich fragen, wo diese Strukturen höherer Ordnung im Datenraum erkennbar sind, falls sie existieren. Wir illustrieren die KFA zweiter Ordnung an folgendem Beispiel. In einer Studie von Finkelstein, von Eye, und Preece (1994) wurde an 114 Jugendlichen die Beziehung zwischen Aggressivem Verhalten und der körperlichen pubertären Entwicklung untersucht. Die Daten wurden in Abständen von je zwei Jahren erhoben, und zwar 1983, 1985, und 1987. Aggression wurde mit einem Fragebogen erfasst, der die vier Dimensionen verbale Aggression gegen Erwachsene (*VAAA*87), körperliche Aggression gegen Peers (*PAAP*87), aggressive Impulse (*AI*87), und aggressionshemmende Reaktionen (*AIR*87) abdeckt.

Im Kontext einer KFA zweiter Ordnung fragen wir, ob die selbst eingeschätzte Aggression im Jahr 1987 (die Jugendlichen waren zu diesem Zeitpunkt 15 Jahre alt)

1. durch einen Generalfaktor der Aggression zu erklären ist, und
2. ob in Sektoren des Datenraums Indizien vorliegen, die eine Hypothese über eine zusätzliche Struktur unterstützen.

Um diese Fragen zu beantworten, und um erneut zu demonstrieren, dass die KFA im Verbund mit anderen, speziell variablen-orientierten Auswertungsmethoden sinnvoll eingesetzt werden kann, führen wir folgende Analysen durch. Erstens schätzen wir ein Strukturgleichungsmodell, in dem wir eine ein-Faktor-Struktur testen. Die vier Variablen der Aggression fungieren in diesem Modell als Indikatoren eines einzigen Aggressionsfaktors. Sollte dieses Modell die Kovariationen der vier Variablen nicht hinreichend erklären, kann versucht werden, durch das Schätzen zusätzlicher Parameter Hinweise auf eine zusätzliche Struktur zu gewinnen. Im Anschluss führen wir eine KFA durch.

Das Strukturgleichungsmodell wurde mit maximum likelihood mit LISREL (Jöreskog, & Sörbom, 1993) geschätzt. Es wurde ein Faktor postuliert, und jede der vier Aggressionsvariablen sollte auf diesem Faktor laden. Es ergab sich eine Lösung, die die Kovariationen zwischen den vier Variablen nur mäßig gut beschreibt (RMSEA $= 0.107$; Chi-Quadrat $= 4.60$; $df = 2$; $p = 0.10$; GFI $= 0.98$). Der Chi-Quadrat Anpassungstest und der goodness-of-fit Index zeigen zwar an, dass keine signifikanten Abweichungen zwischen Modell und Daten vorliegen, das RMSEA deutet aber auf eine nur mäßige Anpassung hin. Wir versuchen daher, das Modell durch einen zusätzlichen Parameter zu verbessern. Wir schätzen die Kovarianz der Residuen der Variablen aggressive Impulse und aggressionshemmende Reaktionen. Das auf diese Weise entstehende Modell beschreibt die Daten fast perfekt (RMSEA $= 0.00$; Chi-Quadrat $= 0.01$; $df = 1$; $p = 0.912$; GFI $= 1.00$). Abb. 3.1 zeigt dieses Modell.

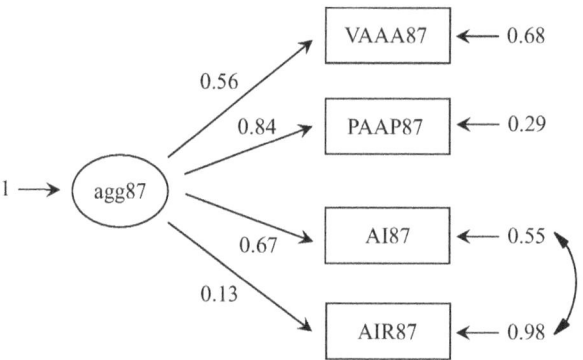

Abb. 3.1 Ein-Faktor Modell von vier Aggressionsvariablen

Alle Parameter in diesem Modell sind signifikant. Dies gilt auch für den Parameter der hinzugefügten Residualkorrelation zwischen aggressiven Impulsen und aggressionshemmenden Reaktionen. Der t-Wert für diesen Parameter beträgt 2.08 ($p < 0.05$), und er zeigt an, dass die Annahme einer Struktur, die aus nur einem Faktor besteht, erst nach einer Korrektur ausreicht, um die Daten zufriedenstellend zu erklären.

Wir analysieren diese Daten nun noch einmal, und zwar mit der KFA. Wir gehen die vier Schritte einer KFA:

Schritt 1: Auswahl eines Basismodells Im vorliegenden Beispiel rechnen wir drei KFA Modelle. Wir beginnen mit einer KFA erster Ordnung. Ergeben sich dabei Typen oder Antitypen, dann bestehen lokale Beziehungen zwischen den Aggressionsvariablen. Im Anschluss rechnen wir eine KFA zweiter und, falls erforderlich, eine KFA dritter Ordnung. Mit der KFA zweiter Ordnung beantworten wir die Frage, ob lokale Abweichungen vom Modell der paarweisen Variablenbeziehungen existieren, die so stark sind, dass sie erneut in Typen und Antitypen resultieren (und dann möglicherweise eine KFA dritter Ordnung rechtfertigen würden).

Für die KFAs dichotomisieren wir die selbst-Einschätzungen der Jugendlichen am Mittelwert und kreuzen die vier Variablen, die wir hier der Einfachheit halber $V87$, $P87$, $A87$ und $AR87$ nennen. Das Basismodell der KFA erster Ordnung der dadurch entstehenden $2 \times 2 \times 2 \times 2$ Tafel lautet $\log \hat{m} = \lambda + \lambda^{V87} + \lambda^{P87} + \lambda^{A87} + \lambda^{AR87}$. Die Designmatrix für dieses Modell ist in den ersten fünf Spalten von X zu finden.

$$X = \begin{bmatrix}
1 & 1 & 1 & 1 & 1 & 1 & 1 & 1 & 1 & 1 & 1 & 1 & 1 & 1 & 1 \\
1 & 1 & 1 & 1 & -1 & 1 & 1 & -1 & 1 & -1 & -1 & 1 & -1 & -1 & -1 \\
1 & 1 & 1 & -1 & 1 & 1 & -1 & 1 & -1 & 1 & -1 & -1 & 1 & -1 & -1 \\
1 & 1 & 1 & -1 & -1 & 1 & -1 & -1 & -1 & -1 & 1 & -1 & -1 & 1 & 1 \\
1 & 1 & -1 & 1 & 1 & -1 & 1 & 1 & -1 & -1 & 1 & -1 & -1 & 1 & -1 \\
1 & 1 & -1 & 1 & -1 & -1 & 1 & -1 & -1 & 1 & -1 & -1 & 1 & -1 & 1 \\
1 & 1 & -1 & -1 & 1 & -1 & -1 & 1 & 1 & -1 & -1 & 1 & -1 & -1 & 1 \\
1 & 1 & -1 & -1 & -1 & -1 & -1 & -1 & 1 & 1 & 1 & 1 & 1 & 1 & -1 \\
1 & -1 & 1 & 1 & 1 & -1 & -1 & -1 & 1 & 1 & 1 & -1 & -1 & -1 & 1 \\
1 & -1 & 1 & 1 & -1 & -1 & -1 & 1 & 1 & -1 & -1 & -1 & 1 & 1 & -1 \\
1 & -1 & 1 & -1 & 1 & -1 & 1 & -1 & -1 & 1 & -1 & 1 & -1 & 1 & -1 \\
1 & -1 & 1 & -1 & -1 & -1 & 1 & 1 & -1 & -1 & 1 & 1 & 1 & -1 & 1 \\
1 & -1 & -1 & 1 & 1 & 1 & -1 & -1 & -1 & -1 & 1 & 1 & 1 & -1 & -1 \\
1 & -1 & -1 & 1 & -1 & 1 & -1 & 1 & -1 & 1 & -1 & 1 & -1 & 1 & 1 \\
1 & -1 & -1 & -1 & 1 & 1 & 1 & -1 & 1 & -1 & -1 & -1 & 1 & 1 & 1 \\
1 & -1 & -1 & -1 & -1 & 1 & 1 & 1 & 1 & 1 & 1 & -1 & -1 & -1 & -1
\end{bmatrix}.$$

Die Designmatrix in den ersten fünf Spalten von X enthält die Effekte, die für eine KFA erster Ordnung erforderlich sind. Dies sind die Modellkonstante und die Haupteffekte der Variablen $V87$, $P87$, $A87$ und $AR87$. Die ersten fünf und die sechs folgenden Spalten konstituieren die Designmatrix für die KFA zweiter Ordnung, die wir berechnen müssen, um die Frage zu beantworten ob es Effekte jenseits der paarweisen Variablenbeziehungen gibt, und, wenn ja, wo diese im Datenraum erkennbar sind. Das log-lineare Modell für die KFA zweiter Ordnung lautet $\log \hat{m} = \lambda + \lambda^{V87} + \lambda^{P87} + \lambda^{A87} + \lambda^{AR87} + \lambda^{V87,P87} + \lambda^{V87,A87} + \lambda^{V87,AR87} + \lambda^{P87,A87} + \lambda^{P87,AR87} + \lambda^{A87,AR87}$. Somit besteht dieses Modell aus allen Haupteffekten und allen zweifach Interaktionen. Die Designmatrix X enthält für jeden dieser Terme eine Spalte. Spalten sechs bis elf repräsentieren die zweifach Interaktionen. Die letzten vier Spalten enthalten die Vektoren für die vier dreifach Interaktionen $\lambda^{V87,P87,A87}$, $\lambda^{V87,P87,AR87}$, $\lambda^{V87,A87,AR87}$, und $\lambda^{P87,A87,AR87}$. Diese werden in das Basismodell aufgenommen, sollte eine KFA dritter Ordnung erforderlich sein.

Schritt 2: Signifikanztestung Für die Testung der Hypothesen der exploratorischen KFA zweiter Ordnung verwenden wir den z-Test, und wir setzen das nominelle α auf 0.05. Zum Schutz dieses Niveaus verwenden wir die Prozedur von Holland und DiPonzio Copenhaver.

Schritt 3: Durchführung der KFA Tab. 3.4 enthält die Ergebnisse der KFA erster und der KFA zweiter Ordnung.

Das Basismodell der KFA erster Ordnung beschreibt die Häufigkeitsverteilung der Aggressionsdaten nur unzureichend (Chi-Quadrat $= 44.28$; $df = 11$; $p < 0.001$). Dennoch zeigt sich nur ein einziger Typ und es findet sich kein Antityp. Auch wenn wir andere Signifikanztests (z. B. den Küchenhoff-Lehmacher-Test) oder andere Methoden zum

Tab. 3.4 KFAs erster und zweiter Ordnung der Kreuzklassifikation der Aggressionsdaten

Konfiguration					KFA erster Ordnung			KFA zweiter Ordnung	
V87	P87	A87	AR87	m	$\hat{m}$	z	p	$\hat{m}$	z
1111				3.00	6.748	-1.4428	.074539	2.789	0.121
1112				2.00	7.498	-2.0078	.022333	5.274	-1.416
1121				7.00	6.748	.0970	.461347	7.348	-0.128
1122				14.00	7.498	2.3747	.008782	10.607	1.042
1211				12.00	6.989	1.8955	.029012	8.407	1.239
1212				4.00	7.765	-1.3512	.088308	4.547	1.321
1221				10.00	6.989	1.1390	.127355	13.446	-0.257
1222				6.00	7.765	-.6335	.263190	5.999	0.170
2111				2.00	6.515	-1.7689	.038451	4.332	-1.120
2112				19.00	7.239	4.3711	.000006 Typ	13.623	1.457
2121				6.00	6.515	-.2019	.420015	3.521	1.321
2122				3.00	7.239	-1.5756	.057564	8.524	-1.892
2211				8.00	6.748	.4820	.314903	9.462	0.475
2212				7.00	7.498	-.1818	.427886	8.583	-0.540
2221				6.00	6.748	-.2879	.386704	4.684	0.608
2222				5.00	7.498	-.9122	.180840	3.217	0.956

Schutz von α verwendet hätten (z. B. die Bonferroni Prozedur) hätten wir nur diesen einzigen Typ aufgedeckt.

Schritt 4: Interpretation des Typs in Tab. 3.4 Der einzige in der KFA erster Ordnung entstandene Typ wird von Konfiguration 2 1 1 2 konstituiert. Dieses Profil beschreibt Jugendliche, die in ihrer eigenen Einschätzung überdurchschnittlich verbal aggressiv gegen Erwachsene sind, aber unterdurchschnittlich körperlich aggressiv gegen ihre Peers, und die unterdurchschnittliche aggressive Impulse bei sich selber wahrnehmen. Sie berichten aber überdurchschnittlich starke aggressionshemmende Reaktionen. Dieses Ergebnis lässt sich dem Strukturgleichungsmodell nicht entnehmen. Es geht nur aus der KFA hervor.

Denkt man nun weiterhin an das Strukturgleichungsmodell, das die Schätzung eines zusätzlichen Parameters erforderte, um das ein-Faktormodell zufriedenstellend anzupassen, dann könnte es sein, dass eine KFA zweiter Ordnung ein Basismodell hat, das die Daten ebenfalls nicht gut erklärt. Die Ergebnisse der KFA zweiter Ordnung finden sich in den letzten beiden Spalten von Tab. 3.4. Das Basismodell der KFA zweiter Ordnung beschreibt die Häufigkeiten in Tab. 3.4 tatsächlich nicht gut (Pearson Chi-Quadrat = 16.14; df = 5; p = 0.006). Wir könnten daher vermuten, dass auch unter diesem Basismodell Typen und Antitypen entstehen. Die letzten beiden Spalten der Tabelle zeigen jedoch, dass die Verteilung der Abweichungen nicht so extrem ist, dass Typen oder Antitypen auftreten. Mit anderen Worten haben wir hier ein Beispiel, das illustriert, dass ein signifikantes Basismodell nicht notwendigerweise zu Typen oder Antitypen führt.

Wir rechnen nun noch eine KFA dritter Ordnung. Es ist sicher nicht ausgeschlossen, dass dabei Typen oder Antitypen auftreten, obwohl dies bereits in der KFA zweiter Ordnung nicht der Fall war. Betrachtet man aber das Chi-Quadrat für das Basismodell der KFA zweiter Ordnung und erwartet man, dass das Chi-Quadrat des Anpassungstests sicher nicht kleiner wird, wenn mehr Effekte in ein Basismodell einbezogen werden,

Tab. 3.5 KFA dritter Ordnung der Kreuzklassifikation der Aggressionsdaten

```
Konfiguration
V87 P87 A87 AR87    m        m̂         z

 1  1  1  1       3.000    1.942     0.759

 1  1  1  2       2.000    3.058    -0.605
 1  1  2  1      12.000   13.058    -0.293
 1  1  2  2       8.000    6.942     0.402
 1  2  1  1       7.000    8.058    -0.373
 1  2  1  2       6.000    4.941     0.476
 1  2  2  1      10.000    8.942     0.354
 1  2  2  2       6.000    7.059    -0.398
 2  1  1  1       2.000    3.058    -0.605
 2  1  1  2      19.000   17.942     0.250
 2  1  2  1       4.000    2.942     0.617
 2  1  2  2       7.000    8.058    -0.373
 2  2  1  1      14.000   12.942     0.294
 2  2  1  2       3.000    4.059    -0.525
 2  2  2  1       6.000    7.058    -0.398
 2  2  2  2       5.000    3.941     0.533
```

dann schrauben wir unsere Erwartungen nicht zu hoch. Tab. 3.5 zeigt die Ergebnisse der KFA dritter Ordnung.

Im Gegensatz zu den Basismodellen der KFAs erster und zweiter Ordnung erklärt das Basismodell der KFA dritter Ordnung die Häufigkeitsverteilung der Aggressionsdaten recht gut (Pearson Chi-Quadrat $= 3.59$; $df = 1$; $p = 0.058$). Damit ist ausgeschlossen, dass Typen oder Antitypen aufscheinen. Betrachtet man die z-Statistiken in den letzten Spalten von Tab. 3.4 und 3.5, dann sieht man, dass keine die kritische Schwelle erreicht, die für eine Typ/Antityp-Entscheidung überschritten werden muss. Dies gilt sogar dann, wenn man auf den α-Schutz verzichtet (was nicht empfohlen wird).

Im Methodenvergleich halten wir für dieses Beispiel fest, dass

- das Strukturgleichungsmodell eine Residualinteraktion zusätzlich zum ein-Faktor-Modell schätzen muss, um die Kovariation zwischen den vier Aggressionsvariablen adäquat zu beschreiben;
- die KFA erster Ordnung einen Typ entdeckt, der zeigt, dass Beziehungen zwischen den vier Aggressionsvariablen nur in einem Sektor des Datenraums zum Ausdruck kommen;
- die KFA zweiter Ordnung keine Abweichung mehr aufdeckt, die extrem genug ist, um zu einem Typen oder Antitypen zu führen, die auf Beziehungen höherer Ordnung zurückzuführen sind; und
- im hierarchischen log-linearen Modell (hier nicht im Detail ausgeführt), das alle dreifach Interaktionen aufnimmt, von den sechs zweifach Interaktionen nur die zwischen V87 und A87 und die zwischen P87 und AR87 signifikant sind, und von den vier dreifach Interaktionen nur die zwischen V87, A87 und AR87. Es bestünde von daher noch erhebliches Potential, das Modell sparsamer zu gestalten;

- ein Teil der Unterschiede zwischen den Ergebnissen des Strukturgleichungsmodells und denen der log-linearen und der konfiguralen Analysen möglicherweise darauf zurückgeführt werden kann, dass die Variablen dichotomisiert wurden, um log-lineare Modelle und die KFA rechnen zu können (dies wird im vorliegenden Zusammenhang nicht weiter verfolgt, siehe hierzu von Eye & Mair, 2011).

Zum Abschluss des Kapitels über globale Modelle der KFA diskutieren wir ein Beispiel einer globalen KFA, bei der eine Auswahl von Effekten aus dem Basismodell entfernt wurde.

3.1.4 Globale KFA nach Entfernung einer Gruppe von Effekten

In diesem Abschnitt behandeln wir den Fall, in dem eine Auswahl von Effekten nicht in das Basismodell der KFA aufgenommen werden. Wie in Kap. 2 stellen wir dabei die Frage, ob eine bestimmte Gruppe von Effekten die Ursache für das Auftreten von Typen und Antitypen sein kann. In Kap. 2 hatten wir alle zweifach Interaktionen aus einem Basismodell entfernt, und damit die Hierarchie durchbrochen. Die entstehenden Typen und Antitypen waren dann allein auf die aus dem Modell entfernten Effekte zurückführbar.

Hier wollen wir einen anderen Zugang wählen. Wir werden Effekte nicht aus einem Basismodell entfernen, weil sie eine hierarchische Stufe repräsentieren. Wir entfernen Effekte, weil sie die Beziehungen einer Variable mit allen anderen repräsentieren. Das dadurch entstehende Modell kann durchaus noch hierarchisch sein. Es wurde jedoch eine ganze *Klasse von Effekten* aus dem Basismodell genommen.

Um dies zu illustrieren, verwenden wir einen Datensatz von Vermunt (1997; Daten aus Hagenaars, 1990), der in von Eye et al. (2010) zur Illustration der Mediations-KFA verwendet worden war. Aus diesem Datensatz nehmen wir die Variablen Religion (*R;* 1 = Mitglied einer Religionsgruppe, 2 = kein Mitglied), politische Orientierung (*P;* 1 = links, 2 = rechts, 3 = christdemokratisch), und Wahlverhalten (*W;* 1 = wählt, 2 = wählt nicht). Ein log-lineares Modell, das jenseits der Haupteffekte alle zweifach Interaktionen enthält, erklärt die Häufigkeitsverteilung der $R \times P \times W$ Kreuzklassifikation sehr gut (Pearson $X^2 = 4.74$; $df = 2$; $p = 0.093$). In unserem Beispiel fragen wir, ob die Variable Religionsgruppe unabhängig ist, d. h. ob die zweifach und dreifach Beziehungen, die die Variable Religion mit den beiden anderen Variablen hat, Typ- und Antityp-konstituierend sind. Wir durchlaufen im Folgenden die Schritte einer KFA.

Schritt 1: Auswahl eines Basismodells Um die gerade gestellte Frage zu beantworten, entfernen wir alle Interaktionen der Variablen Religion aus dem Modell. Das dadurch entstehende KFA Basismodell wird damit $\log \hat{m} = \lambda + \lambda^R + \lambda^P + \lambda^W + \lambda^{PW}$. Die Effekte $\lambda^{RP}, \lambda^{RW}$, und λ^{RPW} sind nicht Bestandteile des KFA Basismodells. Dieses Modell ist global, weil alle Variablen den gleichen Status aufweisen. Es ist auch hierarchisch, weil die Terme, die unter λ^{PW} liegen, das sind die Haupteffekte von P und W, mit im Modell sind. Aus diesem Modell wurde aber eine ganze Klasse von Termen entfernt. Das sind die Terme, die die Beziehungen von R mit P und W repräsentieren. Die Designmatrix für dieses Basismodell ist

$$X = \begin{bmatrix} 1 & 1 & 1 & 0 & 1 & 1 & 0 \\ 1 & 1 & 1 & 0 & -1 & -1 & 0 \\ 1 & 1 & 0 & 1 & 1 & 0 & 1 \\ 1 & 1 & 0 & 1 & -1 & 0 & -1 \\ 1 & 1 & -1 & -1 & 1 & 1 & -1 \\ 1 & 1 & -1 & -1 & -1 & 1 & 1 \\ 1 & -1 & 1 & 0 & 1 & 1 & 0 \\ 1 & -1 & 1 & 0 & -1 & -1 & 0 \\ 1 & -1 & 0 & 1 & 1 & 0 & 1 \\ 1 & -1 & 0 & 1 & -1 & 0 & -1 \\ 1 & -1 & -1 & -1 & 1 & 1 & -1 \\ 1 & -1 & -1 & -1 & -1 & 1 & 1 \end{bmatrix}.$$

Die erste Spalte in dieser Designmatrix ist wieder die Konstante. Die zweite repräsentiert den Haupteffekt der binären Variablen Religion. Spalten drei und vier repräsentieren den Haupteffekt der drei-kategorialen Variablen politische Orientierung, und Spalte 5 repräsentiert den Haupteffekt von Wahlverhalten. Die letzten beiden Spalten stehen für die Interaktion von politischer Orientierung mit Wahlverhalten.

Schritt 2: Signifikanztestung Für die Testung der Hypothesen der exploratorischen KFA zweiter Ordnung verwenden wir den z-Test, wir setzen das nominelle α auf 0.5, und verwenden zum Schutz dieses Niveaus die Prozedur von Holland und DiPonzio Copenhaver.

Schritt 3: Durchführung der KFA Tab. 3.6 enthält die Ergebnisse dieser globalen KFA.

Das log-lineare Basismodell, das ohne jegliche Interaktion von Religion mit den anderen beiden Variablen agiert, erklärt die Häufigkeitsverteilung der $R \times P \times W$ Kreuzklassifikation schlecht (Pearson $X^2 = 70.83$; $df = 5$; $p < 0.01$). Wir können daher mit dem Auftreten von Typen und Antitypen rechnen.

Schritt 4: Interpretation der entstandenen Typen und Antitypen Tab. 3.6 zeigt, dass diese spezielle KFA zwei Antitypen und zwei Typen hervorgebracht hat. Der erste Antityp wird von der Konfiguration 1 1 2 konstituiert. Dies sind die wider Erwarten seltenen Personen, die Mitglied einer religiösen Gruppe sind, politisch links orientiert sind, und nicht wählen gehen. 25 Personen gehören dieser Gruppe an, es waren aber über 60 erwartet worden.

Tab. 3.6 Globale KFA der Variablen Religion, politische Orientierung und Wahlverhalten, unter Ausschluss aller Interaktionen mit Religion

```
Konfiguration
 R P W         m          m̂           z
 1 1 1      50.000     43.864       0.926
 1 1 2      25.000     60.129      -4.530      Antityp
 1 2 1      88.000     88.221      -0.024
 1 2 2       8.000     12.814      -1.345
 1 3 1     127.000     92.657       3.568      Typ
 1 3 2      47.000     47.314      -0.046
 2 1 1      39.000     45.136      -0.913
 2 1 2      97.000     61.871       4.466      Typ
 2 2 1      91.000     90.779       0.023
 2 2 2      18.000     13.186       1.326
 2 3 1      61.000     95.343      -3.517      Antityp
 2 3 2      49.000     48.686       0.045
```

Der zweite Antityp wird von der Konfiguration 2 3 1 gebildet. Dies sind die vergleichsweise seltenen Personen, die nicht Mitglied einer religiösen Gruppe sind, politisch christdemokratisch orientiert sind, und wählen gehen. 61 Personen gehören dieser Gruppe an, aber über 95 waren erwartet worden.

Der erste Typ wird von Konfiguration 1 3 1 gebildet. Es handelt sich hier um die wider Erwarten vielen Personen, die Mitglieder einer religiösen Gruppe sind, politisch christdemokratisch orientiert sind und zur Wahl gehen. 121 Personen gehören dieser Gruppe an, es waren aber nur etwas mehr als 92 erwartet worden.

Der zweite Typ wird von Konfiguration 2 1 2 gebildet. Diese Personen sind nicht Mitglieder einer religiösen Gruppe, sind politisch links orientiert, und gehen nicht zur Wahl. 97 Personen werden in dieser Gruppe gefunden, knapp 62 waren erwartet worden.

Wir erkennen, dass die Variable Religion mit den anderen beiden Variablen so stark verbunden ist, dass zwei Typen und zwei Antitypen entstehen. Diese vier Konfigurationen haben Zellhäufigkeiten, die unter der Annahme extrem sind, dass Religion von politischer Orientierung und Wahlverhalten isoliert ist. Offenbar ist dies nicht der Fall, und wir wissen jetzt, wo im Datenraum dieser Annahme widersprochen wird.

In den folgenden Abschnitten behandeln wir regionale Modelle der KFA. Dies sind Modelle, in denen zwischen zwei oder mehr Gruppen von Variablen unterschieden wird.

3.2   Regionale Modelle der KFA

Im Unterschied zu den globalen Modellen unterscheiden die regionalen Modelle der KFA zwischen Gruppen von Variablen. Es gibt Modelle für Beziehungen zwischen Gruppen von Variablen, Prädiktoren und abhängigen Variablen, stratifizierende Variablen, und Modelle für kausale Beziehungen. In diesem Abschnitt besprechen wir diese Modelle (Modelle für kausale KFA werden in Kap. 7 behandelt).

Das Grundprinzip für die Spezifikation von Basismodellen bleibt unverändert. Es wird in jedem Fall unterschieden erstens zwischen den Effekten, die für die Untersuchungshypothese ohne Bedeutung sind und zweitens solchen, die von zentralem Interesse sind. Die erste Gruppe enthält die Effekte, von denen die Aufdeckung von Typen und Antitypen nicht beeinflusst werden soll. Alle diese Effekte werden in das Basismodell aufgenommen. Die zweite Gruppe enthält die Effekte, die die Hypothesen repräsentieren, die untersucht werden sollen. Alle diese Effekte werden nicht ins Basismodell aufgenommen. Kommt das Basismodell zu Fall, dann müssen die Effekte, die nicht im Modell sind, die Ursachen dafür sein. Typen und Antitypen zeigen, wo im Datenraum diese Effekte wirksam sind.

Im folgenden Abschnitt diskutieren wir die Aufdeckung von Gruppierungen von Variablen im Kontext der KFA. Im Anschluss diskutieren wir die konfigurale Prädiktionsanalyse.

3.2.1 Das Finden von Gruppen von Variablen und die KFA

Spricht man von der Analyse von Gruppen von Variablen, dann geht man implizit meist davon aus, dass diese Gruppen bereits existieren. Dies ist jedoch nicht immer der Fall, wie z. B. in der Analyse metrischer Variablen erkennbar wird, wenn die exploratorische kanonische Faktorenanalyse (Rao, 1955; Röhr, 1993) angewendet wird. Im Kontext der KFA ist es ebenfalls möglich, exploratorisch Gruppen von Variablen zu finden, deren Beziehungen dann in Termini von Typen und Antitypen beschrieben werden können.

Die Methode, die Krauth und Lienert (1973) zur Identifikation von Variablengruppen vorgeschlagen haben, ist die *Interaktionsstrukturanalyse* (ISA). Die ISA besteht darin, zunächst alle möglichen oder interessierenden Kombinationen von Variablen zu erzeugen. In einem zweiten Schritt wird für jede der entstehenden Gruppierungen separat das Basismodell der Unabhängigkeit der Gruppen mit einem log-linearen Modell geschätzt (Krauth & Lienert, 1973, verwendeten Chi-Quadrat-Tests für diesen Zweck). Das Modell, das die Daten am wenigsten gut beschreibt, was auf der Basis des größten Pearson Chi-Quadrats oder des extremsten Informationskoeffizienten bestimmt werden kann, gilt als das aussichtsreichste für eine darauf folgende exploratorische Typen/Antitypensuche mit der KFA. ‚Aussichtsreich‘ bedeutet in diesem Fall *maximal assoziiert*, was oft auch bedeutet, dass Typen und Antitypen zu erwarten sind.

Die Zahl der Gruppierungen, die existieren und untersucht werden muss, kann durchaus groß sein. Sucht man nach zwei Gruppen aus d Variablen, dann ist die Zahl der möglichen Kombinationen

$$k = 0.5\left(3^d + 1\right) - 2^d.$$

Für $d = 4$ Variablen erhält man $k = 0.5\left(3^4 + 1\right) - 2^4 = 25$ Kombinationen in zwei Gruppen, für $d = 5$ Variablen erhält man bereits $k = 0.5\left(3^5 + 1\right) - 2^5 = 90$ Kombinationen, und für 10 Variablen sind es 28,501 Kombinationen. Dies gilt, wenn nur zwei Gruppen gebildet werden sollen, aber nicht bekannt ist oder a priori festgelegt

Tab. 3.7 Anordnungen von vier Variablen in zwei Gruppen

Zahl der Variablen in den Gruppierungen	Zahl der Gruppierungen	Gruppierungen[a]
2	$\binom{4}{2} = 6$	1–2, 1–3, 1–4, 2–3, 2–4, 3–4
3	$\binom{4}{3}\binom{3}{2} = 12$	1–23, 1–24, 1–34, 2–13, 2–14, 2–34, 3–12, 3–14, 3–24, 4–12, 4–13, 4–23
4	$\binom{4}{1} + \dfrac{\binom{4}{2}}{2} = 7$	1–234, 2–134, 3–124, 4–123, 12–34, 13–24, 14–23

[a] ein Querstrich trennt die Variablengruppen; rechts und links des Querstrichs sind die Variablen in den Gruppen aufgelistet

wurde, wie viele Variablen insgesamt in die Gruppierungen eingehen sollen, und wie viele Variablen den einzelnen Gruppen zugeordnet werden sollen. Tab. 3.7 enthält alle 25 Kombinationen in zwei Gruppen für $d = 4$ Variablen (nach von Eye, 2002, S. 127).

Zur Vorbereitung einer KFA, mit der die Beziehungen zwischen den zwei entstehenden Gruppen untersucht werden sollen, werden auf diese Weise alle möglichen Kombinationen der d Variablen in zwei Gruppen gebildet. Die aussichtsreichste wird dann mit einer regionalen KFA untersucht. Das Basismodell für diese KFA wird nach den folgenden Regeln spezifiziert:

1. alle möglichen Haupteffekte und Beziehungen zwischen den Variablen der ersten Gruppe werden in das Basismodell aufgenommen; das Basismodell ist damit saturiert für die erste Gruppe; die Reihenfolge der Gruppen und die Reihenfolge der Variablen in jeder Gruppe sind ohne Bedeutung für die folgenden Ergebnisse der KFA;
2. alle möglichen Haupteffekte und Beziehungen zwischen den Variablen der zweiten Gruppe werden in das Basismodell aufgenommen; das Basismodell ist damit auch für die zweite Gruppe saturiert; und
3. *keine* der möglichen Beziehungen zwischen Variablen aus den beiden Gruppen sind Bestandteil des Basismodells.

Wird dieses Basismodell zurückgewiesen, dann müssen Beziehungen zwischen den beiden untersuchten Gruppen existieren, die sich möglicherweise in Form von Typen und Antitypen zeigen. Es kann auch erwogen werden, Beziehungen erster Ordnung, d. h. bivariate Beziehungen zwischen den Variablen aus den beiden Gruppen in das Basismodell aufzunehmen. Dies könnte zu einer Hierarchie von ISA Modellen führen, die analog ist zur Hierarchie der globalen Modelle der KFA. Unseres Wissens ist dies in der Literatur noch nicht diskutiert worden.

Im Folgenden zeigen wir an einem Beispiel, wie die Beziehungen zwischen zwei Gruppen von Variablen mit der KFA analysiert werden können, wenn die Zuordnung von Variablen zu den Gruppen erst vorgenommen werden muss.

Datenbeispiel Für das Beispiel verwenden wir wieder die Daten aus der Studie von Finkelstein et al. (1994), in der die vier Aggressionsvariablen verbale Aggression gegen Erwachsene (*V*), körperliche Aggression gegen Peers (*P*), aggressive Impulse (*A*), und aggressionshemmende Reaktionen *(AR)* an 114 Jugendlichen erhoben worden waren. Wir verwenden wieder die Antworten aus dem Jahr 1987. Wir stellen die Fragen, welche zwei Variablengruppen maximal miteinander assoziiert sind, und wo sich diese Assoziationen im Datenraum zeigen.

Zur Beantwortung dieser Fragen erzeugen wir zunächst alle Kombinationen dieser vier Variablen in zwei Gruppen und schätzen das log-lineare Modell der Unabhängigkeit für jede dieser Gruppen. In einem zweiten Schritt führen wir dann eine ISA für die ausgewählte Kombination durch. Bei der Auswahl der extremsten Kombination lassen wir uns von zwei Kriterien leiten. Erstens betrachten wir Maße, die den Grad der Abweichung eines Modells von der Annahme der Unabhängigkeit quantifizieren. Dazu verwenden wir Pearsons Chi-Quadrat und das Akaike Informationskriterium AIC, (1974; die Verwendung anderer Informationskriterien, z. B. des Bayes Informationskriteriums [BIC], wäre ebenso denkbar). Mit diesem Maß wird die relative Güte eines statistischen Modells im Vergleich zu anderen Modellen der gleichen Daten gemessen und kann damit zur Modellselektion verwendet werden. Das Modell mit dem geringeren AIC wird bei der Identifikation des besten Modells bevorzugt. Zweitens bevorzugen wir ein Modell, das in jeder Gruppe zwei Variablen enthält. Tab. 3.8 enthält die Ergebnisse dieses ersten Analyseschritts.

Die in der Tabelle fett gedruckte Kombination ist die, die wir auswählen. Sie enthält die Variablen *V* und *P* in der einen Gruppe und *A* und *AR* in der zweiten. Das Chi-Quadrat für diese Kombination ist das größte in der Reihe der Gruppierungen mit vier Variablen und das AIC für diese Gruppierung ist das größte von allen Modellen. Dies ist eine Kombination, in der die Variablengruppen stark miteinander assoziiert sind. Diese Assoziation ist aber nicht Bestandteil des Modells. Deshalb sind die Anpassungswerte die größten. Wir fragen jetzt, wo diese Assoziation in der $V \times P \times A \times AR$ Kreuzklassifikation in Form von Typen oder Antitypen zum Ausdruck kommt. Um diese Frage zu beantworten, führen wir eine ISA in den folgenden vier Schritten durch.

Schritt 1: Auswahl eines Basismodells das Basismodell für die ISA der soeben erzeugten Gruppierung wird so spezifiziert, dass

- alle Haupteffekte und Interaktionen innerhalb der beiden Gruppen Bestandteile des Modells sind, und
- keiner der Effekte in das Modell aufgenommen wird, die Beziehungen zwischen Variablen aus unterschiedlichen Gruppierungen repräsentieren.

Tab. 3.8 Log-lineare Anpassung aller 25 Anordnungen der vier Aggressionsvariablen in zwei Gruppen (Variablen sind wie folgt bezeichnet: V = 1, P = 2, A = 3, und AR = 4)

Zahl der Variablen in Gruppierung	Gruppierung[a]	X^2	AIC
2	1–2	46.39	15.87
	1–3	45.84	15.91
	1–4	44.36	15.59
	2–3	46.25	15.91
	2–4	44.73	15.59
	3–4	44.28	15.63
3	1–23	43.46	19.31
	1–24	28.98	9.16
	1–34	43.57	19.03
	2–13	34.65	10.76
	2–14	40.67	16.66
	2–34	43.99	19.03
	3–12	44.13	19.00
	3–14	40.21	16.69
	3–24	28.81	9.19
	4–12	42.57	18.68
	4–13	34.12	10.48
	4–23	45.54	19.03
4	1–234	23.84	12.61
	2–134	19.43	6.36
	3–124	25.44	14.04
	4–123	22.20	10.54
	12–34	**42.11**	**22.11**
	13–24	21.22	4.05
	14–23	40.81	20.10

[a]wie in Tab. 3.7 trennt ein Querstrich die Variablengruppen; rechts und links des Querstrichs sind die Variablen in den Gruppen aufgelistet

Das Basismodell ist damit $\log \hat{m} = \lambda + \lambda^V + \lambda^P + \lambda^A + \lambda^{AR} + \lambda^{V,P} + \lambda^{A,AR}$. Die Effekte $\lambda^{V,A}, \lambda^{V,AR}, \lambda^{P,A}, \lambda^{P,AR}, \lambda^{V,A,AR}, \lambda^{P,A,AR}, \lambda^{V,P,A}, \lambda^{V,P,AR}$, und $\lambda^{V,P,A,AR}$ sind damit nicht Bestandteil des Basismodells. Dies sind alle Effekte, die Variablen aus der ersten Gruppe zu Variablen aus der zweiten Gruppe in Beziehung setzen. Die Designmatrix für dieses Modell ist

$$X = \begin{bmatrix} 1 & 1 & 1 & 1 & 1 & 1 & 1 \\ 1 & 1 & 1 & 1 & -1 & 1 & -1 \\ 1 & 1 & 1 & -1 & 1 & 1 & -1 \\ 1 & 1 & 1 & -1 & -1 & 1 & 1 \\ 1 & 1 & -1 & 1 & 1 & -1 & 1 \\ 1 & 1 & -1 & 1 & -1 & -1 & -1 \\ 1 & 1 & -1 & -1 & 1 & -1 & -1 \\ 1 & 1 & -1 & -1 & -1 & -1 & 1 \\ 1 & -1 & 1 & 1 & 1 & -1 & 1 \\ 1 & -1 & 1 & 1 & -1 & -1 & -1 \\ 1 & -1 & 1 & -1 & 1 & -1 & -1 \\ 1 & -1 & 1 & -1 & -1 & -1 & 1 \\ 1 & -1 & -1 & 1 & 1 & 1 & 1 \\ 1 & -1 & -1 & 1 & -1 & 1 & -1 \\ 1 & -1 & -1 & -1 & 1 & 1 & -1 \\ 1 & -1 & -1 & -1 & -1 & 1 & 1 \end{bmatrix},$$

wobei die erste Spalte die Modellkonstante repräsentiert, und die folgenden vier Spalten die Haupteffekte der vier Variablen. Die vorletzte Spalte steht für die Interaktion zwischen V und P. Die letzte Spalte steht für die Interaktion zwischen A und AR.

Schritt 2: Signifikanztestung Wegen der zum Teil eher kleinen Zellbesetzungen wählen wir den Binomialtest. α schützen wir mit der Holland DiPonzio Copenhaver Prozedur.

Schritt 3: Durchführung der KFA Tab. 3.9 enthält die Ergebnisse dieser ISA.

Tab. 3.9 ISA der Variablengruppen [V, P] und [A, AR]

Konfiguration V87 P87 A87 AR87	m	$\hat{m}$	z	
1111	3.00	5.7018	.17276777	
1112	2.00	7.2982	.02063943	
1121	7.00	6.6140	.49421029	
1122	14.00	6.3860	.00473786	
1211	12.00	7.0175	.04845347	
1212	4.00	8.9825	.04887901	
1221	10.00	8.1404	.29678536	
1222	6.00	7.8596	.32238997	
2111	2.00	6.5789	.03665244	
2112	19.00	8.4211	.00069131	Typ
2121	6.00	7.6316	.35285122	
2122	3.00	7.3684	.05851931	
2211	8.00	5.7018	.21167657	
2212	7.00	7.2982	.55293333	
2221	6.00	6.6140	.50578971	
2222	5.00	6.3860	.37985436	

Das log-lineare Modell, das ohne jegliche Interaktion zwischen verbaler Aggression gegen Erwachsene und physischer Aggression gegen Peers auf der einen Seite und aggressiven Impulsen und aggressionshemmenden Reaktionen auf der anderen Seite agiert, erklärt die Häufigkeitsverteilung der $V \times P \times A \times AR$ Kreuzklassifikation schlecht (Pearson Chi-Quadrat $=42.11$; $df=9$; $p<0.001$). Wir können daher mit dem Auftreten von Typen und Antitypen rechnen.

Schritt 4: Interpretation des entstandenen Typs Tab. 3.9 zeigt, dass die ISA lediglich einen Typen hervorgebracht hat. Dieser wird durch die Konfiguration 2 1 1 2 konstituiert. Es handelt sich dabei um Jugendliche, die sich selbst als überdurchschnittlich verbal aggressiv gegen Erwachsene aber unterdurchschnittlich physisch aggressiv gegen Peers einschätzen, und gleichzeitig unterdurchschnittliche aggressive Impulse und überdurch-schnittliche aggressionshemmende Reaktionen bei sich selbst wahrnehmen.

Findet man eine Begründung dafür, den Küchenhoff-Lehmacher-Test anstelle des Binomialtests zu verwenden, dann erweist sich zusätzlich Konfiguration 1 1 2 2 als Typ. Dies sind Jugendliche, die subjektiv sowohl verbal gegen Erwachsene als auch physisch gegen Peers unterdurchschnittlich aggressiv sind, aber überdurchschnittliche aggressive Impulse sowie überdurchschnittliche aggressionshemmende Reaktionen verspüren.

Das Thema des Gruppenvergleichs wird später, in Abschn. 3.2.4, wieder auf-genommen. Wir behandeln dann die Frage, wie Gruppen von Datenträgern mit der KFA verglichen werden. Im nächsten Abschnitt bleiben wir beim Thema der Untersuchung der Beziehungen zwischen von Gruppen von Variablen und widmen uns der Prädiktions-KFA.

3.2.2 Prädiktions-KFA

Eine der wesentlichen Eigenschaften der im letzten Abschnitt besprochenen ISA ist, dass die KFA der selektierten Variablengruppen symmetrisch ist. Es wird, wie bei der globalen KFA, nicht zwischen Prädiktoren, Mediatoren oder abhängigen Variablen unterschieden. Wie Krauth (1993, p. 138) sagt, „… wird durch eine Assoziation keine Richtung von der einen zur anderen Konfiguration festgelegt. Zum anderen kann sich eine Assoziation zwischen Konfigurationen zeigen, zwischen denen kein direkter Zusammenhang zeigt." Versucht man daher, von einer Variablengruppe auf die andere vorherzusagen, dann müssen andere Basismodelle verwendet werden als das sym-metrische Unabhängigkeitsmodell, auf dem der von Krauth und Lienert (1973) ver-wendete Chi-Quadrat Test aufbaut. Für eine Prädiktions-KFA (P-KFA) benötigt man daher andere Basismodelle als für die ISA.

Solche Modelle können erzeugt werden, wenn man fragt, auf welche Effekte Typen und Antitypen zurückgeführt werden sollen. In der ISA sind dies ausschließlich Effekte, die Beziehungen zwischen den Variablen aus verschiedenen Gruppen, nicht aber von einer Gruppe kommend in Richtung auf die andere Gruppe repräsentieren. Unterscheidet man nun zwischen Prädiktoren und abhängigen Variablen, und lässt man zu, dass das Basismodell auf der Seite der abhängigen Variablen nicht saturiert ist, dann öffnen sich die Tore für asymmetrische Modelle. Dies sind Modelle, bei denen es nicht mehr nur interpretativ ist, welche Variablen als unabhängig und welche als abhängig gelten, weil der Status von Variablen als Prädiktoren und abhängige Variablen im Basismodell mitberücksichtigt wird.

Die wichtigste Implikation der Öffnung von Basismodellen für den Einbezug selektierter Effekte auf der abhängigen Seite ist, dass sich die Interpretation der entstehenden Typen und Antitypen ändert. Es wird dann nicht mehr der Fall sein, dass Typen und Antitypen ausschließlich die Beziehungen zwischen den Variablen auf den beiden Seiten des Modells reflektieren. Typen und Antitypen reflektieren dann gerichtete Beziehungen. Dies soll mit den folgenden Beispielen illustriert werden.

In diesen Beispielen verwenden wir zwei Prädiktoren, P_1 und P_2, und zwei Kriteriumsvariablen, K_1 und K_2. Das ISA Basismodell für diese zwei Variablengruppen ist $\log \hat{m} = \lambda + \lambda^{P_1} + \lambda^{P_2} + \lambda^{P_1 P_2} + \lambda^{K_1} + \lambda^{K_2} + \lambda^{K_1 K_2}$. Dieses Modell enthält keine Effekte, die P- und K-Variablen zueinander in Beziehung setzen, ist innerhalb jeder Variablengruppe saturiert, ist symmetrisch und damit ein ISA Basismodell.

Nehmen wir nun an, dass die Hypothese lautet, dass die Prädiktoren die univariaten Verteilungen der abhängigen Variablen verändern. Dann können die Regeln der Spezifikation von KFA Basismodellen immer noch verwendet werden, und ein P-KFA Basismodell kann so aussehen:

$$\log \hat{m} = \lambda + \lambda^{P_1} + \lambda^{P_2} + \lambda^{P_1 P_2} + \lambda^{K_1} + \lambda^{K_2} + \lambda^{K_1 K_2} + \lambda^{P_1 K_1 K_2} + \lambda^{P_2 K_1 K_2} + \lambda^{P_1 P_2 K_1 K_2}.$$

In diesem Modell sind alle Effekte enthalten, die nicht auf die Effekte der Prädiktoren auf die univariaten Verteilungen von K_1 und K_2 hindeuten. Die Effekte, die auf solche Beziehungen hindeuten, sind dagegen abwesend. Dies sind die Interaktionen von K_1 und K_2 mit P_1 und P_2, d. h. $\lambda^{P_1 K_1}$, $\lambda^{P_1 K_2}$, $\lambda^{P_2 K_1}$, $\lambda^{P_2 K_2}$, $\lambda^{P_1 P_2 K_1}$, und $\lambda^{P_1 P_2 K_2}$. Durch den Fokus auf die Haupteffekte von K_1 und K_2 werden Aussagen über den Einfluss der Prädiktoren auf die univariaten (Rand-)Verteilungen von K_1 und K_2 möglich. Ergeben sich Typen oder Antitypen, dann muss es der Fall sein, dass die Prädiktoren mit den univariaten Verteilungen der Kriteriumsvariablen in Beziehung stehen. Typen und Antitypen zeigen an, wo sich diese Beziehungen bemerkbar machen.

Dieses Modell ist sowohl auf der Prädiktorenseite saturiert als auch auf der Kriterienseite. Es schließt aber eine Selektion von Beziehungen aus, was den Effekt hat, dass es sich um ein asymmetrisches Modell handelt. Es ist jetzt nicht mehr beliebig oder lediglich Interpretationssache, welches die Prädiktoren und welches die Kriterien sind. Dies kann daran erkannt werden, dass das Modell anders aussehen würde, wenn man die Rolle der Prädiktoren und der Kriterien vertauscht. In diesem Fall wären die Terme nicht mehr Bestandteil des Basismodells, die die Beziehungen zwischen den K-Variablen und den univariaten Verteilungen der P-Variablen repräsentieren, $\lambda^{P_1 K_1 K_2}$ und $\lambda^{P_2 K_1 K_2}$. Die Terme, die die Beziehungen zwischen den P-Variablen und den univariaten Verteilungen der K-Variablen repräsentieren, d. h., $\lambda^{P_1 P_2 K_1}$, $\lambda^{P_1 P_2 K_2}$, wären dagegen im Modell.

Auf die gleiche Weise kann man fragen, ob die Prädiktoren die bivariaten Beziehungen zwischen den Kriteriumsvariablen beeinflussen, oder ob nur einer der Prädiktoren einen bestimmten Effekt hat. In jedem dieser Fälle ist es wichtig, dass die entstehenden Basismodelle das erste Kriterium für zulässige KFA Basismodelle erfüllen, d. h., dass entstehende Typen und Antitypen eine eindeutige Interpretation haben, weil nur ein Effekt oder nur eine Gruppe von Effekten für ihre Entstehung existieren.

Fragt man, ob die Methode der Stichprobenziehung eine Beschränkung für die Basismodelle der ISA oder der P-KFA darstellt, dann sieht man, dass in der ISA univariate produkt-multinomiale Datenerhebung kein Problem darstellt. Die Haupteffekte aller Variablen sind Bestandteil der Basismodelle, und sie garantieren, dass die univariaten Randhäufigkeiten reproduziert werden. Bi- oder multivariat produkt-multinomiale Stichprobenziehung ist nur dann kein Problem, wenn die Modelle aus der Suche ausgeschlossen werden, in denen die entsprechenden Sub-Tafeln nicht reproduziert werden.

In der P-KFA stellt weder uni- noch multivariate produkt-multinomiale Stichprobenziehung auf der Seite der Prädiktoren ein Problem dar, weil die Basismodelle der P-KFA auf der Prädiktorseite immer saturiert sind. Auf der Kriteriumsseite sind die Modelle sinnlos, in denen Randhäufigkeiten als von Prädiktoren abhängig gesehen werden, die fix sind. In den meisten Fällen ist man daher gut beraten, auf der Kriteriumsseite multinomial Daten zu erheben.

Datenbeispiel Im folgenden Beispiel verwenden wir Daten aus einer Längsschnittstudie über Gewalt durch Intimpartner (Bogat, Levendosky, von Eye, & Davidson, 2006; siehe auch http://www.msu.edu/~mis). 204 Frauen beantworteten in Jahresintervallen Fragen zur Häufigkeit, in der sie Opfer von Gewalt durch ihre Intimpartner geworden waren. Die Antworten wurden kodiert nach $1 =$ keine Gewalt und $2 =$ Gewalt. Hier analysieren wir die Antworten zu den Fragen, die am Ende der ersten drei Jahre gestellt worden waren. Wir nennen die Variablen *T1*, *T2* und *T3*. Wir fragen, ob die Erfahrungen während des ersten Jahres einen Vorhersagewert für die Erfahrungen in den folgenden beiden Jahren haben.

Insbesondere fragen wir, ob die Erfahrung von Gewalt im ersten Jahr die univariaten Verteilungen der Antworten in den folgenden beiden Jahren beeinflusst. Das saturierte Modell für die Antworten in den drei Jahren ist

$$\log \hat{m} = \lambda + \lambda^{T1} + \lambda^{T2} + \lambda^{T3} + \lambda^{T1,T2} + \lambda^{T1,T3} + \lambda^{T2,T3} + \lambda^{T1,T2,T3}.$$

Fragt man nach den Effekten der Antworten nach dem ersten Jahr auf die univariaten Verteilungen der Antworten in den beiden nächsten Jahren, dann ergibt sich das Basismodell

$$\log \hat{m} = \lambda + \lambda^{T1} + \lambda^{T2} + \lambda^{T3} + \lambda^{T2,T3} + \lambda^{T1,T2,T3}.$$

Die folgenden Effekte wurden aus dem saturierten Modell entfernt, um dieses Basismodell zu erzeugen: λ^{T1T3} und λ^{T1T2}. Dies sind die zweifach Interaktionen zwischen den Antworten zu *T1* und den Antworten zu *T2* und zu *T3*. Sollten sich mit diesem Basismodell Typen oder Antitypen ergeben, dann müssen sie auf die aus dem saturierten Modell eliminierten Effekte zurückzuführen sein. Wir durchlaufen wieder die vier Schritte einer KFA.

Schritt 1: Auswahl eines Basismodells Das Basismodell für die folgende P-KFA ist, wie gesagt, $\log \hat{m} = \lambda + \lambda^{T1} + \lambda^{T2} + \lambda^{T3} + \lambda^{T2,T3} + \lambda^{T1,T2,T3}$. Die Designmatrix für dieses Modell ist

$$X = \begin{bmatrix} 1 & 1 & 1 & 1 & 1 & 1 \\ 1 & 1 & 1 & -1 & -1 & -1 \\ 1 & 1 & -1 & 1 & -1 & -1 \\ 1 & 1 & -1 & -1 & 1 & 1 \\ 1 & -1 & 1 & 1 & 1 & -1 \\ 1 & -1 & 1 & -1 & -1 & 1 \\ 1 & -1 & -1 & 1 & -1 & 1 \\ 1 & -1 & -1 & -1 & 1 & -1 \end{bmatrix}.$$

Die erste Spalte in X repräsentiert die Modellkonstante. Die folgenden drei Spalten stehen für die Haupteffekte der drei Antwortjahre. Die fünfte Spalte repräsentiert die Interaktion zwischen den Antworten in den Jahren 2 und 3, und die sechste Spalte steht für die dreifach Interaktion $T1 \times T2 \times T3$.

Schritt 2: Signifikanztestung Wir wählen wir den z-Test. α schützen wir mit der Holland DiPonzio Copenhaver Prozedur.

Schritt 3: Durchführung der KFA Tab. 3.10 zeigt die Ergebnisse der P-KFA für dieses Basismodell.

Das log-lineare Modell, das ohne die zweifach Interaktionen zwischen $T1$ einerseits und $T2$ und $T3$ andererseits agiert, erklärt die Häufigkeitsverteilung der $T1 \times T2 \times T3$ Kreuzklassifikation schlecht (Pearson Chi-Quadrat $= 48.34$; $df = 2$; $p < 0.001$). Wir können daher mit dem Auftreten von Typen und Antitypen rechnen.

Schritt 4: Interpretation des Typs und des Antityps Tab. 3.10 zeigt, dass die univariaten Randverteilungen zu $T2$ und $T3$ von den Antworten zu $T1$ so beeinflusst worden sind, dass die P-KFA einen Typen und einen Antitypen hervorgebracht hat. Der Antityp wird von der Konfiguration 1 2 2 konstituiert. Dies sind die vergleichsweise seltenen Frauen, die bei der ersten Befragung nicht von Gewalt gegen sich berichtet haben, in den

Tab. 3.10 P-KFA der Kreuzklassifikation der Variablen $T1$, $T2$, und $T3$; vorausgesagt werden die univariaten Verteilungen zu den Zeitpunkten $T2$ und $T3$

Konfiguration

$T1$ $T2$ $T3$	m	$\hat{m}$	z	
1 1 1	144.000	135.102	0.766	
1 1 2	5.000	5.517	−0.220	
1 2 1	14.000	13.485	0.140	
1 2 2	3.000	11.895	−2.579	Antityp
2 1 1	15.000	23.897	−1.820	
2 1 2	4.000	3.484	0.277	
2 2 1	8.000	8.515	−0.177	
2 2 2	11.000	2.104	6.133	Typ

folgenden beiden Jahren aber Opfer von Gewalt geworden waren. Beinahe 12 Frauen waren für dieses Profil erwartet worden, aber nur drei zeigten dieses Profil. Der Typ wird von Konfiguration 2 2 2 konstituiert. Dies sind Frauen, die bei allen drei Befragungen davon berichten, in den Jahren davor Opfer häuslicher Gewalt gewesen zu sein. 11 Frauen sind in dieser Gruppe, aber nur etwas mehr als 2 waren erwartet worden.

Zum Vergleich mit diesem Ergebnis rechnen wir noch eine KFA, die das Basismodell einer ISA verwendet. Dies ist das Modell $\log \widehat{m} = \lambda + \lambda^{T1} + \lambda^{T2} + \lambda^{T3} + \lambda^{T2,T3}$. Dieses Modell enthält keine der Interaktionen zwischen $T1$, $T2$ und $T3$. Tab. 3.11 zeigt die Ergebnisse dieser ISA, die sonst unter denselben Spezifikationen wie die P-KFA in Tab. 3.10 gerechnet wurde.

Das Basismodell der ISA beschreibt die Daten in Tab. 3.11 nur unzureichend. Wegen des signifikanten Pearson Chi-Quadrats wird das Modell abgelehnt ($X^2 = 50.58$; $df = 3$; $p < 0.001$). Die ISA der Tabelle erbringt einen zusätzlichen Antityp. Er wird durch die Konfiguration 2 1 1 konstituiert. 15 Frauen schaffen es, sich nach einem Jahr der Gewalt zu befreien und erfahren in den beiden folgenden Jahren keine Gewalt mehr. Über 29 Frauen mit diesem Profil waren erwartet worden. Nachdem das Basismodell für die ISA sich in diesem Beispiel nur durch einen Vektor vom Basismodell für die P-KFA unterscheidet, können wir schließen, dass dieser Antityp maßgeblich durch den Effekt hervorgerufen wurde, den dieser Vektor repräsentiert. Dies ist die dreifach Interaktion $T1 \times T2 \times T3$.

ISA, P-KFA und logistische Regression In diesem Abschnitt diskutieren wir die Beziehung zwischen ISA, P-KFA und der bekannten logistischen Regression. Zur Illustration verwenden wir den Fall zweier Prädiktoren, *A* und *B,* und einer abhängigen Variablen, *P* (siehe von Eye & Bogat, 2005b; von Eye et al., 2005). Die Wahrscheinlichkeit eines Ereignisses sei p_1. Dann ist das logistische Regressionsmodell, wenn p_1 vorhergesagt werden soll,

$$\log\left(\frac{p_1}{1 - p_1}\right) = \beta_0 + \beta^A + \beta^B,$$

wobei β_0 die Modellkonstante ist, und β^A und β^B die geschätzten Parameter für die Prädiktoren *A* und *B* darstellen (alternative Darstellungen dieses Modells können z. B.

Tab. 3.11 ISA der Kreuzklassifikation der Variablen *T1, T2,* und *T3;* gegenübergestellt werden *T1* mit *T2* und *T3*

```
Konfiguration
   T1 T2 T3        m        m̂         z        p(z)
      111      144.00    129.382   1.2851   .099377
      112        5.00      7.324   -.8586   .195282
      121       14.00     17.902   -.9222   .178208
      122        3.00     11.392  -2.4864   .006452    Antityp
      211       15.00     29.618  -2.6860   .003616    Antityp
      212        4.00      1.676   1.7945   .036364
      221        8.00      4.098   1.9275   .026958
      222       11.00      2.608   5.1968   .000000    Typ
```

bei Agresti, 2018, oder Haberman, 1974 gefunden werden). Es ist bekannt, dass alle logistischen Regressionsmodelle äquivalent als log-lineare Modelle ausgedrückt werden können, aber nicht umgekehrt. Das obige Modell ist äquivalent mit dem log-linearen Modell

$$\log \hat{m} = \lambda + \lambda^P + \lambda^A + \lambda^B + \lambda^{AB} + \lambda^{PA} + \lambda^{PB},$$

wobei P das vorhergesagte Ereignis bezeichnet, dessen erste Kategorie die Auftrittswahrscheinlichkeit p_1 hat. Offensichtlich ist dieses Modell das gleiche, das in der KFA für eine KFA zweiter Ordnung verwendet werden würde. Nur die dreifach Interaktion fehlt noch, um das Modell saturiert zu machen. In diesem illustrierten Fall könnten daher die geschätzten erwarteten Häufigkeiten der logistischen Regression als Ausgangspunkt für die KFA Tests der KFA zweiter Ordnung verwendet werden.

Die KFA zweiter Ordnung ist symmetrisch, weil die Anordnung der Variablen keinen Einfluss auf die Ergebnisse hat. Dies gilt auch für die logistische Regression. Vertauschung eines der beiden Prädiktoren mit der abhängigen Variablen ändert an der äquivalenten, log-linearen Darstellung des logistischen Regressionsmodells nichts. Dies gilt auch, wenn man in einem multivariaten logistischen Regressionsmodell zwei der drei Variablen von der verbleibenden dritten vorhersagt. Krauths (1993) Aussage, dass der Unterschied zwischen den Prädiktoren und den Kriterien in der ISA nur auf der theoretischen oder interpretativen Ebene existiert, nicht aber auf der Ebene des statistischen Modells, gilt also auch in der logistischen Regression.

Das korrespondierende Basismodell einer ISA, in der P eine Variablengruppe bildet und A und B die andere enthält die Terme nicht, die P mit A und B in Verbindung bringen. Das Modell ist damit

$$\log \hat{m} = \lambda + \lambda^P + \lambda^A + \lambda^B + \lambda^{AB},$$

und ist offenbar unterschiedlich zum logistischen Regressionsmodell.

Die P-KFA in der neuen, hier vorgeschlagenen Definition ist auf andere Weise unterschiedlich. Diese Methode führt auch zu Modellen, die asymmetrisch sind. Damit kann klar zwischen Prädiktoren und Kriterien unterschieden werden. Zusätzlich ist es in der neuen Variante der P-KFA möglich, festzulegen, welche Effekte vorhergesagt werden. Auch dies ist in der logistischen Regression nicht der Fall. Im Kapitel über kausale KFA (Abschn. 7.8) wird dazu noch im Detail eingegangen werden.

Im multivariaten Fall ist die Situation analog. Dies kann anhand der Aggressionsdaten illustriert werden, die wir bereits für Tab. 3.8 und 3.9 verwendet hatten. Sagt man verbale Aggression gegen Erwachsene, physische Aggression gegen Peers und aggressionshemmende Reaktionen von aggressiven Impulsen voraus, dann ist das Modell der logistischen Regression in seiner log-linearen Form

$$\log \hat{m} = \lambda + \lambda^V + \lambda^P + \lambda^A + \lambda^{AR} + \lambda^{V,P} + \lambda^{V,A} + \lambda^{V,AR} + \lambda^{P,A} + \lambda^{P,AR} + \lambda^{A,AR} + \lambda^{V,P,A}$$
$$+ \lambda^{V,A,AR} + \lambda^{P,A,AR}.$$

Dies ist ein Modell, in dem nur die vierfach Interaktion fehlt, um saturiert zu sein. Das korrespondierende ISA-Modell nimmt dagegen keinen Term auf, in dem Prädiktor und Kriterien zueinander in Beziehung gesetzt werden. Das Modell wird damit

$$\log \hat{m} = \lambda + \lambda^V + \lambda^P + \lambda^A + \lambda^{AR} + \lambda^{V,P} + \lambda^{V,AR} + \lambda^{P,AR} + \lambda^{V,P,AR}.$$

Diese Modelle sind eindeutig nicht äquivalent.

3.2.3 Bi-Prädiktions-KFA

Die Bi-Prädiktions-KFA (BP-KFA; Lienert & Netter, 1987; siehe auch Lienert & von Eye, 1987; Netter, 1996) erlaubt es, zwei Vorhersagen gleichzeitig zu testen, und zwar:

1. Prädiktor-Konfiguration A führt zu Kriterium-Konfiguration a, und
2. Prädiktor-Konfiguration B führt zu Kriterium-Konfiguration b.

Die BP-KFA geht erstens auf eine Methode zurück, die Havránek und Lienert (1984) vorgeschlagen hatten, um Teile einer Kreuzklassifikation zu analysieren, und zweitens auf eine Methode zur Identifizierung von sogenannten *zwei-Zellen Ausreißern* (Kotze & Hawkins, 1984). In der BP-KFA werden die angezielten Zellen im Kontext der anderen Zellen der Kreuzklassifikation kontrastiert.

Um dies zu erklären, betrachten wir zunächst eine 3×2 Tafel. Die vier Zellen in dieser Tafel seien, zeilenweise, von links nach rechts, *a, b, c* und *d*. Wenn *a* die erste Vorhersage bestätigt, dann steht *b* im Widerspruch dazu. Wenn *d* die zweite Vorhersage bestätigt, dann steht *c* im Widerspruch dazu. In größeren Tafeln können solche Zellen ebenfalls problemlos identifiziert, und dann im Kontext der anderen Zellen untersucht werden. Dies wird in Tab. 3.12 illustriert.

In Tab. 3.12 wird die erste Hypothese, reflektiert durch Zellen *a* und *b*, für eine bestimmte Konfiguration über zwei Gruppen hinweg betrachtet. Die zweite Hypothese, reflektiert durch Zellen *c* und *d*, wird für eine andere Konfiguration betrachtet. Neben Konfiguration 3 sind alle anderen Konfigurationen subsumiert, das sind die Konfigurationen, die den Kontext bilden, und in denen die Hypothesen nicht direkt angesprochen sind.

Kimballs Test für eine solche Tafel ist

Tab. 3.12 Schema einer BI-KFA

Konfiguration	Strata		Summe
1	a	b	A
2	c	d	B
3	$C - a - c$	$D - b - d$	
	C	D	$N = C + D$

$$X^2 = \frac{(A(Ba - Cb) - B(Dc - Cd))^2}{ABCD(A + B)(C + D)/N},$$

wobei die Bedeutung der Variablen in der Formel Tab. 3.12 entnommen werden kann. Diese Teststatistik ist asymptotisch wie χ^2 verteilt, und hat einen Freiheitsgrad. Für 2×2 Tafeln ist diese Statistik identisch mit dem Pearson X^2-Test.

Datenbeispiel Zur Illustration der BP-KFA führen wir jetzt eine Reanalyse des Beispiels von Lienert und Netter (1987; vgl. von Eye, 2002) durch. In diesem Beispiel werden die Daten aus einem Experiment zu den Effekten von Nikotin analysiert, an dem 48 männliche und weibliche junge Erwachsene teilgenommen hatten (Geschlecht, *G*, wurde als 1 = männlich und 2 = weiblich kodiert). In einer balancierten Anordnung nahmen die Teilnehmenden ein Placebo (*P*), 0.5 mg Nikotin (*H*) oder 1 mg Nikotin (*F*) ein. Die Reaktionen auf diese Dosen wurden als Anstieg (1) oder Abfall (2) des Fingerpuls-Volumens erfasst.

Die $P \times H \times F \times G$ Kreuzklassifikation dieser vier Variablen wird jetzt in zwei Schritten analysiert. Der erste besteht in einer standard ISA[3]. Im zweiten Schritt errechnen wir die Teststatistik nach Kimball. In diesem Schritt testen wir Lienerts Hypothese, nach der

1. männliche Teilnehmer auf Nikotin mit einem Anstieg des Fingerpulsvolumens, und
2. weibliche Teilnehmer auf Nikotin mit einem Abfall des Fingerpulsvolumens reagieren.

Die vier Schritte der KFA führen wir wie folgt durch.

Schritt 1: Spezifikation eines Basismodells Das Basismodell für die folgende KFA ist das einer ISA. Die Variable Geschlecht bildet die eine Variablengruppe und die Variablen *P*, *H* und *F* die andere. Das Modell ist damit $\log \hat{m} = \lambda + \lambda^G + \lambda^P + \lambda^H + \lambda^F + \lambda^{PH} + \lambda^{PF} + \lambda^{HF} + \lambda^{PHF}$.

Schritt 2: Signifikanztestung Wegen der kleinen Zellhäufigkeiten wählen wir den Binomialtest. α schützen wir mit der Holland DiPonzio Copenhaver Prozedur.

Schritt 3: Durchführung der KFA Tab. 3.13 zeigt die Ergebnisse der ISA.

Das Basismodell der ISA beschreibt die Daten in Tab. 3.13 nur unzureichend. Wegen des signifikanten Pearson Chi-Quadrats wird es abgelehnt ($X^2 = 15.28$; $df = 7$;

---

[3] Es ist zu beachten, dass Lienert und Netter (1987) und von Eye (2002) dies als Analyse mit der P-KFA bezeichnen. Nach der hier getroffenen Unterscheidung handelt es sich bei dieser ersten Analyse aber um eine ISA.

Tab. 3.13 ISA der Kreuzklassifikation der Variablen *P, H, F* und *G*

Konfiguration *PHFG*	*m*	$\widehat{m}$	*p*
1111	7.00	3.3542	.04806017
1112	.00	3.6458	.02255656
1121	4.00	2.3958	.21708105
1122	1.00	2.6042	.25800685
1211	1.00	1.4375	.57669099
1212	2.00	1.5625	.46591733
1221	2.00	4.3125	.18241112
1222	7.00	4.6875	.18422207
2111	4.00	3.3542	.43437789
2112	3.00	3.6458	.50013957
2121	2.00	2.3958	.56816573
2122	3.00	2.6042	.48683882
2211	1.00	2.3958	.30157133
2212	4.00	2.6042	.26240294
2221	2.00	3.3542	.33902090
2222	5.00	3.6458	.29949596

$p = 0.0325$). Dennoch ist keine individuelle Abweichung stark genug, um einen Typ oder einen Antityp zu konstituieren[4]. Auch die Verwendung des z-Tests hätte nicht zu Typen oder Antitypen geführt.

Schritt 4: Interpretation der entstandenen Typen und Antitypen Dieser Schritt erübrigt sich, weil keine Typen oder Antitypen gefunden wurden.

Dennoch fragen wir, ob die insgesamt signifikanten Abweichungen zum Teil durch die beiden Hypothesen erklärt werden können. Wir erzeugen zunächst die Tafel, aus der wir in den Test von Kimball einsetzen. Diese Tafel wird in Tab. 3.14 wiedergegeben.

Einsetzen in die Formel des Kimball Tests ergibt

Bei einem Freiheitsgrad ist die Überschreitungswahrscheinlichkeit für $X^2 = 4.4279$ $p = 0.035$. Wir halten daher an der Biprädiktionshypothese fest, die einen Bi-Prädiktions-

typ postuliert, nach dem $X^2 = \dfrac{[7(9 \cdot 7 - 25 \cdot 0) - 9(23 \cdot 2 - 25 \cdot 7)]^2}{7 \cdot 9 \cdot 25 \cdot 23(7 + 9)(25 + 23)/48} = 4.4279.$

Männer auf Nikotin mit einem Anstieg des Fingerpulsvolumens und Frauen mit einem Abfall reagieren.

Diskussion Wir diskutieren hier zwei Argumente bzgl. der Beziehung zwischen log-linearen Modellen und der BP-KFA. Das erste Argument ist, dass mit der Bi-Prädiktions-KFA   Kreuzklassifikationen   so   zerlegt   werden   können,   dass

---

[4]Es ist zu beachten, dass dieses Resultat von denen abweicht, die von Lienert und Netter (1984) und von Eye (2002) berichtet wurden. Der Grund dafür liegt darin, dass hier die Stratifizierung in Raucher und Nichtraucher nicht berücksichtigt wurde.

Tab. 3.14 Rechenschema für Kimball Test (aus Tab. 3.13)

Konfiguration PHF	Häufigkeiten für Strata		Summe
	Männlich	Weiblich	
111	a = 7	b = 0	A = 7
122	c = 2	d = 7	B = 9
Rest	16	16	
Summe	C = 25	D = 23	N = 48

kontrastierende Hypothesen getestet werden können. Diese Hypothesen sind nicht äquivalent in log-linearen Modellen darstellbar. Im gegenwärtigen Beispiel ergeben sich Schätzprobleme, wenn man zusätzlich zu den Vektoren des obigen Basismodells der ISA für jede der Teilhypothesen einen weiteren Vektor in das Modell aufnimmt, in dem die beiden Zellen, die jeweils kontrastiert werden (a mit b und c mit d) mit +1 und −1 kodiert werden: Mindestens einer dieser Vektoren ist dann nicht identifiziert. Setzt man die Kontrastparameter gleich, dann ergibt sich im vorliegenden Beispiel ein Modell, dass die Häufigkeitsverteilung in Tab. 3.13 ausgezeichnet erklärt ($X^2 = 7.33$; $df = 6$; $p = 0.292$). Zudem ist der gemeinsame Parameter beiden Kontrasthypothesen signifikant ($z = 2.64$; $p = 0.010$). Dies kann zwar als Unterstützung der Biprädiktionshypothese interpretiert werden, ist aber eindeutig eine Einschränkung. In der Formulierung der Biprädiktionshypothesen war nicht davon die Rede gewesen, dass die beiden Teile der Hypothese gleich starke Effekte betreffen. Die aufgestellten und die getesteten Hypothesen sind damit nicht genau die gleichen. Hier sollte jedoch angemerkt werden, dass Kimballs Test auch nicht explizit zwischen den beiden Teilhypothesen unterscheidet.

Das zweite Argument ist, dass bisweilen die Sichtweise vertreten wird, dass die KFA lediglich eine Residualanalyse für log-lineare Modelle ist. Am Beispiel der Bi-Prädiktions-KFA kann man sehen, dass dies nicht der Fall ist. Die getesteten Hypothesen lassen sich nicht immer äquivalent in log-lineare Kontrastvektoren übersetzen. Andere Beispiel dafür findet man etwa in der parametrischen KFA, bei der Randwahrscheinlichkeiten nicht geschätzt werden, sondern a priori existierende Werte verwendet werden (Spiel, & von Eye, 1993), oder in der KFA für den Vergleich von zwei Gruppen, die im nächsten Abschnitt behandelt werden wird.

Im Kapitel über Methoden der longitudinalen KFA wird das Thema der P-KFA wieder aufgenommen (Abschn. 4.6). Im folgenden Kapitel behandeln wir das Thema des Gruppenvergleichs weiter, speziell des Vergleichs von Gruppen von Merkmalsträgern (nicht Variablen, wie in der ISA).

3.2.4 Vergleich von Gruppen von Merkmalsträgern

In der Varianzanalyse wird gefragt, ob sich Gruppen von Merkmalsträgern in ihren Mittelwerten unterscheiden. In der Diskriminanzanalyse wird gefragt, ob 1) sich Gruppen von Merkmalsträgern anhand einer Reihe von Variablen voneinander trennen lassen, und 2) welche Merkmalsträger möglicherweise einer anderen Gruppe zugeteilt werden sollten (Überblicke bieten z. B. Tatsuoka, 1988, oder Jobson, 1991). In diesen und ähnlichen Verfahren werden Gruppen von Merkmalsträgern anhand von Variablen miteinander verglichen, und die Ergebnisse der Vergleiche werden in Termini von Effekten von Variablen oder korrespondierenden Regressionsparametern formuliert.

Werden Gruppen von Merkmalsträgern mit der KFA verglichen, dann fragt man im Unterschied dazu, ob Konfigurationen existieren, die gruppenspezifisch sind in dem Sinne, dass sie in einer Gruppe überzufällig häufig auftreten oder in einer anderen Gruppe überzufällig selten. Damit sind konfigurale Gruppenvergleiche zentral für die differentielle (Anastasi, 1937) und die personen-orientierte Forschung (Bergman & Magnusson, 1997; von Eye & Bergman, 2003; von Eye et al., 2015). Die Nullhypothese in konfiguralen Gruppenvergleichen ist, dass die Gruppen sich in ihren Häufigkeitsverteilungen nicht unterscheiden. Mit der KFA werden die Sektoren des Datenraums identifiziert, in denen Unterschiede sich manifestieren.

In diesem Kapitel behandeln wir Ansätze zum zwei- oder mehr-Gruppenvergleich mit der KFA. Wir beginnen mit dem Ansatz, der von Lienert vorgeschlagen wurde (1971; vgl. Krauth & Lienert, 1973; Lienert & Barth, 1987). Anschließend behandeln wir neuere Ansätze (von Eye et al., 1995).

3.2.4.1 KFA zum Vergleich zweier Gruppen

Der KFA-spezifische Ansatz zum Vergleich zweier Gruppen besteht darin, diese Gruppen in der Verteilung von Konfigurationen zu vergleichen. Die Nullhypothese postuliert, dass keine Differenzen vorliegen. Der Test dieser Nullhypothese wird lokal vorgenommen, d. h. für jedes einzelne Paar von Konfigurationen, das die beiden Gruppen beschreibt. Damit ergibt sich die folgende Anleitung für die Spezifikation eines Basismodells für den Vergleich:zweier Gruppen mit der KFA. Dieses Basismodell postuliert Homogenität in den Häufigkeitsverteilungen über die Gruppen, und

1. ist saturiert in den Variablen, die zum Gruppenvergleich verwendet werden (diese Variablen werden *Diskriminationsvariablen* genannt);
2. postuliert Unabhängigkeit zwischen den Variablen, die die Gruppen bezeichnen und den Diskriminationsvariablen; und
3. wenn mehr als eine Variable verwendet wird, um die Gruppen zu kennzeichnen (Geschlecht, Religionszugehörigkeit, politische Einstellung), dann ist das Basismodell auch in diesen Variablen saturiert (und das Basismodell wird zu einem Modell der ISA).

Es ergibt sich daraus, dass Typen nur dann zum Vorschein kommen können, wenn die Annahme der Unabhängigkeit zwischen den Diskriminationsvariablen und den Variablen verletzt ist, die die Gruppen kennzeichnen. Die Methode der Stichprobenziehung stellt keine Einschränkung dar, weil das Basismodell innerhalb beider Variablengruppen saturiert ist. Untertafeln, die von Diskriminations- und Gruppierungsvariablen aufgespannt werden, sollten allerdings nicht fixiert sein.

Tab. 3.15 2×2 Kreuzklassifikation für den Vergleich der Gruppen A und B in Konfiguration i

Konfiguration	Gruppe		Summe
	A	B	
i	$a = m_{iA}$	$b = m_{iB}$	$A = m_{i.}$
Alle anderen gemeinsam	$c = m_{.A} - m_{iA}$	$d = m_{.B} - m_{iB}$	$B = N - A$
Summe	$C = m_{.A}$	$D = m_{.B}$	N

In der zwei-Gruppen KFA wird nicht zwischen Typen und Antitypen unterschieden. Wenn eine Konfiguration signifikante Gruppenunterschiede anzeigt, dann konstituiert sie einen *Diskriminationstyp*. Solche Typen bedeuten, dass eine Konfiguration in einer Gruppe überzufällig häufig und gleichzeitig in der Vergleichsgruppe überzufällig selten beobachtet wurde.

Nach Lienert (1971) kann ein Vergleich zweier Gruppen in einer Konfiguration mit Tests für 2×2 Tafeln durchgeführt werden. Die Tafel, die für einen solchen Vergleich erzeugt wird, ist in Tab. 3.15 schematisch dargestellt.

In Tab. 3.15 bezeichnen die m die Zellhäufigkeiten und i nummeriert die Konfigurationen. Eine Tafel wie die in Tab. 3.15 kann auf verschiedene Weise analysiert werden. Bekannt ist der exakte Test von Fisher, der die Zellwahrscheinlichkeit wie folgt errechnet:

wobei a, b, c, und d so definiert sind wie in Tab. 3.15, und N

$$p(a) = \frac{\binom{a+c}{a}\binom{b+d}{b}}{\binom{N}{a+b}},$$

die Stichprobengröße bezeichnet. Äquivalent dazu ist die

Formel

$$p(a) = \frac{A!B!C!D!}{N!a!b!c!d!}.$$

Wie bereits bei der Einführung der KFA Tests für einzelne Zellen besprochen wurde (Abschn. 2.7), gehört zu den Vorteilen von exakten Tests, dass nicht angenommen werden muss, dass Stichprobenverteilungen gut approximiert werden, und dass sie auch bei kleineren Stichproben problemlos eingesetzt werden können.

Bei größeren Stichproben sind asymptotische Tests oft rechnerisch weniger anspruchsvoll. Dies gilt z. B. für das Pearson Chi-Quadrat

$$X^2 = \frac{N(ad - bc)^2}{ABCD},$$

das bei einem Freiheitsgrad ($df = 1$) χ^2-verteilt ist. Es ist empfohlen worden, bei der Anwendung dieses Chi-Quadrat Tests eine Kontinuitätskorrektur durchzuführen, d. h., die Differenz im Zähler um 0.5 zu verkleinern, wenn die Stichprobe relativ klein ist. Auch hier existiert eine z-Approximation, und zwar

$$z = \frac{a - \frac{AC}{N}}{\sqrt{\frac{ABCD}{N^3 - N}}}.$$

Eine z-Approximation für kleinere Stichproben ist von Krause und Metzler (1984) vorgeschlagen worden.

Äquivalent zum Chi-Quadrat Test ist das für jede Konfiguration zu schätzende log-lineare Haupteffektmodell $\log \hat{m} = \lambda + \lambda^K + \lambda^G$, wobei K die Konfigurationen, d. h. die Zeilen in Tab. 3.14, bezeichnet und G die Gruppen in den Spalten der Tabelle.

Datenbeispiel Im folgenden numerischen Beispiel verwenden wir Daten, die bereits für andere Zwecke (Krauth & Lienert, 1982) aber auch in einer zwei-Gruppen KFA verwendet wurden (Lautsch & von Weber, 1995). Einer Stichprobe von 107 Schülern im Alter von 9–11 wurden drei verbale Tests vorgelegt: Lesen (L), Wortschatz (W) und Rechtschreibung (R). Bei 48 dieser Schüler bestand Dyslexieverdacht. Die Leistungen in den drei Tests wurden am arithmetischen Mittel dichotomisiert und mit 1 = überdurchschnittlich und 2 = unterdurchschnittlich kodiert. Wir vergleichen im Folgenden die beiden Dyslexiegruppen (kodiert als 1 = Dyslexieverdacht und 2 = kein Dyslexieverdacht) und bearbeiten die vier Schritte der KFA.

Schritt 1: Spezifikation eines Basismodells In der zwei-Gruppen KFA hat man (wenn keine Kovariaten vorliegen oder spezielle Effekte in die Hypothesen eingehen) keine Wahl das Basismodell betreffend. Rechnet man eine Abfolge von exakten Fisher-Tests, dann ist die Spezifikation eines log-linearen Basismodells nicht erforderlich. Dies gilt auch für das Rechnen einer Abfolge von Chi-Quadrat oder z-Tests. Die Nullhypothese für jeden Vergleich einer Konfiguration über die beiden Gruppen ist in jedem Fall, dass keine Unterschiede in den relativen Häufigkeiten vorliegen, mit denen die Konfiguration beobachtet wurde.

Schritt 2: Signifikanztestung Weil die Stichprobe relativ klein ist, entscheiden wir uns für den Chi-Quadrat Test mit Kontinuitätskorrektur. α schützen wir mit der Prozedur von Holland und DiPonzio Copenhaver.

Schritt 3: Durchführung der KFA Tab. 3.16 zeigt die Ergebnisse der zwei-Gruppen KFA

Die Variable G in Tab. 3.16 bezeichnet die beiden Schülergruppen. Die ersten drei Variablen, L, W und R, sind die Diskriminationsvariablen. Die Vergleichshäufigkeiten stehen jeweils untereinander. Für jedes Paar von Häufigkeiten werden in der Tabelle der Chi-Quadrat-Wert und die dazu gehörige Überschreitungswahrscheinlichkeit ausgewiesen, und es wird die Frage beantwortet, ob die Konfiguration einen Diskriminationstyp konstituiert.

Tab. 3.16 Zwei-Gruppen KFA der Daten aus der Dyslexie-Studie

```
Konfiguration

    LWRG        m          X²            p          Typ?

    1111      1.00
    1112     28.00      25.332       .000000     Diskriminationstyp
    -----------------------------------------------------------------
    1121      2.00
    1122      4.00        .026       .871409
    -----------------------------------------------------------------
    1211       .00
    1212      3.00        .992       .319298
    -----------------------------------------------------------------
    1221      7.00
    1222      1.00       4.629       .031437
    -----------------------------------------------------------------
    2111      1.00
    2112      7.00       2.383       .122663
    -----------------------------------------------------------------
    2121      6.00
    2122      1.00       3.441       .063588
    -----------------------------------------------------------------
    2211       .00
    2212     11.00       8.056       .004536     Diskriminationstyp
    -----------------------------------------------------------------
    2221     31.00
    2222      4.00      37.595       .000000     Diskriminationstyp
```

Schritt 4: Interpretation der entstandenen Typen und Antitypen Nachdem kein log-lineares Modell gerechnet wurde, kann auch kein Anpassungstest berichtet werden. Die KFA weist jedoch drei Diskriminationstypen aus. Wäre der Chi-Quadrat Test ohne Kontinuitätskorrektur verwendet worden, hätten sich die gleichen Diskriminationstypen ergeben, und keine zusätzlichen.

Der erste Diskriminationstyp wird von der Konfiguration 1 1 1 konstituiert. Hier handelt es sich um Schüler, die in allen drei verbalen Tests überdurchschnittliche Leistungen erbringen. Dieses Profil findet sich bei 28 Schülern, bei denen kein Dyslexieverdacht vorliegt, aber nur bei einem Schüler mit einem solchen Verdacht.

Der zweite Diskriminationstyp wird von der Konfiguration 2 2 1 konstituiert. Diese Schüler erbringen unterdurchschnittliche Leistungen im Lesen und im Wortschatztest, aber überdurchschnittliche Leistungen im Rechtschreiben. Dieses Profil findet sich bei elf Schülern, bei denen kein Dyslexieverdacht vorliegt, aber bei keinem Schüler mit einem solchen Verdacht.

Der dritte Diskriminationstyp wird von der Konfiguration 2 2 2 konstituiert. Diese Schüler erbringen unterdurchschnittliche Leistungen in allen drei Tests. Dieses Profil findet sich bei vier Schülern, bei denen kein Dyslexieverdacht vorliegt, aber bei 31 Schülern mit Dyslexieverdacht.

Methodenvergleich In diesem Abschnitt vergleichen wir die soeben mit der 2-Gruppen KFA erzielten Ergebnisse mit denen, die mit einer ISA hätten erzielt werden können.

Tab. 3.17 ISA der Dyslexiedaten aus Tab. 3.16

Konfiguration

LWRG	m	$\hat{m}$	X^2	$p(X^2)$	
1111	1.00	13.333	11.4083	.000731	Antityp
1112	29.00	16.667	9.1267	.002519	Typ
1121	2.00	2.667	.1667	.683091	
1122	4.00	3.333	.1333	.715001	
1211	.00	1.333	1.3333	.248213	
1212	3.00	1.667	1.0667	.301700	
1221	7.00	3.556	3.3368	.067746	
1222	1.00	4.444	2.6694	.102292	
2111	1.00	3.556	1.8368	.175326	
2112	7.00	4.444	1.4694	.225433	
2121	6.00	3.111	2.6825	.101454	
2122	1.00	3.889	2.1460	.142939	
2211	.00	4.889	4.8889	.027030	
2212	11.00	6.111	3.9111	.047968	
2221	31.00	15.556	15.3341	.000090	Typ
2222	4.00	19.444	12.2673	.000461	Antityp

Im Basismodell für die ISA stellen wir die Gruppierungsvariable den drei Testvariablen gegenüber. Das Basismodell ist dann

$$\log \hat{m} = \lambda + \lambda^L + \lambda^W + \lambda^R + \lambda^G + \lambda^{L,W} + \lambda^{L,R} + \lambda^{W,R} + \lambda^{L,W,R}.$$

In dieses Modell wurden die Effekte, die die Gruppierungsvariable, G, mit den drei Testvariablen in Beziehung setzen, nicht aufgenommen. Wir verwenden lokale Chi-Quadrat Tests zur Identifikation von Typen und Antitypen. α schützen wir mit der Holland DiPonzio Copenhaver Prozedur. Entstehen Typen oder Antitypen, dann müssen sie auf die Beziehungen der Gruppierungsvariablen mit den Testvariablen zurückgeführt werden. Die ISA Ergebnisse sind in Tab. 3.17 zusammengefasst.

Das Basismodell für die ISA in Tab. 3.17 beschreibt die Daten nur ungenügend und wird daher abgelehnt (Pearson $X^2 = 73.78$; $df = 7$; $p < 0.001$).

Schritt 4: Interpretation der entstandenen Typen und Antitypen Die ISA weist zwei Typen und zwei Antitypen aus. Betrachtet man das erste Typ-Antityp Paar – konstituiert durch die Konfigurationen 1 1 1 1 und 1 1 1 2 -, dann stellt man fest, dass es die gleichen Konfigurationen betrifft wie der erste Diskriminationstyp in Tab. 3.16. Das zweite Typ-Antityp Paar betrifft die gleichen Konfigurationen wie der dritte Diskriminationstyp in Tab. 3.16. In diesem Beispiel ergibt sich damit eine Analogie der Ergebnisse der beiden Methoden.

Auf die Frage, ob damit die zwei-Gruppen KFA nicht obsolet wird, kann geantwortet werden, dass die Typen-Antitypen Paare der ISA nicht als Diskriminationstypen interpretiert werden können. Dafür gibt es zwei Gründe. Der erste ist, dass die Konfigurationen in der ISA einzeln getestet worden sind, und dass es durchaus sein kann, dass nicht Typ-Antityp Paare entstehen, sondern isolierte Typen oder Antitypen, ohne einen ebenfalls signifikanten Paarling.

Der zweite Grund ist, dass bei manchen Tests, z. B. dem Verfahren, das auf standardisierten Pearson Residuen basiert, das im ersten Kapitel besprochen wurde, beide Paarlinge numerisch stets dieselbe Teststatistik aufweisen und damit die Chance nicht besteht, dass nur einer der Paarlinge einen Typ oder Antityp konstituiert, und das obwohl die Konfigurationen einzeln getestet werden.

Schutz von α *in der zwei-Gruppen KFA* Auch in der KFA zum Vergleich von zwei Gruppen ist die Signifikanzschwelle α zu schützen. In den vor der zwei-Gruppen KFA besprochenen Ansätzen ist das erste geschützte α meist $\alpha_1^* = \frac{\alpha}{t}$. Dabei ist t die Zahl der Zellen der untersuchten Kreuzklassifikation. In der zwei-Gruppen KFA ist t immer noch die Zahl der Konfigurationen (Zellen), das erste geschützte α ist aber $\alpha_1^* = 2\frac{\alpha}{t}$. Der Grund dafür ist, dass in der zwei-Gruppen KFA nicht einzelne Konfigurationen untersucht werden, sondern Paare von Konfigurationen. Der Schutz von α ist damit in der zwei-Gruppen KFA nicht so extrem, wie er in anderen (ein-Gruppen) Ansätzen der KFA sein kann.

Der bisher beschriebene Ansatz zur zwei-Gruppen KFA ist analog zu dem, der von Lienert (1971) vorgeschlagen worden war. In den folgenden Abschnitten behandeln wir alternative Ansätze. Wir beginnen mit drei deskriptiven Maßen und behandeln im Anschluss die drei Möglichkeiten, von Unabhängigkeit abzuweichen, die Goodman (1991) diskutiert hat.

3.2.4.2 Deskriptive Maße für die zwei-Gruppen KFA

In diesem Abschnitt beschreiben wir drei Maße der Effektstärke in 2×2 Tafeln, die auch für die zwei-Gruppen KFA von Nutzen sein können. Diese Maße sind Gonzáles-Debéns Effektstärke π*, Rosenthal and Rubins binomiale Effektstärke, und Lienerts Prägnanzkoeffizient.

Gonzáles-Debéns Effektstärke π*

Gonzáles-Debén (1998; siehe auch Gonzáles-Debén & Méndez Ramírez, 2000) schlug ein Maß für die Diskrepanz zwischen den beobachteten und den erwarteten Häufigkeiten vor, das auch in der zwei-Gruppen KFA Verwendung finden kann. Dieses Maß basiert auf einer Definition der Anpassungsgüte von Rudas, Clogg und Lindsay (1994). Das Maß, π*, kann unter einem Basismodell für die zwei-Gruppen KFA errechnet werden, das in den Diskriminationsvariablen und in den Klassifikationsvariablen saturiert ist, aber Unabhängigkeit dieser zwei Variablengruppen postuliert. Ist die Anpassungsgüte für dieses Modell gering, dann unterscheiden sich die beiden Gruppen in der relativen Häufigkeit, mit der ein Konfigurationspaar beobachtet wurde. π* kann daher als Maß der Stärke der Assoziation in einer 2×2 Tafel interpretiert werden. Das Maß errechnet sich durch

$$\pi* = (|ad - bc|)/aN,$$

wobei *a, b, c* und *d* wie in Tab. 3.15 definiert sind.

Zur Illustration verwenden wir den dritten der Diskriminationstypen in Tab. 3.17. Wir setzen ein und errechnen $\pi* = (31\cdot55 - 17\cdot4)/31\cdot107 = 0.4935$. Dieser Wert zeigt, dass dieser Diskriminationstyp von mittlerer bis hoher Stärke ist.

Rosenthal und Rubins binomiale Effektstärke BES

Rosenthal und Rubin (1982) schlugen vor, in 2×2 Tafeln das Maß der binomialen Effektstärke, BES, zu verwenden. Nachdem in der zwei-Gruppen KFA 2×2 Tafeln untersucht werden, ist dieses Maß auch hier verwendbar. Dieses Maß ist

$$\text{BES} = \frac{a}{a+b} - \frac{c}{c+d},$$

wobei die Größen a, b, c, und d denen aus Tab. 3.15 entsprechen. Dieses Maß ist identisch zur Korrelation der Zeilen- und Spaltenvariablen einer 2×2 Tafel, wenn diese Tafel symmetrisch ist (vgl. Cohen, 1988; Rovine & von Eye, 1997). Man kann das Maß aber auch zur Quantifizierung der Effektstärke in einer 2×2 Tafel verwenden, und deshalb ist es für die zwei-Gruppen KFA interessant. BES zeigt an, wie groß das proportionale Übergewicht einer Konfiguration in einer Gruppe im Vergleich zu der anderen Gruppe ist.

Zur Illustration verwenden wir wieder den dritten der Diskriminationstypen in Tab. 3.17. Wir setzen ein und errechnen

$$\text{BES} = \frac{31}{31+17} - \frac{4}{4+17} = 0.4554.$$

Die Interpretation dieses Werts ist damit sehr nah an der, die mit $\pi*$ vorgeschlagen wurde. Es handelt sich um einen Effekt mittlerer bis hoher Stärke.

Diskussion Das BES und $\pi*$ erlauben es, die Stärke eines Diskriminationseffekts zu quantifizieren, und zwar unabhängig von den Eigenschaften des Tests, der für die zwei-Gruppen KFA eingesetzt wurde. Dies gilt insbesondere auch für die Power, in der sich die beschriebenen Tests z. T. deutlich unterscheiden. Das BES und $\pi*$ sind auch unabhängig von der Stichprobengröße. Chi-Quadrat ist klar abhängig von der Stichprobengröße. Kleine Effekte können mit Chi-Quadrat bei großen Stichproben immer noch signifikant werden. Die Stichprobengrößenabhängigkeit von Chi-Quadrat kann leicht gezeigt werden:

$$X^2 = \frac{\left(Np_{ij} - Np_{i.}p_{.j}\right)^2}{Np_{i.}p_{.j}} = N\frac{\left(p_{ij} - p_{i.}p_{.j}\right)^2}{p_{i.}p_{.j}}.$$

Man erkennt an diesen Gleichungen, dass bei gleicher relativer Differenz das Chi-Quadrat direkt und linear mit der Stichprobe ansteigt. Sehr kleine Differenzen können daher bei großen Stichproben signifikant werden, auch wenn der Effekt gering ist.

Das Maß BES wurde kritisch diskutiert, weil es zu Fehlinterpretationen kommen kann, wenn die Randhäufigkeiten deutlich ungleich sind (Thompson & Schumacker, 1977). Wenn die Randhäufigkeiten uniform sind, birgt BES nicht mehr Information als p_{ij}. Wir empfehlen daher, BES mit Vorsicht zu interpretieren, wenn die Randhäufigkeiten stark voneinander abweichen.

Lienerts Prägnanzkoeffizient
Lienert schlug vor, in 2×2 Tafeln ein Maß der Effektstärke zu verwenden, das mit dem bekannten Bestimmtheitsmaß, r^2, vergleichbar ist, und auch als Maß der praktischen Bedeutsamkeit interpretiert werden kann (siehe Krauth & Lienert, 1973). Dieses Maß, Q, ist

$$Q = \frac{2 \left| m_{ij} - \hat{m}_{ij} \right|}{N + \left| 2\hat{m}_{ij} - N \right|}.$$

Q wird gleich 0 gesetzt, wenn $m_{ij} = 0$ ist. Im Unterschied zu π^* und zum BES erfordert Q, dass ein Basismodell (hier das Unabhängigkeitsmodell) geschätzt wird, aus dem dann die Erwartungshäufigkeiten übernommen werden können. Verwendet man dasselbe Datenbeispiel wie für π^* und das BES, dann erhält man

$$Q = (2|31 - 15.701|)/(107 + |2 \cdot 15.701 - 107|) = 0.1676.$$

Obwohl π^*, BES und Q in ihrer Größe nicht äquivalent sind, kann hier geschlossen werden, dass der dritte Diskriminationstyp in Tab. 3.17 auf der Basis von Q als nur wenig prägnant gekennzeichnet werden kann.

Q ist, wie π^* und BES, unabhängig von der Stichprobengröße. Die Größe Q ist nicht immer einfach zu interpretieren. Abb. 3.2 zeigt die Variation von Q für $0 \leq m$, $e \leq 20$, wobei e die Erwartungshäufigkeit für Zelle 1 1, d. h. a ist, und $m = a$. Die Graphik ändert sich nicht, wenn man N variiert.

3.2.4.3 Drei Möglichkeiten, von Unabhängigkeit abzuweichen
In log-linearen Modellen, der logistischen Regression und auch in der KFA werden Diskrepanzen zwischen beobachteten und erwarteten Zellhäufigkeiten meist in Termini von Chi-Quadrat beschrieben. Es gibt aber andere Ansätze, solche Diskrepanzen zu beschreiben. Goodman (1991) diskutierte drei Möglichkeiten, von Unabhängigkeit abzuweichen. von Eye et al. (1995) schlugen vor, diese für die zwei-Gruppen KFA zu nutzen.

Das Modell der statistischen Unabhängigkeit sagt, dass die Wahrscheinlichkeit des gleichzeitigen Eintretens zweier Ereignisse A und B, d. h. die Verbundwahrscheinlichkeit von A und B, gegeben ist durch

$$p(A \cap B) = p(A) \cdot p(B|A).$$

Zwei Ereignisse sind unabhängig, wenn $p(A \cap B) = p(A) \cdot p(B)$ gilt. Überträgt man dies auf den Chi-Quadrat Test in zweidimensionalen Tafeln, dann sieht man sofort, dass

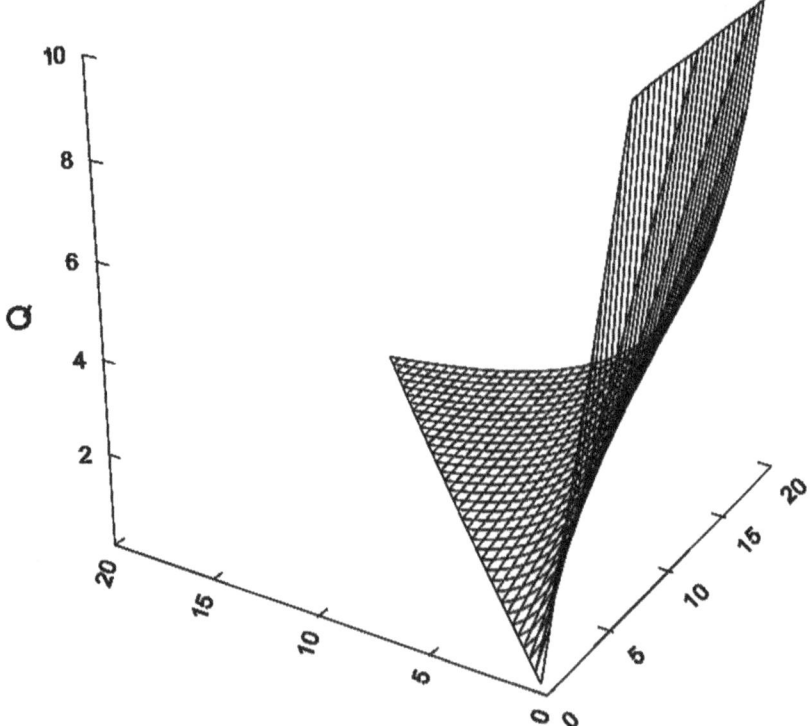

Abb. 3.2 Variation von Q

dieser Test die Erwartungshäufigkeiten unter der Annahme der Unabhängigkeit von Zeilen und Spalten schätzt. Dies ist auch in log-linearen Haupteffektmodellen der Fall.

Bekannte Maße der Unabhängigkeit sind der odds ratio, θ, und die Korrelation, ρ. In 2×2 Tafeln sind diese Maße

$$\theta = \frac{p_{11}/p_{21}}{p_{12}/p_{22}}$$

und

$$\rho = \frac{p_{11}p_{22} - p_{12}p_{21}}{\sqrt{p_{1.}p_{2.}p_{.1}p_{.2}}},$$

wobei die p_{ij} die Zellenwahrscheinlichkeiten und die p's mit einem Punkt im Subskript die Randwahrscheinlichkeiten bezeichnen. Der Korrelationskoeffizient ρ ist identisch mit

$$\phi = \sqrt{\frac{X^2}{N}}.$$

Goodman (1991) diskutiert nun drei weitere Maße der Abweichung von Unabhängigkeit für $I \times J$ Tafeln. Dies sind die *nicht-gewichtete Interaktion* λ, die *relative Differenz*

Δ, und die *gewichtete Interaktion* $\tilde{\lambda}$. Um diese Maße einzuführen, verwenden wir die Terminologie, die wir schon bei der Diskussion von log-linearen Modellen in Abschn. 2.2 verwendet haben (vgl. von Eye et al., 1995; von Eye, 2002).

Für die folgenden Formeln setzen wir G_{ij} gleich dem natürlichen Logarithmus der Zellwahrscheinlichkeit p_{ij}, d. h. $G_{ij} = \log p_{ij}$. Die nicht-gewichtete log-lineare Interaktion ist damit

$$\lambda_{ij} = G_{ij} - G_{i.} - G_{.j} + G_{..},$$

wobei

$$G_{i.} = \frac{i}{J} \sum_j G_{ij},$$

$$G_{.j} = \frac{i}{I} \sum_i G_{ij},$$

und

$$G_{..} = \frac{i}{IJ} \sum_i \sum_j G_{ij}.$$

Die Zeilen- und Spaltensummen der nicht-gewichteten Interaktion sind null. λ_{ij} ist verwandt mit dem odds ratio θ, und ist analog zur Interaktion in einer zwei-faktoriellen Varianzanalyse für metrische Daten.

Die relative Differenz Δ_{ij} ist

$$\Delta_{ij} = \frac{p_{ij} - p_{i.}p_{.j}}{p_{i.}p_{.j}}.$$

Δ_{ij} ist eine Größe, die mit der Korrelation ρ verwandt ist. Die Zeilen- und Spaltensummen von Δ_{ij} sind ebenfalls gleich null, aber nur in der Form

$\sum_i \Delta_{ij}p_{i.} = 0$, für $j = 1, \dots, J$, und

$\sum_j \Delta_{ij}p_{.j} = 0$, für $i = 1, \dots, I$

Vergleicht man die Resultate, dass die ungewichteten Zeilen- und Spaltensummen von λ_{ij} null sind, bei Δ aber eine Gewichtung mit den Randwahrscheinlichkeiten erfolgen muss, damit die Zeilen- und Spaltensummen null werden, dann erkennt man sofort einen wichtigen Unterschied zwischen diesen beiden Maßen:

- Änderungen in den Randwahrscheinlichkeiten haben keinen Einfluss auf die Zeilen- und Spaltensummen von λ_{ij}, d. h. ersetzt man p_{ij} durch $p_{ij}\gamma_i\delta_j$, wobei γ_i und δ_j positive Konstante sind, bleibt λ_{ij} unverändert;
- im Gegensatz dazu haben solche Änderungen sehr wohl Einfluss auf die Δ_{ij}.

Dieser Unterschied reflektiert, dass λ_{ij} *rand-unabhängig* ist. Dies gilt auch für die verwandte Größe des odds ratio θ. Δ_{ij} ist dagegen *rand-abhängig*. Dies gilt auch für die verwandte Größe der Korrelation ρ und, entsprechend, für Chi-Quadrat.

Das dritte Maß, die *gewichtete log-lineare Interaktion* $\tilde{\lambda}_{ij}$, kann wie folgt definiert werden:
$\tilde{\lambda}_{ij} = G_{ij} - \tilde{G}_{i.} - \tilde{G}_{.j} + \tilde{G}_{..}$, wobei

$$\tilde{G}_{i.} = \sum_{j} G_{ij} p_{.j},$$

$\tilde{G}_{.j} = \sum_{i} G_{ij} p_{i.}$, und

$$G_{..} = \sum_{i} \sum_{j} G_{ij} p_{i.} p_{.j}.$$

Die Größe $\tilde{\lambda}_{ij}$ ist damit, genau wie Δ_{ij}, mit den Randwahrscheinlichkeiten gewichtet, und daher ebenfalls *rand-abhängig*. Dies gilt allerdings nur, wenn die Randwahrscheinlichkeiten als Gewichte verwendet werden. Goodman (1991, S. 1088) betont, dass beliebige Gewichte verwendet werden könnten, wenn sie größer sind als null.

Damit haben wir die zell-weisen Maße λ_{ij}, Δ_{ij} und $\tilde{\lambda}_{ij}$ beschrieben. Für die gesamte $I \times J$ Tafel ergeben sich dadurch die Maße

$$\lambda = \sqrt{\sum_{i} \sum_{j} \frac{\chi_{ij}^2}{IJ}},$$

$$\Delta = \sqrt{\sum_{i} \sum_{j} \Delta_{ij}^2 \, p_{i.} p_{.j}},$$

und

$$\tilde{\lambda} = \sqrt{\sum_{i} \sum_{j} \tilde{\lambda}_{ij}^2 \, p_{i.} p_{.j}}.$$

Die Eigenschaften der besprochenen Maße sind damit im Überblick:

- Δ ist rand-abhängig und hat diese Eigenschaft gemein mit mit ρ und dem Pearson Chi-Quadrat;
- die log-lineare Interaktion λ ist rand-unabhängig und hat diese Eigenschaft gemein mit dem odds ratio θ;
- $\tilde{\lambda}$ ist ebenfalls rand-abhängig aber ebenfalls verwandt mit θ; $\tilde{\lambda}$ kann als gewichtete log-lineare Interaktion interpretiert werden, bei der den Randwahrscheinlichkeiten Gewicht zugestanden wird (falls die $p_{i.}$ und die $p_{.j}$ als Gewichte verwendet werden); in dieser Eigenschaft ist $\tilde{\lambda}$ vergleichbar mit Δ;

- die Korrelation ρ erlaubt Aussagen über die Prädizierbarkeit der interessierenden Variablenwerte (vgl. Rovine & von Eye, 1997); im Gegensatz dazu vergleicht der odds ratio die odds von zwei Gruppen miteinander (nicht etwa zwei Wahrscheinlichkeiten).

Verwendet man die von Goodman vorgeschlagenen Maße, dann kann man in der zwei-Gruppen KFA drei zusätzliche Arten von Diskriminationstypen definieren (von Eye et al., 1995):

1. *Interaktions-Diskriminationstypen* auf der Basis von λ und verwandten Maßen;
2. *Korrelations-Diskriminationstypen* auf der Basis von ρ und verwandten Maßen; und
3. *gewichtete Interaktions-Diskriminationstypen* auf der Basis von $\tilde{\lambda}$.

Zur Illustration dieser Maße führen wir jetzt eine Reanalyse der Zwei-Gruppen KFA der Daten aus der Dyslexie-Studie in Tab. 3.16 durch. Anstelle des dort verwendeten Chi-Quadrat Tests mit Kontinuitätskorrektur setzen wir hier die fünf Maße λ, $\tilde{\lambda}$, ρ, Δ und θ ein. Für die ersten vier Maße wurde eine jack-knife Prozedur zum Testen auf Signifikanz implementiert. θ wurde mithilfe eines z-Tests getestet, für den der Standardfehler

$$se_\theta = \sqrt{\frac{1}{a} + \frac{1}{b} + \frac{1}{c} + \frac{1}{d}}$$

ist. Die Teststatistik ist damit $z = \frac{\theta}{se_\theta}$. Tab. 3.18 zeigt die Ergebnisse der Reanalyse.

Die zwei-Gruppen KFA mit dem Chi-Quadrat Test mit Kontinuitätskorrektur in Tab. 3.15 hatte das erste Häufigkeitspaar und die beiden letzten als Diskriminationstypen ausgewiesen. Tab. 3.18 zeigt, dass die fünf Maße λ, $\tilde{\lambda}$, ρ, Δ und θ zu anderen Ergebnissen kommen. θ identifiziert nur das erste und das letzte Häufigkeitspaar als Diskriminationstypen, die anderen Maße nur das letzte Paar (fett gedruckt). Für jedes der fünf Maße kann der Standardfehler mit der verwendeten jack-knife Technik nur berechnet werden, wenn alle Häufigkeiten größer als null sind. Aus diesem Grund sind für die beiden Häufigkeitspaare 0 3 und 0 11 keine Teststatistiken ausgegeben[5].

λ und θ scheinen mehr Power zu haben als die anderen Maße. Dies kann jedoch hier, allein auf der Basis der Ergebnisse in Tab. 3.18, nicht abschließend konstatiert werden.

---

[5] Eine Möglichkeit, dies zu umgehen, ist die Verwendung der Delta-Option. Dabei wird auf jede Zellfrequenz eine kleine Konstante addiert. Hier sollte diese Konstante nicht kleiner sein als 1.0. Dieser Wert hat in diesem Beispiel den Effekt, dass in der zwei-Gruppen KFA der zweite der drei Diskriminationstypen verschwindet, und in der Analyse mit den fünf Maßen λ,$\tilde{\lambda}$, ρ, Δ und θ alle Maße das erste und das letzte Häufigkeitspaar als Diskriminationstypen identifizieren, nicht aber das vorletzte Häufigkeitspaar.

Tab. 3.18 Reanalyse der Daten aus Tab. 3.16 mit λ, $\tilde{\lambda}$, ρ, Δ und θ

Häufigkeiten		Maße[1]				
m11	m12	λ	$\tilde{\lambda}$	ρ	Δ	θ
1.	28.	.937	.829	-.508	.508	**-3.748**
		.933	.828	.503	.503	**1.044**
		.992	.989	-.999	.999	**-3.592**
		.16051	.16137	.15899	.15899	**.00016**
2.	4.	.129	.059	-.056	.056	-.514
		.289	.122	.182	.182	.889
		.448	.486	-.311	.311	-.579
		.32721	.31352	.37799	.37799	.28135
0.	3.	.448	.168	-.127	.127	-1.793
		.000	.000	.000	.000	.000
		---	---	---	---	---
		---	---	---	---	---
7.	1.	.573	.300	.244	.244	2.293
		.579	.313	1.275	1.275	1.088
		.977	.945	.189	.189	2.107
		.16434	.17239	.42506	.42506	.01757
1.	7.	.461	.241	-.185	.185	-1.845
		.470	.255	.204	.204	1.088
		.967	.931	-.895	.895	-1.696
		.16672	.17583	.18551	.18551	.04495
6.	1.	.529	.260	.217	.217	2.115
		.537	.275	1.137	1.137	1.099
		.970	.932	.189	.189	1.924
		.16598	.17560	.42507	.42507	.02717
0.	11.	.784	.488	-.288	.288	-3.135
		.000	.000	.000	.000	.000
		---	---	---	---	---
		---	---	---	---	---
31.	4.	**.805**	**.752**	**.613**	**.613**	**3.222**
		.167	**.158**	**.112**	**.112**	**.599**
		4.831	**4.762**	**5.488**	**5.488**	**5.375**
		.00000	**.00000**	**.00000**	**.00000**	**.00000**

[1]Diese Tabelle ist wie folgt aufgebaut: in den ersten beiden Spalten finden sich die Vergleichshäufigkeiten. Danach, in der selben Zeile, folgen die errechneten Werte für die fünf Maße. Unter jedem Maß stehen die geschätzten Standardfehler, die z-Werte und die Überschreitungswahrscheinlichkeiten. Kann ein Wert nicht berechnet werden, wird dies durch - - - angezeigt. Diskriminationstypen sind fett gedruckt

ρ und Δ zeigen identische Teststatistiken. Diese Maße unterscheiden sich voneinander nur dadurch, dass ρ auch negative Werte annehmen kann. Ist die Orientierung einer 2×2 Tafel von Interesse und interpretierbar, dann ist ρ zu bevorzugen.

Sollen die Randwahrscheinlichkeiten mit in die Beurteilung eines Vergleichs von Häufigkeiten in der zwei-Gruppen KFA eingehen, dann sind die Maße zu bevorzugen, die Rand-abhängig sind. Dies sind $\tilde{\lambda}$, ρ, Δ und Chi-Quadrat. Wird die Stichprobe multinomial gezogen, dann ist dies meistens nicht der Fall, und es werden die randunabhängigen Maße λ und θ bevorzugt.

3.2.4.4 KFA zum Vergleich von drei oder mehr Gruppen

Die in der zwei-Gruppen KFA zu untersuchende Kreuzklassifikation kann so arrangiert werden, dass in den Zeilen einer zweidimensionalen Tafel die Konfigurationen der Diskriminationsvariablen angeordnet sind und in den beiden Spalten die Vergleichsgruppen. Der Vergleich der Gruppen erfolgt dann für jede Konfiguration, d. h. zeilenweise (die Unterscheidung zwischen Zeilen und Spalten ist bei symmetrischen Maßen in 2×2 Tafeln allerdings ohne Bedeutung). Stehen mehr als zwei Gruppen zum Vergleich an, dann braucht dieses Arrangement nur um zusätzliche Spalten erweitert zu werden. Die Tafel enthält dann pro Gruppe eine Spalte.

Zum Vergleich von drei oder mehr Gruppen sind zwei Strategien diskutiert worden (Krauth & Lienert, 1973; Lautsch & von Weber, 1995; von Eye, 2002). Die erste Strategie besteht darin, alle $\binom{g}{2}$ paarweisen Vergleiche mit den Methoden für zwei Gruppen durchzuführen, die in den letzten Abschnitten besprochen worden sind, wobei g die Zahl der Gruppen bezeichnet. Dieser Ansatz beantwortet dann sicher die meisten Fragen die Gruppenvergleiche betreffend, kommt aber mit dem Nachteil, dass das geschützte Signifikanzniveau $\alpha*$ mit der Zahl der Gruppen exponentiell extremer wird.

Werden zwei Gruppen verglichen, dann ist das erste geschützte α meist durch $\alpha_1^* = \alpha/(t/2)$ gegeben, weil pro Zeile der oben beschriebenen Tafel nur ein Vergleich durchgeführt wird. Werden drei Gruppen verglichen, dann ist der Vorteil des weniger extremen geschützten α-Niveaus bereits wieder verschwunden, weil die Zahl der Vergleiche pro Zeile bereits $\binom{g}{2} = 3$ ist. Damit wird das erste geschützte α bei drei Vergleichsgruppen

$$\alpha_1^* = \alpha/(t/2) = \frac{\alpha}{\binom{3}{2}\left(\frac{t}{3}\right)} = \frac{\alpha}{\left(3\frac{t}{3}\right)} = \frac{\alpha}{t},$$

bei vier Vergleichsgruppen

$$\alpha_1^* = \alpha/(t/2) = \frac{\alpha}{\binom{4}{2}\left(\frac{t}{4}\right)} = \frac{\alpha}{\left(6\frac{t}{4}\right)}, \text{etc.}$$

Offensichtlich wird die Zahl der Tests schnell deutlich größer als die Zahl der Zellen, t, und damit zunehmend prohibitiv. Das in den letzten Abschnitten behandelte Verfahren zum Vergleich von Gruppen mit der KFA wird daher vor allem empfohlen, wenn die Zahl der Gruppen klein ist oder die Stichprobe sehr groß.

Die zweite Strategie beinhaltet eine Änderung in der Testmethode. Es werden dabei nicht mehr Paare von Gruppen miteinander verglichen, sondern die gesamte Tafel wird mit Methoden der KFA untersucht. Insbesondere bietet sich hier die ISA an, in der zwei Gruppen von Variablen kontrastiert werden. Dies sind hier die Gruppen der Diskriminationsvariablen und der Gruppen. Typen und Antitypen kennzeichnen dann die Konfigurationen, in denen bestimmte Gruppen über- oder unterfrequentiert sind.

Auf diese Weise können die Fragen nicht beantwortet werden, die in einer Reihe von Paarvergleichen bearbeitet werden. Es zeigt sich aber immerhin, wo eine einzelne Gruppe (oder mehr als eine Gruppe) sich von allen anderen unterscheidet. α wird dabei geschützt wie in der ISA, und das geschützte α ist dann weniger prohibitiv als wenn alle paarweisen Vergleiche durchgeführt werden.

Datenbeispiel Im folgenden Beispiel präsentieren wir eine Reanalyse der Daten, die bei von Eye (2002) im gleichen Kontext aber mit anderen Ansätzen der KFA bearbeitet worden waren. Die Daten stammen aus einer Untersuchung von Aksan et al. (1999). Eine Stichprobe von 488 Kindern im Alter von 3 ½ Jahren war in den Variablen Kontrolle (*C*), negativer Affekt (*A*) und Erfassen (*H*) untersucht worden. Jede der drei Variablen hatte die drei Kategorien 1 = unter dem Durchschnitt, 2 = Durchschnitt und 3 = über dem Durchschnitt.

Wir analysieren die Kreuzklassifikation dieser drei Variablen mit den beiden Ansätzen zur mehr-Gruppen KFA, die wir in diesem Abschnitt behandelt haben. In beiden Analysen gruppieren wir die Kinder nach Kontrolle (*C*). Wir fragen, ob sich die aus der Kreuzung von negativem Affekt (*A*) und Erfassen (*H*) entstehenden Konfigurationen über die drei Kategorien von Kontrolle hinweg unterscheiden. Unsere erste Analyse ist eine ISA, in der Kontrolle die eine Variablengruppe bildet und negativer Affekt und Erfassen die andere.

Schritt 1: Spezifikation eines Basismodells Das Basismodell der ISA für die beiden Variablengruppen *C* einerseits und *A* und *H* andererseits ist $\log \hat{m} = \lambda + \lambda^C + \lambda^A + \lambda^H + \lambda^{A,H}$. In diesem Modell fehlen nur die Terme, die *C* in Verbindung zu *A* und *H* setzen[6]. Sollten daher Typen oder Antitypen auftreten, dann muss eine Beziehung zwischen *C* einerseits und *A* und *H* andererseits existieren.

Schritt 2: Signifikanztestung Die Stichprobe ist groß. Daher können wir den *z*-Test verwenden. α schützen wir mit der Prozedur von Holland und DiPonzio Copenhaver.

Schritt 3: Durchführung der KFA Tab. 3.19 zeigt die Ergebnisse der drei-Gruppen ISA

---

[6] Bei von Eye (2002) wurde eine KFA erster Ordnung durchgeführt. Die folgenden Ergebnisse sind daher nur partiell vergleichbar.

Tab. 3.19 ISA der Daten aus der Aksan et al. (1999) Studie

Konfiguration

AHC	m	$\hat{m}$	z	p(z)	
111	3.00	2.748	.1520	.439575	
112	2.00	3.670	-.8718	.191668	
113	4.00	2.582	.8825	.188755	
121	23.00	15.877	1.7876	.036919	
122	23.00	21.205	.3898	.348334	
123	6.00	14.918	-2.3089	.010473	
131	39.00	24.732	2.8691	.002058	
132	33.00	33.031	-.0053	.497866	
133	9.00	23.238	-2.9535	.001571	Antityp
211	11.00	16.182	-1.2883	.098826	
212	29.00	21.613	1.5890	.056027	
213	13.00	15.205	-.5655	.285881	
221	19.00	22.594	-.7562	.224778	
222	36.00	30.176	1.0602	.144536	
223	19.00	21.230	-.4839	.314235	
231	21.00	19.846	.2590	.397829	
232	26.00	26.506	-.0983	.460843	
233	18.00	18.648	-.1500	.440401	
311	13.00	25.648	-2.4974	.006256	
312	30.00	34.254	-.7269	.233656	
313	41.00	24.098	3.4430	.000288	Typ
321	12.00	14.961	-.7655	.221976	
322	14.00	19.982	-1.3381	.090426	
323	23.00	14.057	2.3851	.008536	
331	8.00	6.412	.6272	.265272	
332	6.00	8.564	-.8760	.190511	
333	7.00	6.025	.3974	.345538	

Der Pearson Chi-Quadrat goodness-of-fit Test zeigt, dass Beziehungen zwischen Kontrolle einerseits und negativem Affekt und Erfassen andererseits vorliegen ($X^2 = 61.73$; $df = 16$; $p < 0.001$). Wir erwarten daher Typen oder Antitypen. Tab. 3.19 weist einen Antityp und einen Typ aus.

Schritt 4: Interpretation des Typs und des Antityps Der Antityp wird von Konfiguration 1 3 3 konstituiert. Dies sind die wider Erwarten wenigen Kinder, die unterdurchschnittlich geringe negative Affekte haben, überdurchschnittlich im Erfassen sind und ebenfalls überdurchschnittlich gut kontrolliert sind. Neun Kinder weisen dieses Profil auf, aber über 23 waren erwartet worden.

Der Typ wird von Konfiguration 3 1 3 konstituiert. Diese sind Kinder, die überdurchschnittlich negative Affekte haben, unterdurchschnittlich im Erfassen sind, und ebenfalls überdurchschnittlich gut kontrolliert sind. 41 Kinder befinden sich in dieser Gruppe. Es waren aber nur rund 24 erwartet worden.

Diese Analyse zeigt gut, dass die ISA Gruppen identifizieren kann, die über- oder unterdurchschnittlich häufig auftreten, wenn man das ISA Basismodell der Unabhängigkeit der Gruppierungs- von den Diskriminationsvariablen zugrunde legt. Die ISA erlaubt es aber nicht, Gruppen direkt miteinander zu vergleichen.

Tab. 3.20 Zwei-Gruppen KFA zum Vergleich der Konfigurationen 1 3 1 und 1 3 2 aus Tab. 3.19

Klassische zwei-Gruppen KFA

```
Konfiguration

     AHC          m            X²                    p
     131        39.00
     132        33.00       4.777              .029
     -----------------------------------------------
     Rest       110.00
     Rest       166.00
```

Alternative Maße der zwei-Gruppen KFA

Häufigkeiten				Maß		
m_{131} m_{132}	λ	$\tilde{\lambda}$	ρ	Δ	θ	
39 33	.067	.054	.054	.054	.267	
	2.144	2.143	2.152	2.152	2.170	
	.01600	.01606	.01570	.01570	.01499	
Rest						
110 166	.145	.116	-.117	.117	-.579	
	.067	.054	.096	.096	.267	
	2.144	2.143	-1.226	1.226	-2.170	
	.01600	.01606	.11015	.11015	.01499	

Aus diesem Grund führen wir jetzt eine drei-Gruppen KFA durch, in der wir alle drei paarweisen Vergleiche für die drei Kontrollkategorien rechnen. Wir verwenden den Chi-Quadrat Test und schützen α mit der Prozedur von Holland und DiPonzio Copenhaver. Als Beispielkonfiguration verwenden wir die des Antityps, 1 3 3. Tab. 3.20 zeigt die zwei-Gruppen KFA für den ersten Vergleich, d. h. den Vergleich zwischen Konfigurationen 1 3 1 und 1 3 2. Im oberen Teil der folgenden drei Tabellen finden sich die Ergebnisse der klassischen zwei-Gruppen KFA. Im unteren Teil finden sich die Ergebnisse mit den neuen Maßen.

Tab. 3.20 zeigt im oberen Teil, dass sich die beiden Konfigurationen 1 3 1 und 1 3 2 bei Anwendung der Lienert'schen Variante der zwei-Gruppen KFA nicht unterscheiden (das erste geschützte α^* für diese Analysen ist 0.0167). Jedes der neuen Maße legt jedoch die Entscheidung nahe, dass ein Unterschied vorliegt. Wir schließen daher, dass in Konfiguration 1 3 1 relativ mehr Kinder zu finden sind als in Konfiguration 1 2 3. Tab. 3.21 zeigt die Ergebnisse der gleichen Analysen für den Vergleich der Konfigurationen 1 3 1 und 1 3 3.

Tab. 3.21 kann entnommen werden, dass alle Tests nahelegen, dass sich die beiden Vergleichskonfigurationen signifikant voneinander unterscheiden. Es finden sich signifikant mehr Kinder mit dem Profil 1 3 1 als mit dem Profil 1 3 3. Tab. 3.22 zeigt die Ergebnisse für den dritten Vergleich, das ist der zwischen Konfigurationen 1 3 2 und 1 3 3.

Tab. 3.22 legt bei Anwendung sowohl der Lienert'schen Variante der zwei-Gruppen KFA als auch der fünf Tests nahe, dass sich auch die Konfigurationen 1 3 2 und 1 3 3

Tab. 3.21 Zwei-Gruppen KFA zum Vergleich der Konfigurationen 1 3 1 und 1 3 3 aus Tab. 3.19

```
                    Klassische zwei-Gruppen KFA

Konfiguration

    AHC         m              X²                  p

    131       39.00
    133        9.00         33.593             .000000
    ----------------------------------------------------
    Rest     110.00
    Rest     190.00
Häufigkeiten                         Maß
```

m_{131} m_{133}	λ	$\tilde{\lambda}$	ρ	Δ	θ
39. 9.	.503	.343	.311	.311	2.013
	.102	.072	.048	.048	.389
	4.946	4.792	6.503	6.503	5.178
	.00000	.00000	.00000	.00000	.00000
Rest					
110.190.	.503	.343	-.311	.311	-2.013
	.102	.072	.141	.141	.389
	4.946	4.792	-2.200	2.200	-5.178
	.00000	.00000	.01389	.01389	.00000

Tab. 3.22 Zwei-Gruppen KFA zum Vergleich der Konfigurationen 1 3 2 und 1 3 3 aus Tab. 3.19

```
Konfiguration

    AHC         m              X²                  p

    132       33.00
    133        9.00         24.941             .000001
    ----------------------------------------------------
    Rest     116.00
    Rest     190.00
Häufigkeiten                         Maß
```

m_{132} m_{133}	λ	$\tilde{\lambda}$	ρ	Δ	θ
33. 9.	.448	.289	.268	.268	1.793
	.103	.068	.049	.049	.394
	4.347	4.229	5.445	5.445	4.549
	.00001	.00001	.00000	.00000	.00000
Rest					
116.190.	.448	.289	-.268	.268	-1.793
	.103	.068	.151	.151	.394
	4.347	4.229	-1.775	1.775	-4.549
	.00001	.00001	.03798	.03798	.00000

signifikant voneinander unterscheiden. Es finden sich signifikant mehr Kinder mit dem Profil 1 3 2 als mit dem Profil 1 3 3.

Diese Analysen zeigen, dass die KFA zum Vergleich von zwei Gruppen und die ISA andere Fragen zu beantworten erlauben. Mit der zwei-Gruppen KFA werden Paare von Gruppen miteinander verglichen, d. h., es kann die Nullhypothese getestet werden, dass sich diese Gruppen nicht unterscheiden. Mit der ISA, die ebenfalls zur Untersuchung von drei oder mehr Gruppen eingesetzt werden kann, wird die Nullhypothese getestet, dass eine Konfiguration in einer einzelnen Gruppe so häufig beobachtet wurde, wie es auf der Basis der Annahme der Unabhängigkeit zwischen Diskriminationsvariablen und Gruppierungsvariablen erwartet werden konnte.

Wir empfehlen daher eine zweistufige Prozedur, wenn drei oder mehr Gruppen miteinander verglichen werden sollen. In dieser Prozedur wird in einem ersten Schritt eine ISA durchgeführt. Die Ergebnisse der ISA zeigen uns, welche der Gruppen in welcher Konfiguration wider Erwarten häufig oder selten beobachtet wurde. Im zweiten Schritt kann dann für eine Selektion von Konfigurationen konfirmatorisch geprüft werden, welche Gruppen sich unterscheiden. Dies geschieht in paarweisen Vergleichen.

Modelle der longitudinalen KFA

4

In der Entwicklungsforschung, der Pädagogik, den klinischen Fächern, der Archäologie, den Ernährungswissenschaften, den Wirtschaftswissenschaften, kurz, in allen empirischen Wissenschaften, die mögliche Änderungen untersuchen, werden längsschnittliche Daten erhoben. Dabei werden die gleichen Eigenschaften oder Verhaltensweisen wiederholt erfasst, und es wird gefragt, ob sich über die Zeit hinweg Änderungen feststellen lassen.

In der Psychometrie hat man zeigen können, dass es keineswegs trivial ist, valide Messungen mit den gleichen Tests wiederholt durchzuführen. Dies gilt vor allem für Messungen, die mit Tests durchgeführt werden, die auf der Basis der klassischen Testtheorie konstruiert worden sind (vgl. Molenaar, 2004; Molenaar & Nesselroade, 2015). Verwendet man dagegen Verhaltensbeobachtungen oder physikalische Maße (z. B. Blutdruck, Gewicht, Gehirnaktivitäten), dann sind die erzeugten Messwerte oft valide und reliabel.

Die Zahl der Parameter, die für eine longitudinale Messwertreihe geschätzt werden können, ist sehr groß (von Eye, 2010b). Entsprechend groß ist die Zahl der Fragen, die zu den Eigenschaften der Messwertreihen gestellt werden können. Jeder dieser Parameter kann im Hinblick auf Konstanz und Änderung untersucht werden, und es können Fragen gestellt werden, die zur Aufklärung der Ursachen von Konstanz und Änderungen beitragen.

Die Methoden, die zur statistischen Analyse von Messwertreihen entwickelt wurden, haben Eigenschaften, die mit denen vergleichbar sind, die hier für Methoden der Analyse von zeitgleich erhobenen (querschnittlichen) Daten diskutiert wurden. Diese Methoden beantworten Fragen, die auf die Beziehungen zwischen Variablen abzielen. Es kann allerdings auch untersucht werden, ob Änderungen oder die Effekte von kausalen Einwirkungen nur in bestimmten Sektoren des Datenraums auftreten. So kann es durchaus sein, dass eine Psychotherapie, die kürzer ist als eine bestimmte Zahl von Therapiestunden, wirkungslos ist, oder keine zusätzlichen Effekte zeigt, wenn eine bestimmte Zahl an Stunden überschritten wird. Weiterhin kann es sein, dass diese Stundenzahlen für Personen mit unterschiedlichen Profilen variieren. Oder es könnte sein, dass ein Medikament unterhalb einer bestimmten Dosierung keine Wirkung zeigt, aber über einer bestimmten Dosierung toxisch wirkt.

Zur Beantwortung dieser und vieler anderer Fragen Messwertreihen betreffend wurden die *Methoden der longitudinalen KFA* entwickelt (beginnend mit Krauth, 1973b). In diesem Kapitel werden solche Methoden behandelt. Wir beginnen mit KFA Methoden zur Untersuchung von Differenzen zwischen Messwerten, die longitudinal erhoben wurden.

4.1 KFA von Messwertdifferenzen

Messwertdifferenzen gehören zu den am häufigsten und am leichtesten zu bestimmenden Maßzahlen, wenn man sich für temporalen Änderungen interessiert. Mit solchen Differenzen kann man feststellen, ob ein Fahrzeug gebremst hat, bevor es in einen Heuhaufen geknallt ist, oder ob die Aktienkurse so stark steigen, dass ein Börsenmakler Gewinne machen kann. Mit Differenzwerten kann auch versucht werden, Aussagen über die Form einer Wachstumskurve, oder Aussagen über Beschleunigung oder Verlangsamung von Veränderungen zu treffen.

In der KFA sind Methoden entwickelt worden, die die Identifizierung von lokalen Eigenschaften von Reihen von Messwertdifferenzen erlauben. Mit diesen Methoden beschäftigen sich die folgenden Abschnitte. Zur Einführung besprechen wir im Überblick Methoden zur Analyse von Messwertdifferenzen.

4.1.1 Messwertdifferenzen

Die bekannte Methode der Differenzen wird u. a. in der angewandten Mathematik für die Polynominterpolation verwendet, und in der Zeitreihenanalyse zum Herausfiltern von z. B. linearen Trends. Diese Methode kann angewendet werden, wenn die folgenden beiden Voraussetzungen erfüllt sind:

1. die Messwerte, deren Differenzen errechnet werden sollen, befinden sich mindestens auf Intervallskalenniveau; Differenzen auf Rangniveau sind selten sinnvoll;
2. die *Stützpunkte,* d. h. in der längsschnittlichen Forschung die *Messzeitpunkte,* sind gleichabständig (äquidistant); ist diese Voraussetzung erfüllt, dann vereinfacht sich die Rechnung erheblich; ist sie nicht erfüllt, kann z. B. eine Polynominterpolation immer noch durchgeführt werden, die Prozedur wird dadurch aber deutlich komplexer.

Für gleichabständige Stützpunkte $x_0, x_1, \ldots, x_m$ ergibt sich $x_1 - x_0 = x_2 - x_1 = \ldots = h$. Die Messwerte, deren Differenzen gebildet werden sollen, seien $f(x_0), f(x_1), \ldots, f(x_m)$.

Das bedeutet, dass für jeden Messzeitpunkt ein Messwert vorliegt. Subtrahiert man den Messwert, der zum Messzeitpunkt x_i erhoben wurde, von dem jeweils folgenden Messwert, d. h. von x_{i+1}, dann erzeugt man eine *Vorwärtsdifferenz*, $\Delta f(x_i)$. Diese ist definiert als

$$\Delta f(x_i) = f(x_i + h) - f(x_i) = f(x_{i+1}) - f(x_i),$$
$$\Delta^2 f(x_i) = \Delta(\Delta f(x_i)) = \Delta f(x_i + h) - \Delta f(x_i)$$
$$= f(x_i + 2h) - 2(x_i + h) + f(x_i) = f(x_{i+2}) - 2f(x_{i+1}) + f(x_i),$$
$$\Delta^3 f(x_i) = f(x_{i+3}) - 3f(x_{i+2}) + 3f(x_{i+1}) - f(x_i),$$

$$\cdot$$
$$\cdot$$
$$\cdot$$

$$\Delta^m f(x_i) = f(x_{i+m}) - mf(x_{i+m-1}) + \binom{m}{2} f(x_{i+m-2}) - \binom{m}{3} f(x_{i+m-3}) + \ldots$$

Dabei bezeichnen m die Zahl der Messpunkte und die Superskripte die Ordnung der Differenzen. Der Term $\Delta f(x_i)$ ist die *erste Vorwärtsdifferenz,* der Term $\Delta^2 f(x_i)$ ist die *zweite Vorwärtsdifferenz* etc. Beim Berechnen der Differenzen geht man meist nicht nach dieser Definition vor, sondern nach dem Rechenschema in Tab. 4.1.

In Worten, die ersten Vorwärtsdifferenzen werden errechnet, indem man den jeweils folgenden Messwert von dem vorhergehenden subtrahiert. Die zweiten Vorwärtsdifferenzen werden errechnet, indem man die jeweils folgende erste Vorwärtsdifferenz von der vorhergehenden subtrahiert etc. Auf analoge Weise können auch erste, zweite,

Tab. 4.1 Rechenschema für Vorwärtsdifferenzen

i	xi	$f(xi)$	$\Delta f(xi)$	$\Delta^2 f(xi)$	$\Delta^3 f(xi)$	$\Delta^4 f(xi)$	$\Delta^5 f(xi)$
0	x0	f(x0)					
			Δf(x0)				
1	x1	f(x1)		Δ²f(x0)			
			Δf(x1)		Δ³f(x0)		
2	x2	f(x2)		Δ²f(x1)		Δ⁴f(x0)	
			Δf(x2)		Δ³f(x1)		Δ⁵f(x0)
3	x3	f(x3)		Δ²f(x2)		Δ⁴f(x1)	
			Δf(x3)		Δ³f(x2)		
4	x4	f(x4)		Δ²f(x3)			
			Δf(x4)				
5	x5	f(x5)					

Tab. 4.2 Datenbeispiel Vorwärtsdifferenzen

x	$f(x_i)$	$\Delta f(x_i)$	$\Delta^2 f(x_i)$	$\Delta^3 f(x_i)$
1	1			
2	2	1		
3	4	2	1	
4	3	−1	−3	−4
5	1	−2	−1	2

und höhere *Rückwärtsdifferenzen* berechnet werden. Numerische Unterschiede zwischen den beiden Methoden ergeben sich nicht, nur die Vorzeichen werden umgedreht. Aus diesem Grund werden meist Vorwärtsdifferenzen verwendet.

Die Differenzenmethode hat eine Reihe von interessanten Anwendungen:

1. Differenzen können verwendet werden, um die Parameter für ein Polynom zu schätzen, das die Funktion beschreibt; sind Differenzwerte z. B. auf dem dritten Niveau alle gleich, dann beschreibt das Polynom dritter Ordnung die Messwertreihe perfekt;
2. Differenzen können verwendet werden, um Trends aus einer Messwertreihe herauszufiltern; erste Differenzen filtern den linearen Trend heraus, zweite Differenzen filtern den quadratischen Trend heraus etc.; und
3. Differenzen können verwendet werden, um Messfehler zu finden; weiß man um die Form der Funktion, dann sind Abweichungen meist Messfehler; die korrekten Messwerte können dann via Interpolation geschätzt werden.

Im folgenden Beispiel versuchen wir, eine Kurve durch die Methode der Differenzen zu approximieren. Wir werden nicht die Parameter von Polynomen schätzen. Wir werden aber Differenzen in aufsteigender Ordnung bilden, und versuchen, die Messwertreihe zu approximieren. Die Messwertreihe hat die Messwerte 1, 2, 4, 3 und 1. Tab. 4.2 zeigt die Stützpunkte, die Messwerte und die ersten, zweiten und dritten Vorwärtsdifferenzen.

Abb. 4.1 zeigt die $f(x_i)$, die $\Delta f(x_i)$ und die $\Delta^2 f(x_i)$ dieser Reihe.

Abb. 4.1 zeigt, dass die Rohdaten durch eine quadratische Kurve durchaus gut angepasst werden können (• Symbole). Die Anpassung ist aber nicht perfekt. Weder die ersten (× Symbole) noch die zweiten Differenzen (+ Symbole) sind konstant. Auch die dritten Differenzen sind das nicht, wie aus Tab. 4.2 hervorgeht. Schätzt man die Rohwerte durch eine Gerade, d. h. ein Polynom erster Ordnung, dann wird nur 1.5 % der Varianz der Messwertreihe erklärt. Verwendet man ein Polynom 2. Ordnung, d. h. ein quadratisches Polynom, dann erklärt dieses Polynom immerhin bereits 86.6 % der Varianz der Rohdaten. Ein kubisches Polynom erklärt 92.4 % der Varianz. Erst ein biquadratisches Polynom, das ist ein Polynom 4. Ordnung, erklärt 100 % der Varianz[1].

---

[1] Alle Polynome 2. und höherer Ordnung wurden unter Einschluss der Terme niedrigerer Ordnung geschätzt. Das Polynom vierter Ordnung ist damit saturiert.

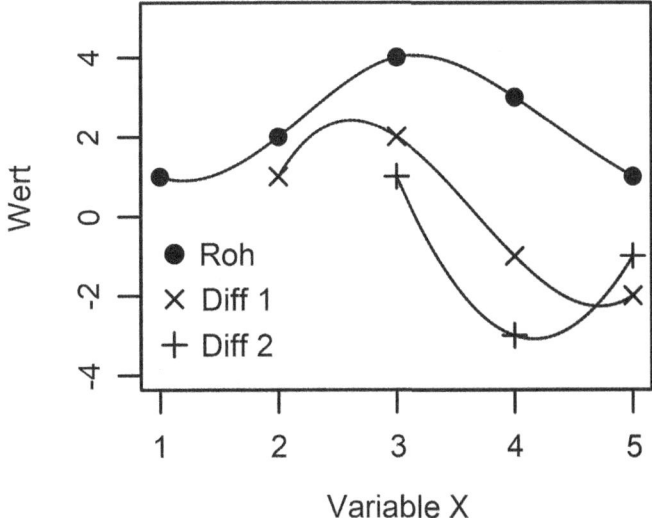

Abb. 4.1 Messwerte $f(x_i)$ und ihre ersten und zweiten Differenzen, $\Delta f(x_i)$ und $\Delta^2 f(x_i)$(Kurvenanpassung mit distance weighted least squares)

In den empirischen Wissenschaften wird man selten versuchen, 100 % der Varianz zu erklären, weil empirische Daten meist messfehlerbehaftet sind. Das Beispiel zeigt aber, wie man eine Messwertreihe immer besser beschreiben kann, wenn man Differenzen zunehmender Ordnung bildet. Das Beispiel zeigt zudem, wie die Messwertreihe ohne linearen Trend aussieht (Kurve mit × Symbolen), und wie sie aussieht, wenn zusätzlich der quadratische Trend herausgefiltert wurde (Kurve mit + Symbolen).

In der KFA sind diese Anwendungen ebenfalls von Interesse. Es ist z. B. vorgeschlagen worden, Polynomkoeffizienten für jeden Datenträger zu schätzen, diese Koeffizienten dann zu kategorisieren und dann mit einer KFA zu analysieren (von Eye & Lienert, 1987). Auf diese Weise können Verlaufsformen konfigural analysiert werden, auch in Bezug zu anderen Messwertreihen oder in Verbindung mit nur einmal gemessenen Variablen, z. B. Stratifikationsvariablen. Ebenso werden Differenzen verwendet, um das Auf und Ab einer Messwertreihe konfigural zu untersuchen. Im folgenden Abschnitt wird dieser Ansatz behandelt.

4.1.2 KFA von Differenzen

Der in diesem Abschnitt zu behandelnde Ansatz der KFA von Differenzen gehört zur Gruppe der Methoden für transformierte Daten (siehe Abb. 2.1). In dieser Gruppe finden wir Methoden, bei denen durch Transformationen bestimmte Charakteristika von Rohdaten entweder entfernt oder hervorgehoben werden sollen. Mit der Methode der ersten Differenzen, die im letzten Abschnitt behandelt wurde, wird der lineare Trend aus Daten entfernt. Durch zusätzliche Kategorisierung wird nicht nur Variabilität aus Daten entfernt, sondern sie werden auch den Fragen zugänglich gemacht, die nur mit der KFA angegangen werden können.

Kategorisierung von Differenzen Wie bereits ausgeführt, dienen (1) die Bildung von Differenzen der Beschreibung von Eigenschaften von Messwertreihen und (2) die Kategorisierung der Vorbereitung von Differenzen für eine KFA. Die Kategorisierung erfolgt meist so, dass entweder zwei oder drei Kategorien entstehen (Lienert & Krauth, 1973; Lienert & Rudolph, 1983; Lienert & Straube, 1980; Lienert & von Eye, 1984; Lienert & zur Oeveste, 1985; Stemmler & von Eye, 2003; von Eye & Mun, 2008; von Eye et al., 2008).

Um zwei Kategorien zu erzeugen, setzt man für die ersten Differenzen der gemessenen Werte y_i

$$\Delta_y = \begin{cases} - \ wenn \ y_{i+1} - y_i < 0 \\ + \ wenn \ y_{i+1} - y_i > 0 \end{cases}$$

Diese Transformation der Rohdaten hat drei Eigenschaften, die für eine KFA wichtig sind.

1. Die Transformation reduziert, genau wie die Methode der ersten Differenzen, die Zahl der zu analysierenden Messwerte um eins. Transformiert man zweite Differenzen, dann reduziert sich die Zahl der Messwerte um zwei etc.
2. Diese Transformation zeigt an, ob die Messwerte, wenn man Messzeitpunkt i mit Messzeitpunkt $i+1$ vergleicht, nach oben oder unten wandern. Die Größe des Anstiegs oder Abstiegs wird nicht dargestellt.
3. Diese Transformation ist insbesondere dann sinnvoll, wenn $y_{i+1} - y_i \neq 0$ ist. Ist eine Differenz gleich null, dann kann sie zufällig in die + oder die – Kategorie gelegt werden. Kommt dies häufig vor, kann eine Transformation in Erwägung gezogen werden, die zu drei Kategorien führt. Eine solche Transformation ist

$$\Delta_y = \begin{cases} - \ wenn \ y_{i+1} - y_i < 0 \\ 0 \ wenn \ y_{i+1} - y_i = 0 \\ + \ wenn \ y_{i+1} - y_i > 0 \end{cases}$$

Diese Transformation der Rohdaten führt ebenfalls zu einer Reduktion der Zahl der Messwerte um 1. Die zu analysierende Kreuzklassifikation wird jedoch deutlich mehr Zellen enthalten als bei der Kategorisierung in zwei Kategorien. Ist die Zahl der möglichen Messwerte aber gering (wie z. B. bei vielen Ratingskalen), dann kann eine Kategorisierung in drei Kategorien sinnvoller sein als eine in zwei Kategorien.

Datenbeispiel Im folgenden Datenbeispiel verwenden wir wieder Daten aus der Studie von Finkelstein et al. (1994), in der an 114 Jugendlichen die Entwicklung von aggressivem Verhalten und der körperlichen pubertären Entwicklung untersucht wurde.

Hier erzeugen wir Differenzwerte erster Ordnung für die Variablen verbale Aggression gegen Erwachsene, *V*, und aggressive Impulse, *AI*. Die Differenzen betreffen die Antworten, die die Jugendlichen in den Jahren 1983, 1985 und 1987 gegeben hatten. Diese Differenzen wurden nach dem oben beschriebenen Schema dichotomisiert. Es entstanden dadurch die Differenzvariablen *VD*1, *VD*2, *AID*1, und *AID*2, die mit +1 kodiert wurden, wenn ein Anstieg erfolgt war, und mit −1, wenn ein Gleichstand oder ein Abfall erfolgt war. Wir gehen wieder durch die vier Schritte der KFA.

Schritt 1: Spezifikation eines Basismodells Im vorliegenden Beispiel wird die Frage gestellt, ob bestimmte Muster, die die Korrelationen zwischen den Maßen des Anstiegs und Abstiegs reflektieren, überzufällig häufig oder selten beobachtet wurden. Zur Beantwortung dieser Frage rechnen wir eine KFA erster Ordnung. Das Basismodell für diese KFA ist $\log \hat{m} = \lambda + \lambda^{VD1} + \lambda^{VD2} + \lambda^{AID1} + \lambda^{AID2}$. Typen und Antitypen können unter diesem Modell entstehen, wenn es lokale Assoziationen zwischen den vier Differenzvariablen gibt. Die Designmatrix für dieses Modell ist in den ersten fünf Spalten von *X* zu finden:

$$
X = \begin{bmatrix}
1 & 1 & 1 & 1 & 1 & 1 & 1 \\
1 & 1 & 1 & 1 & -1 & 1 & -1 \\
1 & 1 & 1 & -1 & 1 & 1 & -1 \\
1 & 1 & 1 & -1 & -1 & 1 & 1 \\
1 & 1 & -1 & 1 & 1 & -1 & 1 \\
1 & 1 & -1 & 1 & -1 & -1 & -1 \\
1 & 1 & -1 & -1 & 1 & -1 & -1 \\
1 & 1 & -1 & -1 & -1 & -1 & 1 \\
1 & -1 & 1 & 1 & 1 & -1 & 1 \\
1 & -1 & 1 & 1 & -1 & -1 & -1 \\
1 & -1 & 1 & -1 & 1 & -1 & -1 \\
1 & -1 & 1 & -1 & -1 & -1 & 1 \\
1 & -1 & -1 & 1 & 1 & 1 & 1 \\
1 & -1 & -1 & 1 & -1 & 1 & -1 \\
1 & -1 & -1 & -1 & 1 & 1 & -1 \\
1 & -1 & -1 & -1 & -1 & 1 & 1
\end{bmatrix}
$$

Die Designmatrix in den ersten fünf Spalten von *X* enthält die Effekte, die für eine KFA erster Ordnung erforderlich sind. Dies sind die Haupteffekte der Variablen *VD*1, *VD*2, *AID*1 und *AID*2. Über die beiden folgenden Spalten werden wir später noch sprechen.

Schritt 2: Signifikanztestung Als Signifikanztest wählen wir den *z*-Test. α schützen wir mit der Holland DiPonzio Copenhaver Prozedur.

Schritt 3: Durchführung der KFA Tab. 4.3 gibt die Ergebnisse der KFA erster Ordnung wieder.

Tab. 4.3 KFA erster Ordnung der Kreuzklassifikation der dichotomisierten Differenzvariablen *VD*1, *VD*2, *AID*1, und *AID*2

```
Konfiguration
Differenzvariable        m       m̂        z        p
VD1 VD2 AID1 AID2
   1   1   1   1      1.00    4.630   -1.6870   .045801
   1   1   1  -1      2.00    4.812   -1.2818   .099964
   1   1  -1   1      3.00    2.349    .4251    .335386
   1   1  -1  -1      1.00    2.441   -.9222    .178223
   1  -1   1   1      8.00    8.384   -.1326    .447240
   1  -1   1  -1     16.00    8.713   2.4688    .006779
   1  -1  -1   1      6.00    4.253    .8472    .198428
   1  -1  -1  -1      3.00    4.420   -.6752    .249759
  -1   1   1   1      9.00    7.408    .5849    .279302
  -1   1   1  -1      5.00    7.699   -.9726    .165384
  -1   1  -1   1     10.00    3.758   3.2202    .000641    Typ
  -1   1  -1  -1      6.00    3.905   1.0601    .144541
  -1  -1   1   1      9.00   13.414  -1.2053    .114045
  -1  -1   1  -1     19.00   13.941   1.3551    .087697
  -1  -1  -1   1      5.00    6.804   -.6917    .244548
  -1  -1  -1  -1      1.00    7.071   -2.2831   .011211
```

Der Pearson Chi-Quadrat goodness-of-fit Test, der hier als globaler Assoziationstest interpretiert werden kann, zeigt, dass signifikante Effekte in der Kreuzklassifikation der vier Differenzvariablen existieren ($X^2 = 34.57$; $df = 11$; $p < 0.01$). Es zeigen sich allerdings nur ein Typ und kein Antityp.

Schritt 4: Interpretation des entstandenen Typs Der Typ wird durch die Konfiguration $-1\ 1\ -1\ 1$ konstituiert. Dieses Profil beschreibt Jugendliche, die bei sich selbst zuerst einen Abfall und dann einen Anstieg sowohl in verbaler Aggression gegen Erwachsene als auch in aggressiven Impulsen wahrnehmen. 10 Jugendliche zeigen dieses Profil, weniger als vier waren erwartet worden.

Inhaltlich liegt es nahe, zu fragen, ob eine Beziehung zwischen den Änderungsmustern von verbaler Aggression gegen Erwachsene und aggressiven Impulsen vorliegt und diesen Type erklärt. Um diese Frage zu beantworten, rechnen wir eine ISA, in der *VD*1 und *VD*2 die eine Variablengruppe bilden und *AID*1 und *AID*2 die andere. Das Basismodell für diese ISA ist $\log \hat{m} = \lambda + \lambda^{VD1} + \lambda^{VD2} + \lambda^{AID1} + \lambda^{AID2} + \lambda^{VD1,VD2} + \lambda^{AID1,AID2}$. Dieses Modell kann nur dann zu Fall kommen, wenn Beziehungen zwischen *VD*1 und *VD*2 auf der einen Seite und *AID*1 und *AID*2 auf der anderen existieren. Wir rechnen die ISA wie die KFA erster Ordnung in Tab. 4.3 mit dem z-Test und unter der Holland DiPonzio Copenhaver Prozedur zum Schutz von α. Tab. 4.4 zeigt die Ergebnisse der ISA.

Der Pearson Chi-Quadrat goodness-of-fit Test zeigt, dass keine weiteren signifikanten Effekte in der Kreuzklassifikation der vier Differenzvariablen existieren ($X^2 = 16.06$; $df = 9$; $p = 0.0657$). Entsprechend zeigen sich auch keine Typen oder Antitypen.

Die Interpretation dieses Ergebnisses basiert auf der Definition der vier Variablen und der Spezifikation des Basismodells der ISA. In dieser ISA wurden die

Tab. 4.4 ISA der Kreuzklassifikation der dichotomisierten Differenzvariablen *VD*1, *VD*2, *AID*1 und *AID*2 (Auto-Assoziationen berücksichtigt)

```
Konfiguration
Differenzvariable      m        m̂        z          p
VD1 VD2 AID1 AID2
  1   1   1   1       1.00    1.817    -.6063    .272165
  1   1   1  -1       2.00    2.827    -.4918    .311423
  1   1  -1   1       3.00    1.615    1.0894    .137987
  1   1  -1  -1       1.00     .740     .3017    .381433
  1  -1   1   1       8.00    8.567    -.1938    .423159
  1  -1   1  -1      16.00   13.327     .7322    .232015
  1  -1  -1   1       6.00    7.615    -.5854    .279150
  1  -1  -1  -1       3.00    3.490    -.2625    .396475
 -1   1   1   1       9.00    7.788     .4341    .332100
 -1   1   1  -1       5.00   12.115   -2.0442    .020465
 -1   1  -1   1      10.00    6.923    1.1694    .121119
 -1   1  -1  -1       6.00    3.173    1.5870    .056258
 -1  -1   1   1       9.00    8.827     .0583    .476773
 -1  -1   1  -1      19.00   13.731    1.4220    .077513
 -1  -1  -1   1       5.00    7.846   -1.0161    .154795
 -1  -1  -1  -1       1.00    3.596   -1.3690    .085496
```

Auto-Assoziationen, d. h. die Interaktionen von *VD*1 mit *VD*2 sowie von *AID*1 mit *AID*2 in das Basismodell aufgenommen. Erklärt dieses Basismodell die Häufigkeitsverteilung zufriedenstellend, dann sind diese beiden Interaktionen der Grund für das Auftreten des Typs in Tab. 4.3, und wir können schließen, dass Entwicklungen der verbalen Aggression gegen Erwachsene und von aggressiven Impulsen in der Selbstwahrnehmung von Jugendlichen unabhängig voneinander stattfinden. Dies ist der Schluss, den wir aus den Ergebnissen der ISA ziehen können.

Hätte sich ergeben, dass das ISA Modell die Häufigkeitsverteilung nicht zufriedenstellend erklärt, dann hätten wir schließen können, dass eine Beziehung zwischen diesen beiden Änderungsverläufen existiert. Typen und Antitypen hätten uns dann gezeigt, wo im Datenraum diese Beziehungen besonders markant sind.

4.1.3   Erwartungshäufigkeiten bei Differenzvariablen

In den meisten Einführungen zur KFA von kategorisierten Differenzwerten folgt nach der Kategorisierung sofort die KFA (z. B. Krauth & Lienert, 1973; Krauth, 1993; Lautsch & von Weber, 1995). In vielen Anwendungen mag das gerechtfertigt sein. Es können sich jedoch Komplikationen dadurch ergeben, dass die möglichen Kombinationen von Differenzen mit bestimmten a priori Wahrscheinlichkeiten auftreten, die mit den empirischen Randhäufigkeiten in Konflikt stehen. Dies soll in diesem Abschnitt illustriert werden.

Nehmen wir an, eine Verhaltensweise wird drei mal beobachtet und mit einem von drei ordinalen Werten beurteilt, 1, 2 und 3. Nehmen wir ebenso an, dass in dieser

Tab. 4.5 A priori
Wahrscheinlichkeiten von
neun Differenzenmustern
(drei Beobachtungen, drei
Messwerte, erste Differenzen)

Differenzenmuster	Häufigkeit	Wahrscheinlichkeit
+ +	1	0.037
+ 0	3	0.111
+ −	5	0.185
0 +	3	0.111
0 0	3	0.111
0 −	3	0.111
− +	5	0.185
− 0	3	0.111
− −	1	0.037

Sequenz keiner dieser drei Werte mehr als einmal auftreten darf. Damit ist dann festgelegt, welche Sequenzen von Werten möglich sind. Es sind dies die Sequenzen 123,
132, 213, 231, 312 und 321. Bildet man, um den Änderungsverlauf dieser Beurteilungen
zu untersuchen, erste Differenzen von diesen Wertesequenzen, dann ergibt dies die
folgenden Muster: $+ +, + -, - +$ und $- -$. Im nächsten Schritt gehen wir der Frage nach,
ob die Häufigkeitsverteilung dieser Muster zu Typen oder Antitypen führt. Zu diesem
Zweck wird eine wie bisher besprochene KFA durchgeführt.

Das Problem, das dabei entsteht, ist allerdings, dass diese Muster mit Wahrscheinlichkeiten assoziiert sind, die nicht empirisch bedingt, sondern a priorischer Natur sind. Die
a priori Wahrscheinlichkeiten der Differenzenmuster sehen wie folgt aus: $p(++) = 0.167$,
$p(+ -) = 0.333$, $p(- +) = 0.333$ und $p(- -) = 0.167$. Es stellt sich damit die Frage, ob
die Schätzung der Erwartungshäufigkeiten auf der Basis der empirischen Randsummen
oder auf der Basis dieser a priori Wahrscheinlichkeiten erfolgen sollte.

Nehmen wir an, dass die Beurteilungen ohne die Beschränkung abgegeben werden,
dass Werte nicht wiederholt werden dürfen. Dadurch wird die Situation nicht erleichtert.
Die Zahl der Wertesequenzen ist, wenn wieder drei Beobachtungen durchgeführt werden
und drei Werte verwendet werden, $3^3 = 27$. Die Sequenzen sind 111, 112, 113, 121, 122,
123, 131, 132, 133, 211, 212, 213, 221, 222, 223, 231, 232, 233, 311, 312, 313, 321, 322,
323, 331, 332 und 333. Berechnet man wieder erste Differenzen, dann entstehen die neun
Differenzenmuster $+ +, +0, + -, 0+, 0 0, 0 -, - +, - 0$ und $- -$. Die a priori Wahrscheinlichkeiten dieser neun Muster sind in Tab. 4.5 wiedergegeben (nach von Eye, 2002, Tab. 65).

Auch für zweite Differenzen können a priori Wahrscheinlichkeiten bestimmt werden,
wenn sie unter vergleichbaren Bedingungen erzeugt werden (siehe Görtelmeyer, 2000,
2001; von Eye, 2002; von Eye & Niedermeier, 1999).

Für eine KFA ergeben sich durch die Existenz von a priori Wahrscheinlichkeiten von
Differenzenmustern Beschränkungen, die mit jenen vergleichbar sind, die bei produkt-
multinomialer Stichprobenziehung gelten: Basismodelle, die nicht garantieren, dass die
a priori Randwahrscheinlichkeiten reproduziert werden, sind nicht zulässig; ein Beispiel
dafür ist wieder die KFA 0-ter Ordnung, in die keine Haupteffekte eingehen, und daher
in diesem Zusammenhang auch nicht eingesetzt wird. Für die Spezifikation ergeben sich
die folgenden Optionen:

- Erstens können die a priori Wahrscheinlichkeiten berücksichtigt werden, indem die Erwartungshäufigkeiten nach $\hat{m}_J = p_j N$ berechnet und nicht aus der Stichprobe geschätzt werden, wobei j die t Zellen einer Kreuzklassifikation nummeriert;
- zweitens ist bei der Spezifikation des Basismodells darauf zu achten, dass die Randwahrscheinlichkeiten der Variablen, die die Differenzenmuster repräsentieren, exakt reproduziert werden.

Illustrationsbeispiel Im Folgenden geben wir ein Illustrationsbeispiel. Die Variable aggressionshemmende Reaktionen aus der Studie von Finkelstein et al. (1994) wurde in eine Differenzvariable erster Ordnung transformiert. Danach wurden die Differenzen in aufsteigend (1) und absteigend (-1) dichotomisiert. Tab. 4.6 zeigt die Ergebnisse zweier konfiguraler Analysen. Für den linken Teil der Tabelle wurde wie üblich eine KFA erster Ordnung durchgeführt, bei der die Randwahrscheinlichkeiten aus den Daten geschätzt werden. Für den rechten Teil der Tabelle wurden die a priori Wahrscheinlichkeiten der binären Differenzmuster verwendet. Diese sind $p(++) = 1/6$, $p(+ -) = 2/6$, $p(-+) = 2/6$ und $p(- -) = 1/6$.

Der Pearson Chi-Quadrat goodness-of-fit Test der Routine-KFA erster Ordnung legt nahe, dass keine starken Effekte in der Kreuzklassifikation der beiden Differenzvariablen existieren. Das Modell wird der Unabhängigkeit zwar insgesamt abgelehnt ($X^2 = 4.08$; $df = 1$; $p = 0.044$), es zeigen sich aber weder Typen noch Antitypen. Der Pearson Chi-Quadrat goodness-of-fit Test für den rechten Teil der Tabelle legt nahe, dass sehr starke Effekte in der Kreuzklassifikation der vier Differenzvariablen existieren, wenn man die a priori Wahrscheinlichkeiten der Konfigurationen verwendet ($X^2 = 388.35$; $df = 1$; $p < 0.001$). Jede einzelne Konfiguration könnte als Typ oder Antityp interpretiert werden.

Die Argumente, die hier geführt wurden, gelten analog, wenn für andere Variablen multinomiale Datenerhebungsmethoden geltend gemacht werden, wenn andere Modelle der KFA gerechnet werden, oder wenn multiple Differenzenmuster untersucht werden. In jedem dieser Fälle muss entschieden werden, welche Methode der Schätzung der erwarteten Häufigkeiten zugrunde gelegt werden sollte. Sind die Stichproben groß und repräsentativ, dann sollten die Proportionen der empirischen Randhäufigkeiten nur minimal von den a priori Wahrscheinlichkeiten abweichen. Sind die Unterschiede so

Tab. 4.6 KFA erster Ordnung der Kreuzklassifikation der dichotomisierten Differenzvariablen *AR*1 und *AR*2

Konfiguration Differenzvariable AR1 AR2	KFA erster Ordnung				a priori KFA	
	m	$\hat{m}$	z	p	$\hat{m}_a$	p
1 1	99.00	97.5789	.1439	.4428	18	< 0.001
1 -1	4.00	5.4211	-.6103	.2708	38	< 0.001
-1 1	9.00	10.4211	-.4402	.3299	38	< 0.001
-1 -1	2.00	.5789	1.8676	.0309	18	< 0.001

extrem wie im Beispiel in Tab. 4.6, dann kann man erwägen, weitere Daten zu erheben. Ebenso sollte die Hypothese diskutiert werden, dass es Variation in den beobachteten Mustern gibt, die von der a priori Variation abweicht.

4.2   Niveau, Variabilität und Form von Messwertreihen

In den letzten Abschnitten haben wir die Erzeugung von Messwertdifferenzen als Beispiel einer Messwerttransformation behandelt. Diese Messwertdifferenzen können im Anschluss mittels der KFA untersucht werden. In den folgenden Abschnitten führen wir dieses Thema fort, und behandeln Transformationen, die das Niveau, die Variabilität und die Form von Messwertreihen betreffen. Wir beginnen mit der konfiguralen Analyse von Änderungen in der Höhe (Größe) von Messwerten.

4.2.1   KFA von Änderungen in der Höhe von Messwerten

Messwertreihen können sich in Höhe, Variabilität und Form unterscheiden. Im letzten Abschnitt wurde bereits von Änderungen in der Höhe gesprochen, wenn ein Messwert mit dem vorangegangenen verglichen wurde. Auf diese Weise konnte zwar über Änderungen in der Höhe gesprochen werden, die Höhe der Messwerte selber blieb jedoch offen. Um die Höhe der Messwerte mit der KFA zu analysieren, werden die Transformationen, die im letzten Abschnitt eingeführt worden waren, wieder durchgeführt, allerdings im Hinblick auf einen Anker- oder Schwellenwert.

Sind die Reliabilität und die Auflösung einer Messung hoch genug, dann kann eine *Dichotomisierung relativ zu einem Ankerwert, a,* wie folgt vorgenommen werden:

$$\Delta_y = \begin{cases} - \; wenn \; y_{i+1} - y_i > a \\ + \; wenn \; y_{i+1} - y_i < a \end{cases}$$

Liegen Skalen mit nur wenigen Messpunkten vor oder ist die Auflösung einer Skala geringer, dann kann eine drei-kategoriale Skala erzeugt werden durch:

$$\Delta_y = \begin{cases} - \; wenn \; y_{i+1} - y_i > a \\ 0 \; wenn \; y_{i+1} - y_i = a \\ + \; wenn \; y_{i+1} - y_i < a \end{cases}$$

Bierschenk und Lienert (1977) haben diese Art der Kategorisierung im Kontext der KFA als Methode für das Gruppieren von Profilen und Lernkurven diskutiert.

Datenbeispiel Im folgenden Datenbeispiel verwenden wir wieder die Daten aus der Studie von Finkelstein et al. (1994) zur Entwicklung der Aggression von Jugendlichen. Hier verwenden wir die Messwerte zum Körpergewicht [kg]. Die Normalverteilungs-Quantilplot des Gewichts der Jugendlichen im Alter von durchschnittlich 11, 13 und 15 Jahren ist in Abb. 4.2 wiedergegeben.

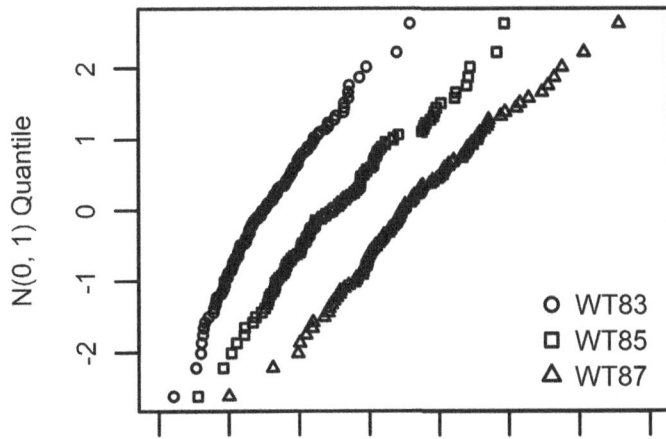

Abb. 4.2 Normalverteilungs-Quantile des Gewichts von 114 Jugendlichen im Alter von durchschnittlich 11 (*WT*83), 13 (*WT*85) und 15 (*WT*87) Jahren

Abb. 4.2 zeigt eine vergleichsweise wenig aufregende Verteilung des Gewichts der Jugendlichen. Über die Beobachtungsspanne von vier Jahren nehmen die Jugendlichen an Gewicht zu. Alles andere wäre eine Überraschung gewesen, die uns an der Qualität der Daten hätte zweifeln lassen. Tab. 4.7 zeigt deskriptive Information zu den drei Gewichtsmessungen.

Was weder die Abbildung noch die Tabelle zeigen, ist, welche Muster der Gewichtsentwicklung es gibt. Mit der KFA wollen wir dieser Frage nachgehen. Zur Vorbereitung der Daten dichotomisieren wir die Gewichtsdaten an ihrem altersspezifischen Mittelwert. Wir verwenden die Transformation

$$\Delta_W = \begin{cases} - \ wenn \ W_{i+1} - W_i < \overline{W} \\ + \ wenn \ W_{i+1} - W_i > \overline{W} \end{cases}$$

Die durch die Transformation entstehenden binären Positionsvariablen seien *W*83*D*, *W*85*D* und *W*87*D*. Das Ergebnis dieses Schritts wird ein Datensatz sein, der uns sagt, wo ein Respondent in seinem/ihrem Gewicht im Vergleich zum Altersdurchschnitt liegt.

Tab. 4.7 Deskriptive Statistiken zu drei Gewichtsmessungen

	WT83	WT85	WT87
N	114	114	114
Minimum	22.100	25.600	30.000
Maximum	55.900	69.425	85.563
Arithmetischer Mittelwert	35.770	45.531	56.079
Standardabweichung	6.436	8.857	9.531

Mit der KFA versuchen wir jetzt, der Frage nachzugehen, ob es Muster gibt, die die Lage von Jugendlichen im Vergleich zum Altersmittelwert über das Messintervall hinweg beschreiben, und die Assoziationen zwischen den Gewichtswerten über die Zeit hinweg zeigen. Wir führen die vier Schritte der KFA durch.

Schritt 1: Auswahl eines Basismodells Im vorliegenden Beispiel wird die Frage gestellt, ob bestimmte Muster, die die Korrelation zwischen den Maßen der altersspezifischen relativen Lage des Gewichts der Jugendlichen reflektieren, überzufällig häufig oder selten beobachtet wurden. Zur Beantwortung dieser Frage rechnen wir zunächst eine KFA erster Ordnung. Das Basismodell für diese KFA ist $\log \hat{m} = \lambda + \lambda^{W83D} + \lambda^{W85D} + \lambda^{W87D}$. Sind die drei durch die Transformation entstandenen Positionsvariablen assoziiert, dann wird die Anpassungsgüte dieses Modells gering sein und wir erwarten Typen und Antitypen.

Schritt 2: Signifikanztestung Als Signifikanztest wählen wir wegen der zum Teil kleinen Zellhäufigkeiten den Binomialtest. α schützen wir mit der Holland DiPonzio Copenhaver Prozedur.

Schritt 3: Durchführung der KFA Tab. 4.8 gibt die Ergebnisse der KFA erster Ordnung wieder.

Der Pearson Chi-Quadrat goodness-of-fit Test für Basismodell der KFA erster Ordnung zeigt, dass sehr starke Effekte in der Kreuzklassifikation der drei Positionsvariablen existieren, wenn man mögliche Auto-Korrelationen nicht berücksichtigt ($X^2 = 161.10$; $df = 4$; $p < 0.001$). Sechs der acht Konfiguration können als Typ oder Antityp interpretiert werden.

Schritt 4: Interpretation der Typen und Antitypen Es finden sich zwei Typen, die durch die Konfigurationen 1 1 1 und $-1\ -1\ -1$ konstituiert werden. Beide sind *Stabilitätstypen* in dem Sinne, dass diese Jugendlichen im Vergleich zu ihren Peers über die Zeit hinweg stabil schwerer bzw. leichter als der Mittelwert sind. 49 Jugendliche sind durchweg schwerer als der Gruppenmittelwert (17.74 waren erwartet worden) und 38 Jugendliche sind durchweg leichter (11.22 waren erwartet worden).

Tab. 4.8 KFA erster Ordnung der Kreuzklassifikation der dichotomisierten Positionsvariablen *W83D*, *W85D* und *W87D*

```
        Konfiguration
Positionsvariable      m       m̂          p
W83D W85D W87D
    1   1   1        49.00   17.7327   .00000000   Typ
    1   1  -1         4.00   14.3550   .00081305   Antityp
    1  -1   1         2.00   16.5305   .00000361   Antityp
    1  -1  -1         7.00   13.3818   .03546735
   -1   1   1         4.00   14.8726   .00052249   Antityp
   -1   1  -1         2.00   12.0397   .00031057   Antityp
   -1  -1   1         8.00   13.8643   .05472354
   -1  -1  -1        38.00   11.2235   .00000000   Typ
```

Die vier Antitypen haben durchwegs Profile, die Änderungen in der relativen Position zum Mittelwert anzeigen. Es ist damit überzufällig selten, dass ein Jugendlicher in einer Zeitspanne schwerer ist als der Mittelwert, und dann in einer anderen Zeitspanne leichter. Der extremste dieser Antitypen wird durch Konfiguration 1 −1 1 konstituiert. Nur zwei Jugendliche sind sowohl am Anfang als auch am Ende der Beobachtungsphase überdurchschnittlich schwer, dazwischen aber unterdurchschnittlich (über 16 waren erwartet worden). Die anderen Antitypen können analog interpretiert werden.

Es ist wohlbekannt, dass in vielen Datensätzen starke Autokorrelationen existieren. Zeitlich benachbarte Messwerte sind meist die am stärksten korrelierten. Zeitlich entferntere Messwerte korrelieren oft schwächer. Hier fragen wir, ob Autokorrelationen (in der Analyse kategorialer Variablen werden diese auch *Auto-Assoziationen* genannt) derart stark sind, dass sie die Typen und Antitypen der KFA erster Ordnung erklären. Wir rechnen daher eine KFA zweiter Ordnung, in deren Basismodell alle paarweisen Assoziationen aufgenommen wurden. Das Modell wird definiert als

$$\log \hat{m} = \lambda + \lambda^{W83D} + \lambda^{W85D} + \lambda^{W87D} + \lambda^{W83D,W85D} + \lambda^{W83D,W87D} + \lambda^{W85D,W87D}.$$

Dieses Modell kann nur dann scheitern, wenn die dreifach Interaktion aller drei Positionsvariablen existiert. Tab. 4.9 zeigt die Ergebnisse der KFA zweiter Ordnung der Kreuzklassifikation der drei Positionsvariablen. Wir rechnen diese KFA unter den gleichen Spezifikationen wie die für Tab. 4.8.

Der Pearson Chi-Quadrat goodness-of-fit Test für Basismodell der KFA erster Ordnung zeigt, dass keine weiteren Effekte in der Kreuzklassifikation der drei Positionsvariablen existieren, wenn man mögliche Auto-Assoziationen der Messwerte berücksichtigt ($X^2 = 1.31$; $df = 1$; $p = 0.253$). Die Anpassung ist ausgezeichnet. Keine der acht Konfiguration kann als Typ oder Antityp interpretiert werden.

Wir wissen damit, dass die drei Auto-Assoziationen der drei Positionsvariablen die Ursache für die beiden Typen und die vier Antitypen in Tab. 4.8 sind. Wir können nun weiter fragen, ob auch hier die Assoziationen zwischen zeitlich benachbarten Messungen stärker sind als zwischen zeitlich distanteren. Ohne dass dies hier im Detail ausgeführt wird, zeigt sich, dass die Parameter des soeben gerechneten log-linearen Basismodells nahelegen, dass die beiden Assoziationen zwischen den zeitlich benachbarten

Tab. 4.9 KFA zweiter Ordnung der Kreuzklassifikation der dichotomisierten Positionsvariablen W83D, W85D und W87D

Konfiguration Positionsvariable W83D W85D W87D			m	$\hat{m}$	p
1	1	1	49.00	48.1841	.47419488
1	1	−1	4.00	4.8159	.47017599
1	−1	1	2.00	2.8159	.46326120
1	−1	−1	7.00	6.1841	.42404192
−1	1	1	4.00	4.8159	.47017599
−1	1	−1	2.00	1.1841	.33198228
−1	−1	1	8.00	7.1841	.42955711
−1	−1	−1	38.00	38.8159	.47932044

Positionsvariablen, d. h., zwischen $W83D$ und $W85D$ sowie zwischen $W85D$ und $W87D$, in der Tat signifikant sind. Die Assoziation zwischen $W83D$ und $W87D$ ist dagegen nicht signifikant.

4.2.2 KFA der Variabilität einer Messwertreihe

Es ist oft betont worden, dass die Variabilität einer Messwertreihe möglicherweise mehr zur Beschreibung der Entwicklung von Personen beitragen kann als die Messwerte selber, ihre Größe oder die Form einer Kurve (Nesselroade & Molenaar, 2010; Nesselroade & Ram, 2004; Nesselroade & Salthouse, 2004). In diesem Kapitel diskutieren wir KFA Methoden zur Analyse der Variabilität von Messwertreihen.

Im gegenwärtigen Kontext der Transformation von längsschnittlichen Daten zur Vorbereitung einer KFA brauchen wir ein Maß der Variabilität einer Messwertreihe. Krebs und Kollegen (1996) haben vorgeschlagen, die Variabilität einer Reihe von Messungen mit einem Maß zu quantifizieren, das auf von Neumanns (1941) Varianzmaß zurückgeht. Für eine Reihe von T Messungen x_i ist von Neumanns Varianzmaß

$$V = \frac{1}{T-1} \sum_{i=2}^{T} (x_{i-1} - x_i)^2$$

Dieses Maß vergleicht zeitlich benachbarte Messwerte miteinander. Es repräsentiert den arithmetischen Mittelwert der quadrierten Differenzen aller zeitlich benachbarten Messwerte. In Analogie zur Kategorisierung der Positionsinformation im letzten Abschnitt kann der Wert von V zwei oder drei Kategorien zugewiesen werden. Für zwei Kategorien erhält man, wenn a einen Referenzwert bezeichnet (z. B. den Mittelwert oder den Median),

$$\Delta_V = \begin{cases} - \text{ wenn } V < a \\ + \text{ wenn } V > a. \end{cases}$$

Liegen Skalen mit nur wenigen Messpunkten vor oder ist die Auflösung einer Skala geringer, dann kann eine drei-kategoriale Skala erzeugt werden durch:

$$\Delta_V = \begin{cases} - \text{ wenn } V < a \\ 0 \text{ wenn } V = a \\ + \text{ wenn } V > a. \end{cases}$$

Datenbeispiel Im folgenden Anwendungsbeispiel re-analysieren wir das Zahlenbeispiel von Krebs et al. (1996; vgl. von Eye, 2002). Die Autoren berichten über ein Experiment, in dem 36 Ratten unter Stress- und Kontrollbedingungen zu fünf Zeitpunkten so viel Nahrungskügelchen fressen konnten, wie sie wollten. Dadurch entstanden Reihen mit fünf Messwerten. Aus diesen wurden drei Maße gewonnen. X_1 war die Zahl der Kügelchen zum ersten Zeitpunkt. S war die Steigung, definiert durch $S = -X_1 - X_2 + X_4 + X_5$. V war die Variabilität, definiert durch das von Neumannsche Varianzmaß. Jedes dieser Maße wurde am Gesamtmedian dichotomisiert, mit Kodes

1 = über dem Median und 2 = unter dem Median. Die vierte Variable in der folgenden Analyse ist G, die Gruppierungsvariable, mit 1 = Stressgruppe und 2 = Kontrollgruppe. Wir gehen nun durch die vier Schritte der KFA.

Schritt 1: Spezifikation eines Basismodells Im vorliegenden Beispiel wird die Frage gestellt, ob bestimmte Muster, die das Ausgangsniveau, die Steigung, und die Variabilität des Fressverhaltens der Ratten repräsentieren, überzufällig oft oder selten auftreten, wenn man annimmt, dass die vier Variablen unabhängig voneinander sind. In einem ersten Schritt analysieren wir die Kreuzklassifikation dieser Variablen mit einer KFA erster Ordnung. Das Basismodell für diese KFA ist $\log \hat{m} = \lambda + \lambda^{X_1} + \lambda^S + \lambda^V + \lambda^G$. Wenn Assoziationen zwischen diesen vier Variablen existieren, dann sehen wir anhand von Typen oder Antitypen, wo sie im Datenraum am markantesten sind.

Schritt 2: Signifikanztestung Als Signifikanztest wählen wir wegen der perfekten Dichotomisierung aber wegen der zum Teil kleinen Zellhäufigkeiten die Küchenhoff-Variante des asymptotischen Lehmacher'schen hypergeometrischen Tests. α schützen wir mit der Holland DiPonzio Copenhaver Prozedur.

Schritt 3: Durchführung der KFA Tab. 4.10 gibt die Ergebnisse der KFA erster Ordnung wieder.

Der Pearson Chi-Quadrat goodness-of-fit Test für das Basismodell der KFA erster Ordnung zeigt, dass starke Effekte in der Kreuzklassifikation der Variablen, die den Messwerteverlauf beschreiben, d. h. X_1, S und V und der Gruppierungsvariablen, G,

Tab. 4.10 KFA erster Ordnung der Kreuzklassifikation von X_1, S, V und G.

Konfiguration $X_1 S V G$	m	$\hat{m}$[1]	z	p[2]	
1111	2.00	2.250	.1995	.420940	
1112	.00	2.250	-1.3964	.081294	
1121	2.00	2.250	.1995	.420940	
1122	1.00	2.250	-.5985	.274765	
1211	1.00	2.250	-.5985	.274765	
1212	2.00	2.250	.1995	.420940	
1221	.00	2.250	-1.3964	.081294	
1222	10.00	2.250	5.7852	.000000	Typ
2111	9.00	2.250	4.9872	.000000	Typ
2112	1.00	2.250	-.5985	.274765	
2121	2.00	2.250	.1995	.420940	
2122	1.00	2.250	-.5985	.274765	
2211	1.00	2.250	-.5985	.274765	
2212	2.00	2.250	.1995	.420940	
2221	1.00	2.250	-.5985	.274765	
2222	1.00	2.250	-.5985	.274765	

[1]Die Erwartungshäufigkeiten sind gleich, weil die Dichotomisierung bei allen vier Variablen zu exakt gleichen Randhäufigkeiten geführt hat

[2]p-Werte sind einseitig angegeben

existieren ($X^2 = 56.44$; $df = 11$; $p < 0.001$). Wir rechnen daher mit dem Auftreten von Typen oder Antitypen.

Schritt 4: Interpretation der beiden Typen Tab. 4.10 weist zwei Typen aus und keinen Antityp. Der erste der beiden Typen wird durch die Konfiguration 1 2 2 2 konstituiert. Dies sind Ratten aus der Kontrollgruppe, die am Anfang des Experiments über- durchschnittlich viel fressen, ihre Nahrungsaufnahme während des Experiments aber reduzieren, und weniger Variation in ihrer Nahrungsaufnahme zeigen als der Durch- schnitt aller Ratten. 10 Ratten zeigten dieses Profil, aber nur 2.25 waren erwartet worden.

Der zweite Typ wird von der Komplementärkonfiguration 2 1 1 1 konstituiert. Dies sind Ratten aus der Stressgruppe, die zu Beginn des Experiments weniger als der Durch- schnitt der anderen Ratten fressen, ihre Nahrungsaufnahme während des Experiments aber erhöhen, und eine größere Variation in der Nahrungsaufnahme zeigen als die anderen Ratten im Durchschnitt.

Mit diesem Beispiel wird folgendes gezeigt:

- mit der KFA können mehrere Parameter von Verlaufskurven simultan analysiert werden;
- wieder sind die Assoziationen zwischen den untersuchten Variablen nur in wenigen Sektoren des Datenraums wirklich stark; in den anderen Sektoren kann die Nullhypo- these der Unabhängigkeit nicht verworfen werden;
- die Küchenhoff Variante des Lehmacher Tests kann auch bei kleinen Stichproben eingesetzt werden (mit anderen Tests wären die gleichen Typen zum Vorschein gekommen);
- wiederum wissen wir nach der Interpretation der Ergebnisse der KFA erster Ordnung nur, dass starke Assoziationen existieren; welche dies sind, wissen wir aber noch nicht.

Eine Frage, die für die Experimentatoren besonders wichtig ist, betrifft die Unter- schiede zwischen der Experimental- und der Kontrollgruppe. Diese Frage kann mit der KFA erster Ordnung nur unbefriedigend beantwortet werden. Besser geeignet ist eine zwei-Gruppen KFA (siehe Krebs et al., 1996). Das Basismodell für diesen Ansatz ist $\log \hat{m} = \lambda + \lambda^{X_1} + \lambda^S + \lambda^V + \lambda^G + \lambda^{X_1,S} + \lambda^{X_1,V} + \lambda^{S,V} + \lambda^{X_1,S,V}$. In dieses Modell wurden lediglich die Interaktionen zwischen X_1, S und V einerseits und G anderer- seits nicht aufgenommen. Diskriminationstypen können erscheinen, wenn diese Inter- aktionen existieren. Tab. 4.11 zeigt die Ergebnisse der zwei-Gruppen KFA, die mit dem Chi-Quadrat Test gerechnet wurde, der wegen der kleinen Stichprobe mit Kontinuitäts- korrektur durchgeführt wurde. α wurde mit der Bonferroni Prozedur geschützt.

Im oberen Teil von Tab. 4.11, in dem die Ergebnisse der klassischen zwei-Gruppen KFA berichtet werden, finden wir einen Diskriminationstyp. Dieser wird von der Konfiguration 1 2 2 konstituiert. Die Kontroll- und die Experimentalgruppe unter- scheiden sich darin, dass zehn Ratten aus der Kontrollgruppe am Anfang des Experi- ments überdurchschnittlich viel fressen, ihre Nahrungsaufnahme während des

Tab. 4.11 Zwei-Gruppen KFA der Messwertereihen aus dem Experiment von Krebs et al. (1996)

Klassische zwei-Gruppen KFA

Konfiguration

$X_1 S V G$	m	X^2	p	Typ?
1111	2.			
1112	0.	.529	.466854	
1121	2.			
1122	1.	.000	1.000000	
1211	1.			
1212	2.	.000	1.000000	
1221	0.			
1222	10.	11.215	.000811	Diskriminationstyp
2111	9.			
2112	1.	6.785	.009195	
2121	2.			
2122	1.	.000	1.000000	
2211	1.			
2212	2.	.000	1.000000	
2221	1.			
2222	1.	.529	.466854	

Alternative Maße der zwei-Gruppen KFA

Häufigkeiten				Maße		
m_{X1SV}	m_{X2SV}	λ	$\tilde{\lambda}$	ρ	Δ	θ
2.	0.	.431	.232	.195	.195	5.606
		.000	.000	.000	.000	.000
		---	---	---	---	---
		---	---	---	---	---
2.	1.	.188	.104	.101	.101	2.125
		.309	.175	.125	.125	.130
		.561	.556	.750	.750	15.504
		.28735	.28914	.22662	.22662	.00000
1.	2.	.188	.104	-.101	.101	.471
		.309	.175	.134	.134	.138
		.561	.556	-.701	.701	3.501
		.28735	.28914	.24156	.24156	.00023
0.	10.	.956	.867	-.580	.580	.022
		.000	.000	.000	.000	.000
		---	---	---	---	---
		---	---	---	---	---
9.	1.	.708	.635	.496	.496	17.000
		.704	.638	.063	.063	.084
		.968	.956	7.588	7.588	191.634
		.16644	.16946	.00000	.00000	.00000
2.	1.	.188	.104	.101	.101	2.125
		.309	.175	.125	.125	.130

Tab. 4.11 (Fortsetzung)

```
                                        .561    .556    .750    .750  15.504
                                      .28735  .28914  .22662  .22662  .00000

                          1.   2.      .188    .104   -.101    .101    .471
                                       .309    .175    .134    .134    .138
                                       .561    .556   -.701    .701   3.501
                                      .28735  .28914  .24156  .24156  .00023

                          1.   1.      .000    .000    .000    .000   1.000
                                       .021    .010    .012    .009    .009
                                       .687    .687    .000    .705100.465
                                      .24598  .24598  .50000  .24032  .00000
```

Experiments aber reduzieren und weniger Variation in ihrer Nahrungsaufnahme zeigen als der Durchschnitt aller Ratten. In der Stressgruppe zeigt nicht eine Ratte dieses Profil.

Der zweite Typ aus Tab. 4.10 konstituiert keinen Diskriminationstyp, weil zwar neun Ratten aus der Stressgruppe zu Beginn des Experiments weniger als der Durchschnitt der anderen Ratten fressen, ihre Nahrungsaufnahme während des Experiments erhöhen und eine größere Variation in der Nahrungsaufnahme zeigen als die anderen Ratten im Durchschnitt, aber auch eine Ratte aus der Kontrollgruppe. Dieser Unterschied ist nicht massiv genug, um einen Diskriminationstyp zu konstituieren.

Im unteren Teil von Tab. 4.11 werden die Ergebnisse der zwei-Gruppen KFA berichtet, die auf fünf anderen Maßen der Beziehungen in 2×2 Tafeln basieren (siehe Kap. 3). Es zeigt sich, dass mit diesen Maßen deutlich unterschiedliche Ergebnisse erzielt werden. So wird z. B. mit dem odds ratio θ jedes Vergleichspaar, für das ein Standardfehler geschätzt werden konnte, als Diskriminationstyp ausgewiesen. Die Korrelationsmaße ρ und Δ weisen auch die Konfiguration 2 1 1 als Diskriminationstyp aus. Es ist zu beachten, dass diese Unterschiede nicht allein auf die unterschiedliche statistische Power der Maße, sondern besonders darauf zurück zu führen sind, dass diese Maße unterschiedliche Eigenschaften einer 2×2 Tafel abbilden (siehe Kap. 3).

4.2.3 KFA von polynomialen Parametern

Werden Messwertreihen auf Intervall- oder Rationalskalenniveau erhoben, dann können sie durch Polynome so gut approximiert werden wie erforderlich. In der Tat existiert keine Reihe reeller Zahlen, die durch Polynome nicht perfekt approximiert werden kann. Wie im Abschnitt über die Differenzenmethode bereits diskutiert wurde, ist man in den empirischen Wissenschaften wegen der ubiquitären Belastung von Messwerten durch Messfehler selten daran interessiert, Messwertreihen perfekt zu approximieren. Glättungen von Kurven sind aber oft erwünscht. Zur Glättung von Messwertreihen sind viele Methoden vorgeschlagen worden. Zu den am häufigsten verwendeten gehören die polynomiale Approximation (für eine detaillierte Darstellung von mathematischen Eigenschaften und Algorithmen für diese Methode, siehe z. B. Abramowitz & Stegun, 1972; Press et al., 1989; Selder, 1973). Approximationen werden nach mathematischen Kriterien optimiert. Ein solches Kriterium ist die Distanz der gemessenen Datenpunkte von der Approximationskurve. Approximationen können aber auch nach Kriterien vorgenommen werden, die eher inhaltlicher Natur sind. So wird z. B. bei der Verwendung des Tshebyshev-Kriteriums eine Grenze gesetzt, die das Maximum der Distanz der gemessenen Datenpunkte von der Approximationskurve a priori festlegt. In der angewandten Statistik werden oft kleinste Quadrate-Lösungen verwendet, die mit Hilfe von Regressionsprogrammen leicht errechnet werden können, oder maximum likelihood Kriterien. In den folgenden Abschnitten beschreiben wir kurz Polynome und dann die Möglichkeit, Polynomparameter mit der KFA zu analysieren.

Polynome sind Funktionen, die zur Beschreibung von Messwertreihen verwendet werden können. Im Folgenden dienen Y als abhängige Variable und X als unabhängige Variable. In der Regressionsanalyse ist ein Polynom I-ter Ordnung gegeben durch

$$\hat{y} = f(x) = b_0 x^0 + b_1 x^1 + b_2 x^2 + \ldots + b_i x^I = \sum_{i=0}^{I} b_i x^i,$$

wobei die Subskripte die Parameter indizieren und die Superskripte Exponenten sind. Das Polynom in dieser Formel hat damit eine Konstante (x^0), einen linearen Term (x^1), einen quadratischen Term (x^2), ..., und einen Term I-ter Ordnung (x^I). Polynome werden nach dem Term mit der höchsten Ordnung benannt, und zwar unabhängig davon, ob die Terme niedrigerer Ordnung auch alle vertreten sind oder nicht. Wir geben drei Beispiele für Approximationspolynome.

Versucht man, eine Messwertreihe durch eine Konstante zu approximieren (vgl. KFA 0-ter Ordnung), dann ist das Polynom $\hat{y} = b_0 x^0 = b_0 = c$. In anderen Worten, dann ist das Polynom eine Konstante. Versucht man, eine Messwertreihe durch eine Gerade zu approximieren (vgl. Regressionsgerade), dann verwendet man ein Polynom erster Ordnung, d. h. $\hat{y} = b_0 x^0 + b_1 x^1$. Dieses Polynom besteht, ganz wie die Regressionsgerade, aus einem Term für die Konstante – hier ist das der y-Achsenabschnitt – und einem Term für den linearen Anstieg der Geraden. Nimmt man an, dass der Anstieg nicht unverändert bleibt (z. B. kann der Anstieg selbst mit steigenden X-Werten zunehmen), dann kann eine quadratische Gleichung angedacht werden, d. h. ein Polynom zweiter Ordnung der Form $\hat{y} = b_0 x^0 + b_1 x^1 + b_2 x^2$.

In vielen Fällen verwendet man zur Schätzung der Polynomparameter die Werte von X als Stützstellen, so wie sie sind. Dies sind meist Fälle, in denen die x-Werte gemessene Werte sind. Dadurch entstehen Parameterschätzungen, von denen bekannt ist, dass sie miteinander korrelieren können. So sind z. B. b_1 und b_2 oft stark miteinander korreliert. Dies kann, wenn in einem nächsten Analyseschritt die Parameter selber analysiert werden sollen, zu Komplikationen führen, weil Unabhängigkeit nicht gewährleistet ist. In solchen Fällen empfiehlt es sich, entweder orthogonale Polynome zu verwenden (siehe Krauth, 1973b; Krauth & Lienert, 1975, 1978, Lienert, 1980), oder, falls es sich um gemessene Werte der Prädiktoren handelt, diese zu orthogonalisieren. Dies wird oft durch Zentrieren versucht, wobei der Mittelwert von jedem Messwert subtrahiert wird. Es ist allerdings ebenso bekannt, dass diese Methode Orthogonalität nicht garantiert (siehe z. B. von Eye & Schuster, 1998a).

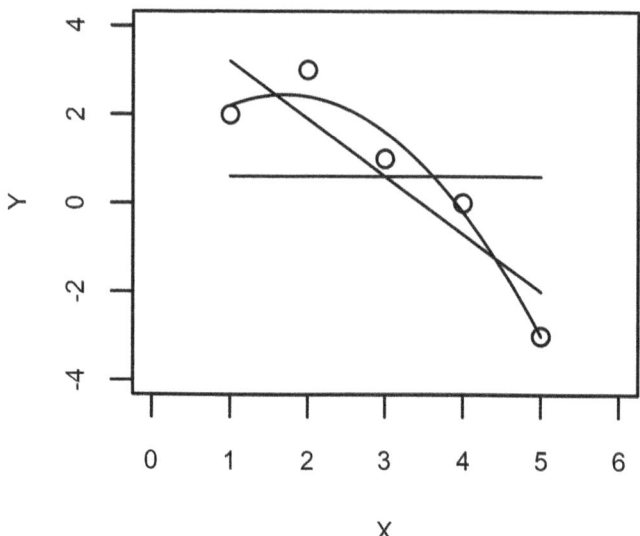

Abb. 4.3 Approximation von fünf fiktiven Datenpunkten durch Polynome 0-ter, 1-ter und 2-ter Ordnung

Wie bei der Methode der Differenzen ist es bei der polynomialen Approximation stets so, dass sich eine Approximation zumindest nicht verschlechtert, wenn man den Grad des Polynoms erhöht. Werden T Messpunkte durch ein Polynom approximiert, dann wird ein Polynom $T - 1$-ster Ordnung stets genau durch alle Messpunkte laufen. Wir illustrieren dies anhand eines Beispiels mit fünf fiktiven Datenpunkten, y_i. Die Punkte haben die Werte 2, 3, 1, 0 und -3. Abb. 4.3 zeigt die drei Approximationspolynome 0-ter, 1-ter und 2-ter Ordnung.

Betrachtet man die drei Polynome in Abb. 4.3 als Regressionslinien, dann stellt man fest, dass das Polynom 0-ter Ordnung, d. h. die horizontale Linie, gar keinen Anteil der Variation der drei Datenpunkte erklärt. Mit der linearen Regression, d. h. der absteigenden Gerade, erklärt man bereits einen beachtlichen Teil der Variation von Y, $r^2 = 0.797$. Mit der quadratischen Regression erklärt man dagegen die gesamte Variation, d. h. $r^2 = 1.0$. Die mit der Methode der kleinsten Quadrate geschätzte quadratische Regressionsgleichung, und damit das Polynom zweiter Ordnung ist $\hat{y} = 1.0 + 1.7x - 0.5x^2$.

Polynome und die KFA Im Folgenden gehen wir davon aus, dass für jeden einzelnen Datenträger ein Polynom zur Approximation einer empirischen Messwertreihe geschätzt wurde. Wir gehen auch davon aus, dass dies für jeden Datenträger auf die gleiche Weise geschehen ist (z. B. mit der Methode der kleinsten Quadrate), und dass die Polynome alle von der gleichen Ordnung sind. Ist all dies der Fall, dann sind die interessierenden Polynomkoeffizienten vergleichbar. Wir kategorisieren sie dann so, wie das bereits für die Variabilität oder die Differenzen beschrieben worden war. Dieses Vorgehen entspricht einer idiographischen Auswertung, wie sie von Molenaar (2004) vorgeschlagen wurde. In dieser Auswertung werden Parameter für jede Person geschätzt und dann erst aggregiert (vgl. von Eye & Bergman, 2003; von Eye et al., 2015). Die übliche Prozedur ist genau umgekehrt: es werden Rohdaten aggregiert und die Parameter werden für die aggregierten Daten geschätzt.

Nun kann bei der Kategorisierung von Polynomkoeffizienten aus einer Reihe von Argumenten gewählt werden, weil einige der Werte von Polynomen eine natürliche Interpretation haben. Oft bietet sich eine Kategorisierung an einem Maß der zentralen Tendenz an, z. B. am Median, am arithmetischen Mittelwert, an einem klinischen cut-off, oder an ausgewählten Perzentilpunkten (wenn mehr als zwei Kategorien erzeugt werden sollen). Die entstehenden Kategorien zeigen dann an, wie stark eine Polynom-komponente eines Datenträgers im Vergleich zu den anderen Datenträgern ausgeprägt ist. Kategorisiert man z. B. am Mittelwert, dann zeigt ein überdurchschnittlich großer Wert der kategorisierten Konstanten an, dass ein Datenträger im Schnitt über den anderen liegt. Ein überdurchschnittlich großer Wert des kategorisierten linearen Koeffizienten des Polynoms zeigt an, dass ein Datenträger einen steileren Anstieg als die anderen hat, oder ein überdurchschnittlicher Wert für den quadratischen Koeffizienten des Polynoms zeigt an, dass ein Datenträger eine stärker beschleunigte Kurve aufweist als die anderen.

Oft hat der Wert 0 eine natürliche Interpretation. Dichotomisiert man am Wert 0, dann zeigt ein positiver linearer Koeffizient des Polynoms an, dass die Messwerte eines Datenträgers eine Aufwärtstendenz aufweisen, und ein negativer Wert deutet auf eine Abwärtstendenz hin. Ein positiver quadratischer Koeffizient des Polynoms weist auf eine konkave Beschleunigungskurve hin (eine solche Kurve hat ein Minimum), ein negativer quadratischer Koeffizient auf eine konvexe Beschleunigungskurve (eine solche Kurve hat ein Maximum).

Wie schon bei den Kategorisierungen von Differenzen und Variabilitätskoeffizienten sind oft Kategorisierungen an Referenzwerten interessant. Beispiele solcher Referenz-werte sind klinische cut-offs oder Trainingsziele. Es ist auch denkbar, unterschiedliche Polynomkoeffizienten nach unterschiedlichen Kriterien zu kategorisieren. So kann es sinnvoll sein, das Interzept am Mittelwert und den Regressionskoeffizienten am Null-punkt zu kategorisieren.

Sei a wieder der Referenzpunkt, im Hinblick auf den kategorisiert wird, dann werden binäre Kategorien z. B. durch

$$\Delta_V = \begin{cases} +\ wenn\ b < a \\ -\ wenn\ b > a \end{cases}$$

erzeugt. Bei Bindungen kann ein Koeffizient nach Zufall einer der beiden Kategorien zugewiesen werden, oder man kann systematisch in eine Richtung gehen (z. B., wenn ein Trainingsziel erreicht wird (oder besser), dann erhalten die Trainierenden ein Zerti-fikat). Sollen drei Kategorien erzeugt werden, dann kann dies durch

$$\Delta_V = \begin{cases} +\ wenn\ b < a \\ 0\ wenn\ b = a \\ -\ wenn\ b > a \end{cases}$$

geschehen.

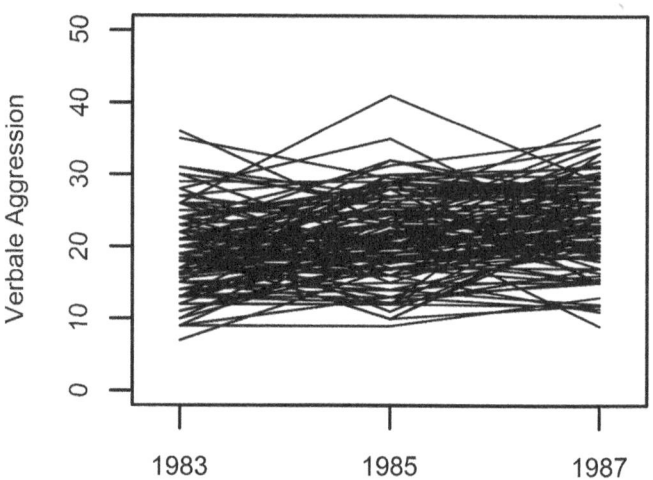

Abb. 4.4 Verläufe der Antworten zur verbalen Aggression gegen Erwachsene

Die kategorisierten Koeffizienten können dann gekreuzt werden, evtl. auch mit anderen Variablen, und sie können dann mit einer KFA analysiert werden. Im Folgenden präsentieren wir zwei Datenbeispiele, in denen kategorisierte Polynomparameter analysiert werden.

Datenbeispiel 1 Im folgenden Datenbeispiel verwenden wir wieder die Daten von Finkelstein et al. (1994) zur Entwicklung der Aggression von Jugendlichen. Hier verwenden wir die Antworten von 1983, 1985 und 1987 die verbale Aggression gegen Erwachsene betreffend. Wir analysieren diese Antworten in fünf Schritten.

Der erste Schritt ist eine Voranalyse. Wir betrachten die Verläufe der Antworten in einer Graphik. Dabei erzeugen wir Verläufe für jeden der Jugendlichen. Abb. 4.4 zeigt die dadurch entstandene Graphik.

Abb. 4.4 zeigt, dass die Verläufe bei den meisten Jugendlichen eine Aufwärtstendenz haben. Sie werden in ihrer eigenen Wahrnehmung über die Zeit hinweg verbal aggressiver gegen Erwachsene. Dies ist jedoch nicht uniform der Fall. Es zeigen sich auch konvexe Verläufe, konkave Verläufe, Abnahmen der Aggressivität oder gleichbleibende Messwerte.

Im nächsten Schritt schätzen wir Polynome zweiter Ordnung für jeden Jugendlichen. Dadurch entstehen drei Koeffizienten: das Interzept, der Regressionskoeffizient und der Beschleunigungskoeffizient. Die Polynome laufen exakt durch die Datenpunkte. In diesem Beispiel ignorieren wir das Problem, dass es u. U. nicht sinnvoll ist, mit einem Approximationspolynom 100 % der Varianz aufzuklären. Es besteht keine Frage, dass es wünschenswert ist, individuelle Verläufe mit nur wenigen Parametern mit hoher Aufklärung abzubilden. Bildet man aber 100 % der Varianz ab, dann schließt das den Messfehler mit ein, und das ist nicht erwünscht. Wir sind allerdings nicht nur am linearen

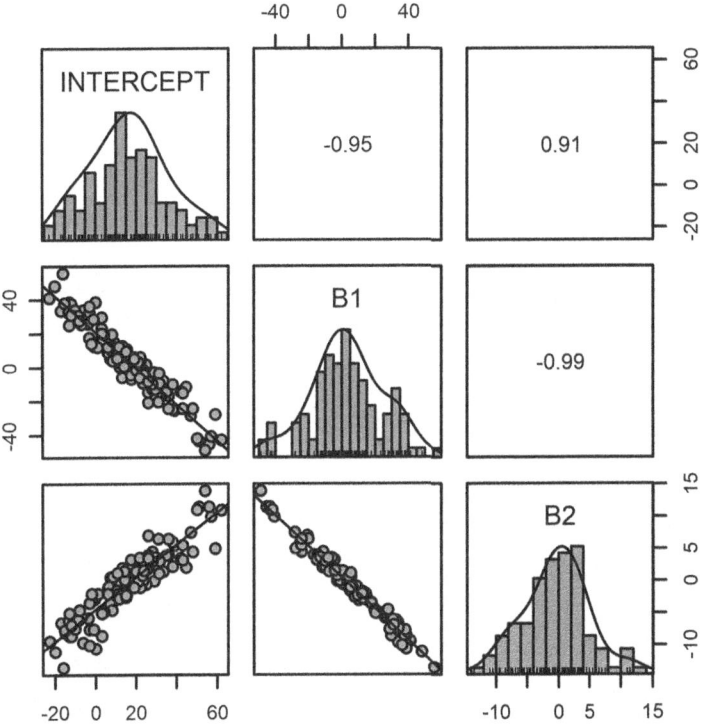

Abb. 4.5 Kreuzdiagramme der Polynomparameter der Kurven in Abb. 4.4 (univariate Verteilungen in der Diagonale; $B1$ ist der Regressionskoeffizient und $B2$ ist der quadratische Polynomkoeffizient)

Verlauf, sondern auch an Änderungen im linearen Verlauf interessiert. Deshalb brauchen wir die Koeffizienten der quadratischen Komponente des Polynoms.

Wie bereits diskutiert wurde, sind Polynomkoeffizienten oft stark korreliert, wenn sie nicht mittels orthogonaler Polynome geschätzt werden. Dies ist auch hier der Fall, wie Abb. 4.5 entnommen werden kann.

Abb. 4.5 zeigt, dass die Korrelationen extrem hoch sind. Konkret beobachten wir $r_{I\cdot B1} = -0.951$, $r_{I\cdot B2} = 0.910$ und $r_{B1\cdot B2} = -0.988$, wobei I das Interzept bezeichnet. Trotz dieser extremen Werte fragen wir, ob es Konfigurationen der dichotomisierten Polynomkoeffizienten gibt, die als Typen oder Antitypen herausragen, und wo die extremen Korrelationen zum Ausdruck kommen. Um diese Fragen zu beantworten, dichotomisieren wir die Koeffizienten im dritten Analyseschritt. Als cut-off nehmen wir den Mittelwert, weil wir an der Lage der einzelnen Jugendlichen im Vergleich zu ihren Peers interessiert sind (und kodieren -1 als unter dem Mittelwert und 1 als über dem Mittelwert). Im vierten Analyseschritt analysieren wir die gekreuzten drei dichotomisierten Koeffizienten mit einer KFA. Dies geschieht wie folgt.

Schritt 1: Spezifikation eines Basismodells In diesem Beispiel wird die Frage gestellt, ob bestimmte Muster von Polynomkoeffizienten existieren, die zeigen, dass Entwicklungsverläufe der Antworten zur Frage zur verbalen Aggression gegen Erwachsene wider Erwarten häufig oder selten sind als zu erwarten wäre, wenn die Polynomkoeffizienten unkorreliert wären. Um diese Frage zu beantworten, führen wir eine KFA erster Ordnung durch. Das Basismodell dieser KFA ist $\log \hat{m} = \lambda + \lambda^I + \lambda^{b1} + \lambda^{b2}$, wobei I das Interzept ist und $b1$ und $b2$ der lineare und der quadratische Polynomkoeffizient.

Schritt 2: Signifikanztestung Als Signifikanztest wählen wir wegen der zum Teil kleinen Zellhäufigkeiten den Binomialtest. Das Signifikanzniveau α schützen wir mit der Holland DiPonzio Copenhaver Prozedur.

Schritt 3: Durchführung der KFA Tab. 4.12 gibt die Ergebnisse der KFA erster Ordnung wieder.

Der Pearson Chi-Quadrat goodness-of-fit Test für Basismodell der KFA erster Ordnung zeigt, dass sehr starke Effekte in der Kreuzklassifikation der dichotomisierten Polynomkoeffizienten, die den Messwerteverlauf beschreiben, existieren ($X^2 = 214.78$; $df = 4$; $p < 0.001$). Wir rechnen daher mit dem Auftreten von Typen oder Antitypen.

Schritt 4: Interpretation der Typen und Antitypen Die Effekte, das sind die Korrelationen, in Tab. 4.12 sind so stark, dass jede einzelne Konfiguration als Typ oder Antityp interpretiert werden kann. Wir beschränken uns auf die Interpretation der vier extremsten Fälle.

Der erste Typ wird von Konfiguration 1 1 −1 konstituiert. Dieses Profil beschreibt Antwortreihen, die im Niveau über dem Durchschnitt der Jugendlichen liegen, eine aufsteigende Tendenz haben, aber konvex verlaufen, d. h. gegen Ende der Beobachtungszeit wieder nach unten streben (negatives Vorzeichen des quadratischen Polynomkoeffizienten). 47 Jugendliche haben dieses Profil, aber nur 14.24 waren erwartet worden. Der zweite Typ, −1 −1 1, zeigt das genau entgegengesetzte Profil. Dies sind Jugendliche, deren Antworten im Niveau unter dem Niveau der Peers liegen,

Tab. 4.12 KFA erster Ordnung der dichotomisierten Polynomkoeffizienten der Messwertereihen der Antworten zur verbalen Aggression von 114 Jugendlichen

Konfiguration

I b1 b2	m	$\hat{m}$	p	
1 1 1	2.00	13.7458	.00005991	Antityp
1 1−1	47.00	14.2367	.00000000	Typ
1−1 1	1.00	13.2718	.00001193	Antityp
1−1−1	5.00	13.7458	.00445027	Antityp
−1 1 1	4.00	14.7455	.00058282	Antityp
−1 1−1	5.00	15.2721	.00135369	Antityp
−1−1 1	49.00	14.2370	.00000000	Typ
−1−1−1	1.00	14.7455	.00000249	Antityp

eine absteigende Tendenz aufweisen, aber gegen Ende einen Aufschwung nehmen. 49 Jugendliche zeigen dieses Profil, aber nur 14.24 waren erwartet worden.

Diese beiden Typen sind die extremsten Konfigurationen in dieser Analyse. Alle anderen Konfigurationen konstituieren Antitypen. Der extremste von diesen hat das Profil −1 −1 −1. Dies sind Jugendlich mit verbaler Aggression unterhalb des Durchschnitts, die eine absteigende Tendenz aufweist und zudem gegen Ende der Beobachtungsperiode beschleunigt abfällt. Von 14.75 Jugendlichen war dieses Profil erwartet worden, es zeigte sich aber nur eine Person.

Der zweit-extremste Antityp wird von Konfiguration 1 −1 1 konstituiert. Diese Jugendlichen schätzen sich selbst als überdurchschnittlich verbal aggressiv gegen Erwachsene ein, mit absteigender Tendenz, aber mit einer positiven Beschleunigung. Von den 13.27 für dieses Profil erwarteten wurde nur ein Jugendlicher gefunden.

In einem fünften, abschließenden Analyseschritt fragen wir nun, ob die starken bivariaten Korrelationen zwischen den Koeffizienten die entstandenen Typen und Antitypen erklären können. Zur Beantwortung dieser Frage führen wir eine KFA zweiter Ordnung durch. Das Basismodell für diese Analyse ist $\log \hat{m} = \lambda + \lambda^I + \lambda^{b1} + \lambda^{b2} + \lambda^{I,b1} + \lambda^{I,b2} + \lambda^{b1,b2}$. Wir wählen die gleichen Spezifikationen wie für die KFA erster Ordnung in Tab. 4.12, d. h. wir verwenden den Binomialtest und die Holland Di Ponzio Copenhaver Prozedur zum Schutz von α. Tab. 4.13 enthält die Ergebnisse dieser Analyse.

Der Pearson Chi-Quadrat goodness-of-fit Test für Basismodell der KFA zweiter Ordnung zeigt, dass die sehr starken bivariaten Korrelationen zwischen den Polynomkoeffizienten, die den Messwerteverlauf beschreiben, alle Typen und Antitypen in Tab. 4.12 erklären. Die Anpassung ist ausgezeichnet ($X^2 = 2.27$; $df = 1$; $p = 0.131$). Typen und Antitypen können bei diesen Werten nicht auftreten.

Auch dieses Beispiel zeigt, dass mit der KFA Ergebnisse erzielt werden können, die entgleiten, wenn man Daten nur variablen-orientiert analysiert. Basiert man die Interpretation allein auf die Betrachtung der Kurven in Abb. 4.5 oder die extremen Korrelationen in Abb. 4.5, dann erfährt man nicht, welche Muster auffällig sind und in welche Richtung die Abweichungen gehen. Extreme Korrelationen sind auch denkbar, wenn andere Konfigurationen auffällig sind, z. B. Typen in 1 1 1 und −1 −1 −1.

Denkt man an das Basismodell der KFA erster Ordnung, das den Analysen für Tab. 4.12 zugrunde liegt, dann wir schnell klar, dass der hier beschriebene Ansatz mit

Tab. 4.13 KFA zweiter Ordnung der dichotomisierten Polynomkoeffizienten der Messwertereihen der Antworten zur verbalen Aggression von 114 Jugendlichen	Konfiguration					
	I	b1	b2	m	$\hat{m}$	p
	1	1	1	2.00	1.0820	.29452492
	1	1	2	47.00	47.9180	.47041791
	1	2	1	1.00	1.9180	.42646793
	1	2	2	5.00	4.0820	.38745686
	2	1	1	4.00	4.9180	.45138642
	2	1	2	5.00	4.0820	.38745686
	2	2	1	49.00	48.0820	.46647088
	2	2	2	1.00	1.9180	.42646793

anderen Ansätzen kombiniert werden kann. Es ist z. B. denkbar, eine zwei-Gruppen Analyse anstelle der Analyse für die gesamte Stichprobe zu rechnen, zusätzliche einmalig oder wiederholt gemessene Variablen heranzuziehen, oder multiple Variablen einzubeziehen. Im folgenden Datenbeispiel wird eine Analyse von Polynomparametern mit einer zwei-Gruppen KFA kombiniert.

Datenbeispiel 2 In diesem Beispiel greifen wir auf Daten zurück, die von Eye und Lienert (1987; vgl. Krauth, 1980; Zerbe, 1979) bereits in einem ähnlichen Zusammenhang analysiert hatten. In diesen Analysen wurden 20 übergewichtige Patienten ($G = 1$) mit 13 Personen in einer Kontrollgruppe ($G = -1$) verglichen. Die Autoren analysierten Messwertereihe, die aus aus acht Messwerten von organischem Phosphat im Blutplasma bestanden. Die ersten Blutproben waren unmittelbar nach einer oralen Glucosegabe entnommen worden. Danach wurden nach 30, 60, 90, 120, 180, 240 und 300 min erneut Blutproben entnommen. Jede der Messwertreihen wurde mit einem orthogonalen Polynom zweiter Ordnung, d. h. mit einem quadratischen Polynom approximiert. Bei der Schätzung der Polynomkoeffizienten wurde die Nicht-Gleichabständigkeit der Messpunkte ins Kalkül einbezogen. Für jede Person wurden auf diese Weise das Interzept, der lineare Anstieg, und die Beschleunigung geschätzt, d. h. die drei Parameter $b0$, $b1$ und $b2$ erzeugt. Für die folgende KFA wurden die Schätzwerte S für $b0$ am Median dichotomisiert, und mit $S = 1$ (oberhalb des Medians) und $S = -1$ (unterhalb des Medians) kodiert. Die Schätzer für den linearen (Trend-)Parameter, T, wurden bei 0 dichotomisiert, ebenfalls mit Kodes $T = 1$ für positive Messwerte und $T = -1$ für negative. $T = 1$ zeigt dabei eine ansteigende Kurve an, und $T = -1$ eine abfallende. Die Schätzer für den quadratischen Parameter, V, wurden ebenfalls bei 0 dichotomisiert und mit $V = 1$ für positive Messwerte und $V = -1$ für negative kodiert. $V = 1$ zeigt eine positiv beschleunigte Kurve an, und $V = -1$ eine negativ beschleunigte Kurve.

Wie im letzten Abschnitt fragen wir, bevor wir die KFA durchführen, wie stark die Korrelationen zwischen den zu analysierenden Variablen sind. Hier berechnen wir Phi-Koeffizienten für die dichotomisierten Schätzwerte. Tab. 4.14 zeigt die Phi Koeffizienten.

Tab. 4.14 zeigt, dass die Phi-Korrelationen bis auf eine Ausnahme gering sind. Dies gilt besonders für die Korrelationen zwischen den Schätzern der Kurvenparameter. Die Korrelation zwischen dem Trend, T, und der Gruppierungsvariable, G, ist dagegen hoch. Wir führen jetzt die vier Schritte der KFA durch.

Tab. 4.14 Phi Korrelationen der Variablen S, T, V und G

	S	T	V
T	-0.213	1.000	
V	-0.092	-0.092	1.000
G	-0.335	0.534	0.038

Schritt 1: Spezifikation eines Basismodells In diesem Beispiel wird die Frage gestellt, ob bestimmte Muster von Polynomkoeffizienten existieren, die es erlauben zwischen der Gruppe der Übergewichtigen und den Kontrollpersonen zu unterscheiden. Um diese Frage zu beantworten, rechnen wir eine zwei-Gruppen KFA, die die Polynomparameter der Gruppierungsvariable gegenüberstellt. Das Basismodell dieser KFA ist damit

$$\log \hat{m} = \lambda + \lambda^S + \lambda^T + \lambda^V + \lambda^G + \lambda^{S,T} + \lambda^{S,V} + \lambda^{V,T} + \lambda^{S,V,T}.$$

In diesem Modell fehlen nur die Terme, die die Polynomparameter und die Gruppierungsvariable zueinander in Beziehung setzen. Diskriminationstypen zeigen daher an, dass und wo die beiden Gruppen unterschieden werden können.

Schritt 2: Signifikanztestung Als Signifikanztest wählen wir wegen der zum Teil kleinen Zellhäufigkeiten den Binomialtest. Das Signifikanzniveau α schützen wir mit der Holland DiPonzio Copenhaver Prozedur.

Schritt 3: Durchführung der KFA Tab. 4.15 gibt die Ergebnisse der zwei-Gruppen KFA wieder.

Der Pearson Chi-Quadrat goodness-of-fit Test für Basismodell der KFA zeigt, dass jenseits der Korrelationen zwischen den Polynomkoeffizienten, die den Messwerteverlauf beschreiben, Beziehungen zu der Gruppierungsvariable existieren. Die Anpassung ist eher mäßig ($X^2 = 14.99$; $df = 7$; $p = 0.04$). Dies bestätigt die Ergebnisse in Tab. 4.14. Tab. 4.15 zeigt, dass ein Diskriminationstyp entstanden ist.

Tab. 4.15 Zwei-Gruppen KFA der dichotomisierten Polynomparameter nach oraler Glucose-Einnahme

```
Konfiguration

  S   V   T   G        m         X²           p         Typ?

  1   1   1   1       1.
  1   1   1  -1       3.      -.628       .264843
----------------------------------------------------------------------------
  1   1  -1   1       2.
  1   1  -1  -1       1.      1.014       .155305
----------------------------------------------------------------------------
  1  -1   1   1       1.
  1  -1   1  -1       3.      -.628       .264843
----------------------------------------------------------------------------
  1  -1  -1   1       0.
  1  -1  -1  -1       6.     -2.183       .014508
----------------------------------------------------------------------------
 -1   1   1   1       4.
 -1   1   1  -1       0.      2.646       .004069   Diskriminationstyp
----------------------------------------------------------------------------
 -1   1  -1   1       4.
 -1   1  -1  -1       2.      1.511       .065331
----------------------------------------------------------------------------
 -1  -1   1   1       1.
 -1  -1   1  -1       4.      -.964       .167646
----------------------------------------------------------------------------
 -1  -1  -1   1       0.
 -1  -1  -1  -1       1.      -.819       .206471
```

Schritt 4: Interpretation des Diskriminationstyps Die Konfiguration, die es erlaubt, zwischen den beiden Teilnehmergruppen zu unterscheiden, wird durch das Profil −1 1 1 konstituiert. Es handelt sich hier um Personen, die einen unterdurchschnittlichen Blut-Phosphatspiegel haben, der aber nach der Glucose-Einnahme linear und positiv beschleunigt ansteigt. Vier Mitglieder der Kontrollgruppe zeigten dieses Profil, aber kein Mitglied der Gruppe der Übergewichtigen.

Dieses Beispiel zeigt, wie Gruppen in ihren Polynomparametern verglichen werden können. Es zeigt, wie auch schon die vorangegangenen Beispiele, dass die Kenntnis der Höhe von Korrelationen noch keine Kenntnis darüber birgt, wo im Datenraum die Korrelationen speziell zum Tragen kommen.

Im nächsten Abschnitt setzen wir die Behandlung der Methoden der KFA fort, die transformierte Variablen analysieren. Wir besprechen eine Methode zur Analyse von Zeitreihen, die sich in ihrer Länge unterscheiden.

4.2.4 Zeitreihen unterschiedlicher Länge

Bisher wurde davon ausgegangen, dass Zeitreihen für alle Datenträger von gleicher Länge sind. Ist das nicht der Fall, können Analysen oft nicht durchgeführt werden. So können z. B. Differenzen nicht gebildet werden, wenn innerhalb einer Reihe von Messungen oder am Ende Messwerte fehlen, oder es können Polynome nicht geschätzt werden, wenn Messwerte nicht existieren. Nun ist es so, dass Messwerte aus verschiedenen Gründen fehlen können, und manche davon verhindern, dass fehlende Werte geschätzt und eingesetzt werden. In Interviews kann es passieren, dass Fragen nicht beantwortet werden, in Tests kann es sein, dass eine Testperson die Lösung einer Aufgabe nicht weiß, eine Aufgabe überspringt, oder den Test komplett abbricht. In anderen Tests kann es sein, dass ein Proband eine Aufgabe vor dem letzten Durchgang bereits gelöst hat. In der Psychotherapie ist es unvorhersagbar, wie viele Sitzungen ein Patient braucht, bis die Symptome behoben sind.

In diesem Abschnitt behandeln wir Messwertreihen, die bis zu einem Punkt alle möglichen Messwerte aufweisen, sich aber in ihrer Länge unterscheiden. Dies sind oft Reihen, die auf natürliche Weise zu einem Ende kommen, wie etwa bei einem Fahrschüler, der weniger Fahrstunden benötigt als ein anderer Fahrschüler.

Es gibt verschiedene Ansätze, mit solchen Messwertreihen umzugehen. So kann man, wenn Strukturgleichungsmodelle geschätzt werden, fragen, ob sich Reihen nur in ihrer Länge unterscheiden (Jöreskog & Sörbom, 1993). Wenn eine KFA durchgeführt wird, kann man trotz der unterschiedlichen Länge von Reihen fragen, ob Typen oder Antitypen gefunden werden können (Lienert & von Eye, 1986).

Um diese Frage zu beantworten, können die Merkmale von Messwertreihen beschrieben werden, die von den Unterschieden in der Länge nicht beeinträchtigt werden. Zum Beispiel kann man, wenn die kürzeste Reihe I Messungen umfasst, ein Polynom $I-1$-ter Ordnung für alle Polynome schätzen und die Polynomparameter dann so analysieren, wie es in den letzten Abschnitten beschrieben wurde. In diesem Abschnitt konzentrieren wir uns auf andere Merkmale von Messwertreihen.

Die Merkmale von Messwertreihen, die wir in diesem Abschnitt verwenden, können nicht nur für inkomplette, sondern auch für komplette Reihen betrachtet werden. Dies macht es möglich, beide Arten von Reihen in einer Analyse zu betrachten. Die Merkmale, die hier diskutiert werden, erfordern mindestens zwei Messwerte. Diese müssen nicht notwendig am Anfang der Messungen liegen. Insbesondere betrachten wir hier die folgenden drei Merkmale:

1. *Monotoner Trend*: dieses Merkmal beschreibt eine besondere Charakteristik des linearen Trends einer Messwertereihe. Betrachten wir eine Reihe mit $T \geq 2$ Messwerten. Wenn diese Reihe ansteigt, dann hat sie einen monotonen Trend, wenn die Ungleichung $y_{i+1} \geq y_i$ für alle i gilt. Wenn Reihen, die abfallen, einen monotonen Trend aufweisen, dann gilt $y_{i+1} \leq y_i$. Sind diese Bedingungen erfüllt, spricht man von *schwacher Monotonizität*. Man spricht von *starker Monotonizität, wenn* $y_{i+1} > y_i$ bzw. $y_{i+1} < y_i$ gilt. Sind diese Bedingungen mindestens einmal verletzt, dann ist der Anstieg oder Abfall in der betroffenen Reihe nicht monoton.
2. *Vorzeitiges Ende:* Wenn Prozesse untersucht werden, bei denen es nicht a priori klar oder festgelegt ist, wie lange es dauert, bis ein Abbruchkriterium erreicht ist, dann kann erwartet werden, dass Teilnehmer und Teilnehmerinnen unterschiedlich lange brauchen, bis das Kriterium erreicht ist. Analysiert man solche Reihen, kann man eine Schwelle festlegen, die bei der Kodierung als cut-off verwendet wird. Wird das vorzeitige Ende als Merkmal betrachtet, dann umfasst die kürzeste Messwertreihe nur einen Messwert. Dies ist z. B. dann der Fall, wenn jemand ein Schachproblem mit dem ersten Versuch löst.
3. *Qualität:* Bisher haben wir in der Analyse von Messwertreihen nur quantitative Merkmale der Reihen als Kriterien in Betracht gezogen. Es können jedoch auch beliebige, qualitative Merkmale verwendet werden. So können z. B. bei Problemlösungsaufgaben die Eleganz oder die Effizienz von Lösungen ins Kalkül einbezogen werden, die Verfügbarkeit von bestimmten Hilfsmitteln, oder Eigenschaften der problemlösenden Person. Jede dieser und anderer Eigenschaften kann in Vorbereitungsschritten so transformiert werden, dass sie in einer KFA Verwendung finden können. Meist sind solche Transformationen Kategorisierungen.

Datenbeispiel Das folgende Datenbeispiel zeigt eine Re-Analyse des Beispiels von Lienert und von Eye (1986; vgl. von Eye, 2002). In einem Lernexperiment bearbeiteten 48 männliche und 37 weibliche Testpersonen eine Paarassoziations-Lernaufgabe. Zwölf Substantivpaare wurden bis zu acht mal mithilfe einer Gedächtnistrommel präsentiert. Nach jeder Präsentation wurden die Testpersonen nach der Präsentation des Reizwortes aufgefordert, das zweite Substantiv zu assoziieren. Die Schwelle, die überschritten werden musste, war durch acht Substantivpaare a priori festgelegt worden. Es ist nicht überraschend, dass die Testpersonen unterschiedlich viele Durchgänge bis zum Erreichen dieser Schwelle brauchten.

Im Folgenden erzeugen wir drei Variablen zur Beschreibung der einzelnen Lernkurven in diesem Experiment. Zudem fragen wir, ob Geschlechtsunterschiede in den Lernkurven zu erkennen sind.

Die erste Variable ist die des *schwachen monotonen Trends* (*M*). Eine Lernkurve wurde mit $M = 1$ kodiert, wenn die Ungleichung $y_{i+1} \geq y_i$ für alle erfassten Vergleiche galt, andernfalls wurde sie mit $M = -1$ kodiert. Die zweite Variable war die des *vorzeitigen Erfolgs* (*S*). Eine Lernkurve wurde mit $S = 1$ kodiert, wenn eine Testperson das Kriterium vor dem letzten Durchgang erreicht hatte, andernfalls mit $S = -1$. Die dritte Variable ist die *Fehlerzahl* (*F*). Zusätzlich zur Zahl an Treffern wurde die Zahl der falschen Antworten gezählt. Eine $F = 1$ wurde vergeben, wenn eine Lernkurve mehr Fehler enthielt als der Gesamtmedian, eine $F = -1$ andernfalls (im Unterschied zu den Kodes, die zur Beschreibung der Kurven verwendet werden, haben die Kode-Werte hier keine Interpretation jenseits des Nominalniveaus). Im Folgenden analysieren wir die $M \times S \times F \times G$ Kreuzklassifikation mit der KFA, wobei männliche Teilnehmer mit $G = 1$ und weibliche mit $G = -1$ kodiert werden. Wir analysieren diese Daten mit zwei Ansätzen der KFA. Zunächst rechnen wir eine KFA erster Ordnung. Im Anschluss folgt eine zwei-Gruppen KFA. Wir gehen durch die Schritte der KFA.

Schritt 1: Spezifikation eines Basismodells In diesem Beispiel wird zunächst die Frage gestellt, ob bestimmte Muster der Eigenschaften der Lernkurven in Verbindung mit dem Geschlecht der Testpersonen existieren, die darauf schließen lassen, dass Assoziationen zwischen den Variablen *M, S, F* und *G* existieren. Das Basismodell für diese Analyse ist das einer KFA erster Ordnung, $\log \hat{m} = \lambda + \lambda^M + \lambda^S + \lambda^F + \lambda^G$.

Schritt 2: Signifikanztestung Als Signifikanztest wählen wir den Chi-Quadrat Test. α schützen wir mit der Holland DiPonzio Copenhaver Prozedur.

Schritt 3: Durchführung der KFA Tab. 4.16 gibt die Ergebnisse der KFA erster Ordnung wieder.

Der Pearson Chi-Quadrat goodness-of-fit Test für Basismodell der KFA erster Ordnung zeigt, dass das Geschlecht der Testpersonen und die Merkmale, die die Lernkurven beschreiben miteinander assoziiert sind. Die Anpassung ist nicht gut ($X^2 = 45.38$; $df = 11$; $p < 0.001$) und wir lehnen das Basismodell ab. Die Tabelle weist einen Typ aus.

Schritt 4: Interpretation des Typs Der einzige Typ, der in dieser Analyse zum Vorschein kam, wird durch die Konfiguration $-1 \; -1 \; -1 \; 1$ konstituiert. Dieses Profil beschreibt die 15 männlichen Teilnehmer, deren Lernkurven keinen schwachen monotonen Trend aufwies, die den Lernprozess nicht vorzeitig beendet hatten, und die weniger Fehler als die anderen im Durchschnitt begangen hatten.

Tab. 4.16 KFA erster Ordnung der Lernkurven

Konfiguration

M S F G	m	$\hat{m}$	Chi-Quadrat	p	
1 1 1 1	12.00	7.119	3.3469	.067331	
1 1 1 -1	12.00	5.487	7.7293	.005433	
1 1 -1 1	2.00	6.633	3.2364	.072017	
1 1 -1 -1	3.00	5.113	.8734	.350016	
1 -1 1 1	3.00	6.328	1.7501	.185862	
1 -1 1 -1	2.00	4.878	1.6978	.192581	
1 -1 -1 1	6.00	5.896	.0018	.965965	
1 -1 -1 -1	6.00	4.545	.4657	.494975	
-1 1 1 1	5.00	6.036	.1777	.673389	
-1 1 1 -1	6.00	4.652	.3904	.532111	
-1 1 -1 1	3.00	5.624	1.2243	.268521	
-1 1 -1 -1	2.00	4.335	1.2579	.262058	
-1 -1 1 1	2.00	5.365	2.1105	.146293	
-1 -1 1 -1	2.00	4.135	1.1027	.293676	
-1 -1 -1 1	15.00	4.999	20.0071	.000008	Typ
-1 -1 -1 -1	4.00	3.853	.0056	.940502	

Tab. 4.17 Zwei-Gruppen KFA der Lernkurven

Konfiguration

S V T G	m	X^2	p^*	p
1 1 1 1	12.00			
1 1 1 -1	12.00	.570	.450411	.129
1 1 -1 1	2.00			
1 1 -1 -1	3.00	.586	.443858	.275
1 -1 1 1	3.00			
1 -1 1 -1	2.00	.027	.869670	.059
1 -1 -1 1	6.00			
1 -1 -1 -1	6.00	.238	.625661	.129
-1 1 1 1	5.00			
-1 1 1 -1	6.00	.624	.429649	.202
-1 1 -1 1	3.00			
-1 1 -1 -1	2.00	.027	.869670	.059
-1 -1 1 1	2.00			
-1 -1 1 -1	2.00	.071	.789172	.129
-1 -1 -1 1	15.00			
-1 -1 -1 -1	4.00	5.029	.024925	.285

Bei den Frauen wurde dieses Profil nicht überzufällig häufig oder selten gefunden. Es könnte dennoch der Fall sein, dass eine zwei-Gruppen KFA anzeigt, dass hier ein Geschlechtsunterschied vorliegt. Wir führen daher eine solche KFA durch. Das Basismodell dafür ist $\log \hat{m} = \lambda^M + \lambda^S + \lambda^F + \lambda^G + \lambda^{M,S} + \lambda^{M,F} + \lambda^{S,F} + \lambda^{M,S,F}$. Wir verwenden wie in der KFA erster Ordnung dieser Daten den Chi-Quadrat Test und die Holland DiPonzio Copenhaver Prozedur zum Schutz von α. Diskriminationstypen zeigen sich, wenn mindestens eine der Assoziationen zwischen M, S und F einerseits und G andererseits existiert. Tab. 4.17 zeigt die Ergebnisse der zwei-Gruppen KFA.

Die zwei-Gruppen KFA erbringt keinen Diskriminationstyp. Der Typ in Tab. 4.16 beschreibt damit männliche Testpersonen, ohne dass damit ein statistischer Unterschied zu den weiblichen Testpersonen etabliert wird. In diesem Beispiel verzichten wir auf die Wiedergabe der Ergebnisse, die mit anderen Maßen der Abweichung von Unabhängigkeit erzielt wurden, denn auch diese erbrachten keinen Diskriminationstyp.

In den folgenden Abschnitten beschäftigen wir uns mit der Suche nach Typen und Antitypen in quasi-experimentellen und experimentellen Designs.

4.3   KFA in quasi-experimentellen und experimentellen Designs

In diesem Kapitel behandeln wir Ansätze der KFA, die zur Analyse von Ergebnissen in quasi-experimentellen und experimentellen Untersuchungen geeignet sind. Wir diskutieren drei Typen von Untersuchungen. Erstens sind dies prä-post Designs ohne Kontrollgruppe, zweitens prä-post Designs mit Kontrollgruppe und drittens Interventionen im Rahmen von Präventionsstudien.

4.3.1   KFA von Daten aus Designs ohne Kontrollgruppe

In diesem Abschnitt behandeln wir einen Ansatz, in dem Daten mehrfach vorverarbeitet werden, um sie im Anschluss mittels KFA zu analysieren. Wir führen zudem wieder einen Methodenvergleich durch. Der Ansatz wird anhand eines Beispiels eingeführt.

Lienert und Straube (1980) untersuchten die Wirkung von Neuroleptika an einer Stichprobe von 75 Patienten, die als schizophren diagnostiziert worden waren, über eine Spanne von zwei Wochen. Vor und nach dieser Spanne wurden die Patienten mit der Brief Psychiatric Rating Scale (Overall & Gorham, 1962) getestet. Von den 17 Symptomen, die dieses Instrument erfasst, wurden in dieser Untersuchung die folgenden drei verwendet: emotionaler Rückzug (W), Denkstörungen (T) und Halluzinationen (H). Jedes dieser Symptome wurde in einem ersten Schritt der Datentransformation als präsent (1) oder nicht präsent (-1) kodiert. Gekreuzt würden diese sechs Messungen die $W1 \times T1 \times H1 \times W2 \times T2 \times H2$ Kreuzklassifikation ergeben, die 64 Zellen aufweist.

Die Frage, die mit dieser Untersuchung beantwortet werden sollte, ist ob die Zahl der Patienten, die nach der Behandlung weniger Symptome zeigen als vorher größer ist als

Tab. 4.18 Ergebnisse der medikamentösen Behandlung von 75 Schizophrenen

Zahl der Symptome vor der Behandlung	Konfigurationen	Symptomzahl nach der Behandlung				Summe
		3	2	1	0	
W T H	1 1 1	1 1 −1 1 −1 1 −1 1 1	1 −1 −1 −1 1 −1 −1 −1 1	−1 −1 −1		
3	1 1 1	1	10	4	0	15
2	1 1 −1 1 −1 1 −1 1 1	6	11	17	4	38
1	1 −1 −1 −1 1 −1 −1 −1 1	1	4	7	4	16
0	−1 −1 −1	0	1	2	3	6
Summe		8	26	30	11	75

die Zahl der Patienten, bei denen die Zahl der Symptome zugenommen hat. Um diese Frage zu beantworten, wurde ein zweiter Schritt der Datentransformation durchgeführt. Es wurden die Profile der dichotomisierten Symptome in vier Gruppen aufgeteilt. Die erste Gruppe zeigt vor der medikamentösen Behandlung alle drei Symptome (1 1 1). Die zweite Gruppe zeigt zwei Symptome. Dies sind die Profile 1 1 −1, 1 −1 1 und −1 1 1. Die dritte Gruppe zeigt ein Symptom. Dies sind die Profile 1 −1 −1, −1 1 −1 und −1 −1 1. Die vierte Gruppe zeigt gar kein Symptom, d. h. −1 −1 −1. Dasselbe wurde für die Testergebnisse nach der medikamentösen Behandlung durchgeführt.

Kreuzt man die dadurch entstandenen beiden Variablen, ergibt sich eine 4 × 4 Kreuzklassifikation mit 16 Zellen, eine Reduktion der Originaltafel um 75 %. Tab. 4.18 zeigt die dadurch entstandene Häufigkeitstabelle (nach von Eye, 2002, S. 260).

Die Frage, die an diese Tafel herangetragen wird, betrifft den Vergleich der Summen der Symptome oberhalb und unterhalb der Diagonalen. Oberhalb der Diagonalen finden sich die $10+4+0+17+4+4=39$ Patienten, bei denen die Symptomzahl nach der medikamentösen Behandlung geringer war als vorher. Unterhalb der Diagonale finden sich die $6+1+4+0+1+2=14$ Patienten, bei denen die Symptomzahl angestiegen ist. Die Diagonalzellen zeigen die Zahlen der Patienten, bei denen sich die Symptomzahl nicht verändert hat. Zum Vergleich der 39 mit den 14 Patienten wenden wir jetzt vier Methoden an. Die erste ist der *Vorzeichentest der Diagonalhälften*, den Lienert und Straube (1980) für diesen Zweck vorgeschlagen hatten. Die zweite ist die Prädiktionsanalyse (Hildebrand et al., 1977). Die dritte ist ein log-lineares Modell mit einem speziellen Effektvektor, und die vierte ist die KFA.

Für den Vorzeichentest der Diagonalhälften setzen wir b für die Zahl der Patienten, bei denen die Zahl der Symptome zurückgegangen ist (diese finden sich oberhalb der Diagonale in Tab. 4.18), und w für die Zahl der Patienten, bei denen die Zahl der Symptome nach oben gegangen ist (unterhalb der Diagonale). Der Test ist dann

$$z = \frac{b - w}{\sqrt{b + w}}.$$

Diese Teststatistik ist asymptotisch normalverteilt. Als Alternative kann der Binomialtest mit $p = 0.5$ verwendet werden. Angewendet auf Tab. 4.18 erhält man den z-Wert

$$z = \frac{39 - 14}{\sqrt{39 + 14}} = 3.434.$$

Die Wahrscheinlichkeit dieses Werts ist 0.0003. Aufgrund dieses Ergebnisses lehnen wir die Nullhypothese gleicher Häufigkeiten ab und schließen, dass die medikamentöse Behandlung zu einer Reduktion der Zahl der Symptome geführt hat.

Im Folgenden führen wir einen Methodenvergleich durch und versuchen, die Frage, die soeben beantwortet worden war, mit der Prädiktionsanalyse, einem log-linearen Modell und der KFA zu beantworten.

Vergleich der Diagonalhälften mit der Prädiktionsanalyse. Die Prädiktionsanalyse (Hildebrand et al., 1977; von Eye & Brandtstädter, 1988a, b) ist ein Verfahren, mit dem lokale Vorhersagen in Kreuzklassifikationen von Prädiktoren und Kriterien untersucht werden können. Für ausgewählte Prädiktorkonfigurationen werden Vorhersagen getroffen. Für jede dieser Vorhersagen wird gefragt, welche Kriterienkonfiguration die Fälle enthält, die diese Vorhersage bestätigen. Diese Konfigurationen sind die Trefferzellen (hit cells). Alle anderen Konfigurationen, die mit dieser Prädiktorkonfiguration in Verbindung stehen, d. h. in der selben Zeile der Tafel zu finden sind, konstituieren Fehlerzellen (error cells). Trefferzellen werden mit $\omega = 0$ und Fehlerzellen mit $\omega = 1$ kodiert. Die Summe der Fälle in den Fehlerzellen ist $S_1 = \sum_{ij} m_{ij}\omega_{ij}$, wobei i die Zeilen der Prädiktor $\times$ Kriterien Kreuzklassifikation indiziert, d. h. Die Konfigurationen auf der Prädiktorseite, und j die Spalten der Tabelle, d. h. die Konfigurationen auf der Kriterienseite. Die Summe der für die Trefferzellen erwarteten Häufigkeiten ist $S_2 = \sum_{ij} \hat{m}_{ij}\omega_{ij}$.

(Die beiden Subskripte ergeben sich daraus, dass alle Prädiktorkonfigurationen in den Zeilen einer zwei-dimensionalen Kreuzklassifikation angeordnet werden und alle Kriteriumskonfigurationen in den Spalten).

Die Erwartungshäufigkeiten für S_2 werden wie für eine ISA geschätzt. Das Modell nimmt alle möglichen Effekte auf der Prädiktorseite und alle möglichen Effekte auf der Kriterienseite auf, und schließt alle Effekte aus, die die Beziehungen zwischen Prädiktoren und Kriterien repräsentieren. Die Prädiktionsanalyse zeigt an, dass die Vorhersagen erfolgreich sind, wenn in Summe weniger Fehler gemacht werden als nach diesem Modell zu erwarten waren.

Das von Hildebrand et al. (1977) vorgeschlagene Maß *Del,* auch *PRE* genannt („proportionate reduction in error"), bezieht die beiden Summen S_1 und S_2 aufeinander, und zwar durch

$$PRE = \frac{S_1 - S_2}{S_2} = 1 - \frac{S_1}{S_2}.$$

Tab. 4.19 Trefferzellen für Prädiktionsanalyse von Tab. 4.18

Zahl der Symptome vor der Behandlung	Konfigurationen	Symptomzahl nach der Behandlung			
		3	2	1	0
	$W\ T\ H$	1 1 1	1 1 −1 1 −1 1 −1 1 1	1 −1 −1 −1 1 −1 −1 −1 1	−1 −1 −1
3	1 1 1	1	0	0	0
2	1 1 −1 1 −1 1 −1 1 1	1	1	0	0
1	1 −1 −1 −1 1 −1 −1 −1 1	1	1	1	0
0	−1 −1 −1	1	1	1	1

Dieses Maß gibt den Anteil der beobachteten hypothesendiskrepanten Ereignisse an, und zwar relativ zum Anteil der erwarteten hypothesendiskrepanten Ereignisse. Es kann als Größe der Reduktion der Fehler interpretiert werden, die durch die Platzierung der Trefferzellen erreicht wird. Die Güte der Wahl der Trefferzellen kann mit dem Binomialtest geprüft werden:

$$p(S_1) = \sum_{j=S_1}^{N} \binom{N}{j} p^i q^{N-j},$$

wobei p aus der Stichprobe geschätzt wird als $p = S_1/N$. Ist die Stichprobe groß genug, kann eine z-Approximation verwendet werden (für andere statistische Tests in der Prädiktionsanalyse, siehe Hildebrand et al., 1977).

Wendet man die Prädiktionsanalyse zur Beantwortung der Frage an, die für Tab. 4.18 gestellt worden war, dann kann man alle Zellen oberhalb der Diagonalen zu Trefferzellen machen. Tab. 4.19 gibt das entstehende Trefferzellenmuster wieder.

Mit diesem Trefferzellenmuster ergibt sich ein PRE = 0.0764. Dieser Wert zeigt an, dass unter der Annahme der Unabhängigkeit der Zahlen der Symptome vor und nach der Behandlung die Fehlerreduktion bei diesem Muster 7.64 % beträgt. Der z-Wert für diesen Wert ist 0.5729 mit $p = 0.2834$. Dieses Resultat steht nicht im Einklang mit dem, das mit dem Vorzeichentest der Diagonalhälften erzielt wurde. Im Vergleich zum Ansatz von Lienert und Straube (1980) gibt es zwei Argumente, mit denen man diesen Unterschied erklären kann.

Ein erster Grund für diese Diskrepanz ist, dass für den z-Test der Diagonalhälften die Diagonalzellen ausgeklammert worden waren. Im Gegensatz dazu wurden die Diagonalzellen für die Prädiktionsanalyse zu Fehlerzellen erklärt. Wir sehen damit, dass diese beiden Ansätze nicht äquivalent sind. Hätte man die Diagonalzellen zu Trefferzellen erklärt, wäre das Resultat allerdings nur geringfügig anders gewesen (PRE $= 0.148$; $z = 0.5679$ $p = 0.2851$), und immer noch nicht im Einklang mit dem obigen Ergebnis.

Ein zweiter Grund ist, dass in der Prädiktionsanalyse die Zahlen der Treffer und Fehler mit Bezug auf Erwartungswerte miteinander verglichen wurden. Dies ist beim Test der Diagonalhälften nicht der Fall. Mit anderen Worten, der Diagonalhälften Test geht deskriptiv, d. h. *modell-frei* vor, und die Prädiktionsanalyse geht *modellbasiert* vor.

Vergleich der Diagonalhälften mit einem log-linearen Modell In dem Ansatz zum Vergleich der Diagonalhälften nach Lienert und Straube (1980) wurden die Diagonalzellen von der Analyse ausgeschlossen. Mit der Prädiktionsanalyse kann dies nicht geschehen. Man hat nur die Wahl, die Diagonalzellen den Treffer- oder den Fehlerzellen zuzuschlagen. In diesem Abschnitt fragen wir daher, welches die Optionen sind, wenn die Zellen ober- und unterhalb der Hauptdiagonalen mit einem log-linearen Modell verglichen werden sollen. Wir spezifizieren zu diesem Zweck ein Basismodell, das identisch mit dem ist, das für die Prädiktionsanalyse erzeugt wurde. Um die Unterscheidung zwischen Fehler- und Trefferzellen aufrecht zu erhalten, und um gleichzeitig die Diagonalzellen auszuklammern, spezifizieren wir zusätzlich einen Vektor, in dem wir die Trefferzellen mit 1 kodieren, die Fehlerzellen mit -1 und die Diagonalzellen mit 0. In dem Beispiel in Tab. 4.18 ist dies der Spaltenvektor $x_8 = \{0, 1, 1, 1, -1, 0\ 1, 1, -1, -1, 0, 1, -1, -1, -1, 0\}$. Die Designmatrix sieht damit wie folgt aus:

$$X = \begin{bmatrix} 1 & 1 & 0 & 0 & 1 & 0 & 0 & 0 \\ 1 & 1 & 0 & 0 & 0 & 1 & 0 & 1 \\ 1 & 1 & 0 & 0 & 0 & 0 & 1 & 1 \\ 1 & 1 & 0 & 0 & -1 & -1 & -1 & 1 \\ 1 & 0 & 1 & 0 & 1 & 0 & 0 & -1 \\ 1 & 0 & 1 & 0 & 0 & 1 & 0 & 0 \\ 1 & 0 & 1 & 0 & 0 & 0 & 1 & 1 \\ 1 & 0 & 1 & 0 & -1 & -1 & -1 & 1 \\ 1 & 0 & 0 & 1 & 1 & 0 & 0 & -1 \\ 1 & 0 & 0 & 1 & 0 & 1 & 0 & -1 \\ 1 & 0 & 0 & 1 & 0 & 0 & 1 & 0 \\ 1 & 0 & 0 & 1 & -1 & -1 & -1 & 1 \\ 1 & -1 & -1 & -1 & 0 & 0 & 0 & -1 \\ 1 & -1 & -1 & -1 & 0 & 1 & 0 & -1 \\ 1 & -1 & -1 & -1 & 0 & 1 & 1 & -1 \\ 1 & -1 & -1 & -1 & -1 & -1 & -1 & 0 \end{bmatrix}.$$

Die erste Spalte dieser Designmatrix repräsentiert wieder die Modellkonstante. Die folgenden drei Spalten repräsentieren die Haupteffekte der Prädiktorvariablen, d. h. der Zeilen der Tab. 4.18. Spalten 5, 6 und 7 repräsentieren die Haupteffekte der Kriteriumsvariablen in Tab. 4.18, d. h. die Spalten der Tafel. Die letzte Spalte ist der Vektor, der die Hypothese testet, dass unter Einbezug der Haupteffekte der Zeil und Spalten der

Häufigkeitstabelle mehr Fälle oberhalb als unterhalb der Diagonalen der 4×4 Tafel in Tab. 4.18 zu finden sind.

Das log-lineare Modell mit dieser Designmatrix beschreibt die Häufigkeitsverteilung in Tab. 4.18 zufriedenstellend ($X^2 = 13.74$; $df = 8$; $p = 0.089$), und wir behalten die Nullhypothese bei, nach der keine signifikanten Differenzen zwischen Modell und Daten bestehen. Wir stellen bei der Betrachtung der Parameter allerdings fest, dass der Vektor, der die Hypothese repräsentiert, keinen signifikanten Beitrag leistet (seine Wald Statistik ist 3.53; $df = 1$; $p = 0.060$). Ein Grund dafür mag sein, dass die Zellen in der Diagonalen durch diesen Vektor gleich behandelt werden. Sie werden als Mittelwert für den Vergleich der Zellen oberhalb und unterhalb der Diagonalen verwendet.

Wir gehen daher einen weiteren Schritt, und schließen diese Zellen aus der Analyse aus, indem wir sie zu strukturellen Zellen erklären. Dies geschieht, indem wir für jede der vier Diagonalzellen einen weiteren Vektor in die Designmatrix eingeben, bei dem für die betroffene Diagonalzelle eine 0 steht und sonst nur Einsen. Wir investieren damit vier weitere Freiheitsgrade. Diese Maßnahme zur Modellverbesserung hat den Effekt, dass das neue Modell die Daten ebenfalls gut erklärt ($X^2 = 7.14$; $df = 4$; $p = 0.129$), und dass nun der Vektor, der die Zellen oberhalb mit den Zellen unterhalb der Diagonalen kontrastiert, einen signifikanten Beitrag leistet ($z = 1.98$; $p = 0.024$, einseitig). Wir schließen daraus, dass der Test der Diagonalhälften, den Lienert und Straube (1980) vorgeschlagen hatten, durch ein log-lineares Modell äquivalent dargestellt werden kann.

Konfigurale Details In den drei Ansätzen, die Frage zu beantworten, die bzgl. Tab. 4.18 gestellt worden war, waren die konfiguralen Elemente der gesamte Teil der Matrix oberhalb und der gesamte Teil unterhalb der Diagonalen. In diesem Abschnitt gehen wir detaillierter vor und stellen die Frage noch einmal. Genauer, stellen wir zwei Fragen. Die erste betrifft die individuellen Konfigurationen in Tab. 4.18. Wir fragen, ob die Zahlen der Symptome vor und nach der medikamentösen Intervention so miteinander assoziiert sind, dass sich Typen oder Antitypen zeigen. Die zweite betrifft Teilmengen der Zellen oberhalb und unterhalb der Diagonalen. Zur Beantwortung der ersten Frage führen wir eine KFA durch.

Schritt 1: Spezifikation eines Basismodells In dieser Analyse interpretieren wir die Zahlen der Symptome vor und nach der Behandlung, d. h. die Zeilen und die Spalten von Tab. 4.18, als Kategorien einer Variablen. Die KFA, die damit durchgeführt wird, ist damit eine KFA erster Ordnung. Sie hat das Basismodell $\log \hat{m} = \lambda + \lambda^{Z1} + \lambda^{Z2}$, d. h. ein Haupteffektmodell. In diesem Modell tauchen nur zwei Variablen auf. Dies sind die vier Kategorien vor und nach der medikamentösen Therapie, d. h. die vier Kategorien, die die Zahl der Symptome bezeichnen.

Schritt 2: Signifikanztestung Als Signifikanztest wählen wir wegen der zum Teil sehr kleinen Zellhäufigkeiten den Binomialtest. Das Signifikanzniveau α schützen wir mit der Holland DiPonzio Copenhaver Prozedur.

Tab. 4.20 KFA erster Ordnung der Symptomzahlen, Z, vor und nach einer Therapie

Konfiguration Z1 Z2	m	$\widehat{m}$	p
11	1.00	1.6000	.52284162
12	10.00	5.2000	.03404020
13	4.00	6.0000	.27389788
14	.00	2.2000	.10721578
21	6.00	4.0533	.21899615
22	11.00	13.1733	.31476658
23	17.00	15.2000	.34545603
24	4.00	5.5733	.33690391
31	1.00	1.7067	.48865875
32	4.00	5.5467	.34112425
33	7.00	6.4000	.46046290
34	4.00	2.3467	.20802850
41	.00	.6400	.52584631
42	1.00	2.0800	.38083936
43	2.00	2.4000	.56801625
44	3.00	.8800	.05853845

Schritt 3: Durchführung der KFA Tab. 4.20 gibt die Ergebnisse der KFA erster Ordnung wieder.

Der Pearson Chi-Quadrat goodness-of-fit Test für Basismodell der KFA erster Ordnung zeigt, dass die Symptomzahlen vor und nach der medikamentösen Intervention miteinander assoziiert sind. Die Anpassung ist nicht gut ($X^2 = 17.79$; $df = 9$; $p = 0.038$) und wir lehnen das Basismodell ab. Die Tabelle weist allerdings keinen Typ oder Antityp aus (dies hätte auch gegolten, hätten wir einen Test mit mehr power, z. B. den z-Test, verwendet).

Dennoch stellen wir die zweite Frage. Wir möchten wissen, ob Verminderungen der Symptomzahlen um ein Symptom häufiger sind als Erhöhungen um ein Symptom. Wir entnehmen Tab. 4.18, dass $10 + 17 + 4 = 31$ Patienten nach der Therapie ein Symptom weniger aufweisen als vor der Therapie. $6 + 4 + 2 = 12$ Patienten zeigen dagegen ein zusätzliches Symptom. Wir setzen wieder in den z-Test ein, den wir schon oben verwendet hatten, und finden $z = \frac{31-12}{\sqrt{31+12}} = 2.8975$. Dieser Wert entspricht einer Wahrscheinlichkeit von $p = 0.0019$. Wir lehnen daher die Nullhypothese ab, nach der kein Unterschied besteht, und schließen, dass die Zahl der Patienten, deren Symptomzahl sich um eines verringert, größer ist die Zahl der Patienten, deren Symptomzahl sich um eins erhöht.

Leserinnen und Leser sollten sich ermuntert fühlen, dieses Ergebnis mit einem log-linearen Modell nachzuvollziehen.

4.3.2 KFA von Daten aus Designs mit Kontrollgruppe

In diesem und dem nächsten Abschnitt behandeln wir KFA Methoden zur Untersuchung von Behandlungseffekten in Designs mit Kontrollgruppe. In diesem Abschnitt diskutieren wir einen Zugang, der analog zu dem im letzten Abschnitt gewählten ist. Im nächsten Abschnitt behandeln wir einen elaborateren Zugang.

Tab. 4.21 Datenschema
in prä-post Design mit einer
Kontrollgruppe und einer
Experimentalgruppe

Konfigurationen P1 P2 G	Frequenzen
111	a
112	a'
121	b
122	b'
211	c
212	c'
221	d
222	d'

Designs mit Kontrollgruppe gelten als der Goldstandard in Untersuchungen zu Behandlungseffekten. Diese Designs erlauben es, spontane Remissionen, spontane Veränderungen, oder spontane Entwicklungen von Änderungen zu unterscheiden, die durch eine Intervention hervorgerufen worden sind. Im einfachsten Fall liegen eine Experimental- und eine Kontrollgruppe vor. Beide werden zwei mal unter denselben Bedingungen beobachtet. In der Experimentalgruppe wird in der Zeit zwischen den Beobachtungen eine Behandlung, ein Training, eine Therapie, kurz, eine Intervention durchgeführt. Die Kontrollgruppe ist währenddessen ohne Intervention oder wird mit Aktivitäten beschäftigt, die ohne Bezug zur Intervention sind. Die Frage, die in solchen Untersuchungen gestellt wird, ist, ob die Intervention in der Experimentalgruppe einen Effekt hat, der in der Kontrollgruppe nicht beobachtbar ist.

Tab. 4.21 zeigt die Datensituation für den Fall einer Experimental- und einer Kontrollgruppe und eines für die Intervention interessanten Verhaltensmusters. In der Tabelle bezeichnen G die Vergleichsgruppen (mit 1 = Experimentalgruppe und 2 = Kontrollgruppe), $P1$ das interessierende Verhaltensmuster zur ersten Beobachtung (mit 1 = wurde beobachtet und 2 = wurde nicht beobachtet) und $P2$ das interessierende Verhaltensmuster zur zweiten Beobachtung (kodiert wie $P1$).

Konfiguration 1 2 1 enthält diejenigen Mitglieder der Experimentalgruppe, die von Verhaltensmuster 1 zu Verhaltensmuster 2 übergehen, und damit den erwünschten Interventionseffekt zeigt. Die Häufigkeit dieses Ereignisses sei b. Die Mitglieder der Kontrollgruppe, die die gleiche Verhaltensänderung zeigen, findet man in Zelle 1 2 2. Diese Konfiguration wurde b' mal beobachtet. Konfigurationen 1 1 1 und 1 1 2 enthalten diejenigen Teilnehmer der Untersuchung, die zu beiden Beobachtungszeitpunkten das gleiche Verhaltensmuster, 1, zeigen (Häufigkeiten a und a'). Dies gilt analog für die Konfigurationen 2 2 1 und 2 2 2, nur für Verhaltensmuster 2 (Häufigkeiten d und d'). Konfigurationen 2 1 1 und 2 1 2 repräsentieren die Personen, die eine Änderung in genau die entgegengesetzte Richtung zeigen, d. h. von Verhaltensmuster 2 zu Verhaltensmuster 1 (Häufigkeiten c und c').

Tab. 4.22 2×2 Tafel zur Analyse der Häufigkeiten in Tab. 4.21

Verhaltensmuster	Vergleichsgruppen		Summe
	Experimental	Kontroll	
1 1 1/1 2 1	b	b'	$m_{111/121}$
Alle anderen	$a+c+d$	a'$+c$'$+d$'	$N-m_{111/121}$
Summe	$b+a+c+d$	b'$+a$'$+c$'$+d$'	N

Die Häufigkeiten in Tab. 4.21 können zu denen in einer 2×2 Tafel zusammengefasst werden, die in Tab. 4.22 dargestellt ist.

Tests, mit denen die Häufigkeiten in Tab. 4.21 verglichen werden können, sind dann z. B. der exakte Test nach Fisher oder der Chi-Quadrat Test für 2×2 Tafeln.

Datenbeispiel Um ein numerisches Beispiel zu geben, nehmen wir an, dass in Lienert und Straubes (1980; vgl. Tab. 4.18) Untersuchung neun Personen nach der medikamentösen Behandlung keine Halluzinationen mehr zeigten. Weiterhin nehmen wir an, dass in einer Kontrollgruppe zwei von 14 Personen diese Änderung erlebten. Mit diesen Zahlen errechnen wir für den exakten Test von Fisher die Wahrscheinlichkeit $p < 0.001$. für den Chi-Quadrat Test errechnen wir $X^2 = 16.90$ ($df = 1$; $p < 0.001$). Damit schließen wir, dass die medikamentöse Behandlung im Vergleich zu einer Kontrollgruppe zu einer signifikanten Verbesserung der Halluzinationen geführt hat. Die zusätzliche Information, die durch die Kontrollgruppe verfügbar gemacht wurde, führt damit zu keiner Änderung der Schlussfolgerung, die im letzten Abschnitt auf der Basis von Daten ohne Kontrollgruppe getroffen worden war.

4.4   Konfirmatorische KFA längsschnittlicher Daten

Bisher wurden in diesem Buch die Beispiele zur Anwendung der KFA exploratorisch durchgeführt. Es wurde nach Typen und Antitypen gesucht. Dies entspricht der gängigen Anwendung der KFA. Es gibt jedoch interessante Situationen, in denen ein konfirmatorisches Vorgehen angebracht erscheint. Beispiele dafür gibt es in der Forschung zur Intervention und Prävention. In diesem Abschnitt behandeln wir einen Ansatz, der sich in der Durchführung der KFA Tests von denen unterscheidet, die bisher besprochen worden waren. Wir besprechen an Beispielen, wie in einem diagnostischen Kontext und in einem präventiven Interventionskontext lokal Effekte untersucht werden können. Wurden diagnostische Muster oder präventive Effekte a priori postuliert, dann ist ein konfirmatorischer Ansatz angebracht.

Der Unterschied der konfirmatorischen KFA zur exploratorischen liegt in zwei Schritten. Der erste betrifft die Auswahl der Konfigurationen für die ein KFA Test durchgeführt wird. Der zweite betrifft die Durchführung der Signifikanztests. Die vier

Schritte der KFA sind sonst unverändert. In der konfirmatorischen KFA wird a priori eine Liste an Konfigurationen ausgewählt, auf die sich die Suche nach Typen und Antitypen beschränkt. Dies hat zur Folge, dass die Zahl der Tests geringer ist als in der exploratorischen KFA, und die geschützte Signifikanzschwelle wird dadurch weniger extrem. Die anderen Elemente der KFA sind die gleichen.

Wir präsentieren zwei Datenbeispiele zur konfirmatorischen KFA. Das erste stammt aus der psychiatrischen Diagnostik, das zweite aus der Präventionsforschung.

Datenbeispiel 1 Lienert und von Kjerekarto (1969; vgl. Lautsch & von Weber, 1995) haben 339 depressive Patienten hinsichtlich der Symptome Hemmung (*H*), Schuldgefühle (*S*), Angst (*A*) und Erregung (*E*) untersucht. Jedes der Symptome wurde mit 1 = *nicht vorhanden* und 2 = *vorhanden* kodiert. Wir re-analysieren die Kreuzklassifikation dieser vier Variablen im Hinblick auf zwei Fragen. Erstens fragen wir, ob, exploratorisch, Typen und Antitypen darauf hinweisen, wo im Datenraum Assoziationen zwischen diesen vier Symptomen besonders markant sind. Zweitens fragen wir, konfirmatorisch, ob die Abwesenheit aller vier Symptome unter der Annahme der Unabhängigkeit der Symptome besonders selten und die Anwesenheit aller vier Symptome besonders häufig beobachtet worden waren. Zur Beantwortung der ersten Frage führen wir die vier Schritte der KFA durch.

Schritt 1: Spezifikation eines Basismodells Die Frage, die wir jetzt untersuchen, betrifft die Sektoren des Datenraums, in denen Assoziationen zwischen den vier Symptomen besonders markant zum Vorschein kommen. Das Basismodell ist damit das einer KFA erster Ordnung: $\log \hat{m} = \lambda + \lambda^H + \lambda^S + \lambda^A + \lambda^E$.

Schritt 2: Signifikanztestung weil die Stichprobe relativ groß ist, können wir als Signifikanztest den *z*-Test wählen. Das Signifikanzniveau α schützen wir mit der Holland DiPonzio Copenhaver Prozedur.

Schritt 3: Durchführung der KFA Tab. 4.23 gibt die Ergebnisse der KFA erster Ordnung wieder.

Der Pearson Chi-Quadrat goodness-of-fit Test für das Basismodell der KFA erster Ordnung zeigt, dass die Symptome stark miteinander assoziiert sind. Die Anpassung ist schlecht ($X^2 = 89.75$; $df = 11$; $p < 0.001$), und wir lehnen das Basismodell ab. Die Tabelle weist zwei Typen und zwei Antitypen aus.

Schritt 4: Interpretation der gefundenen Typen und Antitypen Der erste Typ wird durch Konfiguration 1 1 2 2 konstituiert. Dies sind depressive Patienten, bei denen weder Symptome der Hemmung noch der Schuld gefunden worden waren, die aber Symptome der Angst und Erregung zeigten. 14 Patienten hatten dieses Profil, nur 6.4 waren erwartet worden. Der zweite Typ, konstituiert durch Konfiguration 1 2 2 2, beschreibt Patienten

Tab. 4.23 KFA erster Ordnung der Symptome Hemmung (*H*), Schuldgefühle (*S*), Angst (*A*) und Erregung (*E*).

```
Konfiguration

    HSAE         m        m̂         z          p
    1111       9.00    14.208   -1.3817    .083529
    1112      13.00     6.643    2.4665    .006821
    1121       5.00    13.633   -2.3382    .009689
    1122      14.00     6.374    3.0206    .001262    Typ
    1211       6.00    13.959   -2.1302    .016576
    1212       6.00     6.526    -.2060    .418394
    1221      13.00    13.394    -.1077    .457118
    1222      15.00     6.262    3.4917    .000240    Typ
    2111      60.00    45.256    2.1917    .014200
    2112       3.00    21.159   -3.9477    .000039    Antityp
    2121      57.00    43.425    2.0601    .019696
    2122      10.00    20.302   -2.2865    .011113
    2211      59.00    44.462    2.1803    .014618
    2212      17.00    20.787    -.8307    .203074
    2221      22.00    42.663   -3.1635    .000780    Antityp
    2222      30.00    19.946    2.2511    .012189
```

ohne Hemmungssymptome, bei denen aber Schuldgefühle, Angst und Erregung festgestellt wurden. 15 Patienten hatten dieses Profil, nur 6.3 waren erwartet worden.

Der erste Antityp wird durch die Konfiguration 2 1 1 2 konstituiert. Ohne Symptome der Schuld oder Angst, wurden bei diesen Patienten Hemmungen und Erregung festgestellt. Drei Patienten haben dieses Profil, das ist signifikant weniger als die erwarteten 21.2. Der Antityp 2 2 2 1 beschreibt Patienten mit Hemmungen, Schuldgefühlen und Angst, aber ohne Erregung. 22 Patienten haben dieses Profil, aber 42.7 waren erwartet worden.

Dies ist ein KFA Ergebnis, das alle Merkmale einer KFA erster Ordnung zeigt. Insbesondere ist die Zahl der Typen und Antitypen im Vergleich zur Zahl der Zellen in der Kreuzklassifikation eher gering. Zweitens ist auch hier nicht die absolute Zellhäufigkeit die Ursache für das Auftreten eines Typs oder Antitypes, sondern die Abweichung von der Erwartung, die unter der Annahme der Symptomunabhängigkeit geschätzt wurde. Dies ist auch die Erklärung dafür, dass Konfiguration 2 2 2 1 einen Antityp konstituiert, der mehr Fälle enthält als die beiden Konfigurationen, die Typen konstituieren.

Im Hinblick auf die oben gestellte Frage die Häufigkeit der Konfigurationen 1 1 1 1 und 2 2 2 2 betreffend, stellen wir fest, dass keine dieser beiden Konfigurationen in der exploratorischen KFA in den Vordergrund getreten ist. Nachdem dies aber die hier besonders interessierenden Konfigurationen sind, legen wir die exploratorische KFA beiseite und führen eine konfirmatorische KFA durch.

Untersucht werden zwei Zellen. Legt man das nominelle α auf 0.05 fest, dann ist das geschützte α für die extremere der beiden Konfigurationen bei fast allen Prozeduren zum α Schutz α*/2 = 0.025. Das geschützte α für den zweiten von zwei Tests ist, nach

Holm (1979), gleich dem nominellen $\alpha* = 0.05$. Tab. 4.23 kann entnommen werden, dass Konfiguration 2 2 2 2 extremer ist als 1 1 1 1, d. h. die geringere Wahrscheinlichkeit aufweist. Mit $p = 0.012$ ist dieser Wert geringer als das erste für die konfirmatorische KFA geschützte $\alpha*$. Wir schließen daraus, dass bei depressiven Patienten alle vier Symptome häufiger auftreten als unter der Annahme der Symptomunabhängigkeit zu erwarten war. Im Gegensatz dazu ist die Wahrscheinlichkeit der Konfiguration 1 1 1 1 mit $p = 0.084$ größer als das nominelle α, und wir konstatieren, dass diese Symptomkombination nicht seltener als erwartet auftritt.

Datenbeispiel 2 Für das folgende Beispiel verwenden wir Daten, die von Reinke, Herman und Dong (2018; vgl. von Eye et al., 2021) in einer Studie zur sozial-emotionalen Entwicklung von Schülern erhoben worden waren. Insgesamt wurden 1590 Schüler einbezogen. Ein Teil der Schülerinnen und Schüler erhielt psychologische Betreuung im Schulalltag, die anderen nicht. Die abhängige Variable war beobachtetes Verhalten, das den Schulunterricht störte. Diese Variable wurde vor und nach der psychologischen Betreuung erhoben. Die Prädiktorvariable, psychologische Betreuung (*P*), hatte die Kategorien nein = 1 und ja = 2. Die Variable *,stört den Unterricht'* (*D*1 und *D*2) hatte die Kategorien 1 = wenig, 2 = etwas, 3 = deutlich und 4 = sehr. Im Folgenden führen wir die vier Schritte der KFA durch, wobei wir direkt zur konfirmatorischen Suche nach Typen gehen (eine ISA dieser Daten wird bei von Eye et al., 2021, berichtet). Wir verfolgen die Frage, ob psychologische Betreuung zu einer Reduktion störenden Verhaltens geführt hat.

Schritt 1: Spezifikation eines Basismodells Die Frage, der wir nachgehen, führt zu einer Gruppierung der drei Variablen in einen Prädiktor (*P*) und zwei abhängige Variablen (*D*1 und *D*4). Nachdem störendes Verhalten zwei mal gemessen wurde, wird die Assoziation dieser Variablen in das Basismodell aufgenommen. Das Modell lautet damit

$$\log \hat{m} = \lambda + \lambda^P + \lambda^{D1} + \lambda^{D2} + \lambda^{D1,D2}.$$

Treten bei diesem Basismodell Typen und Antitypen auf, dann müssen sie auf die Beziehungen zwischen *P* einerseits und *D*1 und *D*2 andererseits zurückzuführen sein.

Anstatt die ganze $2 \times 4 \times 4$ Kreuzklassifikation exploratorisch zu durchsuchen, konzentrieren wir uns auf die Konfigurationen, die die gestellte Frage bestätigen. Dies sind die Konfigurationen 2 2 1, 2 3 1, 2 3 2, 2 4 1, 2 4 2 und 2 4 3. Jede dieser sechs Konfigurationen zeigt eine Reduktion störenden Verhaltens unter psychologischer Betreuung an.

Schritt 2: Signifikanztestung weil die Stichprobe relativ groß ist, können wir als Signifikanztest den *z*-Test wählen. Das Signifikanzniveau α schützen wir mit der Holland DiPonzio Copenhaver Prozedur. Hierbei ist zu beachten, dass nicht 32 KFA Tests, sondern nur 6 durchgeführt werden. Das geschützte α für den ersten Test ist damit nicht $\alpha* = 0.05/32 = 0.00156$, sondern $\alpha* = 0.05/6 = 0.0083$, und damit erheblich weniger extrem. Dies gilt entsprechend für die folgenden fünf Tests.

Tab. 4.24 Konfirmatorische ISA der Variablen P, $D1$ und $D2$

Konfiguration

P D1 D2	m	$\hat{m}$	z	p	
1 1 1	918.000	876.928	1.387		
1 1 2	197.000	190.760	0.452		
1 1 3	15.000	16.134	-0.282		
1 1 4	5.000	4.745	0.117		
1 2 1	19.000	19.930	-0.208		
1 2 2	187.000	191.709	-0.340		
1 2 3	57.000	62.638	-0.712		
1 2 4	7.000	7.592	-0.215		
1 3 1	3.000	2.847	0.091		
1 3 2	31.000	39.860	-1.403		
1 3 3	44.000	55.994	-1.603		
1 3 4	10.000	14.236	-1.123		
1 4 1	1.000	1.898	-0.652		
1 4 2	1.000	3.796	-1.435		
1 4 3	9.000	11.389	-0.708		
1 4 4	5.000	8.542	-1.212		
2 1 1	6.000	47.072	-5.986		
2 1 2	4.000	10.240	-1.950		
2 1 3	2.000	0.866	1.219		
2 1 4	0.000	0.255	-0.505		
2 2 1	2.000	1.070	0.899	0.1843	
2 2 2	15.000	10.291	1.468		
2 2 3	9.000	3.362	3.075		
2 2 4	1.000	0.408	0.928		
2 3 1	0.000	0.153	-0.391	0.3479	
2 3 2	11.000	2.140	6.057	< α*	Typ
2 3 3	15.000	3.006	6.918		
2 3 4	5.000	0.764	4.846		
2 4 1	1.000	0.102	2.814	0.0245	Typ
2 4 2	3.000	0.204	6.194	< α*	Typ
2 4 3	3.000	0.611	3.055	0.0011	Typ
2 4 4	4.000	0.458	5.230		

Schritt 3: Durchführung der KFA Tab. 4.24 gibt die Ergebnisse der konfirmatorischen KFA wieder (nur die sechs a priori ausgewählten Zellen werden untersucht).

Der Pearson Chi-Quadrat goodness-of-fit Test zeigt, dass starke Assoziationen zwischen P und $D1$ und $D2$ existieren. Das Basismodell wird abgelehnt ($X^2 = 259.02$; $df = 15$ $p < 0.001$). Wir erwarten daher, dass die ausgewählten Konfigurationen Typen oder Antitypen konstituieren.

Schritt 4: Interpretation der Typen Die Ergebnisse in Tab. 4.24 zeigen, dass bei Schülern, die den Unterricht nicht extrem stören ($D1 = 2$), durch psychologische Betreuung keine Reduktion des störenden Verhaltens auf das niedrigste Niveau ($D2 = 1$) erreicht wurde (Konfiguration 2 2 1). Bei stärker ausgeprägtem Störverhalten ($D1 = 3$)

konnte eine leichte Reduktion auf $D2=2$ erreicht werden (Konfiguration 2 3 2), nicht aber auf $D2=1$ (Konfiguration 2 3 1). Im Gegensatz dazu konnten bei Schülern, die bei der ersten Beobachtung extrem störendes Verhalten gezeigt hatte, Verbesserungen um eine, zwei und um drei Stufen erreicht werden (von $D1=4$ auf $D2=3$, $D2=2$ und $D2=1$). Wir schließen daraus, dass die Intervention erfolgreich ist, speziell bei den besonders auffälligen Schülern.

An diesem Beispiel zeigt sich der Gewinn an Power sehr deutlich, der die konfirmatorische im Vergleich zu exploratorischen KFA auszeichnet. Die beiden Konfigurationen 2 4 1 und 2 4 3 hätten es bei einer exploratorischen KFA nicht geschafft, die extremere Schwelle des geschützten α zu überspringen. Möglicherweise ein Nachteil der konfirmatorischen KFA ist allerdings, dass andere, extreme Konfigurationen nicht beachtet werden. In Tab. 4.24 trifft dies z. B. für die Zellen 2 1 1 und 2 3 3 zu. Diese beiden Profile beschreiben Schülerinnen und Schüler, die ihre störenden Verhaltensweisen trotz psychologischer Betreuung nicht reduzieren.

4.5   KFA von longitudinalen Korrelationen oder Distanzen

Eingangs dieses Kapitels hatten wir betont, dass beliebige Parameter von Reihen wiederholt gemessener Merkmale mit der KFA analysiert werden können. Beginnend mit der Methode der Differenzen haben wir dann gezeigt, dass bestimmte Transformationen von Messwerten zu Datenformen führen, die einer KFA zugänglich sind. Mit vergleichbaren Transformationsmethoden wurden dann das Niveau, auf dem eine Kurve liegt, der Anstieg einer Kurve, ihre Beschleunigung, die Variabilität und Polynomparameter von Kurven transformiert. In diesem Abschnitt wollen wir dies wiederholen, allerdings mit anderen Parametern. Hier fragen wir, ob es Muster von Distanzen oder Korrelationen wiederholt gemessener Merkmale gibt.

Wiederholt gemessene Merkmale sind gewöhnlich stark miteinander korreliert (*autokorreliert* oder, bei kategorialen Merkmalen, *autoassoziiert*). Die Autoassoziationen können über die Zeit hinweg, aber auch in Abhängigkeit von anderen Variablen variieren. Diese Variablen können einmal gemessen oder auch selbst wiederholt erfasst worden sein. Dies gilt analog für Distanzen. Univariate Distanzen haben wir bereits im Kontext der Methode der Differenzen in Abschn. 4.1 behandelt. Hier untersuchen wir Muster von multivariaten Distanzen.

Die verallgemeinerte multivariate Distanz zwischen zwei Vektoren von Messwerten X und Y ist durch die *Minkowski-Metrik* gegeben:

$$L = \left(\sum_i (x_i - y_i)^u \right)^{\frac{1}{u}},$$

Tab. 4.25 Schema zur Berechnung von multivariaten Distanzen zwischen d Messwerten

Person	Vektoren zum Zeitpunkt[a]		Distanz
	t - 1	t	
1	$\{x_{1,t-1,1}, x_{1,t-1,2}, \ldots, x_{1,t-1,d}\}$	$\{x_{1,t,1}, x_{1,t,2}, \ldots, x_{1,t,d}\}$	l_{11}
.	.	.	.
.	.	.	.
.	.	.	.
n	$\{x_{n,t-1,1}, x_{n,t-1,2}, \ldots, x_{n,t-1,d}\}$	$\{x_{n,t,1}, x_{n,t,2}, \ldots, x_{n,t,d}\}$	l_{nm}

[a] die Subskripte indizieren Personen, Messpunkte und Variablen

wobei u die Zahl der Messwerte in jedem Vektor bezeichnet. Setzt man $u = 2$, erhält man die *Euklidische Distanz*

$$l = \left(\sum_i (x_i - y_i)^2 \right)^{\frac{1}{2}}.$$

Im vorliegenden Kontext der Analyse von Veränderungen über die Zeit, sieht die Datenmatrix, aus der die Distanzwerte separat für jede Person gewonnen werden, aus, wie in Tab. 4.25 illustriert.

Tab. 4.25 zeigt das Schema für die Berechnung von Distanzen zwischen zeitlich direkt benachbarten Messwertreihen. Es wird die Distanz zwischen Vektoren in derselben Zeile gemessen. Dasselbe Schema könnte zur Berechnung von Autokorrelationen verwendet werden. Die durch Anwendung dieses Schemas entstehenden Distanzen (oder Korrelationen) können wie die ersten Differenzen, die am Anfang dieses Kapitels behandelt worden waren, kategorisiert und danach mit einer KFA analysiert werden.

Datenbeispiel Im Folgenden re-analysieren wir Daten, die in einem Experiment zum Lernen und Reproduzieren von Texten erhoben wurden (von Eye, 1984; vgl. von Eye, 1990a). 148 Personen nahmen an einem Experiment teil, in dem sie kurze Texte lernen und reproduzieren sollten. Vor und nach jedem von zwei Durchgängen füllten sie einen Fragebogen aus, mit dem ihre Stimmung über die Indikatoren Beklemmung, Anspannung und Ermüdung erfasst wurde. Zwei Texte wurden bearbeitet. Dadurch entstanden vier Messungen für jedes Stimmungsitem.

Im Folgenden analysieren wir den Zuwachs/Rückgang der Stimmungswerte, d. h., die Verbesserung/Verschlechterung der Stimmung während des Experiments. Aus den vier Vektoren der Stimmungswerte wurden in einem ersten Schritt drei Distanzen für die zeitlich benachbarten Messpunkte errechnet. Im folgenden Schritt wurden diese Distanzen dichotomisiert. Als Referenzpunkt wurde dafür der Nullpunkt verwendet. Hier ist dies ein natürlicher cut off. Der Wert 1 bedeutet eine Stimmungsverschlechterung, 2 bedeutet einen Zuwachs, d. h. eine Stimmungsverbesserung. Die drei entstehenden binären Maße der Distanz, $D1$, $D2$ und $D3$ wurden gekreuzt und mit einer KFA analysiert. Wir gehen durch die Schritte der KFA.

Schritt 1: Spezifikation eines Basismodells Im vorliegenden Beispiel fragen wir zunächst, ob bestimmte Muster der Verbesserung/Verschlechterung der Stimmung in diesem Gedächtnisexperiment überzufällig häufig oder selten sind. Zur Beantwortung dieser Frage berechnen wir eine KFA 0-ter Ordnung. Das Basismodell für diese KFA enthält nur den Konstantenvektor. Es ist $\log \hat{m} = 1\lambda$. Effekte beliebiger Art können zu Typen oder Antitypen führen. Im folgenden Schritt führen wir eine KFA erster Ordnung durch, um zu klären, ob Typen oder Antitypen allein aufgrund der Haupteffekte entstehen oder ob die drei Messvektorendifferenzen miteinander assoziiert sind. Das Basismodell für diese KFA ist $\log \hat{m} = \lambda + \lambda^{D1} + \lambda^{D2} + \lambda^{D3}$.

Schritt 2: Signifikanztestung Weil die Stichprobe relativ groß ist, wählen wir als Signifikanztest den z-Test. α schützen wir mit der Holland DiPonzio Copenhaver Prozedur. Dies gilt für beide konfigurale Analysen.

Schritt 3: Durchführung der KFA Tab. 4.26 zeigt die Ergebnisse der KFA 0-ter Ordnung

Der Pearson Chi-Quadrat goodness-of-fit Test für das Basismodell der KFA 0-ter Ordnung zeigt, dass Haupteffekte existieren, die Symptome miteinander assoziiert sind, oder beides. Die Anpassung ist schlecht ($X^2 = 36.97$; $df = 7$; $p < 0.001$) und wir lehnen das Basismodell ab. Die Tabelle weist einen Typ und einen Antityp aus.

Schritt 4: Interpretation des gefundenen Typs und des Antityps Der Typ, konstituiert durch die Konfiguration 1 2 1, beschreibt die VersuchsteilnehmerInnen, deren Stimmung sich währen des Experiments von unter- auf überdurchschnittlich verbesserte, nur um gegen Ende des Experiments wieder auf unterdurchschnittlich abzusinken. 38 Personen zeigten dieses Profil, 18.5 waren erwartet worden. Der Antityp 2 2 2 beschreibt die Personen, deren Stimmung in ihrer eigenen Einschätzung während des gesamten Experiments über dem Durchschnitt war. Vier Personen zeigen dieses Profil, aber 18.5 waren erwartet worden.

Zum Vergleich mit den Ergebnissen in Tab. 4.26 zeigen wir die Ergebnisse der KFA erster Ordnung in Tab. 4.27. Diese wurde ebenfalls mit dem z-Test unter der Prozedur von Holland und DiPonzio Copenhaver durchgeführt.

Tab. 4.26 KFA 0-ter Ordnung der Differenzen der Stimmungsvektoren

Konfiguration

D1 D2 D3	m	$\hat{m}$	z	p	
111	17.00	18.500	-.3487	.363641	
112	18.00	18.500	-.1162	.453728	
121	38.00	18.500	4.5337	.000003	Typ
122	12.00	18.500	-1.5112	.065366	
211	16.00	18.500	-.5812	.280540	
212	25.00	18.500	1.5112	.065366	
221	18.00	18.500	-.1162	.453728	
222	4.00	18.500	-3.3712	.000374	Antityp

Tab. 4.27 KFA erster Ordnung der Differenzen der Stimmungsvektoren

Konfiguration

D1 D2 D3	m	$\hat{m}$	z	p	
111	17.00	26.248	-1.8051	.035528	
112	18.00	17.400	.1437	.442860	
121	38.00	24.867	2.6337	.004223	Typ
122	12.00	16.485	-1.1046	.134675	
211	16.00	19.455	-.7832	.216752	
212	25.00	12.897	3.3702	.000376	Typ
221	18.00	18.431	-.1003	.460052	
222	4.00	12.218	-2.3511	.009359	

Der Pearson Chi-Quadrat goodness-of-fit Test für Basismodell der KFA erster Ordnung zeigt, dass Haupteffekte existieren, die Stimmungsindikatoren aber darüber hinaus zeitlich miteinander assoziiert sind. Die Anpassung ist schlecht ($X^2 = 28.94$; $df = 4$; $p < 0.001$) und wir lehnen das Basismodell ab. Die Tabelle weist zwei Typen aus.

Der erste der beiden Typen wird durch die gleiche Konfiguration konstituiert wie in der KFA 0-ter Ordnung. Die 38 Personen mit dem Profil 1 2 1 weisen offenbar auf Assoziationen zwischen den drei Differenzwerten hin. Dies gilt auch für den zweiten Typ. Er wird durch die Konfiguration 2 1 2 konstituiert. Die 25 Personen, die dieses Profil zeigen, gehen in ihrer Stimmung genau den entgegengesetzten Weg wie die Personen aus dem ersten Typ. Hier sinkt die Stimmung während des Experiments von über auf unter den Durchschnitt. Gegen Ende des Experiments steigt sie aber wieder über den Durchschnitt.

Der Vergleich der Resultate der KFA 0-ter und erster Ordnung zeigt, wie wichtig das Basismodell für die Interpretation von Resultaten der KFA ist. Es können sich für die selben Konfigurationen Typen und Antitypen ergeben, die auf unterschiedliche Eigenschaften der untersuchten Daten hinweisen. Hier zeigt sich, dass der erste Typ nicht nur überdurchschnittlich viele Personen kennzeichnet, sondern auch auf Assoziationen hinweist. Der zweite Typ in Tab. 4.27 (KFA erster Ordnung) beschreibt nicht überzufällig viele Personen, wenn man den Mittelwert an Personen pro Zelle zum Vergleich heranzieht. Er weist aber ebenfalls auf Assoziationen hin. Der Antityp in Tab. 4.26 (KFA 0-ter Ordnung) sagt nur, dass das Profil 2 2 2 wider Erwarten selten auftritt. Dieses Profil weist aber nicht auf Assoziationen hin.

4.6   Vorhersagen in längsschnittlichen Daten

In den bisherigen Abschnitten zur KFA von Messwiederholungsdaten haben wir Fragen gestellt, die die ganze Messwertereihe betreffen. So haben wir alle Differenzen errechnet, die Krümmung der gesamten Kurve betrachtet, oder die Steigung über den gesamten Kurvenverlauf analysiert. In diesem Abschnitt ändern wir die Perspektive. Wir stellen Fragen, die, im Kontext aller gegebenen Daten, nur einen bestimmten Abschnitt einer Messwertereihe betreffen. Wir beginnen mit der Frage, wie mit der KFA der

Endpunkt einer Messwertereihe vorhergesagt werden kann. Dabei ist, wie in der KFA üblich, der Endpunkt durch Konfigurationen gekennzeichnet, von denen eine oder mehrere in Bezug zu vorher stattgefundenen Ereignissen gesetzt werden sollen.

4.6.1 Vorhersage des Endpunkts einer Messwertreihe

Endpunkte sind in vielen Bereichen der Forschung von Interesse. So kann gefragt werden, ob ein Trainingsprogramm zu einem bestimmten Leistungsniveau führt, ob Schüler und Schülerinnen das Abitur oder die Matura schaffen, wenn sie ihre Energie auf nicht-akademische Bereiche des Lebens konzentrieren, ob eine Therapie dazu führt, dass eine Depression abklingt, ob Ausgangssperren die Verbreitung des Coronavirus verlangsamen, ob Heiratsanträge erfolgreich sind, oder ob ein bestimmter Blutalkoholspiegel zu Fahruntauglichkeit führt. In der Entwicklungspsychologie werden teleologische Theorien diskutiert, die postulieren, dass End- oder Zielpunkte die Entwicklung eines Organismus bestimmen (für eine Diskussion solcher Theorien, siehe Lerner, 2018).

Die KFA kann dann die Methode der Wahl für die Analyse der Vorhersage von Endpunkten auf der Basis vorheriger Ereignisse sein, wenn die Endpunkte kategorial oder sinnvoll kategorisierbar sind. Die Ereignisse, die zur Vorhersage verwendet werden, sind in der KFA ebenfalls kategoriale Variablen. Diese wurden entweder nur einmal beobachtet oder bilden ganze Messwertereihen ab.

Die Modelle der KFA, die zur Vorhersage von Endpunkten verwendet werden, sind P-KFA oder ISA Basismodelle. In diesen werden die Endpunktemuster einer Gruppe von Variablen zugeschlagen und die vorhersagenden Ereignisse der anderen. Das Basismodell zur Vorhersage von Endpunkten enthält damit zusätzlich zur Konstanten

1. die Haupteffekte aller beteiligten Variablen,
2. alle möglichen Interaktionen zwischen den Prädiktorvariablen, und
3. alle möglichen Interaktionen zwischen den Variablen, die den Endpunkt beschreiben.

Das Modell ist damit saturiert in den Prädiktoren und auch saturiert in den Variablen, die den Endpunkt beschreiben. Die Interaktionen zwischen den Prädiktoren und dem Endpunkt sind das Ziel der Analyse und werden deswegen nicht in das Basismodell aufgenommen. Typen und Antitypen repräsentieren daher diese Interaktionen. Es handelt sich damit um ein ISA Modell.

Datenbeispiel Im folgenden Datenbeispiel widmen wir uns der Frage, ob häusliche Gewalt gegen Frauen in zwei aufeinanderfolgenden Jahren zu posttraumatischen Stresssymptomen im Folgejahr führt. Zur Beantwortung dieser Frage verwenden wir einen Datensatz, der in einer Studie zu den Effekten häuslicher Gewalt erhoben worden war (Bogat et al., 2006). Die beiden Prädiktoren, *DV*2 und *DV*3, umfassen jede Form der Gewalt (z. B. physische und psychische) und wurden kodiert mit $1 = keine\ Gewalt$ von den 204 befragten Frauen berichtet und $2 = Gewalt$ berichtet. Posttraumatische

Stresssymptome (PTSD; *P*) wurden mittels eines Fragebogens erfasst und ebenfalls binär kodiert mit 1 = *keine Symptome* und 2 = *Symptome* beobachtet.

Zur Analyse der Kreuzklassifikation dieser drei Variablen führen wir zuerst eine KFA erster Ordnung und dann eine ISA durch. Die Schritte der KFA sind damit für das vorliegende Beispiel:

Schritt 1: Spezifikation eines Basismodells Die erste Frage, mit denen wir uns diesen Daten nähern, ist, ob bestimmte Konfigurationen von Gewalt und PTSD Assoziationen zwischen diesen drei Variablen anzeigen. Das zur Beantwortung dieser Frage verwendete Basismodell einer KFA erster Ordnung ist $\log \hat{m} = \lambda + \lambda^{DV2} + \lambda^{DV3} + \lambda^P$, wobei das Superskript *P* kurz für PTSD steht.

Schritt 2: Signifikanztestung Weil die Stichprobe relativ groß ist, wählen wir als Signifikanztest wieder den *z*-Test. α schützen wir mit der Holland DiPonzio Copenhaver Prozedur. Dies gilt für beide der folgenden konfigurale Analysen.

Schritt 3: Durchführung der KFA Tab. 4.28 zeigt die Ergebnisse der KFA erster Ordnung.

Der Pearson Chi-Quadrat goodness-of-fit Test für Basismodell der KFA erster Ordnung zeigt, dass die Indikatoren für Gewalt miteinander und vielleicht auch mit PTSD assoziiert sind. Die Anpassung ist dürftig ($X^2 = 37.50$; $df = 4$; $p < 0.001$) und wir lehnen das Basismodell ab. Die Tabelle weist einen Antitypen und einen Typen aus.

Schritt 4: Interpretation des Antityps und des Typs Der Antityp, konstituiert durch die Konfiguration 1 2 1, beschreibt die überzufällig seltenen Frauen, die im ersten Beobachtungsjahr nicht von Gewalt berichten, aber im zweiten Jahr, und danach keine PTSD Symptome zeigen. Neun Frauen haben dieses Profil, über 20 waren aber erwartet worden. Der Typ konstituiert durch die Konfiguration 2 2 2, beschreibt die überzufällig vielen Frauen, die in beiden Beobachtungsjahren von häuslicher Gewalt berichten und bei denen dann, ein Jahr später, PTSD Symptome gefunden wurden. Ebenfalls neun Frauen haben dieses Profil, 2.28 waren aber erwartet worden.

Tab. 4.28 KFA erster Ordnung der Kreuzklassifikation von *DV2*, *DV3* und *P*

Konfiguration

DV2 DV3 P	m	$\hat{m}$	z	p	
111	112.00	93.793	1.8800	.030056	
112	17.00	26.545	-1.8526	.031967	
121	9.00	20.780	-2.5843	.004879	Antityp
122	9.00	5.881	1.2860	.099221	
211	28.00	36.369	-1.3877	.082614	
212	10.00	10.293	-.0913	.463612	
221	10.00	8.058	.6842	.246916	
222	9.00	2.280	4.4496	.000004	Typ

Dieses Ergebnis ist sicher interessant, es erlaubt uns aber nicht, darüber zu sprechen, ob häusliche Gewalt prädiktiv für PTSD ist. Sie erlaubt uns lediglich die Aussage, dass die Assoziationen zwischen $DV2$, $DV3$ und P sich am stärksten in Konfigurationen 1 2 1 und 2 2 2 äußern. Um die Frage nach der Vorhersage von PTSD zu beantworten, führen wir daher eine ISA durch, und zwar in den folgenden Schritten.

Schritt 1: Spezifikation eines Basismodells Die Frage, mit denen wir uns den Daten in Tab. 4.28 nähern, ist, ob bestimmte Konfigurationen von Gewalt einerseits und PTSD andererseits lokal die Hypothese der Prädiktion bestätigen. Das zur Beantwortung dieser Frage verwendete Basismodell einer ISA ist $\log \hat{m} = \lambda + \lambda^{DV2} + \lambda^{DV3} + \lambda^{P} + \lambda^{DV2,DV3}$. Die Frage ist affirmativ beantwortet wenn Typen oder Antitypen auftreten.

Schritt 2: Signifikanztestung Zur Vergleichbarkeit mit den Ergebnissen in Tab. 4.28 wählen wir als Signifikanztest wieder den z-Test. α schützen wir mit der Holland DiPonzio Copenhaver Prozedur.

Schritt 3: Durchführung der KFA Tab. 4.29 zeigt die Ergebnisse der ISA.
Der Pearson Chi-Quadrat goodness-of-fit Test für das Basismodell der ISA zeigt, dass die Symptome mit dem Endpunkt der PTSD assoziiert sind. Die Anpassung ist zwar besser als die des Basismodells der KFA erster Ordnung, kann aber dennoch nicht zufrieden stellen ($X^2 = 21.57$; $df = 3$; $p < 0.001$), und wir lehnen das Basismodell ab. Die Tabelle weist einen Typen aus.

Schritt 4: Interpretation des Typs Der Typ in Tab. 4.29, konstituiert durch die Konfiguration 1 2 2, beschreibt die überzufällig vielen Frauen, die nur im zweiten Beobachtungsjahr von häuslicher Gewalt berichten und dann, ein Jahr später, Symptome von PTSD zeigen. Die neun Frauen mit diesem Profil sind insgesamt relativ wenige, aber signifikant mehr als die 3.97 erwarteten.
An diesem Beispiel sehen wir erneut, dass es in der KFA (wenn man von der KFA 0-ter Ordnung absieht) nicht allein auf die Stärke der Zellbesetzungen ankommt. Wichtig ist, wie viele Fälle unter einem gegebenen Basismodell im Vergleich mit der Zahl der beobachteten Fälle erwartet wurden.

Tab. 4.29 ISA der Kreuzklassifikation von $DV2$, $DV3$ und P

Konfiguration

DV2 DV3 P	m	$\hat{m}$	z	p	
111	112.00	100.544	1.1425	.126626	
112	17.00	28.456	-2.1475	.015875	
121	9.00	14.029	-1.3428	.089675	
122	9.00	3.971	2.5240	.005801	Typ
211	28.00	29.618	-.2972	.383141	
212	10.00	8.382	.5587	.288173	
221	10.00	14.809	-1.2496	.105719	
222	9.00	4.191	2.3489	.009414	

Zusätzlich sehen wir an diesem Beispiel, dass der Typ und der Antityp, die mit der KFA erster Ordnung aufgedeckt worden waren, verschwinden, wenn man als Basismodell das der ISA verwendet. Wir können daraus schließen, dass dieser Typ und dieser Antityp Assoziationen zwischen den beiden Indikatoren für Gewalt, nicht aber zwischen diesen Indikatoren und PTSD reflektieren. Diese Assoziation wird erst offenbar wenn die Assoziation zwischen den beiden Prädiktoren ins Kalkül einbezogen wird.

4.6.2 KFA zur Vorhersage eines Verlaufs

In diesem Abschnitt wird nicht ein Endpunkt von einer Trajektorie vorhergesagt, sondern, umgekehrt, eine Trajektorie von einem Startpunkt. Diese Perspektive ist in vielen Bereichen von Bedeutung. So kann man fragen, welcher der wahrscheinlichste Weg ist, den ein verirrter Wanderer genommen haben mag, man kann fragen, wann, vor der Pubertät, der bekannte Wachstumsschub eintrat, ob Marihuana tatsächlich eine Einstiegsdroge für härtere Drogen ist, oder ob ein Kleinkrimineller sich zu einem notorischen Straftäter entwickelt.

Mithilfe der P-KFA oder der ISA kann man untersuchen, ob Konfigurationen auf der Prädiktorseite es erlauben, Konfigurationen auf der Kriteriumsseite vorherzusagen, speziell, wenn die letzteren eine Trajektorie, d. h. einen Verlauf kennzeichnen. Das Basismodell dafür wird so aufgebaut, wie wir es von der ISA kennen. Insbesondere enthält dieses Modell

1. die Haupteffekte aller untersuchten Variablen,
2. alle möglichen Interaktionen zwischen Variablen auf der Prädiktorseite des Modells, und
3. alle möglichen Interaktionen zwischen den Variablen, die die Trajektorie repräsentieren.

Das Modell ist damit sowohl in den Prädiktoren als auch den Kriteriumsvariablen saturiert. Im folgenden Datenbeispiel fragen wir, ob eine einmal gemessene Variable, die man in diesem Zusammenhang als Startpunkt betrachten kann, die Vorhersage einer Zeitreihe ermöglicht. Die zweite gerade genannte Eigenschaft des ISA Basismodells erübrigt sich in diesem Fall.

Datenbeispiel Im folgenden Datenbeispiel verwenden wir wieder die Daten von Finkelstein et al. (1994) zur Entwicklung von Aggression von Jugendlichen. Wir fragen, ob die am Anfang der Befragungsperiode, d. h., 1983, als die Jugendlichen im Schnitt 11 Jahre alt waren, selbst-wahrgenommenen aggressiven Impulse prädiktiv sind für den Verlauf physischer Aggression gegen Peers in den folgenden vier Jahren. Zur Beantwortung dieser Frage führen eine P-KFA durch. Zum Vergleich führen wir auch wieder eine KFA erster Ordnung durch. Für jede dieser beiden Analysen gehen wir durch die vier Schritte der KFA.

Schritt 1: Spezifikation zweier Basismodelle Die Kreuzklassifikation, die wir untersuchen, wird von den Variablen A83, P83, P85 und P87 aufgespannt. Mit der KFA erster Ordnung fragen wir lediglich, ob diese Variablen lokal starke Anzeichen dafür zeigen, dass sie assoziiert sind. Das Basismodell ist damit

$$\log \hat{m} = \lambda + \lambda^{A83} + \lambda^{P83} + \lambda^{P85} + \lambda^{P87}.$$

Mit der P-KFA fragen wir, ob A83 prädiktiv ist für eine oder mehrere Konfigurations-Sequenzen von P83, P85 und P87. Das Basismodell ist damit

$$\log \hat{m} = \lambda + \lambda^{A83} + \lambda^{P83} + \lambda^{P85} + \lambda^{P87} + \lambda^{P83,P85} + \lambda^{P83,P87} + \lambda^{P85,P87} + \lambda^{P83,P85,P87}.$$

Dieses Modell enthält alle möglichen Effekte auf der Prädiktorenseite (dies ist lediglich der Haupteffekt von A83) und alle möglichen Effekte auf der Kriterienseite. Nur wenn A83 in irgendeiner Form mit P83, P85 und P87 assoziiert ist, können Typen oder Anti-typen zum Vorschein kommen und man kann schließen, dass A83 prädiktiv für eine der acht möglichen Trajektorien ist.

Schritt 2: Signifikanztestung Zur Vergleichbarkeit der Ergebnisse der beiden KFA Ansätze wählen wir wegen der teilweise kleinen Zellhäufigkeiten als Signifikanztest den Binomialtest. α schützen wir mit der Holland DiPonzio Copenhaver Prozedur.

Schritt 3: Durchführung der KFA Tab. 4.30 zeigt die Ergebnisse der KFA erster Ordnung und Tab. 4.31 die Ergebnisse der P-KFA.

Der Pearson Chi-Quadrat goodness-of-fit Test für das Basismodell der KFA erster Ordnung zeigt, dass A83, P83, P85 und P87 miteinander assoziiert sind. Die Anpassung ist schlecht ($X^2 = 90.57$; $df = 11$; $p < 0.001$) und wir lehnen das Basismodell ab. Die Tabelle weist zwei Typen und einen Antitypen aus.

Tab. 4.30 KFA erster Ordnung der Kreuzklassifikation der Variablen A83, P83, P85 und P87

Konfiguration A83 P83 P85 P87	m	$\hat{m}$	p	
1111	33.00	13.9315	.00000146	Typ
1112	18.00	16.0344	.33657310	
1121	4.00	9.4242	.03633303	
1122	5.00	10.8468	.03440149	
1211	3.00	9.0858	.01663961	
1212	6.00	10.4572	.09296422	
1221	1.00	6.1462	.01351845	
1222	13.00	7.0740	.02476311	
2111	2.00	5.2033	.10305163	
2112	.00	5.9887	.00212971	Antityp
2121	3.00	3.5199	.53059415	
2122	4.00	4.0512	.61867333	
2211	3.00	3.3935	.55848938	
2212	3.00	3.9057	.44894841	
2221	4.00	2.2956	.19828551	
2222	12.00	2.6421	.00001485	Typ

Tab. 4.31 P-KFA der Kreuzklassifikation der Variablen $A83$, $P83$, $P85$ und $P87$

```
Konfiguration
A83 P83 P85 P87      m        m̂           p
     1111          33.00    25.4825    .06040578
     1112          18.00    13.1053    .10187681
     1121           4.00     5.0965    .41940534
     1122           5.00     6.5526    .35481554
     1211           3.00     4.3684    .36026709
     1212           6.00     6.5526    .51569368
     1221           1.00     3.6404    .11772503
     1222          13.00    18.2018    .11152835
     2111           2.00     9.5175    .00313020    Antityp
     2112            .00     4.8947    .00671826
     2121           3.00     1.9035    .29700000
     2122           4.00     2.4474    .22995038
     2211           3.00     1.6316    .22413419
     2212           3.00     2.4474    .44387220
     2221           4.00     1.3596    .04822035
     2222          12.00     6.7982    .03967428
```

Schritt 4: Interpretation der beiden Typen und des Antityps Der erste Typ wird durch die Konfiguration 1 1 1 1 konstituiert. Dieses Profil beschreibt Jugendliche, die zu Beginn der Befragungsperiode bei sich selber unterdurchschnittlich starke aggressive Impulse wahrnehmen, und gleichzeitig sowie in den beiden folgenden Befragungen auch unterdurchschnittlich starke körperliche Aggression gegen ihre Peers. 33 Jugendliche zeigen dieses Profil, aber nur 13.93 waren erwartet worden. Der zweite Typ, konstituiert durch Konfiguration 2 2 2 2, repräsentiert das entgegengesetzte Profil. Dies sind die 12 Jugendlichen mit selbst-wahrgenommen überdurchschnittlich starken aggressiven Impulsen und überdurchschnittlich starker körperlicher Aggression gegen Peers, und zwar ebenfalls über die gesamte Dauer der Befragungen hinweg. Nur 2.64 Jugendliche waren mit diesem Profil erwartet worden.

Der einzige Antityp hat das Profil 2 1 1 2. Dies ist das wider Erwarten seltene Profil von zu Beginn der Befragungen überdurchschnittlich starken aggressiven Impulse aber unterdurchschnittlich starke körperliche Aggression gegen Peers. Erst gegen Ende der Befragungsperiode steigt die zu Beginn unterdurchschnittlich starke körperliche Aggression gegen Peers auf ein überdurchschnittliches Niveau an. Fast sechs Jugendliche mit diesem Profil waren erwartet worden, aber kein einziger Jugendlicher zeigte es.

Dieses Ergebnis zeigt, dass die Variablen $A83$, $P83$, $P85$ und $P87$ miteinander assoziiert sind, und wo sich diese Assoziationen sichtbar auswirken. Es zeigt aber nicht, ob $A83$ prädiktiv für den Verlauf der körperlichen Aggression gegen Peers ist. Um dies zu entscheiden, führen wir die oben spezifizierte P-KFA durch. Tab. 4.31 zeigt deren Ergebnisse.

Der Pearson Chi-Quadrat goodness-of-fit Test für das Basismodell der P-KFA zeigt, dass A83 auf der einen Seite und $P83$, $P85$ und $P87$ auf der anderen Seite miteinander assoziiert sind. Die Anpassung des Basismodells ist unbefriedigend ($X^2 = 31.36$; $df = 7$; $p < 0.001$) und wir lehnen es ab. Die Tabelle weist lediglich einen Antitypen aus.

Dieser Antityp wird von Konfiguration 2 1 1 1 konstituiert. Dieses Profil beschreibt Jugendliche, die bei sich selber zu Beginn der Befragungen überdurchschnittlich starke aggressive Impulse wahrnehmen, aber über den ganzen Befragungszeitraum hinweg unterdurchschnittlich starke körperliche Aggression gegen Peers. Über neun Jugendliche mit diesem Profil waren erwartet worden, aber nur 2 zeigten sich.

An diesem Beispiel kann man sehen, dass aggressive Impulse im Alter von 11 in der Tat vorauszusagen erlaubt, dass eine Trajektorie auffällig selten auftritt. Durchgängig geringe körperliche Aggression gegen Peers ist besonders dann selten, wenn starke aggressive Impulse berichtet werden. Es zeigt sich wieder, dass verschiedene Modelle der KFA unterschiedliche Muster an Typen und Antitypen zu Tage fördern können.

Andere Modelle der P-KFA sind in diesem Zusammenhang ebenfalls denkbar. Man kann z. B. fragen, ob bestimmte Eigenschaften einer Trajektorie von einem Ausgangspunkt oder von einer nur einmal gemessenen Variable vorhergesagt werden können. Werden solche Fragen gestellt, können wieder asymmetrische P-KFA Modelle spezifiziert werden.

4.6.3 Vorhersage einer Trajektorie von einer anderen

Kombiniert man die Ansätze, die in den letzten beiden Abschnitten behandelt worden sind, dann kann man eine KFA konzipieren, mit der eine Trajektorie von einer anderen vorhergesagt wird. Das Basismodell für einen solchen Ansatz wird so aufgebaut, wie wir es von der P-KFA oder der ISA kennen und im letzten Abschnitt beschrieben haben. Dieses Modell enthält

1. die Haupteffekte aller untersuchten Variablen,
2. alle möglichen Interaktionen der Variablen, die die eine der Trajektorien repräsentieren, und
3. alle möglichen Interaktionen der Variablen, die die andere Trajektorie repräsentieren.

Das Modell ist damit sowohl in den Prädiktoren als auch den Kriteriumsvariablen saturiert. Im Unterschied zum letzten Abschnitt können wir dieses Modell aber nicht vereinfachen und unter 2 oder 3 nur die Haupteffekte schätzen, weil hier sowohl auf der Prädiktor- als auf der Kriterienseite des Modells mindestens zwei Variablen stehen (asymmetrische P-KFA Basismodelle sind allerdings durchaus denkbar).

Datenbeispiel Für das folgende Beispiel bleiben wir bei der Untersuchung, die Finkelstein und Kollegen (1994) zur Entwicklung der Aggression von Jugendlichen durchgeführt haben. Hier fragen wir, ob die Entwicklung von aggressiven Impulsen die Entwicklung von physischer Aggression gegen Peers vorhersagt. Die Variablen, die die untersuchte Kreuzklassifikation aufspannen, sind $A83$, $A85$, $P83$ und $P85$. Wir arbeiten die vier Schritte der KFA wie folgt ab.

Schritt 1: Spezifikation eines Basismodells In diesem Beispiel unterscheiden wir zwischen Prädiktoren und abhängigen Variablen, d. h. zwischen $A83$ und $A85$ auf der einen und $P83$ und $P85$ auf der anderen Seite. Das ISA Basismodell für diesen Fall ist

$$\log \hat{m} = \lambda + \lambda^{A83} + \lambda^{A85} \lambda^{P83} + \lambda^{P85} + \lambda^{A83,A85} + \lambda^{P83,P85}.$$

Nur Beziehungen zwischen Variablen aus unterschiedlichen Seiten des Modells können dieses Modell zu Fall bringen und die Ursache für Typen und Antitypen sein.

Schritt 2: Signifikanztestung Wegen der teilweise kleinen Zellhäufigkeiten verwenden wir den Binomialtest. α schützen wir mit der Holland DiPonzio Copenhaver Prozedur.

Schritt 3: Durchführung der KFA Tab. 4.32 zeigt die Ergebnisse der ISA.

Der Pearson Chi-Quadrat goodness-of-fit Test für das Basismodell der ISA zeigt, dass $A83$ und $A85$ auf der einen und $P83$ und $P85$ auf der anderen Seite miteinander assoziiert sind. Die Anpassung des Basismodells ist unbefriedigend ($X^2 = 51.87$; $df = 9$; $p < 0.001$) und wir lehnen es ab. Die Tabelle weist einen Typen und einen Antitypen aus.

Schritt 4: Interpretation des Typs und des Antityps Der Typ hat das Profil 1 1 1 1. Dies sind die 28 Jugendlichen (14.75 waren erwartet worden), die bei sich selber durchweg unterdurchschnittliche aggressive Impulse und körperliche Aggression gegen Peers wahrnehmen. Der Antityp hat das Profil 1 1 2 1. Dies ist der einzige Jugendliche, der in seiner Selbstwahrnehmung zu beiden Befragungspunkten unterdurchschnittliche aggressive Impulse sieht, zum ersten Befragungspunkt aber von überdurchschnittlicher körperlicher Aggression gegen Peers berichtet, die zum zweiten Befragungspunkt aber unterdurchschnittlich ist. Über 12 Jugendliche waren mit diesem Profil erwartet worden.

Wir diskutieren dieses Ergebnis in zwei Aspekten. Erstens zeigt sich hier erneut, dass ein komplexeres KFA Modell, hier die ISA, im Vergleich zu einem sparsameren, hier der

Tab. 4.32 ISA der Kreuzklassifikation der Variablen $A83$, $A85$, $P83$ und $P85$

Konfiguration							
A83	A85	P83	P85	m	$\hat{m}$	p	
1	1	1	1	28.00	14.7456	.00054306	Typ
1	1	1	2	5.00	9.7105	.07002402	
1	1	2	1	5.00	4.3158	.43377722	
1	1	2	1	3.00	12.2281	.00126596	Antityp
1	2	1	1	7.00	10.0702	.20150613	
1	2	1	2	13.00	6.6316	.01544584	
1	2	2	1	2.00	2.9474	.43225429	
1	2	2	2	6.00	8.3509	.26246560	
2	1	1	1	1.00	5.3947	.02651534	
2	1	1	2	2.00	3.5526	.30678115	
2	1	2	1	4.00	1.5789	.07459385	
2	1	2	2	8.00	4.4737	.08032474	
2	2	1	1	5.00	10.7895	.03570483	
2	2	1	2	7.00	7.1053	.41740000	
2	2	2	1	1.00	3.1579	.17272722	
2	2	2	2	17.00	8.9474	.00777305	

KFA erster Ordnung, zu unterschiedlichen Typen und Antitypen führen kann. Wir verzichten hier auf die ausführliche Darstellung der Ergebnisse einer KFA erster Ordnung der Daten in Tab. 4.32, sagen aber, dass dieses Modell die beiden Konfigurationen 1 1 1 1 und 2 2 2 2 als Typen ausgewiesen und keinen Antitypen gefunden hatte.

Zweitens greifen wir hier das Argument noch einmal auf, dass das Modell der ISA symmetrisch ist. Es ändert hier nichts, wenn die Prädiktor- gegen die Kriteriumsvariablen ausgetauscht werden. Die Aussage von Krauth (1993), nach der die Unterscheidung zwischen Prädiktoren und Kriterien nur auf der interpretativen oder theoretischen Ebene liegt, trifft hier also zu. Es hier hier allerdings durchaus möglich, wie bei der P-KFA asymmetrische Modelle zu erzeugen. Dies erfordert allerdings theoretische Begründung. Aus diesen Gründen ist es ratsam, gute theoretische Begründungen dafür zu finden, wenn man eine Messwertereihe als die der Prädiktoren und die andere als die der Kriteriumsvariablen interpretiert.

4.7   Auto-Assoziations-KFA

Wie bereits ausgeführt wurde und wie wohlbekannt ist, sind Auto-Assoziationen in Messwiederholungsdaten oft die stärksten Parameter. Meistens sind diese Assoziationen stärker als die Assoziationen zwischen unterschiedlichen Variablen. Dennoch ist es oft von Interesse, Hypothesen über die Beziehungen zwischen zwei oder mehr Messwertreihen zu untersuchen. Die Auto-Assoziations-KFA (A-KFA; von Eye et al., 2008, 2009) erlaubt es, solche Hypothesen zu prüfen. Insbesondere erlaubt es die A-KFA,

1. Typen und Antitypen aufzudecken, die jenseits von Auto-Assoziationen existieren und, anstelle von Beziehungen innerhalb von Messwertreihen, Beziehungen zwischen verschiedenen Messwertreihen reflektieren,
2. auf der Ebene der manifesten Variablen zu operieren (d. h. es werden keine Annahmen über latente Variablen getroffen), und
3. Ergebnisse in Form von lokalen Assoziationen zu formulieren; dies bedeutet, dass keine Ergebnisse über die Beziehungen zwischen Messwertreihen insgesamt, sondern über Beziehungen zu bestimmten Zeitpunkten formuliert werden;
4. lokale Beziehungen zu identifizieren, die sich über die Zeit hinweg ändern können.

Mit diesen Zielen wird das *Basismodell der A-KFA* wie folgt spezifiziert:

1. es enthält die Haupteffekte aller Variablen, die die untersuchte Kreuzklassifikation aufspannen;
2. es enthält alle möglichen Interaktionen zwischen den Variablen innerhalb der einzelnen Messwertreihen und ist damit innerhalb der einzelnen Messwertreihen saturiert;
3. es postuliert Unabhängigkeit zwischen den einzelnen Messwertreihen.

Kommt dieses Basismodell zu Fall und es entstehen Typen oder Antitypen, dann reflektieren diese notwendig Beziehungen zwischen den untersuchten Messwertreihen.

Untersucht man nur eine Messwertreihe und eine einmal gemessene Variable, dann ist die A-KFA identisch mit der KFA für die Vorhersage von Endpunkten oder der KFA zur Vorhersage von Trajektorien, die oben besprochen worden waren. Liegen aber zwei oder mehr wiederholt gemessene Variablen vor, dann sind spezielle Basismodelle der A-KFA erforderlich. In den folgenden Abschnitten diskutieren wir zwei Beispiele für die A-KFA. Wir beginnen mit der Frage, ob lokale Beziehungen zwischen zwei Zeitreihen zeitstabil sind. Im zweiten Beispiel fragen wir, ob lokale Assoziationen zwischen zwei Zeitreihen existieren, wenn man die Auto-Assoziationen innerhalb der Zeitreihen ins Kalkül einbezieht.

Datenbeispiel 1 Im folgenden Beispiel verwenden wir Daten, die in einer längsschnittlichen Studie zur Entwicklung des Alkoholkonsums erhoben wurden (Perrine et al., 1995). Eine Stichprobe von männlichen Personen, die sich selbst als Alkoholiker identifiziert hatten, gab täglich an, wie viel Alkohol sie am Tag vorher konsumiert hatten. Hier fragen wir, ob es einen Zusammenhang zwischen Bier- und Spirituosenkonsum gibt, und ob dieser Zusammenhang sich über die Zeit hinweg ändert.

Die Einheit, die wir in den folgenden Analysen betrachten, ist der tägliche Konsum von Bier und Spirituosen, nicht die Person. Über die Teilnehmer hinweg gab es insgesamt 28422 Tage, an denen der Alkoholkonsum angegeben wurde. Die Teilnehmer antworteten auf telefonische Interviewfragen an bis zu 800 Tagen, ohne Unterbrechung. Für die folgenden Analysen transformierten wir die Antworten wie folgt:

- die Zeitspanne der Interviews wurde in vier Intervalle geteilt (die allerdings nicht gleich lang waren);
- Bierkonsum wurde in drei Kategorien unterteilt: 0 = *am Vortag kein Bier getrunken,* 1 = *bis zu fünf Biere getrunken,* und 2 = *mehr als fünf Biere getrunken*
- Spirituosenkonsum wurde ebenfalls in drei Kategorien unterteilt: 0 = *kein Konsum,* 1 = *bis zu vier Gläser,* und 2 = *mehr als 4 Gläser.*

In den folgenden Analysen fragen wir, ob die Beziehung zwischen Bier- und Spirituosenkonsum zeitstabil ist. In einer ersten Voranalyse schätzen wir ein Strukturgleichungsmodell, in dem wir die beiden Konsumvariablen von der Interviewperiode vorhersagen. Abb. 4.6 zeigt dieses Modell.

Dieses Modell beschreibt die Daten ausgezeichnet (Chi-Quadrat = 1.06; $df = 1$; $p = 0.30$; RMSEA = 0.0014; GFI = 1.00; CFI = 1.00), obwohl die Ladungen der Indikatoren für Alkoholkonsum gleichgesetzt worden waren, um einen Freiheitsgrad zu retten. Die Schätzung wurde mittels maximum likelihood Methode auf der Basis von Phi-Korrelationen durchgeführt. Alle Pfade im Modell sind signifikant.

Aus diesem Ergebnis schließen wir, dass die Interviewperiode ein starker Prädiktor des Alkoholkonsums ist. Wir wissen damit aber nicht, wie stark Bier- und Spirituosen-

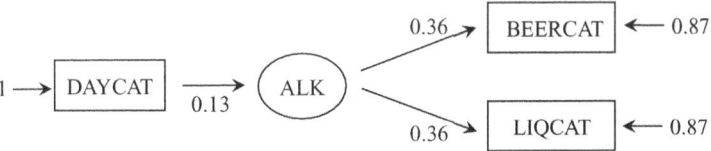

Abb. 4.6 Pfadmodell zur Vorhersage von Alkoholkonsum von der Interviewperiode (standardisierte Lösung)

konsum assoziiert sind (dieser Parameter konnte aus Mangel an Freiheitsgraden nicht geschätzt werden), ob diese Beziehung zeitstabil ist, und ob sie über den gesamten Bereich der Variablen des Alkoholkonsums gleichermaßen gilt. Um Information zu diesen Fragen zu gewinnen, wurde eine A-KFA gerechnet.

In einem weiteren Vorbereitungsschritt wurde erst geprüft, ob überhaupt zeitspezifische Beziehungen zwischen Interviewperiode (D), Bier- (B) und Spirituosenkonsum (L) existieren. Dieser Schritt ist immer noch variablenorientiert, aber er ist bereits detaillierter als das Strukturmodell in Abb. 4.6. Zu diesem Zweck wurden die Kreuzklassifikationen $B \times L$ für jede der vier Interviewperioden mit dem Chi-Quadrat-Test untersucht. Ohne dass die Ergebnisse dazu hier im Detail ausgebreitet werden, zeigte sich, dass die Beziehung zwischen B und L zu jedem Zeitpunkt sehr stark war. Um einer Antwort zu der Frage näher zu kommen, ob zeitvariable lokale Assoziationen existieren, wurde dann eine KFA erster Ordnung durchgeführt, und zwar in den folgenden Schritten.

Schritt 1: Spezifikation eines Basismodells In diesem Beispiel fragen wir, ob jenseits der Haupteffekte Assoziationen existieren, die zur Bildung von Typen oder Antitypen führen. Das zur Beantwortung dieser Frage gerechnete Basismodell einer KFA erster Ordnung ist $\log \hat{m} = \lambda + \lambda^B + \lambda^L + \lambda^D$.

Schritt 2: Signifikanztestung wegen der großen Stichprobe können wir den z-Test verwenden. α schützen wir mit der Holland DiPonzio Copenhaver Prozedur.

Schritt 3: Durchführung der KFA Tab. 4.33 zeigt die Ergebnisse der KFA erster Ordnung.

Der Pearson Chi-Quadrat goodness-of-fit Test für das Basismodell der KFA erster Ordnung zeigt, dass B, L und D stark miteinander assoziiert sind. Das Basismodell beschreibt die Häufigkeitsverteilung in Tab. 4.33 äußerst unbefriedigend ($X^2 = 1396.28$; $df = 28$; $p < 0.001$) und wir lehnen es ab. Die Tabelle weist elf Typen und auch elf Antitypen aus.

Schritt 4: Interpretation der Typen und Antitypen An dieser Stelle verzichten wir auf die Interpretation der vielen Typen und Antitypen. Wir fragen stattdessen, ob die lokalen Assoziationen zwischen Bier- und Spirituosenkonsum zeitstabil sind.

Tab. 4.33 KFA erster Ordnung der $B \times L \times D$ Kreuzklassifikation

```
Konfiguration
    BLD        m        m̂          z          p
    111     923.00   1054.918   -4.0616    .000024    Antityp
    112    4559.00   4565.558    -.0971    .461338
    113    4105.00   3536.309    9.5632    .000000    Typ
    114    3108.00   2802.874    5.7634    .000000    Typ
    121     785.00    722.336    2.3316    .009862
    122    2985.00   3126.186   -2.5251    .005783
    123    2171.00   2421.426   -5.0891    .000000    Antityp
    124    2092.00   1919.219    3.9440    .000040    Typ
    131     381.00    346.931    1.8291    .033691
    132    1426.00   1501.475   -1.9478    .025719
    133     880.00   1162.986   -8.2981    .000000    Antityp
    134     667.00    921.781   -8.3918    .000000    Antityp
    211     119.00    161.510   -3.3450    .000412    Antityp
    212     468.00    698.996   -8.7371    .000000    Antityp
    213     269.00    541.416  -11.7076    .000000    Antityp
    214     249.00    429.125   -8.6953    .000000    Antityp
    221     123.00    110.591    1.1800    .119004
    222     566.00    478.625    3.9938    .000033    Typ
    223     440.00    370.725    3.5979    .000160    Typ
    224     299.00    293.836     .3012    .381613
    231     114.00     53.116    8.3540    .000000    Typ
    232     499.00    229.879   17.7500    .000000    Typ
    233     370.00    178.055   14.3846    .000000    Typ
    234     171.00    141.126    2.5147    .005957
    311      30.00     28.605     .2609    .397099
    312     195.00    123.798    6.3993    .000000    Typ
    313      61.00     95.889   -3.5629    .000183    Antityp
    314      29.00     76.002   -5.3914    .000000    Antityp
    321      14.00     19.587   -1.2623    .103416
    322      84.00     84.769    -.0835    .466731
    323      69.00     65.659     .4124    .340037
    324      37.00     52.041   -2.0850    .018535
    331      18.00      9.407    2.8016    .002543    Typ
    332      68.00     40.714    4.2764    .000010    Typ
    333      39.00     31.535    1.3293    .091875
    334       9.00     24.995   -3.1993    .000689    Antityp
```

Um diese Frage zu beantworten, führen wir eine A-KFA durch, in der B und L die eine Variablengruppe bilden und D die andere. In dieser Analyse ist die Assoziation zwischen B und L Bestandteil des Basismodells, und es wird angenommen, dass diese Assoziation über die Kategorien von D hinweg konstant ist. Das Basismodell lautet $\log \hat{m} = \lambda + \lambda^B + \lambda^L + \lambda^D + \lambda^{B,L}$. Tab. 4.34 zeigt die Ergebnisse dieser Analyse.

Das Basismodell der A-KFA wird ebenfalls deutlich zurückgewiesen ($X^2 = 402.2$; $df = 24$; $p < 0.001$) und wir lehnen es ab. Nicht überraschend, weist die Tabelle sechs Typen und neun Antitypen aus. Von diesen interpretieren wir die extremsten, d. h. die mit den extremsten z-Werten.

Tab. 4.34 A-KFA der $B \times L \times D$ Kreuzklassifikation

Konfiguration

BLD	m	$\hat{m}$	z	p	
111	923.00	1119.779	-5.8805	.000000	Antityp
112	4559.00	4846.272	-4.1266	.000018	Antityp
113	4105.00	3753.739	5.7332	.000000	Typ
121	3108.00	2975.209	2.4345	.007456	
122	785.00	708.561	2.8716	.002042	Typ
123	2985.00	3066.570	-1.4730	.070375	
131	2171.00	2375.249	-4.1909	.000014	Antityp
132	2092.00	1882.620	4.8256	.000001	Typ
133	381.00	295.844	4.9509	.000000	Typ
211	1426.00	1280.378	4.0697	.000024	Typ
212	880.00	991.732	-3.5480	.000194	Antityp
213	667.00	786.046	-4.2461	.000011	Antityp
221	119.00	97.468	2.1810	.014592	
222	468.00	421.830	2.2480	.012289	
223	269.00	326.734	-3.1940	.000702	Antityp
231	249.00	258.969	-.6195	.267808	
231	123.00	125.959	-.2636	.396037	
233	566.00	545.134	.8937	.185744	
311	440.00	422.240	.8643	.193715	
312	299.00	334.667	-1.9497	.025608	
313	114.00	101.790	1.2102	.113100	
321	499.00	440.536	2.7855	.002672	
322	370.00	341.222	1.5579	.059628	
323	171.00	270.452	-6.0474	.000000	Antityp
331	30.00	27.785	.4202	.337165	
332	195.00	120.250	6.8166	.000000	Typ
333	61.00	93.141	-3.3304	.000434	Antityp
411	29.00	73.824	-5.2169	.000000	Antityp
412	14.00	17.994	-.9416	.173206	
413	84.00	77.876	.6939	.243865	
421	69.00	60.320	1.1176	.131869	
422	37.00	47.810	-1.5633	.058987	
423	18.00	11.820	1.7977	.036114	
431	68.00	51.154	2.3554	.009253	
432	39.00	39.622	-.0988	.460644	
433	9.00	31.404	-3.9979	.000032	Antityp

Der Typ mit dem größten z-Wert wird von Konfiguration 3 3 2 konstituiert. Dies sind Tage in der dritten Beobachtungsperiode, an denen die Teilnehmer mehr als fünf Biere und mehr als vier Schnäpse getrunken hatten. 195 solcher Tage wurden gezählt, aber nur 120 waren erwartet worden.

Der extremste Antityp wird von Konfiguration 3 2 3 konstituiert. Dies sind Tage in der dritten Beobachtungsperiode, an denen die Teilnehmer bis zu fünf Biere und mehr als vier Schnäpse getrunken hatten. 171 solcher Tage wurden gezählt, aber über 270 waren erwartet worden.

Aus diesen Ergebnissen schließen wir, dass die Assoziation von Bier- und Spirituosenkonsum nicht zeitstabil ist. In jeder der vier Beobachtungsperioden traten spezielle Typen oder Antitypen zum Vorschein. Es gibt damit Beziehungen, die jenseits der Assoziation zwischen Bier- und Spirituosenkonsum differenziertere Beschreibungen erfordern. Diese Beziehungen sind spezifisch für bestimmte Sektoren im Datenraum und hätten in der gegebenen Datensituation dann mit Strukturgleichungsmodellen nicht abgebildet werden können, wenn z. B. Simplexmodelle über die Assoziation zwischen B und L geschätzt worden wären.

Datenbeispiel 2 Im folgenden, zweiten Beispiel untersuchen wir, ob lokale Assoziationen zwischen zwei Zeitreihen existieren, wenn man Auto-Assoziationen innerhalb der Zeitreihen zum Bestandteil des A-KFA Basismodells macht (vgl. auch Abschn. 4.6.3 und von Eye et al., 2010). Die Daten zu diesem Beispiel stammen wieder aus der Untersuchung, die Finkelstein und Kollegen (1994) zur Entwicklung von Aggression bei Jugendlichen durchgeführt haben. Hier betrachten wir die Entwicklung aggressiver Impulse über eine Spanne von vier Jahren ($A83$ und $A87$), und die parallel stattfindende Entwicklung von körperlicher Aggression gegen Peers ($P83$ und $P87$). Die Antworten zu allen vier Variablen wurden an ihrem jeweiligen arithmetischen Mittel dichotomisiert (mit $1 =$ unter und $2 =$ über dem Mittelwert). Um die Effekte zu illustrieren, die der Einbezug der Auto-Assoziationen hat, führen wir zwei KFA Läufe durch. Wir durchschreiten die vier Schritte der KFA.

Schritt 1: Spezifikation zweier Basismodelle In diesem Beispiel fragen wir zunächst, ob jenseits der Haupteffekte der vier Variablen $A83$, $A87$, $P83$ und $P87$ Assoziationen existieren, die zur Bildung von Typen oder Antitypen führen. Das zur Beantwortung dieser Frage geeignete Basismodell ist das einer KFA erster Ordnung, $\log \hat{m} = \lambda + \lambda^{A83} + \lambda^{A87} + \lambda^{P83} + \lambda^{P87}$. In einem zweiten Schritt fragen wir, ob die beiden Messwertereihen miteinander in Beziehung stehen, nachdem die reihen-spezifischen Auto-Assoziationen in das A-KFA Basismodell aufgenommen worden sind. Dieses Basismodell ist $\log \hat{m} = \lambda + \lambda^{A83} + \lambda^{A87} + \lambda^{P83} + \lambda^{P87} + \lambda^{A83,A87} + \lambda^{P83,P87}$. In diesem Modell sind nur die Terme nicht enthalten, die die beiden Messwertereihen miteinander in Bezug setzen. Dies sind $\quad \lambda^{A83,P83}, \lambda^{A83,P87}, \lambda^{A87,P83}, \lambda^{A87,P87}, \lambda^{A83,A87,P83}, \lambda^{A83,A87,P87}, \lambda^{A83,P83,P87}, \lambda^{A87,P83,P87}$, und $\lambda^{A83,A87,P83,P87}$. Nachdem keine weiteren Terme existieren, müssen Typen und Antitypen aus diesem Modell Beziehungen zwischen den beiden Messwertereihen reflektieren.

Schritt 2: Signifikanztestung wegen der zum Teil kleinen Zellhäufigkeiten verwenden wir den Binomialtest. α schützen wir mit der Holland DiPonzio Copenhaver Prozedur.

Schritt 3: Durchführung der KFA Tab. 4.35 zeigt die Ergebnisse der KFA erster Ordnung.
Der Pearson Chi-Quadrat goodness-of-fit Test für das Basismodell der KFA erster Ordnung zeigt, dass $A83$, $A87$, $P83$ und $P87$ stark miteinander assoziiert sind. Das Basismodell beschreibt die Häufigkeitsverteilung in Tab. 4.35 nicht hinreichend ($X^2 = 65.25$; $df = 11$; $p < 0.001$) und kann deswegen nicht beibehalten werden. Die Tabelle weist zwei Typen aus.

Tab. 4.35 KFA erster Ordnung der Kreuzklassifikation von $A83$, $A87$, $P83$ und $P87$

```
Konfiguration
A83 A87 P83 P87      m        m̂         p

     1111         24.00   10.2883   .00007251   Typ
     1112          1.00    3.8426   .09984792
     1121          9.00   11.0365   .32530025
     1122          4.00    4.1221   .60458172
     1211          5.00    8.3286   .15288643
     1212          4.00    3.1107   .37788030
     1221          3.00    8.9343   .01868162
     1222          3.00    3.3369   .57110254
     2111         10.00   11.8412   .35312654
     2112          1.00    4.4226   .06156071
     2121         12.00   12.7024   .49150333
     2122          2.00    4.7443   .14225169
     2211          9.00    9.5858   .50738444
     2212          1.00    3.5802   .12357961
     2221         11.00   10.2829   .45392275
     2222         15.00    3.8406   .00000727   Typ
```

Schritt 4: Interpretation der Typen und Antitypen Beide Typen in Tab. 4.35 können als *Stabilitätstypen* bezeichnet werden. Typ 1 1 1 1 beschreibt die 24 Jugendlichen (10.29 waren erwartet worden), die in ihren eigenen Augen über die gesamte Beobachtungsspanne unterdurchschnittlich stark ausgeprägte aggressive Impulse erfahren und unterdurchschnittlich physisch aggressiv gegen ihre Peers sind. Typ 2 2 2 2 zeigt das genau gegensätzliche Profil. Dies sind die 15 Jugendlichen (3.84 waren erwartet worden), die bei sich selber über die gesamte Beobachtungsspanne hinweg überdurchschnittlich stark ausgeprägte aggressive Impulse wahrnehmen und überdurchschnittlich physisch aggressiv gegen ihre Peers sind.

Tab. 4.36 A-KFA der Kreuzklassifikation von $A83$, $A87$, $P83$ und $P87$

```
Konfiguration
A83 A87 P83 P87      m        m̂         p
       11         24.00   16.0000   .02609078
       12          1.00    2.3333   .32012310
       13          9.00   11.6667   .25906455
       14          4.00    8.0000   .09149253
       21          5.00    6.3158   .39068087
       22          4.00     .9211   .01408889
       23          3.00    4.6053   .31945881
       24          3.00    3.1579   .61142020
       31         10.00   10.5263   .51435759
       32          1.00    1.5351   .54495207
       33         12.00    7.6754   .08259882
       34          2.00    5.2632   .09872059
       41          9.00   15.1579   .05235535
       42          1.00    2.2105   .34914037
       43         11.00   11.0526   .57275830
       44         15.00    7.5789   .00869462
```

Wir fragen jetzt, ob diese beiden Typen durch Auto-Assoziationen, durch Assoziationen zwischen den beiden Messwertereihen oder beides entstanden sind. Zur Beantwortung dieser Frage rechnen wir die A-KFA mit dem oben spezifizierten Basismodell. Tab. 3.36 zeigt die Ergebnisse (die unter denselben Spezifikationen wie die in Tab. 3.35 errechnet wurden).

Der Pearson Chi-Quadrat goodness-of-fit Test auch für das A-KFA Basismodell zeigt, dass $A83$, $A87$, $P83$ und $P87$ signifikant miteinander assoziiert sind. Diese Assoziation reflektiert allein die Beziehungen zwischen den beiden Messwertereihen, weil das Basismodell innerhalb dieser beiden Reihen saturiert ist. Das Basismodell beschreibt die Häufigkeitsverteilung in Tab. 4.34 nicht gut genug ($X^2 = 33.61$; $df = 9$; $p < 0.001$) und kann deswegen nicht beibehalten werden. Dennoch ist keine der einzelnen Abweichungen stark genug, um einen Typen oder einen Antitypen auszuweisen. Daraus schließen wir, dass die beiden Messwertereihen global miteinander in Beziehung stehen, aber keine lokal herausgehobene Assoziationen aufweisen.

Erweiterungen der A-KFA sind in viele Richtungen denkbar. Man kann daran denken, mehr als zwei Zeitreihen simultan zu untersuchen oder Kovariaten zu berücksichtigen. Die letztgenannte Option wird in Kap. 6 im Abschnitt über Kovariaten in der KFA behandelt werden.

4.8 Vorhersage der Form eines Verlaufs: Der Fall multipler Prädiktoren

Wie eingangs dieses Kapitels besprochen wurde, kann eine Reihe längsschnittlicher Messwerte über die Methode der Differenzen gut approximiert werden, und es kann die Form der Verlaufskurve bestimmt werden. In diesem Abschnitt besprechen wir die Frage, wie man mit der KFA mit multiplen Prädiktoren die Form von Verlaufskurven differentiell vorhersagen kann (von Eye & Mun, 2012). Wir besprechen das Beispiel für den Ansatz für den Fall dreier längsschnittlich erhobener Werte derselben Variablen, X_1, X_2 und X_3.

Für diese $t = 3$ Messwerte können $t - 1 = 2$ erste Vorwärtsdifferenzen und $t - 2 = 1$ zweite Vorwärtsdifferenz errechnet werden. Hier können wir fragen, ob ein linearer Trend existiert, der nach oben oder unten geht. Wir definieren dazu für die Variable, L, die den linearen Trend kennzeichnet,

- $L = 1$ wenn $(X_2 + X_3)/2 < X_1$, und
- $L = 2$ wenn $(X_2 + X_3)/2 > X_1$.

Entsprechend definieren wir für die Variable Q, die den quadratischen Trend kennzeichnet, über den Weg des Vergleichs erster Vorwärtsdifferenzen,

- $Q = 1$ wenn $(X_3 - X_2) < (X_2 - X_1)$, und
- $Q = 2$ wenn $(X_3 - X_2) > (X_2 - X_1)$.

Falls die Differenzen Null ergeben, kann man erwägen, in einer der Ungleichungen jedes Ungleichungspaar $\leq$ oder $\geq$ zu setzen, oder diese Fälle nach Zufall einer der Kategorien zuzuweisen. Die letztere Option bietet sich vor allem dann an, wenn nur sehr wenige Nulldifferenzen auftreten.

Das Ergebnis dieser Operationen sind zwei kategoriale Variablen, die die Form der aus drei Messwerten bestehenden Reihe beschreiben. Dies kann analog für längere Messwertereihen durchgeführt werden. Wir fragen nun, wie die Form von Messwertereihen mit der KFA differentiell vorhergesagt werden kann, wenn multiple Prädiktoren vorliegen. Zur Beantwortung dieser Frage bieten sich mehrere Basismodelle an.

Ein erstes Modell, das zumindest zum Vergleich mit anderen Modellen erwogen werden kann, ist das der KFA erster Ordnung, in das sowohl die Deskriptoren der Form des Verlaufs als auch die Prädiktoren eingehen. Für zwei Prädiktoren, P_1 und P_2, ergibt sich das Modell $\log \hat{m} = \lambda + \lambda^L + \lambda^Q + \lambda^{P1} + \lambda^{P1}$. Typen und Antitypen aus diesem Basismodell zeigen, dass Beziehungen zwischen diesen vier Variablen existieren. Es wird damit noch keine Aussage über die Beziehungen zwischen den Prädiktoren und der Form des Verlaufs möglich.

Um zu verhindern, dass Typen und Antitypen nur entstehen, weil die Prädiktoren oder die Deskriptoren des Verlaufs jeweils miteinander assoziiert sind, können diese Assoziationen in das Basismodell aufgenommen werden. Das dadurch entstehende Modell ist $\log \hat{m} = \lambda + \lambda^L + \lambda^Q + \lambda^{P1} + \lambda^{P1} + \lambda^{L,Q} + \lambda^{P1,P2}$. Dieses Modell, es handelt sich um ein ISA Modell, führt zu Typen oder Antitypen, wenn die Prädiktoren mit P_1, P_2, oder dem Verlauf $\{P_1, P_2\}$ assoziiert sind. Ist man ausschließlich an der Vorhersage des Verlaufs interessiert, dann nimmt man die Terme in das Basismodell auf, die die Prädiktoren zu den einzelnen Deskriptoren in Bezug setzen. Das Basismodell wird damit zum P-KFA Modell

$$\log \hat{m} = \lambda + \lambda^L + \lambda^Q + \lambda^{P1} + \lambda^{P1} + \lambda^{L,Q} + \lambda^{P1,P2} + \lambda^{L,P1} + \lambda^{L,P2} + \lambda^{Q,P1} + \lambda^{Q,P2} + \lambda^{L,P1,P2} + \lambda^{Q,P1,P2}.$$

In diesem Modell fehlen nur die Terme, die die Prädiktoren mit dem Gesamtverlauf in Bezug setzen. Dies sind die Terme $\lambda^{P1,L,Q}$, $\lambda^{P2,L,Q}$, und $\lambda^{P1,P2,L,Q}$. Entstehen jetzt Typen oder Antitypen, dann sagen die Prädiktoren den Verlauf differentiell voraus.

Datenbeispiel Im folgenden Datenbeispiel führen wir eine Re-Analyse des Beispiels durch, das von Eye und Mun (2012) bei der Vorstellung dieses Ansatzes verwendet hatten. Das zweite Modell, das hier analysiert wird, wurde bei von Eye und Mun (2012) nicht diskutiert.

In diesem Beispiel werden Daten aus der Untersuchung verwendet, die Bogat und Kollegen (Bogat et al., 2006) zur Untersuchung der längsschnittlichen Effekte häuslicher Gewalt durchgeführt hatten. Die Frage, der hier nachgegangen wird, ist ob Familieneinkommen (I) und häusliche Gewalt (V) die Verlaufskurve von Depression differentiell vorherzusagen erlauben. Depression wurde an drei aufeinanderfolgenden Jahren erfasst (D_1, D_2 und D_3) und so kodiert, wie es oben beschrieben worden ist. Es ergab sich ein linearer Abfall, $L = 1$, wenn $(D_3 + D_2)/2 < D1$. Für $(D_3 + D_2)/2 > D_1$ wurde ein linearer

Anstieg der Depression kodiert, $L=2$. Eine negative Beschleunigung, $Q=1$, wurde kodiert, wenn $(D_3 - D_2) < (D_2 - D_1)$. Eine positive Beschleunigung, $Q=2$, wurde kodiert, wenn $(D_3 - D_2) > (D_2 - D_1)$ war. Nulldifferenzen waren selten und wurden nach Zufall zugeordnet.

Schritt 1: Spezifikation zweier Basismodelle Die Kreuzklassifikation $L \times Q \times V \times I$ analysieren wir jetzt mit zwei Modellen der KFA. Das erste ist eine KFA erster Ordnung mit dem Basismodell $\log \hat{m} = \lambda + \lambda^L + \lambda^Q + \lambda^V + \lambda^I$. Sollten sich dabei Typen oder Antitypen ergeben, dann fragen wir, ob der Messwertverlauf vorhergesagt werden kann. Zur Beantwortung dieser Frage führen wir die P-KFA

$$\log \hat{m} = \lambda + \lambda^L + \lambda^Q + \lambda^V + \lambda^I + \lambda^{L,Q} + \lambda^{V,I} + \lambda^{L,V} + \lambda^{L,I} + \lambda^{Q,V} + \lambda^{Q,I} + \lambda^{L,V,I} + \lambda^{Q,V,I}$$

durch. Sollten sich für dieses Modell Typen oder Antitypen ergeben, dann zeigen diese an, wo im Datenraum die beiden Prädiktoren die Form der Verlaufskurve vorhersagen.

Schritt 2: Signifikanztestung Die Stichprobe ist groß genug und wir können den z-Test verwenden. α schützen wir mit der Holland DiPonzio Copenhaver Prozedur.

Schritt 3: Durchführung der KFA Tab. 4.37 zeigt die Ergebnisse der KFA erster Ordnung.

Der Pearson Chi-Quadrat goodness-of-fit Test für das Basismodell der KFA erster Ordnung zeigt, dass *V, I, L* und *Q* miteinander assoziiert sind. Das Basismodell beschreibt die Häufigkeitsverteilung in Tab. 4.37 unbefriedigend ($X^2 = 48.28$; $df = 11$; $p < 0.001$) und wir lehnen es ab. Die Tabelle weist zwei Typen aus.

Tab. 4.37 KFA erster Ordnung der Kreuzklassifikation der Variablen *V, I, L* und *Q*

Konfiguration

VILQ	m	$\hat{m}$	z	p	
1111	9.00	11.262	-.6741	.250127	
1112	2.00	5.429	-1.4715	.070575	
1121	22.00	26.157	-.8129	.208147	
1122	9.00	12.608	-1.0162	.154774	
1211	11.00	11.483	-.1425	.443326	
1212	8.00	5.535	1.0478	.147375	
1221	26.00	26.670	-.1298	.448369	
1222	25.00	12.855	3.3872	.000353	Typ
2111	24.00	9.452	4.7318	.000001	Typ
2112	2.00	4.556	-1.1975	.115553	
2121	21.00	21.953	-.2035	.419372	
2122	13.00	10.582	.7433	.228635	
2211	4.00	9.638	-1.8160	.034688	
2212	2.00	4.645	-1.2274	.109838	
2221	22.00	22.384	-.0812	.467660	
2222	6.00	10.789	-1.4581	.072409	

Schritt 4: Interpretation der Typen Der erste Typ wird durch Konfiguration 1 2 2 2 konstituiert. Dieses Profil beschreibt Frauen, die nicht Opfer von Gewalt waren, über ein überdurchschnittliches Familieneinkommen verfügten, aber dennoch einen positiv beschleunigten Anstieg einer Depression berichten. 25 Frauen zeigten dieses Profil, es waren aber nur 12.86 erwartet worden. Es kann vermutet werden, dass die Depression in diesen Fällen andere Ursachen als mangelndes Einkommen oder Gewalt hat. Der zweite Typ, 2 1 1 1, beschreibt Frauen, die Opfer von häuslicher Gewalt sind, über ein unterdurchschnittliches Familieneinkommen verfügen, und dennoch einen beschleunigten Abfall ihrer Depression berichten. 24 Frauen zeigten dieses Profil, es waren aber nur 9.45 erwartet worden. Bogat et al. (2004) vermuten, dass diese Frauen nach der Geburt ihrer Kinder eine Phase der Erleichterung erleben.

Hier fragen wir, ob diese Profile durch Beziehungen zwischen Gewalt und Einkommen einerseits und den Deskriptoren der Form des Verlaufs von Depression andererseits erklärt werden können. Ist dies der Fall, dann müssten diese Typen noch aufscheinen, wenn man gerade die Terme nicht in das Basismodell aufnimmt, die als Erklärung gelten könnten. Wir rechnen daher das oben beschriebene komplexere Modell. Tab. 4.38 zeigt die Resultate.

Der Pearson Chi-Quadrat goodness-of-fit Test für das Basismodell der ISA zur Vorhersage der Interaktion von L und Q von L und Q zeigt, dass dieses Modell die Häufigkeitsverteilung in Tab. 4.36 ausgezeichnet erklärt ($X^2 = 5.38$; $df = 3$; $p = 0.146$). Wir können es daher beibehalten. Entsprechend weist die Tabelle weder Typen noch Antitypen aus.

Tab. 4.38 KFA zur Vorhersage der Form des Verlaufs von Depression (L, Q) in Abhängigkeit von häuslicher Gewalt (V) und Familieneinkommen (I)

```
Konfiguration
```

V I L Q	m	$\hat{m}$	z
1 1 1 1	9.000	9.115	-0.038
1 1 1 2	2.000	1.885	0.084
1 1 2 1	22.000	21.885	0.025
1 1 2 2	9.000	9.115	-0.038
1 2 1 1	11.000	12.398	-0.397
1 2 1 2	8.000	6.602	0.544
1 2 2 1	26.000	24.602	0.282
1 2 2 2	25.000	26.398	-0.272
2 1 1 1	24.000	21.357	0.572
2 1 1 2	2.000	4.643	-1.227
2 1 2 1	21.000	23.643	-0.544
2 1 2 2	13.000	10.357	0.821
2 2 1 1	4.000	5.130	-0.499
2 2 1 2	2.000	0.870	1.212
2 2 2 1	22.000	20.870	0.247
2 2 2 2	6.000	7.130	-0.423

Zur Interpretation dieses Ergebnisses blickt man zunächst auf das Basismodell. Dieses Modell enthält die Terme nicht, die zu Typen oder Antitypen geführt hätten, könnte man ausschließlich die Gesamtform des Verlaufs von Depression von Mustern der Prädiktoren häusliche Gewalt und Familieneinkommen erklären. Tab. 4.38 weist aber keine Typen oder Antitypen aus. Daraus kann klar geschlossen werden, dass die Prädiktoren die Gesamtform des Verlaufs nicht erklären.

Es ist aber auch klar, dass mit diesem Befund noch nicht geklärt ist, worauf die beiden Typen, die die KFA erster Ordnung zu Tage geführt hat, zurückzuführen sind. Um das zu untersuchen, führt man eine funktionale KFA durch, die in Abschn. 7.2 dieses Buchs besprochen wird. Im nächsten Kapitel widmen wir uns der KFA von Lags.

4.9   KFA von Lags: Intraindividuelle Verläufe

In diesem Kapitel wurden bereits mehrere Methoden beschrieben, mit denen Änderungen erfasst und beschrieben werden können. Die meisten dieser Methoden haben Personen als Objekt der Analyse verwendet. In der Interpretation der Typen und Antitypen hieß es immer „... dieses Profil beschreibt die Personen ...". Wie in Abschn. 4.7, so ändern wir auch in diesem Abschnitt die Analyseeinheit. Wir zählen nicht mehr Personen, sondern wir betrachten Handlungen, Antworten oder Reaktionen, die einzelne Personen zeigen. Wir diskutieren daher die Anwendung der KFA auf intra-individuelle Daten. Dies tun wir in einem Kontext längsschnittlicher Untersuchungen. Wir beginnen mit der KFA von Lags.

Bei der Analyse von Daten, die querschnittlich in der Zeit erhoben werden, ist die Reihenfolge der Variablen oft ohne Bedeutung. Ausnahmen sind Kovariaten, die vor einer Intervention gemessen werden sollten. Es ist auch keine Frage, dass experimentelle Bedingungen installiert werden, bevor die abhängigen Variablen beobachtet werden. Wird eine Testbatterie eingesetzt, dann wird die Reihenfolge der einzelnen Tests bis-weilen randomisiert, und dann sollte die Analyse der Testergebnisse ohne Bezug zur Reihenfolge sein.

Werden Verhaltensweisen dagegen wiederholt beobachtet, dann birgt die Reihenfolge Information, die sehr wohl in die Analyse eingehen kann und oftmals auch sollte. Bei solchen Daten ist es von Bedeutung, welche Verhaltensweisen vor oder nach welchen anderen Ereignissen beobachtet werden. Dies kann anhand des Arrangements in Tab. 4.39 illustriert werden, in dem gleichzeitig der Begriff des *Lag* eingeführt wird.

In dieser Tabelle bezeichnen die y_{ij} die beobachteten Werte. Das erste Subskript indiziert den Tag, an dem eine Messwertreihe beginnt. Das zweite Subskript bezeichnet den laufenden Tag in einer Reihe. In der Zeile ,Tag' stehen an zehn aufeinander folgenden Tagen beobachtete Werte. In der Zeile ,Tag davor' stehen die Werte, die jeweils einen Tag davor beobachtet worden waren. In der Zeile ,Zwei Tage davor' stehen die Werte, die jeweils zwei Tage davor beobachtet worden waren. Diese Differenz (in Tagen) definiert den Lag. Beträgt der Lag einen Tag, dann verwendet man zusätzlich

Tab. 4.39 Lag eins, zwei und drei

	Tag									
	1	2	3	4	5	6	7	8	9	10
Tag	y_{11}	y_{12}	y_{13}	y_{14}	y_{15}	y_{16}	y_{17}	y_{18}	y_{19}	y_{110}
Tag davor		y_{21}	y_{22}	y_{23}	y_{24}	y_{25}	y_{26}	y_{27}	y_{28}	y_{29}
Zwei Tage davor			y_{31}	y_{32}	y_{33}	y_{34}	y_{35}	y_{36}	y_{37}	y_{38}

zu den aktuellen Beobachtungen auch die des Vortags. Beträgt der Lag 7, dann vergleicht man eine Beobachtung mit denen, die am gleichen Wochentag eine Woche davor gemacht wurde.

Wie man sofort sieht, haben viele der Lags eine natürliche Interpretation. Man kann fragen, ob Wochen über das Jahr hinweg gleich verlaufen. Man kann fragen, ob jeden Tag gleich viel Alkohol getrunken wird. Man kann fragen, ob Hotels im Sommer stärker ausgebucht sind als im Winter. Man kann fragen, ob SchülerInnen in der fünften Unterrichtsstunde müder wirken als in der zweiten, oder ob die Temperaturen und die Niederschlagsmengen im Mai sich über die Jahrhunderte hinweg mit einem klaren Trend verändert haben.

Lags können im Hinblick auf viele Fragen statistisch untersucht werden. Viele dieser Fragen beinhalten einen Vergleich von Zeitpunkten oder Zeiträumen. Sind die beobachteten Variablen kategorial, dann können Beobachtungen, die einen bestimmten Lag voneinander entfernt sind, gekreuzt werden und mit log-linearen Modellen oder der KFA analysiert werden. Werden Lags verschiedener Länge gleichzeitig analysiert, dann sind alle Modelle der längsschnittlichen KFA verwendbar. Werden zusätzlich Moderatorvariablen oder Stratifikationsvariablen verwendet, sind auch Gruppenvergleiche denkbar. Werden zwei Personen gemeinsam analysiert, z. B. Ehepartner oder Patient-Therapeut Dyaden, dann können deren intraindividuellen Verläufe direkt miteinander verglichen werden.

Datenbeispiel Im folgenden Beispiel verwenden wir wieder Daten, die in einer längsschnittlichen Studie zur Entwicklung des Alkoholkonsums erhoben wurden (Perrine et al., 1995). Eine Stichprobe von männlichen Personen, die sich selbst als Alkoholiker identifizierten, gab täglich an, wie viel Alkohol sie am Tag vorher konsumiert hatten, und wie intensiv der Stress war, den sie erlebt hatten. Hier fragen wir, wie stabil der Stress bei einem Individuum über eine Spanne von drei Tagen war. Die Person, die wir auswählen, hat die ID 3029. Dieser Mann wurde ausgewählt, weil er über einen Zeitraum von 808 Tagen jeden Tag diese (und andere) Fragen beantwortet hatte, und damit ein seltenes Beispiel einer kooperativen, zuverlässigen Teilnahme gegeben hatte.

Die Stressfragen wurden so skaliert, dass $1 = $ niedrigen Stress, $2 = $ mittleren Stress und $3 = $ hohen Stress anzeigt. Es wurden Lag 1 und Lag 2 Messwertereihen erzeugt, indem die zeitlich aneinandergereihten Messwerte um einen und um zwei Tage nach hinten verschoben wurden. Es entstanden dadurch die drei Stressvariablen S_1, S_2, und S_3. Die Kreuzklassifikation dieser drei Variablen untersuchen wir jetzt mit der KFA.

Schritt 1: Auswahl eines Basismodells Die Kreuzklassifikation $S_1 \times S_2 \times S_3$ analysieren wir jetzt mit drei Modellen der KFA. Das erste ist eine KFA erster Ordnung mit dem Basismodell $\log \hat{m} = \lambda + \lambda^{S1} + \lambda^{S2} + \lambda^{S3}$. Sollten sich dabei Typen oder Antitypen ergeben, dann zeigen diese an, welche Änderungsmuster von Stress für diese Person über drei Tage auffällig häufig oder selten sind, wenn angenommen wird, dass die drei Stresswerte unabhängig voneinander sind. In Abhängigkeit von den Stress-Mustern dieser Typen/Antitypen bieten sich Interpretationen als Typen/Antitypen der Stress-Stabilität oder Stress Variabilität an.

Ergeben sich also Typen oder Antitypen, dann fragen wir, wie die Beispiele der Stabilität/Instabilität erklärt werden können. Zur Beantwortung dieser Frage rechnen wir eine Auto-Assoziations-KFA, bei der wir zeitlich benachbarte Stressantworten, d. h. S_1 mit S_2 und S_2 mit S_3, miteinander interagieren lassen. Das dadurch entstehende Basismodell ist $\log \hat{m} = \lambda + \lambda^{S1} + \lambda^{S2} + \lambda^{S3} + \lambda^{S1,S2} + \lambda^{S2,S3}$. Ergeben sich dann immer noch Typen oder Antitypen, dann fragen wir, ob die Beziehung der Original-Antwort zu den Stressfragen mit der von vor zwei Tagen einen Beitrag zur Erklärung der Typen oder Antitypen leisten kann. Wir verwenden dabei das Basismodell $\log \hat{m} = \lambda + \lambda^{S1} + \lambda^{S2} + \lambda^{S3} + \lambda^{S1,S2} + \lambda^{S2,S3} + \lambda^{S1,S3}$, d. h. ein Modell, das mit dem Basismodell einer KFA zweiter Ordnung vergleichbar ist.

Schritt 2: Signifikanztestung Die Stichprobe ist groß und wir können den z-Test verwenden. α schützen wir mit der Holland DiPonzio Copenhaver Prozedur.

Schritt 3: Durchführung der KFA Tab. 4.40 zeigt die Ergebnisse der KFA erster Ordnung.

Der Pearson Chi-Quadrat goodness-of-fit Test für das Basismodell der KFA erster Ordnung zeigt, dass die drei Stressvariablen S_1, S_2, und S_3 stark miteinander assoziiert sind. Das Basismodell beschreibt die Häufigkeitsverteilung in Tab. 4.40 äußerst unbefriedigend ($X^2 = 1955.80$; $df = 20$; $p < 0.001$) und wir lehnen es ab. Die Tabelle weist sechs Typen und 13 Antitypen aus.

Schritt 4: Interpretation der Typen und Antitypen An dieser Stelle interpretieren wir nur die extremsten Typen und Antitypen. Der extremste Typ, d. h. der Typ mit dem größten z-Wert, wird durch die Konfiguration 1 1 1 konstituiert. Dies ist ein Verlauf, der über drei Tage hinweg stabil niedrigen Stress anzeigt. Der nächst-extreme Typ wird durch die Konfiguration 3 3 3 konstituiert. Ganz im Gegensatz zum ersten Typ ist dies zwar auch ein Muster der Stabilität, allerdings am anderen Ende des Spektrums. Hier finden wir hohen Stress drei Tage in Folge. Alle anderen Typen zeigen entweder ebenfalls Stabilität an (Typ 2 2 2), oder Änderungen um nur einen Punkt auf der Stressskala.

Die Antitypen zeigen durchweg Änderungen an. Der extremste unter ihnen wird durch die Konfiguration 1 3 3 konstituiert. Dieses Muster beschreibt einen Verlauf, bei

Tab. 4.40   KFA erster Ordnung der Stressvariablen mit Lags 0, 1 und 2

```
Konfiguration
```

S1 S2 S3	m	$\widehat{m}$	z	p	
111	145.00	18.244	29.6759	.000000	Typ
112	25.00	11.815	3.8361	.000063	Typ
113	6.00	34.720	-4.8741	.000001	Antityp
121	22.00	11.711	3.0064	.001322	Typ
122	10.00	7.584	.8773	.190164	
123	2.00	22.288	-4.2973	.000009	Antityp
131	8.00	34.258	-4.4862	.000004	Antityp
132	7.00	22.185	-3.2239	.000632	Antityp
133	3.00	65.195	-7.7028	.000000	Antityp
211	18.00	11.763	1.8186	.034485	
212	15.00	7.617	2.6750	.003737	Typ
213	9.00	22.385	-2.8291	.002334	Antityp
221	11.00	7.551	1.2552	.104695	
222	41.00	4.890	16.3302	.000000	Typ
223	20.00	14.370	1.4853	.068736	
231	5.00	22.087	-3.6358	.000139	Antityp
232	16.00	14.303	.4487	.326839	
233	12.00	42.034	-4.6325	.000002	Antityp
311	4.00	34.488	-5.1915	.000000	Antityp
312	3.00	22.334	-4.0910	.000021	Antityp
313	4.00	65.634	-7.6077	.000000	Antityp
321	7.00	22.139	-3.2174	.000647	Antityp
322	7.00	14.336	-1.9376	.026336	
323	27.00	42.132	-2.3312	.009871	
331	7.00	64.759	-7.1775	.000000	Antityp
332	23.00	41.937	-2.9242	.001727	Antityp
333	349.00	123.242	20.3359	.000000	Typ

dem niedriger Stress für die folgenden beiden Tage von hohem Stress abgelöst wird. Der zweit-extremste Antityp, 3 1 3, beschreibt ein Muster, bei dem hoher Stress durch niedrigen abgelöst wird, aber nur, um wieder auf die höchste Stufe des Stresses zurück zu kehren. Wir sehen, dass Änderungen des Stressniveaus bei dieser Person überzufällig selten sind, insbesondere Änderungen von einem Extrem ins andere.

Bei der A-KFA, in der die Auto-Assoziationen zeitlich benachbarter Stressantworten in das Basismodell aufgenommen wurden, ergeben sich die Ergebnisse, die in Tab. 4.41 dargestellt sind.

Der Pearson Chi-Quadrat goodness-of-fit Test für das Basismodell der A-KFA zeigt, dass die drei Stressvariablen S_1, S_2, und S_3 auch über die Interaktionen zeitlich benachbarter Antworten hinaus stark miteinander assoziiert sind. Das Basismodell beschreibt die Häufigkeitsverteilung in Tab. 4.41 zwar besser als das in Tab. 4.40 ($\Delta X^2 = 1695.76$; $\Delta df = 8$; $p < 0.001$), aber immer noch unbefriedigend ($X^2 = 260.24$; $df = 12$; $p < 0.001$). Wir lehnen es daher ab. Die Tabelle weist acht Typen und vier Antitypen aus.

Der extremste Typ unter dem A-KFA Basismodell, 1 3 1, beschreibt eine Stress-änderung vom niedrigsten zum höchsten Stress-Niveau und zurück. Dies steht im

Tab. 4.41 A-KFA der Stressvariablen mit Lags 0, 1 und 2

```
Konfiguration
```

S1 S2 S3	m	$\hat{m}$	z	p	
1 1 1	145.000	128.349	1.470	0.070819	
1 1 2	25.000	33.048	-1.400	0.080762	
1 1 3	6.000	14.603	-2.251	0.012186	
1 2 1	22.000	9.252	4.191	0.000014	Typ
1 2 2	10.000	13.415	-0.932	0.175571	
1 2 3	2.000	11.333	-2.772	0.002782	Antityp
1 3 1	8.000	0.837	7.828	0.000000	Typ
1 3 2	7.000	1.926	3.657	0.000128	Typ
1 3 3	3.000	15.237	-3.135	0.000859	Antityp
2 1 1	18.000	30.629	-2.282	0.011247	
2 1 2	15.000	7.886	2.533	0.005654	
2 1 3	9.000	3.485	2.955	0.001566	Typ
2 2 1	11.000	19.592	-1.941	0.026123	
2 2 2	41.000	28.408	2.362	0.009077	
2 2 3	20.000	24.000	-0.816	0.207108	
2 3 1	5.000	1.535	2.797	0.002580	Typ
2 3 2	16.000	3.530	6.637	0.000000	Typ
2 3 3	12.000	27.935	-3.015	0.001285	Antityp
3 1 1	4.000	8.022	-1.420	0.077804	
3 1 2	3.000	2.066	0.650	0.257773	
3 1 3	4.000	0.913	3.232	0.000615	Typ
3 2 1	7.000	11.156	-1.244	0.106676	
3 2 2	7.000	16.177	-2.282	0.011255	
3 2 3	27.000	13.667	3.607	0.000155	Typ
3 3 1	7.000	17.628	-2.531	0.005682	
3 3 2	23.000	40.544	-2.755	0.002932	Antityp
3 3 3	349.000	320.828	1.573	0.057879	

Kontrast zu dem Typenmuster aus der KFA erster Ordnung. Der extremste Antityp, 1 3 3 beschreibt einen Stresswechsel von niedrigstem zum höchsten Niveau, ohne Wiederkehr. Dies steht im Einklang mit der Interpretation der Antitypen aus der KFA erster Ordnung. Wir schließen daraus, dass die Auto-Assoziationen von zeitlich direkt benachbarten Antworten auf die Stressfragen die extremsten Typen der Stabilität und die extremsten Antitypen der Änderung weitgehend erklären. Es entstehen jetzt aber andere Typen und Antitypen, die auch einer Erklärung bedürfen.

Diese Erklärung versuchen wir jetzt mit einer KFA zweiter Ordnung zu liefern. Dabei wird auch die Interaktion der aktuellen Stressantworten mit denen von vor zwei Tagen in das Basismodell aufgenommen. Tab. 4.42 zeigt die Ergebnisse.

Der Pearson Chi-Quadrat goodness-of-fit Test für das Basismodell der KFA zweiter Ordnung zeigt, dass die drei Stressvariablen S_1, S_2, und S_3 nicht über die paarweisen Interaktionen der zeitlich gestaffelten Antworten hinaus assoziiert sind. Das Basismodell

Tab. 4.42 KFA zweiter Ordnung der Stressvariablen mit Lags 0, 1 und 2

```
Konfiguration
```

S1 S2 S3	m	$\hat{m}$	z	p
1 1 1	145.000	146.464	-0.121	0.451840
1 1 2	25.000	24.519	0.097	0.461272
1 1 3	6.000	5.017	0.439	0.330361
1 2 1	22.000	21.247	0.163	0.435153
1 2 2	10.000	10.652	-0.200	0.420795
1 2 3	2.000	2.100	-0.069	0.472414
1 3 1	8.000	7.288	0.264	0.395996
1 3 2	7.000	6.829	0.065	0.473936
1 3 3	3.000	3.883	-0.448	0.327070
2 1 1	18.000	17.491	0.122	0.451559
2 1 2	15.000	17.130	-0.515	0.303415
2 1 3	9.000	7.379	0.597	0.275371
2 2 1	11.000	13.979	-0.797	0.212782
2 2 2	41.000	41.001	-0.000	0.499923
2 2 3	20.000	17.019	0.723	0.235014
2 3 1	5.000	2.530	1.553	0.060218
2 3 2	16.000	13.869	0.572	0.283579
2 3 3	12.000	16.602	-1.129	0.129392
3 1 1	4.000	3.045	0.548	0.291985
3 1 2	3.000	1.352	1.418	0.078112
3 1 3	4.000	6.604	-1.013	0.155468
3 2 1	7.000	4.774	1.019	0.154077
3 2 2	7.000	6.347	0.259	0.397656
3 2 3	27.000	29.880	-0.527	0.299137
3 3 1	7.000	10.182	-0.997	0.159331
3 3 2	23.000	25.302	-0.458	0.323608
3 3 3	349.000	343.516	0.296	0.383659

beschreibt die Häufigkeitsverteilung in Tab. 4.40 klar besser als das in Tab. 4.39 ($\Delta X^2 = 1943.62$; $\Delta df = 12$; $p < 0.001$) und 4.39 ($\Delta X^2 = 247.86$; $\Delta df = 4$; $p < 0.001$), und, für sich selbst genommen, höchst befriedigend ($X^2 = 12.38$; $df = 8$; $p = 0.135$). Wir behalten es daher bei. In Tab. 4.39 finden sich auch keine Typen oder Antitypen.

Wir können daher sagen, dass die KFAs in der Person mit der ID 3029 zwei Formen auffälliger intraindividueller Verläufe zu Tage gefördert haben. In der ersten Form reflektieren sich Typen der Stabilität und Antitypen der Änderung. Diese sind durch die Beziehungen von zeitlich direkt benachbarten Antworten weitgehend erklärbar. Die zweite Form reflektiert Typen und Antitypen, die nur durch die Beziehungen zwischen Antworten erklärt werden können, die zwei Tage voneinander entfernt gegeben worden sind.

Geht man variablen-orientiert vor, wird man feststellen können, dass die drei Stressvariablen S_1, S_2 und S_3 sehr stark miteinander korrelieren ($\varphi_{S1,S2} = 0.862$; $\varphi_{S1,S3} = 0.755$ und $\varphi_{S2,S3} = 0.862$). Wo aber markante Differenzen von der Nullkorrelation auftreten,

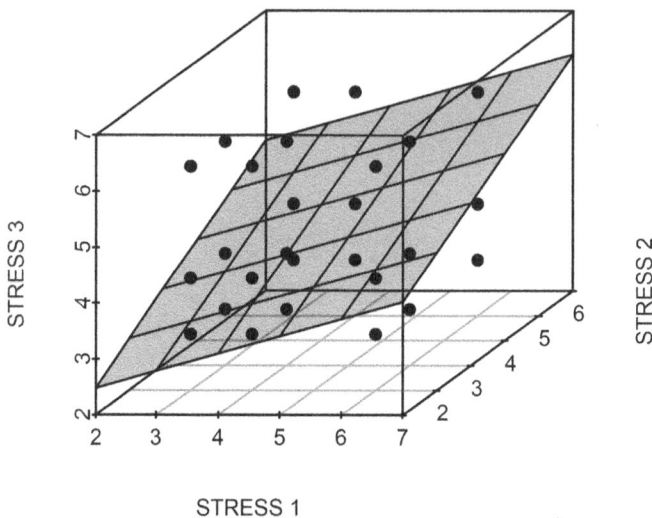

Abb. 4.7   3-D Darstellung der der Variablen S1, S2 und S3

zweigen diese Korrelationen nicht. Dies kann durch die Graphik eines linearen Modells illustriert werden, die in Abb. 4.7 wiedergegeben ist.

In dieser Abbildung sieht man, dass, obwohl das lineare Modell einen erheblichen Varianzanteil erklärt (die kanonische Korrelation eines Faktormodells ist 0.957), Residuen auftreten. Diese können jedoch nicht im Sinne der Typen und Antitypen der A-KFA interpretiert werden, weil in dem linearen Modell die Autokorrelationen der zeitlich benachbarten und der zeitlich distanteren Antworten nicht ins Kalkül einbezogen werden.

4.10   Funktionen als Basismodelle der KFA

Es ist eine bisweilen zu findende Fehlwahrnehmung, dass KFA Basismodelle ausschließlich log-lineare Modelle sind, und dass die KFA lediglich eine log-lineare Residualanalyse ist. Bisher wurden in diesem Buch die Bi-Prädiktions-KFA (Abschn. 3.2.3) und Elemente der zwei-Gruppen KFA (Abschn. 3.2.4) als Beispiele für nicht-log-lineare KFA Modelle eingeführt. In diesem Kapitel stellen wir ein weiteres Beispiel vor. Dieses Beispiel besteht in einem Ansatz zur longitudinalen KFA, in dem Funktionen spezifiziert werden, die als Basismodelle dienen. Dieser Ansatz ist eine Erweiterung der KFA zur Untersuchung von *regime shifts* (von Eye et al., 2019), in der Punkte auf der Zeitachse identifiziert werden, vor und nach denen Zeitreihen durch unterschiedliche Funktionen, d. h. Daten-generierende Prozesse beschrieben werden.

In diesem Kapitel stellen wir einen Ansatz vor, in dem für die gesamte beobachtete Zeitreihe lediglich eine Funktion spezifiziert wird. Typen und Antitypen zeigen dann an, wo genau die Abweichungen der beobachteten Häufigkeiten von den durch die Funktion geschätzten am stärksten abweichen.

Es sei eine Reihe von n Häufigkeiten y_i gegeben, mit $i = 1, \ldots, n$. In der Nullhypothese wird postuliert, dass keine Häufigkeit in dieser Reihe signifikant von der Funktion $f(y)$ abweicht. Typen und Antitypen zeigen Abweichungen der beobachteten von den durch die Funktion geschätzten Häufigkeiten an. Dieser KFA-Ansatz wird im Folgenden anhand eines Datenbeispiels erklärt.

Datenbeispiel Im folgenden Beispiel analysieren wir die Häufigkeiten der täglichen Covid-19 Diagnosen in Frankreich, beginnend mit dem 01.02.2020. Wir analysieren die ersten 19 Tage (die Daten wurden data.gouv.fr im Jahr 2021 entnommen). Die Häufigkeiten liegen zwischen null und 1,224 positiver Diagnosen (einschließlich). Wir analysieren diese Reihe jetzt mit einer Funktion, die drei Elemente enthält. Jedes dieser Elemente variiert mit i.

Das erste Element ist der monotone Anstieg. Dieses Element der Funktion ist $f(x) = x_i$, wobei i die Beobachtungszeitpunkte indiziert.

Das zweite Element der Funktion soll den An- und, falls erforderlich, auch den Abstieg der Häufigkeiten in der 19-Tage Spanne der ersten Coronawelle modellieren. Dieses Element enthält zwei Teile:

1. Quadratische Funktion, $f(x) = x^2$; diese Funktion modelliert die Beschleunigung in der Zahl der positiven Covid-19 Diagnosen;
2. Kubische Funktion, $f(x) = x^3$; dieser Teil der Funktion modelliert eine noch stärkere Beschleunigung.

Diese beiden Elemente wurden einbezogen, um differentielle Aspekte der Beschleunigung in der Zahl der positiven Diagnosen über die Zeit hinweg zu modellieren. Das dritte Element der Funktion wurde aufgenommen, um das Auf-und-Ab Muster zu modellieren, d. h. das Oszillieren in der Reihe der Häufigkeiten. Es handelt sich um die trigonometrische Funktion $f(x) = sin\ (0.091\ x)$. Insgesamt ist die Funktion, mit der die Entwicklung der positiven Covid-19 Diagnosen über die ersten 19 erfassten Tage modelliert werden soll, $f(x) = b_0 + b_1\ x + b_2\ x^2 + b_3\ x^3 + b_4\ sin\ (0.091\ x)$. Für die KFA wurde diese Funktion als Regressionsmodell verwendet und mit der Methode der kleinsten Quadrate an die beobachteten Häufigkeiten angepasst (alternativ kann auch ein verallgemeinertes lineares Modell mit einer logarithmischen Linkfunktion unter einer Poisson-Verteilung verwendet werden; dazu siehe später). Die geschätzte Regressionsgleichung lautet

$$\hat{y}_i = 84.077, -2{,}776.242\ x + 19.149\ x^2 + 2.591\ x^3 + 29{,}616.589\ sin(0.091\ x).$$

Auf der Basis dieser Gleichung gehen wir die vier Schritte der KFA.

Schritt 1: Spezifikation eines Basismodells Für die Analyse der ersten 19 Tage der Zahl der positiven Covid-19 Diagnosen in Frankreich im Jahr 2020 verwenden wir das Regressionsmodell als Basismodell. Die mit diesem Modell geschätzten Häufigkeiten gehen als Erwartungshäufigkeiten in die konfigurale Analyse ein.

Schritt 2: Signifikanztestung Für die Signifikanztestung der täglichen Häufigkeiten verwenden wir den Pearson Chi-Quadrat-Test. Zum Schutz von α verwenden wir die Holland DiPonzio Copenhaver Prozedur.

Schritt 3: Durchführung der KFA Tab. 4.43 zeigt die beobachteten und die erwarteten Häufigkeiten sowie die korrespondierenden KFA Testergebnisse.

Schritt 4: Interpretation der Typen und Antitypen Aus einer variablen-orientierten Perspektive schließen wir, dass das Regressionsmodell den oszillierenden Anstieg der beobachteten Häufigkeiten außerordentlich gut beschreibt. Tab. 4.44 enthält die die Quadratsummen und die mittleren Quadrate für das Regressionsmodell.

Das Roh-R^2 für dieses Modell ist 0.993. In Worten, die Modellanpassung ist praktisch perfekt. Abb. 4.8 zeigt die beobachteten und die erwarteten Häufigkeiten als Funktionen der Tage.

Abb. 4.8 bestätigt, dass die Anpassung insgesamt ausgezeichnet ist. Es ergeben sich allerdings Abweichungen am Anfang und im Mittelbereich der Beobachtungsperiode. In diesen Sektoren finden sich auch Typen und Antitypen (mit Pfeilen und T bzw. A markiert). Zu Beginn der Beobachtungsperiode, am ersten Tag, finden sich weniger Fälle als erwartet. Vor der Beschleunigung beginnt der Zuwachs offenbar auf einem recht niedrigen Niveau.

Für die folgenden drei Tage weist die Analyse Typen aus. Diese Typen können allerdings nicht interpretiert werden. Der Grund dafür ist, dass die Funktion *negative* erwartete Häufigkeiten geschätzt hat (mit Pfeilen und „(T)" markiert).

Nachdem negative Häufigkeiten nicht auftreten können, stehen die Datenanalytiker vor einem Problem. Sie haben drei Optionen. Erstens, die Funktion kann so re-spezifiziert werden, dass sich keine negativen Schätzungen ergeben. Glättet man die beobachtete Kurve mit einer ‚distance-weighted' Funktion, aber immer noch mit der Methode der kleinsten Quadrate, so ergibt sich bereits eine bessere Lösung, wie in Abb. 4.9 gezeigt wird.

Es ist offensichtlich, dass die für Abb. 4.9 verwendete Funktion ausschließlich positive Erwartungshäufigkeiten schätzt. Das Problem mit dieser Lösung ist jedoch, dass diese Funktion nicht die drei Elemente enthält, mit denen die Kurve beschrieben werden sollte. Abweichungen können daher nicht im Sinne einer KFA interpretiert werden (siehe Eigenschaften von KFA Basismodellen in Abschn. 2.4).

Die zweite Option besteht in der Verwendung robuster Schätzprozeduren. So ergibt die Verwendung von Tukeys biquadratischer Schätzmethode nur einen negativen Schätzwert, der zudem noch relativ klein ist. Es bleibt aber klar, dass negative Schätzwerte für Typ/Antityp-Entscheidungen nicht verwendet werden können. Werden sie dennoch

Tab. 4.43   KFA der positiven Covid-19 Diagnosen der ersten 19 Tage in Frankreich, Februar 2020

Tag	m	$\hat{m}$	X^2	$p(X^2)$	
1	1	20.966	19.0137	0.00001	Antityp
2	1	-10.576	-12.6706	<0.0003	$-$
3	0	-17.091	-17.091	<0.0001	$-$
4	19	-4.755	-118.675	<0.0001	$-$
5	31	20.801	5.000702	0.025	
6	37	54.671	5.711698	0.017	
7	39	92.839	31.2222	<0.0001	Antityp
8	111	132.324	3.436361	0.0638	
9	151	171.424	2.43338	0.1188	
10	245	209.577	5.987245	0.0144	
11	315	248.176	17.99307	<0.0001	Typ
12	342	289.597	9.482399	0.0021	Typ
13	319	338.323	1.103615	0.2935	
14	295	400.538	27.80827	<0.0001	Antityp
15	516	484.303	2.074527	0.1498	
16	571	599.619	1.365946	0.2425	
17	788	758.471	1.149631	0.2836	
18	1,004.00	974.86	0.871037	0.3507	
19	1,244.00	1254.815	0.093212	0.7601	

Tab. 4.44   Ergebnisse des Regressionsmodells der Covid-19 Häufigkeiten

Quelle	Quadratsummen	df	Mittlere Quadrate
Regression	4,243,603…	5	848,720.669
Residuen	29,525.653	14	2,108.975
Total	4,273,129…	19	
Korrigiert	2,360,032…	18	

verwendet, kann es zu implausiblen Ergebnissen derart kommen, dass beobachtete Häufigkeiten von null Typen zu konstituieren scheinen (siehe z. B. Tag 3 in Abb. 4.8).

Die dritte und zu bevorzugende Option besteht darin, ein verallgemeinertes lineares Modell mit log link unter Poisson-Verteilung zu schätzen. Dieser Ansatz enthält die drei Elemente der Funktion, die spezifiziert wurden, und führt zu der Schätzkurve in Abb. 4.10.

Die Kurve in Abb. 4.10 zeigt, dass die Typen und Antitypen am 7., 11., und 14. Tag sowohl unter dem allgemeinen linearen Modell mit kleinster Quadrate Schätzung als auch unter dem verallgemeinerten linearen Modell mit log link unter Poisson-Verteilung auftreten. Das verallgemeinerte lineare Modell ist für Häufigkeitsdaten besser geeignet. Allgemein ist festzuhalten, dass, wenn Funktionen verwendet werden, um

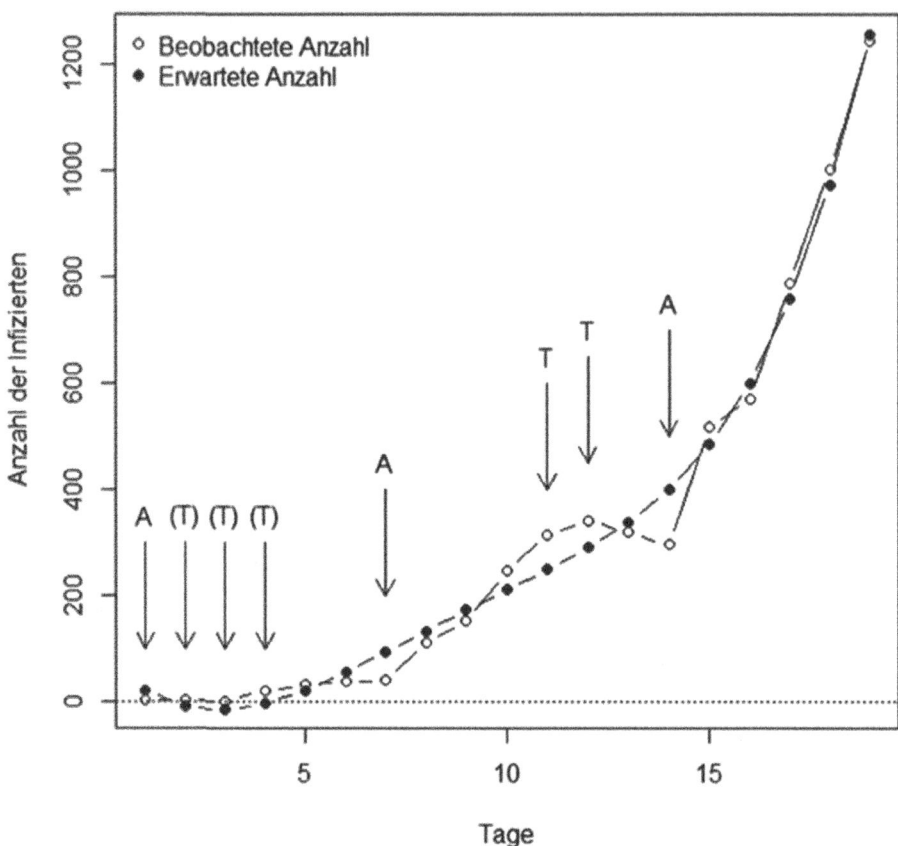

Abb. 4.8 Beobachtete und geschätzte erwartete Häufigkeiten der positiven Covid-19 Diagnosen (erwartete Häufigkeiten mit der Methode der kleinsten Quadrate geschätzt; T- Typ, A = Antityp, (T) = Typ, aber negative Erwartungshäufigkeit)

Erwartungshäufigkeiten zu schätzen, sorgfältig überprüft werden muss ob die Schätzwerte plausibel und interpretierbar sind.

In Summe, die Schätzung von Erwartungshäufigkeiten mit einer Funktion, die die gesamte Reihe der beobachteten Häufigkeiten beschreibt, hat die folgenden Eigenschaften:

1. Die Funktion kann so konstruiert werden, dass sie interpretierbare Elemente des hypostasierten Datengenerierungsprozesses enthält;
2. Alternative Datengenerierungsprozesse können in ihrer Anpassungsgüte und den entstehenden Typ/Antitypmustern verglichen werden;
3. Die Elemente der Funktion können nacheinander in das Modell aufgenommen werden; durch Änderungen der Anpassungsgüte und der Typ/Antitypmuster kann

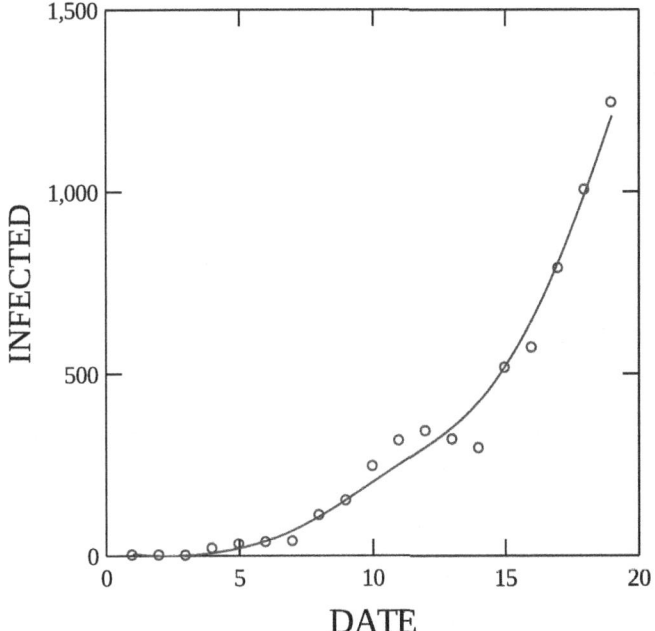

Abb. 4.9 Reihe der positiven Covid-19 Diagnosen, geglättet mit einer ‚distance-weighted'
Funktion

erkannt werden, welchen Beitrag jedes Element zusätzlich zu den bereits in das
Modell aufgenommenen leistet; wenn ein solches Element einen starken Beitrag
leistet, dann verbessert sich die Anpassungsgüte, die Zahl der Typen und Antitypen
wird geringer, und es entstehen, wenn überhaupt, nur wenige neue Typen und Antitypen;

Selbst wenn die Anpassungsgüte nahezu perfekt ist, so wie in dem Beispiel in diesem
Kapitel, kann eine konfigurale Analyse immer noch signifikante Einzelabweichungen
aufdecken.

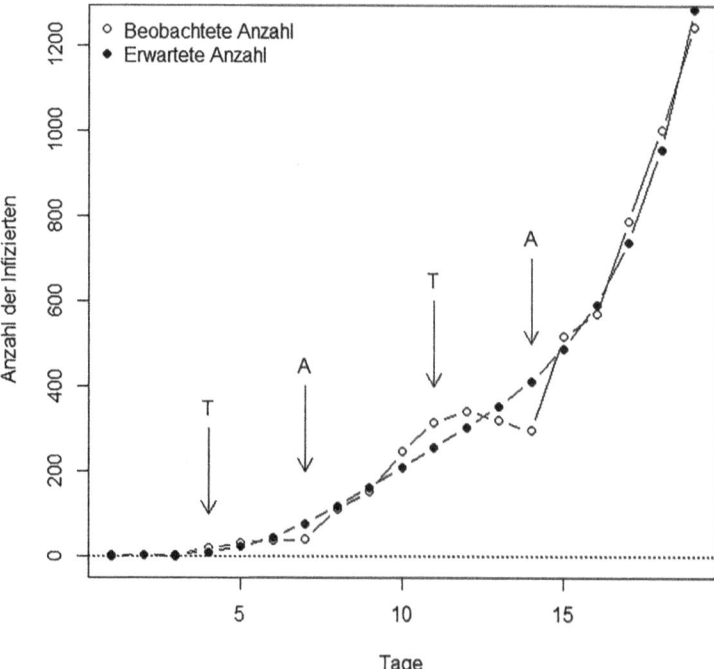

Abb. 4.10 Beobachtete und erwartete Häufigkeiten positiver Covid-19 Diagnosen (erwartete Häufigkeiten unter einem Poisson verallgemeinerten linearen Modell geschätzt; T=Typ, A=Antityp)

Designs für die KFA

5

In allen Modellen und Beispielen der KFA, die bisher in diesem Buch besprochen wurden, sind wir davon ausgegangen, dass die Designs, mit denen Daten erhoben wurden, komplett waren und ohne design-spezifische Einschränkungen zu den gewünschten Daten geführt haben. Einschränkungen gab es nur durch die Art der Stichprobenziehung. Poisson und multinomiale Ziehungen zeigten sich offen für jedes denkbare Basismodell der KFA. Produkt-multinomiale Ziehung ist für alle Basismodelle offen, bei denen die Randsummen oder Teiltafeln perfekt reproduziert werden, für die Proportionen a priori festgelegt werden.

Aus Gründen, die im Laufe dieses Kapitels ausgeführt werden, ist es oft nicht möglich, komplette Tafeln zu erzeugen. Dennoch kann man auch unter solchen Bedingungen daran interessiert sein, kategoriale Daten konfigural zu analysieren. In diesem Kapitel behandeln wir zwei solcher Bedingungen. Die erste ist die, in der *fraktionelle Designs* erzeugt werden. Dies sind Designs, in denen bei der Datenerhebung systematisch Konfigurationen nicht realisiert werden. Dafür ist ein Preis zu bezahlen. Die Währung, in der zu zahlen ist, sind Effekte, die nicht mehr schätzbar oder konfundiert sind. Damit wird die freie Wahl von KFA Basismodellen eingeschränkt. In diesem Kapitel wird eine Einführung in fraktionelle Designs gegeben, und es wird besprochen und an Beispielen gezeigt, welche KFA Modelle dabei schätzbar bleiben.

Fraktionelle Designs sind bewusst reduzierte Designs. In anderen Situationen ist es unmöglich, für bestimmte Zellen Fälle zu finden. Es entstehen dadurch *strukturelle Nullen*. Gründe dafür sind logischer, ethischer oder konzeptueller Natur. Für Zellen mit strukturellen Nullen dürfen keine Erwartungshäufigkeiten geschätzt werden. Im zweiten Teil dieses Kapitels wird behandelt, wie strukturelle Nullen entstehen können und welche Möglichkeiten es gibt, dennoch eine KFA durchzuführen.

© Der/die Autor(en), exklusiv lizenziert durch Springer-Verlag GmbH, DE, ein Teil von Springer Nature 2021
A. von Eye und W. Wiedermann, *KFA – Die Konfigurationsfrequenzanalyse*,
https://doi.org/10.1007/978-3-662-63675-6_5

5.1   Fraktionelle faktorielle Designs für die KFA

In der experimentellen Forschung werden routinemäßig komplette Designs erzeugt.
Dabei werden alle möglichen Kombinationen der unabhängigen Variablen, d. h. der
Faktoren eines Designs realisiert. Beim Schätzen von log-linearen Modellen oder einer
KFA wird ebenfalls routinemäßig davon ausgegangen, dass komplette Kreuzklassi-
fikationen vorliegen. Ist dies der Fall, dann können alle erwünschten Parameter geschätzt
werden oder alle interessierenden Basismodelle der KFA angelegt werden (zum
Folgenden siehe von Eye, 2008; von Eye et al., 2010).

Kreuzt man experimentelle Faktoren komplett, dann kann das allerdings auch
erhebliche Nachteile haben. Ein wichtiger Nachteil ist, dass die Zahl der Faktoren,
die in einem Experiment gleichzeitig verwendet werden können, erheblich limitiert
ist. Kreuzt man z. B. drei binäre Faktoren, dann erzeugt man $2^3 = 8$ Kombinationen
von Faktorstufen, d. h. Konfigurationen. Das ist selten ein Problem. Kreuzt man zehn
binäre Faktoren, dann erzeugt man bereits $2^{10} = 1024$ Konfigurationen. Abb. 5.1 zeigt
den exponentiellen Anstieg der Zahl der Konfigurationen bei binären Faktoren und
bei Faktoren mit drei Stufen. Es ist leicht vorstellbar, wie gewaltig die Zahl der
Konfigurationen bei Faktoren mit mehr als drei Stufen wird.

Die Zahl der möglichen Kombinationen hat auch Auswirkungen auf den Stichprobenumfang. Bei zehn binären Faktoren und zehn Personen pro Zelle wächst die
Stichprobe bereits auf 10.240 Personen an. Entsprechend groß wird dann die Zahl der

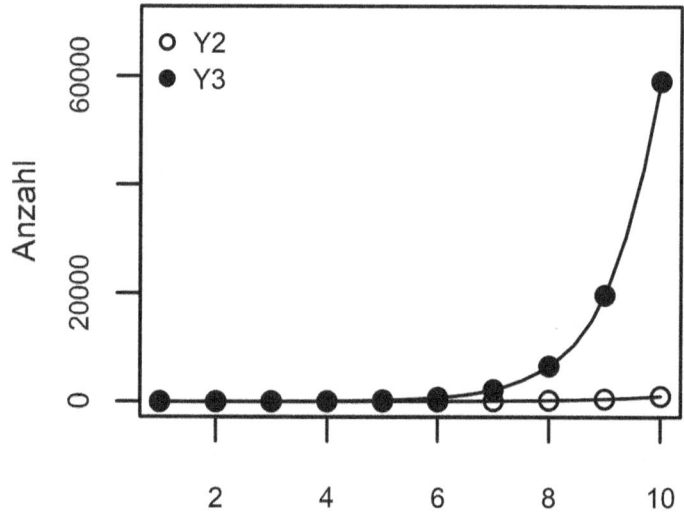

Abb. 5.1 Zahl der Konfigurationen, *Y,* für binäre (Y2), komplett gekreuzte Faktoren und Faktoren
mit drei Stufen (Y3; Glättung mit spline Funktionen)

zu schätzenden Effekte. Abschreckend komplex wird auch der Versuch, Interaktionen hoher Ordnung zu interpretieren. Den Autoren ist kein Beispiel bekannt, in dem eine zehnfach Interaktion auch nur beschrieben wurde. Ein weiterer Hinderungsgrund für derart komplexe Designs ergibt sich durch die entstehenden Kosten der Studie. Allein die Organisation und die Durchführung einer Datenerhebung mit über 1000 varianz-analytischen Zellen ist mit kolossalem finanziellen und organisatorischen Aufwand verbunden. Zudem muss gefragt werden, welchen Prozentsatz der Varianz ein Effekt auf-klären kann oder soll, wenn noch viele tausend anderer Effekte wirksam sein können.

Das Problem der Varianzaufklärung steht in Verbindung mit dem *Sparsity of Effects Prinzip* (siehe Hamada & Wu, 1992; Kutner et al., 2004; Wu & Hamada, 2000). Nach diesem Prinzip ist es oft der Fall, dass nur wenige Effekte einen großen Teil der Varianz erklären. Die anderen Effekte, und dies sind meist die Interaktionen höherer Ordnung, erklären wenig oder nichts. Die Effekte, die wenig erklären, sind nicht notwendigerweise nutzlos. Sie können zur Verbesserung des Fehlerterms genutzt werden. Der Aufwand dafür kann allerdings immens sein.

Ist es nun der Fall, dass bei der Untersuchung eines Phänomens tatsächlich nur einige Haupteffekte und Interaktionen niedrigerer Ordnung den größten Varianzanteil auf-klären, dann ist die Durchführung eines komplett gekreuzten faktoriellen Designs mit vielen Faktoren nicht nur extrem planungs-, durchführungs-, kosten-, auswertungs-, und interpretationsintensiv, sondern der ganze Aufwand kann auch verschwendet sein, weil wenig zusätzliche Information gewonnen wird. So sind zum Beispiel in einem Design mit sechs komplett gekreuzten binären Faktoren 64 Parameter zu schätzen und zu inter-pretieren (inkl. Interzept). Erklären nun tatsächlich nur die sechs Haupteffekte und die 15 zweifach Interaktionen relativ große Varianzanteile, dann werden in diesem Design zwei Drittel der Freiheitsgrade und des Aufwands investiert, um erklärungsarme Parameter zu schätzen.

Eine große Hilfe können in solchen Situationen *fraktionelle faktorielle Designs* bieten. Diese Designs erzeugen systematisch nur eine Teilmenge aller möglichen Konfigurationen eines komplett gekreuzten Designs. Die entstehende Teilmenge wird so erzeugt, dass sie es erlaubt, die interessierenden Effekte zu schätzen. Steht genügend Vorwissen zur Verfügung, dann kann das *Sparsity of Effects* Prinzip bei der Auswahl der zu schätzenden Effekte herangezogen werden. Zumindest kann vor dem Hintergrund dieses Prinzips ein Akzent auf Effekte niedrigerer Ordnung gelegt werden.

Eine andere Lösung, die in industriellen Anwendungen diskutiert wird, besteht darin, nur eine Auswahl der wichtigen Faktorstufen zu realisieren. Diese Option ist bedeut-sam, wenn genügend Vorwissen vorliegt und die Zahl der Faktorstufen groß ist. Im vor-liegenden Kontext werden jedoch selten mehr als zwei oder drei Faktorstufen in Betracht gezogen. Deshalb ist hier die Methode der fraktionellen faktoriellen Designs die aus-sichtsreichere.

Wie oben bereits angedeutet wurde, ist der Preis, der für das Erzeugen fraktioneller Designs gezahlt werden muss der, dass Effekte höherer Ordnung entweder nicht geschätzt werden können oder mit anderen Effekten konfundiert sind. Dies wird im Folgenden weiter ausgeführt.

In diesem Kapitel behandeln wir fraktionelle faktorielle Designs im Kontext der Analyse kategorialer Variablen (von Eye, 2008; von Eye & Mair, 2009). Im Unterschied zur anwachsenden Literatur über fraktionelle faktorielle Designs für metrische Variablen gibt es vergleichsweise wenig Ansätze für kategoriale Daten. Zudem werden diese Ansätze oft mit einem Akzent auf logistische Regressionsmodelle diskutiert (siehe z. B. Salem et al., 2004). Hier behandeln wir den Fall, in dem die gemessene Variable kategorial ist, und wir fragen, ob fraktionelle faktorielle Designs für log-lineare Modelle und die KFA genutzt werden können.

In den nächsten Abschnitten geben wir eine Einführung in fraktionelle faktorielle Designs, mit einem Fokus auf Box-Hunter Designs (Box et al., 2005; Goupy, 2017; Wu & Hamada, 2000). Diese Designs erlauben es, Datenerhebungspläne auf der Basis der Ordnung der Interaktionen zu spezifizieren, die in einer Untersuchung interpretiert werden sollen.

5.1.1   Fraktionelle faktorielle Designs – eine Einführung

In einem Experiment werden ein oder mehrere Faktoren verwendet, um die Werte zu erkunden, die abhängige Variablen annehmen, die von den Faktoren beeinflusst werden (oder werden könnten). Die Kategorien der Faktoren und ihre Kombinationen definieren die Punkte eines Experiments, d. h. die Zellen, im Faktorenraum. Abb. 5.2 stellt einen solchen Punkt in einer Anordnung mit zwei Faktoren dar.

Legen die Experimentatoren einen Bereich fest, innerhalb dessen Faktoren variieren dürfen, d. h. hier, wählen die Experimentatoren Faktorenkategorien aus, wird dadurch der Raum definiert, innerhalb dessen ein Experiment stattfindet. Dies wird in Abb. 5.3 illustriert, in der jeder Punkt eine experimentelle Zelle repräsentiert.

Abb. 5.2 Kombination von 2 Faktorstufen im experimentellen Raum

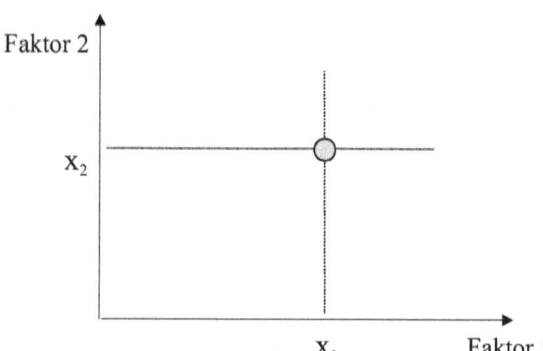

Abb. 5.3 Experimenteller Raum bei zwei metrischen Faktoren

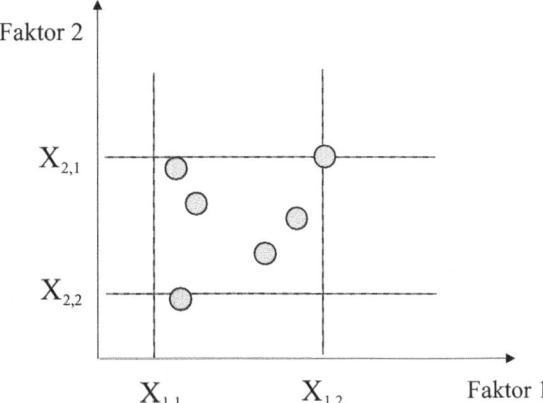

Abb. 5.4 Experimenteller Raum bei zwei binären kategorialen Faktoren

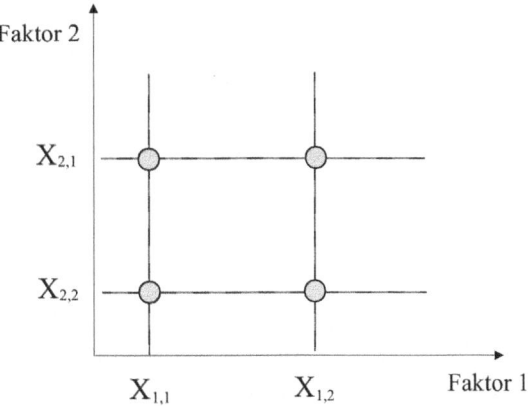

Die Punkte in Abb. 5.3 stellen die experimentellen Realisationen dar. Jeder Punkt ist durch eine Ausprägung beider Faktoren gekennzeichnet. Jeder Punkt, d. h. jede Zelle eines Experiments resultiert in spezifischen Werten der abhängigen Variablen.

Sind die Faktoren kategorial, dann sind nicht beliebige Werte auf der Skala der Faktoren denkbar, sondern nur Werte, die Kategorien repräsentieren. Abb. 5.3 wird dadurch zu Abb. 5.4.

Abb. 5.4 illustriert, dass bei kategorialen Faktoren nur eine feste Zahl von Realisationen möglich ist. Dies gilt entsprechend, wenn mehr als zwei Faktoren verwendet werden. Stellt man diese Anordnung in einer Tabelle dar, so kommt man zu der bisher bereits verwendeten Darstellung von Designmatrizen. Tab. 5.1 ist eine Übersetzung von Abb. 5.4 in Tabellenformat.

Tab. 5.1 zeigt zunächst, dass die Effektkodierung von Designmatrizen der Definition des experimentellen Raums bei kategorialen Faktoren entspricht. Zweitens zeigen Tab. 5.1 und auch Abb. 5.4, dass die Interaktion zwischen den beiden Faktoren noch

Tab. 5.1 Effektkodierung der
Anordnung in Abb. 5.4

Nummer der Zelle	Faktor 1	Faktor 2	Y
1	1	1	y_1
2	1	-1	y_2
3	-1	1	y_3
4	-1	-1	y_4

nicht berücksichtigt ist. Dies wird später noch besprochen. Drittens, und dies ist für die Diskussion von fraktionellen faktoriellen Designs wichtig, enthält die Tabelle in der ersten Spalte eine Nummerierung der Zellen des Experiments. Im Kontext der fraktionellen faktoriellen Designs wird die Zahl der Zellen die Zahl der *runs* genannt. Hier sind es vier runs, die durch die Realisierung aller Kombination der beiden binären Faktoren entstehen. Die zell-spezifischen Werte der abhängigen Variablen stehen in der letzten Spalte der Tabelle.

Bisher sind wir in diesem Kapitel einer Darstellung von faktoriellen Designs gefolgt, die für komplett gekreuzte Designs hätte verwendet werden können. An diesem Punkt beginnt die Diskussion *fraktioneller Designs*. Eines der wichtigsten Argumente solcher Designs betrifft die *Auflösung des Designs*. Mit Auflösung wird das Niveau bezeichnet, bis zu dem Haupteffekte und Interaktionen unabhängig voneinander geschätzt und interpretiert werden können. Anders formuliert, bezeichnet die Auflösung eines Designs die Ordnung der Effekte, die geschätzt werden können und nicht miteinander oder mit anderen Effekten konfundiert sind.

1. *Auflösung I*: Auf diesem, dem niedrigsten Niveau ist kein Effekt unabhängig schätz- oder interpretierbar. Aus diesem Grund sind Designs mit Auflösung I nicht interessant und man findet keine Anwendungen in der Literatur.

Box und Kollegen (2005) beschreiben eine Hierarchie dieser Ordnung wie folgt:

2. *Auflösung II*: Auf diesem Niveau sind Haupteffekte mit anderen Haupteffekten konfundiert. Daher sind auch Designs mit Auflösung II bedeutungslos und werden nicht angewendet. Diese Auflösung erinnert jedoch an die KFA 0-ter Ordnung.
3. *Auflösung III*: Dies ist das erste Niveau, das tatsächlich angewendet wird. Hier können Haupteffekte geschätzt werden. Diese sind aber mit zweifach Interaktionen konfundiert.
4. *Auflösung IV*: Auf diesem Niveau sind Haupteffekte schätz- und interpretierbar. Sie sind nicht mit zweifach Interaktionen konfundiert. Diese allerdings sind miteinander konfundiert und daher nicht interpretierbar. Auflösung IV ist daher meist dann von Interesse, wenn bestimmt werden soll, ob zweifach Interaktionen überhaupt wichtig sein könnten, ohne dass zunächst festgelegt wird, um welche es sich genau handelt. Dieser Ansatz erinnert bereits an die KFA erster Ordnung.

5. *Auflösung V*: Jetzt wird das erste Niveau erreicht, auf dem Interaktionen nicht nur geschätzt, sondern auch interpretiert werden können. Wird Auflösung V realisiert, dann können zweifach Interaktionen interpretiert werden, weil keine von ihnen mit anderen konfundiert ist. Wenn garantiert werden soll, dass keine Konfundierung von zweifach Interaktionen zu befürchten ist, muss ein Design mindestens mit Auflösung V spezifiziert werden. Dieser Ansatz erinnert an die KFA zweiter Ordnung.
6. *Auflösung VI*: Auf diesem Niveau sind dreifach Interaktionen schätz- und interpretierbar, und sie sind nicht miteinander konfundiert. Vierfach Interaktionen sind allerdings miteinander konfundiert. Auflösungen höherer Ordnung können entsprechend definiert werden.

von Eye (2008) und von Eye und Mair (2009) weisen nun auf einen bedeutsamen Unterschied zwischen Designs in der Analyse metrischer und in der Analyse kategorialer Variablen hin. Werden metrische Variablen analysiert, dann ist die abhängige Variable nicht Bestandteil des Designs. Werden dagegen kategoriale Variablen analysiert, dann ist die abhängige Variable Bestandteil des Designs, das in der Designmatrix spezifiziert wird. Aus diesem Grund sind in der Analyse kategorialer Variablen stets Auflösungen zu wählen, die ein Niveau höher angeordnet sind als das bei der Analyse metrischer Variablen notwendig wäre. Es ergibt sich, dass

- Designs mit Auflösungen I, II, III und IV bei der Analyse kategorialer Variablen mit Ausnahme der KFA 0-ter Ordnung kaum von Interesse sind,
- Designs mit Auflösung V es erlauben, die Haupteffekte kategorialer Variablen zu schätzen, ohne dass sie konfundiert sind (siehe KFA erster Ordnung), und
- Designs mit Auflösung VI erforderlich sind, wenn zweifach Interaktionen interessant sind und ohne Konfundierung geschätzt werden sollen (siehe KFA zweiter Ordnung).
- Designs mit noch höherer Auflösung sind erforderlich, wenn Interaktionen höherer als zweiter Ordnung bedeutsam sind (dies ist z. B. in der ISA der Fall, wenn eine Variablengruppe drei oder mehr Variablen enthält).

Im Folgenden behandeln wir Systeme fraktioneller Designs. Box und Hunter Designs werden im Detail besprochen, und es wird gezeigt, wie man fraktionelle Designs erzeugen kann. Bei diesen ist dann die Zahl der runs (linke Spalte in Tab. 5.1) deutlich geringer als die Zahl der Zellen im Fall komplett gekreuzter Faktoren. Das Niveau der Effekte, die unkonfundiert interpretiert werden können, ist durch die Auflösung definiert.

Systeme fraktioneller faktorieller Designs Im Folgenden präsentieren wir eine (nichtexhaustive) Liste von Systemen fraktioneller faktorieller Designs (vgl. Box, et al., 2005; Wu & Hamada, 2000; vgl. auch die Diskussion Boolescher Designs bei Goupy, 2000). Alle davon fallen in die Klasse der *computerunterstützten Designs*. Wir konzentrieren uns auf *homogene fraktionelle faktorielle Designs*. Bei diesen haben alle Faktoren die gleiche Zahl an Kategorien oder Stufen.

Die bekannteste Gruppe der homogenen fraktionellen faktoriellen Designs ist die der *Box-Hunter Designs*. Diese Designs sind sparsam, indem sie nur einen Bruchteil der Zellen von komplett gekreuzten Designs binärer Faktoren benötigen und verwenden. Dieser Bruchteil kann ein Viertel sein, bisweilen sogar noch weniger. Die Zahl der Zellen eines komplett gekreuzten Designs von m binären Faktoren ist $t = 2^m$.

Hat jeder der Faktoren drei Kategorien, dann kann man auf *Box-Behnken Designs* zurückgreifen (Box & Behnken, 1960). In diesen Designs werden oft die Zellen nicht realisiert, in denen alle Faktoren extreme Kategorien aufweisen, z. B. 3 3 3 oder 1 1 1. Dadurch ergeben sich zwei Einschränkungen, die hier wichtig sind. Erstens erfordert diese Strategie, dass die gekreuzten Variablen mindestens auf dem Ordinalniveau erhoben werden. Zweitens, und dies für die Anwendung solcher Designs in der KFA von Bedeutung, werden auf diese Weise bestimmte KFA Basismodelle ausgeschlossen, z. B. das der KFA 0-ter Ordnung. Die Zahl der Zellen eines komplett gekreuzten Designs von m Faktoren, die alle drei Stufen aufweisen, ist ein Vielfaches von drei.

Auf dem Niveau der Auflösung III (bei kategorialen Variablen Auflösung IV) operieren *Plackett-Burman Designs* (1946; Ledolter & Swersey, 2007). Diese Designs, (auch *screening designs* oder auch *saturated main effect designs* genannt, weil alle Freiheitsgrade in die Schätzung der Haupteffekte investiert werden), sind sehr ökonomisch, denn die Zahl der Zellen kann sehr klein sein, wenn die abhängigen Variablen metrisch sind. So können bis zu 11 binäre Faktoren mit nur zwölf Zellen untersucht werden, oder bis zu 23 Faktoren können mit nur 24 Zellen untersucht werden. Die Zahl der Zellen ist ein vielfaches der Zahl der Faktorstufen.

Mit Plackett–Burman Designs schätzt man nur Haupteffekte. Zudem muss man annehmen, dass keine der zweifach Interaktionen existiert. Sie sind vor allem dann interessant, wenn man eruieren will, welche Variablen überhaupt Effekte auf die abhängige Variable haben. Bei der Untersuchung von Daten, bei denen Interaktionen die größten Varianzanteile erklären (z. B. dem eingangs dieses Buchs behandelten Meehl Paradoxon), sind sie damit nutzlos.

Taguchi Designs sind orthogonale Plackett–Burman Designs und erlauben es daher, unabhängige Effekte zu schätzen und minimale Varianzen in der abhängigen Variablen zu erzeugen. Diese Designs haben Anwendungen in der Qualitätskontrolle gefunden. Ursprünglich wurden diese Designs verwendet, um Modelle ohne Interaktionen zu schätzen. Taguchi Designs wurden kritisiert, weil sie ineffizient sein können. Im vorliegenden Kontext sind sie von geringerer Bedeutung.

In der Literatur sind viele andere fraktionelle Designs diskutiert worden. Beispiele sind der Ansatz von Rechtschaffner (1967), supersaturierte Designs, Designs für numerische Simulationen, gemischte Pläne (Goupy, 2017), hybride Designs, optimale Designs (Pukelsheim, 2006), und die ersten in den Wissenschaften diskutierten fraktionellen Designs, die lateinischen Quadrate und ihre Derivate (Euler, 1782). Für die Theorie fraktioneller Designs, siehe Finney (1945, 1946), Kempthorne (1947) oder Mukerjee und Wu (2006).

5.1.2 Die Erzeugung fraktioneller faktorieller Designs

Die meisten Softwarepakete der Statistik enthalten Module, mit denen fraktionelle faktorielle Designs erzeugt werden können (SYSTAT, Minitab; in R dient dazu z. B. das Paket FrF2; siehe Grömping, 2014). Dennoch kann es illustrativ und nützlich sein, eine algorithmische Beschreibung der Erzeugung von solchen Designs zu haben. Hier beschränken wir uns auf Box-Hunter Designs (Box et al., 2005), d. h. auf Designs mit binären Faktoren.

Sei p die Zahl der binären Faktoren, die untersucht werden sollen, und die Zahl der Zellen sei 2^{p-k}, wobei $p - k$ die Zahl der Faktoren sein soll, deren Haupteffekte wie üblich in komplett gekreuzten Designs kodiert werden. Die Haupteffekte der verbleibenden k Faktoren müssen dann auf andere Weise kodiert werden. Der Grund dafür ist der, dass in den fraktionellen Designs, die wir hier besprechen, die Zahl der Zellen im Vergleich zu komplett gekreuzten Designs um mindestens 50 % reduziert werden soll. In dieser Situation kann ein Box-Hunter Design in den folgenden Schritten erzeugt werden (siehe von Eye, 2008):

1. Spezifikation einer Designmatrix für die Haupteffekte der ersten $p - k$ Faktoren so, wie es in einem komplett gekreuzten Design von $p - k$ Faktoren getan werden würde, d. h. in einem Design mit 2^{p-k} Zellen; jede Zelle entspricht dabei einer Zeile in der Designmatrix;
2. Spezifikation des Haupteffekts für Faktor $p - k - 1$ so, als ob dies die Interaktion in der ersten der $\binom{p-k}{p-k-1} = \binom{p-k}{1}$ Kombinationen der ersten $p - k$ Faktoren wäre; dies bedeutet, dass die verbleibenden k Haupteffekte in Termini der $(p - k)$-fach Interaktionen wie in einem $(p - k)$-faktoriellen Design dargestellt werden; auf diese Weise werden zumindest auf dem Niveau der $(p - k)$-fach Interaktionen Konfundierungen mit Haupteffekten entstehen;
3. k-fache Wiederholung des zweiten Schritts, bis die Haupteffekte aller p Faktoren erzeugt sind;
4. Spezifikation von zweifach Interaktionen auf die gleiche Weise, wie dies in log-linearen Modellen oder der Varianzanalyse geschieht, d. h. durch elementweise Multiplikation von Vektorelementen von zwei verschiedenen Faktoren;
5. Spezifikation von höheren Interaktionen geschehen ebenfalls auf die gleiche Weise, wie dies in log-linearen Modellen oder der Varianzanalyse geschieht, d. h. durch elementweise Multiplikation von Vektorelementen von verschiedenen Faktoren; dies wird fortgesetzt, bis das Design saturiert ist oder alle nicht-konfundierten und wichtigen Interaktionen in die Designmatrix aufgenommen wurden.

Über diese Schritte kann mehr als eine Lösung erzeugt werden. Der Grund dafür ist der, dass aus den ursprünglich p Faktoren $\frac{p!}{(p-k)!}$ verschiedene Mengen von k Faktoren ausgewählt werden können, die dann wie in komplett gekreuzten Designs kodiert werden.

Zudem kann die Reihenfolge dieser k Faktoren permutiert werden. Man nennt dies *randomizing the runs*. Eine interessante Implikation dieser Möglichkeit ist, dass auf dem gewählten Auflösungsniveau alternative Designs existieren.

Beispieldesigns im Folgenden besprechen wir eine Reihe von Box-Hunter Beispieldesigns.

Beispiel 1: Box-Hunter Design, fünf Faktoren, acht Zellen Mit diesem Design kann auf einem Auflösungsniveau III gearbeitet werden (hier verwenden wir wieder die klassische Nummerierung des Auflösungsniveaus). Es können damit alle Haupteffekte, aber keine nicht-konfundierten Interaktionen dargestellt werden. Die Effektkodierung für ein Beispiel eines solchen Designs ist in Tab. 5.2 wiedergegeben.

Tab. 5.2 zeigt, dass die ersten drei Faktoren so kodiert werden, wie es in einem komplett gekreuzten $2 \times 2 \times 2$ Design der Fall wäre. Beginnend mit Faktor D werden die Haupteffekte durch Interaktionsterme dargestellt. Der Haupteffekt von Faktor D wird durch die Interaktion zwischen den Faktoren A und B dargestellt, der Haupteffekt von Faktor E durch die Interaktion der Faktoren B und C.

Betrachtet man dieses Design, dann erkennt man, wie groß die Ersparnis bei Box-Hunter Designs sein kann, wenn das Interesse einer Untersuchung nur den Haupteffekten gilt. In einem komplett gekreuzten Design erzeugt man bei fünf binären Faktoren $2^5 = 32$ Zellen. Hier sind es nur acht, d. h. ein Viertel davon.

Wie oben ausgeführt wurde, kann mit dem Algorithmus zur Erzeugung fraktioneller faktorieller Designs unter denselben Spezifikationen mehr als ein Design generiert werden. Tab. 5.3 zeigt eine Alternative zu dem Design in Tab. 5.2.

Tab. 5.3 zeigt, dass in dieser Lösung die Kodierung der ersten drei Faktoren unverändert ist. Die folgenden beiden Faktoren werden dagegen mit umgekehrten Vorzeichen dargestellt. Erzeugt man nun zweifach Interaktionen auf der Basis der Matrizen in Tab. 5.2 und 5.3, dann sind sie konfundiert. Für die KFA bedeutet dies, dass die

Tab. 5.2 Haupteffekte in einem Box-Hunter Design mit fünf Faktoren und acht Zellen (Auflösung III)

Zelle	Faktor				
	A	B	C	D	E
1	-1	-1	-1	1	1
2	-1	-1	1	1	-1
3	-1	1	-1	-1	1
4	-1	1	1	-1	-1
5	1	-1	-1	-1	-1
6	1	-1	1	-1	1
7	1	1	-1	1	-1
8	1	1	1	1	1

Tab. 5.3 Haupteffekte in einem Box-Hunter Design mit fünf Faktoren und acht Zellen (alternative Lösung zu Tab. 5.2)

Zelle	Faktor				
	A	B	C	D	E
1	−1	−1	−1	−1	−1
2	−1	−1	1	−1	1
3	−1	1	−1	1	−1
4	−1	1	1	1	1
5	1	−1	−1	1	1
6	1	−1	1	1	−1
7	1	1	−1	−1	1
8	1	1	1	−1	−1

fraktionellen Designs in Tab. 5.2 und 5.3 es erlauben würden, eine KFA erster Ordnung zu rechnen, nicht aber eine KFA zweiter oder höherer Ordnung.

Es ist offensichtlich, dass Tab. 5.2 und 5.3 sich nur minimal unterscheiden. Das Umkehren der Vorzeichen hat lediglich den Effekt, dass die Parameter ebenfalls ihre Vorzeichen ändern. Es ist allerdings möglich, dass die ersten drei Variablen in den beiden Tabellen nicht die gleichen sind. Deshalb können diese Alternativen durchaus unterschiedlichen Konfigurationen repräsentieren.

Beispiel 2: Box-Hunter Design, fünf Faktoren, 16 Zellen Im folgenden Beispiel fragen wir, wie zweifach Interaktionen mit Box-Hunter Designs dargestellt werden können. Wir verwenden wieder fünf binäre Faktoren, operieren jetzt aber auf dem Niveau der Auflösung V. Dafür benötigen wir 16 Zellen statt 8. Tab. 5.4 zeigt eine Lösung für dieses fraktionelle Design.

Tab. 5.4 zeigt, dass, auf Auflösungsniveau V und fünf Faktoren, die ersten vier Faktoren wie in einem komplett gekreuzten Design kodiert werden. Der Haupteffekt für Faktor *E* entsteht durch die elementweise Multiplikation der Elemente aller vier Faktoren *A* − *D*, und entspricht damit der vierfach Interaktion dieser vier Faktoren. Erzeugt man nun zweifach Interaktionen auf der Basis dieser Matrix, dann ist keine davon mit den anderen zweifach Interaktionen oder den Haupteffekten konfundiert.

Für die KFA bedeutet dies, dass auf der Basis der Matrix in Tab. 5.4 KFAs erster und zweiter Ordnung gerechnet werden können, nicht aber KFAs höherer Ordnung. Sollte eine ISA intendiert sein, dann ist eine höhere Auflösung erforderlich, denn eine Aufteilung der fünf Faktoren in zwei Gruppen erzeugt eine Gruppe mit mindestens drei Faktoren. Das Basismodell der ISA erfordert dann für diese Gruppe, dass die dreifach Interaktion ins Kalkül einbezogen wird. Diese Interaktion könnte konfundiert sein. Dies gilt entsprechend für die alternative Lösung in Tab. 5.5.

Auch in dieser Lösung werden die ersten vier Faktoren wie in einem komplett gekreuzten Design kodiert. Die Kodierung für Faktor *E* entsteht durch Umkehrung der Vorzeichen in Tab. 5.4. Die Diskussion der Unterschiede zwischen den Designs in Tab. 5.2 und 5.3 könnte hier wiederholt werden.

Tab. 5.4 Haupteffekte in einem Box-Hunter Design mit fünf Faktoren und 16 Zellen (Auflösung V)

Zelle	Faktor				
	A	B	C	D	E
1	−1	−1	−1	−1	1
2	−1	−1	−1	1	−1
3	−1	−1	1	−1	−1
4	−1	−1	1	1	1
5	−1	1	−1	−1	−1
6	−1	1	−1	1	1
7	−1	1	1	−1	1
8	−1	1	1	1	−1
9	1	−1	−1	−1	−1
10	1	−1	−1	1	1
11	1	−1	1	−1	1
12	1	−1	1	1	−1
13	1	1	−1	−1	1
14	1	1	−1	1	−1
15	1	1	1	−1	−1
16	1	1	1	1	1

Tab. 5.5 Haupteffekte in einem Box-Hunter Design mit fünf Faktoren und acht Zellen (Auflösung V; alternative Lösung)

Zelle	Faktor				
	A	B	C	D	E
1	−1	−1	−1	−1	−1
2	−1	−1	−1	1	1
3	−1	−1	1	−1	1
4	−1	−1	1	1	−1
5	−1	1	−1	−1	1
6	−1	1	−1	1	−1
7	−1	1	1	−1	−1
8	−1	1	1	1	1
9	1	−1	−1	−1	1
10	1	−1	−1	1	−1
11	1	−1	1	−1	−1
12	1	−1	1	1	1
13	1	1	−1	−1	−1
14	1	1	−1	1	1
15	1	1	1	−1	1
16	1	1	1	1	−1

Es ist wichtig, dass beachtet wird, dass sich die Parameterinterpretation ändert, wenn Haupteffekte oder Interaktionen nicht wie üblich kodiert werden. In der KFA mag das kein Problem darstellen, so lange sich die geschätzten Zellhäufigkeiten nicht ändern. Werden log-lineare Modelle geschätzt und die Parameter interpretiert, dann ist darauf allerdings zu achten. Dies gilt analog für die schätzbaren aber konfundierten Interaktionen.

Im Beispiel des Designs in Tab. 5.4 und 5.5 ergeben sich folgende Konfundierungen:

- $A = BCDE$ (dies bedeutet, dass der Haupteffekt von A mit der vier-Weg Interaktion $B \times C \times D \times E$ konfundiert ist)
- $C = ABDE$
- $D = ABCE$
- $E = ABCD$
- $AB = CDE$
- $AC = BDE$
- $AD = BCE$
- $AE = BCD$
- $BC = ADE$
- $BD = ACE$
- $BE = ACE$
- $CD = ABD$
- $CE = ABE$
- $DE = ABC$, und
- Interzept $= ABCDE$.

Diese Konfundierungen zeigen erstens, dass durch sparsamere, fraktionelle Designs erhebliche Einsparungen möglich werden. Im vorliegenden Beispiel werden 50 % der runs eingespart. Zweitens zeigt sich, dass Haupteffekte und zweifach Interaktionen geschätzt und interpretiert werden können, ohne dass sie miteinander konfundiert sind. Drittens zeigt sich aber auch, dass der Preis, der durch die Einsparungen zu zahlen ist, darin liegt, dass Haupteffekte und zweifach Interaktionen mit höheren Interaktionen konfundiert sind und es keinen Zugang zu Interaktionen zwischen drei oder mehr Variablen gibt.

5.1.3   Fraktionelle faktorielle Designs in der KFA

In der konfirmatorischen Forschung existiert in den meisten Fällen eine solide Wissensbasis, die die Ableitung von Hypothesen leitet. Bei der Schätzung von log-linearen Modellen wird dabei sichergestellt, dass die interessierenden Parameter auch geschätzt und interpretiert werden können. In der KFA impliziert dies, dass die Effekte, von denen hypostasiert wird, dass sie zu Typen oder Antitypen führen, ebenfalls geschätzt werden können. Ist dies nicht

der Fall, weil ein unpassendes Design gewählt wurde, dann können Hypothesen auch nicht
geprüft werden, die solche Typen oder Antitypen betreffen. Bei der Wahl eines Auflösungsniveaus für eine konfirmatorische KFA ist daher zu beachten, dass die Effekte, die von
Interesse sind, auch tatsächlich geschätzt und interpretiert werden können.

In der exploratorischen Forschung liegt weniger präzises Wissen vor. Dennoch geht
man nicht blind in eine exploratorische Untersuchung. Allein die Auswahl der Variablen
reflektiert bereits Kenntnisse über den Untersuchungsgegenstand. In der exploratorischen
KFA ist aber meist unbekannt, ob überhaupt und, wenn ja, wo Typen oder Antitypen
zu erwarten sind. Ist darüber hinaus nicht auszuschließen, dass Interaktionen höherer
Ordnung erforderlich sind, um Typen oder Antitypen zu erklären, dann fragt sich, ob
das *Sparsity of Effects* Prinzip angewendet werden kann. Fraktionelle Designs sind dann
von eher zweifelhaftem Nutzen. Es ergibt sich daraus die Situation, dass exploratorische
Forschung aufwändiger sein kann als konfirmatorische. Fragt man allerdings lediglich,
ob Typen oder Antitypen in einem Datenraum Assoziationen reflektieren, ohne dass man
der detaillierten Beschreibung dieser Effekte interessiert ist, dann lassen sich auch in der
exploratorischen KFA mit fraktionellen faktoriellen Designs erhebliche Einsparungen
realisieren.

Datenbeispiel Im folgenden Datenbeispiel verwenden wir Daten aus einer Untersuchung zur psychischen Gesundheit von Frauen, die Opfer häuslicher Gewalt geworden
waren (von Eye & Bogat, 2006; vgl. Levendosky et al., 2000). In dieser Untersuchung
wurde u. a. die Frage gestellt, ob Depression längsschnittlich in einer Verbindung zum
Erhalt von Wohlfahrt steht. Erhalt von Wohlfahrt war durch Lebensmittelmarken und
elementare medizinische Versorgung definiert, wie sie in den USA zum Zeitpunkt der
Untersuchung angeboten wurden.

Für das Datenbeispiel nutzen wir die Daten vom dritten bis zum sechsten von insgesamt zehn Messzeitpunkten. Die folgenden Variablen gehen in die Analysen ein:

- staatliche elementare medizinische Versorgung vom dritten bis zum sechsten Messzeitpunkt (M_3, M_4, M_5 und M_6), kodiert als $1 = nein$ und $2 = ja;$ und
- Depression zum sechsten Messzeitpunkt (D_6; Beck et al., 1961), kodiert als $1 =$ unter
  und $2 =$ über dem cut-off für klinische Depression.

Kreuzt man diese fünf Variablen komplett, dann entsteht eine Kreuzklassifikation mit
$2^5 = 32$ Zellen. Hier fragen wir, ob die Ergebnisse der KFA erster Ordnung, die die Tafel
verwendet, die durch die komplett gekreuzten Variablen entsteht, sich von denen unterscheiden, die mit einem fraktionellen faktoriellen Design erzeugt werden können (vgl.
von Eye, 2008, wo auch logit Modelle gerechnet werden, und von Eye & Bogat, 2006).
Wir gehen durch die vier Schritte der KFA.

Schritt 1: Spezifikation eines Basismodells Im vorliegenden Beispiel wird die Frage
gestellt, ob bestimmte Muster, die die Korrelation zwischen den vier Maßen der

medizinischen Basisversorgung und der Depression zum letzten Messzeitpunkt reflektieren, überzufällig häufig oder selten beobachtet wurden. Zur Beantwortung dieser Frage rechnen wir eine KFA erster Ordnung. Das Basismodell für diese KFA ist

$$\log \hat{m} = \lambda + \lambda^{M3} + \lambda^{M4} + \lambda^{M5} + \lambda^{M6} + \lambda^{D6}.$$

Schritt 2: Signifikanztestung Wegen der zum Teil sehr kleinen Zellhäufigkeiten wählen wir als Signifikanztest den Binomialtest. α schützen wir mit der Holland DiPonzio Copenhaver Prozedur.

Schritt 3: Durchführung der KFA Tab. 5.6 gibt die Ergebnisse der KFA erster Ordnung wieder.

Der Pearson Chi-Quadrat goodness-of-fit Test, der hier als globaler Assoziationstest interpretiert werden kann, zeigt, dass starke Effekte in der Kreuzklassifikation der fünf Variablen existieren ($X^2 = 487.23$; $df = 26$; $p < 0.001$). Es zeigen sich drei Typen und vier Antitypen.

Schritt 4: Interpretation der entstandenen Typen und Antitypen Wir interpretieren hier nur den extremsten Typ und den extremsten Antityp. Der extremste Typ wird durch Konfiguration 2 2 2 2 1 konstituiert (in Tab. 5.4 ist dies die Zeile mit −1 −1 −1 −1 1). Dieses Profil beschreibt Frauen, die während der gesamten Beobachtungszeit staatliche medizinische Grundversorgung erhalten haben und nicht depressiv sind. 45 Frauen zeigen dieses Profil, 5.63 waren erwartet worden. Der extremste Antityp wird durch Konfiguration 2 1 2 1 1 konstituiert. Dies wären Frauen, die zwischen staatlicher medizinischer Grundversorgung und keiner Versorgung hin und her gependelt sind, und am Ende der Beobachtungszeit nicht depressiv sind. 7.68 Frauen waren für dieses Profil erwartet worden, es wurde aber keine gefunden.

Im folgenden Schritt simulieren wir zum Vergleich mit den Ergebnissen in Tab. 5.6 ein fraktionelles faktorielles Design, und wiederholen die Berechnung der KFA. Hierzu erzeugen wir eine Reduktion der 32 Zellen in Tab. 5.6 auf die Hälfte, d. h. 16 Zellen. Um dies zu bewerkstelligen, betrachten wir Tab. 5.4. Jede Zeile in Tab. 5.4 steht für eine Konfiguration. Diese Konfigurationen nehmen wir aus Tab. 5.6 heraus und schreiben sie in eine neue Tafel. Dies geschieht, indem wir jede −1 in Tab. 5.4 als 2 interpretieren. Jede 1 bleibt eine 1. Die verbleibenden Zellen erklären wir für nicht realisiert. Die auf diese Weise entstehende reduzierte Tafel erlaubt es, Haupteffekte zu schätzen aber keine nicht-konfundierten Interaktionen. Genügen die Haupteffekte zur Erklärung der Häufigkeitsverteilung in der reduzierten Tafel, dann entstehen keine Typen und Antitypen.

Wichtiger noch, mit der KFA der reduzierten Tafel kann man erkennen, welche Verluste dadurch entstehen, dass 50 % der Zellen nicht in die Analyse eingehen. Es ist nicht zu erwarten, dass die Reduzierung völlig verlustfrei verläuft. Es sollten sich jedoch deutliche Ähnlichkeiten zwischen den Ergebnissen auf der Basis der kompletten und der reduzierten Tafeln zeigen.

Tab. 5.6 KFA erster Ordnung der Kreuzklassifikation der Variablen M_3, M_4, M_5, M_6 und D_6 (komplette Kreuzung der Variablen)

```
Konfiguration
```

M3 M4 M5 M6 D6	m	$\hat{m}$	p	
11111	55.00	15.0711	.00000000	Typ
11112	9.00	1.4776	.00002121	Typ
11121	9.00	14.0318	.09786430	
11122	1.00	1.3757	.59972736	
11211	4.00	11.5810	.00840633	
11212	.00	1.1354	.32006055	
11221	7.00	10.7823	.14914213	
11222	.00	1.0571	.34630758	
12111	4.00	11.8645	.00681161	
12112	1.00	1.1632	.67576581	
12121	2.00	11.0463	.00089766	Antityp
12122	1.00	1.0830	.70517271	
12211	1.00	9.1169	.00090369	Antityp
12212	.00	.8938	.40811565	
12221	7.00	8.4882	.38210316	
12222	.00	.8322	.43420273	
21111	5.00	9.9977	.06152071	
21112	1.00	.9802	.62582681	
21121	1.00	9.3082	.00075300	Antityp
21122	.00	.9126	.40049424	
21211	.00	7.6824	.00038447	Antityp
21212	.00	.7532	.47007002	
21221	2.00	7.1526	.02423390	
21222	.00	.7012	.49524419	
22111	2.00	7.8705	.01361951	
22112	.00	.7716	.46144264	
22121	4.00	7.3277	.13933092	
22122	.00	.7184	.48677888	
22211	5.00	6.0479	.43495338	
22212	.00	.5929	.55212661	
22221	45.00	5.6308	.00000000	Typ
22222	2.00	.5520	.10613984	

Tab. 5.7 zeigt die Ergebnisse der KFA erster Ordnung auf der Basis der reduzierten Tafel. Die KFA wurde unter denselben Spezifikationen gerechnet wie die für die komplette Tafel. Als Designmatrix dienen die fünf Spalten von Tab. 5.4 (plus die Spalte für die Konstante).

Der Pearson Chi-Quadrat goodness-of-fit Test zeigt, dass sehr starke Effekte in der reduzierten Kreuzklassifikation der fünf Variablen existieren ($X^2 = 256.59$; $df = 10$; $p < 0.001$). Es zeigen sich zwei Typen und fünf Antitypen.

An dieser Stelle sehen wir davon ab, die Typen und Antitypen in Tab. 5.7 zu interpretieren. Wir fragen allerdings, ob die Ergebnisse in den Tab. 5.6 und 5.7 ähnlich sind.

Zunächst kann festgehalten werden, dass die beiden Typen in Tab. 5.7 auch in Tab. 5.6 aufgetreten sind. Die Ergebnisse sind dahingehend vergleichbar. Der dritte Typ in Tab. 5.6 wurde von einer Konfiguration konstituiert, die in der reduzierten faktoriellen

Tab. 5.7 KFA erster Ordnung der Kreuzklassifikation der Variablen $M3$, $M4$, $M5$, $M6$ und $D6$ (reduzierte zTafel)

```
Konfiguration
```

M3	M4	M5	M6	D6	m	$\hat{m}$		
2	2	2	2	1	45.000	9.774	0.000	Typ
2	2	2	1	2	0.000	0.259	0.228	
2	2	1	2	2	0.000	0.299	0.258	
2	2	1	1	1	2.000	11.210	0.001	Antityp
2	1	2	2	2	0.000	0.331	0.282	
2	1	2	1	1	0.000	12.428	0.000	Antityp
2	1	1	2	1	1.000	14.319	0.000	Antityp
2	1	1	1	2	1.000	0.380	0.316	
1	2	2	2	2	0.000	0.355	0.299	
1	2	1	1	1	1.000	15.329	0.000	Antityp
1	2	2	2	1	2.000	13.366	0.000	Antityp
1	2	1	1	2	1.000	0.408	0.335	
1	1	2	1	2	7.000	17.034	0.003	
1	1	1	2	2	0.000	0.452	0.364	
1	1	1	2	2	1.000	0.521	0.406	
2	2	2	2	2	55.000	19.535	0.000	Typ

Anordnung in Tab. 5.7 nicht berücksichtigt wurde. Von den vier Antitypen in Tab. 5.6 sind in Tab. 5.7 zwei ebenfalls zu finden. Die Konfigurationen für die anderen beiden wurden in der reduzierten Lösung nicht verwendet. Auch von daher sind die Ergebnisse vergleichbar.

Darüber hinaus zeigt Tab. 5.7 allerdings drei zusätzliche Antitypen, konstituiert durch Konfigurationen 2 2 1 1 1, 1 2 1 1 1 und 1 2 2 2 1. Der erste und der zweite dieser Antitypen waren in der Analyse der komplett gekreuzten Variablen knapp an der geschützten Signifikanzschwelle gescheitert. Im fraktionellen Design ist die geschützte Signifikanzschwelle weniger extrem, weil die Tafel weniger Zellen enthält. Der dritte ist nicht extrem genug. Insgesamt schließen wir, dass die Verwendung eines fraktionellen faktoriellen Designs zu einer recht ähnlichen Repräsentation der Häufigkeitsverteilung in der $M3 \times M4 \times M5 \times M6 \times D6$ Kreuztabelle geführt hat.

In den nächsten Abschnitten behandeln wir den Fall, in dem manche Zellen nicht besetzt sein können, d. h. das Problem der strukturellen Nullen.

5.2 Strukturelle Nullen in der KFA

Es ist bisweilen der Fall, dass einzelne Zellen einer Kreuzklassifikation nicht besetzt sind. Sie hätten besetzt sein können (sie existieren also in der zugrundeliegenden Population), in der gegebenen Stichprobe fand sich aber niemand mit diesem Profil. Diese Zellen enthalten *empirische Nullen*. Beispiele dafür finden sich in Tab. 5.6. Bei der Testung von log-linearen Modellen oder bei der Durchführung einer KFA bereiten empirische Nullen keine Probleme (es sei denn, es sind so viele, dass Parameter nicht mehr oder nicht mehr zuverlässig geschätzt werden können, oder KFA Tests ihre Eigenschaften verändern; so diskutierten von Eye, und Gutiérrez-Peña, 2005, dass das Pearson X^2 bei großen Stichproben weniger Probleme hat, Antitypen aufzudecken als bei kleinen).

Nun gibt es aber auch Fälle, in denen Zellen gar nicht besetzt sein können. Logische Gründe oder Eigenschaften eines Designs können verhindern, dass Zellen besetzt sind. Solche Zellen enthalten *strukturelle Nullen*. Beispiele dafür sind Zellen, in denen die Zahl der drei Monate alten Kinder steht, die einen Marathon auf ihren eigenen Füßen erfolgreich absolviert haben, oder die Zahl der Männer, die an Gebärmutterhalskrebs erkrankt sind. Später in diesem Kapitel werden wir Fälle behandeln, in denen Zellen wegen der Eigenschaften eines Designs strukturelle Nullen enthalten.

Schätzt man nun Erwartungshäufigkeiten für nicht-besetzte Zellen, dann ergibt sich bei Zellen mit empirischen Nullen oft eine erwartete Häufigkeit, die sogar möglicherweise dazu führt, dass ein Antityp entsteht. Stößt man bei der Schätzung auf numerische Probleme, dann kann man erwägen, die sogenannte *Delta-Option* einzusetzen. Dabei wird auf jede Zelle einer Kreuzklassifikation eine kleine Konstante addiert, z. B. 0.5 oder 0.1. Dies löst oft (jedoch nicht immer!) Schätzprobleme. Der Preis, der für diese Lösung zu zahlen ist, legt dann in dem künstlich um $t\Delta$ erhöhten Stichprobenumfang, der möglicherweise den Effekt hat, dass ein sonst passendes Modell abgelehnt wird (wobei t die Zahl der Zellen einer Tafel bezeichnet und Δ die Konstante ist, die auf jede Zelle aufaddiert wird).

Bei Zellen mit strukturellen Nullen dagegen sollte die erwartete Häufigkeit ebenfalls null sein. Ist dies nicht der Fall, dann wurde Wahrscheinlichkeitsmasse von den Zellen entnommen, die tatsächlich besetzt sein können. Die Wahrscheinlichkeit, dass dann fälschlich Typen oder Antitypen auftreten, wird dadurch erhöht, und die Ergebnisse eines log-linearen Modells oder einer KFA sind dann mit Sicherheit verzerrt.

Die Maßnahme, die dagegen getroffen werden kann, besteht darin, Zellen mit strukturellen Nullen aus der Analyse zu nehmen (also den Einfluss dieser Zellen herauszupartialisieren). Das bedeutet, dass in der Designmatrix spezifiziert wird, welche der Zellen strukturelle Nullen enthalten und dadurch für diese Zellen keine Erwartungshäufigkeiten geschätzt werden. Dies kostet (meistens) einen Freiheitsgrad pro Zelle mit struktureller Null. Ein natürliches Limit für die Zahl solcher Zellen liegt dort, wo die Zahl der Freiheitsgrade, die zur Schätzung des interessierenden log-linearen Modells oder, in der KFA, des Basismodells erforderlich sind, zu gering wird und das Modell nicht schätzbar ist.

In den folgenden Abschnitten behandeln und illustrieren wir die Analyse von Tafeln mit strukturellen Nullen. Wir beginnen mit strukturellen Nullen, die aus Gründen der Unmöglichkeit bestimmter Kategorienkombinationen entstehen. Danach behandeln wir strukturellen Nullen, die designspezifisch sind.

Datenbeispiel Im folgenden Datenbeispiel re-analysieren wir eine Tafel, die bei von Eye et al. (2010) im gleichen Kontext diskutiert worden war[1]. Die Daten zu diesem Beispiel

---

[1] Es ist zu beachten, dass die hier vorgestellten Ergebnisse nicht komplett mit den früheren übereinstimmen, weil sich in den früheren Fehler eingeschlichen hatten.

stammen aus einem Experiment von Hussy (1991). In diesem Experiment spielten 173 Personen das „Superhirn"-Spiel, in dem Farbe und Position von Pflöcken auf einem Spielbrett so effizient wie möglich erraten werden sollen. Die Zeit, die die Personen in jedem Durchgang brauchten, wurde mit $1 = 0$ bis zu 10 s., $2 =$ zwischen 10 und 20 s. (einschließlich) und $3 =$ mehr als 20 s. kodiert. Eine vierte Kategorie, 4, wurde verwendet, wenn eine Person ein Problem gelöst hatte. Für das Beispiel verwenden wir die Zeiten, die die Personen in den letzten beiden von acht Durchgängen gebraucht hatten. Wir nennen diese Zeiten $T7$ und $T8$.

Für den vorliegenden Zusammenhang ist es wichtig, dass die $T7 \times T8$ Kreuzklassifikation drei strukturelle Nullen enthält, und zwar in den Zellen 4 3, 4 2 und 4 1. Diese Profile würden Personen beschreiben, die das Problem bereits vor dem letzten Durchgang gelöst hatten, im letzten Durchgang aber dennoch eine Lösungszeit aufgeschrieben bekommen haben. Dies ist nicht möglich (wenn man von experimentellen Fehlern absieht, die hier aber nicht passiert sind). Personen mit dem Profil 4 4 haben das Problem ebenfalls vor dem achten Durchgang gelöst, das wird aber im achten Durchgang auch als gelöst registriert. Zelle 4 4 enthält damit keine strukturelle Null.

Wir analysieren die 4×4 Kreuzklassifikation von $T7$ mit $T8$ jetzt unter zwei Basismodellen der KFA. Wir gehen durch die vier Schritte der KFA.

Schritt 1: Spezifikation zweier Basismodelle Im vorliegenden Beispiel wird die Frage gestellt, ob bestimmte Muster, die die Korrelation zwischen den beiden Variablen der Lösung des Superhirnproblems reflektieren, in Form von Typen und Antitypen existieren. Es handelt sich damit um das Basismodell einer KFA erster Ordnung, d. h. $\log \hat{m} = \lambda + \lambda^{T7} + \lambda^{T8}$. In diesem Modell sind die strukturellen Nullen noch nicht berücksichtigt. Wir benötigen einen Term für jede strukturelle Null. Das Modell wird dadurch $\log \hat{m} = \lambda + \lambda^{T7} + \lambda^{T8} + \lambda^{S1} + \lambda^{S2} + \lambda^{S3}$, wobei *S. 1*, *S. 2* und *S. 3* die strukturellen Nullen repräsentieren. Die Designmatrizen für diese Modelle sind

$$
X = \begin{bmatrix}
1 & 1 & 0 & 0 & 1 & 0 & 0 & | & 0 & 0 & 0 \\
1 & 0 & 1 & 0 & 1 & 0 & 0 & | & 0 & 0 & 0 \\
1 & 0 & 0 & 1 & 1 & 0 & 0 & | & 0 & 0 & 0 \\
1 & -1 & -1 & -1 & 1 & 0 & 0 & | & 0 & 0 & 0 \\
1 & 1 & 0 & 0 & 0 & 1 & 0 & | & 0 & 0 & 0 \\
1 & 0 & 1 & 0 & 0 & 1 & 0 & | & 0 & 0 & 0 \\
1 & 0 & 0 & 1 & 0 & 1 & 0 & | & 0 & 0 & 0 \\
1 & -1 & -1 & -1 & 0 & 1 & 0 & | & 0 & 0 & 0 \\
1 & 1 & 0 & 0 & 0 & 0 & 1 & | & 0 & 0 & 0 \\
1 & 0 & 1 & 0 & 0 & 0 & 1 & | & 0 & 0 & 0 \\
1 & 0 & 0 & 1 & 0 & 0 & 1 & | & 0 & 0 & 0 \\
1 & -1 & -1 & -1 & 0 & 0 & 1 & | & 0 & 0 & 0 \\
1 & 1 & 0 & 0 & -1 & -1 & -1 & | & 1 & 0 & 0 \\
1 & 0 & 1 & 0 & -1 & -1 & -1 & | & 0 & 1 & 0 \\
1 & 0 & 0 & 1 & -1 & -1 & -1 & | & 0 & 0 & 1 \\
1 & -1 & -1 & -1 & -1 & -1 & -1 & | & 0 & 0 & 0
\end{bmatrix}
$$

wobei die senkrechten Striche die normale Effektkodierung der Haupteffekte in der
4×4 Kreuzklassifikation im linken Teil der Matrix von dem Teil optisch trennen, der
die Vektoren für die strukturellen Nullen enthält. Wie sofort erkennbar ist, enthält jeder
dieser Vektoren für die Zelle, in der die strukturelle Null steht, eine 1, und den Wert 0
sonst. Jede strukturelle Null erfordert einen solchen Vektor. In einem ersten Analyseschritt führen wir eine KFA erster Ordnung durch, in der wir den Status der Zellen 4 1, 4
2 und 4 3 als Zellen mit strukturellen Nullen nicht berücksichtigen. Wir verwenden dazu
den Teil der Designmatrix vor den Trennstrichen.

Schritt 2: Signifikanztestung Wegen der zum Teil sehr kleinen Zellhäufigkeiten wählen
wir als Signifikanztest den Binomialtest. α schützen wir mit der Holland DiPonzio
Copenhaver Prozedur.

Schritt 3: Durchführung der KFA Tab. 5.8 gibt die Ergebnisse der KFA erster Ordnung
wieder.

Der Pearson Chi-Quadrat goodness-of-fit Test zeigt, dass sehr starke Effekte in der
Kreuzklassifikation der zwei Variablen existieren ($X^2 = 151.35$; $df = 9$; $p < 0.001$). Es
zeigen sich drei Typen und sechs Antitypen.

Schritt 4: Interpretation der entstandenen Typen und Antitypen An dieser Stelle interpretieren wir nur eine Auswahl der Typen und Antitypen in Tab. 5.8. Es zeigen sich dabei
Ergebnisse, die die Bedeutsamkeit der Berücksichtigung struktureller Nullen unter-
streichen. Wir beginnen mit der Interpretation des ersten Typs und des ersten Antityps.

Der erste Typ, konstituiert durch Konfiguration 1 1, beschreibt die Personen, die in
den letzten beiden Durchgängen jeweils weniger als 10 s. für einen Lösungsvorschlag
gebraucht hatten, das Problem aber nicht gelöst hatten. 22 Personen zeigten dieses

Tab. 5.8 KFA erster Ordnung der Kreuzklassifikation von *T*7 mit *T*8 (strukturelle Nullen ignoriert)

Konfiguration

T7 T8	m	$\widehat{m}$	p	
11	22.00	7.8613	.00001424	Typ
12	9.00	6.4740	.20186777	
13	7.00	8.5549	.37345234	
14	2.00	17.1098	.00000299	Antityp
21	4.00	6.4855	.21996563	
22	9.00	5.3410	.08935676	
23	15.00	7.0578	.00511261	Typ
24	5.00	14.1156	.00391360	Antityp
31	8.00	7.8613	.53036019	
32	10.00	6.4740	.11628355	
33	15.00	8.5549	.02542666	
34	7.00	17.1098	.00362213	Antityp
41	.00	11.7919	.00000497	Antityp
42	.00	9.7110	.00004566	Antityp
43	.00	12.8324	.00000162	Antityp
44	60.00	25.6647	.00000000	Typ

Lösungsmuster, es waren aber nur 7.68 erwartet worden. Der erste Antityp hat das Profil
1 4. Dies sind Personen, die im vorletzten Durchgang nach kurzer Zeit eine Lösung
angeboten hatten und das Problem im achten Durchgang dann gelöst hatten. Nur zwei
Personen mit diesem Muster wurden gefunden, es waren aber 17.11 erwartet worden.

Diese beiden Zellen zeigen einen Typen und einen Antitypen, die ganz in der Routine
einer KFA erster Ordnung zu liegen scheinen und auch plausibel interpretierbar sind. Es
treten aber vier Zellen in Tab. 5.8 auf, die klar von dieser Routine abweichen und den
Effekt haben, dass wir das ganze Ergebnis dieser KFA erster Ordnung als ungültig verwerfen.

Betrachten wir die vier Konfigurationen für die Personen, die das Problem bereits
vor dem achten Durchgang gelöst hatten, 4 1, 4 2, 4 3 und 4 4. Die ersten drei dieser
Konfigurationen bezeichnen Zellen mit strukturellen Nullen. Für diese drei Zellen
wurden, gemäß der soeben durchgeführten Analyse, in Summe 51.45 erwartete Fälle
geschätzt. Das sind 29.74 % der Stichprobe. Es wurden damit 29.74 % der Stichprobe
in Zellen gelegt, die komplett leer sein sollten. Dieser Anteil der Fälle geht damit für die
Zellen verloren, in denen auch diese Fälle liegen sollten. Dies führt mit großer Wahrscheinlichkeit zu einer Verzerrung der Ergebnisse.

Eine weitere Zelle, für die die erwartete Häufigkeit falsch geschätzt worden ist, ist
Zelle 4 4. Nachdem die drei verbleibenden Zellen für $T7 = 4$ leer sein müssen, gibt es
für Zelle 4 4 keinen Variationsspielraum. Das bedeutet, dass die erwartete Häufigkeit für
diese Zelle gleich der beobachteten sein muss, und ein Signifikanztest für diese Zelle
sich ebenso erübrigt wie für die Zellen 4 1, 4 2 und 4 3.

In Summe stellen wir fest, dass drei der sechs Antitypen und einer der drei Typen in
Tab. 5.8 nicht als solche markiert hätten werden dürfen. Ob die verbleibenden drei Antitypen und zwei Typen Bestand haben, wenn man die strukturellen Nullen ins Kalkül
einbezieht, wird die zweite Analyse zeigen. In dieser verwenden wir die gesamte Designmatrix für die folgenden KFA, d. h. die Matrix, die sowohl den Teil vor den Trennstrichen als auch den Teil danach einbezieht. Um die Ergebnisse mit Tab. 5.8 vergleichbar
zu machen, verwenden wir wieder den Binomialtest und schützen α mit der Prozedur von
Holland DiPonzio Copenhaver. Tab. 5.9 zeigt die Ergebnisse dieser Analyse.

Der Pearson Chi-Quadrat goodness-of-fit Test zeigt, dass Effekte in der Kreuzklassifikation der zwei Variablen existieren ($X^2 = 21.67$; $df = 6$; $p = 0.001$). Keine der
Konfigurationen weicht aber stark von der Erwartung ab, und es zeigen sich weder Typen
noch Antitypen.

Bei der Betrachtung der Ergebnisse in Tab. 5.9 erkennt man die dramatischen Unterschiede zu den Ergebnissen in Tab. 5.8. Es resultieren nicht ein Typ oder Antityp. Die
Ergebnisse der KFA erster Ordnung ohne Berücksichtigung der strukturellen Nullen sind
damit weit von der Realität entfernt.

Man erkennt ebenso sofort, dass die geschätzten Erwartungshäufigkeiten für die
Zellen mit den strukturellen Nullen alle Null sind. Damit stehen die 29.74 % der Stichprobe, die fälschlich in diese Zellen gelegt worden waren, wieder für die anderen Zellen
zur Verfügung. Dies erklärt den kompletten Rückgang an Antitypen zumindest zum Teil.

Tab. 5.9 KFA erster Ordnung der Kreuzklassifikation von *T7* mit *T8* (strukturelle Nullen ins Kalkül einbezogen)

```
Konfiguration

T7  T8      m          m̂          p
 1   1    22.000     11.930     0.0046
 1   2     9.000      9.825     0.4656
 1   3     7.000     12.982     0.0452
 1   4     2.000      5.264     0.1247
 2   1     4.000      9.842     0.0273
 2   2     9.000      8.105     0.4327
 2   3    15.000     10.711     0.1250
 2   4     5.000      4.343     0.3886
 3   1     8.000     12.228     0.1434
 3   2    10.000     10.070     0.4656
 3   3    15.000     13.307     0.3311
 3   4     8.000      5.395     0.2292
 4   1     0.000      0.000     0.0000
 4   2     0.000      0.000     0.0000
 4   3     0.000      0.000     0.0000
 4   4    60.000     59.998     1.0000
```

Die Typen sind allerdings auch verschwunden. Dies reflektiert Umschichtungen in der geschätzten Verteilung.

Wir schließen aus diesem dramatischen Ergebnis, dass die Lösungszeiten für das Superhirnspiel im siebten und im letzten Durchgang nicht miteinander assoziiert sind, wenn die strukturellen Nullen ins Kalkül einbezogen werden.

5.2.1 Nicht-komplette Tafeln und Separierbarkeit

In diesem Abschnitt behandeln wir einen speziellen Fall, der entmutigend aussieht, aber dennoch eine einfache Lösung hat. Tafeln mit strukturellen Nullen werden auch *nicht-komplette Tafeln* genannt. Manche dieser Tafeln enthalten derart viele strukturelle Nullen, dass eine Schätzung von Parametern, Erwartungshäufigkeiten oder eines Basismodells der KFA auf den ersten Blick sinnlos oder unmöglich erscheint. Dennoch gibt es in bestimmten Situationen einen einfachen Zugang. Dies ist der Fall, wenn Tafeln *separierbar* sind (Bishop et al., 1975).

Um diesen Begriff zu definieren, führen wir zunächst die Begriffe *assoziiert* und *verbunden* ein (Bishop et al., 1975), die auf Zellen einer Tafel bezogen sind. Zwei Zellen sind *assoziiert*, wenn die folgenden beiden Bedingungen erfüllt sind. Sie

1. dürfen keine strukturellen Nullen enthalten, und
2. liegen in der selben Zeile oder Spalte einer Kreuzklassifikation (hier führen wir die Begriffe für zwei-dimensionale Tafeln ein; Generalisierungen auf Tafeln mit mehr als zwei Dimensionen sind möglich).

Eine Menge Zellen ist *verbunden*, wenn die folgenden beiden Bedingungen erfüllt sind. Sie

1. dürfen keine strukturellen Nullen enthalten, und
2. jedes Zellpaar kann durch eine Kette von Zellen verbunden werden, die die Eigenschaft aufweist, dass jedes aufeinander folgende Zellpaar assoziiert ist.

Auf der Basis dieser Definitionen kann eine nicht-komplette Tafel als *verbunden* gekennzeichnet werden, wenn die Zellen, die keine strukturellen Nullen enthalten, eine verbundene Menge sind. Dies hat Implikationen für die *Separierbarkeit* einer solchen Tafel. Wenn eine Tafel nicht komplett ist und auch nicht verbunden, dann ist sie *separierbar.*

Dies mag akademisch klingen, hat aber erhebliche Konsequenzen für die Schätzbarkeit von Parametern, Erwartungshäufigkeiten und Basismodelle der KFA. Die Zeilen und Spalten in separierbaren Tafeln können so umgeordnet werden, dass mindestens zwei rechteckige Teiltafeln entstehen, die keine Zeile oder Spalte gemeinsam haben. Ist dies möglich, dann können Zeilen und Spalten so umgeordnet werden, dass Blöcke von Zellen ohne strukturelle Nullen entlang der Diagonale liegen. Solche Tafeln heißen *block-diagonal* (im Datenbeispiel in Tab. 5.11, weiter unten, geben wir ein Beispiel für eine block-diagonale Matrix). Für jeden einzelnen dieser Blöcke gilt:

1. die Summe der goodness-of-fit Chi-Quadrat Statistiken für die Blöcke ergibt die goodness-of-fit Statistik für die gesamte Tafel, und kann unter der Summe der Freiheitsgrade beurteilt werden (weiter unten werden wir erfahren, dass dies nur gilt, wenn Haupteffektmodelle geschätzt werden, d. h. KFA Basismodelle erster Ordnung; werden Basismodelle nullter Ordnung geschätzt, gilt dies nicht);
2. Parameter und Erwartungshäufigkeiten können wie für ein normales log-lineares Modell oder ein Basismodell der KFA geschätzt werden. Dies gilt speziell für KFA Basismodelle erster Ordnung.

Daraus ergeben sich zwei wichtige Konsequenzen. Erstens ergibt sich, dass separierbare Kreuzklassifikationen auch dann modelliert werden können, wenn die Zahl der strukturellen Nullen so groß ist, dass Modellierung verhindert wird, wenn jede dieser Zellen einen eigenen Vektor in der Designmatrix erfordert. Zweitens kann auch in solchen Tafeln mit der KFA erfolgreich nach Typen und Antitypen gesucht werden.

Datenbeispiel Im folgenden Beispiel re-analysieren wir ein Datenbeispiel das noch älter ist als das bestens bekannte Beispiel der Iris-Pflanzen, das Fisher 1936 vorgestellt hatte. Harris hat 1910 Eigenschaften der Pflanze Staphylea trifolia diskutiert, das ist die Amerikanische Pimpernuss (siehe auch Bishop, et al., 1975; von Eye & Mun, 2013). Bei dieser Pflanze wurden die radiale Asymmetrie (*A*) und die lokulare Komposition der Kammern der Nüsse (*C*) untersucht. Radiale Asymmetrie betrifft die Symmetrie der Kammern, die die Nüsse enthalten, relativ zu ihrem Abstand vom Zentrum. Lokulare

Tab. 5.10 Kreuzklassifikation der Lokularen Komposition (C) mit der radialen Asymmetrie (A) der Amerikanischen Pimpernuss

C	Radiale Asymmetrie (A)								
	0.00	0.47	0.82	0.94	1.25	1.41	1.63	1.70	1.89
1	462	–	–	130	–	–	2	–	1
2	–	614	138	–	21	14	–	1	–
3	–	443	95	–	22	8	–	5	–
4	103	–	–	35	–	–	1	–	0

Komposition betrifft die Zahl und Anordnung der Nüsse. A wurde in neun Abstufungen kodiert (die nicht gleichabständig waren). C wurde auf Nominalniveau in vier Kategorien kodiert. Tab. 5.10 zeigt die $A \times C$ Kreuzklassifikation.

Tab. 5.10 enthält 44 Zellen, von denen 18 strukturelle Nullen enthalten (gekennzeichnet durch ‚-‘). In der ersten und der letzten Zeile befinden sich mehr strukturelle Nullen als Zellen, die besetzt sein können. In der letzten Zeile befinden sich fünf strukturelle Nullen und eine empirische Null. In allen Spalten findet man so viele strukturelle Nullen wie besetzte Zellen. Die strukturellen Nullen entstehen durch biologisch unmögliche Kombinationen.

Die Kreuzklassifikation in Tab. 5.10 ist separierbar. Durch Umordnung von Zeilen und Spalten ist ein block-diagonales Arrangement erreichbar. Dieses Arrangement ist in Tab. 5.11 wiedergegeben.

Die Chi-quadrat Analyse von Tafeln wie der in Tab. 5.11 ist vergleichsweise einfach. Jeder der Blöcke wird separat modelliert, die goodness-of-fit Chi-Quadrat Statistiken für die Blöcke werden summiert und ergeben die goodness-of-fit Statistik für die gesamte Tafel. Das gleiche geschieht mit den Freiheitsgraden für die Blöcke.

Im vorliegenden Beispiel errechnen wir LR-$X^2 = 6.25$ ($df = 4$; $p = 0.18$) für den oberen linken Block der Zellen ohne strukturellen Nullen, und LR-$X^2 = 1.495$ ($df = 3$; $p = 0.68$) für den unteren rechten Block. Die Summe dieser Werte ergibt LR-$X^2 = 7.747$ und $df = 7$ ($p = 0.36$). Mair und von Eye (2007) haben diese Tafel analysiert, indem sie die strukturellen Nullen einzeln in die Designmatrix eingegeben haben, und haben genau das gleiche Chi-Quadrat und die gleichen Freiheitsgrade erhalten.

Tab. 5.11 Kreuzklassifikation der Lokularen Komposition (C) mit der radialen Asymmetrie (A) der Amerikanischen Pimpernuss, nach Umordnung von Zeilen und Spalten

C	Radiale Asymmetrie (A)								
	0.47	0.82	1.25	1.41	1.70	1.89	0.00	0.94	1.63
2	614	138	21	14	1	–	-	-	-
3	443	95	22	8	5	-	-	-	-
4	-	-	-	-	-	0	103	35	1
1	-	-	-	-	-	1	462	130	2

Die Bedeutung der Separierbarkeit für die KFA liegt auf der Hand. Durch das Umordnen von Zeilen und Spalten entstehen Blöcke von Zellen, die getrennt problemlos einer KFA unterzogen werden können. Enthalten diese Blöcke selbst Zellen mit strukturellen Nullen, dann können diese behandelt werden, wie oben besprochen wurde, d. h. durch spezielle Vektoren in der Designmatrix für das jeweilige Basismodell. Wir analysieren jetzt die beiden Datenblöcke in Tab. 5.11 mit der KFA.

Schritt 1: Spezifikation eines Basismodells In diesem Beispiel fragen wir zunächst nicht, ob Typen oder Antitypen lokale Assoziationen zwischen Asymmetrie der Blüten und und Nusskammern anzeigen. Wir fragen, ob bestimmte Kombinationen von Asymmetrie und Nusskammern besonders häufig oder selten sind. Das Basismodell, das uns diese Frage zu beantworten erlaubt, ist das der KFA 0-ter Ordnung. Dieses Modell wird separat an beide Datenblöcke angelegt.

Schritt 2: Signifikanztestung Wegen der zum Teil sehr kleinen Zellhäufigkeiten im zweiten Datenblock wählen wir als Signifikanztest die Normalapproximation des Binomialtests. α schützen wir mit der Holland DiPonzio Copenhaver Prozedur.

Schritt 3: Durchführung der KFA Tab. 5.12 gibt die Ergebnisse der KFA 0-ter Ordnung wieder.

Der Pearson Chi-Quadrat goodness-of-fit Test zeigt, dass sehr starke Effekte in der Kreuzklassifikation von C mit A existieren ($X^2 = 3066$; $df = 9$; $p < 0.001$). Fast jede der Konfigurationen weicht stark von der Erwartung ab, und es zeigen sich zwei Typen und sieben Antitypen.

Die Ergebnisse der Analyse des zweiten Datenblocks in Tab. 5.11 sind in Tab. 5.13 wiedergegeben. Es wurden wieder eine KFA 0-ter Ordnung gerechnet, die Normal-approximation des Binomialtests verwendet, und α mit der Holland DiPonzio Copenhaver Prozedur geschützt.

Der Pearson Chi-Quadrat goodness-of-fit Test zeigt, dass auch in der rechten Seite des Datenblocks der Kreuzklassifikation von C mit A in Tab. 5.11 sehr starke Effekte

Tab. 5.12   KFA 0-ter Ordnung des linken Zellblocks in Tab. 5.11

```
Konfiguration
```

CA	m	$\hat{m}$	z	p	
11	614.00	136.100	43.1804	.000000	Typ
12	138.00	136.100	.1717	.431847	
13	21.00	136.100	-10.3998	.000000	Antityp
14	14.00	136.100	-11.0323	.000000	Antityp
15	1.00	136.100	-12.2069	.000000	Antityp
21	443.00	136.100	27.7298	.000000	Typ
22	95.00	136.100	-3.7136	.000102	Antityp
23	22.00	136.100	-10.3094	.000000	Antityp
24	8.00	136.100	-11.5744	.000000	Antityp
25	5.00	136.100	-11.8455	.000000	Antityp

existieren ($X^2 = 1906$; $df = 7$; $p < 0.001$). Bis auf eine Konfiguration weicht jede stark von der Erwartung ab, und es zeigen sich zwei Typen und fünf Antitypen.

Schritt 4: Interpretation der Typen und Antitypen Ohne hier die Typen und Antitypen in den beiden Teiltafeln einzeln zu interpretieren, stellen wir fest, dass ihre große Zahl darauf hindeutet, dass die Verteilung der Eigenschaftsprofile der Kammern und Nüsse so wenig uniform ist, dass fast jede Konfiguration einen Typ oder einen Antityp konstituiert. Rechnet man allerdings KFAs erster Ordnung (an dieser Stelle nicht im Detail besprochen), dann verschwinden in beiden Teiltafeln alle Typen und Antitypen. Haupteffekte dominieren damit die Verteilung der Blütenprofile.

Im Hinblick auf die große Zahl an strukturellen Nullen in diesem Beispiel stellen wir fest, dass Tafeln, die ein Muster an strukturellen Nullen aufweisen, das sie separierbar macht, besonders einfach zu analysieren sind, wenn Zeilen und Spalten entsprechend neu geordnet worden sind. Dies gilt auch, wenn die Teilblöcke selber strukturelle Nullen aufweisen (solange sie noch analysierbar sind).

Was die Analyse mit der KFA betrifft, so verliert man durch die separate Analyse der Teiltafeln durchaus Optionen die Wahl von Basismodellen betreffend. Es ist daher zu beachten, dass der Sachverhalt, dass die separate Analyse der Teiltafeln zu identischen Ergebnissen führt wie die Analyse der Gesamttafel, nicht für alle Basismodelle der KFA gilt. Führt man eine KFA 0-ter Ordnung für die gesamte Tafel durch, dann wird die Frequenz jeder Konfiguration mit der Durchschnittsfrequenz der gesamten Tafel verglichen. Führt man eine KFA 0-ter Ordnung separat für die Blöcke durch, dann wird der Durchschnittswert der Frequenzen der einzelnen Blöcke verwendet (vgl. Tab. 5.12 und 5.13). Verwendet man den Durchschnittswert der gesamten Tafel, dann ist es sehr wahrscheinlich, dass unterschiedliche Typen und Antitypen resultieren.

Separierbarkeit und KFA 0-ter Ordnung sollten daher nicht dafür verwendet werden, dieses Basismodell separat auf die Teiltafeln anzulegen, ohne dass der Gesamtmittelwert als Referenz verwendet wird. Dies gilt nicht für die KFA erster Ordnung. Hier können die Teiltafeln problemlos separat analysiert werden.

Im vorliegenden Beispiel waren nur die KFA 0-ter und die KFA erster Ordnung verfügbar, weil die Tafel von nur zwei Variablen aufgespannt war. Bei komplexeren Tafeln können komplexere Basismodelle diskutiert werden. Ebenfalls zu diskutieren wäre,

Tab. 5.13 KFA 0-ter Ordnung des rechten Blocks in Tab. 5.11

Konfiguration

CA	m	$\hat{m}$	z	p	
11	.00	91.750	-10.2400	.000000	Antityp
12	103.00	91.750	1.2556	.104634	
13	35.00	91.750	-6.3337	.000000	Antityp
14	1.00	91.750	-10.1284	.000000	Antityp
21	1.00	91.750	-10.1284	.000000	Antityp
22	462.00	91.750	41.3226	.000000	Typ
23	130.00	91.750	4.2690	.000010	Typ
24	2.00	91.750	-10.0168	.000000	Antityp

ob der Schutz der Signifikanzschwelle α über alle Zellen gehen sollte, die besetzt sein können, oder nur über die Zellen der jeweiligen Teiltafel. Gibt es keine Argumente, die dazu führen, die Tests als abhängig zu betrachten, kann der Schutz α separat für die einzelnen Teiltafeln durchgeführt werden. Dadurch werden die geschützten Signifikanzschwellen weniger extrem, und es wird wahrscheinlicher, dass Typen und Antitypen aufgedeckt werden.

Im nächsten Abschnitt behandeln wir das Problem, dass strukturelle Nullen Eigenschaften eines Designs sein können, speziell in längsschnittlichen Designs.

5.2.2 Design-spezifische strukturelle Nullen

Betrachtet man die Methoden, die zur Analyse von Messwiederholungsdaten in Kap. 4 diskutiert wurden, dann sieht man, dass auf der Basis von Rohdaten auf und ab-Muster erzeugt werden können. Dichotomisiert man Differenzen erster Ordnung am Nullpunkt, dann bedeutet ein positiver binärer Koeffizient einen Anstieg, und ein negativer einen Abfall des approximierten Verlaufs. Dichotomisiert man zweite Differenzen am Nullpunkt, so zeigt ein positiver binärer Koeffizient an, dass der approximierte Verlauf einen Schwung nach oben macht, wenn er dem Ende der Beobachtungsperiode näherkommt. Entsprechend zeigt ein negativer binärer Koeffizient an, dass der approximierte Verlauf gegen Ende einen Schwung nach unten macht.

Im Folgenden zeigen wir (siehe von Eye & Mun, 2007; von Eye et al., 2010), dass logisch unmögliche Muster entstehen können, wenn man die Variablen kreuzt, die dichotomisierte Differenzen unterschiedlicher Ordnung repräsentieren. Zunächst illustrieren wir das Problem an einem Datenbeispiel. Danach behandeln wir eine Methode, das Problem zu identifizieren.

Datenbeispiel Wir illustrieren das Problem der unmöglichen Koeffizientenmuster mithilfe der bereits verwendeten Daten aus der Studie von Finkelstein et al. (1994) zur Aggressionsentwicklung bei Jugendlichen. Hier verwenden wir die 1983, 1985 und 1987 erhobenen Antworten, die die Jugendlichen zur Frage gegeben hatten, ob sie ihren Peers gegenüber körperlich aggressiv sind. In einem ersten Analyseschritt berechnen wir die ersten aufsteigenden Differenzen (der spätere Wert wird von dem vorhergehenden subtrahiert), und dann die zweite aufsteigende Differenz (die spätere erste Differenz wird von der vorhergehenden subtrahiert). Die drei resultierenden Differenzen dichotomisieren wir am Nullpunkt. Die drei resultierenden Variablen nennen wir $D1$, $D2$ und DD. Wir gehen durch die vier Schritte der KFA, um die Kreuzklassifikation dieser drei Variablen zu untersuchen.

Schritt 1: Spezifikation eines Basismodells In diesem Beispiel fragen wir, ob Typen oder Antitypen lokale Assoziationen zwischen den Differenzmustern anzeigen, d. h., ob bestimmte auf und ab Entwicklungen in Verbindung mit Aufwärts- oder

Abwärtsbeschleunigung überzufällig häufig oder selten zu beobachten sind. Das dafür geeignete Basismodell ist das der KFA erster Ordnung $\log \hat{m} = \lambda + \lambda^{D1} + \lambda^{D2} + \lambda^{DD}$.

Schritt 2: Signifikanztestung Weil die beobachteten Zellhäufigkeiten groß genug sind, wählen wir als Signifikanztest den z-Test. α schützen wir mit der Holland DiPonzio Copenhaver Prozedur.

Schritt 3: Durchführung der KFA Tab. 5.14 gibt die Ergebnisse der KFA erster Ordnung wieder.

Der Pearson Chi-Quadrat goodness-of-fit Test zeigt, dass die drei Differenzvariablen in Tab. 5.14 stark miteinander assoziiert sind ($X^2 = 128.3$; $df = 4$; $p < 0.001$). Es ergeben sich ein Typ und drei Antitypen.

Schritt 4: Interpretation der Typen und Antitypen In diesem Beispiel sind wir nicht an der Interpretation des Typs und der drei Antitypen interessiert. Wir wollen zeigen, dass in dieser Tafel Muster enthalten sind, die aus logischen Gründen nicht existieren können und die entsprechenden Zellen deswegen nicht besetzt sind, und nicht, weil diese Muster empirisch nicht aufgefunden wurden. Wir interessieren uns also speziell für die Antitypen in Tab. 5.14.

Der erste Antityp, konstituiert von der Konfiguration 1 2 1, wurde nicht ein einziges mal beobachtet. Das Differenzenmuster dieses Typs suggeriert, dass es möglich ist, das Niveau der körperlichen Aggression vom ersten zum zweiten Beobachtungspunkt zu senken, vom zweiten zum dritten Beobachtungspunk wieder zu erhöhen, und dabei einen Schwung nach unten zu zeigen. Anders formuliert, suggeriert dieser Antityp, dass es möglich ist, gleichzeitig eine Entwicklung der Formen ⌄ und ⌃ zu erleben. Das ist logisch nicht möglich, und deshalb enthält die Zelle 1 2 1 eine strukturelle Null.

Der zweite Antityp, er hat das Muster 2 1 1, wurde auch nicht beobachtet. Dieses Muster beschreibt eine Entwicklung, die durch einen Anstieg in physischer Aggression gekennzeichnet ist, der von einem Abfall gefolgt ist. Gleichzeitig ist der Abfall beschleunigt. Es handelt sich damit um eine Entwicklung, die gleichzeitig ⌃ und ⌃ darstellt. Dies ist durchaus möglich, wurde aber in dieser Stichprobe nicht beobachtet. Die Null in Zelle 2 1 1 ist damit eine empirische Null.

Tab. 5.14 KFA erster Ordnung der Kreuzklassifikation der Variablen $D1$, $D2$ und DD

Konfiguration

$D1$ $D2$ DD	m	$\hat{m}$	z	p	
111	46.00	38.412	1.2243	.110413	
112	33.00	23.264	2.0187	.021761	
121	.00	17.018	-4.1253	.000019	Antityp
122	10.00	10.307	-.0955	.461954	
211	.00	10.790	-3.2848	.000510	Antityp
212	.00	6.535	-2.5563	.005290	Antityp
221	25.00	4.780	9.2480	.000000	Typ
222	.00	2.895	-1.7015	.044424	

Der dritte Antityp zeigt das Muster 2 1 2. Ein Anstieg wird gefolgt von einem Abfall, der gleichzeitig einen Schwung nach oben vollzieht. Diese Entwicklung zeigt damit gleichzeitig die Formen $\cap$ und $\vee$. Auch dies ist nicht möglich, und Konfiguration 2 1 2 enthält damit eine strukturelle Null.

In Tab. 5.14 sieht man, dass das KFA Basismodell erster Ordnung geschätzt hat, dass 20.66 % der Wahrscheinlichkeitsmasse in den Zellen 1 2 1 und 2 1 2 liegen. Es sollten aber 0 % darin liegen. Wir müssen das Modell daher neu schätzen und dabei die beiden strukturellen Nullen berücksichtigen. Das neue Basismodell wird damit $\log \hat{m} = \lambda + \lambda^{D1} + \lambda^{D2} + \lambda^{DD} + \lambda^{N1} + \lambda^{N2}$, wobei $N1$ und $N2$ die Zellen mit den strukturellen Nullen bezeichnen. Tab. 5.15 zeigt die Ergebnisse der Reanalyse, die sonst unter den gleichen Spezifikationen die die Analyse für Tab. 5.14 durchgeführt wurde.

Auch wenn die strukturellen Nullen ins Kalkül einbezogen werden, ergibt sich ein Pearson Chi-Quadrat goodness-of-fit Testergebnis, das zur Ablehnung des Basismodells führt ($X^2 = 48.89$; $df = 2$; $p < 0.001$). Wir schließen erneut und, in diesem Fall korrekterweise, dass die drei Differenzvariablen in Tab. 5.15 stark miteinander assoziiert sind. Es zeigen sich zwei Typen und ein Antityp.

Vergleicht man nun die Ergebnisse in Tab. 5.14 und 5.15, dann sieht man sofort, dass die fälschlich angezeigten Antitypen aus Tab. 5.14 in Tab. 5.15 nicht mehr auftreten. Für Konfigurationen 1 2 1 und 2 1 2 werden keine Erwartungshäufigkeiten mehr ausgewiesen.

Antityp 2 1 1 und Typ 2 2 1 treten in beiden Tabellen auf, nur Typ 1 1 2 ist neu. Dieser Typ reflektiert die Verschiebungen in der Wahrscheinlichkeitsmasse, die sich durch den Abzug der 20.66 % der geschätzten Fälle aus den Zellen mit strukturellen Nullen ergeben haben.

Wir fragen jetzt, wie man Fälle von strukturellen Nullen erkennen kann, die nicht a priori bekannt oder auf den ersten Blick sichtbar sind, und eine Struktur aufweisen wie die in Tab. 5.14. Zunächst definieren wir Muster, die aus logischen Gründen nicht auftreten können. Danach beschreiben wir von Eye und Muns (2007) Algorithmus zur Aufdeckung solcher Muster.

Definition Muster von kategorisierten Differenzen unterschiedlicher Ordnung sind logisch ausgeschlossen, wenn Differenzen niedrigerer Ordnung eine unterschiedliche Form des Verlaufs darstellen als Differenzen höherer Ordnung.

Tab. 5.15 KFA erster Ordnung der Kreuzklassifikation der Variablen $D1$, $D2$ und DD (strukturelle Nullen berücksichtigt)

```
Konfiguration
```

D1 D2 DD	m	$\hat{m}$	z	p	
111	46.00	50.065	−.5746	.282790	
112	33.00	18.817	3.2696	.000539	Typ
121	.00	−	−	−	
122	10.00	20.118	−2.2557	.012043	
211	.00	10.118	−3.1808	.000734	Antityp
212	.00	−	−	−	
221	25.00	10.817	4.3124	.000008	Typ
222	.00	4.065	−2.0163	.021884	

Der im Folgenden beschriebene Algorithmus betrachtet jede einzelne Konfiguration von kategorisierten Differenzen. Sollte eine Konfiguration nur Differenzen aufweisen, die null sind oder keine Richtungsänderung anzeigen, dann braucht diese Konfiguration nicht betrachtet zu werden. Wir verwenden die folgende Notation:

$\Delta_{i,j}$ ist die erste aufsteigende Differenz zweier benachbarter Messwerte;

$\Delta_{i,j}^2$ ist die aufsteigende Differenz zweier benachbarter erster Differenzen.

Der Algorithmus zur Aufdeckung logisch unmöglicher Differenzenmuster umfasst die folgenden Schritte.

Schritt 1 Vergleiche jedes Paar erster Differenzen, $\Delta_{i,j}, \Delta_{i+1,j+1}$, mit der zugehörigen zweiten Differenz, $\Delta_{i,j}^2 = \Delta_{i,j} - \Delta_{i+1,j+1}$. Wenn sowohl $\Delta_{i,j} \neq \Delta_{i+1,j+1}$ als auch $\Delta_{i+1,j+1} \neq \Delta_{i,j}^2$, dann ist das korrespondierende Muster logisch unmöglich. Wenn ein Muster unmöglich ist, dann sind alle Muster, die mit dem unmöglichen Muster kombiniert werden könnten, ebenfalls unmöglich und enthalten ebenfalls strukturelle Nullen.

Schritt 2 Schreite zum nächsten Muster und verfahre wie unter 1.

Diese Abfolge kann auf Differenzen beliebiger Ordnung angewendet werden, und es können sogar Differenzen einer bestimmten Ordnung aus einer Analyse ausgeschlossen werden, wenn sie nicht interessant sind.

Illustration Zur Illustration der Häufigkeit logisch unmöglicher Differenzenmuster wurde eine kleine Simulation durchgeführt. Für die vier Variablen *A, B, C* und *D* wurden je 1100 normalverteilte Werte erzeugt. Dann wurden die ersten Vorwärtsdifferenzen *B − A, C − B* und *D − A* sowie die zweiten Vorwärtsdifferenzen *(C − D) − (B − A)* und *(D − A) − (C − B)* berechnet. Alle Differenzen wurden am Nullpunkt dichotomisiert und mit − und 1 kodiert. Die entstandenen fünf binären Differenzvariablen weichen nur unwesentlich von einer Gleichverteilung ab. Sodann wurden diese fünf Variablen miteinander gekreuzt. Tab. 5.16 zeigt diese Kreuzklassifikation.

Die Verteilung in Tab. 5.16 hat drei interessante Eigenschaften. Die erste ist, dass die Häufigkeiten, die ungleich 0 sind, die beobachteten Häufigkeiten sind, die durch die Methode der Datenerzeugung entstanden sind. Wiederholt man die Datenerzeugung mit den gleichen Methoden, können sich in den gleichen Zellen andere Werte ergeben. Die zweite Eigenschaft ist, dass die 14 leeren Zellen alle strukturelle Nullen sind. Leser sollten sich ermutigt fühlen, diese Eigenschaft mit dem oben beschriebenen Algorithmus nachzuvollziehen. Die dritte Eigenschaft ist, dass die Zahl der strukturellen Nullen überraschend groß ist. 14 von 32 Zellen sind strukturelle Nullen, das sind 43.75 %. Wegen dieses hohen Anteils empfehlen wir, bei der Verwendung von binären Differenzvariablen stets sicher zu stellen, dass auftretende Nullen in Kreuzklassifikationen wie strukturelle Nullen behandelt werden, falls erforderlich. Wie in den Analysen von Tab. 5.14 und 5.15 demonstriert wurde, kann die Verzerrung von Ergebnissen erheblich sein, wenn dies nicht geschieht.

Tab. 5.16 Kreuzklassifikation von fünf binären Zufallsdifferenzvariablen

BA	CB	DC	CBBA	DCCB	m	m_{cum}	%	$\%_{cum}$
−1	−1	−1	−1	−1	9	9	0.818	0.818
−1	−1	−1	−1	1	18	27	1.636	2.455
−1	−1	−1	1	−1	21	48	1.909	4.364
−1	−1	−1	1	1	5	53	0.455	4.818
−1	−1	1	−1	−1	0	53	0.000	4.818
−1	−1	1	−1	1	71	124	6.455	11.273
−1	−1	1	1	−1	0	124	0.000	11.273
−1	−1	1	1	1	59	183	5.364	16.636
−1	1	−1	−1	−1	0	183	0.000	16.636
−1	1	−1	−1	1	0	183	0.000	16.636
−1	1	−1	1	−1	227	410	20.636	37.273
−1	1	−1	1	1	0	410	0.000	37.273
−1	1	1	−1	−1	0	410	0.000	37.273
−1	1	1	−1	1	0	410	0.000	37.273
−1	1	1	1	−1	70	480	6.364	43.636
−1	1	1	1	1	74	554	6.727	50.364
1	−1	−1	−1	−1	42	596	3.818	54.182
1	−1	−1	−1	1	81	677	7.364	61.545
1	−1	−1	1	−1	0	677	0.000	61.545
1	−1	−1	1	1	0	677	0.000	61.545
1	−1	1	−1	−1	0	677	0.000	61.545
1	−1	1	−1	1	247	924	22.455	84.000
1	−1	1	1	−1	0	924	0.000	84.000
1	−1	1	1	1	0	924	0.000	84.000
1	1	−1	−1	−1	68	992	6.182	90.182
1	1	−1	−1	1	0	992	0.000	90.182
1	1	−1	1	−1	56	1,048	5.091	95.273
1	1	−1	1	1	0	1,048	0.000	95.273
1	1	1	−1	−1	11	1,059	1.000	96.273
1	1	1	−1	1	22	1,081	2.000	98.273
1	1	1	1	−1	16	1,097	1.455	99.727
1	1	1	1	1	3	1,100	0.273	100.000

Spezielle Variablen in der KFA

6

In diesem Kapitel widmen wir uns der Frage, wie Variablen mit besonderen Eigenschaften in die KFA eingebracht werden können. Zuerst beschäftigen wir uns mit Kovariaten, dann mit ordinalen Variablen. Für die Behandlung ordinaler Variablen diskutieren wir zwei Modelle. Danach diskutieren wir Moderator- und Mediatorvariablen in der KFA.

6.1 Kovariaten in der KFA

Kovariaten sind als Variablen definiert, die möglicherweise auch einen Effekt auf die abhängigen Variablen haben, aber nicht vom Experimentator kontrolliert werden. Wenn Kovariaten tatsächlich einen Effekt haben, dann bleibt weniger Variabilität übrig, die über die unabhängigen Variablen erklärt werden kann. In der KFA bedeutet dies, dass die Diskrepanzen zwischen beobachteten und geschätzten Zellhäufigkeiten geringer werden, und weniger Spielraum für das Auftreten von Typen und Antitypen existiert.

In vielen Fällen, und insbesondere in der personen-orientierten Forschung, sind Kovariaten Stratifizierungsvariablen. So ist es bekannt, dass manche Alkoholeffekte geschlechtsspezifisch sind, dass Autoversicherungspreise über Regionen variieren, dass mit Stand Juni 2020 der Coronavirus für RaucherInnen weniger (!) gefährlich ist als für NichtraucherInnen[1], dass der Virus für Personen mit bestimmten Vorerkrankungen besonders gefährlich ist, und dass PatientInnen, die wegen Covid-19 in Intensivstationen behandelt werden, mehrheitlich adipös sind.

---

[1] Stand Juli 2020 wird genau das Gegenteil berichtet!

A. von Eye und W. Wiedermann, *KFA – Die Konfigurationsfrequenzanalyse*, https://doi.org/10.1007/978-3-662-63675-6_6

Kovariaten können kategorial aber auch metrisch sein. Geht Körpergewicht als Kovariaten für die Vorhersage von Diabetes ein, dann wird dies meist als metrische Variable verwendet. Geht die Covid-19 Diagnose als Kovariate in eine Analyse ein, dann handelt es sich um eine kategoriale Variable.

In der KFA werden metrische und kategoriale Kovariaten unterschiedlich behandelt. Kategoriale Kovariaten werden meist mit den anderen interessierenden Variablen gekreuzt und dann z. B. mit einer Auto-Assoziations-KFA (A-KFA), einer Moderator KFA (siehe unten) oder einer zwei-Gruppen KFA analysiert. Metrische Kovariaten können kategorisiert und dann mit anderen Variablen gekreuzt werden, oder als zell-spezifische Durchschnittswerte als Vektor in die Designmatrix eines Basismodells als Prädiktor der Zellhäufigkeiten aufgenommen werden.

Im letzteren Fall können sich Probleme ergeben, weil diese Art von Vektoren selten orthogonal zu den anderen Vektoren der Designmatrix ist. Dadurch sind die Effekte dieser Vektoren nicht unabhängig interpretierbar. Dies ist ein Problem hauptsächlich dann, wenn die Parameter in log-linearen Modellen interpretiert werden sollen. Die bekannte Schuster-Transformation kann allerdings oft nützlich ein (so lange die Design-matrix nicht singulär ist; siehe von Eye et al., 1998).

In der KFA ist dieses Problem weniger bedeutsam, und zwar aus zwei Gründen. Erstens ist die Interpretation von log-linearen Parametern selten das zentrale Interesse, wenn nach Typen und Antitypen geforscht wird. Zweitens ändern sich nur die Inter-pretation der geschätzten Parameter, nicht aber die Erwartungshäufigkeiten und die Anpassungsgüte, wenn Modelle nach einer Schuster-Transformation geschätzt werden. Fragt man in einer KFA, wo der Effekt von Kovariaten existiert, dann man die KFA zuerst ohne und dann unter Einbezug der Kovariaten rechnen. Haben die Kovariaten einen Einfluss auf die Häufigkeitsverteilung, dann können sich die Typen- und Anti-typenmuster ändern, wenn die Kovariaten ins Kalkül einbezogen werden.

In den folgenden Abschnitten besprechen wir zwei Datenbeispiele. Im ersten ver-wenden wir eine kategoriale Kovariate, im zweiten eine metrische.

Datenbeispiel 1: Kategoriale Kovariate   In diesem Datenbeispiel wird besprochen, wie eine kategoriale Kovariate in der KFA verwendet werden kann. Wie im Abschnitt über die Auto-Assoziations-KFA (A-KFA; siehe Kap. 4) angekündigt wurde, diskutieren wir hier eine A-KFA mit Kovariate. Die Daten zu diesem Beispiel entnehmen wir wieder dem Projekt zur Entwicklung von Aggression bei Jugendlichen (Finkelstein et al., 1994). Hier verwenden wir die Antworten der Jugendlichen zur verbalen Aggression gegen Erwachsene aus den Jahren 1983 und 1987 und die Antworten zur körper-lichen Aggression gegen Peers aus den selben Jahren. Diese vier Variablen wurden an ihren jeweils altersspezifischen Mittelwerten dichotomisiert. Die dadurch entstandenen Variablen sind $V83$, $V87$, $P83$ und $P87$. Als Kovariate nehmen wir das Geschlecht der Jugendlichen. Wir führen jetzt die vier Schritte der KFA durch.

Schritt 1: Spezifikation dreier Basismodelle In diesem Beispiel verwenden wir drei Basis-modelle, um die Effekte des kategorialen Kovariats zu beleuchten. Mit dem ersten Basis-modell führen wir mit den vier Aggressionsvariablen $V83$, $V87$, $P83$ und $P87$ eine KFA erster Ordnung durch. Das Basismodell dafür ist $\log \hat{m} = \lambda + \lambda^{V83} + \lambda^{V87} + \lambda^{P83} + \lambda^{P87}$. Mit diesem Modell beantworten wir die Frage, ob die vier Aggressionsvariablen miteinander interagieren. Ob sich möglicherweise entstehende Typen oder Antitypen auf der Basis der Beziehungen der Entwicklungslinien von verbaler Aggression gegen Erwachsene und der körperlicher Aggression gegen Peers beschreiben lassen, erfahren wir erst durch eine A-KFA. Das Basismodell für diesen Ansatz lautet

$$\log \hat{m} = \lambda + \lambda^{V83} + \lambda^{V87} + \lambda^{P83} + \lambda^{P87} + \lambda^{V83,V87} + \lambda^{P83,P87}.$$

Dieses Modell kommt nur dann zu Fall, wenn Beziehungen zwischen den beiden Mess-wertereihen existieren, d. h. wenn einer oder mehrere der folgenden bivariaten Terme $\lambda^{V83,P83}, \lambda^{V83,P87}, \lambda^{V87,P83}$ und $\lambda^{V87,P87}$, einer oder mehrere der vier trivariaten Terme $\lambda^{V83,P83,P87}, \lambda^{V83,V87,P83}, \lambda^{V83,V87,P87}$ und $\lambda^{V87,P83,P87}$, oder der Term für die vierfach Interaktion, $\lambda^{V83,V87,P83,P87}$. existieren. Es handelt sich um eine A-KFA, weil die Auto-Assoziationen innerhalb der beiden Messwertereihen Bestandteile des Basismodells sind.

Mit einem dritten Basismodell wollen wir die Frage beantworten, ob das Geschlecht der Jugendlichen einen Einfluss auf Typen- und Antitypenmuster hat. Zur Beantwortung dieser Frage sind mehrere Basismodelle denkbar. Das erste und ein-fachste nimmt das Geschlecht, G, in das Basismodell auf. Das Modell wird damit $\log \hat{m} = \lambda + \lambda^{V83} + \lambda^{V87} + \lambda^{P83} + \lambda^{P87} + \lambda^{G} + \lambda^{V83,V87} + \lambda^{P83,P87}$. Damit handelt es sich immer noch um eine A-KFA. Typen und Antitypen können mit diesem Modell dann auftreten, wenn das Geschlecht die univariaten Verteilungen der vier Variablen $V83$, $V87$, $P83$ und $P87$ beeinflusst, die bi- oder trivariaten Verteilungen oder die gemeinsame Ver-teilung aller vier Aggressionsvariablen.

Man könnte aber auch fragen, ob das Geschlecht speziell den Verlauf der Ent-wicklung von verbaler Aggression gegen Erwachsene und körperlicher Aggression gegen Peers beeinflusst. Dann ergibt sich das Basismodell

$$\log \hat{m} = \lambda + \lambda^{V83} + \lambda^{V87} + \lambda^{P83} + \lambda^{P87} + \lambda^{G} + \lambda^{V83,P87} + \lambda^{P83,P87} + \lambda^{V83,G} + \lambda^{V87,G}$$
$$+ \lambda^{P83,G} + \lambda^{P87,G}.$$

Um dieses Modell zu Fall zu bringen, müssen mindestens je zwei der Aggressions-variablen aus jeder Reihe mit dem Geschlecht interagieren. Man könnte weiter fragen, ob die Beziehungen zwischen den Entwicklungen verbaler und körperlicher Aggression geschlechtsspezifisch sind. Um diese Frage zu beantworten, müssen noch die Inter-aktionen mit der Geschlechtsvariablen in das Basismodell aufgenommen werden, die innerhalb einer Serie von Messwerten liegen. Es ergibt sich damit das Modell

$$\log \hat{m} = \lambda + \lambda^{V83} + \lambda^{V87} + \lambda^{P83} + \lambda^{P87} + \lambda^{G} + \lambda^{V83,A87} + \lambda^{P83,P87} + \lambda^{V83,G} + \lambda^{V87,G}$$
$$+ \lambda^{P83,G} + \lambda^{P87,G} + \lambda^{V83,V97,G} + \lambda^{P83,P87,G}.$$

Tab. 6.1 KFA erster Ordnung der Kreuzklassifikation der Aggressionsvariablen *V83*, *V87*, *P83* und *P87*

```
Konfiguration
```

V83 V87 P83 P87	m	$\hat{m}$	p	
1111	22.00	9.5050	.00017156	Typ
1112	6.00	7.1653	.41985782	
1121	9.00	8.8606	.53051942	
1122	4.00	6.6795	.19589935	
1211	5.00	6.4299	.37316459	
1212	5.00	4.8471	.53561560	
1221	1.00	5.9939	.01551782	
1222	2.00	4.5185	.16587748	
2111	12.00	10.5611	.36581600	
2112	2.00	7.9615	.01194582	
2121	9.00	9.8451	.47258351	
2122	4.00	7.4217	.12929145	
2211	1.00	7.1443	.00538752	
2212	6.00	5.3857	.45299828	
2221	6.00	6.6599	.49842000	
2222	20.00	5.0206	.00000013	Typ

Im vorliegenden Beispiel gehen wir der Frage nach, ob das Geschlecht überhaupt einen Einfluss auf die Messwertreihen hat und verwenden daher das Basismodell $\log \hat{m} = \lambda + \lambda^{V83} + \lambda^{V87} + \lambda^{P83} + \lambda^{P87} + \lambda^{G} + \lambda^{V83,P87} + \lambda^{P83,P87}$.

Schritt 2: Signifikanztestung Als Signifikanztest wählen wir für alle drei KFAs in diesem Abschnitt den Binomialtest, und α schützen wir mit der Holland DiPonzio Copenhaver Prozedur.

Schritt 3: Durchführung der KFA Tab. 6.1 gibt die Ergebnisse der KFA erster Ordnung wieder.

Der Pearson Chi-Quadrat goodness-of-fit Test, der auch hier als globaler Assoziationstest interpretiert werden kann, zeigt, dass starke Effekte in der Kreuzklassifikation der vier Aggressionsvariablen existieren ($X^2 = 80.00$; $df = 11$; $p < 0.001$). Es zeigen sich zwei Typen.

Schritt 4: Interpretation der entstandenen Typen Beide Typen in Tab. 6.1 sind *Stabilitätstypen* in dem Sinne, dass sich diese Jugendlichen im Vergleich zu ihren Peers über die Zeit hinweg stabil über oder unter dem Durchschnitt sehen. Der erste Typ, 1 1 1 1, beschreibt die 22 Jugendlichen (9.50 waren erwartet worden), die sich selbst über die gesamte Beobachtungsperiode sowohl in verbaler als auch in körperlicher Aggression unter dem jeweiligen Vergleichsmittelwert sehen. Bei den 20 Jugendlichen des zweiten Typs, 2 2 2 2, (5.02 waren erwartet worden) ist genau das Gegenteil der Fall. Diese Jugendlichen sehen sich selbst durchweg über dem jeweiligen Vergleichsmittelwert.

Tab. 6.2 KFA erster Ordnung der Kreuzklassifikation der Aggressionsvariablen $V83$, $V87$, $P83$ und $P87$, unter Einbezug des Geschlechts der Jugendlichen

```
Konfiguration
```

V83 V87 P83 P87 G	m	$\hat{m}$	p	
11111	16.00	5.5863	.00014590	Typ
11112	6.00	3.9187	.19936851	
11121	5.00	4.2112	.41310821	
11122	1.00	2.9541	.20217178	
11211	6.00	5.2076	.42123493	
11212	3.00	3.6531	.50175396	
11221	3.00	3.9257	.44488855	
11222	1.00	2.7538	.23530415	
12111	2.00	3.7790	.26742856	
12112	3.00	2.6509	.49617444	
12121	1.00	2.8488	.21905976	
12122	4.00	1.9984	.14097573	
12211	1.00	3.5228	.12942141	
12212	.00	2.4712	.08221913	
12221	1.00	2.6556	.25319487	
12222	1.00	1.8629	.44232967	
21111	7.00	6.2070	.42780540	
21112	5.00	4.3542	.44132593	
21121	1.00	4.6791	.04946947	
21122	1.00	3.2824	.15667673	
21211	8.00	5.7862	.22288138	
21212	1.00	4.0590	.08352338	
21221	4.00	4.3619	.55715569	
21222	.00	3.0598	.04497518	
22111	.00	4.1988	.01386866	
22112	1.00	2.9455	.20351689	
22121	2.00	3.1653	.38372570	
22122	4.00	2.2204	.18314460	
22211	4.00	3.9142	.55277550	
22212	2.00	2.7458	.48027980	
22221	6.00	2.9507	.07640273	
22222	14.00	2.0699	.00000002	Typ

Mit dem folgenden, zweiten Basismodell gehen wir der Frage nach, ob das Geschlecht zumindest lokal in einer Beziehung zu den Antworten der Jugendlichen steht. Wir explorieren jetzt die Rolle, die die Kovariate spielt. Wir verwenden zur Beantwortung dieser Frage das Basismodell, in das der Haupteffekt Geschlecht aufgenommen wurde, d. h. das Modell $\log \hat{m} = \lambda + \lambda^{V83} + \lambda^{V87} + \lambda^{P83} + \lambda^{P87} + \lambda^{G}$. Beziehungen zwischen Geschlecht und den Antworten zu den Aggressionsfragen könnten dann zu Typen oder Antitypen führen. Tab. 6.2 zeigt die Ergebnisse dieser KFA erster Ordnung.

Der Pearson Chi-Quadrat goodness-of-fit Test, der hier wieder als globaler Assoziationstest interpretiert werden kann, zeigt, dass starke Effekte in der Kreuzklassifikation der vier Aggressionsvariablen existieren ($X^2 = 123.70$; $df = 26$; $p < 0.001$), wenn auch der Haupteffekt Geschlecht in das Basismodell aufgenommen wird. Es zeigen sich zwei Typen.

Beide Typen in Tab. 6.2 sind wieder als Stabilitätstypen interpretierbar. In der Tat haben sie die gleiche Interpretation wie die Typen in Tab. 6.1. Im Unterschied zu den Typen in Tab. 6.1 sind die in Tab. 6.2 allerdings geschlechtsspezifisch. Der erste Stabilitätstyp, 1 1 1 1 1, beschreibt die 16 weiblichen Jugendlichen (5.59 waren erwartet worden), die sich über den gesamten Beobachtungszeitraum unter dem jeweiligen Aggressivitätsdurchschnitt sehen. Der zweite Stabilitätstyp, 2 2 2 2 2, beschreibt die 14 männlichen Jugendlichen (2.07 waren erwartet worden), die von sich selber sagen, dass sie durchweg über dem jeweiligen Aggressivitätsdurchschnitt liegen.

Im dritten Ansatz geben wir ein weiteres Beispiel für den Ansatz der A-KFA. In diesem Beispiel nehmen wir eine Kovariate in das Basismodell der A-KFA auf. Wir nehmen in das Basismodell die Auto-Assoziationen der Antworten zur verbalen und zur körperlichen Aggression, d. h. $P83 \times P87$ und $V83 \times V87$, sowie das Geschlecht der Jugendlichen auf. Damit beantworten wir die Frage, ob diese Auto-Assoziationen das Entstehen der beiden Typen in Tab. 6.2 verursachen. Tab. 6.3 zeigt die Ergebnisse für das Modell

$$\log \hat{m} = \lambda + \lambda^{V83} + \lambda^{V87} + \lambda^{P83} + \lambda^{P87} + \lambda^{G} + \lambda^{V83,V87} + \lambda^{P83,P87}.$$

Das Modell wurde unter denselben Spezifikationen geschätzt wie die Modelle für Tab. 6.1 und 6.2.

Der Pearson Chi-Quadrat goodness-of-fit Test kann hier nicht als globaler Assoziationstest interpretiert werden kann, weil Interaktionen Teil des Basismodells sind. Der Test zeigt, dass starke Effekte in der Kreuzklassifikation der vier Aggressionsvariablen existieren ($X^2 = 80.75$; $df = 24$; $p < 0.001$). Es zeigen sich ein Typ und ein Antityp.

Der Typ, der durch die erste Konfiguration in Tab. 6.2 konstituiert worden war, tritt hier nicht mehr in den Vordergrund. Wir schließen, dass er durch die Auto-Assoziationen zwischen den Variablen der Aggression erklärt werden kann, möglicherweise sogar durch eine geschlechtspezifische Auto-Assoziation. Neu ist der Antityp, der durch Konfiguration 2 2 1 1 1 konstituiert wird. Dieser Antityp würde die weiblichen Jugendlichen beschreiben, die sich für durchgängig überdurchschnittlich verbal aggressiv gegen Erwachsene halten aber unterdurchschnittlich körperlich aggressiv gegen Peers. 6.81 weibliche Jugendliche mit diesem Profil waren erwartet worden, es wurde aber keine gefunden.

Der Typ 2 2 2 2 ist unverändert zu Tab. 6.2. Die Autoassoziationen haben nur geringen Einfluss darauf, dass diese Konfiguration häufiger auftritt als erwartet. Ob diese Konfiguration zur Unterscheidung zwischen den beiden Geschlechtergruppen im Sinne einer zwei-Gruppen KFA beitragt und einen Diskriminationstyp konstituiert, kann auf der Basis von Tab. 6.3 nicht gesagt werden (der odds ratio Test der zwei Gruppen KFA – hier nicht im Detail ausgeführt – legt nahe, dass dies so ist).

Tab. 6.3 A-KFA der Kreuzklassifikation der Aggressionsvariablen *V*83, *V*87, *P*83 und *P*87, und dem Geschlecht der Jugendlichen

```
Konfiguration
V83 V87 P83 P87 G    m        m̂           p
    11111        16.00    8.4549    .01015255
    11112         6.00    5.9311    .54723467
    11121         5.00    4.0161    .37434089
    11122         1.00    2.8173    .22434103
    11211         6.00    5.2843    .43495492
    11212         3.00    3.7069    .49027556
    11221         3.00    6.3412    .11620243
    11222         1.00    4.4483    .06023584
    12111         2.00    2.6808    .49633895
    12112         3.00    1.8806    .29076371
    12121         1.00    1.2734    .63573286
    12122         4.00     .8933    .01272788
    12211         1.00    1.6755    .49931891
    12212          .00    1.1754    .30682960
    12221         1.00    2.0106    .40071850
    12222         1.00    1.4104    .58735756
    21111         7.00    5.5679    .32289176
    21112         5.00    3.9058    .35242630
    21121         1.00    2.6447    .25524625
    21122         1.00    1.8553    .44456039
    21211         8.00    3.4799    .02394124
    21212         1.00    2.4411    .29628124
    21221         4.00    4.1759    .59389210
    21222          .00    2.9294    .05142365
    22111          .00    6.8052    .00089674    Antityp
    22112         1.00    4.7738    .04560288
    22121         2.00    3.2325    .36951531
    22122         4.00    2.2675    .19259124
    22211         4.00    4.2532    .57857169
    22212         2.00    2.9836    .42393177
    22221         6.00    5.1039    .40265183
    22222        14.00    3.5803    .00001483    Typ
```

Datenbeispiel 2: Metrische Kovariate In diesem Datenbeispiel wird besprochen, wie eine metrische Kovariate in der KFA verwendet werden kann. Zusätzlich verbinden wir diesen Ansatz mit der KFA in einer Situation, in der eine Kreuzklassifikation strukturelle Nullen aufweist. In der Designmatrix für das Basismodell einer solchen Analyse muss daher noch Raum sein für die Vektoren, die die Kovariaten repräsentieren, und die Vektoren, die die strukturellen Nullen repräsentieren.

Diese Bedingung klingt selbstverständlich, sie kann aber zu erheblichen Einschränkungen führen, was die Wahl eines KFA Basismodells betrifft. Dies gilt insbesondere, wenn die Kreuzklassifikation der untersuchten Variablen klein ist.

Im Extremfall hat eine Kreuzklassifikation nur vier Zellen. Für eine derart kleine Tafel gibt es nur wenige Optionen für ein Basismodell. Beispiele sind die KFA 0-ter

Ordnung und die KFA erster Ordnung. Rechnet man für eine 2×2 Tafel eine KFA 0-ter Ordnung, dann hat das Basismodell 3 Freiheitsgrade. Von diesen können zwei für spezielle Variablen, wie Kovariaten genutzt werden, ohne dass das Modell saturiert wird. Ist ein Basismodell saturiert, dann können Typen und Antitypen definitionsgemäß nicht erscheinen, weil die geschätzten erwarteten und die beobachteten Zellhäufigkeiten identisch sind. Rechnet man dagegen für eine 2×2 Tafel eine KFA erster Ordnung, dann hat das Basismodell nur noch einen Freiheitsgrad. Spezielle Variablen können damit nicht in Betracht gezogen werden.

In $2 \times 2 \times 2$ Tafeln hat das Basismodell 0-ter Ordnung sieben Freiheitsgrade, das Basismodell erster Ordnung hat vier Freiheitsgrade. Spezielle Variablen wie solche für strukturelle Nullen oder Kovariaten können damit durchaus in Betracht gezogen werden. Das Basismodel zweiter Ordnung hat in einer $2 \times 2 \times 2$ Tafel einen Freiheitsgrad, und spezielle Variablen kommen nicht mehr in Betracht. Dies gilt analog für größere Tafeln.

Metrische Kovariaten können auf mehrere Weisen in eine KFA einfließen. Erstens kann man sie so kategorisieren, dass z. B. drei oder mehr Stufen entstehen, und dann mit den anderen kategorialen Variablen kreuzen. Dadurch bekommt eine Kreuzklassifikation mindestens drei mal so viele Zellen wie die Tafel ohne die Kovariaten und, was vielleicht noch wichtiger und auch interessanter ist, es wird leicht, die Effekte der Kovariaten zu lokalisieren. Eine zweite Option ist es, zellspezifische Mittelwerte zu berechnen und den Vektor der Mittelwerte in die Designmatrix des Basismodells einzugeben. Dies ist eine gute Lösung, wenn man fürchtet, dass durch eine Kategorisierung Informationsverluste entstehen oder wenn die Stichprobe so klein ist, dass eine größere Tafel uninteressant wird, weil keine Typen oder Antitypen mehr entstehen können. Eine dritte Lösung besteht in der Dichotomisierung einer Kovariate. Die dadurch entstehende binäre Variable kann dann als Moderator oder als Gruppierungsvariable in einer zwei-Gruppen KFA eingesetzt werden. Im folgenden Datenbeispiel illustrieren wir die zweite dieser drei Optionen.

Datenbeispiel In diesem Beispiel zeigen wir die Ergebnisse einer Re-Analyse einer KFA, die von Eye und Kollegen (2010) in demselben Zusammenhang durchgeführt haben. Für das Beispiel verwenden wir wieder die Daten, die Finkelstein und Kollegen (1994) zur Entwicklung der Aggression bei Jugendlichen erhoben haben. Wir fragen, ob die Entwicklung aggressiver Impulse über die Beobachtungsspanne von 4 Jahren durch markante Muster geprägt ist und, wenn ja, ob diese Muster mit der körperlichen Entwicklung zusammenhängen. Diese Entwicklung wurde mithilfe der bekannten Tanner Skala gemessen, die Werte von 1 bis 5 annehmen kann, wobei 1 prä-pubertär beschreibt.

Zur Beschreibung der Entwicklung aggressiver Impulse über die Jahre 1983, 1985, und 1987, berechnen wir die beiden ersten und die zweite Vorwärtsdifferenzen. Diese wurden dichotomisiert und so kodiert, dass 1 einen Rückgang und 2 einen Zuwachs in aggressiven Impulsen bezeichnen. Im Folgenden analysieren wir die Kreuzklassifikation der drei Differenzen, D_{11}, D_{12} und D_2, in zwei Schritten mit der KFA.

Schritt 1: Spezifikation zweier Basismodelle In diesem Beispiel verwenden wir zwei Basismodelle, um den Effekt des metrischen Kovariats zu beleuchten. Im ersten rechnen wir eine KFA erster Ordnung, ohne die Kovariate zu berücksichtigen. Bei der Spezifizierung des Basismodells ist hier darauf zu achten, dass zwei Zellen der durch die Kreuzung von D_{11}, D_{12} und D_2 entstehenden $2 \times 2 \times 2$ Tafel strukturelle Nullen enthalten. Dies sind die Zellen 1 2 1 und 2 1 2 (warum dies so ist, wurde in Kap. 4 erklärt). Das Basismodell für diesen Ansatz ist damit $\log \hat{m} = \lambda + \lambda^{D11} + \lambda^{D12} + \lambda^{D2} + \lambda^{N1} + \lambda^{N2}$, wobei die Superskripte über den letzten beiden λs die Zellen bezeichnen, die strukturelle Nullen enthalten.

Schritt 2: Signifikanztestung Als Signifikanztest wählen wir wegen der zum Teil kleinen Zellhäufigkeiten für beide KFAs in diesem Abschnitt den Binomialtest, und α schützen wir mit der Holland DiPonzio Copenhaver Prozedur.

Schritt 3: Durchführung der KFA Tab. 6.4 gibt die Ergebnisse der KFA erster Ordnung wieder.

Der Pearson Chi-Quadrat goodness-of-fit Test des Modells unter Berücksichtigung der beiden strukturellen Nullen zeigt, dass starke Effekte in der Kreuzklassifikation der drei Differenzvariablen existieren ($X^2 = 26.17$; $df = 2$; $p < 0.001$). Es zeigen sich zwei Typen und ein Antityp. Im Modell ohne Berücksichtigung der strukturellen Nullen (hier nicht im Detail ausgeführt) hatten sich, wie in dem Beispiel in Kap. 4, zwei Antitypen für die beiden Zellen mit strukturellen Nullen ergeben. Durch die beiden Vektoren, die die strukturellen Nullen repräsentieren, wird dieses Problem gelöst.

Schritt 4: Interpretation der Typen und des Antityps Der erste Typ wird durch Konfiguration 1 2 2 konstituiert. Dieses Differenzenmuster zeigt an, dass aggressive Impulse zunächst geringer werden, aber gegen Ende der Beobachtungsperiode wieder ansteigen und dann auch beginnen, einen beschleunigten Aufschwung zu nehmen. 26 Jugendliche zeigten dieses Muster, 13.88 waren aber nur erwartet worden. Der zweite

Tab. 6.4 KFA erster Ordnung der Kreuzklassifikation der Differenzvariablen für aggressive Impulse, D_{11}, D_{12} und D_2, unter Berücksichtigung der beiden strukturellen Nullen

Konfiguration Differenzvariable					
D11	D12	D2	m	$\hat{m}$	p
1	1	1	20.00	27.8862	.05003775	
1	1	2	13.00	17.2336	.16456861	
1	2	1	.00	.0000	–	
1	2	2	26.00	13.8802	.00110129	Typ
2	1	1	36.00	23.8802	.00516357	Typ
2	1	2	.00	.0000	–	
2	2	1	15.00	19.2336	.17597540	
2	2	2	4.00	11.8862	.00603107	Antityp

Typ, konstituiert durch das Muster 2 1 1, beschreibt die Antworten der 36 Jugendlichen (23.88 erwartet), deren aggressive Impulse subjektiv zuerst ansteigen, dann aber beschleunigt wieder abfallen. Der Antityp 2 2 2 beschreibt die 4 Jugendlichen, deren aggressive Impulse über die gesamte Beobachtungsspanne ansteigen, zum Schluss sogar beschleunigt. Anstelle der 11.88 erwarteten wurden nur vier Jugendliche mit diesem Antwortmuster beobachtet.

Die in Tab. 6.4 untersuchte Tafel hat acht Zellen. Das Basismodell der KFA erster Ordnung für diese Tafel hat vier Freiheitsgrade. Zwei zusätzliche wurden dazu verwendet, die strukturellen Nullen ins Kalkül einzubeziehen. Den verbleibenden verwendbaren Freiheitsgrad setzen wir jetzt ein, um die Rolle zu untersuchen, die von der körperlichen pubertären Entwicklung der befragten Jugendlichen in der Entwicklung aggressiver Impulse gespielt wird. In der folgenden Analyse verwenden wir den Tanner Wert, der im Jahr 1983 gemessen worden war. Zu dem Zeitpunkt waren die Jugendlichen im Schnitt 11 Jahre alt. Für jede Zelle der Tafel in Tab. 6.4 wurde der durchschnittliche Tanner Wert, T, errechnet. Die Designmatrix für das Basismodell

$$\log \hat{m} = \lambda + \lambda^{D11} + \lambda^{D12} + \lambda^{D2} + \lambda^{N1} + \lambda^{N2} + \lambda^{T}$$

ist damit

$$X = \begin{bmatrix} 1 & 1 & 1 & 1 & 0 & 0 & 1.4 \\ 1 & 1 & 1 & -1 & 0 & 0 & 1.4 \\ 1 & 1 & -1 & 1 & 1 & 0 & 0 \\ 1 & 1 & -1 & -1 & 0 & 0 & 1.8 \\ 1 & -1 & 1 & 1 & 0 & 0 & 1.5 \\ 1 & -1 & 1 & -1 & 0 & 1 & 0 \\ 1 & -1 & -1 & 1 & 0 & 0 & 1.6 \\ 1 & -1 & -1 & -1 & 0 & 0 & 1.6 \end{bmatrix}.$$

Nach der Spalte für die Konstante enthält X die Spalten für die Haupteffekte der drei Differenzvariablen. Die beiden folgenden Spalten haben den Effekt, dass keine Erwartungshäufigkeiten für die strukturellen Nullen geschätzt werden. In der letzten Spalte finden wir die Mittelwerte der einzelnen Zellen auf den Tanner Skalen. Tab. 6.5 zeigt die Ergebnisse der KFA mit dieser Designmatrix.

Der Pearson Chi-Quadrat goodness-of-fit Test legt nahe, dass das Modell unter Berücksichtigung der beiden strukturellen Nullen und der Kovariaten die Effekte in der Kreuzklassifikation der drei Differenzvariablen nahezu perfekt erklärt ($X^2 = 1.84$; $df = 1$; $p = 0.1746$). Entsprechend zeigen sich auch weder Typen noch Antitypen. Wir können daraus schließen, dass die beiden Typen und der Antityp in Tab. 6.4 durch unterschiedlich fortgeschrittene körperliche Entwicklung erklärt werden können.

6.2 KFA mit ordinalen Variablen

In Kap. 4 und im letzten Abschnitt wurde gezeigt, dass Typen und Antitypen entstehen oder verschwinden können, wenn Eigenschaften von Kategorien oder Variablen nicht in das Kalkül einbezogen werden. Dieses Thema wird hier weiterverfolgt. Wir behandeln den Fall ordinaler Variablen (siehe z. B. Agresti, 2010; Clogg & Shihadeh, 1994; von Eye et al. 2000; von Eye & Wiedermann, 2018a). Ordinale Variablen bergen, genau wie Kovariaten oder Vektoren, die die Position struktureller Nullen anzeigen, Information. Diese Information gilt es zu nutzen, schätzt man Modelle oder sucht man nach Typen oder Antitypen. Wird diese Information nicht genutzt, dann ändern sich die Ergebnisse bisweilen dramatisch, wie im Fall der strukturellen Nullen illustriert wurde, bisweilen aber auch nicht. Im letzteren Fall steht die Information, die das Skalenniveau solcher Variablen birgt, ohne Bezug zu den untersuchten Dateneigenschaften. Ändern sich die Ergebnisse, wenn diese Information in die Analyse einbezogen wird, dann sind die Ergebnisse, die ohne diese Information erzeugt wurden, schlicht falsch. Dies gilt auch dann, wenn es gelingt, komplexere Modelle zu spezifizieren, die die Häufigkeitsverteilung gut erklären. In diesem Fall entstehen oft unnötig komplexe Modelle, die sich vereinfachen lassen, wenn die Information genutzt wird, die im Skalenniveau der untersuchten Variablen liegt. Dies gilt ebenso für Variablen, die auf Intervallniveau oder Rationalskalenniveau erhoben wurden.

Es gibt eine Reihe von Methoden, die ordinale Variableninformation nutzen (siehe, z. B. Agresti, 2010, 2018; Christensen, 1997; Clogg & Shihadeh, 1994). Man kann z. B. die Wahrscheinlichkeit schätzen, mit der ein höherer oder niedrigerer Skalenpunkt als der beobachtete erreicht wird. Man kann auch die ordinale Testtheorie verwenden, um Skalenpunkte zu erzeugen (siehe z. B. Cliff & Keats, 2003). Es gibt quasi-uniforme Assoziationsmodelle (Goodman, 1979), linear-by-linear Assoziationsmodelle (Goodman, 1991), quasi linear-by-linear Assoziationsmodelle (Goodman, 1984), linear-by-quadratic, linear-by-cubic Kontraste (siehe Christensen, 1997) und viele andere mehr.

Hier behandeln wir zunächst die bekannte Methode des *iterative proportional fitting* (IPF), die bereits 1940 von Deming und Stephan vorgeschlagen wurde (siehe auch Jiroušek & Přeučil, 1994). Mit dieser Methode können Erwartungshäufigkeiten so geschätzt werden, dass sie sich zu vorher gewählten Zeilen- und Spaltensummen aufaddieren. Auf diese Weise kann der Eigenschaft von Skalen als ordinal- oder intervallskaliert Rechnung getragen werden. Im Anschluss behandeln wir die Anwendung des uniformen Assoziationsmodells in der KFA.

6.2.1 Iterative Proportional Fitting

Im folgenden Abschnitt geben wir eine algorithmische Beschreibung der Methode des iterative proportional fitting (IPF) für zwei-dimensionale Tafeln (nach Fienberg, 1980;

Tab. 6.5 KFA erster Ordnung der Kreuzklassifikation der Differenzvariablen für aggressive Impulse, D_{11}, D_{12} und D_2, unter Berücksichtigung der beiden strukturellen Nullen und der durchschnittlichen Tanner Werte der Zellen

```
Konfiguration
Differenzvariable
```

D11 D12 D2	m	$\hat{m}$	p
111	20.00	22.2115	.35047432
112	13.00	10.7885	.28169828
121	.00	.0000	–
122	26.00	26.0000	.53640599
211	36.00	36.0000	.53520155
212	.00	.0000	–
221	15.00	12.7885	.29590575
222	4.00	6.2115	.25004100

andere Darstellungen findet man z. B. bei Agresti, 2018, oder Jiroušek & Přeučil, 1994; für höher dimensionierte Tafeln, siehe ebenfalls z. B. Fienberg, 1980).

Im ersten Schritt wird beim IPF jede Erwartungshäufigkeit in der $I \times J$ Tafel auf $\hat{m}_{ij} = 1$ gesetzt, mit $i = 1, \ldots, I$ und $j = 1, \ldots, J$. Für den Iterationszähler $v \geq 0$ geht die Iteration durch die folgenden drei Schritte:

$$\hat{m}_{ij}^{[3v+1]} = \hat{m}_{ij}^{[3v]} \left(\frac{m_{i.}}{\hat{m}_{i.}^{[3v]}} \right),$$

$$\hat{m}_{ij}^{[3v+2]} = \hat{m}_{ij}^{[3v+1]} \left(\frac{m_{.j}}{\hat{m}_{.j}^{[3v+1]}} \right), \text{ und}$$

$$\hat{m}_{ij}^{[3v+3]} = \hat{m}_{ij}^{[3v+2]} \left(\frac{\sum_k v_k^* m_{ik}}{\sum_k v_k^* \hat{m}_{ik}^{[3v+2]}} \right)^{[v_j^*]} \left(\frac{\sum_k \left(1 - v_k^*\right) m_{ik}}{\sum_k \left(1 - v_k^*\right) \hat{m}_{ik}^{[3v+2]}} \right)^{[1 - v_j^*]},$$

wobei $m_{i.}$ die Zeilensummen und $m_{.j}$ die Spaltensummen bezeichnen. Wiederholtes Durchlaufen dieser drei Schritte ergibt eine Iteration, die zu den geschätzten Erwartungshäufigkeiten hin konvergiert. Es ist zu beachten, dass die Terme im Superskript, die v enthalten, keine Exponenten sind, sondern nur die Iterationsschritte bezeichnen. Nur die Terme im Superskript hinter den Klammern, die v enthalten, sind Exponenten.

Was den Rechenaufwand und die Konvergenz dieses Verfahrens betrifft, kann man bei Fienberg (1980) einen Überblick finden. Details liest man auch bei Jiroušek und Přeučil (1994). In manchen Beschreibungen des IPF liest man, dass die Werte v zentriert werden müssen. Dies ist jedoch nicht zwingend notwendig. Im Folgenden geben wir ein Datenbeispiel, in dem eine von zwei Variablen ordinal skaliert ist.

Tab. 6.6 KFA erster Ordnung der Covid-19 Daten aus Tab. 1.1 und 2.6; Variable A ist ordinal

Konfiguration

AS	m	$\hat{m}$	z	p	
11	87.00	87.77	−0.822	.5328	
12	3.00	2.13	0.596	.2755	
13	.00	0.10	−0.317	.6241	
21	1111.00	1104.47	0.196	.4222	
22	36.00	43.16	−1.090	.8621	
23	6.00	5.37	−0.360	.2643	
31	272.00	282.19	−0.606	.7279	
32	29.00	17.76	2.667	.0038	Typ
33	5.00	6.04	−0.423	.6639	
41	349.00	344.57	0.239	.4057	
42	30.00	34.94	−0.386	.7983	
43	33.00	32.49	0.090	.4644	

Datenbeispiel An dieser Stelle greifen wir das Beispiel wieder auf, das wir in Kap. 1 und 2 diskutiert hatten. Die Zeilen der Tabelle der Santé Public (2020), die untersucht werden soll, werden durch vier Altersgruppen definiert (*A;* jünger als 18 Jahre, 18–64 Jahre, 65–74 Jahre, älter als 74 Jahre). Die drei Spalten dieser Tabelle sind durch drei Kategorien definiert, die den Status von Patienten nach Covid-19 Infektion betreffen (*S;* diagnostizierter Fall, Patient in der Intensivstation, Patient verstorben). Die Kreuzklassifikation der beiden Variablen Alter und Covid-19 Status wurde in Tab. 1.1 wiedergegeben. In Tab. 2.6 finden sich die Ergebnisse einer KFA erster Ordnung. Es hatten sich zwei Typen und zwei Antitypen ergeben.

Hier fragen wir nun, ob dieses Ergebnis zu halten ist, wenn man ins Kalkül einbezieht, dass die Variable Alter ordinal skaliert ist. Tab. 6.6 zeigt die Ergebnisse einer KFA erster Ordnung unter Berücksichtigung des ordinalen Charakters der Variable Alter.

Der Pearson Chi-Quadrat goodness-of-fit Test des Modells unter Berücksichtigung des ordinalen Charakters der Altersvariablen erklärt die Effekte in der Kreuzklassifikation der drei Differenzvariablen besser, aber immer noch nicht perfekt ($X^2 = 10.18$; $df = 4$; $p = 0.0375$). Dennoch zeigt ein Vergleich mit Tab. 2.6, dass hier jede einzelne Erwartungshäufigkeit näher an der beobachteten liegt als wenn die Variablen als nominal-skaliert behandelt werden. Der Unterschied zur KFA ohne Berücksichtigung des ordinalen Charakters der Variable Alter (Tab. 2.6) ist signifikant ($\Delta X^2 = 99.02$; $\Delta df = 2$; $p < 0.001$). Entsprechend zeigen sich auch nur noch ein Typ und kein Antityp.

Der Typ wird durch Konfiguration 3 2 konstituiert und war bereits in der ersten Analyse erschienen. Wir können schließen, dass der Zusammenhang zwischen Alter und Patientenstatus weit weniger stark ist als das suggeriert wird, wenn man die ordinale Natur der Variablen Alter nicht in die Analyse einfließen lässt. Es werden mehr Patientinnen und Patienten der Altersgruppe 65–74 in Intensivstationen behandelt als unter der Annahme der Unabhängigkeit von Alter und Patientenstatus zu erwarten gewesen war.

6.2.2 Das linear-by-linear Assoziationsmodell

In diesem Abschnitt besprechen wir das linear-by-linear Assoziationsmodell für den Fall zweier Variablen. Das Modell kann auf mehr als zwei Variablen generalisiert werden. Für dieses Modell ist es erforderlich, dass beide Variablen ordinal skaliert sind. Schätzt man ein nicht-saturiertes log-lineares Modell für eine $I \times J$ Tafel, dann ist das Modell oft das Haupteffektmodell $\log \hat{m} = \lambda + \lambda^A + \lambda^B$, wobei A die Zeilen- und B die Spaltenvariable beschreiben. In diesem Modell wird davon ausgegangen, dass A und B auf Nominalniveau skaliert sind. Das bedeutet, dass die Kategorien beider Variablen beliebig umsortiert werden können, ohne dass sich irgendetwas am Analyseergebnis ändert.

Sind A und B allerdings ordinal skaliert (oder auf einem höheren Skalenniveau), dann ist die Reihenfolge der Kategorien nicht mehr beliebig. Mit linear-by-linear Modellen versucht man, diese Information auszuschöpfen, ohne dass das Modell saturiert wird. Das linear-by-linear Modell ist $\log \hat{m} = \lambda + \lambda^A + \lambda^B + \lambda(u_i - \bar{u})(v_j - \bar{v})$, wobei die u_i und v_j die Kategorien der ordinalen Variablen bezeichnen und $\bar{u}$ und $\bar{v}$ die Mittelwerte der Skalen für die Zeilen und Spalten sind, und $i = 1, ..., I$ und $j = 1, ..., J$. Mit anderen Worten, die Skalenwerte werden zentriert. Die Werte u_i und v_j sind reellwertig und beliebig. Verzichtet man auf das Zentrieren und nimmt für u_i und v_j die Ränge der ordinalen Zeilen und Spalten, dann entsteht das *uniforme Assoziationsmodell* (siehe Agresti, 2010; Tomizawa, 1991) $\log \hat{m} = \lambda + \lambda^A + \lambda^B + \lambda u_i v_j$.

Das allgemeine linear-by-linear Assoziationsmodell und auch der Spezialfall des uniformen Assoziationsmodells haben nur je einen Parameter mehr als das log-lineare Modell für Variablen auf Nominalniveau. Für die KFA kommen sie daher als Basismodelle in Frage, wenn die zweidimensionale Tafel, die untersucht wird, sechs Zellen oder mehr hat. Hat sie sechs Zellen, dann hat das übliche log-lineare Haupteffektmodell vier Freiheitsgrade. Es steht damit Raum für einen zusätzlichen Vektor in der Designmatrix zur Verfügung. Dies gilt dann analog für größere Tafeln.

Datenbeispiel Im folgenden Beispiel re-analysieren wir Daten, die Bergman (2017) und von Eye und Wiedermann (2018a) in einem personen-orientierten Kontext diskutiert hatten. Bergman (2017) analysierte die 7×7 Kreuzklassifikation der längsschnittlich erfassten Aggressionswerte die an 916 Jugendlichen im Alter von 10 und im Alter von 13 Jahren mit 7-stufigen Likertskalen erhoben worden waren. Die Bravais-Pearson Korrelation der Aggressionswerte ist $r = 0.43$. Bergman argumentierte nun, dass dieser Wert verschleiert, dass nur 27 % der Jugendlichen zu beiden Messzeitpunkten den gleichen Aggressionswert hatten, d. h. sich stabil zeigten. Es zeigte sich, wie in Tab. 6.7 zu sehen ist, dass 11 % der Befragten im Alter von 10 Jahren unterdurchschnittliche Werte aufwiesen, drei Jahre später aber überdurchschnittliche. 19 % der Jugendlichen verändern sich von niedriger Aggression zu durchschnittlicher oder von hoher Aggression zu durchschnittlicher. Dies zeigt, so Bergman (2017), dass mit einem einzigen Koeffizienten die Stabilität und die individuellen Veränderungen, die ein solcher Datenkörper aufzeigt, nicht erfasst werden können.

Tab. 6.7 KFA erster Ordnung der Kreuzklassifikation von $A10$ und $A13$ ohne Berücksichtigung des ordinalen Charakters der Skalen

```
Konfiguration
```

A10 A13	m	$\hat{m}$	z	p	
11	32.00	10.163	6.8501	.000000	Typ
12	31.00	15.886	3.7919	.000075	Typ
13	14.00	18.106	-.9649	.167289	
14	20.00	33.175	-2.2874	.011087	
15	8.00	14.602	-1.7276	.042029	
16	2.00	10.163	-2.5605	.005226	
17	.00	4.906	-2.2150	.013381	
21	18.00	13.677	1.1690	.121206	
22	30.00	21.380	1.8643	.031142	
23	28.00	24.367	.7360	.230860	
24	48.00	44.646	.5019	.307862	
25	11.00	19.651	-1.9515	.025501	
26	6.00	13.677	-2.0758	.018955	
27	3.00	6.603	-1.4020	.080452	
31	20.00	16.906	.7525	.225888	

von Eye und Wiedermann (2018a) haben nun versucht, dies mit einer KFA zu unterlegen. Hierzu berechneten sie zunächst eine KFA erster Ordnung, in der die Eigenschaft der Aggressionsskala als ordinal (1 = *niedrige Aggression*, 7 = *extrem hohe Aggression*) nicht berücksichtigt wurde. Wir gehen jetzt die vier Schritte der KFA und wiederholen diese Analyse.

Schritt 1: Spezifikation zweier Basismodelle In diesem Beispiel beginnen wir mit dem Haupteffektmodell der KFA erster Ordnung, d. h. $\log \hat{m} = \lambda + \lambda^{A10} + \lambda^{A13}$, wobei $A10$ die Aggressionswerte im Alter von 10 und $A13$ die Aggressionswerte im Alter von 13 repräsentieren.

Schritt 2: Signifikanztestung Weil die Stichprobe groß genug ist, wählen wir als Signifikanztest für beide KFAs in diesem Abschnitt den z-Test, und α schützen wir mit der Holland DiPonzio Copenhaver Prozedur.

Schritt 3: Durchführung der KFA Tab. 6.7 gibt die Ergebnisse der KFA erster Ordnung wieder.

Der Pearson Chi-Quadrat goodness-of-fit Test des Modells ohne Berücksichtigung des ordinalen Charakters der beiden Aggressionsmessungen erklärt die Effekte in der Kreuzklassifikation von $A10$ und $A13$ nur unzureichend ($X^2 = 245.25$; $df = 36$; $p < 0.001$). Die Analyse weist vier Typen und einen Antityp aus.

Schritt 4: Interpretation der vier Typen und des Antityps In der gegebenen Situation wäre es voreilig, die vier Typen und den Antityp in Tab. 6.7 im Detail zu interpretieren,

Tab. 6.7 (continued)

32	29.00	26.428	.5003	.308425	
33	37.00	30.120	1.2536	.104996	
34	57.00	55.188	.2439	.403637	
35	19.00	24.290	-1.0734	.141541	
36	15.00	16.906	-.4636	.321474	
37	1.00	8.162	-2.5068	.006091	
41	12.00	28.493	-3.0899	.001001	Antityp
42	37.00	44.541	-1.1300	.129240	
43	54.00	50.764	.4542	.324859	
44	105.00	93.013	1.2429	.106953	
45	52.00	40.939	1.7287	.041927	
46	30.00	28.493	.2822	.388882	
47	10.00	13.755	-1.0126	.155633	
51	3.00	9.688	-2.1487	.015830	
52	5.00	15.144	-2.6067	.004571	
53	11.00	17.260	-1.5068	.065936	
54	38.00	31.624	1.1337	.128456	
55	19.00	13.919	1.3618	.086626	
56	17.00	9.688	2.3493	.009404	
57	9.00	4.677	1.9990	.022802	
61	2.00	5.604	-1.5223	.063962	
62	4.00	8.760	-1.6082	.053894	
63	10.00	9.984	.0052	.497932	
64	10.00	18.293	-1.9389	.026258	
65	10.00	8.051	.6868	.246115	
66	12.00	5.604	2.7020	.003446	
67	11.00	2.705	5.0431	.000000	Typ
71	.00	2.469	-1.5714	.058040	
72	.00	3.860	-1.9648	.024721	
73	1.00	4.400	-1.6208	.052535	
74	6.00	8.061	-.7260	.233934	
75	6.00	3.548	1.3017	.096505	
76	5.00	2.469	1.6103	.053661	
77	8.00	1.192	6.2352	.000000	Typ

weil möglicherweise wichtige Information bei der Schätzung der Erwartungshäufigkeiten nicht berücksichtigt wurde. Aus diesem Grund berechnen wir jetzt die KFA neu, allerdings verwenden wir als Basismodell das uniforme Assoziationsmodell $\log \hat{m} = \lambda + \lambda^{A10} + \lambda^{A13} + \lambda u_i v_j$, d. h. wir verwenden die Werte der 7-stufigen Likertskala, mit der die Aggressionsausprägung erfasst wurde, um dem Charakter der ordinalen Skala gerecht zu werden. Dieses Vorgehen erfordert es, dass in die Designmatrix ein zusätzlicher Vektor eingefügt wird, dessen Elemente aus der Multiplikation der Ränge der Zeilen mit denen der Spalten entstehen. Dieser Vektor ist damit $x_{14} = \{1, 2, 3, 4, 5, 6, 7, 2, 4, 6, 8, 10, 12, 14, 3, 6, 9, 12, 15, 18, 21, 4, 8, 12, 16, 20, 24, 28, 5, 10, 15, 20, 25, 30, 35, 6, 12, 18, 24, 30, 36, 42, 7, 14, 21, 28, 35, 42, 49\}$, wobei das Subskript 14 anzeigt, dass dies der 14. Spaltenvektor Designmatrix für das Basismodell

Tab. 6.8 KFA erster Ordnung der Kreuzklassifikation von $A10$ und $A13$ unter Berücksichtigung des ordinalen Charakters der Skalen

Konfiguration

A10 A13	m	$\hat{m}$	z	p
11	32.00	26.219	1.1290	.129454
12	31.00	28.828	.4045	.342922
13	14.00	21.239	-1.5708	.058119
14	20.00	22.995	-.6246	.266131
15	8.00	5.453	1.0905	.137748
16	2.00	1.863	.1002	.460075
17	.00	.402	-.6342	.262972
21	18.00	23.503	-1.1352	.128153
22	30.00	32.278	-.4010	.344210
23	28.00	29.704	-.3126	.377299
24	48.00	40.169	1.2356	.108303
25	11.00	11.899	-.2606	.397199
26	6.00	5.078	.4093	.341175
27	3.00	1.369	1.3937	.081708
31	20.00	17.575	.5784	.281495
32	29.00	30.148	-.2091	.417174
33	37.00	34.653	.3987	.345074
34	57.00	58.534	-.2005	.420554
35	19.00	21.657	-.5710	.283986
36	15.00	11.544	1.0172	.154533
37	1.00	3.888	-1.4647	.071505
41	12.00	16.177	-1.0384	.149538
42	37.00	34.660	.3974	.345522
43	54.00	49.762	.6008	.273974
44	105.00	104.988	.0012	.499530
45	52.00	48.520	.4996	.308692
46	30.00	32.304	-.4053	.342619
47	10.00	13.590	-.9738	.165078
51	3.00	2.707	.1783	.429238
52	5.00	7.244	-.8336	.202243
53	11.00	12.990	-.5521	.290441
54	38.00	34.232	.6440	.259778
55	19.00	19.760	-.1711	.432085
56	17.00	16.433	.1399	.444351
57	9.00	8.635	.1243	.450549
61	2.00	.696	1.5640	.058909
62	4.00	2.325	1.0983	.136035
63	10.00	5.208	2.0996	.017880
64	10.00	17.144	-1.7253	.042236
65	10.00	12.361	-.6715	.250947
66	12.00	12.839	-.2343	.407392
67	11.00	8.427	.8864	.187713
71	.00	.124	-.3516	.362552
72	.00	.516	-.7185	.236212

Tab. 6.8 (continued)

42	37.00	34.660	.3974	.345522
43	54.00	49.762	.6008	.273974
44	105.00	104.988	.0012	.499530
45	52.00	48.520	.4996	.308692
46	30.00	32.304	-.4053	.342619
47	10.00	13.590	-.9738	.165078
51	3.00	2.707	.1783	.429238
52	5.00	7.244	-.8336	.202243
53	11.00	12.990	-.5521	.290441
54	38.00	34.232	.6440	.259778
55	19.00	19.760	-.1711	.432085
56	17.00	16.433	.1399	.444351
57	9.00	8.635	.1243	.450549
61	2.00	.696	1.5640	.058909
62	4.00	2.325	1.0983	.136035
63	10.00	5.208	2.0996	.017880
64	10.00	17.144	-1.7253	.042236
65	10.00	12.361	-.6715	.250947
66	12.00	12.839	-.2343	.407392
67	11.00	8.427	.8864	.187713
71	.00	.124	-.3516	.362552
72	.00	.516	-.7185	.236212
73	1.00	1.444	-.3698	.355754
74	6.00	5.939	.0251	.490000
75	6.00	5.349	.2817	.389094
76	5.00	6.939	-.7362	.230813
77	8.00	5.689	.9690	.166274

ist (wobei die Reihenfolge der Spaltenvektoren keinen Einfluss auf das Ergebnis hat). Tab. 6.8 zeigt die Ergebnisse dieser Analyse[2].

Der Pearson Chi-Quadrat goodness-of-fit Test des Modells unter Berücksichtigung des ordinalen Charakters der beiden Aggressionsmessungen erklärt die Effekte in der Kreuzklassifikation von $A10$ und $A13$ unter Berücksichtigung des ordinalen Charakters der Zeilen- und Spaltenvariablen nahezu perfekt ($X^2 = 34.37$; $df = 35$; $p = 0.498$). Entsprechend weist die Analyse weder Typen noch Antitypen aus.

Aus diesem Ergebnis schließen wir, dass nicht nur das Ignorieren von strukturellen Nullen sondern auch das Nicht-Berücksichtigen des Skalenniveaus von Variablen zu erheblichen Verzerrungen von Ergebnissen führen kann. Im vorliegenden Beispiel suggeriert die KFA unter der Annahme, dass $A10$ und $A13$ auf Nominalniveau erhoben wurden, dass vier Typen und ein Antityp existieren. Dies ist aber nicht der Fall. Die

---

[2] Die hier gezeigten Ergebnisse unterscheiden sich von denen, die von Eye und Wiedermann (2018a) veröffentlicht haben. Dort wurde der IPF Algorithmus zur Schätzung der Erwartungshäufigkeiten verwendet, und hier das uniforme Assoziationsmodell.

Information, die in der Kenntnis des Skalenniveaus liegt, führt zu anderen Schlussfolgerungen, wenn sie ins Kalkül einbezogen wird.

Die Wahl des uniformen Assoziationsmodells hatte in diesem Beispiel zwei Gründe. Erstens beeinflusst es die Ergebnisse nicht, wenn man andere Werte als die der Ränge der Skalenpunkte verwendet, so lange die Abstände zwischen den Punkten nicht verändert werden. Sind die Variablen intervallskaliert oder befinden sie sich auf dem Niveau von Rationalskalen, dann können Werte gewählt werden, die nicht-gleichabständig sind. Zweitens wurde auf die Zentrierung der Ränge verzichtet, weil die Berechnung eines arithmetischen Mittelwerts einer ordinalen Skala nicht leicht zu rechtfertigen ist. Im vorliegenden Beispiel wäre eine Zentrierung allerdings möglicherweise kein Problem gewesen, weil die zentrierten Werte nur den Abstand vom Skalenpunkt 4 angezeigt hätten. Die Werte, die in die Analyse eingegangen wären, hätten sich von -3 bis$+3$ bewegt und nicht von 1 bis 7. Die Abstände wären unverändert geblieben und damit auch das Ergebnis der KFA.

6.3 Moderatorvariablen in der KFA

Moderatorvariablen oder, kurz, Moderatoren, werden oft als Variablen definiert, die die Stärke der Beziehung zwischen zwei anderen Variablen beeinflussen. Allgemeiner formuliert, sind Moderatoren Variablen, die die Beziehung zwischen anderen Variablen beeinflussen. Diese Definition erlaubt es, Moderatoreffekte mit der KFA zu untersuchen.

Beispiele für Moderatoreffekte sind leicht zu finden, vor allem in der Pharmakologie und der Psychotherapie. So ist Alkohol ein Moderator für viele Medikamenteneffekte. Konsumiert man Alkohol und nimmt bestimmte Antibiotika ein, dann kann Lebensgefahr drohen. Konsumiert man Alkohol in Verbindung mit bestimmten Schmerzmitteln, dann kann dies das Risiko für Magen-Darm-Geschwüre erhöhen. Die Effekte von Opiaten, Schlaf- und Beruhigungsmitteln werden durch Alkohol gesteigert, und es droht ein Koma. Bei der gemeinsamen Einnahme von trizyklischen Antidepressiva und Alkohol drohen starker Blutdruckabfall und mehrstündige Amnesien.

In der Psychotherapie ist Therapiemotivation ein bekannter Moderator. Es wurde z. B. gezeigt, dass die Motivation zu Beginn einer Therapie ein starker Prädiktor des Erfolgs der Therapie ist (Konstantino et al., 2011; Krampen & von Eye, 2006).

Im einfachsten Fall einer Moderatorhypothese liegen drei Variablen vor. A und B sind die Variablen, deren Beziehung untersucht wird. M ist der Moderator, von dem angenommen wird, dass er diese Beziehung beeinflusst. Abb. 6.1 stellt dies graphisch dar.

Abb. 6.1 Graphische Repräsentation des Moderatormodells

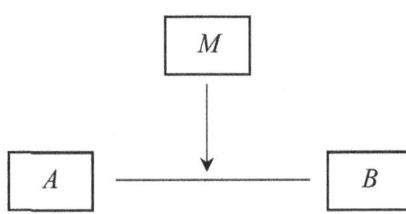

In Abb. 6.1 stellt die horizontale Verbindungslinie die Beziehung zwischen A und B dar. Diese Beziehung kann, in Abhängigkeit vom Ziel der Untersuchung, eine Korrelation, eine Regression, oder, wenn A und B kategorial sind, eine Assoziation oder eine Interaktion sein. Der Pfeil, der auf diese Linie trifft, zeigt an, dass die Hypothese untersucht wird, dass der Moderator diese Beziehung beeinflusst.

Sind alle drei Variablen metrisch und wird die Beziehung zwischen A und B mittels einer Regressionsanalyse untersucht, dann liegt ein Moderatoreffekt vor, wenn Schritte auf M die Steigung der Regressionsgeraden verändern. Wird die Beziehung zwischen A und B mittels einer Korrelation gemessen, dann ändert Schritte auf M die Stärke der Korrelation. Ist der Moderator kategorial, dann wird hypostasiert, dass die Regression oder die Korrelation über die Kategorien von M variieren. Ist die Beziehung zwischen A und B kausal, dann kann ein Moderator Stärke und sogar Richtung des kausalen Effekts beeinflussen.

Sind alle drei Variablen kategorial, dann wird hypostasiert, dass die Assoziation zwischen A und B über die Kategorien von M variiert, oder dass die Parameter eines logit Modells von den Kategorien von M abhängig sind. In der KFA wird nicht angenommen, dass ein Moderator die Beziehung zwischen A und B global verändert. Es wird hypostasiert, dass die Muster von Typen und Antitypen, die für eine Kategorie von M auftreten, in anderen Kategorien nicht mehr die gleichen sind.

Untersucht man daher eine Variablenbeziehung mit der KFA, dann prüft man die Hypothese, dass Kategorien von A, die mit Kategorien von B Typen oder Antitypen formen, dies nicht über alle Kategorien von M hinweg auf die gleiche Weise tun. Dabei fragt man entweder, ob Typen und Antitypenmuster sich über die Kategorien von M hinweg verändern, die ohne Berücksichtigung des Moderators gefunden wurden, oder man fragt direkt, ob Typen- und Antitypenmuster von M abhängen.

Ein wichtiger Aspekt der Moderatoranalyse mit kategorialen Variablen ist die *Kollabierbarkeit* von Variablen, wobei Kollabierbarkeit die Summierung über die Kategorien bedeutet (was, wenn über alle Kategorien einer Variablen kollabiert wird, der Nicht-Berücksichtigung dieser Variablen beim Modellieren gleichkommt, d. h. einer Reduktion der Dimensionierung einer Kreuzklassifikation). Nach Bishop, et al. (1975) ist eine Variable im Hinblick auf bestimmte λ Parameter kollabierbar, wenn diese Modellparameter nach der Kollabierung identisch mit denen vor der Kollabierung sind (siehe auch Agresti, 2018; Christensen, 1997; Clogg & Shihadeh, 1994). Dies impliziert, dass eine Variable, die kollabierbar ist, komplett von allen anderen in einer Kreuzklassifikation unabhängig ist.

Bisher wurde Kollabierbarkeit in der Literatur im Hinblick auf Parameter definiert. In der KFA betrifft Kollabierbarkeit Muster von Typen und Antitypen. Es kann der Fall eintreten, dass eine Variable nur im Hinblick auf manche Parameter, nicht aber im Hinblick auf alle Parameter kollabierbar ist. Eine solche Variable nennt man *kondensierbar*. Für die KFA bedeutet kondensierbar, dass Muster von Typen und Antitypen über die kondensierbaren Kategorien des Moderators unverändert sind, nicht aber über die anderen Kategorien.

Wird eine Kreuzklassifikation über Kategorien kollabiert, die nicht kollabier- oder kondensierbar sind, dann können Muster von Typen und Antitypen erscheinen, die in keiner der kollabierten Kategorien aufgetreten wären. Es ist auch möglich, dass Typen und Antitypen verschwinden, die vor der Kollabierung erkennbar waren. Nur wenn eine Variable kollabierbar, d. h. komplett unabhängig von allen anderen in einer Kreuzklassifikation ist, dann ändern sich Muster von Typen und Antitypen nicht, wenn man über alle ihre Kategorien aufsummiert (wenn man von Veränderungen absieht, die durch Powerunterschiede hervorgerufen werden).

Kollabieren ist in der KFA aus drei Gründen von Bedeutung. Erstens entfernt man durch Kollabieren Variablen, die keinen Beitrag zur Erklärung eines Phänomens leisten. Kondensiert man über eine Auswahl von Moderatorkategorien, dann entfernt man die Kategorien, die für die Erklärung eines Phänomens ohne Bedeutung sind. Zweitens werden Zahl und Größe der Dimensionen der zu untersuchenden Kreuzklassifikation durch Kollabierung und Kondensierung reduziert. Damit wird die Tafel kleiner und die Zellbesetzungen werden größer. Falls Probleme mit der Power vorlagen, werden sie dadurch geringer. Drittens werden die Basismodelle durch Kollabieren und Kondensieren sparsamer, d. h. sie enthalten weniger Terme.

Will man eine Moderator-KFA durchführen, so bieten sich drei Vorgehensweisen an. Erstens kann die KFA wie eine ‚normale' KFA gerechnet werden, in der eine Variable die Rolle des Moderators einnimmt. Typen- und Antitypenmuster werden dann über die Kategorien des Moderators hinweg miteinander verglichen. Dieser Ansatz stellt auch eine Methode dar, kategorisierte metrische Moderatoren in der KFA zu verwenden. Der kategorisierte metrische Moderator wird dabei als Kovariate in der KFA eingesetzt.

Eine zweite Möglichkeit besteht darin, eine P-KFA oder eine ISA zu rechnen, in der der Moderator (oder die Moderatoren) die Gruppierungsvariable ist (sind). Eine dritte Möglichkeit besteht im direkten Vergleich von Moderatorkonfigurationen mithilfe einer Mehr-Gruppen-KFA. Dies ist die einzige Möglichkeit, statistisch begründet über Unterschiede zwischen Moderatorkategorien zu sprechen.

Ein besonderer Bonus der Moderator-KFA ist, dass multiple Moderatoren und deren Interaktionen simultan in einer KFA untersucht werden können. Die Einheiten, über die dabei Typen- und Antitypenmuster verglichen werden, sind dann die Konfigurationen der Moderatoren. Auch dabei können die drei soeben besprochenen Ansätze der KFA zum Einsatz kommen.

Datenbeispiel Für das folgende Datenbeispiel verwenden wir drei Variablen, die im Rahmen einer Untersuchung zur Zufriedenheit der Bevölkerung mit geringem Einkommen in Mexiko mit der staatlichen Milchversorgung (Lobato-Calleros et al., 2007) erhoben worden waren. 249 Personen beantworteten u. a. Fragen zu den Erwartungen, die sie an dieses Programm hatten, zur subjektiven Qualität des staatlichen Programms, und zu ihrer Zufriedenheit. Erwartungen wurden mit niedrig ($E = 1$) versus hoch ($E = 2$) kodiert, subjektive Qualität mit niedrig ($Q = 1$), mäßig ($Q = 2$) und hoch ($Q = 3$), und Zufriedenheit mit niedrig ($Z = 1$), mäßig ($Z = 2$) und hoch ($Z = 3$).

Hier stellen wir zwei Fragen. Erstens fragen wir, ob es Konfigurationen dieser drei Variablen gibt, die überzufällig häufig oder selten auftreten und damit Beziehungen zwischen *E, Q* und *Z* anzeigen. Zweitens fragen wir, ob die Erwartungen, die die Hilfeempfänger an das Programm hatten, eine Moderatorfunktion für die Beziehung zwischen subjektiver Qualität und Zufriedenheit ausgeübt hat. Wir gehen durch die vier Schritte der KFA.

Schritt 1: Spezifikation zweier Basismodelle In diesem Beispiel versuchen wir, die erste Frage mit dem Haupteffektmodell der KFA erster Ordnung, d. h. dem Basismodell $\log \hat{m} = \lambda + \lambda^E + \lambda^Q + \lambda^Z$ zu beantworten. Zur Beantwortung der zweiten, der Moderatorfrage, rechnen wir eine zwei-Gruppen-KFA, der das Basismodell $\log \hat{m} = \lambda + \lambda^E + \lambda^Q + \lambda^Z + \lambda^{Q,Z}$ zu Grunde liegt.

Schritt 2: Signifikanztestung Weil die Stichprobe groß genug ist, wählen wir als Signifikanztest für beide KFAs in diesem Abschnitt den Chi-Quadrat Test. α schützen wir mit der Holland DiPonzio Copenhaver Prozedur.

Schritt 3: Durchführung der KFA Tab. 6.9 zeigt die Ergebnisse der KFA erster Ordnung.
Der Pearson Chi-Quadrat goodness-of-fit Test des Modells der Unabhängigkeit von *Z, Q* und *E* erklärt die Effekte in der Kreuzklassifikation unzureichend ($X^2 = 149.29$; $df = 12$; $p < 0.001$). Die Tabelle weist drei Typen und einen Antityp aus.

Schritt 4: Interpretation der drei Typen und des Antityps Der erste Typ wird durch die Konfiguration 1 1 1 konstituiert. 28 anstelle der erwarteten 11.06 Befragten sind nicht

Tab. 6.9 KFA erster Ordnung der Kreuzklassifikation der Variablen *Z, Q* und *E*

Konfiguration

ZQE	m	$\hat{m}$	X^2	p	
111	28.00	11.057	25.9645	.000000	Typ
112	9.00	7.056	.5357	.464227	
121	18.00	13.268	1.6877	.193901	
122	2.00	8.467	4.9394	.026250	
131	11.00	25.732	8.4341	.003683	
132	14.00	16.421	.3569	.550229	
211	11.00	8.090	1.0466	.306298	
212	2.00	5.163	1.9376	.163930	
221	25.00	9.708	24.0866	.000001	Typ
222	8.00	6.195	.5257	.468439	
231	9.00	18.828	5.1302	.023513	
232	5.00	12.015	4.0960	.042985	
311	5.00	14.428	6.1603	.013065	
312	.00	9.207	9.2070	.002411	Antityp
321	9.00	17.313	3.9916	.045728	
322	4.00	11.048	4.4966	.033962	
331	36.00	33.577	.1749	.675804	
332	53.00	21.427	46.5219	.000000	Typ

mit dem staatlichen Programm der Milchversorgung in Mexiko zufrieden, halten die
Qualität für eher niedrig, und hatten geringe Erwartungen an dieses Programm. Der
zweite Typ, 2 2 1, beschreibt die 25 Befragten (9.71 erwartet), die mit dem Programm
mäßig zufrieden sind, ihm mäßige Qualität bescheinigen, und geringe Erwartungen an
das Programm gehabt hatten. Der dritte Typ, 3 3 2, beschreibt die 53 Personen (21.43
erwartet), die mit dem Programm zufrieden sind, ihm hohe Qualität bescheinigen, und
auch hohe Erwartungen an das Programm herangetragen hatten. Der Antityp, 3 1 2,
bedeutet, dass kein einziger der Befragten sehr zufrieden war (9.21 erwartet), die Qualität als mäßig gut bezeichnet und hohe Erwartungen hatte.

Im Anschluss an die KFA erster Ordnung, die uns gezeigt hat, wo auffällig häufige
und auffällig seltene Konfigurationen über die Assoziationen der Variablen Z, Q und
E informieren, fragen wir, ob Erwartungen eine Moderatorfunktion für die Beziehung
zwischen Zufriedenheit und subjektiver Qualität ausüben. Tab. 6.10 enthält die Ergebnisse der zwei-Gruppen-KFA.

Tab. 6.10 Zwei-Gruppen KFA mit Zufriedenheit und subjektiver Qualität als Diskriminationsvariablen und Erwartungen als Moderator

Konfiguration ZQE	m	X^2	p	
111	28.00			
112	9.00	3.912	.047935	
121	18.00			
122	2.00	7.667	.005623	Diskriminationstyp
131	11.00			
132	14.00	3.395	.065398	
211	11.00			
212	2.00	3.205	.073430	
221	25.00			
222	8.00	3.463	.062751	
231	9.00			
232	5.00	.066	.797936	
311	5.00			
312	.00	3.256	.071155	
321	9.00			
322	4.00	.387	.534112	
331	36.00			
332	53.00	24.704	.000001	Diskriminationstyp

Tab. 6.10 (continued)

Alternative Maße der zwei-Gruppen KFA

Häufigkeiten   Maße

m_{ij1} m_{ij2}	λ	$\tilde{\lambda}$	ρ	Δ	θ
28. 9.	.198	.137	.125	.125	.792
	.107	.074	.054	.054	.408
	1.859	1.867	2.321	2.321	1.942
	.03148	.03097	.01013	.01013	.02604
18. 2.	.463	.246	.175	.175	1.853
	.255	.132	.076	.076	.757
	1.821	1.858	2.308	2.308	2.447
	.03430	.03160	.01051	.01051	.00720
11. 14.	.193	.113	-.117	.117	-.771
	.111	.065	.075	.075	.426
	1.741	1.747	-1.552	1.552	-1.810
	.04083	.04031	.06028	.06028	.03514
11. 2.	.327	.142	.113	.113	1.310
	.260	.109	.097	.097	.780
	1.263	1.311	1.175	1.175	1.679
	.10333	.09501	.11991	.11991	.04656
25. 8.	.196	.130	.118	.118	.784
	.113	.074	.058	.058	.429
	1.738	1.747	2.046	2.046	1.827
	.04113	.04029	.02036	.02036	.03386
9. 5.	.037	.016	.016	.016	.147
	.156	.068	.096	.096	.574
	.235	.242	.169	.169	.256
	.40720	.40424	.43288	.43288	.39904
5. 0.	.496	.148	.099	.099	1.984
	.000	.000	.000	.000	.000
	---	---	---	---	---
	---	---	---	---	---
9. 4.	.095	.041	.039	.039	.381
	.172	.072	.099	.099	.616
	.554	.573	.399	.399	.618
	.28993	.28324	.34486	.34486	.26813
36. 53.	.339	.317	-.315	.315	-1.356
	.071	.066	.036	.036	.279
	4.802	4.767	-8.836	8.836	-4.856
	.00000	.00000	.00000	.00000	.00000

Der Pearson Chi-Quadrat goodness-of-fit Test des Modells der Unabhängig-
keit von Z und Q auf der einen Seite und E auf der anderen erklärt die Effekte in der
Kreuzklassifikation unzureichend ($X^2 = 39.97$; $df = 8$; $p < 0.001$). Die Tabelle weist zwei
Diskriminationstypen aus.

Der erste Diskriminationstyp wird von dem Konfigurationspaar 1 1 1 und 1 1
2 konstituiert. Konfiguration 1 1 1 war bereits in der KFA erster Ordnung als Typ
aufgefallen. Signifikant mehr Befragte waren unzufrieden und hielten die Qualität des Programms der staatlichen Milchversorgung für gering, wenn sie auch geringe
Erwartungen an das Programm hatten als wenn sie hohe Erwartungen gehabt hatten.
28 Personen zeigten Profil 1 1 1 aber nur 8 zeigten das Vergleichsprofil, 1 1 2. Der
zweite Diskriminationstyp, 3 3 1 versus 3 3 2, zeigt an, dass signifikant mehr Personen
zufrieden waren und die Qualität als hoch bezeichneten, wenn sie hohe Erwartungen an
das Programm hatten als wenn die Erwartungen gering waren. 53 Personen hatten hohe
Erwartungen, 36 niedrige. Konfiguration 3 3 2 war ebenfalls bereits in der KFA erster
Ordnung als Typ aufgefallen.

Zum Vergleich mit dem Ergebnis mit der klassischen zwei-Gruppen-KFA wurden
auch die Kap. 3 diskutierten Maße geschätzt. Keines dieser Maße identifiziert den ersten
Diskriminationstyp, aber alle den zweiten.

Das Ergebnis der zwei-Gruppen-KFA zeigt erstens, dass der zweite Typ und der
Antityp der KFA erster Ordnung nicht stark genug sind, um Diskriminationstypen zu
konstituieren. Der erste und der dritte Typ treten auch als Diskriminationstypen hervor.
Zweitens zeigt dieses Ergebnis, dass Moderatoreffekte lokal sein können. Zwei der Ver-
gleichskonfigurationspaare beschreiben Diskriminationstypen. Die verbleibenden sieben
tun dies nicht. Offenbar ist die Variable ‚Erwartungen' nicht kollabierbar und fungiert als
Moderator der Beziehung zwischen subjektiver Qualität und Zufriedenheit.

Es gibt viele Möglichkeiten, die Moderator-KFA zu erweitern und generalisieren. So
ist es denkbar, dass sich Entwicklungsverläufe über Kategorien von Moderatoren unterscheiden, dass Gruppenunterschiede selber Moderatoreneffekten unterliegen, oder dass
die Effekte von Mediatoren moderatorspezifisch sind. Dieses letzte Thema wird im
Abschnitt über Mediation aufgegriffen.

6.4 Mediatoranalyse mittels KFA

Pfad- und Mediatoranalysen (Blalock, 1964; Duncan, 1975; MacKinnon, 2008;
Wright, 1934) haben sich als nützliches Instrument zur Entschlüsselung kausaler Pfade
in Variablenbeziehungen erwiesen. Im Gegensatz zu herkömmlichen Regressions-
methoden wird in der Mediatoranalyse, zusätzlich zu unabhängigen und abhängigen
Variablen, auch ein sogenannter Mediator definiert. Hierbei handelt es sich um eine
Variable, die, in Abhängigkeit des Teilmodells des Mediationsprozesses, entweder die
Rolle einer abhängigen Variable oder die Funktion einer unabhängigen Variable ein-
nimmt. Somit fungiert ein Mediator als Bindeglied zwischen einem Prädiktor und

einem Kriterium. Diese Doppelrolle ermöglicht die Zerlegung des sogenannten *totalen Effekts* (der Gesamteffekt eines Prädiktors auf das Kriterium) in *direkte* und *indirekte* Effektkomponenten. Im folgenden Kapitel geben wir einen Überblick über Methoden zur Testung von Mediationshypothesen im Rahmen der KFA. Wie in der KFA üblich, beziehen sich diese Hypothesen auf beobachtete und erwartete Häufigkeiten von Konfigurationen kategorialer Variablen. Somit ermöglichen KFA-basierte Methoden Aussagen über personen-orientierte Mediationsprozesse (vgl. von Eye et al., 2009). Im folgenden Kapitel beginnen wir mit der Einführung der Prinzipien der Mediatoranalyse anhand der klassischen (variablen-orientierten) Methode für kontinuierliche Daten. Danach betrachten wir Mediatoranalysen für kategoriale Daten, welche vor allem für die darauffolgende konfigurale Mediatoranalyse von Bedeutung sind.

Betrachten wir zunächst den Fall kontinuierlicher Variablen. Wir nehmen an, dass diese Variablen in linearer Beziehung zueinander stehen. Wir bezeichnen den Prädiktor mit X, den Mediator mit M und die Kriteriumsvariable mit Y. Das datengenerierende Gleichungssystem lautet

$$Y = i_1 + cX + e_1$$

$$M = i_2 + aX + e_2$$

$$Y = i_3 + c'X + bM + e_3$$

wobei i den jeweiligen y-Achsenabschnitt (intercept), e unabhängige Fehlerterme und a, b, c und c' die Regressionsgewichte bezeichnen. Abb. 6.2 zeigt die Pfaddiagramme des totalen Effekts (Abb. 6.2a) und der direkten und indirekten Effektkomponenten (Abb. 6.2b). Der totale Effekt von X auf Y ohne Einbezug des Mediators M bezeichnen wir mit c. Der direkte Effekt c' beschreibt den Einfluss von X auf Y unter Berücksichtigung des Mediators M. Der indirekte Effekt beschreibt die Veränderung in M, die durch eine Veränderung des Prädiktors X hervorgerufen wird *und* im weiteren Verlauf

Abb. 6.2 Graphische Darstellung eines Mediatormodells mit drei Variablen

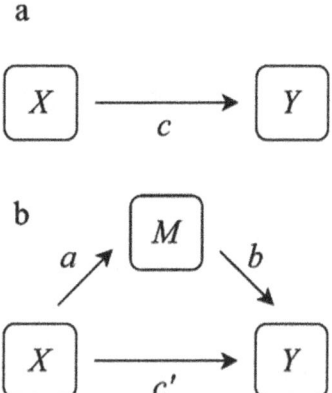

zu einer Veränderung in Y führt. Um diesen Mechanismus auf Ebene der Modellparameter zu beschreiben, benötigen wir zwei kausale Modellpfade; der erste Pfad beschreibt den Einfluss von X auf M (oder in graphischer Form $X \rightarrow M$) und wird durch den Parameter a quantifiziert, der zweite Pfad repräsentiert die Veränderung in Y, welche durch die Veränderung in M hervorgerufen wird (in graphischer Form $M \rightarrow Y$) und wird durch den Parameter b beschrieben. Der indirekte Effekt wird durch das Produkt der beiden Pfadkoeffizienten $a \cdot b$ quantifiziert.

Der totale Effekt ergibt sich aus der Summe des direkten und des indirekten Effekts (vgl., Wright, 1934; Baron & Kenny, 1986):

$$\text{Totaler Effekt} = \text{Direkter Effekt} + \text{Indirekter Effekt}$$

oder in Form der Pfadkoeffizienten $c = c' + a \cdot b$.

6.4.1 Signifikanztestung des indirekten Effekts

Anhand der Gleichung $c = c' + a \cdot b$ können zwei Methoden zur Testung von indirekten Effekten abgeleitet werden, die Differenzen- und die Produktmethode. Die Differenzenmethode beruht auf der Veränderung des X–Y Pfades, welche durch den Einbezug des Mediators hervorgerufen wird. Somit nutzt man die Tatsache, dass die Gleichung $c = c'$ nur dann gelten kann, wenn kein indirekter Effekt vorliegt, also $a \cdot b = 0$ gilt. Umgekehrt kann aus dem Vorliegen der Ungleichung $c \neq c'$ geschlossen werden, dass ein indirekter Effekt vorliegen muss, da dieser nur dann entstehen kann, wenn $a \cdot b \neq 0$.

Hier ist anzumerken, dass diese Form der Schlussfolgerung der Testlogik der KFA bereits sehr nahe kommt. Ähnlich wie in der KFA, kann es nur einen Grund für die Verwerfung der Nullhypothese H_0: $c = c'$ geben, nämlich die Existenz des indirekten Effekts im Modell. Zur Signifikanztestung kann das von Freedman und Schatzkin (1992) vorgeschlagene Verfahren verwendet werden (alternative Verfahren wurden von McGuigan & Langholtz, 1988, Clogg et al., 1992; und Olkin & Finn, 1995, diskutiert). Die normierte Differenz der Pfadparameter c und c',

$$t = \frac{c - c'}{\sqrt{\sigma_c^2 + \sigma_{c'}^2 - 2\sigma_c \sigma_{c'} \sqrt{1 - \rho_{XM}^2}}}$$

folgt unter der H_0 einer t-Verteilung mit $df = n - 2$ Freiheitsgraden, wobei σ_c^2 und $\sigma_{c'}^2$ die Varianzen der Pfadkoeffizienten und ρ_{XM} die Pearson-Korrelation der Variablen X und M bezeichnen.

Die Produktmethode konzentriert sich zum Nachweis eines indirekten Effekts direkt auf das Produkt der involvierten Pfadkoeffizienten $a \cdot b$. Wird die Nullhypothese H_0: $a \cdot b = 0$ verworfen, so kann geschlussfolgert werden, dass ein indirekter Effekt im Modell existieren muss. Zur Signifikanztestung kann der Sobel-Test (Sobel, 1982; siehe hierzu auch Aorian, 1944) angewandt werden. Diese standardnormalverteilte Testgröße errechnet sich durch

$$z = \frac{a \cdot b}{\sqrt{a^2 \sigma_b^2 + b^2 \sigma_a^2}},$$

wobei σ_a^2 und σ_b^2 die Varianzen der involvierten Pfadkoeffizienten bezeichnen. Als Alternative zu Signifikanztests können auch Bootstrap-Konfidenzintervalle für den indirekten Effekt herangezogen werden (vgl., MacKinnon & Lockwood, 2004). Hier wird die Nullhypothese dann verworfen, wenn das Konfidenzintervall von $a \cdot b$ den Wert 0 nicht mit einschließt.

6.4.2   Evaluation von Mediationshypothesen

Zur Prüfung von Mediationshypothesen erfreut sich Baron und Kenny's (1986) Ansatz vor allem in der Psychologie, Soziologie, Medizin und in den Bildungswissenschaften großer Beliebtheit. Da Baron und Kenny's (1986) Ansatz auch einen wichtigen Ausgangspunkt für die Entwicklung KFA-basierter Mediationsmethoden darstellt, stellen wir zunächst die einzelnen Schritte dieses Ansatzes im Detail dar. Baron und Kenny's (1986) Schema kann in vier Schritte gegliedert werden:

Schritt 1: Testung des Einflusses von X auf Y
Der erste Schritt von Baron und Kenny's (1986) Ansatz geht davon aus, dass, um überhaupt von Mediation sprechen zu können, der Prädiktor einen Einfluss auf die Kriteriumsvariable ausüben muss. Mit anderen Worten erfordert Baron und Kenny's (1986) Ansatz, dass der totale Effekt $X \rightarrow Y$ existiert (d. h. statistisch signifikant ist). Im Rahmen linearer Variablenbeziehungen kann eine solche Überprüfung mittels Pearson-Korrelation oder anhand eines simplen linearen Regressionsmodells geschehen. Wichtig hierbei ist, dass der Mediator M vorläufig nicht in die Analyse eingeht. Liegt ein totaler Effekt vor, beginnt man im nächsten Schritt mit der Zerlegung dieses Effekts.

An dieser Stelle sei angemerkt, dass neuere Ansätze zur Mediationstestung von der Durchführung dieses ersten Schrittes absehen (vgl. Judd & Kenny, 2010; Kenny et al., 2008; MacKinnon et al., 2002; Shrout & Bolger, 2002), da ein Mediationsmechanismus auch dann vorliegen kann, wenn kein totaler Effekt beobachtet wird. Dies liegt daran, dass der Effekt eines Prädiktors auf eine Kriteriumsvariable auch erst *nach* Einbezug des Mediators existieren kann.

Schritt 2: Testung des Einflusses von X auf M
Um die Existenz eines indirekten Effekts nachweisen zu können, muss sowohl der $X \rightarrow M$ Pfad als auch der $M \rightarrow Y$ Pfad im Modell existieren. Schritt 2 des Ansatzes nach Baron und Kenny (1986) überprüft die Signifikanz des Prädiktor-Mediator ($X \rightarrow M$)

Pfades. Wie bereits in Schritt 1, handelt es sich auch hier um ein bivariates Analysemodell, da die Kriteriumsvariable nicht berücksichtigt wird. Unter Annahme der Linearität des X-M Zusammenhangs kann hierzu wieder die Pearson-Korrelation oder ein einfaches lineares Regressionsmodell dienen. Der Regressionskoeffizient entspricht dem Parameter a des Mediatormodells (siehe Abb. 6.2). Liegt ein signifikanter Effekt vor, geht man zu Schritt 3 über. Erfolgt in Schritt 2 die Schlussfolgerung, dass X und M nicht voneinander abhängen, ist die Mediatoranalyse an dieser Stelle bereits beendet; ohne $X \rightarrow M$ Pfad kann auch kein Mediationseffekt vorliegen.

Schritt 3: Testung des Einflusses von M auf Y
Der dritte Schritt in Baron und Kenny's (1986) Ansatz dient der Evaluation des $M \rightarrow Y$ Pfades; also des zweiten Elements des indirekten Effekts. Im Gegensatz zu Schritt 2, erfolgt hier die Testung anhand eines multiplen Regressionsmodells, da die Prädiktorvariable X neben dem Mediator M zu Zwecken der Adjustierung in das Modell mitaufgenommen wird. Der adjustierte Regressionskoeffizient des $M \rightarrow Y$ Pfades entspricht dem Parameter b und der Koeffizient des Pfades $X \rightarrow Y$ entspricht dem Parameter c' des Mediatormodells. Ist der $M \rightarrow Y$ Pfad statistisch nicht signifikant, liegt kein indirekter Effekt vor. Auch an dieser Stelle wäre die Mediatoranalyse hier beendet. Ist der $M \rightarrow Y$ Pfad jedoch statistisch bedeutsam, kann man zum letzten Schritt übergehen.

Schritt 4: Partielle versus vollständige Mediation
Im letzten Schritt erfolgt die Entscheidung um welche Art von Mediatormodell es sich handelt. Hier wird unterschieden zwischen partieller und vollständiger Mediation. Ein Mediationsmechanismus wird als *vollständig* bezeichnet, wenn der totale Effekt von X auf Y ausschließlich durch die Existenz des indirekten Effekts begründet ist. Dies ist dann der Fall, wenn die Nullhypothese des direkten Effekts (H_0: $c' = 0$) unter Berücksichtigung von M nicht mehr verworfen wird und somit der direkte Effekt im multiplen Regressionsmodell nicht mehr existiert. Sind beide Regressionskoeffizienten (b und c') im multiplen Regressionsmodell statistisch bedeutsam, so spricht man von einem *partiellen* Mediationsmodell. Hier sei angemerkt, dass das Vorliegen einer partiellen Mediation nicht notwendigerweise ein Grund zur Freude ist, da, per Definition, der übriggebliebene direkte Effekt nicht ausschließlich auf den Zusammenhang von X und Y zurückgeführt werden kann. Der direkte Effekt beinhaltet – neben einem möglichen „wahren" Effekt von X auf Y – auch all jene indirekten Effekte die durch jene Mediatoren zustande kommen, welche nicht im Modell berücksichtigt wurden. Eine weitere Effektzerlegung würde die Hinzunahme weiterer Mediatoren erfordern.

6.4.3 Kausale Mediatoranalyse

Neuere Entwicklungen in der Modellierung von Mediationsprozessen beziehen kontrafaktische Theorien der Kausalität (vgl. Lewis, 1973) in die Definition von direkten, indirekten und totalen Effekten mit ein. Diese kontrafaktische Konzeptualisierung direkter, indirekter, und totaler Kausaleffekte führt zu einem verallgemeinerten Ansatz zur Testung von Mediationshypothesen, welche weit über die von Baron und Kenny (1986) vorgeschlagene Methode kontinuierlicher Daten hinausgeht. Kausale Mediatoranalysen lassen sich zum Beispiel auf einfache Weise auf den Fall kategorialer Variablen erweitern. Da kategoriale Mediatormodelle einen nützlichen Ausgangspunkt für die Entwicklung einer KFA-basierten Mediatoranalyse darstellen, wollen wir zunächst einen Überblick über kontrafaktisch definierte Effekte in der Mediation und deren Anwendung im Falle kategorialer Daten geben.

Kontrafaktische Theorien zur Kausalität gehen von zwei distinkten Ereignissen (E_1 und E_2) aus. Diese Ereignisse sind kausal voneinander abhängig, wenn diese kontrafaktisch voneinander abhängen. E_1 und E_2 sind kontrafaktisch abhängig, wenn zwei (kontrafaktische) Bedingungen erfüllt sind: 1) wenn Ereignis E_1 eingetreten wäre, dann wäre auch Ereignis E_2 eingetreten, und 2) wenn Ereignis E_1 nicht eingetreten wäre, dann wäre auch Ereignis E_2 nicht eingetreten. Formal lassen sich die beiden Bedingungen als $P(E_1) \rightarrow P(E_2)$ und $\ulcorner P(E_1) \rightarrow \ulcorner P(E_2)$ darstellen. Gemäß dieser Kausalitätsdefinition benötigt man zur Schätzung eines Kausaleffekts zwei Bausteine; eine Ereignisvariable Y (die Kriteriumsvariable) wenn die Einflussvariable $X = x$ beobachtet wird (z. B. wenn eine Person eine Covid-19 Impfung erhält) und das entsprechende Ereignis Y, wenn die Einflussvariable eine andere Ausprägung, d. h. $X = x'$, annimmt (z. B. wenn dieselbe Person diese Impfung nicht erhält). Da sich diese beiden Ereignisse auf dieselbe Person (oder allgemeiner dieselbe Untersuchungseinheit) beziehen müssen, und eine Person nicht zwei X Ausprägungen zeitgleich annehmen kann (z. B. kann eine Person nicht gleichzeitig in der Kontroll- und in der Untersuchungsgruppe sein) kann in der Praxis ein kontrafaktischer Kausaleffekt auf individueller Ebene nicht bestimmt werden.

Dieses *„Fundamentalproblem der kausalen Inferenz"* (Holland, 1986) lässt sich jedoch beheben, wenn man, anstelle individueller Effekte, sogenannte *mittlere kausale Effekte* („average causal effects"; Holland, 1986) schätzt. Wenn sich zwei Untersuchungsgruppen in Bezug auf relevante Hintergrundfaktoren hinreichend ähneln, kann die Differenz der Gruppenmittelwerte als Schätzung des kausalen Effekts dienen. Die hinreichende Ähnlichkeit der beiden Gruppen, wird üblicherweise mittels randomisierter Zuteilung der Personen in die Untersuchungsgruppen garantiert.

Überträgt man diese Logik auf das in Abb. 6.2 dargestellte Mediationsmodell, so ergeben sich folgende Definitionen kontrafaktisch-kausaler direkter *(DE)*, indirekter *(IE)* und totaler Effekte *(TE;* vgl., Pearl, 2012):

$$DE = \sum_m \left(E[Y|x',m] - E[Y|x,m] \right) P(m|x)$$

$$IE = \sum_m E[Y|x,m] \left[P(m|x') - P(m|x) \right]$$

$$TE = E[Y|x'] - E[Y|x]$$

wobei x, x' und m die jeweiligen Prädiktor- und Mediatorausprägungen repräsentieren (für kontinuierliche Variablen wird das Summenzeichen üblicherweise durch ein Integral ersetzt). Setzt man die Gleichungen des linearen Mediationsmodells entsprechend ein, so erhält man die bereits bekannten Schätzgrößen

$$DE = \sum_m \left[(c'x' + bm) - (c'x + bm) \right] P(m|x) = c'x' - c'x = c'(x' - x)$$

$$IE = \sum_m (c'x + bm) \left[P(m|x') - P(m|x) \right] = b(E[M|x'] - E[M|x]) = b(ax' - ax) = ab(x' - x)$$

$$TE = c'(x' - x) + ab(x' - x) = (c' + ab)(x' - x)$$

wobei $(x' - x)$ in der linearen Regression üblicherweise den Wert 1 annimmt.

6.4.4 Mediatormodelle für kategoriale Variablen

In den bisherigen Ausführungen konzentrierten wir uns auf das Vorliegen kontinuierlicher Variablen, welche in einem linearen Zusammenhang zueinander stehen. Da es sich bei der KFA um ein Analyseverfahren für kategoriale Daten handelt, diskutieren wir im nächsten Schritt variablen-orientierte Methoden der kategorialen Mediatoranalyse – genauer betrachten wir den Fall dichotomer Daten. Für dichotome Variablen lassen sich die Koeffizienten in der Baron und Kenny Methode nicht einfach, wie z. B. von MacKinnon und Dwyer (1993) und MacKinnon et al., (2007) vorgeschlagen, durch jene der logistischen oder Probit Regression ersetzen (Pearl, 2012). Die benötigten Kenngrößen der kausalen Mediatoranalyse, $E[Y|x,m]$ und $P(m|x)$, lassen sich jedoch ohne größeren Aufwand direkt anhand der beobachteten Häufigkeiten der acht Konfigurationen der in Tab. 6.11 dargestellten $2 \times 2 \times 2$ Kontingenztafel berechnen:

$$DE = (g_{10} - g_{00})(1 - h_0) + (g_{11} - g_{01})h_0$$

Tab. 6.11 Konfigurationen und Häufigkeiten einer $2 \times 2 \times 2$ Kontingenztafel

X	M	Y	Beobachtete Häufigkeiten
0	0	0	m_1
0	0	1	m_2
0	1	0	m_3
0	1	1	m_4
1	0	0	m_5
1	0	1	m_6
1	1	0	m_7
1	1	1	m_8

$$IE = (h_1 - h_0)(g_{01} - g_{00})$$

$$TE = g_{11}h_1 + g_{10}(1 - h_1) - \left[g_{01}h_0 + g_{00}(1 - h_0)\right]$$

wobei　$g_{xm} = g_{00} = m_2/(m_1 + m_2)$, $\quad g_{01} = m_4/(m_3 + m_4)$, $\quad g_{10} = m_6/(m_5 + m_6)$, $g_{11} = m_8/(m_7 + m_8)$, sowie $h_x = h_0 = (m_3 + m_4)/\sum_{j=1}^{4} m_j$ und $h_1 = (m_7 + m_8)/\sum_{j=5}^{8} m_j$.

Ein ähnlicher Ansatz zur Identifikation von indirekten und direkten Effekten im Rahmen kategorialer Variablen wurde von Eshima und Tabata (1999) vorgestellt. Dieser Ansatz basiert auf der Verwendung von log-linearen Modellen. Im Gegensatz zu den kontrafaktisch-kausalen Effekten handelt es sich hier um sogenannte *prima-facie* Kausaleffekte (Holland, 1986; Eshima & Tabata, 1999). Ein Effekt wird als prima facie kausal bezeichnet, wenn 1) die Ursache x einem Effekt y zeitlich vorausgeht (ähnlich wie bei Granger-Kausalität; siehe hierzu Abschn. 7.8.2 und Kap. 2) und $\Pr(y \mid x) > \Pr(y)$ gilt (vgl., Suppes, 1970). Während kategoriale Pfadanalysen bereits in Goodman (1973a, b) diskutiert und von Hagenaars (1998) erweitert wurden, konzentrierten sich diese frühen Arbeiten vor allem auf die kausale Struktur eines kategorialen Variablensystems. Die Schätzung von direkten und indirekten Effekten stand nicht im Fokus dieser Entwicklungen. Daher stellten Eshima und Tabata (1999) eine Methode vor um diese Effekte anhand von log-linearen Regressionparametern zu schätzen. Dieser Ansatz basiert auf der Zerlegung der gemeinsamen Wahrscheinlichkeit einer Kontingenztafel in bedingte und unbedingte (marginale) Wahrscheinlichkeiten. Im vorliegenden Mediatormodell (X_i, M_j, Y_l) (wobei $i = 1, ..., I$, $j = 1, ..., J$, and $l = 1, ...L$) lässt sich diese Zerlegung darstellen durch

$$\Pr\left(X_i, M_j, Y_l\right) = \Pr(X_i) \times \Pr\left(M_j | X_i\right) \times \Pr\left(Y_l | X_i, M_j\right).$$

In Worten besagt die obige Gleichung, dass die gemeinsame Wahrscheinlichkeit $Pr\left(X_i, M_j, Y_l\right)$ als Produkt der unbedingten Wahrscheinlichkeit für X_i [oder $\Pr(X_i)$], der bedingten Wahrscheinlichkeit für M_j gegeben X_i [oder $\Pr(M_j \mid X_i)$] und der bedingten Wahrscheinlichkeit für Y_l gegeben X_i und M_j dargestellt werden kann. Zur Modellierung der gemeinsamen Wahrscheinlichkeit $\Pr\left(X_i, M_j, Y_l\right)$ schlagen Eshima und Tabata (1999) zwei log-lineare Modelle vor. Betrachten wir wieder den binären Fall (i, j, $l = \{0, 1\}$). Das erste log-lineare Modell

$$\log \hat{m} = \lambda + \lambda^X + \lambda^M + \lambda^{XM}$$

(oder in Klammernotation [XM]) beschreibt den Einfluss des Prädiktors X auf den Mediator M und enthält die Haupteffektparameter λ^X und λ^M sowie die zweifach Interaktion λ^{XM} (für eine 2×2 Kontingenztafel ist dies das saturierte Modell). Der Interaktionsparameter beschreibt den (direkten) Effekt von X auf M (also Pfad a im obigen Mediatormodell) als log Odds:

$$e_d(X \to M) = log\left(\frac{\Pr(X = 1, M = 1)\Pr(X = 0, M = 0)}{\Pr(X = 1, M = 0)\Pr(X = 0, M = 1)}\right) = \lambda^{XM}.$$

Das zweite log-lineare Modell, welches zur Schätzung direkter, indirekter und totaler Effekte benötigt wird, nutzt die gesamte $2 \times 2 \times 2$ Tafel und beschreibt die logarithmierten erwarteten Häufigkeiten der Konfigurationen ($\hat{m}$) als Summe der Haupteffekte und aller zweifach Interaktionen von X, M und Y. Dies ist das Modell

$$\log \hat{m} = \lambda + \lambda^X + \lambda^M + \lambda^Y + \lambda^{XM} + \lambda^{XY} + \lambda^{MY}$$

(oder in Klammernotation $[XM][XY][MY]$). Die Parameter der Interaktionen $X \times Y$ und $M \times Y$ dienen hierbei zur Schätzung der Effekte $X \to Y$ gegeben M und $M \to Y$,

$$e_d(X \to Y|M) = \lambda^{XY},$$

$$e_d(M \to Y) = \lambda^{MY},$$

und wir erhalten

$$e_T(X \to Y) = \lambda^{XY} + \Pr(M|X)\lambda^{MY}$$

für den totalen Effekt von X auf Y und daher

$$e_{ind}(X \to Y) = e_T(X \to Y) - e_d(X \to Y) = \lambda^{MY}\Pr(M|X)$$

für den indirekten Effekt von X auf Y via M.

Bisher haben wir in der Darstellung der Mediationseffekte angenommen, dass die dreifach Interaktion λ^{XMY} nicht benötigt wird um die erwarteten Häufigkeiten der Kreuztabelle zu beschreiben. Sollte eine doppelte Wechselwirkung vorliegen, so müssen die Gleichungen für die direkten Effekte $e_d(X \to Y|M)$ und $e_d(X \to Y)$ und den totalen Effekt $e_T(X \to Y)$ entsprechend erweitert werden. Der indirekte Effekt ist nicht von der dreifach Interaktion betroffen (vgl. Eshima & Tabata, 1999):

$$e_d(X \to Y|M) = \lambda^{XY} + \lambda^{XMY}$$

$$e_d(M \to Y) = \lambda^{MY}$$

$$e_d(X \to Y) = \lambda^{XY} + \Pr(M|X)\lambda^{XMY}$$

$$e_T(X \to Y) = \lambda^{XY} + \Pr(M|X)\left(\lambda^{MY} + \lambda^{XMY}\right)$$

$$e_{ind}(X \to Y) = \lambda^{MY}\Pr(M|X).$$

6.4.5 Konfigurale Mediatoranalyse

Die bisher dargestellten Ansätze zur Testung von Mediationseffekten haben gemeinsam, dass diese zur Untersuchung variablen-orientierter Mediationsmechanismen vorgeschlagen wurden. Bei der KFA handelt es sich um ein konfigurales Verfahren. Kombiniert man Prinzipien der KFA mit den Ablaufmodellen bestehender

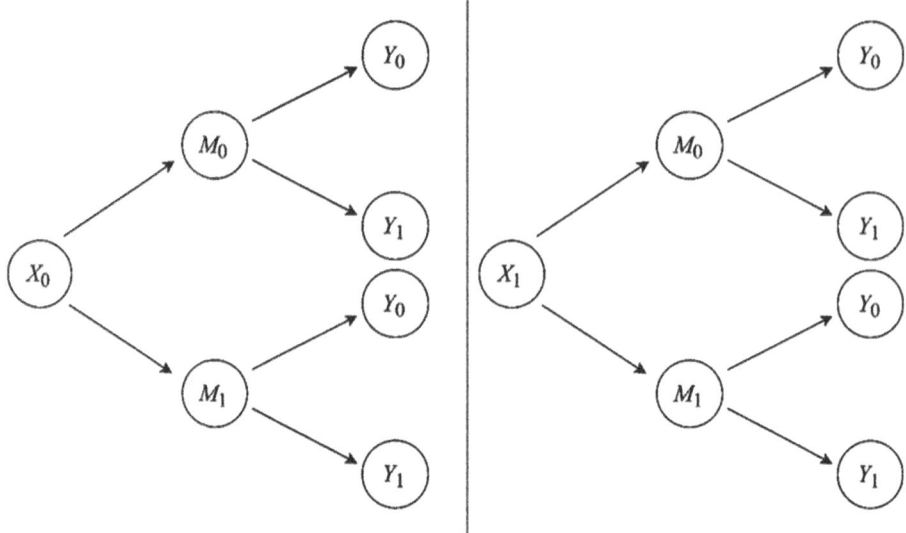

Abb. 6.3 Pattern-spezifisches Mediatormodell für drei binäre Variablen X, M und Y

Mediatoranalysen, ermöglicht dies die Formulierung von KFA-basierten Mediator-modellen zur Evaluation von konfiguralen (personen-orientierten) Mediationsmechanismen. Erste Versuche zur Entwicklung von konfiguralen Mediatoranalysen wurden von von Eye et al. (2009) sowie von Eye et al. (2010) vorgenommen. Weiterentwicklungen wurden von Smyth und MacKinnon (2020) sowie Wiedermann und von Eye (2020) diskutiert.

6.4.5.1 Pattern-spezifische Mediatormodelle

Bevor wir uns mit den statistischen Schritten der Mediator-KFA beschäftigen, gehen wir zunächst der Frage nach, welche Konsequenzen sich aus dem Perspektivenwechsel, von einer variablen-orientierten Analyse des Mediationsmechanismus hin zu einer personen-orientierten Pattern-Sicht, ergeben. Hierzu wollen wir zunächst das in Abb. 6.2 dargestellte variablen-orientierte Mediationsmodell aus Perspektive personen-orientierter Pattern betrachten. Abb. 6.3 zeigt erneut einen Mediationsprozess eines Prädiktors X, eines Mediators M, und einer Kriteriumsvariable Y. Wir nehmen an, dass die drei Variablen in binärer Form vorliegen.

Anstelle der Darstellung mittlerer Pfadeffekte, konzentrieren wir uns hier auf die möglichen Pattern, welche eine potenzielle Veränderung über den Mediationsmechanismus hinweg beschreiben. Aus Pattern-Perspektive kann der Mediationsmechanismus als Entscheidungsbaum (vgl. Abschn. 7.3) verstanden werden, da in jedem Schritt des Mediationsprozesses nur eine limitierte Anzahl an Möglichkeiten der Weiterentwicklung existiert. Betrachten wir der Einfachheit halber den binären Fall. Die Personengruppe mit $X = 0$ zu Beginn des Mediationsprozesses (Abb. 6.3 links) kann entweder der Subgruppe $M = 0$ oder der Subgruppe $M = 1$ zugeteilt werden. Ebenso kann in Abhängigkeit des kausalen Effekts die Subgruppe $X=1$ mit einer bestimmten Wahrscheinlichkeit $M=0$ oder $M=1$ zugeordnet werden. Somit ergeben sich für die 2×2 Tafel vier mögliche Pattern um die Prädiktor-Mediator Beziehung zu beschreiben, $XM=\{0\ 0\}$, $\{0\ 1\}$, $\{1\ 0\}$ und $\{1\ 1\}$.

In gleicher Weise lassen sich die möglichen Pattern der Mediator-Kriterium Beziehung zusammenfassen. Die Subgruppen $M=0$ und $M=1$ können wieder in die Teilmengen $Y=0$ und $Y=1$ unterteilt werden. Somit ergeben sich über den gesamten Mediationsmechanismus hinweg acht verschiedene Veränderungsmuster.

Jedes der acht möglichen Muster kann durch zwei Pfade beschrieben werden. Die Konfiguration $XMY=\{0\ 0\ 1\}$, zum Beispiel, entspricht dem kombinierten Pfad $X_0 \to M_0 \to Y_1$ (wobei der Index hier die jeweilige Variablenausprägung wiedergibt). Jede Pfadkombination kann mit einer bestimmten Auftretenswahrscheinlichkeit π_j ($j=1$, ... J, mit $J=8$) in der zu untersuchenden Population beobachtet werden. Je nachdem wie der kausale Mechanismus von X über M auf Y gestaltet ist, werden einige dieser Auftretenswahrscheinlichkeiten hoch und andere nahe Null sein. Aus KFA Sicht kann jeder einzelne Pfad einen KFA Typen oder Antitypen produzieren.

Wie in der Mediatoranalyse üblich, betrachten wir den Mediationsprozess als Kombination zweier Prozesse: die Veränderung von X auf M, und die Veränderung von M auf Y. Somit wird die Mediatoranalyse auch im Rahmen der KFA in zwei Analyseschritte unterteilt: der erste Schritt besteht aus eine Regressionsanalyse zur Quantifizierung der Prädiktor-Mediator Beziehung, der zweite Schritt dient zur regressionsanalytischen Untersuchung der Mediator-Kriterium Beziehung. Wir wollen nun drei in der Literatur vorgeschlagene Ansätze zur konfiguralen Mediatoranalyse im Detail vorstellen.

6.4.5.2 Die Methode nach von Eye, Mun und Mair (2009)

In Anlehnung an Baron und Kennys (1986) Analyseschema für lineare Beziehungen kontinuierlicher Variablen, beruht das von von Eye et al. (2009; siehe hierzu auch von Eye et al., 2010) vorgeschlagene Verfahren auf vier Schritten zur Identifikation pattern-spezifischer Mediation. Im ersten Schritt wird die Frage beantwortet, ob ein totaler Effekt von X auf Y existiert. Der zweite Schritt dient zum Nachweis der Prädiktor-Kriterium und Mediator-Kriterium Beziehungen. Im dritten Schritt wird überprüft, ob ein Zusammenhang zwischen dem Mediator und dem Kriterium vorliegt, und im letzten Schritt wird entschieden, ob es sich um einen vollständigen oder partiellen Mediations-mechanismus handelt. Insgesamt werden vier verschiedene KFA Basismodelle für die Mediatoranalyse benötigt. Betrachten wir die vier KFA Modelle im Detail:

Modell 1: KFA erster Ordnung Das erste Modell entspricht einem KFA Modell erster Ordnung, also einem Haupteffektmodell der Variablen X, M und Y. In Klammernotation ist dies das Modell $[X][M][Y]$. Die dazugehörige log-lineare Regressionsgleichung lautet

$$\log \hat{m} = \lambda + \lambda^X + \lambda^M + \lambda^Y.$$

Dieses Modell wird aus drei Gründen benötigt: 1) dieses Modell muss im Sinne der Modellanpassung verworfen werden, um überhaupt von einem möglichen Mediations-prozess sprechen zu können. Ist es nicht möglich, das Modell hinsichtlich der Modell-güte zu verwerfen, bestehen keinerlei nennenswerten Beziehungen zwischen den drei Variablen. Die Mediationsanalyse wäre somit vorzeitig beendet. 2) Im zweiten Schritt der von Eye-Mun-Mair Methode wird dieses Modell mit Modell 2 (siehe unten) ver-glichen. 3) Die Typen und Antitypen dieses Modells spielen eine wichtige Rolle in der Interpretation der Gesamtergebnisse.

Modell 2: Vorhersage des Kriteriums anhand des Prädiktors und des Mediators Dieses Modell entspricht einer Prädiktor-KFA (P-KFA) mit zwei unabhängigen Variablen. Das Basismodell lautet [*XM*][*Y*] oder, in Gleichungsform, $\log \hat{m} = \lambda + \lambda^X + \lambda^M + \lambda^Y + \lambda^{XM}$.

Dieses Modell unterscheidet sich von Modell 1 durch die Hinzunahme des Inter-aktionsterms λ^{XM}. Kann ein Typ/Antityp aus Modell 1 nicht mehr in Modell 2 beobachtet werden, so ist dies ein Indiz dafür, dass der Prädiktor und der Mediator in Beziehung zueinander stehen und das dieser Typ/Antityp für die Beziehung verantwortlich ist. Sollten alle Typen/Antitypen aus Modell 1 auch im Modell 2 bestehen bleiben, so kann geschlussfolgert werden, dass der Prädiktor und der Mediator nicht miteinander in Beziehung stehen. In solch einem Fall ist die von Eye-Mair-Mun Mediatoranalyse beendet, da kein Mediatorprozess vorliegt. Neue Typen/Antitypen (also Konfigurationen welche erst in Modell 2 signifikante Abweichungen zeigen) sprechen dafür, dass der Prädiktor oder der Mediator in Beziehung zum Kriterium steht, da jene Terme, welche eine Assoziation des Kriteriums mit den beiden unabhängigen Variablen beschreiben (dies sind die Effekte λ^{XY}, λ^{MY} und λ^{XMY}), nicht Teil des Basismodells sind.

Modell 3: Vorhersage des Kriteriums anhand des Mediators Dieses Modell dient zur Evaluation des Prädiktor-Mediator und Prädiktor-Kriterium-Pfades des Mediatormodells und ist definiert durch [*XM*][*XY*]. Die dazugehörige log-lineare Regressionsgleichung lautet

$$\log \hat{m} = \lambda + \lambda^X + \lambda^M + \lambda^Y + \lambda^{XM} + \lambda^{XY}.$$

Ähnlich wie bereits im Modellvergleich 1 vs. 2, dient Modell 3 zur Klärung zweier Fragen:

1. Welche der in Modell 2 beobachteten Typen/Antitypen können in Modell 3 durch die Hinzunahme des Interaktionsterms λ^{XY} eliminiert werden? Verschwinden Typen/Anti-typen aus Modell 2 in Modell 3, sind diese mit dem $X \to Y$ Pfad des Mediatormodells assoziiert.
2. Entstehen neue Typen/Antitypen? Diese sind erneut auf die fehlenden Mediator-Kriterium Terme (λ^{MY} und λ^{XMY}) zurückzuführen.

Modell 4: Vorhersage des Kriteriums anhand des Prädiktors Im letzten der vier Basismodelle wird der Mediator in Beziehung zum Prädiktor und zum Kriterium gesetzt. Dies führt zum Modell $[XM][MY]$ oder $\log \hat{m} = \lambda + \lambda^X + \lambda^M + \lambda^Y + \lambda^{XM} + \lambda^{MY}$.

Wie schon im vorherigen Schritt vergleichen wir dieses Modell mit Modell 2. Wenn Typen/Antitypen aus Modell 2 im Modell 4 nicht mehr vorhanden sind, sind dies Konfigurationen, die dem $M \to Y$ Pfad zugeordnet werden können. Neu hinzukommende Typen/Antitypen sprechen hingegen für einen Zusammenhang zwischen dem Prädiktor und dem Kriterium, da die Effekte λ^{XY} und λ^{XMY} nicht Teil des Modells sind.

Um die Art der Mediation im Detail zu bestimmen, schlagen von Eye, Mair und Mun (2009) sechs Entscheidungsregeln vor:

1. Wenn Modell 1 keine Typen/Antitypen produziert, so können auch keine Extremzellen in den Modellen 2–4 auftreten. Die Variablen X, M und Y sind in diesem Fall unabhängig voneinander. Es kann somit keine Mediation vorliegen.
2. Wenn alle Typen/Antitypen aus Modell 1 unverändert in den Modellen 2–4 auftreten, kann daraus geschlussfolgert werden, dass keiner der Modellpfade das Zustandekommen von Typen und Antitypen hinreichend erklärt. Aus Sicht der KFA liegt somit keine Mediation vor.
3. Wenn Typen/Antitypen aus Modell 1 in Modell 2 verschwinden, spricht dies für die Existenz des $X \to M$ Pfades. Vollständige oder partielle Mediation sind somit möglich.
4. Wenn Typen/Antitypen aus Modell 2 in Modell 3 verschwinden, existiert der $X \to Y$ Pfad des Mediatormodells. Nach wie vor kann der Mediationsprozess vollständig oder partiell sein. Da die Existenz des $X \to Y$ Pfades im Modell bereits bestätigt ist, können die Daten auch durch ein einfaches Regressionsmodell mit einem direkten Effekt erklärt werden.
5. Wenn Typen/Antitypen aus Modell 2 in Modell 4 verschwinden, dann ist dies ein Indiz für die Existenz des $M \to Y$ Pfades. Noch liegt jedoch keinerlei Information zur Differenzierung des Mediationstyps (vollständig vs. partiell) vor.
6. Wenn die in Modell 1 identifizierten Typen/Antitypen in allen darauffolgenden Modellen verschwinden, ist eine eindeutige Zuordnung der Typen/Antitypen zu den jeweiligen Pfaden des Modells nicht möglich. In diesem Fall benötigt man weitere Modellvergleiche, um die Rolle der einzelnen Pfade genau bestimmen zu können.

Anhand dieser 6 Entscheidungsregeln leiten wir folgende Definitionen ab:

1. Vollständige Mediation liegt dann vor, wenn die Pfade $X \to M$ und $M \to Y$ (Entscheidungsregeln 3 und 5) nicht jedoch der $X \to Y$ Pfad existieren (Entscheidungsregel 4).
2. Partielle Mediation liegt dann vor, wenn die Pfade $X \to M$, $M \to Y$, sowie $X \to Y$ existieren (Entscheidungsregeln 3 – 5)
3. Ausschließlich direkte Effekte im Sinne eines einfachen Regressionsmodells liegen dann vor, wenn nur der $X \to Y$, nicht jedoch die Pfade $X \to M$ und $M \to Y$ existieren.

Keines der vier Basismodelle enthält die dreifach Interaktion λ^{XMY}. Daher gilt für Typen/ Antitypen, die ausschließlich auf die dreifach Interaktion zurückzuführen sind, das diese in allen vier Modellen auftauchen müssen. Um mögliche Auswirkungen einer 3-fach Interaktion auszuschließen, stehen generell drei Methoden zur Verfügung:

1. Die dreifach Interaktion wird in jedes der vier KFA Basismodelle mitaufgenommen. Dies führt dazu, dass alle vier Basismodelle nicht-hierarchisch sind, da nach Hinzunahme der dreifach Interaktion, eine oder mehrere zweifach Interaktionen fehlen um die Hierarchie der Modellterme zu vervollständigen.
2. Man führt Modellannahmen ein, die einen dreifach Interaktionsparameter nahe Null rechtfertigen.
3. Man führt eine KFA zweiter Ordnung durch, um die Bedeutsamkeit der dreifach Interaktion empirisch zu überprüfen. Wenn dieses Modell über eine gute Anpassung verfügt, wird die dreifach Interaktion nicht benötigt, um die Daten zu beschreiben. Somit können auch keinerlei Typen/Antitypen auf die dreifach Interaktion zurückgeführt werden.

Bevor wir die Schritte der von Eye-Mun-Mair Methode anhand eines empirischen Datenbeispiels im Detail darstellen, widmen wir uns zwei neueren Arbeiten zur konfiguralen Mediatoranalyse – jene von Smyth und MacKinnon (2020) und Wiedermann und von Eye (2020).

6.4.5.3 Die Modifikation nach Smyth und MacKinnon (2020)

Smyth und MacKinnon (2020) zeigten via Monte-Carlo Simulationen, dass die von Eye-Mun-Mair Methode, in Hinblick auf die Identifikation eines Mediationsprozesses, Schwächen im Bereich des Fehlers 1. Art und der statistischen Trennschärfe aufweisen kann. Daher schlugen diese Autoren eine Modifikation der von Eye-Mun-Mair Methode vor. Hierbei handelt es sich um eine modifizierte Methode zur Identifikation des indirekten Effekts. Insgesamt berücksichtigen Smyth und MacKinnon (2020) neben den vier log-linearen Modellen sechs weitere Modelle zur näheren Bestimmung der Art der Mediation. Dies sind die Modelle.

Modell 5: $[XM][XY][MY]$	oder	$\log \hat{m} = \lambda + \lambda^X + \lambda^M + \lambda^Y + \lambda^{XM} + \lambda^{XY} + \lambda^{MY}$
Modell 6: $[XY][MY]$	oder	$\log \hat{m} = \lambda + \lambda^X + \lambda^M + \lambda^Y + \lambda^{XY} + \lambda^{MY}$
Modell 7: $[XMY]^{-[MY]}$	oder	$\log \hat{m} = \lambda + \lambda^X + \lambda^M + \lambda^Y + \lambda^{XM} + \lambda^{XY} + \lambda^{XMY}$
Modell 8: $[XMY]^{-[XM]}$	oder	$\log \hat{m} = \lambda + \lambda^X + \lambda^M + \lambda^Y + \lambda^{XY} + \lambda^{MY} + \lambda^{XMY}$
Modell 9: $[XY][M]$	oder	$\log \hat{m} = \lambda + \lambda^X + \lambda^M + \lambda^Y + \lambda^{XY}$
Modell 10: $[XMY]$	oder	$\log \hat{m} = \lambda + \lambda^X + \lambda^M + \lambda^Y + \lambda^{XY} + \lambda^{MY} + \lambda^{XM} + \lambda^{XMY}$

Zu beachten gilt, dass es sich bei den Modellen 7 und 8 um nicht-hierarchische Modelle handelt, da in beiden zwar die dreifach Interaktion (λ^{XMY}) mitaufgenommen wird, jedoch jeweils eine der drei zweifach Interaktionen nicht Bestandteil des Modells ist. In Modell 7 ist dies die Interaktion λ^{MY} (in der Klammernnotation verwenden wir „–[MY]“ als Superskript um die nicht-hierarchische Form des Modells zu verdeutlichen), in Modell 8 handelt es sich um den Term λ^{XM} (hier verwenden wir „–[XM]“ als Superskript).

Anhand dieser 10 Modelle, berichten Smyth und MacKinnon (2020) Simulationsergebnisse für drei verschiedene Modellselektionsstrategien. Die drei Strategien unterscheiden sich jeweils in den log-linearen Modellen, welche verwendet werden um den Signifikanzstatus der beiden Pfade (*a* und *b*) des indirekten Effekts zu beurteilen. Die erste der drei Strategien verwendet die Modelle 1 und 2 um Aussagen über den *a* Pfad zu tätigen und die Modelle 2 und 4 um die Existenz des *b* Pfades zu überprüfen. Die Signifikanzentscheidung geschieht mittels LR Tests genesteter Modelle.

Betrachten wir zum Beispiel den Vergleich der Modelle 1 und 2. Modell 1, $\log \hat{m} = \lambda + \lambda^X + \lambda^M + \lambda^Y$, berücksichtigt ausschließlich die Haupteffekte von *X, M* und *Y*. Modell 2, $\log \hat{m} = \lambda + \lambda^X + \lambda^M + \lambda^Y + \lambda^{XM}$, berücksichtigt neben den drei Haupteffekten auch die zweifach Interaktion (λ^{XM}). Ein Modellvergleich mittels LR Test testet ob die Hinzunahme von λ^{XM} zu einer signifikanten Verbesserung des Modellfits führt. Ist dies der Fall, kann geschlussfolgert werden, dass der $X \rightarrow M$ Pfad statistisch bedeutsam ist.

Im zweiten Modellvergleich kontrastiert man die Modellgüte der Modelle 2 und 4. Modell 4, $\log \hat{m} = \lambda + \lambda^X + \lambda^M + \lambda^Y + \lambda^{XM} + \lambda^{MY}$, berücksichtigt neben den Haupteffekten die zwei zweifach Interaktionen λ^{XM} und λ^{MY}. Ein signifikanter LR Test impliziert, dass der Parameter λ^{MY} zu einer statistisch bedeutsamen Verbesserung der Modellanpassung führt. Daraus können wir schließen, dass der $M \rightarrow Y$ Pfad existiert. Smyth und MacKinnon's (2020) Ansatz zur Mediationstestung basiert auf einer Kombination der Ergebnisse der zwei LR Tests. Mediation liegt vor, wenn beide LR Tests signifikant sind.

Die zwei verbleibenden Modellselektionsstrategien unterscheiden sich nicht im Ablaufmodell zur Testung von Mediation, sondern lediglich in den log-linearen Modelle zur Etablierung der $X \rightarrow M$ und $M \rightarrow Y$ Pfade. In der zweiten Selektionsstrategie schlagen Smyth und MacKinnon (2020) die Modelle 8 und 10 ($\log \hat{m} = \lambda + \lambda^X + \lambda^M + \lambda^Y + \lambda^{XY} + \lambda^{MY} + \lambda^{XMY}$ versus $\log \hat{m} = \lambda + \lambda^X + \lambda^M + \lambda^Y + \lambda^{XY} + \lambda^{MY} + \lambda^{XM} + \lambda^{XMY}$) vor, um eine Verbindung zwischen dem Prädiktor und dem Mediator herzustellen; die Modelle 7 und 10 ($\log \hat{m} = \lambda + \lambda^X + \lambda^M + \lambda^Y + \lambda^{XM} + \lambda^{XY} + \lambda^{XMY}$ versus $\log \hat{m} = \lambda + \lambda^X + \lambda^M + \lambda^Y + \lambda^{XY} + \lambda^{MY} + \lambda^{XM} + \lambda^{XMY}$) werden zur Testung des $M \rightarrow Y$ Pfades verwendet.

Die dritte Selektionsstrategie bedient sich der Modelle 9 und 3 ($\log \hat{m} = \lambda + \lambda^X + \lambda^M + \lambda^Y + \lambda^{XY}$ versus $\log \hat{m} = \lambda + \lambda^X + \lambda^M + \lambda^Y + \lambda^{XM} + \lambda^{XY}$) für $X \rightarrow M$ sowie 7 und 10 ($\log \hat{m} = \lambda + \lambda^X + \lambda^M + \lambda^Y + \lambda^{XM} + \lambda^{XY} + \lambda^{XMY}$ versus $\log \hat{m} = \lambda + \lambda^X + \lambda^M + \lambda^Y + \lambda^{XY} + \lambda^{MY} + \lambda^{XM} + \lambda^{XMY}$) für $M \rightarrow Y$. Smyth und MacKinnon's (2020) Simulationsergebnisse legen nahe, dass die dritte Strategie am ehesten in der Lage ist, das nominelle Signifikanzniveau α zu schützen.

6.4.5.4 Die Methode nach Wiedermann und von Eye (2020)

Die bisher diskutierten Ansätze von von Eye et al. (2009, 2010) und Smyth und MacKinnon (2020) unterscheiden sich in der Art und Weise wie ein indirekter Effekt nachgewiesen wird. Die beiden Ansätze unterscheiden sich jedoch nicht in der Vorgehensweise wie markante Typen/Antitypen identifiziert werden. Smyth und MacKinnon's (2020) Ansatz macht ebenfalls von den vier Basismodelle der von Eye-Mun-Mair Methode Gebrauch. In Anlehnung an Baron und Kenny's (1986) vier Schritte der Mediatoranalyse, bestehen beide KFA-basierten Ansätze aus einer Serie komplexer Modellvergleiche.

Bergman (2009) und Faldowski (2009) kritisierten die Komplexität diese Ansätze und merken an, dass simplere KFA-basierte Methoden nötig wären, wenn die personen-orientierte Mediatoranalyse einem breiten Publikum zugänglich gemacht werden soll. Eine solche Simplifizierung stellen Wiedermann und von Eye (2020) vor.

Anstelle Baron und Kenny's (1986) schrittweisen Mediatoranalyse, bedient sich der Ansatz von Wiedermann und von Eye (2020) nur zweier log-lineare Modelle. Dies sind jene Modelle, welche Eshima und Tabata (1999) zur Quantifizierung des indirekten Effekts vorgeschlagen haben. Zur Schätzung des $X \rightarrow M$ Pfades wird hier das log-lineare Modell

$$\log \hat{m} = \lambda + \lambda^X + \lambda^M + \lambda^{XM}$$

verwendet; die Schätzung des $M \rightarrow Y$ Pfades geschieht mittels

$$\log \hat{m} = \lambda + \lambda^X + \lambda^M + \lambda^Y + \lambda^{XM} + \lambda^{XY} + \lambda^{MY}.$$

Der Logik der KFA folgend, identifizieren wir zunächst die interessierenden (Typ/Anti-typ-generierenden) Parameter. Dies sind die Parameter λ^{XM} im ersten Modell und λ^{MY} im zweiten Modell. Entfernt man die beiden Parameter aus den Modellen, ergeben sich die folgenden zwei KFA Basismodelle:

Modell 1 (Prädiktor-Mediator Pfad): $\log \hat{m} = \lambda + \lambda^X + \lambda^M$

Modell 2 (Mediator-Kriterium Pfad): $\log \hat{m} = \lambda + \lambda^X + \lambda^M + \lambda^Y + \lambda^{XM} + \lambda^{XY}$.

Der Ansatz von Wiedermann und von Eye (2020) unterscheidet sich von der von Eye-Mun-Mair Methode nicht nur in den verwendeten Basismodellen, sondern auch in den verwendeten Kreuztabellen. Während in der von Eye-Mun-Mair Methode die gesamte dreidimensionale Kreuztabelle $X \times M \times Y$ für alle vier Basismodelle verwendet wird, geschieht in der Wiedermann-von Eye Methode die Modellschätzung des Prädiktor-Mediator Pfades anhand der zweidimensionalen Kreuztabelle $X \times M$ und nur jene des Mediator-Kriterium Pfades anhand der gesamten $X \times M \times Y$ Kontingenztafel.

Dies hat Auswirkungen auf die zu verwendenden Signifikanzgrenzen. Betrachten wir erneut den binären Fall. Modell 1 basiert nun auf der 2×2 Kontingenztafel die durch den Prädiktor und den Mediator aufgespannt wird. Modell 2 hingehen basiert auf der vollständigen $2 \times 2 \times 2$ Kontingenztafel. Somit geschieht die Signifikanzentscheidung mit unterschiedlichen Signifikanzgrenzen. In Modell 1 existieren insgesamt vier mögliche Konfigurationen. Somit erfolgt die pattern-spezifische Signifikanztestung z. B. anhand der Bonferroni-adjustierten Signifikanzgrenze $\alpha^* = \alpha/4$. Im Gegensatz dazu werden in Modell 2 acht mögliche Konfigurationen getestet und die Signifikanz-entscheidung geschieht nun unter Verwendung der Bonferroni-adjustierten Signifikanz-grenze $\alpha^* = \alpha/8$.

In beiden Modellen nützen wir zur Identifikation von Typen und Antitypen die in der KFA üblichen Entscheidungsregeln. Wird ein Basismodell verworfen und existieren Typen/Antitypen, so kann das Zustandekommen dieser durch die fehlenden Effekte im Modell erklärt werden. In Basismodell 1 ist dies die zweifach Interaktion λ^{XM}. In Basis-modell 2 ist dies die zweifach Interaktion λ^{MY}. Letztere Entscheidungsregel setzt natür-lich voraus, dass die dreifach Interaktion λ^{XMY} nicht benötigt wird. Ist diese Annahme empirisch nicht haltbar, kann Modell 2 entsprechend modifiziert werden. Die Basis-modelle lauten dann:

Modell 1 (Prädiktor-Mediator Pfad): $\log \hat{m} = \lambda + \lambda^X + \lambda^M$

Modell 2 (Mediator-Kriterium Pfad): $\log \hat{m} = \lambda + \lambda^X + \lambda^M + \lambda^Y + \lambda^{XM} + \lambda^{XY} + \lambda^{XMY}$.

Das um die dreifach Interaktion erweiterte Modell 2 ist nun nicht-hierarchisch.

Mögliche Muster an Mediationstypen und -antitypen Prinzipiell wird in der KFA-basierten Mediatoranalyse der Frage nachgegangen welche Konfigurationen für den beobachteten Mediationseffekt verantwortlich sind. Mit anderen Worten möchte man jene Sektoren im kategorialen Datenraum identifizieren, welche das Zustande-kommen des indirekten Effekts erklären. Die möglichen Muster an *Mediationstypen* und *Mediationsantitypen* hängen hierbei von der Art des Zusammenhangs der untersuchten Konstrukte ab. Je nach Effekt-Pattern kann nur eine limitierte Anzahl an KFA Typen und Antitypen auftreten (siehe auch Krauth, 2003). Hierbei hat der direkte Effekt auf-grund einer entsprechenden Adjustierung im Mediator-Kriterium Modell (Modell 2) keinen Einfluss auf die Ausgestaltung der Typen/Antitypen Muster. Betrachten wir zur Ausführung wieder das simple Mediatormodell mit binären Variablen. Im $2 \times 2 \times 2$ Fall ergeben sich somit die folgenden acht Muster: $+ + +, + - +, + + -, + - -, - + +, - - +,$ $- + -,$ und $- - -$ für die Pfade $X \to M$, $X \to Y$ und $M \to Y$. Jedem Muster kann somit eine spezifische Typ/Antityp Kombination zugeordnet werden. Da der Prädiktor-Kriterium Effekt Teil des Modells 2 ist, reduziert sich die Anzahl an möglichen Muster auf ins-gesamt vier; zwei Muster im Falle eines positiven indirekten Effekts ($a \cdot b > 0$) und zwei Muster eines negativen indirekten Effekts ($a \cdot b < 0$).

Tab. 6.12 fasst die möglichen Typ/Antityp Kombinationen der vier Effektmuster zusammen. Betrachten wir den Fall eines positiven indirekten Effekts. Dies sind die Effektmuster $+ + +$ und $+ - +$ (dargestellt im ersten der vier Modelle in Tab. 6.12). Auf-grund des positiven Zusammenhangs zwischen dem Prädiktor und dem Mediator, repräsentieren die Pattern $\{X\ M\} = \{0\ 0\}$ und $\{1\ 1\}$ im Basismodell 1 KFA Typen und $\{X\ M\} = \{0\ 1\}$ und $\{1\ 0\}$ KFA Antitypen. Der Status der Kriteriumsvariable wird hier-bei nicht berücksichtigt, da dieser zu Beginn des Mediationsprozess noch nicht festgelegt ist. Um diesem Umstand Rechnung zu tragen, übernehmen wir die Typen/Antitypen für

Tab. 6.12 Mögliche Mediationstypen und -antitypen eines Mediationsmodells für drei binäre Variablen (X = Prädiktor, M = Mediator, Y = Kriterium)

Effekt-Muster des Mediatormodels	X	M	Y	Mediator-Model $X \to M$	Kriterium-Model $(X, M) \to Y$	Kombination
	0	0	0	Typ	Typ	M-Typ
	1	0	0	Antityp	Typ	-
	0	1	0	Antityp	Antityp	M-Antityp
	1	1	0	Typ	Antityp	-
	0	0	1	Typ	Antityp	-
	1	0	1	Antityp	Antityp	M-Antityp
	0	1	1	Antityp	Typ	-
	1	1	1	Typ	Typ	M-Typ
	0	0	0	Antityp	Antityp	M-Antityp
	1	0	0	Typ	Antityp	-
	0	1	0	Typ	Typ	M-Typ
	1	1	0	Antityp	Typ	-
	0	0	1	Antityp	Typ	-
	1	0	1	Typ	Typ	M-Typ
	0	1	1	Typ	Antityp	-
	1	1	1	Antityp	Antityp	M-Antityp
	0	0	0	Typ	Antityp	-
	1	0	0	Antityp	Antityp	M-Antityp
	0	1	0	Antityp	Typ	-
	1	1	0	Typ	Typ	M-Typ
	0	0	1	Typ	Typ	M-Typ
	1	0	1	Antityp	Typ	-
	0	1	1	Antityp	Antityp	M-Antityp
	1	1	1	Typ	Antityp	-
	0	0	0	Antityp	Typ	-
	1	0	0	Typ	Typ	M-Typ
	0	1	0	Typ	Antityp	-
	1	1	0	Antityp	Antityp	M-Antityp
	0	0	1	Antityp	Antityp	M-Antityp
	1	0	1	Typ	Antityp	-
	0	1	1	Typ	Typ	M-Typ
	1	1	1	Antityp	Typ	-

alle Kategorien in Y. Da ebenso der Mediator und das Kriterium positiv korreliert sind, erhalten wir die KFA Typen $\{M\ Y\} = \{0\ 0\}$ sowie $\{1\ 1\}$ und die KFA Antitypen $\{M\ Y\} = \{0\ 1\}$ und $\{1\ 0\}$.

Die Typen/Antitypen in Modell 2 hängen jedoch aufgrund der Adjustierung des direkten Effekts nicht von X ab und gelten daher für alle Kategorien in X (hier $X = 0$ und $X = 1$). Somit erhalten wir vier mögliche Typ Konfigurationen ($\{0\ 0\ 0\}$, $\{1\ 0\ 0\}$, $\{1\ 1\ 1\}$

und {0 1 1}) und vier mögliche Antityp Konfigurationen ({0 1 0}, {1 1 0}, {0 0 1}, und {1 0 1}). Im letzten Schritt erfolgt die Kontrastierung der Typen/Antitypen beider Basismodelle. Diese kann in Form von zwei einfachen konzeptionellen Formeln dargestellt werden und dient zeitgleich als Definition von Mediationstypen und Mediationsantitypen:

$$\text{Mediationstyp} = \text{Prädiktor-MediatorTyp} + \text{Mediator-KriteriumTyp}$$

$$\text{Mediationsantityp} = \text{Prädiktor-MediatorAntityp} + \text{Mediator-KriteriumAntityp}$$

In Worten lassen sich die beiden Gleichungen wie folgt beschreiben: Ein Mediationstyp ist eine Konfiguration, dessen Bestandteile über den gesamten Mediationsprozess hinweg häufiger beobachtet werden, als dies unter den Basismodellen zu erwarten wäre. Dieser simplen Interpretationsregel folgend, ist die Konfiguration $\{X\ M\ Y\} = \{1\ 1\ 1\}$ dann ein Mediationstyp, wenn $\{X\ M\} = \{1\ 1\}$ im Prädiktor-Mediator Modell und $\{X\ M\ Y\} = \{1\ 1\ 1\}$ im Mediator-Kriterium Modell als Typen ausgewiesen werden. Umgekehrt stellt eine Konfiguration einen Mediationsantityp dar, wenn dessen Bestandteil durchwegs seltener beobachtet werden, als dies in den Basismodellen angenommen wird. Zum Beispiel wird die Konfiguration $\{X\ M\ Y\} = \{1\ 0\ 1\}$ als Mediationsantityp klassifiziert, wenn $\{X\ M\} = \{1\ 0\}$ sowie $\{X\ M\ Y\} = \{1\ 0\ 1\}$ jeweils Antitypen entsprechen.

Aus dieser Interpretationsregel folgt, dass manche Konfigurationen per Definition weder Mediationstypen noch Mediationsantitypen sein können. Dies bedeutet jedoch nicht, dass solche Konfigurationen nicht zur Erklärung des Mediationsprozesses herangezogen werden sollen. Diese Konfigurationen können ebenso Sektoren im Datenraum anzeigen, welche den Mediationsprozess erklären. Hierbei handelt es sich um „Mischtypen" die sich durch Heterogenität in der Veränderung auszeichnen. Im ersten der vier in Tab. 6.12 wiedergegeben Effektmuster gilt dies zum Beispiel für die Konfiguration $\{X\ M\ Y\} = \{1\ 0\ 0\}$. Aufgrund positiver Variablenzusammenhänge entspricht $\{X\ M\} = \{1\ 0\}$ einem Antityp und $\{X\ M\ Y\} = \{1\ 0\ 0\}$ einem Typ. Insgesamt erhalten wir somit zwei „Mischtypen" der Form „Antityp-Typ" und zwei „Mischtypen" der Form „Typ-Antityp".

Da theoretisch jede der acht möglichen Kombinationen in der zu untersuchenden Population auftreten kann, stellen auch diese „Mischtypen" eine wichtige Informationsquelle zur Erklärung des Mediationsprozesses dar. Im folgenden Abschnitt stellen wir die Schritte der Mediator-KFA nach von Eye, Mun und Mair (2009), Smyth und MacKinnon (2020) und Wiedermann und von Eye (2020) in einem Datenbeispiel im Detail dar.

Datenbeispiel Die Durchführung der drei vorgestellten Ansätze zur Testung konfiguraler Mediation kann in die bereits bekannten 4 Schritte der KFA gegliedert werden. Die Ansätze unterscheiden sich jedoch in den formulierten Basismodellen und in der Interpretation der Typen und Antitypen. Im folgenden Beispiel betrachten wir Daten von

1036 Teilnehmerinnen und Teilnehmern (vgl. Agresti, 2002) welche gefragt wurden, ob sie 1) vor der Ehe sexuell aktiv waren („pre-marital sex", P, $0 = nein$, $1 = ja$), 2) während der Ehe außerehelichen Geschlechtsverkehr hatten/haben („extra-marital sex", E, $0 = nein$, $1 = ja$) und 3) ob sie gegenwärtig verheiratet oder bereits geschieden sind („marital status", M, $0 = verheiratet$, $1 = geschieden$). Da die drei Variablen zu unterschiedlichen Messzeitpunkten erhoben wurden, können diese in Form der Kausalkette $P \to E \to M$ in Beziehung gesetzt werden. Die Häufigkeiten der acht möglichen Konfiguration sind in Tab. 6.13 wiedergegeben.

Variablen-orientierte Mediatoranalyse Bevor wir wie gewohnt die Schritte der KFA durchlaufen, stellen wir zunächst die Frage, ob generell ein Mediationseffekt vorliegt. Hierzu schätzen wir Eshima und Tabata's (1999) variablenorientierten indirekten Effekt sowie Pearl's (2012) kontrafaktisch-kausalen indirekten Effekt. Der Eshima-Tabata Schätzer benötigt zunächst das saturierte Modell $\log \hat{m} = \lambda + \lambda^P + \lambda^E + \lambda^{PE}$ wobei λ^{PE} den Effekt von P auf E quantifiziert. Im vorliegenden Datenbeispiel erhalten wir $\lambda^{PE} = 1.384$ ($SE = 0.20$, $p < .001$). Im nächsten Schritt schätzen wir das saturierte Modell der kompletten $2 \times 2 \times 2$ Tafel, $\log \hat{m} = \lambda_0 + \lambda^P + \lambda^E + \lambda^M + \lambda^{PE} + \lambda^{PM} + \lambda^{EM} + \lambda^{PEM}$, und erhalten $\lambda^{PM} = 1.003$ ($SE = 0.172$, $p < .001$), $\lambda^{EM} = 2.363$ ($SE = 0.387$, $p < .001$) sowie $\lambda^{PEM} = -1.796$ ($SE = 0.512$, $p < .001$). Daher beträgt der $P \to M$ Effekt $\lambda^{PM} = 1.003$ für die Gruppe $E = 0$ und $\lambda^{PM} + \lambda^{PEM} = 1.003 + (-1.796) = -0.792$ für E = 1.

Um die entsprechenden direkten, indirekten und totalen Effekte zu berechnen, benötigen wir noch die bedingten Wahrscheinlichkeiten für E = 0 und E = 1 gegeben P = 1. Diese lassen sich direkt durch die absoluten Häufigkeiten in Tab. 6.13 berechnen. Wir erhalten $\Pr(E = 0 \mid P = 1) = 181/(181 + 60) = 0.751$ und $\Pr(E = 1 \mid P = 1) = 60/(181 + 60) = 0.249$. Somit ergeben sich folgende Schätzungen:

$e_d(P \to M) = 1.003 \cdot 0.751 + (-0.792) \cdot 0.249 = 0.556$ (95 % KI $= [0.308, 0.994]$).

$e_d(E \to M) = 2.363$ (95 % KI $= [1.702, 3.567]$).

$e_{ind}(P \to M) = 2.363 \cdot 0.249 = 0.588$ (95 % KI $= [0.309, 0.733]$).

$e_T(P \to M) = 0.556 + 0.588 = 1.144$ (95 % KI $= [0.852, 1.480]$).

Keines der in Klammern wiedergegeben 95 % Perzentil Bootstrap Konfidenzintervalle (mit 1000 Zufallsziehungen) enthält den Wert 0. Daher sind alle Effekte (inklusive dem indirekten Effekt) statistisch signifikant und wir schlussfolgern, dass ein partieller Mediationseffekt vorliegt.

Zum Abschluss der variablen-orientierten Mediationsanalyse verwenden wir Pearl's (2012) Ansatz zur Schätzung der kontrafaktisch-kausalen Effekte. Alle Effekte lassen sich hier anhand der Häufigkeiten ohne Zuhilfenahme eines Regressionsmodells berechnen. Nach Einsetzen in die entsprechenden Gleichungen erhalten wir $g_{00} = 0.384$, $g_{01} = 0.869$, $g_{10} = 0.630$, $g_{11} = 0.750$, $h_0 = 0.077$ und $h_1 = 0.249$, und somit.

DE $= (0.630 - 0.384) \cdot (1 - 0.077) + (0.750 - 0.869) \cdot 0.077 = 0.218$ (95 % KI $= [0.153, 0.294]$),

IE $= (0.249 - 0.077) \cdot (0.869 - 0.384) = 0.084$ (95 % KI $= [0.055, 0.118]$), und.

TE $= 0.750 \cdot 0.249 + 0.630 \cdot (1 - 0.249) - (0.869 \cdot 0.077 + 0.384 \cdot [1 - 0.077]) = 0.238.$
(95 % KI $= [0.173, 0.305]$).

Zur Signifikanztestung verwenden wir erneut 95 % Perzentil-Bootstrap Konfidenz-intervalle basierend auf 1000 Zufallsziehungen. Da keines der Konfidenzintervalle den Wert 0 enthält, schlussfolgern wir, dass auch die kontrafaktisch-kausalen direkten, indirekten und totalen Effekte statistisch signifikant sind.

Konfigurale Mediatoranalyse Im nächsten Schritt betrachten wir den Mediationsprozess aus konfiguraler Perspektive. Zur Testung ob ein konfiguraler (also personen-orientierter) Mediationseffekt vorliegt, schätzen wir eine Reihe von log-linearen Modellen, welche die Effekte der Pfade P $\to$ E und E $\to$ M wiedergeben. Zuvor muss jedoch die Frage geklärt werden, welche Rolle die dreifach Interaktion im Mediatormodell einnimmt. Hierzu schätzen wir eine KFA 2-ter Ordnung. Das Basismodell dieser KFA lautet $\log \hat{m} = \lambda + \lambda^P + \lambda^E + \lambda^M + \lambda^{PE} + \lambda^{PM} + \lambda^{EM}$. Da dieses Modell verworfen wird (LR-$X^2(1) = 12.91$, $p < 0.001$), schlussfolgern wir, dass die dreifach Interaktion benötigt wird.

Zur Identifikation eines konfiguralen Mediationseffekts schlagen Smyth und MacKinnon (2020) sowie Wiedermann und von Eye (2020) eine kombinierte Testung der P $\to$ E und E $\to$ M Pfade vor. Eine Mediationseffekt liegt dann vor, wenn die Modell-vergleiche in beiden Fällen die Existenz der interessierenden Parameter (λ^{PE} und λ^{EM}) bestätigen. Im Smyth-MacKinnon Ansatz (unter Berücksichtigung der dreifach Inter-aktion λ^{PEM}) werden die Modelle $\log \hat{m} = \lambda + \lambda^P + \lambda^E + \lambda^M + \lambda^{PM} + \lambda^{EM} + \lambda^{PEM}$ und $\log \hat{m} = \lambda + \lambda^P + \lambda^E + \lambda^M + \lambda^{PM} + \lambda^{EM} + \lambda^{PE} + \lambda^{PEM}$ zur Evaluation des P $\to$ E Pfades und die Modelle $\log \hat{m} = \lambda + \lambda^P + \lambda^E + \lambda^M + \lambda^{PE} + \lambda^{PM} + \lambda^{PEM}$ und $\log \hat{m} = \lambda + \lambda^P + \lambda^E + \lambda^M + \lambda^{PM} + \lambda^{EM} + \lambda^{PE} + \lambda^{PEM}$ zur Testung von E $\to$ M verglichen. Für den ersten Modellvergleich erhalten wir eine statistisch signifikante Devianzdifferenz von $\Delta X^2(1) = 31.64$ ($p < .001$). Somit führt die Berücksichtigung des Effekts λ^{PE} zu einer signifikanten Verbesserung der Modellgüte und der P $\to$ E Pfad ist statistisch signifikant. Der zweite Modellvergleich ergibt eine Devianzdifferenz von $\Delta X^2 = 57.16$, welche bei einem Freiheitsgrad statistisch signifikant ist ($p < 0.001$). Auch der E $\to$ M Pfad ist statistisch bedeutsam und wir kommen somit zum Schluss, dass ein Mediationseffekt vorliegt.

Wenden wir uns nun einer konfigurations-spezifischen Betrachtung des Mediations-effekts zu. Mit anderen Worten, stellen wir die Frage welche der acht möglichen Konfigurationen den beobachteten Mediationseffekt erklären können. Hierzu verwenden wir die Analyseschemata von von Eye, Mun und Mair (2009) und Wiedermann und von Eye (2020). Wir beginnen mit der von Eye-Mun-Mair Methode. Um zu überprüfen, welche Auswirkungen die dreifach Interaktion in den einzelnen Modellen hat, durch-laufen wir die 4 Schritte der KFA einmal mit und einmal ohne Berücksichtigung des Terms λ^{PEM}.

Schritt 1: Auswahl der Basismodelle Im von Eye-Mun-Mair Ansatz verwenden wir 4 Basismodelle. In Klammernnotation sind dies die Modelle [P][E][M], [PE][M], [PE]

[PM] und [PE][EM]. Da sich die dreifach Interaktion in der obigen KFA 2-ter Ordnung als statistisch bedeutsam herausstellte, inkludieren wir in einem separaten Durchgang den dreifach Interaktionsterm in allen Modelle. Wir bezeichnen diese Modelle mittels [P][E][M]*, [PE][M]*, [PE][PM]* und [PE][EM]*.

Schritt 2: Signifikanztestung Wir verwenden den Binomialtest und schützen α mittels Bonferroni-Adjustierung. Da alle 4 Basismodelle anhand der $2 \times 2 \times 2$ Kontingenztafel geschätzt werden, verwenden wir die Signifikanzgrenze $\alpha* = 0.05/8 = 0.00625$.

Schritt 3: Durchführung der KFA Tab. 6.13 zeigt die KFA Ergebnisse der Basismodelle [P][E][M], [PE][M], [PE][PM] und [PE][EM] ohne Berücksichtigung der dreifach Interaktion. Tab. 6.14 fasst KFA Ergebnisse der selben Modell inklusive des dreifach Interaktionsterms zusammen.

Schritt 4: Interpretation der Typen und Antitypen Alle Modelle zeigen eine ungenügende Anpassung an die Daten und wir können in jedem Modell Typen oder Antitypen erwarten. Die Einführung der dreifach Interaktion hat keinerlei Auswirkungen auf die Typen/Antitypen Muster der Modelle 3 ([PE][PM]) und 4 ([PE][EM]). In den Modellen 2 und 3 erzeugt die Einführung der dreifach Interaktion jedoch unterschiedliche Muster und Typen und Antitypen.

In der von Eye-Mun-Mair Methode basiert, wenn der Typus der Mediation bestimmt wurde, die Interpretation der Mediationstypen und Antitypen auf dem Basismodell einer KFA erster Ordnung. Diese sind in der ersten Ergebnisspalte in Tab. 6.14 zu finden. Der erste Typ wird durch Konfiguration 0 0 0 konstituiert. Dies sind Personen, für die gilt, dass sie, wenn sie vor der Ehe sexuell nicht aktiv waren und während der Ehe keinen

Tab. 6.13 KFA Ergebnisse der von Eye-Mun-Mair Methode ohne Berücksichtigung der dreifach Interaktion λ^{PEM}

P E M	m	Modell 1 [P][E][M]	Modell 2 [PE][M]	Modell 3 [PE][PM]	Modell 4 [PE][EM]
0 0 0	452	Typ	Typ	–	–
0 0 1	282	Antityp	Antityp	–	–
0 1 0	8	Antityp	Antityp	Antityp	–
0 1 1	53	–	Typ	Typ	–
1 0 0	67	Antityp	Antityp	–	Antityp
1 0 1	114	–	Typ	–	Typ
1 1 0	15	–	Antityp	–	–
1 1 1	45	Typ	Typ	–	–
LR Tests		$X^2(4) = 148.7$, $p < .001$	$X^2(3) = 102.7$, $p < .001$	$X^2(2) = 60.2$, $p < .001$	$X^2(2) = 38.3$, $p < .001$

Tab. 6.14 KFA Ergebnisse der von Eye-Mun-Mair Methode unter Berücksichtigung der dreifach Interaktion λ^{PEM}

P E M	m	Modell 1 [P][E][M]*	Modell 2 [PE][M]*	Modell 3 [PE][PM]*	Modell 4 [PE][EM]*
0 0 0	452	Typ	Typ	–	–
0 0 1	282	Antityp	Antityp	–	–
0 1 0	8	Antityp	Antityp	Antityp	–
0 1 1	53	Typ	Typ	Typ	–
1 0 0	67	Antityp	Antityp	–	Antityp
1 0 1	114	Typ	Typ	–	Typ
1 1 0	15	–	–	–	–
1 1 1	45	–	–	–	–
LR Tests		$\chi^2(3) = 86.7$, $p < .001$	$\chi^2(2) = 83.0$, $p < .001$	$\chi^2(1) = 57.2$, $p < .001$	$\chi^2(2) = 38.3$, $p < .001$

*Modell inklusive des 3-fach Interaktionsterms

außerehelichen Geschlechtsverkehr hatten, häufiger als ohne das Mediationsmodell zu erwarten war noch verheiratet sind. Der korrespondierende Antityp 0 0 1 zeigt an, dass es eher unwahrscheinlich ist, dass diese Personen geschieden sind.

Es ist ebenso unwahrscheinlich, dass Personen noch verheiratet sind, wenn sie zwar vor der Ehe sexuell nicht aktiv waren, aber außerehelich doch (Antityp 0 1 0). Dies gilt auch für Personen, die vor der Ehe sexuell aktiv waren, nicht aber außerehelich (Antityp 1 0 0). Für beide dieser Antitypen wird auch ein korrespondierender Typ identifiziert (0 1 1 und 1 0 1).

Zum Abschluss analysieren wir die P × E × M Kontingenztafel mittels der Methode nach Wiedermann und von Eye (2020). Die Durchführung dieser Analyse kann wieder in Form der bereits bekannten 4 Schritte der KFA geschehen.

Schritt 1: Auswahl der Basismodelle Der Wiedermann-von Eye Ansatz basiert auf zwei log-linearen Modellen. Das erste Modell beschreibt die 2×2 Kreuzklassifikation des Prädiktors und Mediators (P und E). Das Basismodell lautet $\log \hat{m} = \lambda + \lambda^P + \lambda^E$. Im zweiten Modell betrachten wir den Mediator-Kriterium Pfad (E → M) unter Verwendung des Basismodells $\log \hat{m} = \lambda + \lambda^P + \lambda^E + \lambda^M + \lambda^{PE} + \lambda^{PM}$. Aufgrund der Bedeutsamkeit der dreifach Interaktion betrachten wir ebenso das Basismodell $\log \hat{m} = \lambda + \lambda^P + \lambda^E + \lambda^M + \lambda^{PE} + \lambda^{PM} + \lambda^{PEM}$.

Schritt 2: Signifikanztestung Wir verwenden den Binomialtest und schützen α mittels Bonferroni-Adjustierung. Da das Prädiktor-Mediator Basismodell nur die dazugehörige 2×2 Kontingenztafel berücksichtigt, verwenden wir hier eine adjustierte Signifikanzgrenze von $\alpha^* = 0.05/4 = 0.0125$. Da die beiden Basismodelle des Mediator-Kriterium

Pfades anhand der $2 \times 2 \times 2$ Kontingenztafel geschätzt werden, verwenden wir dafür die Signifikanzgrenze $\alpha^* = 0.05/8 = 0.00625$.

Schritt 3: Durchführung der KFA Tab. 6.15 zeigt die KFA Ergebnisse.

Schritt 4: Interpretation der Typen und Antitypen Betrachten wir zunächst das Basismodell $log\ \hat{m} = \lambda + \lambda^P + \lambda^E$. Der Pearson LR Test verwirft die Nullhypothese (LR-$X^2(1) = 46.01$, $p < 0.001$). Somit sind Extremzellen erwartbar. Die Konfiguration 1 1 stellt einen KFA Typ dar. In der 2×2 Kreuztabelle zeigen 60 (=15+45) Personen diese Konfiguration, jedoch werden lediglich 28.1 Personen erwartet. Die Konfigurationen 0 1 und 1 0 repräsentieren KFA Antitypen. 61 (= 8+53) Personen zeigen die Konfiguration 0 1, jedoch werden 92.6 erwartet; 181 (= 67+114) Personen können der Konfiguration 1 0 zugeordnet werden, wobei 212.9 Personen erwartet werden. Da zum Zeitpunkt der P $\rightarrow$ E Veränderung der Kriteriumstatus (M) noch nicht definiert ist, übernehmen wir den Typ und die beiden Antitypen für beide Kriteriumskategorien, M = 0 und M = 1.

Betrachten wir im nächsten Schritt die Ergebnisse des Basismodells $log\ \hat{m} = \lambda + \lambda^P + \lambda^E + \lambda^M + \lambda^{PE} + \lambda^{PM}$. Auch hier ist die Anpassung nicht zufriedenstellend (LR-$X^2(2) = 60.16$, $p < 0.001$). Es zeigt sich ein Typ (0 1 1; mit 53 beobachteten und 25.7 erwarteten Personen) und ein Antityp (0 1 0; mit 8 beobachteten und 35.3 erwarteten Personen). Der Einbezug der dreifach Interaktion führt zu keinerlei Veränderungen. Auch für das Basismodell $log\ \hat{m} = \lambda + \lambda^P + \lambda^E + \lambda^M + \lambda^{PE} + \lambda^{PM} + \lambda^{PEM}$ erhalten wir den Typ 0 1 1 und den Antityp 0 1 0. Im letzten Schritt der Analyse kombinieren wir die Ergebnisse der Modelle. Die Bestandteile der Konfiguration 0 1 0 werden über den Mediationsprozess hinweg durchwegs als Antitypen identifiziert. Es handelt sich daher um einen Mediationsantityp. Dies sind Personen die keinerlei voreheliche sexuelle Erfahrung aufweisen, jedoch außerehelichen Geschlechtsverkehr hatten

Tab. 6.15 KFA Ergebnisse der Methode nach Wiedermann und von Eye (2020)

P	E	M	m	Basismodell: [P][E]	Basismodell: [PE][PM]	Basismodell: [PE][PM]*	Kombination
0	0	0	452	–	–	–	–
0	0	1	282	–	–	–	–
0	1	0	8	Antityp	Antityp	Antityp	M-Antityp
0	1	1	53	Antityp	Typ	Typ	–
1	0	0	67	Antityp	–	–	–
1	0	1	114	Antityp	–	–	–
1	1	0	15	Typ	–	---	–
1	1	1	45	Typ	–	–	–
LR-Test:				$X^2(1) = 46.01$, $p < .001$	$X^2(2) = 60.16$, $p < .001$	$X^2(1) = 57.16$, $p < .001$	

und nach wie vor verheiratet sind. Dieses Entwicklungsmuster kommt seltener vor, als dies angenommen werden kann. Des Weiteren handelt es sich bei der Konfiguration 0 1 1 um einen Mischtyp der Form „Antityp-Typ". Hier ist es selten, dass Personen keinen vorehelichen Geschlechtsverkehr haben, jedoch außerehelich sexuell aktiv sind. Wenn diese Personen außerehelichen Geschlechtsverkehr haben, führt dies überproportional zur Scheidung.

Es ist interessant zu sehen, dass der von Eye-Mun-Mair Ansatz zu anderen Ergebnissen führt als der Wiedermann-von Eye Ansatz. Dafür gibt es mehrere Gründe. Der erste ist, dass im letzteren Ansatz für das erste Modell weniger extreme geschützte Schwellen des α-Niveaus verwendet werden, weil die erste Tafel ohne die Kriteriumsvariable untersucht wird. Wichtiger noch ist der Grund, dass durch die Kollabierung über die beiden Kategorien des Kriteriums eine mögliche Differenzierung in Typen und korrespondierende Antitypen verloren geht. Dies kann durch den Vergleich der beiden ersten Ergebnisspalten in den Tab. 6.14 und 6.15 erkannt werden. In Tab. 6.14 ergibt sich – ohne die Kollabierung – für die Konfigurationen 0 1 0 und 0 1 1 ein Antityp – Typ Paar. In Tab. 6.15 ist dies nicht möglich, weil die dritte Variable nicht Bestandteil des Modells ist. Dies gilt analog für das Antityp – Typ Paar 1 0 0 und 1 0 1.

Wir schließen daraus, dass der einfachere Wiedermann-von Eye Ansatz bevorzugt werden kann, wenn eine solche Differenzierung aus theoretischen Gründen nicht von Bedeutung ist. Dies gilt entsprechend für den Ansatz von Eshima und Tabata (1999). Ist eine solche Differenzierung aber wichtig und interessant, dann kann der von Eye-Mun-Mair Ansatz Anwendung finden.

Die Schatztruhe der KFA

7

In diesem Kapitel behandeln wir eine Auswahl von Fragen, die mit der KFA oder innerhalb einer KFA auf besondere Weise beantwortet werden können. Es wird sich um Phantomtypen drehen, um alternative Ansätze zur KFA, um Variablen oder Konfigurationen mit besonderen Funktionen und vieles mehr. In jedem dieser Fälle liefert die KFA entweder besondere Antworten oder sie erlaubt es, Antworten zu geben, die auf andere Weise nur schwer oder gar nicht zu finden sind. Wir beginnen mit zwei alternativen Ansätzen zur KFA und behandeln in diesem Kontext auch Phantomtypen.

7.1 Alternative Ansätze zur KFA

Bisher in diesem Buch und in den meisten Anwendungen wurde die Weiterentwicklung des Lienert'schen Ansatzes zur KFA betont, in dem der Akzent auf Typen und Antitypen liegt, die durch starke Abweichungen von einem a priori spezifizierten Basismodell definiert sind. Es gibt jedoch zwei Alternativen, Typen und Antitypen zu definieren. Beide Alternativen erfordern ein sequentielles Vorgehen. Die erste wurde von Victor (1983; siehe Kieser, 1991; Kieser & Victor, 1991, 1999, 2000, 2003) vorgeschlagen. Die zweite wurde von von Eye und Mair (2008a, b, c, 2011) vorgeschlagen. Wir beginnen mit dem Ansatz von Victor (1983).

7.1.1 Victors alternative exploratorische KFA

Wie bereits in Kap. 2 diskutiert wurde, sind die Ergebnisse von KFA Tests mit zwei Problemen behaftet. Erstens wird das Risiko, einen Fehler erster Art zu begehen, in der exploratorischen KFA t mal eingegangen, wobei t die Zahl der Zellen in einer

© Der/die Autor(en), exklusiv lizenziert durch Springer-Verlag GmbH, DE, ein Teil von Springer Nature 2021
A. von Eye und W. Wiedermann, *KFA – Die Konfigurationsfrequenzanalyse*,
https://doi.org/10.1007/978-3-662-63675-6_7

Kreuzklassifikation bezeichnet. Zweitens sind die Tests zumindest partiell voneinander abhängig[1]. Viktor (1983; siehe auch Kieser & Victor, 1991) weisen nun darauf hin, dass es noch ein drittes Problem geben kann, das der *Phantomtypen* und *Phantomantitypen*. Cheney und Hinze (2003) definieren Phantomtypen als Typen, die unter Bedingungen auftreten, die mit anderen Eigenschaften der Kreuzklassifikation zu tun haben als im Basismodell spezifiziert wurde. Mit anderen Worten, Phantomtypen und Phantomantitypen existieren nur, weil bestimmte andere Bedingungen erfüllt sind.

Für die KFA bedeutet dies, dass Phantomtypen oder -antitypen nur existieren, weil andere Typen oder Antitypen in der untersuchten Tafel ebenfalls existieren. Ohne diese anderen Typen und Antitypen würden die Phantomtypen und -antitypen nicht aufscheinen. Dies kann an der folgenden Beispieltafel illustriert werden.

Nach Viktor (1983) konstruieren wir eine 3×3 Kreuzklassifikation mit den folgenden Eigenschaften:

1. Jede Zelle der Tafel enthält 100 Fälle;
2. Von Zelle 1 1 werden 90 Fälle entfernt; damit wird Zelle 1 1 ein Kandidat für einen Antityp;
3. Diese 90 Fälle werden Zelle 3 3 zugeschlagen; damit wird Zelle 3 3 ein Kandidat für einen Typ;
4. Zellen 1 2 bis 3 2 sind uniform verteilt; sie reflektieren damit die Unabhängigkeit der beiden Variablen, die die Tafel aufgespannt haben; damit sind sie Kandidaten für Konfigurationen, die nicht von den Spezifikationen des Basismodells abweichen.

Die auf diese Weise entstehende Kreuzklassifikation analysieren wir jetzt mit einer KFA erster Ordnung. Wenn wir die beiden Variablen, die diese Tafel aufspannen, A und B nennen, dann ist das Basismodell für diese Analyse $\log \hat{m} = \lambda + \lambda^A + \lambda^B$. Wir verwenden den Binomialtest und schützen α nach Bonferroni. Tab. 7.1 zeigt die Ergebnisse dieser Analyse.

Der Likelihood Ratio Chi-Quadrat goodness-of-fit Test, der auch hier als globaler Assoziationstest interpretiert werden kann, zeigt, dass starke Effekte in der Kreuzklassifikation der künstlichen Variablen A und B existieren (LR-$X^2 = 88.17$; $df = 4$; $p < 0.001$). Es zeigen sich zwei Typen und drei Antitypen.

Die Typen und Antitypen in Tab. 7.1 bergen ganz erhebliche Überraschungen. Der erste Antityp, konstituiert durch Zelle 1 1, scheint noch wie erwartet auf. Die beiden Typen, konstituiert durch Zellen 1 2 und 2 1, siedeln allerdings in dem Sektor des Datenraums, in dem gemäß der Konstruktion der Tafel eine uniforme Verteilung zu finden ist. Dennoch würde man auf der Basis der Lienert'schen KFA schließen, dass hier mehr

---

[1] Das Problem der Abhängigkeit von KFA Tests wird nach diesem Abschnitt noch zwei weitere Male besprochen. Ein Kontext ist der der Grenzen der KFA. Der andere Kontext ist der der möglichen Muster von Typen und Antitypen.

Tab. 7.1 KFA erster Ordnung von Victors Beispieltabelle (künstliche Daten)

			Konfiguration	
AB	m		p	
11	10.00	49.0000	.00000000	Antityp
12	100.00	70.0000	.00024475	Typ
13	100.00	91.0000	.17315363	
21	100.00	70.0000	.00024475	Typ
22	100.00	100.0000	.52660829	
23	100.00	130.0000	.00196664	Antityp
31	100.00	91.0000	.17315363	
32	100.00	130.0000	.00196664	Antityp
33	190.00	169.0000	.04158323	

Fälle liegen als erwartet worden war. Der zweite und der dritte Antityp siedeln ebenfalls in diesem Sektor des Datenraums. Bei beiden ist der Schluss allerdings, dass sie weniger Fälle enthalten als erwartet. Die Zelle, für die ein Typ erwartet worden war, Zelle 3 3, erscheint der KFA als unauffällig.

Nach Victor (1983) und Kieser und Victor (1991) weist Tab. 7.1 Phantomtypen und -antitypen aus. Dies sind Typen und Antitypen, die nicht existieren würden, wenn es die anderen Typen und Antitypen in der Tafel nicht geben würde. Ausgehend von diesem Sachverhalt haben die Autoren einen alternativen Ansatz für die exploratorische und die konfirmatorische KFA vorgeschlagen. Dieser Ansatz kann wie folgt erklärt werden.

Wir gehen von dem üblichen Basismodell der KFA aus, d. h. von $\log \hat{m} = X \lambda$. Dabei sind X die Designmatrix und λ der Parametervektor. Vergrößert man X um mindestens eine Spalte und verlängert man λ um einen zusätzlichen Vektor, τ, der die Parameter für die zusätzlichen Effekte in X repräsentiert, dann wird das Basismodell zu $\log \hat{m} = X \begin{pmatrix} \lambda \\ \tau \end{pmatrix}$. In diesem Modell hat X immer noch so viele Zeilen wie die Kreuzklassifikation Zellen hat. Jetzt hat X aber a zusätzliche Spalten und der Vektor τ umfasst a Elemente.

Die üblichen Beschränkungen gelten. X muss den vollen Rang haben, d. h. nicht singulär sein. Auch müssen genügend Freiheitsgrade verfügbar sein, um die zusätzlichen a Parameter zu schätzen.

In der konfirmatorischen KFA nach Kieser und Victor (1999) werden die Parameter in τ für a priori spezifizierte Muster von Typen und Antitypen geschätzt. In der exploratorischen KFA werden die folgenden drei Schritte iteriert:

1. Schätzung eines Basismodells der KFA wie bisher in diesem Buch besprochen; für dieses Modell wird ein LR-X^2 geschätzt; falls das Basismodell die Häufigkeitsverteilung gut repräsentiert, dann ist die Prozedur beendet; dies ist alles genau so, wie in der Lienert'schen KFA bisher,

2. Beschreibt das Basismodell die Häufigkeitsverteilung nicht gut, dann wird eine Konfiguration nach der anderen von der Analyse ausgeschlossen, indem sie zur strukturellen Null erklärt wird (dies wurde in Kap. 5 besprochen); dann wird der Chi-Quadrat Differenztest, ΔLR-X^2, zum Vergleich des auf diese Weise entstanden neuen Basismodells mit dem Original-Basismodell durchgeführt; ist der ΔLR-X^2 Test signifikant, dann ist die Konfiguration, die in diesem Schritt aus der Analyse ausgeschlossen worden war, ein Kandidat für einen Typ oder Antityp; ist kein ΔLR-X^2 Test signifikant, dann endet die Prozedur an diesem Punkt;

3. der Vektor, der das größte ΔLR-X^2 (oder – äquivalent – das kleinste LR-X^2) erzeugt hat, wird in das Basismodell aufgenommen, und die Iteration wird so lange fortgeführt, bis das Basismodell die Häufigkeitsverteilung zufriedenstellend beschreibt.

Wenn Typen oder Antitypen entstehen, dann resultiert dies in einem erweiterten Basismodell, das die Daten gut beschreibt. In den meisten Fällen sind die Ergebnisse einer KFA nach Victor und Kieser sparsamer als die einer klassischen KFA, denn die Prozedur, in der Konfigurationen schrittweise von der Analyse ausgeschlossen werden, verringert die Wahrscheinlichkeit, dass Phantomtypen oder -antitypen entstehen.

Zur Illustration führen wir diese Iteration jetzt mit dem Beispiel in Tab. 7.1 durch. Um Konfiguration 1 1 aus der Analyse auszuschließen, fügt man einen Vektor in die Designmatrix ein, der diese Zelle zur strukturellen Null erklärt. Das Basismodell wird dadurch zu

$$
X = \begin{bmatrix}
1 & 0 & 1 & 0 & | & 1 \\
1 & 0 & 0 & 1 & | & 0 \\
1 & 0 & -1 & -1 & | & 0 \\
0 & 1 & 1 & 0 & | & 0 \\
0 & 1 & 0 & 1 & | & 0 \\
0 & 1 & -1 & -1 & | & 0 \\
-1 & -1 & 1 & 0 & | & 0 \\
-1 & -1 & -1 & -1 & | & 0
\end{bmatrix},
$$

wobei der neue Vektor durch die senkrechten Striche visuell von der Designmatrix getrennt ist, die für Tab. 7.1 verwendet wurde. Wir führen dies separat für jede der neun Zellen in Tab. 7.1 durch. Die auf diese Weise entstehenden goodness-of-fit LR-X^2-Werte sind in Tab. 7.2 zusammengefasst.

Tab. 7.2 zeigt, dass der stärkste Effekt durch das Ausschließen von Konfiguration 1 1 entsteht: das LR-X^2 ist das kleinste. Das neue Basismodell ist daher das mit der Designmatrix X, die oben gezeigt wurde.

Tab. 7.2 LR-X^2-Werte für KFAs nach Victor und Kieser für Tab. 7.1

Ausge-schlossene Zelle	1 1	1 2	1 3	2 1	2 2	2 3	3 1	3 2	3 3
LR-X^2	21.48	63.88	86.13	63.88	88.17	69.57	86.13	69.57	80.05

Wir beginnen jetzt die Iteration von vorn, aber mit dem neuen Basismodell. Schrittweise schließen wir Zellen 1 2, ..., 3 3 aus der Analyse aus. In dieser Analyse brauchen wir nicht über die zweite Runde hinaus zu iterieren, denn bereits in der zweiten Runde führt der Ausschluss von Konfiguration 3 3 dazu, dass das Basismodell die Häufigkeitsverteilung in Tab. 7.1 perfekt beschreibt: das LR-X^2 ist 0.0. Die Designmatrix für dieses Modell ist damit

$$
X = \begin{bmatrix}
1 & 0 & 1 & 0 & | & 1 & 0 \\
1 & 0 & 0 & 1 & | & 0 & 0 \\
1 & 0 & -1 & -1 & | & 0 & 0 \\
0 & 1 & 1 & 0 & | & 0 & 0 \\
0 & 1 & 0 & 1 & | & 0 & 0 \\
0 & 1 & -1 & -1 & | & 0 & 0 \\
-1 & -1 & 1 & 0 & | & 0 & 0 \\
-1 & -1 & -1 & -1 & | & 0 & 1
\end{bmatrix}.
$$

Diese Designmatrix zeigt, dass die Struktur der Tafel in Tab. 7.1 durch den Ausschluss der beiden manipulierten Zellen, 1 1 und 3 3, perfekt erfasst wird. Zellen 1 1 und 3 3 sind die beiden Zellen, die durch Subtraktion von 90 Fällen (Konfiguration 1 1) und durch Addition dieser 90 Fälle (Konfiguration 3 3) zu einem Antityp (Konfiguration 1 1) und einem Typ (Konfiguration 3 3) transformiert worden waren.

Dieses Beispiel hebt drei Eigenschaften des KFA Ansatzes von Victor und Kieser hervor. Erstens sieht man sofort, dass Lösungen auf der Basis dieses Ansatzes wesentlich sparsamer sein können als die der klassischen KFA. Es heben sich in dem Beispiel nur zwei Zellen heraus. Mit der klassischen KFA waren es fünf Zellen.

Zweitens ist die Wahrscheinlichkeit stark reduziert, dass eine Lösung Phantomtypen oder Antitypen enthält, d. h. Typen und Antitypen, die nur deshalb auftreten, weil andere Typen oder Antitypen ebenfalls auftreten. Drittens reflektieren Typ- oder Antityp-konstituierende Konfigurationen in dem Ansatz von Victor und Kieser lokale Abweichungen von einem Basismodell, das in anderen Sektoren des Datenraums die Daten gut beschreibt. In der KFA nach Lienert reflektieren Typen und Antitypen möglicherweise auch Abhängigkeiten der Tests.

Zwei Probleme des Ansatzes von Victor und Kieser liegen allerdings ebenso auf der Hand. Erstens ist der Ansatz u. U. rechenintensiv. Nach der Anpassung des ersten Basismodells sind t Modelle zu schätzen, wobei t wieder die Anzahl der Zellen bezeichnet. Wenn dann noch keine endgültige Lösung gefunden ist, müssen im zweiten Iterationsschritt bis zu $t-1$ weitere Lösungen erzeugt werden etc. Das zweite Problem ist konzeptueller Natur. Der Fokus des Victor und Kieser Ansatzes zur KFA liegt im Anpassen eines Modells. Typen und Antitypen entstehen dabei als ein Nebenprodukt.

Aus diesen Gründen haben von Eye und Mair (2008a, b, c, 2009) eine Alternative zu Victor und Kiesers Ansatz und damit eine weitere Alternative zum klassischen Lienertschen Ansatz vorgeschlagen. Dies wird im nächsten Abschnitt ausgeführt.

7.1.2 von Eye und Mairs alternative sequentielle KFA

In dem alternativen Ansatz, den von Eye und Mair (2008a, b, c, 2009) vorgeschlagen haben, wird, ebenso wie bei Victor und Kiesers Ansatz, sequentiell eine Zelle nach der anderen aus der Analyse ausgeschlossen. Der Fokus dieses Ansatzes ist aber nicht die Modellanpassung, sondern die Größe der Diskrepanz zwischen beobachteten und erwarteten Häufigkeiten der einzelnen Zellen. Auf diese Weise wird versucht, die markantesten Typen und Antitypen zu finden. Die folgenden Iterationsschritte sind zu durchlaufen:

1. Schätzung des Basismodells der KFA; beschreibt dieses Modell die Häufigkeitsverteilung zufriedenstellend, dann endet die Iteration hier; dieser Schritt und diese Entscheidung sind die gleichen wie in der klassischen KFA und in Victor und Kiesers Ansatz;
2. Ausschluss der Konfiguration mit der extremsten Diskrepanz zwischen beobachteter und erwarteter Häufigkeit; diese Diskrepanz kann in Einheiten der verwendeten Teststatistik gemessen werden oder in Einheiten der Wahrscheinlichkeit der Diskrepanz (wenn der Binomialtest oder der exakte hypergeometrische Test verwendet wird);
3. Durchführung eine KFA ohne die ausgeschlossene Konfiguration; Suche nach der Konfiguration, die jetzt die extremste ist;
4. Wiederbeginn bei Schritt 1; die Prozedur endet, wenn das auf diese Weise erweiterte Basismodell zufriedenstellend ist oder keine Diskrepanz verblieben ist, deren Konfiguration noch ausgeschlossen werden könnte.

Im Unterschied zu Victor und Kiesers Ansatz spielt die Güte der Anpassung hier bei der Suche nach Kandidatenkonfigurationen nur eine untergeordnete Rolle. Erst, wenn die Modellanpassung akzeptabel ist oder keine signifikanten Teststatistiken für einzelne Konfigurationen mehr zu finden sind, trägt die Modellanpassung zur Entscheidung bei. Gegeben genügend Freiheitsgrade, können beide besprochenen Ansätze unter jedem beliebigen Basismodell eingesetzt werden.

Im Folgenden geben wir zwei Beispiele. Das erste besteht in der Re-Analyse des Beispiels in Tab. 7.1 mittels von Eye und Mairs Ansatz. Das zweite ist ein Beispiel mit empirischen Daten.

Datenbeispiel 1 Die Ergebnisse der KFA erster Ordnung unter Einschluss aller neun Zellen sind in Tab. 7.1 zusammengefasst. Schließt man die Zelle mit dem extremsten Diskrepanzwert aus der nächsten Analyse aus und verwendet die obige Designmatrix, dann erhält man das in Tab. 7.3 zusammengefasste Ergebnis.

Der Likelihood Ratio Chi-Quadrat goodness-of-fit Test zeigt, dass auch nach Ausschluss von Konfiguration 1 1 Effekte in der Kreuzklassifikation der künstlichen Variablen A und B existieren ($X^2 = 21.58$; $df = 3$; $p < 0.001$). Es zeigt sich immer noch ein Typ.

Die extremste Diskrepanz in Tab. 7.3 ist jetzt in Zelle 3 3 zu finden. Wir schließen diese Zelle aus der nächsten Analyse aus, und zwar zusätzlich zu Zelle 1 1, und erhalten die Ergebnisse in Tab. 7.4.

Tab. 7.3 KFA erster Ordnung von Victors Beispieltabelle unter Ausschluss von Konfiguration 1 1

```
Konfiguration
    AB        m        m̂        p
    11      10.00       -        -
    12     100.00    86.9565   .080
    13     100.00   113.0435   .101
    21     100.00    86.9565   .081
    22     100.00    92.6276   .224
    23     100.00   120.4159   .023
    31     100.00   113.0435   .102
    32     100.00   120.4159   .023
    33     190.00   156.5406   .002    Typ
```

Tab. 7.4 KFA erster Ordnung von Victors Beispieltabelle unter Ausschluss von Konfigurationen 1 1 und 3 3

AB	m	Konfiguration	p
11	10.00	10.0000	–
12	100.00	100.0000	.51567019
13	100.00	100.0000	.51567019
21	100.00	100.0000	.51567019
22	100.00	100.0000	.51567019
23	100.00	100.0000	.51567019
31	100.00	100.0000	.51567019
32	100.00	100.0000	.51567019
33	190.00	190.0000	–

Der Likelihood Ratio Chi-Quadrat goodness-of-fit Test zeigt, dass nach Ausschluss der Konfigurationen 1 1 und 3 3 keine Effekte in der Kreuzklassifikation der künstlichen Variablen A und B verbleiben, und das, obwohl noch zwei Freiheitsgrade zur Verfügung stehen ($X^2 = 0.0$; $df = 2$; $p = 1.0$), d. h. dass das Modell nicht saturiert ist und noch ein Iterationsschritt hätte getan werden können. Entsprechend zeigen sich weder Typen noch Antitypen.

Datenbeispiel 2 Im folgenden Beispiel nehmen wir die Daten wieder auf, die Lienert und Krauth (1973) und Lautsch und von Weber (1995) bereits vorgestellt hatten, und die in Kap. 3 mit einer zwei-Gruppen KFA analysiert worden waren. 107 Schülern und Schülerinnen im Alter von 9–11 wurden drei verbale Tests vorgelegt: Lesen (L), Wortschatz (W) und Rechtschreibung (R). Bei 48 dieser SchülerInnen bestand Dyslexieverdacht. Die Leistungen in den drei Tests wurden am arithmetischen Mittel dichotomisiert und mit 1 = *überdurchschnittlich* und 2 = *unterdurchschnittlich* kodiert. In Kap. 3 wurden die Schüler mit Dyslexieverdacht mit denen ohne Dyslexieverdacht in den drei Testleistungen mit einer ISA verglichen. Es hatten sich zwei Typen und zwei Antitypen ergeben (siehe Tab. 3.15).

Dieses Beispiel ist aus folgenden Gründen interessant. Erstens ist die Gruppierungs-variable binär. Entsteht daher ein Typ für eine der beiden Kategorien, dann ist die Wahr-scheinlichkeit sehr hoch, dass für die andere ein Antityp entsteht, und umgekehrt. Wir wollen sehen, ob dies einen Effekt auf die Ergebnisse der sequentiellen Methoden hat, die in den letzten beiden Abschnitten vorgestellt wurden. Zweitens demonstrieren wir mit diesem Beispiel, dass diese beiden sequentiellen Methoden für beliebige Basis-modelle der KFA eingesetzt werden können. In der Analyse von Victors Beispiel in den letzten beiden Abschnitten wurde das Basismodell der KFA erster Ordnung ver-wendet. Hier ist das Basismodell das einer ISA. Die Ergebnisse der standard-ISA sind in Tab. 3.15 wiedergegeben. Das Basismodell dieser ISA war

$$\log \hat{m} = \lambda + \lambda^L + \lambda^W + \lambda^R + \lambda^G + \lambda^{L,W} + \lambda^{L,R} + \lambda^{W,R} + \lambda^{L,W,R},$$

wobei G die Gruppierungsvariable bezeichnet. Hier gehen wir nun durch die Iterations-schritte zuerst der Victor-Kieser Methode und dann der von Eye-Mair Methode.

ISA in der Victor und Kieser Prozedur Der extremste Chi-Quadrat-Wert in Tab. 3.15 hatte sich für Konfiguration 2 2 2 1 ergeben. Wir schließen daher in einem ersten Ana-lyseschritt nach der klassischen ISA diese Konfiguration aus der Analyse aus. Das Basis-modell, das sich dadurch ergibt, ist

$$\log \hat{m} = \lambda + \lambda^L + \lambda^W + \lambda^R + \lambda^G + \lambda^{L,W} + \lambda^{L,R} + \lambda^{W,R} + \lambda^{L,W,R} + \lambda^{2221},$$

wobei das Superskript 2221 die Konfiguration anzeigt, die aus dieser Analyse aus-geschlossen wird (also zur strukturellen Null erklärt wird). Das Ergebnis dieses Schritts ist in Tab. 7.5 zu sehen.

Der Likelihood Ratio Chi-Quadrat goodness-of-fit Test zeigt, dass nach Ausschluss der Konfiguration 2 2 2 1 noch Effekte in der Kreuzklassifikation der Testwerte L, W und R mit der Gruppierungsvariablen G verbleiben (LR-$X^2 = 45.03$; $df = 6$; $p < 0.001$). Es zeigen sich zwei Typen. Diese Typen treten überraschend auf. Sie waren in der ersten ISA (Tab. 3.15) nicht in Vorschein gekommen. Es scheint also der Fall zu sein, dass in Tab. 3.15 Phantom-Nicht-Typen aufgetreten sind.

Ein weiterer wichtiger Punkt der Analyse ist, dass durch den Ausschluss von Konfiguration 2 2 2 1 gleichzeitig Konfiguration 2 2 2 2 auch ausgeschlossen wurde. Dies war zu erwarten, weil für die nicht-ausgeschlossene Konfiguration kein Variations-spielraum verbleibt, wenn die korrespondierende Konfiguration in einer binären Variable aus der Analyse genommen wurde.

Im Vergleich zu dem Ergebnis, das mit der Original-ISA erzeugt worden war, ist hier die Anpassung zwar signifikant besser (ΔLR-$X^2 = 44.27$; $\Delta df = 1$; $p < 0.001$), sie beschreibt die Häufigkeitsverteilung in Tab. 7.5 aber noch nicht zufriedenstellend. Wir schließen daher im Rahmen der ersten Runde der Iteration jede einzelne Konfiguration aus der nächsten Analyse aus. Diese Runde führt dazu, dass eine Zelle von den folgenden Analysen ausgeschlossen wird. Bereits ausgeschlossene Zellen werden in den folgenden Runden nicht wieder in die Berechnungen einbezogen. Tab. 7.6 zeigt die LR-X^2-Werte die 16 verschiedenen Modelle.

Tab. 7.5 ISA der Testwerte *L*, *W* und *R* und der Gruppierungsvariable *G*; erster Iterationsschritt: Konfiguration 2 2 2 1 aus der Analyse genommen

```
Konfiguration
```

LWRG	m	$\hat{m}$	X^2	$p(X^2)$	
1111	1.00	6.986	5.1294	.023523	
1112	29.00	23.014	1.5572	.212083	
1121	2.00	1.397	.2600	.610116	
1122	4.00	4.603	.0789	.778752	
1211	.00	.699	.6986	.403244	
1212	3.00	2.301	.2121	.645139	
1221	7.00	1.863	14.1645	.000168	Typ
1222	1.00	6.137	4.2999	.038114	
2111	1.00	1.863	.3998	.527204	
2112	7.00	6.137	.1214	.727563	
2121	6.00	1.630	11.7142	.000620	Typ
2122	1.00	5.370	3.5561	.059327	
2211	.00	2.562	2.5616	.109485	
2212	11.00	8.438	.7776	.377863	
2221	31.00	31.000	–	–	
2222	4.00	4.000	.0000	1.000000	

Die Ergebnisse aus Tab. 7.6 legen nahe, dass auf der Basis der LR-X^2-Werte der Ausschluss einer Zelle eines binären Vergleichspaars den gleichen Effekt hat wie der Ausschluss der jeweils anderen Zelle. Dies erspart uns 50 % der Iterationsschritte. Weiterhin zeigen die Iterationen, dass Zelle 2 2 2 1 oder 2 2 2 2 als erste in der Iteration ausgeschlossen werden sollten. Die zweite, die ausgeschlossen wird, ist Zelle 1 2 2 1 (oder 1 2 2 2). Die dritte ist 2 1 2 1 (oder 2 1 2 2; die Tabellen für diese Schritte sind hier nicht wiedergegeben). Nach diesem, dem dritten Iterationsschritt ergibt sich eine gute Modellanpassung und die Iteration ist beendet. Insgesamt ergibt sich damit die folgende Designmatrix (Spalte für Modellkonstante impliziert):

$$
X = \begin{bmatrix}
1 & 1 & 1 & 1 & 1 & 1 & 0 & 0 & 0 \\
1 & 1 & 1 & -1 & 1 & -1 & 0 & 0 & 0 \\
1 & 1 & -1 & 1 & 1 & -1 & 0 & 0 & 0 \\
1 & 1 & -1 & -1 & 1 & 1 & 0 & 0 & 0 \\
1 & -1 & 1 & 1 & 1 & 1 & 0 & 0 & 0 \\
1 & -1 & 1 & -1 & -1 & -1 & 0 & 0 & 0 \\
1 & -1 & -1 & 1 & -1 & -1 & 0 & 1 & 0 \\
1 & -1 & -1 & -1 & -1 & 1 & 0 & 0 & 0 \\
-1 & 1 & 1 & 1 & -1 & 1 & 0 & 0 & 0 \\
-1 & 1 & 1 & -1 & -1 & -1 & 0 & 0 & 0 \\
-1 & 1 & -1 & 1 & -1 & -1 & 0 & 0 & 1 \\
-1 & 1 & -1 & -1 & -1 & 1 & 0 & 0 & 0 \\
-1 & -1 & 1 & 1 & 1 & 1 & 0 & 0 & 0 \\
-1 & -1 & 1 & -1 & 1 & -1 & 0 & 0 & 0 \\
-1 & -1 & -1 & 1 & 1 & -1 & 1 & 0 & 0 \\
-1 & -1 & -1 & -1 & 1 & 1 & 0 & 0 & 0
\end{bmatrix}.
$$

Tab. 7.6 LR-X^2-Werte der ersten 16 Schritte der sequentiellen Victor-Kieser ISA der Daten aus Tab. 3.15

Ausge-schlossene Zelle	1111	1112	1121	1122	1211	1212	1221	1222	2111	2112	2121	2122	2211	2212	2221	2222
LR-X^2	54.51	54.51	88.98	88.98	85.71	85.71	82.32	82.32	85.22	85.22	83.80	83.80	75.38	75.38	45.03	45.03

Tab. 7.7 ISA der Testwerte L, W und R und der Gruppierungsvariable G (Typen und Antitypen nach iterativer KFA)

```
Konfiguration
```

LWRG	m	$\hat{m}$	X^2	$p(X^2)$	
1111	1.00	2.069	.5523	.457380	
1112	29.00	27.931	.0409	.839710	
1121	2.00	.414	6.0805	.013669	
1122	4.00	5.586	.4504	.502143	
1211	.00	.207	.2069	.649211	
1212	3.00	2.793	.0153	.901476	
1221	7.00	7.000	-	-	Typ
1222	1.00	1.000	.0000	1.000000	Antityp
2111	1.00	.552	.3642	.546170	
2112	7.00	7.448	.0270	.869531	
2121	6.00	6.000	-	-	Typ
2122	1.00	1.000	.0000	1.000000	Antityp
2211	.00	.759	.7586	.383761	
2212	11.00	10.241	.0562	.812616	
2221	31.00	31.000	-	-	Typ
2222	4.00	4.000	.0000	1.000000	Antityp

Die Ergebnisse der ISA mit dieser Designmatrix sind in Tab. 7.7 wiedergegeben.

Der LR-X^2 goodness-of-fit Test zeigt, dass nach Ausschluss der Konfigurationen 2 2 2 1, 1 2 2 1 und 2 1 2 1 keine Effekte in der Kreuzklassifikation der Testwerte L, W und R mit der Gruppierungsvariablen G verbleiben, die einer Erklärung bedürfen (LR-$X^2 = 6.68$; $df = 4$; $p = 0.154$). Es zeigen sich auf der Basis der iterativen Suche drei Typen und die korrespondierenden Antitypen.

Im Hinblick auf die Diskussion der Phantomtypen und -antitypen zeigt sich an diesem Beispiel, dass in Tab. 3.15 ein Phantomtyp und der korrespondierende Phantomantityp aufgeschienen sind. Dies sind der Typ 1 1 1 2 und der Antityp 1 1 1 1. Es zeigte sich zudem, dass zwei Typ-Antityp-Paare in Tab. 3.15 nicht erkennbar waren, die hier in den Vordergrund gerückt sind. Dies sind die Paare 1 2 2 1/2 und 2 1 2 1/2. Dieses Ergebnis beleuchtet die Abhängigkeit der Präsenz oder Absenz von Typen und Antitypen von der Anwesenheit anderer Typen und Antitypen in einer Kreuzklassifikation.

ISA in der von Eye und Mair Prozedur Das Vorgehen und die Ergebnisse der ISA in der von Eye und Mair Prozedur braucht hier nicht im Detail beschrieben zu werden. Die Ergebnisse sind die gleichen wie die auf der Basis der Victor-Kieser Prozedur. Es sollte allerdings angemerkt werden, dass die beiden iterativen Prozeduren nicht immer zu den gleichen Ergebnissen führen. Dies wird bei von Eye und Mair (2008b) illustriert.

Ein weiterer Punkt, der hier diskutiert werden sollte, betrifft den Schutz der Signifikanzschwelle α. Bei Victor und Kieser wird die Wahl der auszuschließenden Zellen auf der Basis der Modellanpassung getroffen. Bei von Eye und Mair geschieht dies auf der Basis der Größe der Teststatistiken für die einzelnen Konfigurationen oder dem Grad, zu dem deren Wahrscheinlichkeiten extrem sind. Bei der Entscheidung über die Fortsetzung der Iteration wird allerdings bei beiden Prozeduren gefragt, ob die Modellanpassung akzeptabel ist. Dies bedeutet, dass i Signifikanztests betrachtet werden, bevor die Iteration zum Abschluss kommt, wobei i die Zahl der Iterationsschritte bezeichnet.

Die Zahl der Iterationsschritte kann dann besonders klein sein, wenn in jedem sukzessiven Schritt eine neue Konfiguration den bereits ausgeschlossenen hinzugefügt wird. Im letzten Datenbeispiel waren bei von Eye und Mairs Prozedur nur drei Iterationsschritte erforderlich. In Victor und Kieser's Prozedur waren im ersten Iterationsschritt t Tests erforderlich (einer pro Konfiguration), im zweiten $t - 1$, und im dritten $t - 2$, d. h. insgesamt $3t - 3$. In von Eye und Mair's Prozedur war es die gleiche Zahl.

Dabei ergibt sich das Problem, dass vor Beginn der Iteration nicht bekannt ist, wie viele Iterationsschritte durchgeführt werden. Die Signifikanzschwelle α sollte in Bezug auf die maximale Zahl der Iterationsschritte geschützt werden. Damit ergibt sich ein geschütztes α, das mehr Tests berücksichtigt als bei der klassischen KFA. Sind allerdings korrespondierende Typen und Antitypen zu erwarten, weil eine Klassifikations- oder Stratifizierungsvariable binär ist, dann reduziert sich die Zahl der Tests um 50 %.

7.2   Die funktionale KFA

An vielen Stellen in diesem Buch haben wir bereits versucht, mit Hilfe von log-linearen Modellen die Ursachen für die Entstehung von Typen oder Antitypen zu erklären. Dabei wurden Variablenbeziehungen untersucht. In diesem Abschnitt stellen wir eine Methode vor, die das gleiche Ziel verfolgt, allerdings auf dem Niveau einzelner Effekte. Diese Methode ist die *funktionale KFA* (von Eye, & Mair, 2008a, b, c). Mit dieser Methode wird nach Effekten gesucht, die die folgenden Eigenschaften und Funktionen haben:

1. Sie sind nicht Bestandteil des Basismodells, mit dem Typen und Antitypen aufgedeckt worden sind;
2. sie lassen diese Typen und Antitypen komplett verschwinden; dies bedeutet, dass sie die Typen und Antitypen *erklären;*
3. ihr Einbezug in das Basismodell führt nicht zu zusätzlichen Typen oder Antitypen; und
4. sie sind sparsam in dem Sinn, dass ihre Zahl so klein ist wie möglich, um die Typen und Antitypen des Basismodells zu erklären; werden Interaktionen verwendet, dann sollen diese von der niedrigst-möglichen Ordnung sein.

Die funktionale KFA hat damit, kurz, die Aufgabe, die Effekte zu identifizieren, die zum Auftreten von Typen und Antitypen führen. Effekte, die diese Eigenschaften und Funktionen aufweisen, sollen *Typ-generierend* und *Antityp-generierend* heißen. Bei der Aufdeckung dieser Effekte gibt es keine Beschränkungen. Es können hierarchische, nicht-hierarchische und nicht-standard Modelle (Mair & von Eye, 2007) in Betracht gezogen werden. Nicht-standard Modelle ergeben sich, wenn Kovariaten oder spezielle

Kontraste in ein Basismodell aufgenommen werden, wenn strukturelle Nullen existieren, oder wenn Zellen aus einer Analyse ausgeschlossen werden, wie in den letzten beiden Abschnitten.

In den folgenden Abschnitten behandeln wir zwei Suchstrategien, die *aufsteigende inklusive* und die *absteigende ausschließende* Suche. Wir beschränken die Diskussion auf die Verwendung log-linearer Modelle. Andere Modelle sind ebenfalls denkbar, z. B. solche, in denen a priori Wahrscheinlichkeiten bei der Schätzung von Erwartungshäufigkeiten verwendet werden. Hier bleiben wir aber bei log-linearen Modellen (siehe auch Schuster & von Eye, 2000).

7.2.1   Funktionale KFA I: Die aufsteigende inklusive Strategie

Es ist das Ziel der funktionalen KFA, diejenigen Effekte zu finden, die die Funktion haben, Typen oder Antitypen entstehen zu lassen, d. h. sie zu erklären. Um diese Effekte zu finden, wird das Basismodell verändert. Bisher wurde das Basismodell verwendet, um Erwartungshäufigkeiten zu schätzen, und um die Variablenbeziehungen in der Population zu repräsentieren, von denen Typen und Antitypen abweichen. Beschreiben die Effekte in diesem Modell die Population hinreichend gut, dann sind Abweichungen nur zufällig und Typen oder Antitypen können nicht entstehen (vgl. Goodman, 1984).

Mit der funktionalen KFA werden diese Effekte gesucht. Mit der aufsteigenden inklusiven Strategie geschieht dies, indem systematisch Effekte in das Modell aufgenommen werden (oder auch wieder entfernt werden), bis alle Typen und Antitypen verschwunden sind. Die folgenden Schritte werden dieser Strategie gerecht:

1. Durchführung einer KFA wie üblich, d. h. mit dem Basismodell, das empirisch oder theoretisch abgeleitet worden ist, und das zu Typen oder Antitypen führt, die sinnvoll erscheinen; ergeben sich keine Typen oder Antitypen, kann die Analyse bereits an dieser Stelle abgebrochen werden;
2. Einfügen eines Effekts auf der niedrigst-möglichen hierarchischen Stufe. Ist das Basismodell *global* (siehe Kap. 2), dann wird ein Effekt auf der nächst-verfügbaren hierarchischen Stufe hinzugefügt. Bei einer KFA 0-ter Ordnung wäre dies ein Haupteffekt. Bei einer KFA erster Ordnung wäre dies eine zweifach Interaktion. Es kann aber stets auch daran gedacht werden, Kovariaten, spezielle Effekte oder Stratifizierungsvariablen einzusetzen. Jeder Effekt wird dem Modell einzeln hinzugefügt. Erst in einem Folgeschritt werden zwei oder mehr Kovariaten gleichzeitig verwendet.
3. Für das auf diese Weise entstehende neue Modell wird überprüft, ob
   1. alle Typen und Antitypen verschwunden sind,
   2. keine neue Typen oder Antitypen entstanden sind, und
   3. das neue Modell die Häufigkeitsverteilung zufriedenstellend beschreibt.
4. Sind diese drei Bedingungen alle erfüllt, dann kann die Analyse an dieser Stelle abgeschlossen werden. Andernfalls wird zu Schritt 2 zurückgekehrt, ein neuer Effekt

auf derselben hierarchischen Stufe in das Modell eingefügt, und es wird eine neue KFA durchgeführt. Effekte auf höheren hierarchischen Stufen werden erst dann in Betracht gezogen, wenn die niedrigere hierarchische Stufe ausgeschöpft ist, oder wenn Effekte auf höheren Stufen interessanter oder wichtiger sind. Ein Beispiel dafür wären Fälle, in denen hypostasiert wird, dass das Meehl Paradoxon vorliegt, d. h. dass Effekte höherer Ordnung den Löwenanteil der Variation in einer Tafel erklären (siehe Kap. 1). Das Verharren auf einer niedrigeren hierarchischen Stufe, bis alle möglichen Effekte ausgeschöpft sind, ist in allen anderen Fällen aus Gründen der Sparsamkeit und der Interpretierbarkeit erforderlich.

5. Sind diese drei Bedingungen nicht erfüllt, und beschreibt das neue Modell die Häufigkeitsverteilung in der Tafel nicht besser als das ohne die neuen Effekte, dann kann der neue Term wieder aus dem Basismodell entfernt werden, und es wird weiter gesucht.

Es sollte angemerkt werden, dass die hier in fünf Schritten beschriebene Suchstrategie mechanisch ist und kein Vorwissen auf Seiten der Datenanalytiker ins Kalkül einbezieht. Auf diese Weise kann garantiert werden, dass ein optimales Modell gefunden wird, d. h. ein Modell, das alle Typen und Antitypen erklärt. Im ungünstigsten Fall ist dies das saturierte Modell. Wird diese Suchstrategie angewendet, dann entstehen aber u. U. auch viele Modelle, die nicht interessant sind. Es kann damit sein, dass die Anwendung dieser und auch der absteigenden ausschließenden Strategie, die im nächste Abschnitt besprochen wird, zu einer oder sogar mehreren *uninteressanten Lösungen* führt.

In der Literatur zum *data mining* wurde ausführlich diskutiert, ob und wie mit Suchalgorithmen *interessante Lösungen* erzeugt werden können. Es wurde allerdings auch diskutiert, warum auch mit diesen Methoden nicht garantiert werden kann, dass eine Lösung wirklich interessant ist. Es entsteht dadurch das sogenannte Interessantheits-Paradox (*interestingness paradox;* siehe Padmanabhan, 2004). Dieses Paradox entsteht dadurch, dass von Programmen Kombinationen von Variablen oder Kategorien von Variablen erzeugt werden, die semantisch sinnlos sein können. Es wird daher für die KFA empfohlen, zuerst die aus theoretischer Sicht ‚interessanten' Effekte zu verwenden, und zu mechanisierter Suche erst dann überzugehen, wenn die theoretisch abgeleiteten Effekte ausgeschöpft sind und nicht zu einer befriedigenden Lösung geführt haben. Dies gilt sowohl für die absteigende als auch die aufsteigende Strategie.

Datenbeispiel Im folgenden Beispiel betrachten wir Teilnehmer 3004 aus der Studie zur Entwicklung von selbstdiagnostizierten Alkoholikern (Perrine et al., 1995). Wir fragen, 1) ob drei zeitlich direkt benachbarte und nur durch einen Tag voneinander entfernte Stressratings miteinander assoziiert sind, 2) wie sich diese Assoziationen in Typen oder Antitypen äußern, und 3) wie sich diese Typen und Antitypen erklären lassen. Die Stressratings wurden kategorisiert und mit $1 = niedriger\ Stress,\ 2 = mittlerer\ Stress$ und $3 = hoher\ Stress$ kodiert. Die dadurch entstehenden Variablen sind S_1, S_2 und S_3. Dieser

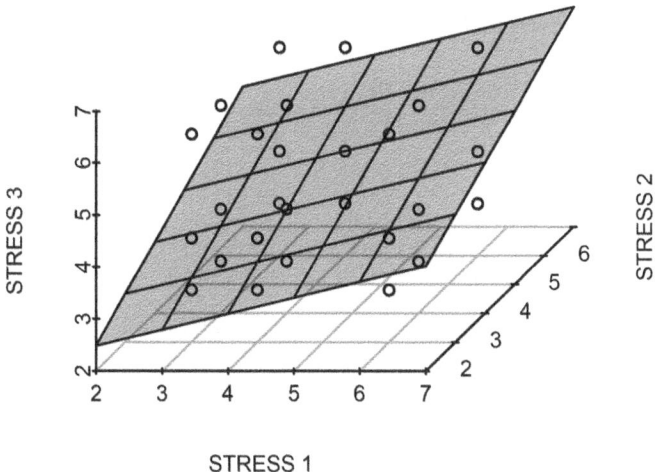

Abb. 7.1 Lineares Modell für drei zeitlich gestaffelte Stressindikatoren

Teilnehmer beantwortete Fragen zu seinem Alkoholkonsum, zu seiner Stimmungslage und zu seinem Stressniveau an 740 aufeinanderfolgenden Tagen.

Die erste dieser drei Fragen beantworten wir mit Spearman Rangkorrelationen. Wir erhalten $r_{S_1S_2}=0.452$, $r_{S_1S_3}=0.340$ und $r_{S_2S_3}=0.447$. Dies sind respektable Korrelation, speziell wenn man die relativ hohe Zahl an Antworten betrachtet. Das lineare Modell, das durch diese Korrelationen repräsentiert wird, erklärt aber nur einen Teil der Kovariationen, wie in Abb. 7.1 erkennbar ist.

Wir sind nun an diesen Details interessiert, und führen daher eine KFA erster Ordnung durch, gefolgt von einer funktionalen KFA. Wir gehen durch die Schritte der KFA.

Schritt 1: Spezifikation eines Basismodells Die gestellte Frage betrifft die lokalen Indikatoren der Korrelationen zwischen den drei Stressindikatoren, die nur durch Lag 1 voneinander getrennt waren. Wir führen daher eine KFA erster Ordnung durch. Das Basismodell dafür ist $\log \hat{m} = \lambda + \lambda^{S1} + \lambda^{S2} + \lambda^{S3}$.

Schritt 2: Signifikanztestung Wegen der relativ kleinen Fallzahlen in einigen Zellen verwenden wir die Stirlingsche Approximation des Binomialtests. α schützen wir mit der Holland DiPonzio Copenhaver Prozedur.

Schritt 3: Durchführung der KFA Tab. 7.8 zeigt die Ergebnisse der KFA.

Der Pearson Chi-Quadrat goodness-of-fit Test zeigt, dass starke lokale Effekte in der Kreuzklassifikation der Stresswerte S1, S2 und S3 einer Erklärung bedürfen ($X^2=967.25$; $df=20$; $p<0.001$). Es zeigen sich vier Typen und drei Antitypen.

Tab. 7.8 KFA erster Ordnung der Kreuzklassifikation von S_1, S_2 und S_3 bei Person 3004

```
Konfiguration
  S₁ S₂ S₃           m          m̂          p
    111            .00       .0015     .99852191
    112            .00       .0078     .99219094
    113           1.00       .1001     .10314240
    121            .00       .0087     .99132704
    122           2.00       .0462     .00107548      Typ
    123           2.00       .5897     .12313826
    131            .00       .1114     .89454498
    132           1.00       .5906     .47844706
    133           3.00      7.5439     .05858368
    211            .00       .0087     .99132704
    212           1.00       .0462     .04888472
    213           1.00       .5897     .47793656
    221           2.00       .0513     .00132322      Typ
    222          14.00       .2719     .00000000      Typ
    223           8.00      3.4728     .02564451
    231            .00       .6562     .51866346
    232           5.00      3.4779     .27412228
    233          22.00     44.4253     .00010589      Antityp
    311           1.00       .1114     .11411315
    312           3.00       .5906     .02273884
    313           2.00      7.5439     .02011127
    321            .00       .6562     .51866346
    322           8.00      3.4779     .02583763
    323          17.00     44.4253     .00000135      Antityp
    331           7.00      8.3945     .40482415
    332          19.00     44.4910     .00000865      Antityp
    333         621.00    568.3091     .00000114      Typ
```

Schritt 4: Interpretation der Typen und Antitypen Hier konzentrieren wir uns auf die Interpretation des extremsten Typs und des extremsten Antityps. Nicht die bei weitem am stärksten frequentierte Konfiguration, das ist 3 3 3, sondern Konfiguration 2 2 2 konstituiert den extremsten Typ. An 14 Tagen, und den beiden Tagen davor berichtete Teilnehmer 3004 moderates Stressniveau. Weniger als ein halber Tag war erwartet worden.

Der extremste Antityp wird von Konfiguration 3 2 3 konstituiert. An 17 Tages-Tripeln (über 44 waren erwartet worden) berichtet der Teilnehmer von extremem Stress, der nur an dem Tag in der Mitte der Reihe moderat war.

Im dritten Analyseschritt fragen wir, wie die vier Typen und drei Antitypen in Tab. 7.8 erklärt werden können. Wir führen daher eine funktionale KFA durch. Hier wählen wir die aufsteigende inklusive Form der funktionalen KFA.

Nach einer KFA erster Ordnung bietet es sich an, dem Basismodell Interaktionen erster Ordnung hinzuzufügen. Tab. 7.9 zeigt die Ergebnisse dieses Vorgehens im Vergleich zur KFA erster Ordnung[2].

---

[2]Um diese Lösungen zu errechnen, wurde auf jede Zelle ein $\Delta = 0.1$ hinzuaddiert. Dies war erforderlich, um Probleme aus dem Weg zu gehen, die sich wegen der vielen sehr kleinen Zellhäufigkeiten bei der Schätzung von Interaktionen ergeben hätten.

Tab. 7.9 Anreicherung des Basismodells erster Ordnung durch Interaktionen

Neuer Term im Modell	LR-X^2	df	p	Typen/Antitypen verschwunden?	Neue Typen/Antitypen?
$[S_1, S_2]$	113.96	16	<0.001	Partiell	Ja
$[S_1, S_3]$	148.21	16	<0.001	Partiell	Ja
$[S_2, S_3]$	114.72	16	<0.001	Partiell	Ja
$[S_1, S_2][S_1, S_3]$	55.10	12	<0.001	Ja	Ja
$[S_1, S_2][S_2, S_3]$	21.62	12	0.0421	Ja	Ja
$[S_1, S_2][S_1, S_3][S_2, S_3]$	8.27	8	0.4074	Ja	Nein

Die Ergebnisse in Tab. 7.9 zeigen, dass eine eindeutige Lösung gefunden wurde. Jede einzelne der zweifach Interaktionen führte zu einer Verbesserung der Anpassungsgüte des Basismodells der KFA erster Ordnung. Jedes Paar von zweifach Interaktionen führte zu einer weiteren Verbesserung. Keine dieser Lösungen war jedoch gut genug, um die Häufigkeitsverteilung in Tab. 7.7 zufriedenstellend zu erklären, und es entstanden neue Typen oder Antitypen. Erst die Verwendung aller drei zweifach Interaktionen führte zu einem Modell, das die Häufigkeitsverteilung gut erklärt, alle Typen und Antitypen in Tab. 7.8 zum Verschwinden bringt, und keine neuen Typen oder Antitypen zu Tage fördert. Mit dieser Lösung könnten wir die Suche abschließen.

Wir fragen allerdings, ob es nicht eine sparsamere Lösung gibt, die die gleichen Eigenschaften aufweist. Um eine solche Lösung zu erzeugen, betrachten wir wieder die Ergebnisse in Tab. 7.9. Dort sehen wir, dass das Modell, das die beiden Interaktionen der zeitlich direkt benachbarten Stresswerte verwendet, d. h. $[S_1, S_2]$ und $[S_2, S_3]$, nahe an einer akzeptablen Lösung liegt. Wir fügen diesem Modell jetzt einen speziellen Effektvektor an. Dieser Vektor kontrastiert Zelle 3 3 3 mit allen anderen Zellen. Der Grund dafür ist der, dass Zelle 3 3 3 deutlich stärker besetzt ist als alle anderen Zellen. Diese Zelle enthält mehr als 50 % der Antworten des Teilnehmers 3004. Wir verwenden den Vektor $x' = \{-1, -1, -1, -1, -1, -1, -1, -1, -1, -1, -1, -1, -1, -1, -1, -1, -1, -1, -1, -1, -1, -1, -1, -1, -1, -1, 1\}$. Die Ergebnisse mit den beiden zweifach Interaktionen $[S_1, S_2]$ und $[S_2, S_3]$ plus diesem Kontrastvektor sind in Tab. 7.10 wiedergegeben.

Der LR-X^2 goodness-of-fit Test zeigt, dass in der Kreuzklassifikation der Stresswerte S_1, S_2 und S_3 keine Effekte einer weiteren Erklärung bedürfen. Die Anpassung ist ausgezeichnet (LR-$X^2 = 11.26$; $df = 11$; $p = 0.4210$). Es zeigen sich weder Typen noch Antitypen.

Beide Lösungen sind akzeptabel. Jetzt entsteht allerdings die Frage, welche zu bevorzugen ist. Räumt man keiner der 27 Konfigurationen einen besonderen Status ein, dann ist die Lösung mit den drei zweifach Interaktionen zu bevorzugen. Diese Lösung ist äquivalent mit der einer KFA zweiter Ordnung, und alle Konfigurationen wurden gleich behandelt. Erlaubt man aber der Konfiguration 3 3 3, eine besondere Rolle zu

Tab. 7.10 Erklärung der
Typen und Antitypen durch
zwei Interaktionen und einen
speziellen Kontrastvektor bei
Person 3004

Konfiguration

S_1	S_2	S_3	m	$\hat{m}$	z
1	1	1	0.100	0.171	-0.171
1	1	2	0.100	0.565	-0.618
1	1	3	1.100	0.565	0.712
1	2	1	0.100	0.183	-0.195
1	2	2	2.100	1.939	0.116
1	2	3	2.100	2.178	-0.053
1	3	1	0.100	0.195	-0.214
1	3	2	1.100	0.674	0.518
1	3	3	3.100	3.431	-0.179
2	1	1	0.100	0.302	-0.368
2	1	2	1.100	0.999	0.101
2	1	3	1.100	0.999	0.101
2	2	1	2.100	1.037	1.044
2	2	2	14.100	10.955	0.950
2	2	3	8.100	12.308	-1.199
2	3	1	0.100	1.236	-1.022
2	3	2	5.100	4.282	0.395
2	3	3	22.100	21.782	0.068
3	1	1	1.100	0.827	0.300
3	1	2	3.100	2.736	0.220
3	1	3	2.100	2.736	-0.385
3	2	1	0.100	1.080	-0.943
3	2	2	8.100	11.406	-0.979
3	2	3	17.100	12.814	1.197
3	3	1	7.100	5.870	0.508
3	3	2	19.100	20.343	-0.276
3	3	3	621.100	621.087	0.001

spielen, weil sie 83.91 % der gegebenen Antworten enthält, dann ist die Lösung mit dem speziellen Kontrastvektor zu bevorzugen. Diese Lösung ist zudem sparsamer, weil mehr verfügbare Freiheitsgrade übrig bleiben.

Inhaltlich ist das Resultat dieser aufsteigenden inklusiven funktionalen KFA so zu erklären, dass die Assoziationen zeitlich direkt benachbarter Antworten bei Person 3004 einen großen Teil der Kovariation in der Kreuzklassifikation von S_1, S_2 und S_3 erklären, die zu vier Typen und drei Antitypen in Tab. 7.8 geführt hat. Hebt man die Konfiguration heraus, die beschreibt, dass diese Person fast jeden Tag unter erheblichem Stress leidet, dann können die Typen und Antitypen perfekt erklärt werden. Hebt man diese Konfiguration nicht heraus, dann wird der Rest dieser Variation von der Assoziation zwischen zeitlich zwei Tage voneinander entfernten Antworten zufriedenstellend erklärt. In Abhängigkeit davon, welche dieser beiden Lösungen bevorzugt wird, können daher entweder die beiden Interaktionen $[S_1, S_2][S_2, S_3]$ plus die dritte paarweise Interaktion, $[S_1, S_3]$ als Typen- und Antitypen-generierend bezeichnet werden, oder die beiden Interaktionen $[S_1, S_2][S_2, S_3]$ plus den Effekt, der Konfiguration 3 3 3 heraushebt und in Kontrast zu allen anderen Konfigurationen setzt.

Im nächsten Abschnitt behandeln wird die absteigende, ausschließende Suchstrategie der funktionalen KFA.

7.2.2   Funktionale KFA II: Die absteigende ausschließende Strategie

Die aufsteigende, inklusive Strategie nimmt neue Effekte in die Designmatrix auf, bis ein Modell entsteht, das die Häufigkeitsverteilung gut beschreibt und so sparsam wie möglich ist. Die absteigende ausschließende Strategie geht genau den umgekehrten Weg. Ausgehend vom saturierten Modell werden Terme aus der Designmatrix so lange entfernt, bis nur noch die Terme in der Matrix sind, die zu den vorher mit der KFA aufgedeckten Typen und Antitypen führen. Diese Terme sind dann *Typen-* und *Antitypen-generierend*.

Damit steht die absteigende, ausschließende Strategie nicht nur wegen der entgegengesetzten Schrittrichtung in Kontrast zur aufsteigenden inklusiven Strategie, sondern auch im Ziel der Analyse. Es wird nicht nach den Effekten gesucht, die alle Typen und Antitypen verschwinden lassen, ohne neue zu erzeugen, sondern es wird nach den Effekten gesucht, die die Typen und Antitypen einer KFA gerade noch, d. h. so sparsam wie möglich reproduzieren. Diese Effekte gelten unter der absteigenden, ausschließenden Strategie dann als Typen- und Antitypen-generierend. Die Strategie erfordert die folgenden Schritte (von Eye & Mair, 2008b):

1. Berechnen der Parameter des saturierten Modells;
2. Entfernen eines Effekts nach dem anderen auf demselben Niveau wie der höchste Effekt, der in dem aktuellen Basismodell berücksichtigt worden ist; ist das Basismodell ein globales, dann beginnt die Ausschlussprozedur ein Niveau über dem der aktuellen globalen KFA; Bestimmung für jedes der entstehenden Modelle, ob
   1. das Typen- und Antitypenmuster der zu untersuchenden Lösung noch intakt ist, und ob
   2. keine neue Typen oder Antitypen hinzugekommen sind;
3. Sind beide Fragen mit ja beantwortet, wird die Prozedur auf dem aktuellen Niveau fortgesetzt, bis alle Effekte untersucht worden sind; dies ist erforderlich, um sicher zu stellen, dass nicht auf dem gleichen Niveau weitere Modelle existieren, für die die beiden Fragen ebenfalls mit ja beantwortet werden und die gleich sparsam sind;
4. Falls erforderlich, werden Effekte auf dem aktuellen Hierarchieniveau gemeinsam aus der Designmatrix entfernt;
5. Wenn für keines der entstehenden Modelle beide Fragen mit ja beantwortet werden können, werden die Schritte 2, 3 und 4 auf dem nächst-höheren Hierarchieniveau wiederholt;
6. Falls erforderlich, werden Effekte aus unterschiedlichen Niveaus miteinander kombiniert, d. h. gemeinsam aus der Designmatrix entfernt;
7. Dies wird fortgesetzt, bis das Modell gefunden ist, das nur die in der KFA-Lösung, die untersucht wird, aufgetretenen Typen und Antitypen erzeugt.

Genau wie bei der aufsteigenden inklusiven Strategie ist es durchaus möglich, dass kein Modell gefunden wird, das auf sparsamere Weise als das Basismodell zu den entstandenen Typen und Antitypen führt. Im Unterschied zur aufsteigenden inklusiven Strategie sind die Lösungen, die hier resultieren, fast immer nicht-hierarchisch. Sind Kovariaten oder spezielle Kontraste Bestandteil des besten Modells, dann sind die Lösungen immer nicht-standard (Mair & von Eye, 2007; Vermunt, 1997).

Datenbeispiel In diesem Beispiel werden Daten aus der längsschnittlichen Untersuchung verwendet, die Bogat und Kollegen (Bogat et al., 2006) zur den Effekten häuslicher Gewalt durchgeführt hatten. Die Frage, der in diesem Beispiel nachgegangen wird, ist ob häusliche Gewalt mit sich selbst über die Zeit hinweg korreliert ist, und wo die Korrelation besonders stark in Form von Typen und Antitypen erkennbar ist. Weiterhin fragen wir, wie diese Typen und Antitypen erklärt werden können.

Wir verwenden die Antworten zur häuslichen Gewalt aus drei aufeinander folgenden Jahren, T_1, T_2 und T_3. Die Antworten wurden dichotomisiert und mit $1 = keine\ Gewalt$ und $2 = Gewalt\ berichtet$ kodiert. Zur Beantwortung der ersten Frage berechnen wir die φ Korrelationen zwischen den drei Indikatoren von Gewalt. Es ergeben sich $\varphi_{T_1 T_2} = 0.406$, $\varphi_{T_1 T_3} = 0.427$ und $\varphi_{T_2 T_3} = 0.404$. Wie im vorangegangenen Beispiel sehen wir respektable Korrelationen, die aber auch zeigen, dass über 80 % der Variabilität dieser Daten noch nicht erklärt ist. Um einer Erklärung einen Schritt näher zu kommen, führen wir zunächst eine KFA erster Ordnung durch und dann eine absteigende, ausschließende funktionale KFA. Wir gehen die vier Schritte der KFA:

Schritt 1: Spezifikation eines Basismodells Die gestellte Frage betrifft die lokalen Indikatoren der Korrelationen zwischen den drei dichotomisierten Antworten zu der Frage die häusliche Gewalt betreffend. Zur Beantwortung dieser Frage rechnen wir eine KFA erster Ordnung. Diese hat das Basismodell $\log \hat{m} = \lambda + \lambda^{T_1} + \lambda^{T_2} + \lambda^{T_3}$.

Schritt 2: Signifikanztestung Wir verwenden den z-Test und schützen α mit der Holland DiPonzio Copenhaver Prozedur.

Schritt 3: Durchführung der KFA Tab. 7.11 zeigt die Ergebnisse dieser KFA.

Der LR-X^2 goodness-of-fit Test zeigt, dass in der Kreuzklassifikation von T_1, T_2 und T_3 starke Effekte vorliegen. Die Anpassung ist keineswegs zufriedenstellend (LR-$X^2 = 66.44$; $df = 4$; $p < 0.001$). Es zeigen sich ein Typ und drei Antitypen.

Schritt 4: Interpretation der Typen und Antitypen Hier konzentrieren wir uns auf die Interpretation des Typs und des extremsten Antityps. Der Typ, konstituiert von Konfiguration 2 2 2, beschreibt die 11 Frauen (weniger als eine war erwartet worden), die zu allen drei Beobachtungszeitpunkten über häusliche Gewalt berichteten. Die drei Antitypen beschreiben Profile, in denen die Frauen, die Opfer von Gewalt gewesen waren, mindestens zu einem Zeitpunkt keine Gewalt erlebt hatten. Am wenigsten

Tab. 7.11 KFA erster Ordnung der Kreuzklassifikation von T_1, T_2 und T_3

Konfiguration

T_1 T_2 T_3	m	$\hat{m}$	z	p	
111	144.00	121.293	2.0618	.019614	
112	5.00	15.413	-2.6523	.003997	Antityp
121	14.00	25.991	-2.3521	.009334	Antityp
122	3.00	3.303	-.1666	.433843	
211	15.00	27.766	-2.4227	.007703	Antityp
212	4.00	3.528	.2511	.400851	
221	8.00	5.950	.8405	.200314	
222	11.00	.756	11.7812	.000000	Typ

wahrscheinlich ist die Entwicklung, in der Frauen nach zwei Jahren ohne Gewalt zu Gewaltopfern geworden sind (Konfiguration 1 1 2; 5 beobachtete Fälle, 15.41 erwartete).

Um dieses Typen/Antitypenmuster zu erklären, führen wir jetzt eine absteigende ausschließende funktionale KFA durch. Dabei beginnen wir mit dem saturierten Modell, das alle möglichen Haupteffekte und Interaktionen enthält, und entfernen schrittweise die Effekte, die jenseits der Haupteffekte liegen. Tab. 7.12 enthält die LR-X^2-Werte für jeden dieser Schritte.

Bei der Betrachtung von Tab. 7.12 fällt sofort auf, dass keine der Lösungen alle Typen und Antitypen, die die KFA erster Ordnung erbracht hatte, konserviert. Zudem generieren die meisten Lösungen neue Typen und Antitypen. Die absteigende ausschließende funktionale KFA führt damit zu dem Schluss, dass es kein anderes Modell gibt als das der KFA erster Ordnung, das das Typen/Antitypenmuster aus Tab. 7.11 reproduziert, ohne neue Typen oder Antitypen zu erzeugen. Es sind damit alle Effekte jenseits der Haupteffekte typ- und antityp-generierend. Eine aufsteigende inklusive Suche hätte das gleiche Ergebnis gebracht.

7.3 KFA und Baumstrukturen

In diesem Abschnitt werden zwei Ziele verfolgt. Das erste ist, dass gezeigt wird, wie Baumstrukturen mit der KFA analysiert werden können. Das zweite Ziel ist es, zu zeigen, wie log-lineare Modellierung dafür nutzbar gemacht werden kann und, auf diese Weise, variablen- und personen-orientierte Analysemethoden gemeinsam eingesetzt werden können.

In der Graphentheorie ist ein *Baum* ein *azyklischer Graph*, der einen Ursprungspunkt besitzt, der auch die *Wurzel* genannt wird. Knotenpunkte sind Entscheidungen, die es erlauben eine von zwei Richtungen einzuschlagen. Abgesehen von der Wurzel hat jeder Knotenpunkt mindestens einen Knotenpunkt hinter sich. Im vorliegenden Zusammenhang sind Bäume rekursive Datenstrukturen. Dies ist in Abb. 7.2 illustriert.

Eine wichtige Eigenschaft von Baumstrukturen ist, dass es oft nur eine Entscheidungssequenz gibt, einen bestimmten Endpunkt zu erreichen. In dem Beispiel in

Tab. 7.12 LR-X^2-Werte für die Schritte der absteigenden ausschließenden funktionalen KFA der Häufigkeitsverteilung in Tab. 7.10

Entfernter Effekt	LR-X^2	Typ/Antitypmuster erhalten?	Neue Typen/Antitypen?
$[T_1, T_2]$	9.44	Nein	Nein
$[T_1, T_3]$	13.13	Nein	Ja
$[T_2, T_3]$	9.47	Nein	Ja
$[T_1, T_3][T_2, T_3]$	36.10	Nein	Ja
$[T_1, T_2][T_2, T_3]$	30.96	Nein	Ja
$[T_1, T_2][T_1, T_3]$	32.69	Nein	Ja
$[T_1, T_2][T_1, T_3][T_2, T_3]$	45.38	Nein	Nein
$[T_1, T_2, T_3]$ $[T_1, T_3][T_2, T_3]$	36.10	Nein	Ja
$[T_1, T_2, T_3]$ $[T_1, T_2][T_2, T_3]$	30.97	Nein	Ja
$[T_1, T_2, T_3]$	0.28	Nein	Nein
$[T_1, T_2, T_3][T_1, T_2]$	12.45	Nein	Ja
$[T_1, T_2, T_3][T_1, T_3]$	13.26	Nein	Ja
$[T_1, T_2, T_3][T_2, T_3]$	10.07	Nein	Ja
$[T_1, T_2, T_3]$ $[T_1, T_2][T_1, T_3]$	41.04	Nein	Ja
$[T_1, T_2, T_3]$ $[T_1, T_3][T_2, T_3]$	38.66	Nein	Ja
$[T_1, T_2, T_3]$ $[T_1, T_2][T_2, T_3]$	37.85	Nein	Ja

Abb. 7.2 Baumstruktur

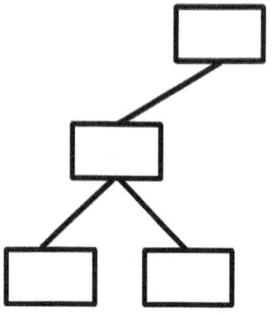

Abb. 7.2 kann das Feld rechts unten nur erreicht werden, wenn man sich von der Wurzel aus vom Betrachter aus nach links bewegt (hier gibt es keine Alternative) und dann, am nächsten Knoten, nach rechts. Es führt kein anderer Weg in dieses Feld.

Bekannte Beispiele für statistische Modelle von Baumstrukturen sind im Bereich metrischer Variablen Regressionsbäume (siehe z. B. Breiman et al., 1984) und im Bereich kategorialer Variablen Klassifikationsbäume (siehe z. B. Agresti, 2018; Daniels & Shi, 2005; siehe auch Müller, 1985; von Eye & Brandtstädter, 1981). In den folgenden Abschnitten folgen wir von Eye, Wiedermann und von Weber (2020) und besprechen zuerst, wie man Baumstrukturen kategorialer Variablen mit log-linearen Modellen untersuchen kann. Danach behandeln wir den Zugang mittels der KFA.

Log-lineare Modellierung von Baumstrukturen Wie schon in den vorangegangenen Kapiteln, verwenden wir, um log-lineare Modelle darzustellen, verallgemeinerte lineare Modelle der Form $log\hat{m} = X\lambda$, wobei $\hat{m}$ den Vektor der Modellhäufigkeiten darstellt, X die Designmatrix und λ den Parametervektor. Wir führen das Beispiel in Abb. 7.2 weiter und versuchen, mit einem log-linearen Modell den Weg von der Wurzel zum Feld rechts unten zu beschreiben. Speziell soll der Weg von der zweiten Kategorie der ersten Variablen (der Wurzel) zur zweiten Kategorie der zweiten Variablen und von dort zur zweiten Kategorie der vierten Variablen gehen. Dafür spezifizieren wir eine Designmatrix wie folgt.

Jedes der vier Felder in Abb. 7.2, d. h., jeder der Knoten, repräsentiert eine Variable, X_1, X_2, X_3 und X_4. Der Haupteffekt jeder Variablen wird in die Designmatrix aufgenommen. Dann ist zu berücksichtigen, dass die Wurzel und auch die zweite Variable in der mittleren Ebene der Knoten keine Entscheidungsalternativen bieten. Drittens ist der Weg so zu modellieren, dass postuliert wird, dass die Wahrscheinlichkeit, den vorgeschlagenen Weg zu beschreiten, höher ist als die Wahrscheinlichkeit, einen anderen Weg zu gehen. Die Designmatrix sieht damit wie folgt aus:

$$X = \begin{bmatrix} 1 & 1 & 1 & 1 & 1 & 0 & 0 & 1 & 0 & 0 & 0 & 0 & 0 & 0 \\ 1 & 1 & 1 & 1 & -1 & 0 & 0 & 0 & 1 & 0 & 0 & 0 & 0 & 0 \\ 1 & 1 & 1 & -1 & 1 & 0 & 0 & 0 & 0 & 1 & 0 & 0 & 0 & 0 \\ 1 & 1 & 1 & -1 & -1 & 0 & 0 & 0 & 0 & 0 & 1 & 0 & 0 & 0 \\ 1 & 1 & -1 & 1 & 1 & 0 & 0 & 0 & 0 & 0 & 0 & 1 & 0 & 0 \\ 1 & 1 & -1 & 1 & -1 & 0 & 0 & 0 & 0 & 0 & 0 & 0 & 1 & 0 \\ 1 & 1 & -1 & -1 & 1 & 0 & 0 & 0 & 0 & 0 & 0 & 0 & 0 & 1 \\ 1 & 1 & -1 & -1 & -1 & 0 & 0 & 0 & 0 & 0 & 0 & 0 & 0 & 1 \\ 1 & -1 & 1 & 1 & 1 & 1 & 0 & 0 & 0 & 0 & 0 & 0 & 0 & 0 \\ 1 & -1 & 1 & 1 & -1 & 1 & 0 & 0 & 0 & 0 & 0 & 0 & 0 & 0 \\ 1 & -1 & 1 & -1 & 1 & 1 & 0 & 0 & 0 & 0 & 0 & 0 & 0 & 0 \\ 1 & -1 & 1 & -1 & -1 & 1 & 0 & 0 & 0 & 0 & 0 & 0 & 0 & 0 \\ 1 & -1 & -1 & 1 & 1 & -1 & -1 & 0 & 0 & 0 & 0 & 0 & 0 & 0 \\ 1 & -1 & -1 & 1 & -1 & -1 & 1 & 0 & 0 & 0 & 0 & 0 & 0 & 0 \\ 1 & -1 & -1 & -1 & 1 & -1 & -1 & 0 & 0 & 0 & 0 & 0 & 0 & 0 \\ 1 & -1 & -1 & -1 & -1 & -1 & 1 & 0 & 0 & 0 & 0 & 0 & 0 & 0 \end{bmatrix}.$$

In dieser Designmatrix folgen nach dem Konstantenvektor die vier Vektoren für die Haupteffekte der vier Variablen, die die vier Knoten der Baumstruktur in Abb. 7.2 ausmachen. Der sechste Vektor in X kennzeichnet den Übergang von der ersten Variable, der Wurzel, auf die zweite Variable. Nachdem es dafür keine Alternative gibt, wird die erste Kategorie der ersten Variable nicht in den Kontrast einbezogen, der diesen Schritt modelliert. Der Vektor repräsentiert den Schritt, der zur zweiten Kategorie der zweiten Variable führt. Der siebte Vektor repräsentiert den Schritt, der von der zweiten Kategorie der zweiten Variable zur zweiten Kategorie der dritten Variable führt. Auch hier werden die Kategorien, die nicht direkt an diesem Schritt beteiligt sind, nicht in den Kontrast einbezogen.

Was die *Identifikation* dieses Modells betrifft, so ist zunächst zu diskutieren, ob die ersten acht Zellen der Kreuzklassifikation der vier Variablen zu strukturellen Nullen erklärt werden sollen. Die Begründung dafür wäre, dass von der Wurzel aus nur ein Weg weiterführt, und zwar der zur zweiten Variable. Wege zu anderen Variablen sind nicht offen. Acht Zellen sind damit verschlossen. Spezifiziert man für jede dieser acht Zellen einen Vektor, der die strukturelle Null repräsentiert, dann enthält die Designmatrix zusätzlich zu den sieben Spaltenvektoren, die oben aufgeführt wurden, acht weitere Vektoren. Dieses sind die letzten acht Vektoren in X. Insgesamt enthält X damit 15 Vektoren. Die Kreuzklassifikation der vier Variablen X_1, X_2, X_3 und X_4 umfasst 16 Zellen. Damit ist das Modell identifiziert und kann geschätzt werden.

Ein Gegenargument zur Spezifikation der acht strukturellen Nullen wäre, dass die erste Kategorie der Wurzel durchaus besetzt sein kann. Die Fälle, die dort siedeln, können sich ebenfalls weiter entwickeln. Die erste Kategorie der zweiten Variablen definiert möglicherweise auch keine strukturellen Nullen, denn es ist denkbar, dass die Fälle in dieser Kategorie von der ersten oder der zweiten Kategorie der ersten Variablen dort hin gewandert sind. Dies gilt entsprechend für die weitere Reise, zu den Kategorien der dritten und der vierten Variablen. Verzichtet man in diesem Beispiel daher auf die Spezifikation von Zellen mit strukturellen Nullen, dann stehen acht Freiheitsgrade für die Verbesserung des Modells zur Verfügung.

Die *Parameterinterpretation* für dieses Modell ist durchaus komplex. Die Vektoren in X sind nicht orthogonal. Die geschätzten Parameter können daher nicht so interpretiert werden wie sie in X spezifiziert wurden (vgl. Macho, 1999; Rindskopf, 1999; Mair & von Eye, 2007; von Eye & Mun, 2013). Es bieten sich mehrere Lösungen für dieses Problem an. Werden strukturelle Nullen spezifiziert, dann besteht die erste Lösung darin, in einem ersten Schritt ein Modell zu schätzen, dessen Designmatrix die ersten fünf Vektoren von X sowie die letzten acht enthält, d. h. ein Modell, dass die Baumstruktur außer Acht lässt. Danach werden zwei Modelle geschätzt, das erste mit dem ersten Vektor für die Baumstruktur, das zweite für den zusätzlichen zweiten Vektor für die Baumstruktur. Damit kann erkannt werden, ob die Baumstrukturvektoren signifikante Beiträge jenseits der Vektoren leisten, die jeweils bereits in das Modell aufgenommen worden waren.

Werden keine strukturellen Nullen spezifiziert, dann werden ebenfalls drei Modelle geschätzt. Im ersten kommen nur die Haupteffekte der vier Variablen zum Tragen. In den folgenden beiden werden nacheinander die beiden Vektoren der Baumstruktur hinzugefügt. Jeder dieser Schritte zeigt dann, welchen Beitrag die Schritte durch die Baumstruktur über das hinaus leisten, was von den Effekten abgedeckt wird, die vorher bereits in Modell waren.

Alternativ kann in beiden Fällen auch daran gedacht werden, eine Schuster-Transformation durchzuführen (von Eye et al., 1998; von Eye & Wiedermann, 2018b; von Eye et al., 2020; Wiedermann & von Eye, 2020b). Diese Prozedur erlaubt es, eine nicht-orthogonale Designmatrix (die allerdings nicht singulär sein darf) so zu transformieren, dass die Parameter so interpretiert werden können, wie sie vor der Transformation spezifiziert worden waren. Die Modellanpassung wird durch die Schuster-Transformation nicht beeinflusst.

Dies gilt alles, wenn keine seriellen oder temporalen Abhängigkeiten oder spezielle Effekte ins Kalkül einbezogen werden müssen (siehe Stemmler, von Eye & Wiedermann, 2015). Ist dies der Fall, dann ist ein Modell mit derart vielen strukturellen Nullen nicht mehr schätzbar. Auch wenn keine strukturellen Nullen in Betracht gezogen werden, kann ein Modell dadurch an die Grenzen des Schätzbaren kommen.

Datenbeispiel Im folgenden Beispiel re-analysieren wir das Beispiel in von Eye et al. (2020). Wir wählen eine andere Strategie und präsentieren eine sparsamere Lösung. Die Daten wurden von von Eye und Brandtstädter (1981) erhoben. 207 Studierende beantworteten demographische Fragen und Fragen zum Thema subjektive Kontrolle. Für die folgenden Analysen verwenden wir die vier Variablen Geschlecht (G; $1 = männlich$, $2 = weiblich$), subjektive Länge der Zeit, die für die Entscheidung für ein Studienfach aufgewendet wurde (E; $1 = kurz$, $2 = lang$), Zufriedenheit mit dem gegenwärtigen Leben (Z; $1 = zufrieden$, $2 = nicht zufrieden$) und subjektives Ausmaß an Kontrolle über das eigene Leben (K; $1 = über dem Durchschnitt$, $2 = unter dem Durchschnitt$). Hier untersuchen wir die zeitliche Abfolge, die von Eye und Brandtstädter (1981) vorgeschlagen hatten:

$$G \geq K \geq E \geq Z,$$

wobei $\geq$ zeitlich vorher oder gleichzeitig bedeutet. Gekreuzt ergeben sich mit diesen vier Variablen 16 verschiedene Pfade. Auf der Basis der vorgeschlagenen zeitlichen Ordnung testen wir die Hypothese, dass *weibliche Studierende, die sich subjektiv relativ schnell für ihr Studienfach entschieden hatten, mit ihren gegenwärtigen Leben wenig zufrieden sind, und ein unterdurchschnittliches Ausmaß an Kontrolle über das eigene Leben empfinden*. Das Profil, das dieser Hypothese entspricht, ist 2 2 1 2. Wir untersuchen diese Hypothese jetzt zuerst mit Hilfe von log-linearen Modellen und dann mittels der KFA.

Im ersten Analyseschritt schätzen wir ein log-lineares Haupteffektmodell. Dies tun wir aus zwei Gründen. Erstens dient dieses Modell als Vergleichsgrundlage für die

Tab. 7.13 Log-lineares Haupteffektmodell (plus KFA erster Ordnung) der Kreuzklassifikation $G \times K \times E \times Z$

```
Konfiguration
```

G K E Z	m	$\hat{m}$	z	p(z)	
1111	5.00	5.260	-.1133	.454910	
1112	11.00	14.903	-1.0109	.156020	
1121	14.00	5.414	3.6897	.000112	Typ
1122	15.00	15.341	-.0871	.465313	
1211	2.00	4.638	-1.2250	.110292	
1212	17.00	13.141	1.0644	.143575	
1221	2.00	4.775	-1.2698	.102081	
1222	11.00	13.528	-.6873	.245943	
2111	7.00	8.880	-.6309	.264045	
2112	27.00	25.160	.3668	.356900	
2121	7.00	9.141	-.7082	.239401	
2122	24.00	25.900	-.3734	.354423	
2211	5.00	7.831	-1.0116	.155876	
2212	28.00	22.187	1.2341	.108576	
2221	12.00	8.061	1.3874	.082663	
2222	20.00	22.839	-.5941	.276211	

Modelle, mit denen wir speziell die oben formulierte Hypothese testen. Zweitens dient dieses Modell als erster Schritt für die konfigurale Analyse. Tab. 7.13 zeigt die zell-spezifischen Ergebnisse für dieses Modell.

Der LR-X^2 goodness-of-fit Test zeigt, dass in der Kreuzklassifikation G, K, E und Z Effekte jenseits der Haupteffekte vorliegen. Die Anpassung ist nicht zufriedenstellend (LR-$X^2 = 21.97$; $df = 11$; $p = 0.0246$). Es zeigt sich ein Typ.

Diesen Typ diskutieren wir später, im Kontext der konfiguralen Analyse. Hier fragen wir, ob das log-lineare Haupteffektmodell durch den Einbezug von Vektoren, die die Hypothese der Baumstruktur repräsentieren, so verbessert werden kann, dass es die Häufigkeitsverteilung in Tab. 7.13 gut beschreibt. Wir fügen dazu in drei Schritten je einen Kontrastvektor für die drei Schritte durch die Baumstruktur ein. Diese Vektoren sind $x_6 = \{0\ 0\ 0\ 0\ 0\ 0\ 0\ 1\ 1\ 1\ 1\ -1\ -1\ -1\ -1\}$, $x_7 = \{0\ 0\ 0\ 0\ 0\ 0\ 0\ 0\ 0\ 0\ 0\ 0\ 1\ 1\ -1$ $-1\}$ und $x_8 = \{0\ 0\ 0\ 0\ 0\ 0\ 0\ 0\ 0\ 0\ 0\ 0\ 0\ 1\ -1\}$. Das letzte dadurch entstehende Modell beschreibt die Häufigkeitsverteilung nicht hinreichend und nur geringfügig und nicht signifikant besser als das Haupteffektmodell (LR-$X^2 = 18.09$; $df = 8$; $p = 0.021$; ΔLR-$X^2 = 3.881$; $\Delta df = 3$; $p = 0.275$). Die Parameter dieses Modells können nicht interpretiert werden, weil die Häufigkeitsverteilung nicht gut genug beschreibt.

Dennoch fragen wir im nächsten Schritt, ob es Variablenbeziehungen gibt, die einen Beitrag zur Erklärung der Struktur leisten und helfen, zu entscheiden, ob die Hypothese zur Baumstruktur beibehalten werden kann. Eine solche Beziehung könnte die Assoziation zwischen Zufriedenheit und Kontrolle über das eigene Leben sein. Wir schließen diese Assoziation zunächst ohne die drei Vektoren zur Baumstrukturhypothese in unser Modell ein und erhalten ein LR-$X^2 = 20.09$, das mit $df = 10$ keine gute Modell-anpassung erbringt ($p = 0.028$). Fügt man allerdings jetzt die drei Vektoren zur Baum-strukturhypothese hinzu, dann ergibt sich ein passendes Modell (LR-$X^2 = 11.88$; $df = 7$;

$p = 0.105$). Zudem ist dieses Modell signifikant besser als das Haupteffektmodell (ΔLR-$X^2 = 10.09$; $\Delta df = 4$; $p = 0.039$). Die Parameter können daher jetzt interpretiert werden.

Die Assoziation zwischen Zufriedenheit und Kontrolle ist mit einer Wald-Statistik von 5.58 signifikant ($df = 1$; $p = 0.018$). Ebenso signifikant sind die drei Kontraste zur Baumstrukturhypothese (Wald-Statistik $= 8.12$; $df = 3$, $p = 0.044$). Wir schließen daraus, dass die Baumstrukturhypothese beibehalten werden kann. Es war nur eine Ergänzung der ursprünglichen Hypothese erforderlich, und zwar durch die Assoziation zwischen subjektiver Kontrolle über das eigene Leben und Zufriedenheit, mit der das Modell bereichert werden musste, um die Häufigkeitsverteilung zufriedenstellend zu beschreiben. Dieses Modell ist sparsamer als das, das von Eye und Kollegen (2020) berichtet haben. Es hat 2 Freiheitsgrade mehr. Tab. 7.14 zeigt die zellweisen Ergebnisse unter diesem Modell.

Betrachtet man Tab. 7.14, dann fallen zwei Eigenheiten dieser Lösung auf. Die erste ist, dass die letzten beiden Zellen (im Rahmen der Iterationsabbruchkriterien) exakt reproduziert wurden. In diesem Sektor des Datenraums ist das Modell saturiert. Im Gegensatz dazu gibt es in Zelle 1 1 2 1 eine etwas größere Differenz zwischen der beobachteten und der erwarteten Häufigkeit. Diese Diskrepanz wäre in einer KFA nicht groß genug, um einen Typ zu konstituieren. Sie ist aber sichtbar größer als alle anderen Diskrepanzen in Tab. 7.14. Durch Hinzunahme einer weiteren Interaktion, z. B. $K \times E$, kann diese vergleichsweise große Diskrepanz reduziert werden. Dadurch wird das Modell allerdings auch weniger sparsam (bei von Eye, et al., 2020 wurden insgesamt drei Interaktionen hinzugenommen, ohne dass das Modell signifikant besser geworden wäre als das hier bevorzugte).

Die log-lineare Modellierung der Baumstrukturhypothese hat ein akzeptables Modell erbracht. Wir fragen jetzt, ob mit einer KFA die personen-orientierten Charakteristika

Tab. 7.14 Log-lineares Modell zur Testung der Baumstrukturhypothese und der Assoziation $K \times Z$ in der Kreuzklassifikation $G \times K \times E \times Z$

G K E Z	m	$\hat{m}$	z
1 1 1 1	5.000	6.559	−0.609
1 1 1 2	11.000	15.305	−1.101
1 1 2 1	14.000	6.940	2.680
1 1 2 2	15.000	16.193	−0.296
1 2 1 1	2.000	2.153	−0.105
1 2 1 2	17.000	13.397	0.984
1 2 2 1	2.000	2.278	−0.184
1 2 2 2	11.000	14.174	−0.843
2 1 1 1	7.000	9.476	−0.804
2 1 1 2	27.000	22.110	1.040
2 1 2 1	7.000	10.025	−0.955
2 1 2 2	24.000	23.392	0.126
2 2 1 1	5.000	4.570	0.201
2 2 1 2	28.000	28.429	−0.081
2 2 2 1	12.000	11.999	0.000
2 2 2 2	20.000	19.999	0.000

einer solchen Struktur herausgearbeitet werden können. In Tab. 7.13 hatten wir bereits eine KFA erster Ordnung durchgeführt, die zur Aufdeckung eines Typs geführt hatte. Das Basismodell dieser KFA unterscheidet sich von dem Modell, das dazu geführt hatte, dass die Baumstrukturhypothese beibehalten wurde erstens in der Interaktion zwischen *K* und *Z*, und zweitens in den drei Vektoren, die zur Prüfung der Hypothese verwendet wurden. Will man den Effekt dieser drei Vektoren untersuchen, dann muss der Vektor der Interaktion in das Basismodell der KFA aufgenommen werden. Das Basismodell wird damit.

$$\log \hat{m} = \lambda + \lambda^G + \lambda^K + \lambda^E + \lambda^Z + \lambda^{K,Z}.$$ Tab. 7.15 zeigt die Ergebnisse dieser KFA.

Trotz des zusätzlichen Parameters zeigt der LR-X^2 goodness-of-fit Test, dass in der Kreuzklassifikation *G*, *K*, *E* und *Z* weitere Effekte vorliegen. Die Anpassung ist nicht zufriedenstellend (LR-$X^2 = 20.09$; *df* = 10; *p* = 0.0284). Der Gewinn im Vergleich zum Haupteffektmodell in Tab. 7.13 ist minimal und nicht signifikant. Es zeigt sich ein Typ. Dieser Typ wird von Konfiguration 1 1 2 1 konstituiert. Dies sind männliche Studierende, die relativ schnell zu einer Entscheidung über ihr Studienfach gekommen waren, mit ihrem gegenwärtigen Leben eher unzufrieden sind, sich allerdings in Kontrolle über ihr Leben fühlen.

Vergleicht man die Ergebnisse der log-linearen und der konfiguralen Analysen, dann sieht man sofort, dass sie erheblich diskrepant sind. Mit der log-linearen Analyse konnte die Ausgangshypothese bestätigt werden, dass weibliche Studierende, die sich subjektiv relativ schnell für ihr Studienfach entschieden hatten mit ihren gegenwärtigen Leben wenig zufrieden sind, ein unterdurchschnittliches Ausmaß an Kontrolle über das eigene Leben empfinden. Auf der Basis der Ergebnisse der KFA schließen wir aber, dass, obwohl die Ausgangshypothese beibehalten werden kann, ein besonders wichtiger Teil der Variation in der Kreuzklassifikation von *G*, *K*, *E* und *Z* damit nicht erfasst wird. Dies ist der Teil, der mit der KFA aufgedeckt wird. Konfiguration 2 2 1 2, das ist das Profil,

Tab. 7.15 KFA der Kreuzklassifikation $G \times K \times E \times Z$ unter Einbezug der Assoziation $K \times Z$

Konfiguration								
G	*K*	*E*	*Z*	*m*	$\hat{m}$	*z*	*p*	
1	1	1	1	5.000	6.049	−0.426	0.3349	
1	1	1	2	11.000	14.114	−0.829	0.2026	
1	1	2	1	14.000	6.227	3.115	0.0009	Typ
1	1	2	2	15.000	14.529	0.124	0.4508	
1	2	1	1	2.000	3.849	−0.943	0.1730	
1	2	1	2	17.000	13.930	0.822	0.2054	
1	2	2	1	2.000	3.962	−0.986	0.1621	
1	2	2	2	11.000	14.340	−0.882	0.1889	
2	1	1	1	7.000	10.212	−1.005	0.1574	
2	1	1	2	27.000	23.828	0.650	0.2579	
2	1	2	1	7.000	10.512	−1.083	0.1393	
2	1	2	2	24.000	24.529	−0.107	0.4574	
2	2	1	1	5.000	6.499	−0.588	0.2783	
2	2	1	2	28.000	23.519	0.924	0.1777	
2	2	2	1	12.000	6.690	2.053	0.0200	
2	2	2	2	20.000	24.211	−0.856	0.1960	

das mit der Ausgangshypothese korrespondiert, ist in der konfiguralen Analyse nicht auf-fällig (siehe Tab. 7.13).

Die Frage, welches der beiden Ergebnisse dem anderen gegenüber zu bevorzugen oder gar korrekt ist, stellt sich nicht. Die kontrastierenden Ergebnisse reflektieren die konstrastierenden Orientierungen der variablen- und personen-orientierten Forschung. Zudem ist die kombinierte Aussage verteidigbar, dass die Ausgangshypothese zwar bei-behalten werden kann, aber dennoch eine Konfiguration auffällt, die einen anderen Pfad durch die Baumstruktur repräsentiert.

Auch im nächsten Abschnitt thematisieren wir die Diskrepanz zwischen variablen- und personen-orientierten Forschungsstrategien. Wir behandeln die Analyse von Urteilerübereinstimmung mit der KFA.

7.4 Urteilerübereinstimmung

Urteilerübereinstimmung ist in vielen Bereichen des Lebens von Bedeutung. PatientInnen suchen einen zweiten Arzt auf, um eine Diagnose bestätigen zu lassen. Schiedsrichter im American Football werden mit Videotechnik kontrolliert. In der Fern-sehsendung *Let's dance* agieren drei Juroren. Beim Skispringen oder beim Eiskunst-lauf urteilen mehrere SchiedsrichterInnen. Bei internationalen Fußballspielen sitzen oft Millionen hochkompetenter Juroren vor Fernsehapparaten und geben den TrainerInnen und den SchiedsrichterInnen gutwillig und sachkundig Ratschläge. In psychologischen Beobachtungsuntersuchungen werden Verhaltensweisen von mehreren BeobachterInnen kodiert, die dann Diskrepanzen diskutieren und beseitigen.

In diesen und vielen anderen Fällen stellt sich die Frage, wie gemessen werden soll, ob und wie weitgehend die Urteiler übereinstimmen. Das weitaus bekannteste Maß der Urteilerübereinstimmung ist Cohens κ (1960, 1968). Bei multinomialer Stichpro-ben-ziehung kann κ mit

$$\hat{\kappa} = \frac{N \sum_i m_{ii} - \sum_i m_{i.} m_{.i}}{N^2 - \sum_i m_{i.} m_{.i}}$$

geschätzt werden, wobei i die Zeilen und die Spalten der quadratischen Kreuzklassi-fikation nummeriert, die durch Kreuzung der Ratings entstehen, die von zwei Urteilern abgegeben werden, und N die Zahl der Urteile ist, die von beiden Urteilern gemeinsam abgegeben werden.

Der Koeffizient κ wurde in der Literatur ausführlich diskutiert (siehe z. B. Agresti, 2018; von Eye & von Eye, 2005, 2008; Warrens, 2015). Das Maß ist historisch mit Goodman und Kruskals (1954) Maß λ verwandt, einem asymmetrischen Korrelations-koeffizienten (obwohl κ symmetrisch ist). Die Eigenschaften von κ sind wohlbekannt. Die für den vorliegenden Zusammenhang wichtigste Eigenschaft ist, dass κ die interessierenden Eigenschaften einer quadratischen Kreuzklassifikation in einem Maß zusammenzufassen versucht. Dies gilt auf gleiche Weise für viele Varianten von κ, z. B.

das gewichtete κ (Cohen, 1968) oder κ für ordinale Skalen (vgl. Kendall, 1962) und mehr als zwei Urteiler, (siehe Fleiss et al., 1969), oder Brennan und Predigers (1981) Alternative zu κ.

Der Koeffizient kann auch wie folgt gelesen werden:

$$\kappa = \frac{\text{Proportion Übereinstimmung} - \text{erwartete Proportion Übereinstimmung}}{1 - \text{erwartete Proportion Übereinstimmung}},$$

wobei es sich um die Proportionen in der Hauptdiagonalen der Kreuzklassifikation handelt, mit der die Urteile zweier Personen miteinander verglichen werden.

Wiederholt wurden Signifikanztests vorgeschlagen, mit denen die Nullhypothese, dass κ = 0 ist, geprüft werden kann (siehe Fleiss et al., 1969). Dennoch ist die Beurteilung der Größe von κ nach der folgenden Skala häufiger in Verwendung:

κ < 0.00   mangelnde Übereinstimmung
0.00 ≤ κ ≤ 0.20   sehr schwache Übereinstimmung
0.21 ≤ κ ≤ 0.40   schwache Übereinstimmung
0.41 ≤ κ ≤ 0.60   moderate Übereinstimmung
0.61 ≤ κ ≤ 0.80   starke Übereinstimmung, und
0.81 ≤ κ ≤ 1.00   nahezu perfekte Übereinstimmung.

Der Bezug zur KFA und zum log-linearen Modellieren kann dadurch hergestellt werden, dass man betrachtet, wie κ geschätzt wird. Aus der Formel für κ geht hervor, dass der Koeffizient die beobachteten mit den erwarteten Zellhäufigkeiten vergleicht. Aus der Formel für $\hat{\kappa}$ geht hervor, dass die Erwartungshäufigkeiten wie bei Chi-Quadrat geschätzt werden, d. h. nach einem log-linearen Haupteffektmodell. Dadurch ergibt sich eine Analogie zur KFA erster Ordnung. Brennan und Predigers (1981) Alternative zu κ verwendet ein log-lineares Nullmodell. Dadurch ergibt sich eine Analogie zur KFA 0-ter Ordnung (für log-lineare Modelle zur Erfassung von Urteilerübereinstimmung, siehe z. B. Agresti, 2018; von Eye & Mun, 2005; vgl. auch von Eye & Sörensen, 1991).

Verwendet man die KFA zur Analyse von Urteilerübereinstimmung, dann ändert man die Perspektive. Es wird nicht mehr versucht, ein zusammenfassendes Maß der Übereinstimmung zu berechnen, das für die gesamte Tafel gilt. Es wird versucht, die Konfigurationen zu finden, die im Hinblick auf ein Basismodell besonders starke Übereinstimmung oder besonders deutliche Uneinigkeit anzeigen.

Zwei Strategien bieten sich für eine konfigurale Analyse an. Die erste besteht in der exploratorischen Anwendung der KFA auf die gesamte Tafel. Typen und Antitypen zeigen dann an, wo die Übereinstimmung überzufällig stark oder schwach ist, wenn sie in der Hauptdiagonalen liegen. Liegen sie außerhalb der Hauptdiagonalen, zeigen sie an, wo Uneinigkeit der Urteiler überzufällig stark oder gering ausgeprägt ist.

Die zweite Strategie konzentriert sich allein auf übereinstimmende Urteile. Dies sind die, die in der Hauptdiagonalen der Kreuzklassifikation der Urteile liegen. Dies wird in Tab. 7.15 illustriert.

Tab. 7.16 Urteilerübereinstimmung in einer 3×3 Tafel

Urteiler A Urteilskategorien		Urteiler B Urteilskategorien		
		1	2	3
	1	x_{11}	x_{12}	x_{13}
	2	x_{21}	x_{22}	x_{23}
	3	x_{31}	x_{32}	x_{33}

Die schattierten Zellen in Tab. 7.16 sind diejenigen, in denen übereinstimmende Urteile der beiden Urteiler A und B zu finden sind. In allen anderen Zellen finden sich Fälle, in denen sich die Urteiler nicht einig sind. Koeffizient κ vergleicht die Proportion der Fälle in den schattierten Zellen mit der für diese Zellen erwarteten Proportion. Mit der KFA kann man sich ebenfalls auf die schattierten Zellen konzentrieren. Man kann aber auch die gesamte Tafel betrachten. Im ersten Fall führt man eine konfirmatorische KFA durch, im zweiten Fall eine exploratorische.

Ein Basismodell für eine KFA der Urteilerübereinstimmung kann nach den Argumenten spezifiziert werden, die in diesem Buch verwendet werden. Das Basismodell ist meist das der Unabhängigkeit der Urteiler. Zusätzlich kann auch das Skalenniveau der Skalen ins Kalkül einbezogen werden, die von den Urteilern verwendet werden. Solche Skalen sind bisweilen auf Nominalniveau, meistens aber auf Ordinalniveau konzipiert. Für beide Fälle wurden in diesem Buch Modelle behandelt. Auch der Bezugsrahmen kann variiert werden. Gewichtet man die Zahl der Übereinstimmungen mit der Zahl der Urteile, die von den Urteilern in einer gegebenen Kategorie abgegeben worden sind, dann verwendet man eine KFA erster Ordnung. Ist eine solche Gewichtung nicht beabsichtigt, dann kann auch eine KFA 0-ter Ordnung in Betracht gezogen werden. In den folgenden Abschnitten werden Datenbeispiele besprochen.

Datenbeispiel Zur Illustration der konfiguralen Analyse von Urteilerübereinstimmung verwenden wir einen Datensatz, der von Landis und Koch (1977) vorgestellt worden war. Zwei Neurologen, *A* und *B*, stellen 149 Patienten Diagnosen über multiple Sklerose. Dazu verwendeten sie die vier Kategorien 1 = *sicher multiple Sklerose*, 2 = *wahrscheinlich*, 3 = *möglicherweise* und 4 = *unwahrscheinlich*. Wir analysieren diese Daten mit zwei Modellen der KFA und dann mit Cohens κ. Wir gehen durch die vier Schritte der KFA.

Schritt 1: Spezifikation eines Basismodells Wir stellen die Frage, ob die beiden Neurologen überzufällig häufig in ihren Diagnosen übereinstimmen und, wenn ja, in welchen diagnostischen Kategorien. Gleichzeitig fragen wir, ob es Kategorien gibt, in denen sich ein Mangel an Übereinstimmung widerspiegelt. Dabei soll berücksichtigt werden, dass nicht vorher festgelegt worden war, wie oft die einzelnen Kategorien verwendet werden sollen, d. h. die Datenerhebung war multinomial. Zur Beantwortung der Fragen unter den gegebenen Bedingungen setzen wir die exploratorische KFA erster Ordnung ein, d. h. das Modell $\log \hat{m} = \lambda + \lambda^A + \lambda^B$. Typen und Antitypen können damit auftreten, wenn es eine Assoziation zwischen den Diagnosen der beiden Neurologen gibt.

Schritt 2: Signifikanztestung Die Stichprobe ist relativ klein, so dass es auch leere und schwach besetzte Zellen gibt. Wir verwenden daher den Binomialtest. α schützen wir mit der Holland DiPonzio Copenhaver Prozedur.

Schritt 3: Durchführung der KFA Tab. 7.16 zeigt die zellweisen Ergebnisse der KFA erster Ordnung.

Der LR-X^2 goodness-of-fit Test legt nahe, dass in der Kreuzklassifikation der neurologischen Diagnosen Effekte vorliegen. Die Anpassung ist nicht zufriedenstellend (LR-$X^2 = 69.163$; $df = 9$; $p < 0.001$). Es treten allerdings nur ein Antityp und ein Typ hervor.

Schritt 4: Interpretation des Typs und Antityps Der Antityp, konstituiert von Konfiguration 4 1, zeigt, dass es überzufällig selten ist, dass Neurologe A eine Diagnose ‚wahrscheinlich nicht' stellt, wenn Neurologe B der Meinung ist, es handelt sich sicher um eine multiple Sklerose. Dieses Muster wurde drei mal beobachtet, es waren aber über 12 Fälle erwartet worden. Der Typ in Zelle 4 4 sagt, dass in wider Erwarten vielen Fällen beide Neurologen zur Diagnose ‚multiple Sklerose unwahrscheinlich' gekommen sind. Dieses Muster wurde 10 mal beobachtet, war aber weniger als drei mal erwartet worden.

Die anderen Konfigurationen der Übereinstimmung, d. h. Konfigurationen 1 1, 2 2, und 3 3 sind nicht auffällig häufig aufgetreten. Die anderen Konfigurationen des Mangels an Übereinstimmung sind nicht auffällig häufig selten aufgetreten, dies gilt sogar für die Konfiguration 1 4, dem Gegenstück zu Konfiguration 4 1, die einen Antityp beschreibt.

Insgesamt kann man festhalten, dass es nicht viele starke Hinweise darauf gibt, dass die beiden Neurologen in ihren Diagnosen konvergieren. Betrachtet man Cohens κ, so sieht man ein ähnliches Bild. Man findet $\kappa = 0.208$. Dieser Wert ist klar signifikant ($z = 4.12$; $p < 0.001$), nach der oben aufgeführten heuristischen Graduierung ist die Urteilerübereinstimmung aber schwach.

Dieser Eindruck wird noch viel stärker, wenn man berücksichtigt, dass die verwendeten diagnostischen Kategorien ordinal skaliert sind. Wir spezifizieren ein uniformes Assoziationsmodell als Basismodell einer KFA, d. h. wir berücksichtigen in der KFA erster Ordnung das ordinale Skalenniveau der Urteile. Das Basismodell wird damit $\log \hat{m} = \lambda + \lambda^A + \lambda^B + \lambda^o$, wobei das o im Superskript anzeigt, dass mit diesem Vektor das uniforme Assoziationsmodell geschätzt werden soll. Dieser Vektor lautet $x_8 = \{1, 2, 3, 4, 2, 4, 6, 8, 3, 6, 9, 12, 4, 8, 12, 16\}$, wobei die 8 im Subskript anzeigt, dass es sich um den achten Vektor in der Designmatrix handelt (die Reihenfolge der Vektoren ist allerdings ohne Belang). Tab. 7.18 zeigt die Ergebnisse der KFA mit diesem Basismodell, die sonst unter den gleichen Spezifikationen wie die KFA für Tab. 7.17 gerechnet wurde.

Der LR-X^2 goodness-of-fit Test legt nahe, dass in der Kreuzklassifikation der neurologischen Diagnosen gar keine Effekte vorliegen, wenn der ordinale Charakter der

Tab. 7.17 KFA erster Ordnung der Diagnosen der Neurologen A und B

```
Konfiguration
    AB          m          m̂          p
    11       38.00     24.8054    .00392721
    12        5.00     10.9262    .03418571
    13         .00      3.2483    .03746855
    14        1.00      5.0201    .03751994
    21       33.00     26.4966    .10141317
    22       11.00     11.6711    .49646962
    23        3.00      3.4698    .54196648
    24         .00      5.3624    .00424807
    31       10.00     19.7315    .00850422
    32       14.00      8.6913    .05377958
    33        5.00      2.5839    .11856344
    34        6.00      3.9933    .21166386
    41        3.00     12.9664    .00074881    Antityp
    42        7.00      5.7114    .34652292
    43        3.00      1.6980    .24178395
    44       10.00      2.6242    .00034040    Typ
```

Tab. 7.18 Ordinale KFA erster Ordnung der Diagnosen der Neurologen A und B

```
Konfiguration
    AB          m          m̂          p
    11       38.00     36.6505    .42966903
    12        5.00      6.7483    .32845453
    13         .00       .4858    .61472320
    14        1.00       .1154    .10906454
    21       33.00     31.1861    .38874081
    22       11.00     12.7185    .37415663
    23        3.00      2.0280    .33093720
    24         .00      1.0674    .34258469
    31       10.00     13.4913    .19932127
    32       14.00     12.1869    .33447817
    33        5.00      4.3041    .43120125
    34        6.00      5.0178    .38719236
    41        3.00      2.6721    .50101296
    42        7.00      5.3463    .28812256
    43        3.00      4.1822    .39557311
    44       10.00     10.7994    .48038049
```

Urteilsskalen im Basismodell einer KFA erster Ordnung berücksichtigt wird. Die Anpassung ist sehr zufriedenstellend (LR-$X^2 = 9.43$; $df = 8$; $p = 0.307$), und signifikant besser als die des Basismodells ohne Berücksichtigung des ordinalen Charakters der Urteilsskalen (ΔLR-$X^2 = 59.73$; $\Delta df = 1$; $p < 0.001$). Es treten dementsprechend weder ein Antityp noch ein Typ hervor. Die PatientInnen sollten möglicherweise ermutigt werden, noch einen dritten Diagnostiker aufzusuchen.

Aus diesen Ergebnissen schließen wir, dass mit der KFA gezeigt werden kann, wo in der Kreuzklassifikation und wie stark die Übereinstimmung zwischen zwei Urteilern ist, und wo und wie stark der Mangel an Übereinstimmung ist. Dies lässt sich problemlos auf den Fall mehrerer Urteiler generalisieren. Mit κ kommt man zu globalen Aussagen über die Stärke der Übereinstimmung. Sowohl für die KFA als auch für κ sind andere Basismodelle als das der Unabhängigkeit der Urteiler denkbar, und das Skalenniveau kann bei der Berechnung der Erwartungshäufigkeiten ins Kalkül einbezogen werden. Mit der KFA können zusätzlich Kovariaten berücksichtigt werden, und man kann sich konfirmatorisch auf eine Selektion von Konfigurationen konzentrieren. Die letztere Möglichkeit ist auch für κ diskutiert worden (von Eye & von Eye, 2005).

7.5   KFA großer, schwach besetzter Tafeln

Statistische Power (Trennschärfe) ist im Kontext der KFA seit langer Zeit ein Diskussionsthema (siehe z. B. Indurkhya & von Eye, 2000; Schuster & von Eye, 2000). Gründe dafür sind z. B. in den Eigenschaften der KFA Tests zu finden. Einige der KFA Tests tendieren dazu, eher konservative Typ/Antityp-Entscheidungen (z. B. der Binomialtest) nahezulegen, andere werden erst vertrauenswürdig, wenn die Stichprobengröße ansteigt (z. B. der Chi-Quadrat Test oder der z-Test), und wieder andere regen eher non-konservative Entscheidungen an (vgl. Lehmacher, 1981; Lindner, 1984).

Der wichtigste Grund ist aber, dass in der KFA routinemäßig die Signifikanzschwelle α geschützt wird (siehe Kap. 2). Durch die dafür verwendeten Prozeduren wird die Schwelle extremer, wenn die Zahl der Zellen in einer Kreuzklassifikation ansteigt. Diese Zahl steigt mit der Zahl der gekreuzten Variablen und der Zahl der Kategorien dieser Variablen an.

In den meisten Beispielen in diesem Buch, und auch in vielen Anwendungen der KFA sind die untersuchten Kreuzklassifikationen in ihrer Größe überschaubar. Die größte hier diskutierte Tafel hatte $2^9 = 512$ Zellen (Kap. 3). Es sind jedoch in der Literatur Fälle diskutiert worden, in denen Kreuzklassifikationen mit nahezu fünf Million Zellen zur Analyse standen (z. B. DuMouchel, 1999). Leitet man aus den Simulationen von Larntz (1978), nach denen der Pearson Chi-Quadrat Test sogar besser als andere Statistiken ist, wenn die erwartete Häufigkeit nur 0.5 ist, die Regel ab, dass die minimale Stichprobengröße für eine KFA $N_{min} = t/2$ ist, dann braucht man bei einer Million Zellen immer noch 500,000 Datenträger, wenn alle Zellen gleich besetzt sind, und das unter jeder Signifikanzschwelle. Verwendet man konservativere Regeln, dann kann die erforderliche Stichprobengröße erheblich ansteigen.

Hinzu kommt ein weiteres Problem. Die Regel, nach der $N_{min} = t/2$ sein soll, garantiert ja nur, dass den KFA Tests vertraut werden kann. Wenn die Stichprobe dann aber relativ zur Zellenzahl sehr klein ist, dann ist es eher unwahrscheinlich, dass Typen gefunden werden, und es kann unmöglich werden, Antitypen zu finden (zu den Bedingungen, unter denen Typen und Antitypen auftreten können, siehe Indurkhya & von Eye, 2000).

Aus all diesen Gründen wird die KFA als eine Methode angesehen, die große Stichproben erfordert. Es ist uns nur eine Arbeit bekannt, in der behauptet wird, die KFA habe übermäßig viel Power (Smyth & MacKinnon, 2020). Dennoch kann es oft interessant und wichtig sein, auch in großen, eher schwach besetzten Tafeln nach Typen und Antitypen zu suchen. In diesem Abschnitt diskutieren wir daher Methoden, die zu diesem Zweck vorgeschlagen worden sind (DuMouchel, 1999; von Eye & Gutiérrez-Peña, 2005).

In den folgenden Abschnitten diskutieren wir drei Maße der Diskrepanz zwischen eine beobachteten Häufigkeit, m, und der korrespondierenden erwarteten Häufigkeit, $\hat{m}$. Dies sind das relative Risiko, das Maß *Log P*, und die Pearson Chi-Quadrat-Komponente, die wir wiederholt in diesem Buch verwendet haben.

Das *relative Risiko* (RR_i) ist definiert durch

$$RR_i = \frac{m_i}{\hat{m}_i},$$

wobei i die Zellen einer Kreuzklassifikation nummeriert.

Die Interpretation von RR_i ist vergleichbar mit der von Typen und Antitypen:

- ist $RR_i < 1$, dann wurden weniger Fälle beobachtet als unter dem Basismodell erwartet wurden;
- ist $RR_i > 1$, dann wurden mehr Fälle beobachtet als unter dem Basismodell erwartet wurden.

Ist die Diskrepanz groß genug, dann deutet sie auf die Existenz eines Typs oder eines Antityps hin. Statistisch ist es allerdings so, dass Konfigurationen mit einem Erwartungswert von z. B. $\hat{m} = 5$ anders interpretiert werden als Fälle mit $\hat{m} = 0.005$ selbst wenn sie mit dem gleichen Wert für RR_i kommen. Im ersten Fall kann eine Teststatistik geschätzt werden, die üblicherweise vertrauenswürdig erscheint, so dass sie als Basis für eine statistische Typ/Antityp-Entscheidung verwendet werden kann. Im zweiten Fall ist das Vertrauen in Teststatistiken selten groß genug.

Das Maß *Log P* kann verwendet werden, um die Nullhypothese der KFA zu testen, nach der $E(m_i) = \hat{m}_i$ ist. *Log P* ist definiert durch

$$logP_i = -\log_{10}\left(Pr\left(\hat{m}_i \geq m_i\right)\right),$$

wobei $\hat{m}_i$ approximativ Poisson-verteilt ist.

Ist $\hat{m}_i$ groß, dann kann $X_i = (m_i - \hat{m}_i)/\sqrt{\hat{m}_i}$ verwendet werden, d. h. die Normalverteilungsapproximation der Pearson Chi-Quadrat Komponente, die bereits Kap. 2 behandelt wurde. Diese Statistik ist nah mit den Statistiken von Cochran (1954) und Mantel und Haenszel (1959) verwandt (für numerische Approximationen von *Log P*, siehe DuMouchel, 1999).

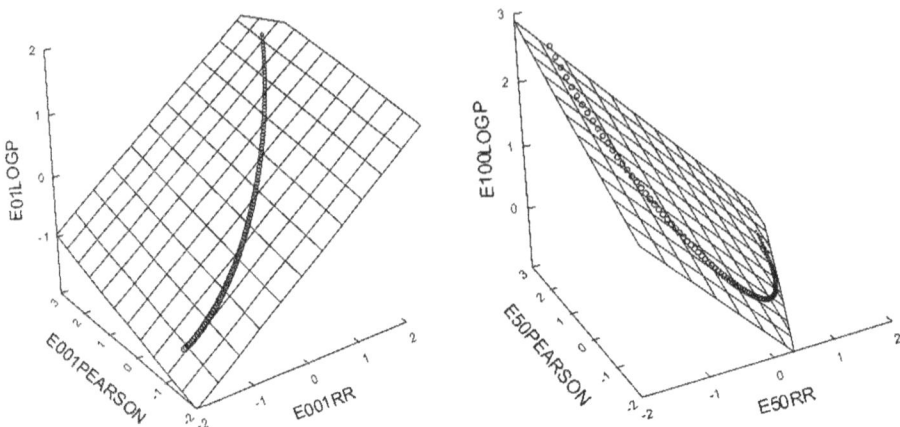

Abb. 7.3 Kreuzdiagramme der Maße X (Pearson), RR und $Log\ P$ für Erwartungswerte $\hat{m}_i = 0.01$ (links) und für $\hat{m}_i = 50$ (rechts)

DuMouchel (1999) war nur an der Aufdeckung von Konfigurationen interessiert, die im vorliegenden Zusammenhang als Typen bezeichnet werden. von Eye und Gutiérrez-Peña (2005) schlugen daher vor, $Log\ P$ und X mit Vorzeichen zu versehen. Es ergeben sich

$$X_{i,S} = X_i Sign\left(m_i - \hat{m}_i\right) \quad \text{und} \quad \log P_{i,S} = -\log_{10}\left(\Pr\left(\hat{m}_i \geq m_i\right)\right) Sign\left(m_i - \hat{m}_i\right) \quad \text{wenn}$$
$$m_i > \hat{m}_i \text{ und } \log P_{i,S} = \log_{10}\left(\Pr\left(\hat{m}_i \geq m_i\right)\right) Sign\left(m_i - \hat{m}_i\right) \text{ wenn } m_i \leq \hat{m}_i.$$

Eigenschaften von X, Log P und RR In Ermangelung eines Datenkörpers mit nahezu fünf Millionen Zellen berichten wir hier die Ergebnisse einer kleinen Simulation, in der wir die Maße X, RR und $Log\ P$ miteinander vergleichen (nach von Eye & Gutiérrez-Peña, 2005). In dieser Simulation wurden sechs Werte für $\hat{m}_i$ festgelegt: 0.001, 0.01, 1, 10, 50 und 100. Für jeden dieser Werte wurde m_i in Schritten von 1 von 0 bis 99 bewegt.

Die Korrelationen zwischen den drei Maßen sind unter diesen Bedingungen extrem hoch. Sie bewegen sich zwischen $r = 0.934$ und $r = 0.999$. Obwohl man daraus schließen kann, dass die Maße austauschbar sind, ist ihre Beziehung dennoch nicht perfekt linear. Abb. 7.3 illustriert dies für $\hat{m}_i = 0.01$ links und für $\hat{m}_i = 50$ rechts.

Aus den starken Korrelationen und den Kreuzdiagrammen schließen wir, dass RR keinen wesentlichen Beitrag jenseits von $Log\ P$ und X leistet. Zudem kann $Log\ P$ nicht als Teststatistik verwendet werden und es zeigt keine Antitypen an. Wir verwenden es daher als deskriptives Maß.

Weiterhin stellen wir fest, dass die Beziehungen zwischen den drei Maßen nicht linear sind, obwohl sie sehr stark miteinander korrelieren. Die Rangreihungen der Diskrepanzen zwischen $\hat{m}_i$ und m_i sind allerdings weitgehend identisch. Konfigurationen, die unter X als Typen oder Antitypen ausgewiesen werden, nehmen auch unter $Log\ P$, und unter RR extreme Rangplätze ein.

Ein numerisches Problem mit *Log P* ergibt sich, wenn $m_i = 0$ ist, was in großen Tafeln häufig der Fall ist. Für diesen Wert von m_i sollte *Log P* = 0 sein. Die numerischen Approximationen, die für *Log P* oft verwendet werden (siehe DuMouchel, 1999), ergeben aber oft einen Wert, der in seiner Größe von der Größe von $\hat{m}_i$ abhängt (siehe von Eye, 2005). Dennoch ist *Log P* ein Maß, dass bei der Analyse von großen, schwach besetzten Kreuzklassifikationen interessant sein kann.

7.6   Die KFA als Test der multivariaten Normalverteilungshypothese

In diesem Abschnitt behandeln wir einen Ansatz, welcher die Hypothese der multivariaten Normalverteilung mittels KFA prüfbar macht (von Eye, 2005, 2006a, b; von Eye & Bogat, 2004, 2005a; von Eye, & Gardiner, 2004, von Eye et al., 2006). Dieser Ansatz besteht darin, den multivariaten Datenraum in Sektoren zu unterteilen, die dann als Zellen für eine KFA dienen. Die Erwartungshäufigkeiten für diese Zellen werden unter der Annahme der multivariaten Normalverteilung geschätzt.

In vielen einführenden Lehrbüchern der Statistik (z. B. Glass & Hopkins, 1984, Abschn. 14.7) wird beschrieben, wie der univariate Chi-Quadrat-Test zur Überprüfung der Hypothese verwendet werden kann, dass eine Stichprobe einer normalverteilten Population entstammt. Für diesen Test wird die univariate Verteilung in Segmente unterteilt, für jedes der Segmente wird geschätzt, wie viel Fälle unter der Hypothese der Normalverteilung zu erwarten sind, und diese Erwartungswerte werden dann mit dem Chi-Quadrat-Test mit den vorgefundenen Häufigkeiten verglichen. von Eye und Gardiner (2004) haben vorgeschlagen, diesen Test auf den multivariaten Fall zu generalisieren. Für *d* Variablen sind dazu die folgenden Schritte erforderlich:

1. jede der *d* Variablen wird in zwei oder mehr Segmente aufgegliedert; für die *j*-te Variable entstehen dabei $c_j > 1$ Segmente, mit $j = 1, \ldots, d$;
2. die segmentierten Variablen werden gekreuzt; dadurch entsteht eine *d*-dimensionale Kreuzklassifikation mit $\Pi_{j=1}^{d} c_j$ Sektoren (Konfigurationen);
3. für jeden Sektor wird die Wahrscheinlichkeit unter der Annahme der multivariaten Normalverteilung geschätzt; die Sektoren der *j*-ten Variable haben die untere Grenze $z_{a,j}$ und die obere Grenze $z_{e,j}$; die Wahrscheinlichkeit, in einem bestimmten Sektor zu liegen, ist $p(z_{a,1} - z_{e,1}, \ldots, z_{a,d} - z_{e,d}) = \int_{z_{a,1}}^{z_{e,1}} \ldots \int_{z_{a,d}}^{z_{e,d}} \Psi(z_{a,1} - z_{e,1}, \ldots, z_{a,d} - z_{e,d})$; numerische Lösungen für diese Gleichung wurden von Genz (1992) und von Somerville (1998) vorgeschlagen;
4. Schätzung der Erwartungshäufigkeiten für jeden Sektor auf der Basis dieser Gleichung; für Sektor $s_{i,j,\ldots,d}$ im Raum der *d* gekreuzten segmentierten Variablen ist die Erwartungshäufigkeit $\hat{m}_{i,j,\ldots,d} = N p_{i,j,\ldots,d}$;
5. Durchführung einer KFA.

Illustration In diesem Abschnitt illustrieren wir diese Methode anhand von zwei Beispielen. Im ersten Beispiel zeigen wir, wie die Methode auf bestimmte Verletzungen der Hypothese der Multinormalverteilung anspricht. Im zweiten Beispiel wenden wir die Methode auf einen empirischen Datensatz an.

Datenbeispiel 1 Im ersten Beispiel berichten wir die Ergebnisse einer Simulation, die von Eye (2005) durchgeführt hat. In dieser Simulation wurde die oben beschriebene KFA Methode zur Prüfung der Hypothese der Multinormalverteilung mit den bekannten Schiefe- und Steilheits-Tests von Mardia (1970) verglichen. In der Simulation wurden Datensätze mit den folgenden Eigenschaften hergestellt:

1. Die Datensätze folgten *fünf Verteilungen:*
    1. *Normalverteilung;* für diese Verteilung sollten die Daten weder schief sein noch steiler oder flacher sein als erwartet;
    2. *uniforme Verteilung;* diese Verteilung sollte von der Normalverteilung abweichen; sie ist zwar symmetrisch und damit nicht schief, sie ist aber an den Enden weit schwerer als die Normalverteilung, d. h. höher (die uniforme Verteilung führt zur minimal möglichen Exzess-Kurtosis von -1.2);
    3. *logarithmisch transformierte uniforme Verteilung:* diese Verteilung sollte sowohl zu schief sein als auch zu steil;
    4. *invertierte Laplace-Transformation:* die Verteilung, die durch diese Transformation der uniformen Verteilung entsteht, sollte ebenfalls schief sein und eine erhöhte Steilheit aufweisen; und
    5. *Dritte Wurzel-Transformation:* angewendet auf die uniforme Verteilung, sollte ebenfalls zu schief und zu steil sein.
2. Die *Stichprobengröße* variierte zwischen 20 und 80, in Schritten von 20;
3. *Zahl der Segmente:* drei, vier und fünf Segmente wurden erzeugt;
4. *Korrelation zwischen den Variablen:* die Korrelationen waren $r = 0.0$, 0.1, 0.2, und 0.3;
5. *Zahl der Variablen:* drei, vier und fünf Variablen wurden erzeugt.

Für die folgende KFA dichotomisieren wir die Ergebnisse der Pearson X^2-Tests der Anpassung (*P*) und der Mardia Schiefe- und Steilheitstest (*S* und *K*). Als cut-off wurden die Ergebnisse der Tests auf Multinormalverteilung verwendet und mit $1 = zeigt$ *Abweichung an* und $2 = zeigt$ *keine Abweichung an* kodiert. Die daraus resultierenden binären Variablen wurde gekreuzt und mit einer KFA untersucht. Wir durchlaufen die Schritte der KFA.

Schritt 1: Spezifikation eines Basismodells In diesem Beispiel fragen wir, ob die Entscheidungen, die durch die drei Tests nahegelegt werden, von der Form und den Eigenschaften der simulierten Verteilungen abhängt. Wir verwenden daher das Basismodell einer ISA, in der wir die drei Tests, *P* (Pearson X^2-Test), *S* (Mardia Schiefetest) und *K*

(Mardia Steilheitstest) der Verteilungsform, V, gegenüberstellen (für die Ergebnisse einer KFA erster Ordnung, siehe von Eye, 2005). Das ISA Basismodell ist damit

$$\log \hat{m} = \lambda + \lambda^V + \lambda^P + \lambda^S + \lambda^K + \lambda^{PS} + \lambda^{PK} + \lambda^{SK} + \lambda^{PSK}.$$

Wenn sich mit diesem Basismodell Typen oder Antitypen ergeben, dann zeigen sie an, dass und wo die Verteilungsform differentiell dazu führt, dass einer oder mehrere Tests die Hypothese der Multinormalverteilung abgelehnt (oder beibehalten) haben.

Schritt 2: Signifikanztestung wegen der relativ großen Stichprobe verwenden wir die Stirling-Approximation des Binomialtests und schützen α mit der Bonferroni Prozedur.

Schritt 3: Durchführung der KFA Tab. 7.19 zeigt die zellweisen Ergebnisse der ISA.

Der Pearson X^2 goodness-of-fit Test legt nahe, dass in der Kreuzklassifikation der Simulationsvariablen sehr starke Effekte vorliegen. Die Anpassung ist sehr mager ($X^2 = 2297$; $df = 28$; $p < 0.001$). Es treten sechs Typen und 31 Antitypen hervor.

Schritt 4: Interpretation der gefundenen Typen und Antitypen Hier interpretieren wir die markantesten der 37 auffälligen Konfigurationen. Der erste Typ, konstituiert durch die Konfiguration 1 1 1 1 zeigt, dass die drei Testverfahren es überzufällig häufig gemeinsam nahelegen, die Nullhypothese der Multinormalverteilung beizubehalten, wenn die Daten tatsächlich normalverteilt sind. Dies wird durch den Antityp in 1 2 2 2 noch verstärkt. In keiner einzigen Situation haben alle drei Tests die Nullhypothese der Normalverteilung abgelehnt, wenn die Verteilung normal war.

Der zweite Typ, 2 2 1 2, zeigt, dass nur der Mardia Schiefetest die Nullhypothese beizubehalten empfiehlt, wenn die Verteilung uniform ist. Diese Verteilung ist symmetrisch und daher nicht schief. Damit bewährt sich dieser Test. Diese Verteilung ist aber flach und damit nicht normal. Damit bewähren sich der Mardia Steilheitstest und die KFA Methode. Auch dies wird durch Konfiguration 2 1 2 1, die einen Antitypen konstituiert, noch verstärkt. Nicht ein einziges Mal wird auf der Basis des Mardia Schiefetests die Nullhypothese der Normalverteilung abgelehnt und auf der Basis der anderen beiden Tests beibehalten, wenn eine Verteilung symmetrisch ist.

Die dritte Verteilung sollte sowohl zu schief als auch zu steil sein. Alle drei Testverfahren zeigen dies an, wie durch den Typ 3 2 2 2 nahegelegt wird. Entsprechend konstituiert Konfiguration 3 1 1 1 einen Antityp. Es tritt überzufällig selten auf, dass alle drei Methoden einer Verteilung attestieren, sie sei normal, wenn sie zu schief und zu steil ist.

Viele andere Konfigurationen können analog interpretiert werden (siehe Tab. 7.19). Im zweiten Beispiel untersuchen wir eine empirische Verteilung im Hinblick auf die Nullhypothese der Multinormalverteilung.

Datenbeispiel 2 Im zweiten Beispiel greifen wir wieder auf Daten zurück, die von Bogat und Kollegen (2006) in einer Studie zu den Effekten von häuslicher Gewalt erhoben

Tab. 7.19 ISA, in der V den Variablen P, S und K gegenübergestellt wird

```
Konfiguration
    VPSK        m         m̂         z
    1111      145.00    15.0867    .00000000   Typ
    1112       15.00    22.3958    .06376779
    1121         .00    10.5928    .00002338   Antityp
    1122         .00    15.7247    .00000013   Antityp
    1211         .00    22.7483    .00000000   Antityp
    1212         .00    33.7692    .00000000   Antityp
    1221         .00    15.9722    .00000010   Antityp
    1222         .00    23.7103    .00000000   Antityp
    2111        1.00    15.0867    .00000429   Antityp
    2112         .00    22.3958    .00000000   Antityp
    2121         .00    10.5928    .00002338   Antityp
    2122         .00    15.7247    .00000013   Antityp
    2211        4.00    22.7483    .00000144   Antityp
    2212      155.00    33.7692    .00000000   Typ
    2221         .00    15.9722    .00000010   Antityp
    2222         .00    23.7103    .00000000   Antityp
    3111        3.00    15.0867    .00018490   Antityp
    3112        2.00    22.3958    .00000004   Antityp
    3121         .00    10.5928    .00002338   Antityp
    3122         .00    15.7247    .00000013   Antityp
    3211         .00    22.7483    .00000000   Antityp
    3212       38.00    33.7692    .25150765
    3221         .00    15.9722    .00000010   Antityp
    3222      117.00    23.7103    .00000000   Typ
    4111        1.00    15.0867    .00000429   Antityp
    4112         .00    22.3958    .00000000   Antityp
    4121         .00    10.5928    .00002338   Antityp
    4122         .00    15.7247    .00000013   Antityp
    4211        3.00    22.7483    .00000024   Antityp
    4212         .00    33.7692    .00000000   Antityp
    4221      138.00    15.9722    .00000000   Typ
    4222       18.00    23.7103    .13757010
    5111       19.00    15.0867    .18545050
    5112       81.00    22.3958    .00000000   Typ
    5121        7.00    10.5928    .17221807
    5122       45.00    15.7247    .00000000   Typ
    5211         .00    22.7483    .00000000   Antityp
    5212        3.00    33.7692    .00000000   Antityp
    5221        1.00    15.9722    .00000184   Antityp
    5222        4.00    23.7103    .00000063   Antityp
```

worden waren. Die meisten statistischen Tests, mit denen diese Daten analysiert wurden, setzen voraus, dass die Daten aus multivariat-normalverteilten Grundgesamtheiten gezogen wurden. Hier fragen wir, ob die Variablen Besorgtheit (B), posttraumatischer Stress (P) und Depression (D) trivariat normalverteilt sind. Um dies zu prüfen, erzeugen wir für jede Variable drei Kategorien. Die cut-off Punkte waren auf den jeweiligen Werteskalen gleichabständig. Im nächsten Schritt kreuzen wir die auf diese Weise kategorisierten Variablen und schätzen Erwartungshäufigkeiten mit der Methode von Somerville (1998). Dann gehen wir die vier Schritte der KFA.

Schritt 1: Spezifikation eines Basismodells In diesem Beispiel fragen wir, ob über- oder unterbesetzte Sektoren Indizien dafür liefern, dass die Daten nicht aus einer trivariaten Normalverteilung gezogen wurden. Das Basismodell kann damit nicht wie das einer Routine-KFA mit einem log-linearen Modell geschätzt werden, sondern es ist eines, das die Erwartungshäufigkeiten auf der Basis der Nullhypothese einer trivariaten Normalverteilung schätzt. Wir erzeugen drei Kategorien für jede Variable, die jeweils gleich lange Segmente auf der Werteskala abdecken.

Schritt 2: Signifikanztestung Wir verwenden den z-Test. α schützen wir mit der Holland DiPonzio Copenhaver Prozedur.

Schritt 3: Durchführung der KFA Tab. 7.20 zeigt die Ergebnisse der KFA zur Prüfung der Nullhypothese der trivariaten Normalverteilung.

Der Pearson X^2 goodness-of-fit Test, der hier als Anpassungstest an die trivariate Normalverteilung interpretiert werden kann, legt nahe, dass in der Kreuzklassifikation der Simulationsvariablen deutliche Abweichungen von der Normalverteilung zu erkennen sind. Die Anpassung ist schlecht ($X^2 = 262.54$; $df = 25$; $p < 0.001$). Es treten sechs Typen hervor.

Schritt 4: Interpretation der Typen und Antitypen Die sechs Typen in Tab. 7.20 können nicht als Indikatoren dafür interpretiert werden, dass die gekreuzten Variablen assoziiert sind. Hier wurden die Erwartungshäufigkeiten nicht auf der Basis der Annahme der Unabhängigkeit der Variablen B, P und D geschätzt, sondern auf der Basis der Annahme einer trivariaten Normalverteilung. Die Typen zeigen damit die Sektoren im Datenraum an, in denen dieser Annahme widersprochen wird.

Der erste Typ, konstituiert durch Konfiguration 1 1 1, zeigt, dass deutlich mehr Frauen als unter der Annahme der trivariaten Normalverteilung zu erwarten war keines der drei Symptome zeigen. 151 Frauen zeigen dieses Profil, aber nur 51.24 waren erwartet worden. Jeder der fünf folgenden Typen zeigt, dass auch kleine beobachtete Zellhäufigkeiten Typen repräsentieren können. Dies liegt daran, dass extreme Sektoren im Datenraum sehr unwahrscheinlich sind und daher auch sehr kleine Erwartungshäufigkeiten haben. Ein solcher Extremfall ist Sektor 3 1 1. Dieses Profil beschreibt Frauen, die sehr besorgt sind, aber weder posttraumatische Stresssymptome noch Symptome einer Depression zeigen. Nur eine Frau mit diesem Profil war gefunden worden. Dies ist aber immer noch signifikant mehr als die 0.015 erwarteten.

Wir schließen aus diesem Befund, dass die Daten nicht aus einer Population stammen, die trivariat normalverteilt ist. Theoretisch ist das keine Überraschung, denn psychopathologische Variablen sind fast nie normalverteilt. Es fragt sich aber, ob statistische Analysen dieser Daten zu verteidigen sind, die davon ausgehen, dass die Daten aus einer multinormalen Population stammen.

Tab. 7.20 KFA zur Prüfung der Nullhypothese der trivariaten Normalverteilung der trichotomisierten Variablen *B*, *P* und *D*

```
Konfiguration
```

BPD	m	$\hat{m}$	z	$p(z)$	
111	121.	51.244	9.744	.00000000	Typ
112	24.	27.297	-.631	.26401581	
113	2.	.623	1.744	.04054801	
121	7.	11.120	-1.235	.10833306	
122	4.	12.191	-2.346	.00949033	
123	0.	.607	-.779	.21804906	
131	1.	.102	2.820	.00239960	
132	3.	.251	5.486	.00000002	Typ
133	0.	.029	-.169	.43278516	
211	12.	7.893	1.462	.07186961	
212	10.	14.142	-1.101	.13534410	
213	3.	1.206	1.633	.05122149	
221	2.	4.196	-1.072	.14183056	
222	6.	14.678	-2.265	.01175590	
223	0.	2.646	-1.627	.05191345	
231	1.	.102	2.818	.00241704	
232	2.	.812	1.319	.09355145	
233	2.	.328	2.920	.00174927	Typ
311	1.	.015	8.066	.00000000	Typ
312	0.	.132	-.363	.35842008	
313	0.	.051	-.225	.41085866	
321	0.	.023	-.153	.43916909	
322	1.	.401	.945	.17223282	
323	2.	.291	3.166	.00077233	Typ
331	0.	.002	-.043	.48294620	
332	0.	.066	-.257	.39846004	
333	1.	.092	3.002	.00133990	Typ

7.7   Latente Klassenanalyse und KFA

In diesem Abschnitt diskutieren wir, wie die KFA dazu verwendet werden kann, um 1) zu prüfen, ob und wo die Annahme der lokalen Unabhängigkeit in der latenten Klassenanalyse (latent class analysis: LCA) verletzt ist, und 2) die Frage zu behandeln, ob individuelle Antwortmuster invariant über die latenten Klassen hinweg sind (Lautsch & Plichta, 2005; Wiedermann & von Eye, 2016a).

Die latente Klassenanalyse, vorgeschlagen von Lazarsfeld und Henry (1968), erzeugt homogene Gruppen von Datenträgern, für die die Beziehungen zwischen den beobachteten kategorialen oder metrischen Variablen durch die Gruppenmitgliedschaft (Klassen) erklärt werden können (im Falle von metrischen Variablen spricht man auch von der latenten Profilanalyse; Lanza & Cooper, 2016). Mit anderen Worten, die Variablen sind innerhalb der latenten Klassen unabhängig. Dies ist als *Axiom der lokalen Unabhängigkeit* bekannt (vgl. Clogg, 1995).

Nach Haberman (1979) kann das unbedingte latente Klassenmodell in Termini von log-linearen Modellen beschrieben werden. Wenn *G* die latenten Klassen bezeichnet und Y die untersuchten Indikatoren, dann ist das log-lineare LCA Modell für die $G \times Y_1 \times Y_2 \times Y_3, \ldots$ Kreuzklassifikation

$$\log \hat{m}_{g,i,j,\ldots} = \lambda + \lambda_g^G + \sum_i \lambda_j^{Y_i} + \sum_i \lambda_{gj}^{G,Y_i}.$$

Parameter mit einer Variable im Superskript bezeichnen wie gewohnt Haupteffekte, und Parameter mit zwei Variablen im Superskript bezeichnen Interaktionsterme. Die latenten Klassen, G, sind vor der Analyse unbekannt und müssen daher geschätzt werden. Vor der Analyse ist die Kreuzklassifikation daher nicht komplett. Die Schätzung erfolgt meist mittels maximum likihood Methoden (siehe Dempster et al., 1977; vgl. auch Goodman, 1974; Rindskopf, 1990; Vermunt, 1997). Die LCA kann als Faktorenanalyse für kategoriale Variablen interpretiert werden. Beide gelten als Methoden, die zur Reduzierung der Komplexität von Rohdaten eingesetzt werden können. Latente Klassenmodelle und Faktorenanalysen haben gemein, dass die inhaltliche Bedeutung der latenten Komponenten (Klassen oder Faktoren) erst post-hoc aufgrund der involvierten Variablen festgelegt wird.

Die Güte der Anpassung eines LCA Modells kann mit den Methoden bewertet werden, die auch für die Beurteilung der Anpassung von log-lineare Modellen Anwendung finden. Beispiele statistischer Tests sind der Pearson Chi-Quadrat-Test und der Likelihood-Ratio X^2-Test. Zum Vergleich von unterschiedlichen LCA-Lösungen für die selben Daten werden Informationskriterien eingesetzt, z. B. das bekannte Akaike Informationskriterium (AIC) oder Verwandte wie das cAIC, BIC, oder das adjustierte BIC. Individuelle Items können wieder mit Chi-Quadrat-Tests verglichen werden. In Analogie zur Evaluation von Strukturgleichungsmodellen können auch Residual-Assoziationen betrachtet werden (Aspahrouov & Muthén, 2015). Individuelle Residuen können mit den Methoden untersucht werden, die aus der KFA bekannt sind. Im folgenden Abschnitt wird gezeigt, wie die KFA zur Überprüfung der lokalen Unabhängigkeit in der latenten Klassenanalyse (LCA) eingesetzt werden kann (Wiedermann & von Eye, 2016a).

In der klassischen Testtheorie, aber auch in der Item Response Theorie wird gefordert, dass die Reaktionen, die eine Person auf Testitems hat, *unkorreliert* sind (vgl. Lord & Novick, 1968; Reckase, 2009; Su & Ullah, 2009). Es dürfen auch keine anderen Formen der Abhängigkeit der Items voneinander existieren. Innerhalb einer latenten Klasse sind unkorrelierte Items *stochastisch unabhängig,* wenn

$$p\big[(Y_1 = 1) \wedge (Y_2 = 1) \wedge \ldots \wedge (Y_k = 1)|g\big] = \prod_j P\big(Y_j = 1|g\big),$$

gilt, wobei $P(Y_j = 1)$ die Wahrscheinlichkeit angibt, mit der auf Item j ($j = 1, \ldots, k$) in der latenten Klasse g mit Antwortkategorie 1 reagiert wird. Dies gilt analog, wenn mehr als zwei Antwortkategorien verfügbar sind.

Mit der LCA werden Lösungen erzeugt, in denen stochastische Unabhängigkeit für jede einzelne Klasse angenommen wird. Damit werden, wie oben bereits ausgeführt, die

Korrelationen zwischen den Items erklärt und die Items sind innerhalb jeder Klasse ohne Beziehung zueinander. Die KFA kann nun verwendet werden, um zu prüfen, ob dies in der Tat für eine gegebene LCA Lösung der Fall ist.

Liegt innerhalb einer latenten Klasse lokale Unabhängigkeit vor, dann existieren keine Assoziationen zwischen den Items in dieser Klasse. Das bedeutet, dass das *klassenspezifische log-lineare Haupteffektmodell* $\log \hat{m}_j = \lambda_g + \lambda_g^{Y_1} + \lambda_g^{Y_2} + \ldots + \lambda_g^{Y_k}$, nicht zurückgewiesen werden kann, wobei j die Items indiziert, g die Gruppen indiziert und k die Zahl der Items bezeichnet. Dies ist das Basismodell der KFA erster Ordnung. Wiedermann und von Eye (2016a) haben vorgeschlagen, dieses KFA Basismodell zur Prüfung der lokalen Unabhängigkeit in jeder latenten Klasse zu verwenden.

Die Autoren listen die folgenden Eigenschaften dieses Vorgehens auf:

1. es können Hypothesen zu Gruppen von Items getestet werden; Beispiele solcher Items betreffen Antwortmuster oder Abfolgen von Antworten;
2. die globalen Pearson oder Likelihood Ratio Chi-Quadrat-Tests der KFA können verwendet werden, und diese sind denen in der LCA sonst verwendeten äquivalent;
3. zellspezifische Abweichungen können auch dann signifikant sein, wenn ein globaler Test es nahelegt, dass die Variablen unabhängig voneinander sind; dies kann mit den Tests der KFA untersucht werden;
4. es existiert eine große Zahl an KFA-Tests, mit denen die gesamte Kreuzklassifikation der Items in jeder latenten Klasse entweder exploratorisch untersucht werden kann, oder mit denen konfirmatorisch spezifische Hypothesen getestet werden können; die Typen und Antitypen, die eine KFA zu Tage fördert, zeigen dann an, wo Abweichungen von der lokalen Unabhängigkeit vorliegen;
5. Kovariaten können in das KFA Basismodell aufgenommen werden, um das Auftreten von KFA Typen und Antitypen zu erklären;
6. Prozeduren zum Schutz der Signifikanzschwelle α können verwendet werden, um die Zahl der false-positive Entscheidungen gering zu halten; und
7. das Postulat der lokalen Unabhängigkeit kann aus theoretischen Gründen aufgeweicht werden; dazu können lokale Assoziationen in das KFA Basismodell aufgenommen werden, d. h. Assoziationen, die nur eine Auswahl von Kategorien einbeziehen (vgl. Hand & Vinciotti, 2003).

Datenbeispiel Im folgenden Datenbeispiel demonstrieren wir, wie die KFA zur Evaluation der Modellgüte im Rahmen der latent Klassenanalyse verwendet werden kann. Zu diesem Zweck führen wir eine Re-Analyse der Daten durch, die Wiedermann und von Eye (2016a) veröffentlicht haben. In einer Umfrage zum Alkoholkonsum österreichischer Studierender beantworteten 1839 Studierende (56.8 % weiblich; Durchschnittsalter 26.3) Fragen aus dem Alcohol Use Disorder Identification Test (AUDIT; Saunders & Aasland, 1987). Dieser Test umfasst zehn Fragen zum Alkoholkonsum und zu alkoholbedingten negativen Konsequenzen.

Für die folgenden Analysen wurden die Antworten am Nullpunkt dichotomisiert (siehe hierzu Smith & Shevlin, 2003). Die dadurch entstandenen binären Skalen haben die Kategorien $1 = nie$ und $2 = häufiger\ als\ nie$. Die folgenden sechs Items wurden analysiert:

- $A2$: Übliche Menge Alkohol an einem Tag, an dem Alkohol getrunken wird;
- $A3$: Wie oft wurden sechs oder mehr Drinks zu einer Gelegenheit konsumiert;
- $A4$: Nicht in der Lage sein, aufzuhören, nachdem der Alkoholkonsum begonnen hatte;
- $A5$: Wegen des Trinkens nicht in der Lage sein, das zu erledigen, was erledigt werden sollte;
- $A7$: Schuldgefühle wegen des Trinkens; und
- $A8$: Gedächtnisverlust.

Das ursprüngliche Analyseziel war es, nicht-erfasste Heterogenität in den Antworten der Studierenden zu modellieren. Dieses Ziel ist insbesondere dann sinnvoll, wenn Items miteinander korrelieren und wenn angenommen wird, dass die Befragten heterogene Antwortmuster zeigen. Im Hinblick auf dieses Ziel wurde eine Reihe von latenten Klassenmodellen mit Mplus (Muthén & Muthén, 1998–2020) geschätzt. Zur Auswahl der Zahl der Klassen wurden Bayes-Informationskriterien und Lo-Mendell-Rubin Tests (Lo et al., 2001) verwendet.

Auf der Basis dieser Kriterien wurde entschieden, dass eine vier-Klassen-Lösung die Verteilung der Antworten der Studierenden am besten erklärt. Abb. 7.4 zeigt die geschätzten konditionalen Wahrscheinlichkeiten der Mitgliedschaften in den latenten Klassen. Abb. 7.5 zeigt die latenten Alkoholkonsummuster der 4-Klassenlösung.

Die zahlenstärkste dieser vier Klassen ist die erste (38.4 % der Studierenden). Diese Personen konsumieren mit hoher Wahrscheinlichkeit mehr als ein oder zwei alkoholische Getränke an einem Tag mit Alkoholkonsum, zeigen binge-drinking Verhalten mindestens einmal im Monat, und berichten über eher milde Konsequenzen ihres Trinkverhaltens. Die zweit-stärkste Klasse ist die dritte (31.7 %). Diese Studierenden trinken selten und auch nur wenig Alkohol und berichten über keine negativen Konsequenzen. Die vierte latente Klasse (24.1 %) beschreibt die Studierenden, die am meisten trinken und auch die massivsten negativen Konsequenzen erfahren. Die zweite latente Klasse (5.8 %) trinkt Alkohol in moderaten Mengen und Häufigkeiten und berichtet über moderate Konsequenzen.

Eine Untersuchung der Zusammenhänge zwischen den sechs für die LCA verwendeten Items zeigte, dass nur Items 5 (*„Alkoholkonsum hat verhindert, dass ich schaffe, was ich mir vorgenommen hatte"*) und 8 (*„Amnesie"*) signifikant miteinander assoziiert sind (Pearson Chi-Quadrat$= 8.43$; $df = 1$; $p = 0.004$). Keiner der anderen Assoziationstests war signifikant. Dennoch zeigt die Klassifikation in vier latente Klassen Unsicherheiten. So ist die Wahrscheinlichkeit, dass ein Mitglied der ersten latenten Klasse eher der zweiten Klasse angehört, relativ groß (siehe Abb. 7.4), und

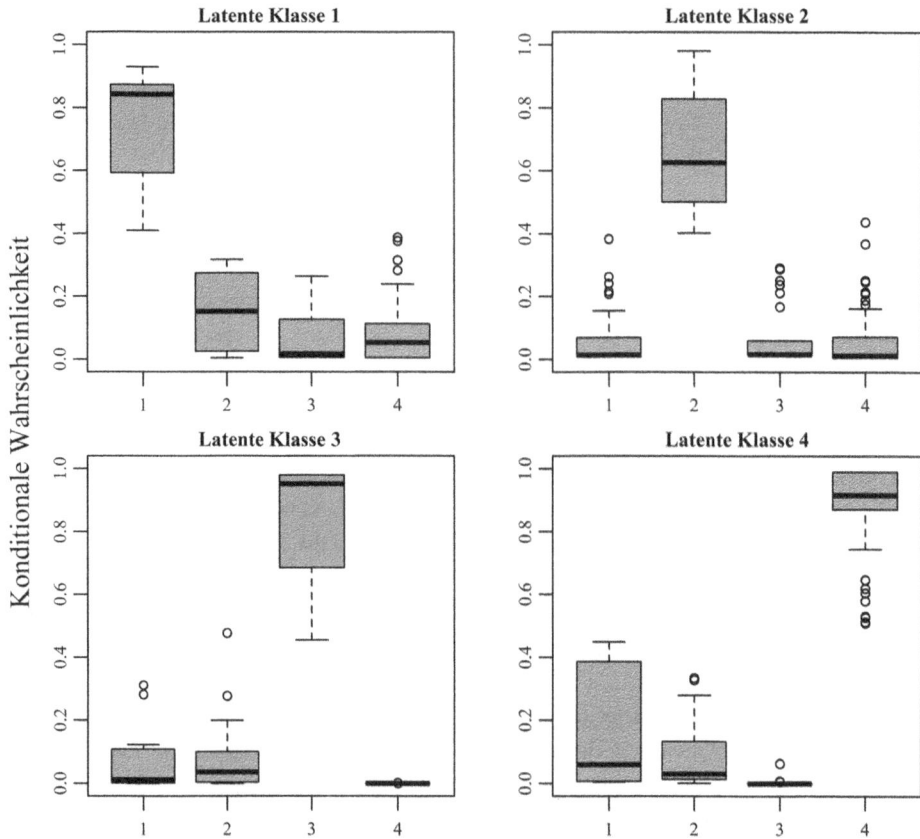

Abb. 7.4 Konditionale Wahrscheinlichkeiten der Mitgliedschaft in vier latenten Klassen des Alkoholkonsums von Studierenden

Mitglieder der vierten Klasse könnten mit einer gewissen Wahrscheinlichkeit Klasse 1 angehören. Im Gegensatz dazu war Klasse 3 am deutlichsten abgegrenzt.

Wir fragen jetzt, ob in diesen vier latenten Klassen die Hypothese der lokalen Unabhängigkeit beibehalten werden kann. Ist das der Fall, dann sind die Items in jeder Klasse unkorreliert. Dies kann mit der KFA bestens untersucht werden. Gilt lokale Unabhängigkeit, dann können keine Typen oder Antitypen auftreten. Dies kann separat für jede der vier latenten Klassen untersucht werden. Wir durchlaufen daher die vier Schritte der KFA.

Schritt 1: Spezifikation eines Basismodells Ist die lokale Unabhängigkeit verletzt, dann existieren Beziehungen zwischen den Fragen, die die Studierenden beantwortet haben. Dabei ist es ohne Belang, ob es sich um paarweise Beziehungen handelt oder um Beziehungen zwischen drei oder mehr Fragen. Mit einer KFA erster Ordnung kann gezeigt werden, ob und wo im Datenraum Beziehungen zwischen Items zum Tragen

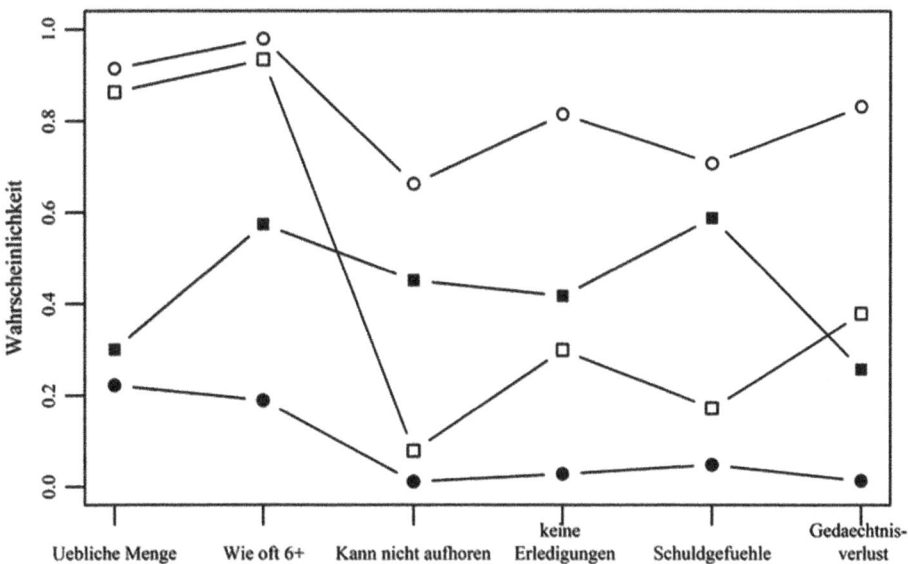

Abb. 7.5 Latente Alkoholkonsummuster österreichischer Studierender ($\square$ = LC1, 38.4 %; $\blacksquare$ = LC 2, 5.8 %; $\bullet$ = LC3, 31.7 %; $\circ$ = LC4, 24.1 %)

kommen. Das Basismodell, das in diesem Beispiel zur Anwendung kommt, lautet daher $\log \hat{m} = \lambda + \lambda^{A2} + \lambda^{A3} + \lambda^{A4} + \lambda^{A5} + \lambda^{A7} + \lambda^{A8}$.   Beziehungen   beliebiger   Ordnung können dieses Modell zu Fall bringen, und Typen und Antitypen aufdecken.

Im vorliegenden Beispiel kann eine KFA auf drei der vier latenten Klassen angewendet werden. Dies sind die Klassen 1, 3 und 4. Die zweite latente Klasse enthält zu wenige Fälle. Wiedermann und von Eye (2016a) berichten unter anderem die Ergebnisse der KFA der dritten latenten Klasse. Es ergaben sich acht Typen und 19 Antitypen – ein klares Ergebnis, das zeigt, dass lokale Unabhängigkeit zumindest in dieser latenten Klasse nicht vorliegt. An dieser Stelle stellen wir die Ergebnisse für die erste latente Klasse dar.

Schritt 2: Signifikanztestung Die Zellhäufigkeiten der Kreuzklassifikation der sechs Fragen sind zum Teil klein oder 0, zum Teil aber auch groß. Deswegen verwenden wir als KFA-Test die Stirling'sche Approximation des Binomialtests. Die Signifikanz-schwelle α schützen wir mit der Prozedur von Holland und DiPonzio Copenhaver.

Schritt 3: Durchführung der KFA Tab. 7.21 zeigt die Ergebnisse der KFA.

Das Pearson Chi-Quadrat für das Basismodell der KFA erster Ordnung ergibt für die Häufigkeitsverteilung in Tab. 7.21 $X^2 = 191.72$ ($df = 57$; $p < 0.001$). Wir lehnen das Basis-modell daher ab. Gleichzeitig können wir damit die Nullhypothese zurückweisen, dass in der ersten latenten Klasse lokale Unabhängigkeit vorliegt. Die LCA Lösung kommt damit auch zu Fall. Die KFA erbringt drei Antitypen und zwei Typen.

Tab. 7.21 KFA erster Ordnung der sechs Fragen in der ersten latenten Klasse

```
         Item
A2 A3 A4 A5 A7 A8      m       m̂           p
         111111      .00     .5578    .57230900
         111112      .00    6.2649    .00184378
         111121      .00   14.8674    .00000029    Antityp
         111122   190.00  166.9726    .02225217
         111211      .00     .0172    .98296852
         111212      .00     .1929    .82452246
         111221      .00     .4578    .63255084
         111222    18.00    5.1418    .00000696    Typ
         112111      .00     .2991    .74141306
         112112     9.00    3.3594    .00760567
         112121    22.00    7.9724    .00002740    Typ
         112122    54.00   89.5360    .00001089    Antityp
         112211      .00     .0092    .99083086
         112212      .00     .1035    .90171286
         112221      .00     .2455    .78227390
         112222      .00    2.7572    .06309078
         121111      .00     .1218    .88529272
         121112      .00    1.3682    .25419207
         121121      .00    3.2469    .03857217
         121122    38.00   36.4653    .42126249
         121211      .00     .0038    .99625551
         121212      .00     .0421    .95874158
         121221      .00     .1000    .90484314
         121222      .00    1.1229    .32500648
         122111      .00     .0653    .93675834
         122112      .00     .7337    .47994137
         122121      .00    1.7411    .17491010
         122122    33.00   19.5538    .00295004
         122211      .00     .0020    .99799034
         122212      .00     .0226    .97766022
         122221      .00     .0536    .94779424
         122222      .00     .6021    .54747992
         211111      .00     .4168    .65903559
         211112    10.00    4.6814    .02142037
         211121    17.00   11.1097    .05866550
         211122    97.00  124.7707    .00258826
         211211      .00     .0128    .98724563
         211212     1.00     .1442    .14519835
         211221      .00     .3421    .71020144
         211222      .00    3.8422    .02119770
         212111      .00     .2235    .79966470
         212112     3.00    2.5103    .46963514
         212121     9.00    5.9574    .14866085
         212122    92.00   66.9060    .00116254
         212211      .00     .0069    .99314038
         212212      .00     .0773    .92560422
         212221      .00     .1835    .83236918
         212222      .00    2.0603    .12698835
```

Tab. 7.21 (Fortsetzung)

221111	.00	.0910	.91298048	
221112	.00	1.0224	.35944022	
221121	4.00	2.4263	.23076021	
221122	39.00	27.2488	.01759956	
221211	.00	.0028	.99720060	
221212	.00	.0315	.96900620	
221221	.00	.0747	.92800416	
221222	.00	.8391	.43185848	
222111	.00	.0488	.95235507	
222112	.00	.5482	.57783222	
222121	.00	1.3010	.27188638	
222122	.00	14.6117	.00000038	Antityp
222211	.00	.0015	.99849790	
222212	.00	.0169	.98325904	
222222	.00	.4500	.63755598	

Schritt 4: Interpretation der Typen und Antitypen An dieser Stelle interpretieren wir nur den extremsten Typ und den extremsten Antityp. Der extremste Typ wird, wie so oft in der KFA, nicht durch die am stärksten besetzte, sondern durch eine schwächer besetzte Konfiguration, 1 1 1 2 2 2, konstituiert. Es stehen den 5.14 erwarteten 18 beobachtete Fälle gegenüber. Überzufällig viele Studierende behaupten, sie würden sehr wenig oder nichts trinken, sie hätten aber gleichzeitig wegen ihres Alkoholkonsums Probleme, ihre Aufgaben zu erledigen, sie hätten Schuldgefühle wegen ihres Alkoholkonsums und amnestische Erfahrungen.

Der extremste Antityp wird durch Konfiguration 1 1 1 1 2 1 konstituiert. Nicht eine Person zeigte dieses Profil, es waren aber 14.87 erwartet worden. Dieses Profil beschreibt sehr geringen Alkoholkonsum und keine Probleme mit dieser Menge des Konsums, aber Schuldgefühle wegen dieses Konsums. Wir schließen, dass es nur im Kontext der Hypothese der lokalen Unabhängigkeit überraschend ist, dass dieses etwas seltsame Profil nicht aufgefunden wurde.

Für die dritte und die vierte latenten Klassen ergaben sich ähnlich Ergebnisse. Die oben berichtete LCA-Lösung ist daher im Vergleich mit den anderen LCA-Lösungen wohl die beste, sie ist aber nicht gut genug, um zu bestehen. Die Eigenschaft der lokalen Unabhängigkeit, die eine gute LCA-Lösung auszeichnet, ist in allen Klassen verletzt, für die dies testbar war.

7.8 KFA und Kausalität

Der Begriff der Kausalität gehört zu denen, die in den Wissenschaften am längsten und auch kontrovers diskutiert worden sind. Hier wollen wir nicht zu Aristoteles oder Galileo zurückgehen, die in Abhandlungen über die Geschichte der Kausalität diskutiert werden (z. B. Bunge, 1959; vgl. Sobel, 1995, oder Stegmüller, 1983). Stattdessen behandeln wir Begriffe, die für die Anwendung der KFA genutzt werden können. Wir beginnen mit philosophischen Theorien (Beebee et al., 2009), gehen dann über zur Diskussion formaler Begriffe, und diskutieren danach die Anwendung der KFA in der Untersuchung kausaler Hypothesen, d. h. Statistik und Kausalität (Wiedermann & von Eye, 2016b, d).

Hume (1777) definiert *Kausalität* u. a. über die Begriffe der Regularität und der zeitlichen Abfolge. *Regularität* impliziert, dass Antezedentien, d. h. Ereignisse, existieren, die notwendig, hinreichend, oder beides für andere Ereignisse sind. Mit *zeitlicher Abfolge* ist gemeint, dass Antezedentien temporal vor Folgeereignissen eintreten. In der klassischen essentialistischen Sichtweise der Kausalität müssen Ereignisse sowohl notwendig als auch hinreichend sein, um als kausal für nachfolgende Ereignisse gelten zu können (wir kommen in der Anwendung der KFA und in Abschn. 7.8.1 wieder auf diese Begriffe zurück).

Humes Kausalitätsbegriff ist von vielen Autoren diskutiert und kritisiert worden. So können unter einer mechanistischen Perspektive auch kontemporäre Ursachen in Betracht gezogen werden, sogar Ursachen, die in der Zukunft liegen (vgl. Williamson, 2011). Foucault (1966) findet auch in der Geschichte der Kausalität Argumente, die kontemporäre Ursachen und Effekte zulassen. Cook und Campbell (1979) bezweifeln die Unvermeidbarkeit in der Definition von Kausalität über zeitliche Abfolge (vgl. auch Shadish et al., 2002), und gehen so weit, zu postulieren, dass dieser Begriff für die empirischen Sozial- und Verhaltenswissenschaften unangemessen ist. Die Autoren unterstützen dagegen ein probabilistisches Modell der Kausalität, in dem die Verbindung zwischen Ursache und Effekt mit probabilistischen Methoden beschrieben werden kann. Im Gegensatz dazu ist nach Sobel (1995) der probabilistische Ansatz, speziell der von Suppes (1970), nicht haltbar.

In der empirischen Forschung wurden drei Bedingungen für kausale Beziehungen formuliert (vgl. Bollen, 1989). Diese Bedingungen sind *Assoziation, Isolation*, und *Richtung*.

Assoziation ist als statistische Beziehung zwischen Ursache und Wirkung (Effekt) definiert. Sie muss in empirischen Untersuchungen daher quantifizierbar sein. *Isolation* bedeutet, dass mögliche konfundierende Variablen, die die interessierenden Effekte beeinflussen könnten, kontrolliert werden. Dies kann durch Randomisierung oder experimentelle Kontrolle geschehen. *Richtung* bedeutet, dass gezeigt werden kann, dass der untersuchte Prozess in der unabhängigen Variable (Ursache) seinen Ursprung hat und sich in Richtung auf die abhängige Variable (Effekt) entwickelt.

Assoziation und Isolation können mit den Methoden der Statistik und mit experimenteller Kontrolle behandelt werden. Das dritte Kriterium konnte bisher nur mit experimentellen Methoden behandelt werden (vgl. Holland, 1986; Shadish, et al., 2002). Es gibt allerdings Umstände, die die Durchführung von Experimenten ausschließen. In jüngerer Zeit wurden statistische Methoden entwickelt, die es erlauben, Hypothesen zu testen, die eine Richtung von Ursachen postulieren (siehe Dodge & Rousson, 2000, 2001; von Eye & DeShon, 2012; von Eye & Wiedermann, 2016; Wiedermann et al. 2014; Wiedermann et al., 2021; Wiedermann & von Eye, 2015a, b; Wiedermann & Sebastian, 2019; Wiedermann et al., 2020).

In den folgenden Abschnitten behandeln wir Formen kausaler Beziehungen und gehen dann zur Analyse kausaler Hypothesen mit der KFA über.

7.8.1 Formen kausaler Beziehungen

Betrachtet man die drei oben genannten Formen von kausalen Beziehungen, die notwendige, hinreichende, sowie die sowohl notwendige als auch hinreichende Ursachen, so findet man die folgenden Definitionen (Kincaid, 2009):

1. eine Ursache, C, ist *notwendig,* wenn ihr Effekt, E, nicht ohne sie beobachtet wird; E nicht ohne C; C kann aber noch andere Effekte zeitigen;
2. eine Ursache ist *hinreichend,* wenn sie den Effekt allein hervorrufen kann; der Effekt allerdings kann noch andere Ursachen haben; und
3. eine Ursache ist *notwendig und hinreichend,* wenn sie die Eigenschaften von beiden hat; eine solche Ursache ruft den Effekt allein hervor, und nur diesen Effekt.

Die Unterscheidung zwischen diesen drei Formen von Ursache – Effekt Beziehungen kann anhand einer Wahrheitstafel illustriert werden (siehe z. B. von Eye & Wiedermann, 2017). In dieser Tafel werden die Wahrheitswerte w (wahr) und f (falsch) der Ursache und des Effekts gekreuzt und in Beziehung zu den drei Formen gesetzt (Tab. 7.22).

Die ersten beiden Spalten von Tab. 7.22 repräsentieren die Kreuzklassifikation der Wahrheitswerte der Ursache und des Effekts. Sind Ursache und Effekt in empirischen Zusammenhängen kategorial definiert, dann kann *wahr* bedeuten, dass ein bestimmtes Ereignis eingetreten ist, beobachtet wurde, oder dass eine bestimmte Bedingung erfüllt ist.

In der dritten Spalte finden sich die Wahrheitswerte für die hinreichende Ursache. Diese sind identisch mit den Wahrheitswerten der *Implikation* in der Aussagenlogik. In der ersten Zelle der dritten Spalte sehen wir, dass die Implikation *wahr* wird, wenn sowohl ein hinreichender Grund als auch ein Effekt auftreten. In der zweiten Zelle sehen wir, dass eine Ursache nicht hinreichend sein kann, wenn sie ohne den Effekt auftritt. In der dritten Zelle der dritten Spalte sehen wir, dass der Effekt auch auftreten kann, wenn eine bestimmte Ursache nicht aufgetreten ist, sondern eine andere (die hier nicht in die Tafel aufgenommen wurde). In der vierten Zelle finden wir, dass es keinen Widerspruch darstellt, wenn weder die hinreichende Ursache auftritt, noch der Effekt.

In der vierten Spalte sehen wir die Wahrheitswerte für die notwendige Ursache. Hier muss die Ursache aufgetreten sein, damit der Effekt ebenfalls auftritt (Zelle 1). Es kann

Tab. 7.22 Wahrheitstafel für Ursache (C), Effekt (E) und hinreichende ($\rightarrow$), notwendige ($\leftarrow$), und hinreichende und notwendige ($\leftrightarrow$) Ursache – Effekt Beziehungen

C	E	$C \rightarrow E$	$C \leftarrow E$	$C \leftrightarrow E$
w	w	w	w	w
w	f	f	w	f
f	w	w	f	f
f	f	w	w	w

Tab. 7.23 Wahrheitstafel für die beiden Ursachen C_1 und C_2 und die Effektvariable E, für hinreichende ($\rightarrow$), notwendige ($\leftarrow$), und notwendige und hinreichende Ursachen ($\leftrightarrow$)

C_1	C_2	E	Ursachen mit $\vee$ verknüpft			Ursachen mit $\wedge$ verknüpft		
			$\{C_1, C_2\} \rightarrow E$	$\{C_1, C_2\} \leftarrow E$	$\{C_1, C_2\} \leftrightarrow E$	$\{C_1, C_2\} \rightarrow E$	$\{C_1, C_2\} \leftarrow E$	$\{C_1, C_2\} \leftrightarrow E$
w	w	w	w	w	w	w	w	w
w	w	f	f	w	f	f	w	f
w	f	w	w	w	w	w	f	f
w	f	f	f	w	f	w	w	w
f	w	w	w	w	w	w	f	f
f	w	f	f	w	f	w	w	w
f	f	w	w	f	f	w	f	f
f	f	f	w	w	w	w	w	w

aber auch sein, dass der Effekt nicht auftritt, obwohl die Ursache aufgetreten ist (Zelle 2). Tritt die Ursache nicht auf, sondern nur der Effekt, dann handelt es sich nicht um eine notwendige Ursache (Zelle 3). Tritt die notwendige Ursache nicht auf, dann kann der Effekt ebenfalls nicht auftreten (Zelle 4).

In der letzten Spalte stehen die Wahrheitswerte für die notwendige und hinreichende Ursache. Diese Ursache erfordert es, dass beide Ereignisse, die Ursache und der Effekt beobachtet wurden (Zelle 1). Wird nur eine der beiden beobachtet, dann handelt es sich nicht um eine notwendige und hinreichende Ursache (Zellen 2 und 3). Werden beide nicht beobachtet, dann ist dies keineswegs ein Widerspruch zur notwendigen und hinreichenden Ursache (Zelle 4).

von Eye und Wiedermann (2017) haben illustriert, dass Wahrheitstafeln der Form in Tab. 7.22 direkt auf Fälle mit mehr als einer Ursache verallgemeinert werden können. Tab. 7.23 illustriert dies für den Fall der beiden Ursachen C_1 und C_2 und die Effektvariable E. Jede dieser Variablen ist binär und kann die Wahrheitswerte w und f annehmen. Gekreuzt, spannen diese drei Variablen die $2 \times 2 \times 2$ Tafel in Tab. 7.23 auf.

In der Tabelle wird zwischen zwei Fällen unterschieden. Im ersten sind die beiden Ursachen mit dem logischen *oder,* symbolisiert durch $\vee$, verknüpft. Im zweiten Fall sind die beiden Ursachen mit dem logischen *und,* symbolisiert durch $\wedge$, verknüpft. Wird das logische *oder* verwendet, dann ist die Verknüpfung dann wahr, wenn wenigstens eine der Ursachen beobachtet wurde. Wird das logische *und* verwendet, dann ist die Verknüpfung nur dann wahr, wenn beide Ursachen beobachtet wurden.

Tab. 7.23 zeigt, dass, in Abhängigkeit der Beziehung, die die beiden Ursachen zueinander haben, unterschiedliche Muster die Hypothese von hinreichenden, notwendigen, oder hinreichenden und notwendigen Ursachen unterstützen. Wenn das logische *oder* verwendet wird und nur eine der beiden Ursachen beobachtet sein muss, damit die Menge der Ursachen als beobachtet gilt, dann liegt eine hinreichende Menge an Ursachen vor, wenn der Effekt beobachtet wird ist. Dies gilt allerdings auch für den Fall, in dem *keine* der Ursachen beobachtet wird (siehe vierte Spalte in Tab. 7.23).

Im Unterschied dazu ist die Menge der Ursachen nur dann keine notwendige, wenn keine der Ursachen beobachtet worden ist (fünfte Spalte in Tab. 7.23). Die Ursachen C_1 und C_2 sind notwendig und hinreichend, wenn die Bedingungen für hinreichende und für notwendige Ursachen erfüllt sind (vergleiche die sechste Spalte in Tab. 7.22 mit den beiden davor).

Werden die beiden Ursachen mit dem logischen *und* verknüpft, dann ändert sich das Bild deutlich. In diesem Fall ist die Menge der Ursachen nur dann nicht hinreichend, wenn beide Ursachen beobachtet wurden, der Effekt aber nicht. Die beiden Ursachen gelten dagegen nicht als notwendig, wenn wenigstens eine der Ursachen beobachtet wurde, der Effekt aber nicht. Wie bei der Verwendung des logischen *oder* ist auch bei der Verwendung des logischen *und* die Menge der beiden Ursachen dann hinreichend und notwendig, wenn sowohl die Bedingungen für hinreichende als auch für notwendige Ursachen erfüllt sind (vgl. die letzte Spalte in Tab. 7.23 mit den beiden davor).

In dem Datenbeispiel, das in den folgenden Abschnitten analysiert wird, wird man sehen, dass die Unterscheidungen, die in Tab. 7.23 getroffen worden sind, Auswirkungen auf die Interpretation von Typen und Antitypen haben können.

Datenbeispiel Das folgende Beispiel verwendet Daten, die Keenan, Achterberg, Kris-Etherton und von Eye (1996) in einer Untersuchung zur Reduzierung von Fett in der Diät erhoben haben. 214 Personen beantworteten Fragen, die sich auf ihren Erfolg bei der Reduzierung von Fett in ihrer Diät bezogen. Die Personen gaben an, ob ihre Ehepartner/innen (F) oder support Gruppen (S) sie unterstützt hatten ($1 = nein$, $2 = ja$). Eine dritte Frage betraf die Dauerhaftigkeit der Änderung (Q; $1 = $*Änderung rückgängig gemacht*, $2 = $*Änderung dauerhaft*). Wir durchlaufen die vier Schritte der KFA.

Schritt 1: Spezifikation eines Basismodells Hier fragen wir, ob die beiden Variablen F und S als notwendige, hinreichende, oder notwendig und hinreichende Ursachen für Erfolg in der Änderung der Diät interpretiert werden können. Um diese Frage zu beantworten, gehen wir nächst variablen-orientiert vor und dann personen-orientiert. Variablen-orientiert rechnen wir eine logistische Regression mit F und S als Prädiktoren und Q als abhängiger Variable. Personen-orientiert rechnen wir eine ISA. Das Basismodell für diese KFA lautet $\log \hat{m} = \lambda + \lambda^F + \lambda^S + \lambda^Q + \lambda^{FS}$. Wir rechnen die ISA zuerst.

Schritt 2: Signifikanztestung Wir verwenden den z-Test. α schützen wir mit der Holland DiPonzio Copenhaver Prozedur.

Schritt 3: Durchführung der KFA Tab. 7.24 enthält die $2 \times 2 \times 2$ Kreuzklassifikation von F, S und Q und die Ergebnisse der ISA.

Tab. 7.24 ISA der Kreuzklassifikation von Unterstützung durch Ehepartner (F), support Gruppe (S), und Dauerhaftigkeit der Diätänderung (Q)

					Konfiguration	$\{C_1, C_2\} \rightarrow$ E	$\{C_1, C_2\} \leftarrow$ E	$\{C_1, C_2\} \leftrightarrow$ E
FSQ	m	$\hat{m}$	z	$p(z)$				
111	61.00	41.502	3.3729	.000372	Typ	w	w	w
112	7.00	26.498	−4.0479	.000026	Antityp	f	w	f
121	3.00	8.545	−1.9360	.026431		w	f	f
122	11.00	5.455	2.4049	.008089	Typ	w	w	w
211	57.00	48.826	1.3324	.091367		w	f	f
212	23.00	31.174	−1.5845	.056542		w	w	w
221	9.00	31.127	−4.2920	.000009	Antityp	w	f	f
222	42.00	19.873	5.2126	.000000	Typ	w	w	w

Das Basismodell der ISA beschreibt die Häufigkeitsverteilung in Tab. 7.23 höchst unbefriedigend (LR-$X^2 = 81.68$; $df = 3$; $p < 0.001$). Es zeigen sich drei Typen und zwei Antitypen, die weiter unten interpretiert werden.

Um die logistische Regression zu rechnen, schätzen wir das damit äquivalente log-lineare Modell $\log \hat{m} = \lambda + \lambda^F + \lambda^S + \lambda^Q + \lambda^{F,S} + \lambda^{F,Q} + \lambda^{S,Q}$. Dieses Modell beschreibt die beobachtete Häufigkeitsverteilung in Tab. 7.24 ausgezeichnet. Wir beobachten LR-$X^2 = 1.40$, $df = 1$, und $p = 0.237$. Wir können daher die Modellparameter interpretieren. Tab. 7.25 zeigt die Teststatistiken für die Parameter dieses Modells.

Die interessanten Parameter in diesem Modell sind die Interaktionen. Tab. 7.24 zeigt, dass die beiden potentiellen Ursachen nicht statistisch miteinander assoziiert sind. Beide sind jedoch mit der potentiell kausal abhängigen Variable assoziiert. Auf diesem Niveau der Analyse können wir daher schließen, dass F und S den Effekt Q beeinflussen[3]. Diese Analyse erlaubt es aber nicht, einen Schluss dahin gehend zu ziehen, dass F und S hinreichende, notwendige, oder hinreichende und notwendige Ursachen für Q sind. Um diesem Schluss näher zu kommen, führen wir eine KFA durch. Die Schritte der KFA, durch die wir dafür gehen, wurden oben bereits erklärt. Für das Basismodell $\log \hat{m} = \lambda + \lambda^F + \lambda^S + \lambda^Q + \lambda^{F,S}$ können Typen und Antitypen nur dann erscheinen, wenn Beziehungen zwischen den Ursachenvariablen, F und S, und der Effektvariablen, Q, existieren.

Schritt 4: Interpretation der gefundenen Typen und Antitypen Der erste Antityp, 1 1 2 legt nahe, dass überzufällig wenige Personen, die weder von ihren Ehepartnern noch von einer support Gruppe unterstützt werden, berichten, dass sie ihre Diät dauerhaft geändert haben.

---

[3] Es sollte allerdings angemerkt werden, dass dieser Schluss wegen der Symmetrie von logistischen Regressionsmodellen lediglich theoretischer Natur ist.

Tab. 7.25 Parameter der logistischen Regression von Q auf F und S

Parameter	Modell ohne den Parameter				Entfernung des Parameters		
	LOG(MLE)	Chi-Quadrat	df	p	Chi-Quadrat	df	p
S	−31.816	26.132	2	0.000	24.736	1	0.000
F	−29.745	21.990	2	0.000	20.593	1	0.000
Q	−19.586	1.672	2	0.433	0.276	1	0.599
$S*F$	−20.409	3.319	2	0.190	1.923	1	0.166
$Q*F$	−22.877	8.256	2	0.016	6.859	1	0.009
$Q*S$	−51.130	64.761	2	0.000	63.365	1	0.000

Der zweite Antityp, 2 2 1, hat das genau entgegengesetzte Profil. Es ist ebenso höchst unwahrscheinlich, dass Personen, die sowohl von ihrem Ehepartner als auch von einer support Gruppe unterstützt werden, berichten, dass sie ihre Diätänderungen wieder rückgängig gemacht haben.

Der erste Typ, 1 1 1, zeigt, dass es höchst wahrscheinlich ist, dass Personen, die weder von ihren Ehepartnern noch von einer support Gruppe unterstützt werden, berichten, dass sie ihre Diätänderungen rückgängig gemacht haben. Der zweite Typ, 1 2 2, zeigt, dass überzufällig viele Personen, die nur von einer support Gruppe unterstützt wurden, berichten, dass ihre Diätänderung von Dauer war. Der dritte Typ, 2 2 2, zeigt, dass überzufällig viele Personen, die sowohl von ihren Ehepartnern als auch von einer support Gruppe unterstützt wurden, von dauerhaften Änderungen in ihrer Diät berichten.

Diese Typen und Antitypen sind durchaus plausibel und leicht zu interpretieren. Die gerade durchgeführte Interpretation sagt allerdings noch nichts über den Charakter der kombinierten potentiellen kausalen Ursachen als notwendig, hinreichend, oder notwendig und hinreichend aus. Um uns einer solchen Aussage zu nähern, betrachten wir noch einmal Tab. 7.24.

Die drei rechten Spalten in Tab. 7.24 zeigen die Wahrheitswerte der einzelnen Konfigurationen an, wenn angenommen wird, die mit dem logischen ∧ kombinierten Variablen F und S wären hinreichende, notwendige, oder hinreichende und notwendige Ursachen für Q. Nehmen wir jetzt an, dass eine Konfiguration, die *wahr* ist, einen Typ konstituiert und jede Konfiguration die *falsch* ist, einen Antityp, dann können wir fragen, ob das gefundene Typen- und Antitypenmuster einen Hinweis darauf gibt, welche Form der Kausalität möglicherweise vorliegt.

Die Spalte für notwendige Ursachen enthält nur eine Kombination, die *falsch* ist und damit einen Antityp konstituieren sollte. Das Typen-Antitypenmuster in Tab. 7.24 ist deutlich unterschiedlich. Es gibt drei Typen. Jeder von diesen wird durch Konfigurationen konstituiert, die *wahr* sind. Der erste Antityp wird durch eine Konfiguration konstituiert, die *falsch* ist, der zweite durch eine Konfiguration, die *wahr* ist. Alle anderen Konfigurationen sollten Typen konstituieren. Dies ist aber nicht der Fall. Wir schließen daher ohne weitere Analyse, dass F und S in Kombination keine hinreichende Ursache für Q sind. Das gleiche gilt für die Spalte mit den Wahrheitswerten für die notwendige Ursache. Die drei Typen finden sich für Konfigurationen, die *wahr* sind, einer der Antitypen hätte jedoch ein Typ sein sollen.

Anders sieht es aus, wenn man fragt, ob die Kombination der potentiellen kausalen Ursachen F und S hinreichende und notwendige Ursachen für Q sein kann. Der Vergleich des Typen-Antitypenmusters mit der letzten Spalte in Tab. 7.24 zeigt, dass jeder der drei Typen durch eine *wahre* Konfiguration und jeder der beiden Antitypen durch eine *falsche* Konfiguration konstituiert werden. Die verbleibenden drei Konfigurationen treten nicht hervor.

Bisher spricht daher vieles dafür, dass F und S in Kombination tatsächlich eine hinreichende und notwendige Ursachen für Q sein kann. Dies kann statistisch unterlegt werden, indem man unter der Hypothese, dass die Kombination von F und S eine hinreichende und notwendige Ursache für Q ist, Stouffers Z oder Fishers kombinierten Wahrscheinlichkeitstest über die Konfigurationen berechnet, die *wahr* und die *falsch* sind. Wir schätzen daher jetzt eine gemeinsame Wahrscheinlichkeit für alle Zellen, die unter dieser Hypothese *wahr* sind, und eine gemeinsame Wahrscheinlichkeit für alle Zellen, die unter dieser Hypothese *falsch* sind.

Für Stouffers Z erhalten wir für die *wahren* Konfigurationen

$$Z = \frac{3.3729 + 2.4049 - 1.5845 + 5.2126}{\sqrt{4}} = 4.0731.$$

Dieser Wert ist signifikant ($p < 0.001$). Wir lehnen daher die Nullhypothese ab und schließen, dass die *wahren* Konfigurationen, d. h. die Typen und ein Typ-Kandidat), bereits die Hypothese der hinreichenden und notwendigen Ursache unterstützen. Für die *falschen* Konfigurationen erhalten wir

$$Z = \frac{-4.0479 - 1.9360 + 1.3324 - 4.4290}{\sqrt{4}} = -4.54025.$$

Dieser Wert ist auch signifikant ($p < 0.001$). Wiederum lehnen wir die Nullhypothese ab und schließen, dass die *falschen* Konfigurationen, d. h. die Antitypen (und ein Antityp-Kandidat), ebenfalls die Hypothese der hinreichenden und notwendigen Ursache unterstützen. Mit Fishers Test wären wir zu der gleichen Schlussfolgerung gekommen.

Insgesamt schließen wir, dass sowohl fünf der acht einzelnen Konfigurationen als auch die *wahren* und die *falschen* Konfigurationen als Gruppen die Hypothese unterstützen, und dass damit die Kombination von Unterstützung durch Partner und support Gruppe eine hinreichende und notwendige Ursache der Dauerhaftigkeit des Versuchs ist, die Diät auf fettärmer umzustellen.

Es soll allerdings nicht verschwiegen werden, dass in die Berechnungen auch die beiden Konfigurationen mit in die Summierung aufgenommen wurden, die dieser Schlussfolgerung zwar nicht direkt widersprechen, indem sie Typen oder Antitypen konstituiert hätten, die der Kennzeichnung als *wahr* oder *falsch* entgegenstehen. Sie sind jedoch auch nicht als Typen oder Antitypen in der erhofften Richtung hervorgetreten. Sie sind unauffällig geblieben und leisten daher nur einen geringen Beitrag zur Prüfung der Hypothese.

7.8.2 KFA und Granger Kausalität

Einer der am häufigsten diskutierten Ansätze zur Untersuchung von kausalen Beziehungen in längsschnittlichen Daten ist der von Granger (1969; siehe auch Engle & Granger, 1987; Sims, 1980). Ursprünglich war dieser Ansatz für manifeste metrische Variablen konzipiert worden. Es gibt aber auch Reformulierungen in Termini von Strukturgleichungsmodellen (Gates et al., 2010) und Adaptationen für kategoriale Variablen (Bogat et al., 2020; Koller et al., 2016; von Eye & Wiedermann, 2015a; von Eye et al., 2015). In diesem Abschnitt beschreiben wir das Modell der Granger Kausalität und behandeln den Ansatz der KFA, Typen und Antitypen zu identifizieren, die Granger-kausale Prozesse anzeigen (siehe von Eye et al., 2013).

Im Granger Ansatz zur Kausalität werden zwei Messwertreihen untersucht, die innerhalb des gleichen Zeitrahmens erhoben worden sind. Es wird gefragt, ob eine Zeitreihe einen Beitrag zur Erklärung der zweiten leistet, der über das hinausgeht, was durch Autoregressionen geleistet werden kann. Der Originalansatz ist in Termini von Vektorautoregressiven Modellen formuliert (vgl. auch Mignon, 2008). Es seien zwei stationäre Variablen, X und Z gegeben, die zu den Zeitpunkten t, $t-1$, … gemessen worden sind. Dann ist ein Vektor-autoregressives Modell mit lag p, abgekürzt VARp,

$$X_t = a_X + \sum_{i=1}^{p} b_{X,i} X_{t-i} + \sum_{j=1}^{p} c_{X,j} Z_{t-j} + d_X Z_t + \varepsilon_{X,t}$$

und

$$Z_t = a_Z + \sum_{i=1}^{p} b_{Z,i} X_{t-i} + \sum_{j=1}^{p} c_{Z,j} Z_{t-j} + d_Z Z_t + \varepsilon_{Z,t}$$

wobei b, c, und d Regressionskoeffizienten, a die Modellkonstanten und ε die Fehlerterme bezeichnen. Die Zahl der zu schätzenden Parameter wächst mit der Zahl der Beobachtungen stark an. Aus diesem Grund beschränken wir uns hier auf relativ kurze Zeitreihen (die konfigurale Analyse von längeren Zeitreihen wird im nächsten Kapitel behandelt).

Legt man X und Z in den Vektor Y, dann kann das Vektor-autoregressive Modell so dargestellt werden:

$$BY_t = \Phi_0 + \sum_{i=1}^{p} \Phi_i Y_{t-i} + \varepsilon_t,$$

wobei

$$B = \begin{bmatrix} 1 & d_1 \\ d_2 & 1 \end{bmatrix}, \Phi_0 = \begin{bmatrix} a_1 \\ a_2 \end{bmatrix}, Y_t = \begin{bmatrix} Y_{1,t} \\ Y_{2,t} \end{bmatrix}, \Phi_i = \begin{bmatrix} b_{1,i} & c_{1,i} \\ b_{2,i} & c_{2,i} \end{bmatrix} \text{ und } \varepsilon_t = \begin{bmatrix} \varepsilon_{1,t} \\ \varepsilon_{2,t} \end{bmatrix}$$

Für N Variablen ergibt dies, wenn B nicht singulär ist, das VARp Modell in Termini einer Regression,

$$Y_t = \Phi_0 + \sum_{i=1}^{p} \Phi_i Y_{t-i} + \varepsilon_t$$

(see Mignon, 2008). Bei der Prüfung von Nullhypothesen zum Modell der Granger Kausalität wird postuliert, dass keine kausale Beziehung existiert. Insbesondere, kann, wenn

1. X nicht die kausale Ursache von Z ist, die Nullhypothese $H_0:b_{X,i} = 0$, für alle i, beibehalten werden, und
2. Z nicht die kausale Ursache von X ist, die Nullhypothese $H_0:b_{Z,i} = 0$, für alle i, beibehalten werden;
   Ebenso können
3. beide Nullhypothesen zurückgewiesen werden, und dann kann diskutiert werden, ob *reziproke Effekte* vorliegen (vgl. Wiedermann & von Eye, 2020b).

Kurz, man kann sagen, dass X eine Granger-kausale Ursache von Z ist, wenn Messungen von X, die zeitlich vor t liegen, einen Beitrag zur Erklärung von Z leisten, der über das hinausgeht, was durch die Werte von Z erklärt wird, die vor t liegen. Erlaubt die Kausalitätstheorie, die in einer Untersuchung zugrunde gelegt wird, dass zeitgleiche kausale Beziehungen existieren, dann können auch zeitgleiche Werte von X zur Erklärung von Z herangezogen werden. Sind Ursachen, die in der Zukunft liegen, in einer kausalen Theorie zulässig (dies ist z. B. in mechanistischen Theorien der Fall; siehe Williamson, 2011), dann können auch Werte zur Erklärung verwendet werden, die später als t erhoben worden sind.

In der konfiguralen Analyse von Hypothesen, die mit Granger-Kausalität kompatibel sind, werden Schritte durchgeführt, die denen in der Autoregressionsanalyse metrischer Variablen parallel sind. Zu diesem Zweck müssen geeignete Basismodelle spezifiziert werden. Allgemein gesprochen, müssen diese Basismodelle alle möglichen Effekte bis auf die interessierenden Regressionseffekte enthalten.

In den folgenden Abschnitten soll Y die Variable sein, deren längsschnittlich gemessene Werte erklärt werden sollen. Die Erklärung beginnt mit den Auto-Assoziationen. In das Basismodell für diesen Teil der Analyse werden die folgenden beiden Gruppen von Effekten aufgenommen:

1. Alle möglichen Haupteffekte der wiederholt gemessenen Variable Y; der wesentliche Grund dafür, dass diese Terme im Modell sind, ist, dass Typen und Antitypen nicht Haupteffekte reflektieren sollen, sondern Beziehungen zwischen zwei oder mehr Messwertereihen;

2. alle möglichen Interaktionen der Messungen vor t; der wesentliche Grund dafür, dass diese Terme im Modell sind, ist, dass Typen und Antitypen die Interaktionen der Messungen vor t mit der Messung zum Zeitpunkt t, d. h. die Interaktionen der Y_{t-1}, Y_{t-2}, ..., Y_1 mit Y_t reflektieren sollen, und nicht die Interaktionen, die die Beobachtungen vor t miteinander haben,

Wenn unter diesem Basismodell Typen und Antitypen erscheinen, dann können dafür zwei Gründe vorliegen. Der erste ist, dass Assoziationen zwischen den Messungen vor t und der Messung zum Zeitpunkt t existieren, die möglicherweise genügen, um die Messung zum Zeitpunkt t zu erklären. Der zweite Grund ist, dass u. U. externe Variablen erforderlich sind, um die Messung zum Zeitpunkt t zu erklären. Um über Granger Kausalität sprechen zu können, konzentrieren wir uns auf den Fall, in dem eine zweite Messwertereihe, X, verwendet wird, um Y zu erklären. Stehen die Reihen von Messungen von X und Y zur Verfügung, werden die folgenden drei Gruppen von Termen in das Basismodell aufgenommen:

1. Alle Haupteffekte aller X und Y Messungen; die Gründe dafür sind die gleichen wie die, die angeführt wurden, als das Basismodell für Y allein spezifiziert wurde;
2. alle möglichen Interaktionen zwischen den Messungen der Y Zeitreihe, d. h. alle möglichen Interaktionen zwischen den Y_{t-1}, Y_{t-2}, ..., Y_1;
3. alle möglichen Interaktionen zwischen den X_{t-1}, X_{t-2}, ..., X_1.

Im Originalmodell der Granger Analyse werden keine Interaktionen höher als erster Ordnung geschätzt. Dies kann hier emuliert werden, indem alle drei- oder mehrfach Interaktionen aus dem Modell genommen werden. Dies würde die Idee reflektieren, dass das *Sparsity of Effects* Prinzip zum Tragen kommt, das in Kap. 5 bereits diskutiert wurde. Wie gerade beschrieben wurde, können hier Interaktionen beliebiger Ordnung in das Basismodell aufgenommen werden, um zu prüfen, ob sie für die Erklärung von Y erforderlich sind. Dies gilt sowohl für die Interaktionen innerhalb der Y-Reihe als auch für die Interaktionen, die die X- mit der Y-Reihe verbinden.

Bei der Interpretation von Typen und Antitypen aus dem Basismodell für die X- und die Y-Reihe von Messwerten ist es wichtig, explizit zu machen, welche Interaktionen Bestandteil des Basismodells sind. Nur die Interaktionen, die nicht in dieses Modell aufgenommen wurden, können Typen und Antitypen hervorrufen. Eine eindeutige Interpretation von Typen und Antitypen ergibt sich allerdings nur, wenn das Modell sowohl für Y als auch für X alle oben aufgeführten Interaktionen enthält.

Ein Vergleich der Typen- und Antitypenmuster aus dem Modell für Y allein und dem Modell für beide Messwertereihen erlaubt es, über Granger-Kausalität zu sprechen (der hier vorgestellte Ansatz ist damit ein *zusammengesetztes* KFA-Modell, vgl. Abb. 2.1). Typen und Antitypen aus dem Modell für Y allein können aus Interaktionen zwischen den Y Messwerten stammen, die nicht Bestandteil des Modells sind. Typen und Antitypen aus dem Modell beider Messwertreihen stammen aus den Interaktionen zwischen *Y* und *X*, die nicht im Modell sind.

Datenbeispiel Für das folgende Datenbeispiel verwenden wir wieder Daten, die Finkelstein und Kollegen (1994) zur Entwicklung von Aggression bei Jugendlichen erhoben hatten. Hier fragen wir, ob die Entwicklung aggressiver Impulse (*A*) Granger-kausal für die Entwicklung verbaler Aggression gegen Erwachsene (*V*) ist. Wir verwenden die Daten, die 1983 und 1985 erhoben worden sind. Alle Messwerte wurden am Mittelwert dichotomisiert und mit 1 kodiert, wenn ein Wert unterhalb des Mittelwerts lag und mit 2 für über dem Mittelwert. Wir rechnen zwei Modelle der KFA. Dazu gehen wir durch die vier Schritte der KFA.

Schritt 1: Spezifikation der Basismodelle In diesem Beispiel fragen wir zunächst, ob eine Auto-Assoziation zwischen den Messwerten für verbale Aggression gegen Erwachsene existiert. Um diese Frage zu beantworten spezifizieren wir ein Basismodell, das die folgenden Effekte enthält:

- alle Haupteffekte, d. h. die Haupteffekte für *A*83, *A*85, *V*83 und *V*85:
- alle zweifach Interaktionen, mit zwei Ausnahmen: die erste Interaktion, die nicht aufgenommen wird, ist die zwischen *V*83 und *V*85; der Grund dafür, dass diese Interaktion nicht in das Basismodell aufgenommen wird, ist, dass nach Typen und Antitypen gesucht wird, die von dieser Interaktion hervorgerufen werden; die zweite Ausnahme ist die Interaktion zwischen *A*85 und *V*83; der Grund dafür ist, dass wir nicht annehmen, dass ein 1985 aufgetretener aggressiver Impuls die 1983 erfasste Selbsteinschätzung verbaler Aggression beeinflusst[4];
- die dreifach Interaktionen zwischen *A*83, *V*83 und *V*85, und zwischen *A*83, *A*85 und *V*85; die verbleibende dreifach Interaktion ist nicht Bestandteil des Basismodells, weil auch sie eine temporale Anordnung enthält, die für ausgeschlossen gehalten wird; das Basismodell für diesen Schritt der Analyse ist damit

$$
\begin{aligned}
\log \hat{m} =&\lambda + \lambda^{A83} + \lambda^{A85} + \lambda^{V83} + \lambda^{V85} + \\
&\lambda^{A83,A85} + \lambda^{A83,V83} + \lambda^{A83,V85} + \lambda^{A85,V85} + \\
&\lambda^{A83,V83,V85} + \lambda^{A83,A85,V85}.
\end{aligned}
$$

---

[4]An dieser Stelle könnte entgegengehalten werden, dass verbale Aggression 1983 die Einschätzung der aggressiven Impulse 1985 beeinflusst. Folgt man diesem Argument, dann ist die Interaktion von V83 mit A85 mit in das Basismodell aufzunehmen. Nimmt man aber an, dass kausale Richtung nur von den Impulsen in Richtung auf verbale Aggression gehen kann, dann ist das hier verwendete Basismodell verteidigbar.

Typen und Antitypen aus diesem Modell reflektieren nur die Interaktion zwischen $V83$ und $V85$ (und die wegen der temporalen Anordnung für ausgeschlossen gehaltenen Interaktionen).

Eine zweite KFA wird berechnet, um den Einfluss der aggressiven Impulse auf die verbale Aggression zu untersuchen. In dem Basismodell für diese Frage werden alle Interaktionen aus den Modell genommen, die die Messungen der aggressiven Impulse mit den Messungen der verbalen Aggression in Verbindung setzen. Das Modell wird damit

$$\log \hat{m} = \lambda + \lambda^{A83} + \lambda^{A85} + \lambda^{V83} + \lambda^{V85} + \lambda^{A83,A85} + \lambda^{V83,V85}.$$

Typen und Antitypen aus diesem Modell reflektieren die Interaktionen zwischen aggressiven Impulsen und verbaler Aggression gegen Erwachsene.

Schritt 2: Signifikanztestung Wir verwenden den z-Test und schützen α mit der Bonferroni Prozedur.

Schritt 3: Durchführung der KFA Tab. 7.26 fasst die Ergebnisse der KFA zur Untersuchung der Auto-Assoziation zusammen.

Der Pearson X^2 goodness-of-fit Test legt nahe, dass in der Kreuzklassifikation der Variablen $A83$, $A85$, $V83$ und $V85$ keine Effekte mehr zu erkennen sind, die der Erklärung bedürfen. Die Anpassung ist ausgezeichnet ($X^2 = 3.29$; $df = 4$; $p = 0.51$). Es treten dementsprechend weder Typen noch Antitypen hervor.

Wir schließen daraus, dass die Auto-Assoziation zwischen $V83$ und $V85$ (falls sie existiert) zufriedenstellend erklärt ist. Welchen Beitrag dazu die aggressiven Impulse leisten, versuchen wir, mit dem zweiten KFA-Modell heraus zu finden, d. h. mit dem

Tab. 7.26 A-KFA zur Untersuchung der Auto-Assoziation von $V83$ und $V85$

Konfiguration

$A83$ $A85$ $V83$ $V85$	m	$\hat{m}$	z
1 1 1 1	27.000	25.865	0.223
1 1 1 2	4.000	4.333	-0.160
1 1 2 1	6.000	7.135	-0.425
1 1 2 2	9.000	8.667	0.113
1 2 1 1	2.000	3.135	-0.641
1 2 1 2	2.000	1.667	0.258
1 2 2 1	2.000	0.865	1.221
1 2 2 2	3.000	3.333	-0.183
2 1 1 1	5.000	5.688	-0.288
2 1 1 2	3.000	3.581	-0.307
2 1 2 1	8.000	7.313	0.254
2 1 2 2	19.000	18.419	0.135
2 2 1 1	2.000	1.313	0.600
2 2 1 2	4.000	3.419	0.314
2 2 2 1	1.000	1.687	-0.529
2 2 2 2	17.000	17.581	-0.139

Tab. 7.27 KFA zur Erklärung der Auto-Assoziation von *V*83 und *V*85 durch *A*83 und *A*85 im Sinne der Granger-Kausalität

```
Konfiguration

    A83 A85 V83 V85      m          m̂          z
        1 1 1 1       27.000     14.526      3.273     Typ
        1 1 1 2        4.000      5.246     -0.544
        1 1 2 1        6.000      6.860     -0.328
        1 1 2 2        9.000     19.368     -2.356
        1 2 1 1        2.000      2.842     -0.500
        1 2 1 2        2.000      1.026      0.961
        1 2 2 1        2.000      1.342      0.568
        1 2 2 2        3.000      3.789     -0.406
        2 1 1 1        5.000     11.053     -1.821
        2 1 1 2        3.000      3.991     -0.496
        2 1 2 1        8.000      5.219      1.217
        2 1 2 2       19.000     14.737      1.111
        2 2 1 1        2.000      7.579     -2.027
        2 2 1 2        4.000      2.737      0.764
        2 2 2 1        1.000      3.579     -1.363
        2 2 2 2       17.000     10.105      2.169
```

Basismodell, in dem die Assoziationen zwischen *A* und *V* aus dem Modell entfernt wurden. Tab. 7.27 zeigt die Ergebnisse dieser KFA.

Der Pearson X^2 goodness-of-fit Test legt nahe, dass in der Kreuzklassifikation der Variablen *A*83, *A*85, *V*83 und *V*85 Effekte vorliegen, die der Erklärung bedürfen. Die Anpassung ist nicht zufriedenstellend ($X^2 = 35.85$; $df = 9$; $p < 0.001$). Es tritt ein Typ hervor.

Schritt 4: Interpretation des Typs Dieser Typ wird von Konfiguration 1 1 1 1 konstituiert. Er beschreibt Jugendliche, bei denen über einen Zeitraum von zwei Jahren unterdurchschnittlich ausgeprägte aggressive Impulse Granger-kausal dafür sind, dass während dieser Beobachtungsperiode auch die verbale Aggression gegen Erwachsene unterdurchschnittlich ausgeprägt ist. 27 Jugendlichen zeigen dieses Profil, aber nur 14.5 waren unter der Annahme erwartet worden, dass die Entwicklung aggressiver Impulse ohne Beziehung zur Entwicklung verbaler Aggression gegen Erwachsene ist.

Wir sehen damit erneut, dass mit der KFA lokale Beziehungen zwischen Kategorien von Variablen erkennbar sind, die bei der Untersuchung auf Variablenebene meist unbemerkt bleiben. Es zeigt sich hier auch, dass es Situationen gibt, in denen mehr als ein Modell der KFA geschätzt werden muss, um eine Frage beantworten zu können. Andere Beispiele dafür sind die funktionale KFA und die Mediator-KFA.

Eine Auswertungsalternative zur Granger-KFA wäre die P-KFA gewesen, für die das Basismodell identisch mit dem ist, das als zweites Modell der Granger-KFA geschätzt wurde. Derselbe Typ wäre zum Vorschein gekommen. Ohne die Ergebnisse der ersten KFA in der Granger Analyse wäre die Interpretation jedoch anders ausgefallen. Man hätte auf der Basis der P-KFA lediglich sagen können, dass der Typ Beziehungen zwischen den beiden Messwertereihen reflektiert. Eine gerichtete kausale Interpretation wäre nicht möglich gewesen.

7.9   KFA intensiver längsschnittlicher Daten

Die Methoden zur Analyse längsschnittlicher Daten können im Hinblick auf die Zahl der zeitlichen Messpunkte in drei Gruppen eingeteilt werden. Die erste Gruppe umfasst die Methoden, mit denen relativ kurze Reihen analysiert werden können. Beispiele sind die Varianzanalyse oder die KFA, soweit sie bisher behandelt wurde. Die zweite Gruppe umfasst Methoden für längere Zeitreihen. So erfordert die längsschnittliche P-Faktorenanalyse mindestens 100 Messpunkte (siehe Ong & Van Dulmen, 2006), und die Methoden der Zeitreihenanalyse erfordern, um vertrauenswürdige Parameterschätzungen zu erbringen, 800 Messzeitpunkte. Die dritte Gruppe umfasst die Methoden, mit denen Zeitreihen mittlerer Länge analysiert werden können. Beispiele sind die Methoden, die für *intensive längsschnittliche Daten* entwickelt wurden (Walls & Schafer, 2006; Hamaker et al., 2018). Intensive längsschnittliche Daten stammen damit von Untersuchungen, in denen mehr als die üblichen 4 oder 5 Messzeitpunkte, aber weniger als die 100 in der dritten Gruppe realisiert worden sind. In diesem Abschnitt befassen wir uns mit der KFA für intensive Daten.

Sieht man von wenigen Ausnahmen ab (z. B. haben Hedeker et al., 2006, diskutiert, wie man Modelle der Item Response Theorie auf intensive Daten anwendet), gibt es keine Methoden zur Analyse intensiver kategorialer Daten. Hier behandeln wir Methoden der KFA für intensive kategoriale Daten (von Eye et al., 2010).

Es steht außer Frage, dass kategoriale Variablen, die über viele Messzeitpunkte erhoben worden sind, nicht sinnvoll komplett gekreuzt werden können. Nehmen wir an, dass zwei Variablen mit je drei Kategorien zehn mal gemessen worden sind, dann entsteht bei kompletter Kreuzung bereits eine Tafel mit 3,486,784,401, d. h. fast 3.5 Mrd. Zellen. Fordert man pro Zelle mindesten 0.5 Fälle, um eine KFA rechnen zu könne, dann braucht man eine Stichprobe von 1,743,392,201/10 Fällen (dividiert durch 10, denn jeder Fall wird 10 mal beobachtet). Handelt es sich um Menschen, dann sind das 17,433,922.01 Personen, das ist ungefähr zwei mal die Gesamtpopulation von Österreich im Jahr 2020.

Um intensive längsschnittliche Daten zu analysieren, können die sogenannten *runs*[5] verwendet werden. Runs bezeichnen Folgen von Ereignissen. Runs Tests (auch *Iterationstests* genannt; Weber, 1967) werden verwendet, um die Frage zu beantworten, ob Folgen zufällig sind (Stevens, 1939; Swed & Eisenhart, 1943; Wald & Wolfowitz,

---

[5] Diese runs sind nicht mit den runs zu verwechseln, die in Abschn. 5.1 besprochen wurden. Dort handelte es sich um die Zahl der experimentellen Bedingungen, hier um Abfolgen von Ereignissen.

1940). Es gibt mehrere Definitionen dafür, was ein run sein kann. Jede davon kann für die Anwendung von runs in der KFA von Interesse sein. Die folgenden Formen von runs wurden diskutiert (von Eye & al., 2010; von Eye & Bogat, 2009):

- Reihen der Länge k von Ereignissen der gleichen Art, z. B. gleiche Messwerte, Namen, gleiches Geschlecht etc.; für diese Form von runs sind Beobachtungen auf Nominalniveau ausreichend, Messungen auf höheren Skalenniveaus sind ebenfalls nutzbar; ein Beispiel ist die Serie *f f m m m f f m m f f f f*; diese Serie enthält 2 runs mit 2 f., einen run mit 4 f., einen run mit 3 m und einen run mit 2 m;
- Reihen der Länge k von Messwerten, die aufsteigen; für diese runs sind Beobachtungen auf mindestens Ordinalniveau erforderlich, z. B. 348445612; diese Serie enthält zwei runs mit je drei aufsteigenden Werten und einen run mit 2 aufsteigenden Werten;
- Reihen der Länge k von Messwerten, die absteigen; für diese runs sind ebenfalls Beobachtungen auf mindestens Ordinalniveau erforderlich, z. B. 348445612; diese Serie enthält zwei runs benachbarter Werte, in denen der zweite kleiner ist als der erste;
- Reihen der Länge k von Messwerten, die ein auf-und-ab (oder ab-und-auf) Muster zeigen; die Serie 1234354 enthält zwei runs mit auf-und-ab Werten und einen mit ab-und-auf Werten; auch hier sind Messwerte auf mindestens Ordinalniveau erforderlich;
- Reihen der Länge k von Messwerten, die sich innerhalb einer vorher festgelegten Bandbreite bewegen; legt man z. B. fest, dass ein Serienauto zwischen 98 und 102 PS haben soll, damit es als 100-PS Auto verkauft werden kann, dann können aus der Serie 98, 99, 104, 98, 99, 100 die ersten beiden und die letzten drei runs mit diesem Merkmal verkauft werden, und das dritte wird vermutlich auch nicht verschrottet; Messwerte für die Erfassung dieser runs erfordern ebenfalls mindestens Ordinalniveau.

Zur Berechnung der Zahl der runs ist meist nicht mehr als eine Zählung der Messwertserien erforderlich, die die Definitionen erfüllen (von Eye & Bogat, 2009). Für die Analyse mit einer KFA können die durch diese Zählung entstehenden runs Variablen mit anderen Variablen gekreuzt werden, und es kann nach Typen und Antitypen gesucht werden, die durch runs unterschiedlicher Länge definiert sind.

Datenbeispiel Im folgenden Datenbeispiel führen wir eine Reanalyse des Beispiels durch, das von Eye et al. (2010) in dem gleichen Zusammenhang gerechnet hatten. Es werden Daten aus dem längsschnittlichen Projekt zu den Effekten von häuslicher Gewalt verwendet (Bogat et al., 2006). Wir fragen, ob sich über einen Zeitraum von fünf Jahren d. h. fünf Messungen posttraumatischer Stress (*P*) und Gewalt (*V*) in parallel-laufenden Perioden gleicher Länge entwickeln. *P* wurde mit 1 = *über dem klinischen cut-off* und 2 = *nicht über dem cut-off* kodiert, und *V* mit 1 = *Gewalt erlebt* und 2 = *keine Gewalt erlebt*.

Tab. 7.28 Ordinale KFA erster Ordnung der Kreuzklassifikation von P und V

```
Konfiguration
    PV          m          m̂          z          p(z)
    11          64      57.600      0.843       0.199
    12          19      27.620     -1.640       0.050
    13           7       8.610     -0.548       0.291
    14           6       2.180      2.587       0.004
    21           6      14.740     -2.276       0.011
    22          31      17.250      3.310       0.000     Typ
    23          10      11.490     -0.439       0.330
    24           3       6.500     -1.372       0.084
    31           2       3.450     -0.780       0.217
    32           7       8.800     -0.606       0.271
    33          19      11.160      2.346       0.009
    34           8      12.580     -1.291       0.098
    41           5       1.210      3.445       0.000     Typ
    42           1       4.330     -1.600       0.054
    43           2       6.730     -1.823       0.034
    44          14       9.740      1.364       0.086
```

Für fünf Messwerte können runs der Länge zwischen 1 und 5 entstehen. Hier ergaben sich so wenige runs der Länge fünf, dass sie für beide Variablen mit den runs der Länge vier in dieselbe Kategorie subsumiert wurden. Die resultierenden beiden Variablen wurden gekreuzt, so dass eine 4×4 Tafel entstand. Wir gehen durch die vier Schritte der KFA.

Schritt 1: Spezifikation eines Basismodells Wir fragen nach der Assoziation von runs. Hier ist dies ist die Frage nach der Assoziation zwischen P und V. Das dafür geeignete Basismodell ist das einer KFA erster Ordnung. Nachdem die Zahl der runs ordinal skaliert ist (ordinal und nicht intervall, weil die höchste Kategorie 4 oder mehr runs bezeichnet), berücksichtigen wir auch den Charakter der Messskalen als ordinal und schätzen das Basismodell in der Form eines uniformen Assoziationsmodells (erklärt in Kap. 6). Das Basismodell ist $\log \hat{m} = \lambda + \lambda^P + \lambda^V + \lambda^{o_p,o_v}$, wobei das Superskript des letzten Terms ausdrückt, dass der ordinale Charakter beider runs-Variablen berücksichtigt wird. Die Elemente dieses Terms entstehen durch elementweise Multiplikation der Ränge der beiden Variablen P und V.

Schritt 2: Signifikanztestung Wir verwenden den z-Test und schätzen α mit der Bonferroni Prozedur.

Schritt 3: Durchführung der KFA Tab. 7.28 zeigt die Ergebnisse der KFA.[6]

---

[6] Die hier gezeigten Ergebnisse sind nicht dieselben wie bei von Eye und Kollegen (2010), weil hier ein uniformes Assoziations- Modell berechnet wurde und dort wurde die Schätzung auf der Basis des IPF Algorithmus durchgeführt.

Der Pearson X^2 goodness-of-fit Test, der hier nicht als Anpassungstest an die bivariate Normalverteilung interpretiert werden kann, weil ein ordinales Modell gerechnet wurde, legt nahe, dass in der Kreuzklassifikation von P und V Effekte vorliegen. Die Anpassung ist schlecht ($X^2 = 56.37$; $df = 4$; $p < 0.001$). Es treten zwei Typen der Kovariation der runs von P und V hervor.

Schritt 4: Interpretation der beiden Typen Der erste Typ, konstituiert von der Konfiguration 2 2, beschreibt die Frauen, die runs von 2 Jahren sowohl für post-traumatische Stresssymptome als auch Gewalterfahrung berichten. 31 Frauen zeigten dieses Profil, es waren aber nur 17.25 erwartet worden. Der zweite Typ, 4 1, beschreibt die fünf Frauen, die mindestens 4 Jahre unter posttraumatischen Stresssymptomen litten, aber keinen Gewalt-run erlebten, der länger als ein Jahr war (1.21 waren erwartet worden).

Dieses Ergebnis zeigt, dass Perioden gleicher Messwerte in einer Variablen mit Perioden gleicher Messwerte in anderen Variablen einhergehen können, die unterschied-lich lang sind. Komplexere Analysen sind erforderlich, wenn untersucht werden soll, ob assoziierte Perioden synchron verlaufen.

7.10 Bayes-KFA

Bisher wurden KFA Modelle im Rahmen frequentistischer Inferenz diskutiert. Im nun folgenden Abschnitt geben wir einen Überblick über Gutiérrez-Peña und von Eyes (2000; von Eye et al., 2000) Bayes-statistischen Ansatz zur Schätzung von KFA Modellen (siehe hierzu auch Wood et al., 1994). Um die Bayes-KFA in ihren Grund-zügen vorzustellen, nehmen wir an, dass die Datenerhebung in multinomialer Form erfolgt ist (der Ansatz lässt sich auf ähnliche Weise auf produkt-multinomialer Daten-erhebungen erweitern). Die Populationswahrscheinlichkeit einer Zelle i ($i = 1$, ..., I) bezeichnen wir mit π_i; der Vektor aller Zellenwahrscheinlichkeiten wird als $\pi = \{\pi_1, \ldots, \pi_I\}$ dargestellt. Werden die Daten in multinomialer Form erhoben, kann der Vektor der beobachteten Häufigkeiten ($m = \{m_1, \ldots, m_I\}$) als Realisation einer $(I-1)$-dimensionalen Multinomialverteilung mit Stichprobenumfang $N = \sum m_i$ und einem unbekannten Wahrscheinlichkeitsvektor π verstanden werden. Die Bayes-KFA eröffnet die Möglichkeit, bestehende Informationen zu den Wahrscheinlichkeiten π in Form einer sogenannten a-priori Verteilung (auch Prioris genannt) mit neuen Erkennt-nissen aus den Daten zu kombinieren. Aus dieser Kombination entsteht die sogenannte a-posteriori Verteilung, welche die Informationslage nach Einbezug der beobachteten Daten beschreibt. Für multinomial-verteilte Parameter wird üblicherweise die Dirichlet-Verteilung als konjugierte a-priori Verteilung gewählt. A-priori und a-posteriori Verteilungen bezeichnet man als konjugiert, wenn diese für eine gegebene Likelihood-funktion den gleichen Verteilungstyp aufweisen (vgl. Bolstad, 2007). Im vorliegenden Fall bedeutet dies, dass auch die a-posteriori Verteilung durch eine Dirichlet-Verteilung beschrieben werden kann. Die Dirichlet-Verteilung selbst wird durch den Parameter-vektor $\beta = \{\beta_1, \ldots, \beta_I\}$ charakterisiert. Für die erwarteten Zellenwahrscheinlichkeiten gilt $E[\pi_i] = \beta_i / \sum_i \beta_i$.

Liegt keinerlei a-priori Information vor, können nicht-informative Prioris (auch Jeffreys' a-priori Verteilungen genannt; Jeffreys, 1961) verwendet werden, um die Bayes-KFA zu schätzen. Im vorliegenden Fall handelt es sich dann um eine Dirichlet-Verteilung mit dem Parametervektor $\beta = \{1/2, \ldots, 1/2\}$. Die a-posteriori Verteilung von π entspricht dann ebenso einer Dirichlet-Verteilung mit den Parametern $\beta = \{m_1 + 1/2, \ldots, m_I + 1/2\}$. Gegeben die beobachtete Kontingenztafel, beinhaltet diese a-posteriori Verteilung die gesamte Information, die für die Populationswahr-scheinlichkeiten π verfügbar ist.

Unter Berücksichtigung des KFA Basismodells, lassen sich Populationswahrschein-lichkeiten der i-ten Zelle mittels einer Funktion f_i durch $\pi_i^* = f_i(\pi)$ errechnen. Die Funktion f_i selbst ergibt sich aus den Restriktionen, welche im Basismodell definiert werden. Betrachten wir zum Beispiel den Fall einer 2×2 Tafel unter Verwendung eines Basismodells, welches die Unabhängigkeit der beiden Variablen postuliert. Daraus ergibt sich folgende Kreuztabelle (Tab. 7.29):

Aufgrund der Unabhängigkeitsannahme fließen die Randwahrscheinlichkeiten, $(\pi_1 + \pi_2)$, $(\pi_3 + \pi_4)$, $(\pi_1 + \pi_3)$ und $(\pi_2 + \pi_4)$ in multiplikativer Form in die Berechnung der erwarteten Zellenwahrscheinlichkeiten ein: $f_1(\pi) = (\pi_1 + \pi_3) \times (\pi_1 + \pi_2)$, $f_2(\pi) = (\pi_2 + \pi_4) \times (\pi_1 + \pi_2)$, $f_3(\pi) = (\pi_1 + \pi_3) \times (\pi_3 + \pi_4)$, und $f_4(\pi) = (\pi_3 + \pi_4) \times (\pi_2 + \pi_4)$.

Die Testung des KFA Basismodells erfolgt anhand der a-posteriori Verteilung der Kenngröße

$$\delta = \sum_i log\left(\frac{\pi_i}{\pi_i^*}\right) \pi_i,$$

welche als *Deviance* des Modells verstanden werden kann. Generell gilt $\delta \geq 0$ wobei δ nur dann den Wert Null annimmt, wenn das Basismodell korrekt spezifiziert ist; also dann, wenn die Zellenhäufigkeiten perfekt reproduziert werden ($\pi_i = \pi_i^*$). Die a-posteriori Verteilung von δ kann nicht in geschlossener Form errechnet werden. Daher kommen in der Praxis Monte-Carlo Simulationsmethoden zum Einsatz, um die δ-Verteilung zu approximieren. Generell gilt, dass a-posteriori Verteilungen nahe

Tab. 7.29 Zellwahrscheinlichkeiten einer 2×2 Tafel unter der Annahme der Unabhängigkeit von Zeilen und Spalten

$f_1(\pi_1)$	$f_2(\pi_2)$	$(\pi_1 + \pi_2)$
$f_3(\pi_3)$	$f_4(\pi_4)$	$(\pi_3 + \pi_4)$
$(\pi_1 + \pi_3)$	$(\pi_2 + \pi_4)$	

Null für die Gültigkeit des Basismodells sprechen, während Verteilungen entfernt von Null die Ablehnung des Basismodells implizieren. Ähnlich wie im bisher diskutierten frequentistischen Ansatz stellt sich im Folgeschritt die Frage, ob die a-posteriori Verteilung von δ weit genug vom Nullpunkt entfernt liegt, um die Nullhypothese der Modellgültikeit ($H_0 : \delta = 0$) verwerfen zu können. Die bayesianische „Signifikanztestung" kann hierbei mit Hilfe von Kredibilitätsintervallen (auch bayesiansche Konfidenzintervalle genannt; Bolstad, 2007) erfolgen. Im Vergleich zu frequentistischen Konfidenzintervallen können Kredibilitätsintervalle in direkter Form interpretiert werden: der interessierende Parameterwert liegt mit Wahrscheinlichkeit $(1 - \alpha) \times 100$ zwischen den Kredibilitätsgrenzen δ_L und δ_U. Diese Kredibilitätsgrenzen werden üblicherweise anhand der Quantile $\alpha/2$ und $1 - \alpha/2$ der a-posteriori Verteilung von δ bestimmt. Schließt dieses Intervall den Wert $\delta = 0$ ein, so kann das Basismodell nicht verworfen werden; im Rahmen der Bayes-KFA, wie auch im frequentistischen Ansatz, ist die Verwerfung des Basismodells eine Grundvoraussetzung für die Existenz von Typen und Antitypen.

7.10.1 Bayes-Definition von Typen und Antitypen

Nachdem ein Basismodell anhand des Kredibilitätsintervalls verworfen wurde, erfolgt, wie in der KFA üblich, im nächsten Schritt die Identifikation von KFA Typen und Antitypen. Ist die beobachtete Zellenwahrscheinlichkeit größer als die erwartete Zellenwahrscheinlichkeit, $\pi_i > \pi_i^*$, so spricht man von einem KFA Typ. Gilt $\pi_i < \pi_i^*$, spricht man von einem KFA Antityp. Anhand der a-posteriori Verteilung von π lassen sich die dazugehörigen Wahrscheinlichkeiten $P(\pi_i > \pi_i^*)$ und $P(\pi_i < \pi_i^*)$ errechnen. Hier schlagen Gutiérrez-Peña und von Eye (2000) eine leicht modifizierte Typ/Antityp-Definition vor, da nicht beliebige (sondern nur „signifikante") Abweichungen der Zellenwahrscheinlichkeiten zu Typen/Antitypen führen sollten. Die Autoren schlagen deshalb den Einbezug eines Schwellenwertes ε_i vor. Zelle i wird als Typ bezeichnet, wenn. $\pi_i > \pi_i^* + \varepsilon_i$ Gilt $\pi_i < \pi_i^* - \varepsilon_i$, spricht man von einem Antityp. Der Schwellenwert selbst ist als $\varepsilon_i = 2 \times SD(\pi_i - \pi_i^*)$ definiert, wobei $SD(\pi_i - \pi_i^*)$ die posteriori Standardabweichung von $\pi_i - \pi_i^*$ bezeichnet.

In der Durchführung der Bayes-KFA ist zu beachten, dass diese in ihren Grundzügen stark von den bisher genutzten 4 Schritten einer (standard-) frequentistischen KFA abweicht. Dies liegt vor allem daran, dass die Bayes-KFA Wahrscheinlichkeitsaussagen (in Form von Wahrscheinlichkeiten basierend auf der a-posteriori Verteilung) ermöglicht, welche im frequentistischen Theoriegebäude nicht zugänglich sind. Die endgültige (modale) Klassifikation von Konfigurationen als (Bayes) KFA Typen und Antitypen geschieht anhand der a posteriori Wahrscheinlichkeiten $P(\text{Typ}) = P(\pi_i > \pi_i^* + \varepsilon_i)$, $P(\text{Antityp}) = P(\pi_i < \pi_i^* - \varepsilon_i)$ und $P(-) = 1 - [P(\text{Typ}) + P(\text{Antityp})]$. Aus diesem Grund erübrigen sich die Schritte der (im frequentistischen Ansatz üblichen) Selektion des

Signifikanzverfahrens und der Wahl der Alpha-Adjustierung; beide werden in der Bayes-KFA nicht benötigt.

7.10.2 Muster von Typen und Antitypen

Neben der Identifikation von Extremzellen in einer Kontingenztafel, eröffnet der Bayes-Ansatz ebenfalls die Möglichkeit, KFA Hypothesen zu testen, welche sich auf Gruppen von Zellen beziehen (frequentistische Ansätze dazu wurden in Abschn. 2.7.4 vorgestellt). Hierzu werden a-posteriori Wahrscheinlichkeiten für ganze Muster von Typen und Antitypen ermittelt. Für eine 2×2 Kreuzklassifikation sind dies zum Beispiel die Muster

$$\begin{pmatrix} T\ T \\ T\ T \end{pmatrix} \cdots \begin{pmatrix} 0\ A \\ T\ 0 \end{pmatrix} \cdots \begin{pmatrix} T\ A \\ A\ T \end{pmatrix} \cdots \begin{pmatrix} A\ T \\ T\ A \end{pmatrix} \cdots \begin{pmatrix} A\ A \\ A\ A \end{pmatrix},$$

wobei T einen Typ, A einen Antityp, und „0" keine signifikante Abweichung bezeichnet.

Zwei Dinge sind hier jedoch zu beachten: 1) viele dieser Muster haben in der Praxis eine sehr geringe Auftretenswahrscheinlichkeit (im extremsten Fall, eine Wahrscheinlichkeit von Null). Aus diesem Grund wird man sich in der Praxis oft nur für jene Teilmenge an Muster interessieren, welche die größten Auftretenswahrscheinlichkeiten aufweisen. 2) Die Anzahl an möglichen Muster kann, in Abhängigkeit von der Dimensionierung der Kreuztabelle, zu groß sein (siehe Krauth, 2003), um alle Auftretenswahrscheinlichkeiten direkt zu berechnen. Für eine $r \times c$ Tafel ergeben sich allgemein $3^{r \times c}$ mögliche Muster. In einer 2×2 Tafel führt dies bereits zu $3^{2 \times 2} = 81$ möglichen Mustern, für eine 3×3 Tafel steigt die Zahl auf 19,683 Muster. In der Praxis bedeutet dies, dass die Identifikation von Gruppen von Typ/Antityp-Zellen oft nur anhand einer theoriegeleiteten Vorselektion an Muster erfolgen kann.

Datenbeispiel Im folgenden Datenbeispiel wird gezeigt, wie eine Bayes-KFA für zwei Variablen durchgeführt werden kann. Die Daten wurden Görtelmeyers (1988) Studie zur Typologisierung des Schlafverhaltens entnommen. In der vorliegenden Re-Analyse kontrastieren wir 7 Schlaftypen (1 = kurze Schlafphase am Morgen, 2 = symptomfrei Durchschlafen, 3 = symptomfreies Schlafen mit zu frühem Aufwachen, 4 = kurze Schlafphasen am Morgen mit Symptome von Schlafproblemen, 5 = nächtliches Schlafen mit Symptomen von Schlafproblemen, 6 = Langschlafen mit Symptomen von Schlafproblemen, 7 = nicht klassifizierbare Schläfer) mit dem Vorliegen psychosomatischer Symptome (1 = Symptomausprägung < Median; 2 = Symptomausprägung ≥ Median). Die Zellenhäufigkeiten der 7×2 Tafel sind in Tab. 7.30 wiedergegeben.

Zunächst betrachten wir die Daten aus frequentistischer Sicht und analysieren die beobachteten Zellenhäufigkeiten mittels einer KFA erster Ordnung. Als Signifikanztest wählen wir Lehmacher's (1981) asympotischen z-Test mit Kontinuitätskorrektur nach Küchenhoff (1986). Das Signifikanzniveau schützen wir mittels Bonferroni-Korrektur; für ein nominelles Signifikanzniveau von 0.05 erhalten wir daher eine adjustierte Signifikanzgrenze von $\alpha^* = 0.00357$.

Tab. 7.30 Ergebnisse der KFA erster Ordnung

SP	m	$\hat{m}$	z_L	p	
11	19	11.04	3.31	0.00046	Typ
12	3	10.96	-3.31	0.00046	Antityp
21	20	12.04	3.18	0.00073	Typ
22	4	11.96	-3.18	0.00073	Antityp
31	16	9.53	2.83	0.00231	Typ
32	3	9.47	-2.83	0.00231	Antityp
41	5	4.52	-0.01	0.49555	-
42	4	4.48	0.01	0.49555	-
51	4	7.03	-1.38	0.08326	-
52	10	6.97	1.38	0.08326	-
61	8	9.53	-0.49	0.31159	-
62	11	9.47	0.49	0.31159	-
71	65	83.30	-4.41	0.00001	Antityp
72	101	82.70	4.41	0.00001	Typ

Die Nullhypothese der Modellgültigkeit kann für das Basismodell erster Ordnung verworfen werden (Pearson $X^2(6) = 42.15$, $p < .001$). Wir erwarten somit das Auftreten von Typen und/oder Antitypen. Tab. 7.30 fasst die Ergebnisse der KFA erster Ordnung zusammen.

Insgesamt beobachten wir 4 Typen und 4 Antitypen. Die ersten drei Typen (1 1, 2 1 und 3 1) beschreiben eine geringe psychosomatische Symptomlast sowie das Vorliegen der Schlaftypen 1 – 3. Der letzte Typ beschreibt eine hohe psychosomatische Symptomlast mit zeitgleichem Auftreten des Schlaftyps 7. Die ersten drei der vier Antitypen sind durch eine hohe psychosomatische Symptomlast sowie das Auftreten der Schlaftypen 1 – 3 charakterisiert, der letzte Antityp wird für Personen des Schlaftyps 7 mit geringer psychosomatischer Symptomlast beobachtet.

Im nächsten Schritt wiederholen wir die Analyse unter Verwendung der oben dargestellten bayesianischen Schätzmethode. Zur Berechnung der Typ/Antityp Wahrscheinlichkeiten und der 95 % Kredibilitätsgrenzen der δ-Statistik wurden 10,000 Dirichlet-verteilte Zufallsstichproben erzeugt. Die Modellschätzung erfolgte mittels nicht-informativer Prioris. Abb. 7.6 zeigt die Verteilung der simulierten δ-Statistiken. Anhand der 95 %-igen Kredibilitätsgrenzen, [0.052; 0.140], kann die Annahme der Modellgültigkeit () verworfen werden. Somit erwarten wir auch im Rahmen der Bayes-KFA das Auftreten von Typen/Antitypen.

Tab. 7.31 fasst die Ergebnisse der Bayes-KFA zusammen. Das beobachtete Typen/Antitypen Muster (4 Typen und 4 Antitypen) stimmt mit jenem der klassischen KFA überein. Erneut werden die Konfigurationen 1 1, 2 1, 3 1 sowie 7 2 als KFA Typen ausgewiesen; 1 2, 2 2, 3 2, und 7 1 stellen Antitypen dar. Die a-posteriori Wahrscheinlichkeit für dieses Typen/Antitypen Muster beträgt 0.412 (dieses Muster trat also in ca. 41 % der simulierten Stichproben auf). Zum Vergleich dazu, würde man den Typ 7 2 und den Antityp 7 1 nicht miteinbeziehen, dann reduziert sich die a-posteriori Wahrscheinlichkeit auf

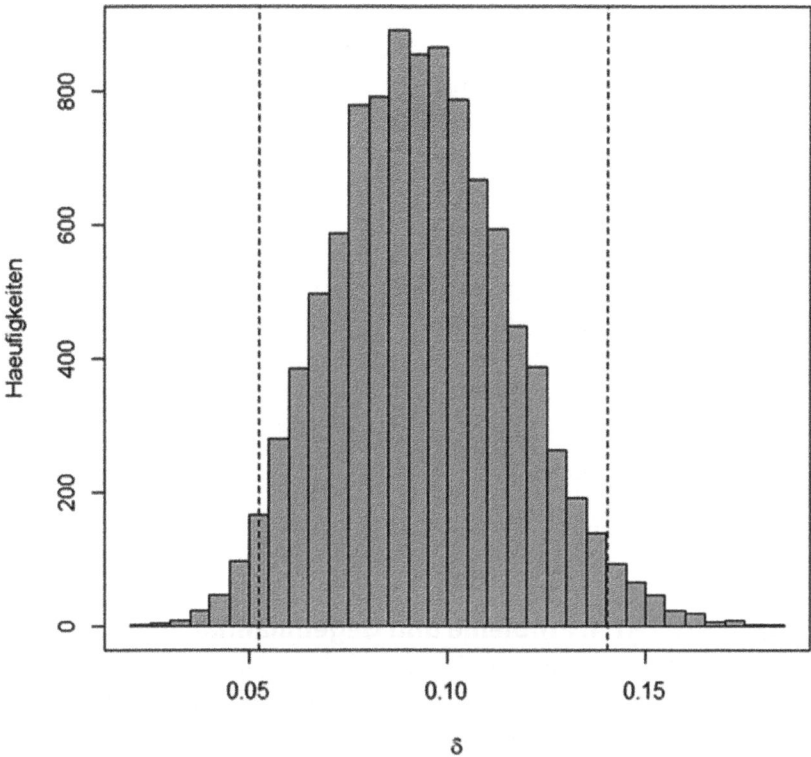

Abb. 7.6 Delta-Statistiken mit 95 % Kredibilitätsintervall

0.0001 (also nur eine der 10,000 generierten Stichproben weist dieses reduzierte Muster auf $H_0 : \delta=0$).

Der bayesianische Schätzansatz eröffnet die Möglichkeit, spezifische Gruppen-Hypothesen zu testen. Betrachten wir hierzu folgendes Beispiel: Die Ergebnisse in den Tab. 7.30 und 7.31 legen nahe, dass eine geringe psychosomatische Symptomlast mit dem Auftreten der Schlafpattern 1 – 3 einhergeht. Im Gegensatz dazu, scheint eine hohe Symptomlast das Auftreten der Schlaftypen 1 – 3 eher zu verhindern. Als Pfad-modell können diese beiden Hypothesen dargestellt werden als $(P=1) \rightarrow (S=\{1, 2, 3\})$ und $(P=2) \rightarrow (S \{1, 2, 3\})$ (siehe hierzu auch von Eye & Brandtstädter, 1997). Die a-posteriori Wahrscheinlichkeit für $(P=1) \rightarrow (S=\{1, 2, 3\})$ lässt sich berechnen als der relative Anteil simulierter Stichproben, in denen die Konfigurationen 1 1, 2 1 und 3 1 als KFA Typ ausgewiesen werden. Die Wahrscheinlichkeit für $(P=2) \rightarrow (S \{1, 2, 3\})$ ist verfügbar in Form des relative Anteils an simulierten Stichproben, welche die Konfigurationen 1 2, 2 2 und 3 2 als Antitypen ausweisen. Im vorliegenden Beispiel erhalten wir für beide a-posteriori Wahrscheinlichkeiten den Wert 0.779. Dieses Ergebnis bestätigt die obige Interpretation.

Tab. 7.31 Bayes-KFA erster Ordnung

SP	m	P(Typ)	P(−)	P(Antityp)	
11	19	0.9553	0.0447	0.0000	Typ
12	3	0.0000	0.0447	0.9553	Antityp
21	20	0.9336	0.0664	0.0000	Typ
22	4	0.0000	0.0664	0.9336	Antityp
31	16	0.8759	0.1241	0.0000	Typ
32	3	0.0000	0.1241	0.8759	Antityp
41	5	0.0468	0.9390	0.0142	−
42	4	0.0142	0.9390	0.0468	−
51	4	0.0003	0.6411	0.3586	−
52	10	0.3586	0.6411	0.0003	−
61	8	0.0048	0.8961	0.0991	−
62	11	0.0991	0.8961	0.0048	−
71	65	0.0000	0.0040	0.9960	Antityp
72	101	0.9960	0.0040	0.0000	Typ

7.11   Limits der KFA: Probleme und Gegenmaßnahmen

Wiederholt wurde in diesem Buch auf die Grenzen hingewiesen, an die der Datenanalytiker stößt, wenn er die KFA anwenden will. Es wurde in Kap. 2 über die Basismodelle gesprochen, deren Auswahl von der Methode der Stichprobenerhebung abhängig ist. So ist es ausgeschlossen, eine KFA 0-ter Ordnung durchzuführen, wenn die Stichprobenerhebung produkt-multinomial war. Werden viele Variablen komplett gekreuzt, dann können Tafeln entstehen, für die gigantische Stichproben erforderlich sind. Dies ist bekanntlich ein Problem, das ebenso bei der Varianzanalyse existiert. Sind in einer Tafel viele strukturelle Nullen, dann stehen möglicherweise nicht mehr genug Freiheitsgrade zur Verfügung, um das gewünschte Basismodell zu schätzen.

In diesem Abschnitt werden Probleme diskutiert, die am anderen Ende des Größenspektrums liegen. Es handelt sich um Probleme, die bei sehr kleinen Tafeln auftreten, z. B. bei 2×2 Tafeln (Krauth, 2003; von Weber et al., 2003). Schätzt man in 2×2 Tafeln das Basismodell einer KFA 0-ter Ordnung, d. h. das Modell dann reproduziert dieses Modell nur die Stichprobengröße. Die Randhäufigkeiten und die Zellhäufigkeiten werden nicht reproduziert, wenn sie nicht uniform sind. Wir wissen, dass dieses Basismodell speziell dann nicht in Frage kommt, wenn die Stichprobe produkt-multinomial gezogen wurde. In den meisten anderen Fällen kann es aber durchaus erwogen werden. Dieses Modell verfügt in 2×2 Tafeln über 3 Freiheitsgrade. Es könnten daher sogar noch zwei Kovariaten in das Modell aufgenommen werden.

Dies ist auch gut so, denn es kommt kein weiteres Basismodell der KFA für eine 2×2 Tafel in Frage. Dies kann anhand der Tafel in Tab. 7.32 für die KFA erster Ordnung illustriert werden.

Tab. 7.32 Erwartungshäufig-keiten unter einer KFA erster Ordnung in einer 2×2 Tafel (multinomiale Stichproben-ziehung)

	Beobachtete, m, und erwartete Häufigkeiten,		Summe
	m_{11} $\hat{m}_{11}$	m_{12} $\hat{m}_{12}$	$m_{1.}$ $\hat{m}_{1.}$
	m_{21} $\hat{m}_{21}$	m_{22} $\hat{m}_{1.}$	$m_{2.}$ $\hat{m}_{2.}$
Summe	$m_{.1}$ $\hat{m}_{.1}$	$m_{.2}$ $\hat{m}_{.2}$	$m_{..} = N$ $\hat{m}_{..} = N$

Wird versucht, die Tafel in Tab. 7.29 mit dem Basismodell der KFA erster Ordnung zu analysieren, dann werden mit diesem Modell die Stichprobengröße N, die beiden Zeilen-summen und die beiden Spaltensummen reproduziert. Dies bedeutet, dass

$$m_{1.} = \hat{m}_{1.}$$

$$m_{2.} = \hat{m}_{2.},$$

$$\hat{m}_{.1} = \hat{m}_{.1},$$

$$\hat{m}_{.2} = \hat{m}_{.2}, \text{ und}$$

$$m_{..} = \hat{m}_{..} = N.$$

Nehmen wir jetzt an, dass diese KFA erster Ordnung für Zelle 1 1 einen Typ identi-fiziert. Das bedeutet, dass $m_{11} > \hat{m}_{11}$. Setzen wir $m_{11} - \hat{m}_{11} = d$, dann erhalten wir wegen $m_{11} + m_{12} = \hat{m}_{11} + \hat{m}_{12} = m_{1.} = \hat{m}_{1.}$ die Differenzen $m_{12} - \hat{m}_{12} = -d$, und damit $m_{21} - \hat{m}_{21} = -d$ und $m_{22} - \hat{m}_{22} = d$. In anderen Worten, wenn eine KFA erster Ordnung in einer 2×2 Tafel einen Typ in einer beliebigen Zelle identifiziert, dann ist die absolute Differenz zwischen beobachteten und geschätzten Zellhäufigkeiten in den verbleibenden drei Zellen exakt die gleiche (dies gilt auch, wenn kein Typ oder Anti-typ gefunden wird). Die Typ-Antityp-Entscheidungen sind damit bereits durch die Ent-scheidung bei der Testung der ersten Konfiguration zu 100 % determiniert. Wir erwarten damit, dass Konfiguration 1 2 einen Antityp konstituiert, wenn Konfiguration 1 1 einen Typ konstituiert. Entsprechend werden Konfiguration 2 1 ebenfalls einen Antityp und Konfiguration 2 2 ebenfalls einen Typ konstituieren. Daraus kann geschlossen werden, dass eine KFA erster Ordnung für 2×2 Tafeln problematisch sein kann.

Wird eine 2×2 Tafel im Kontext einer zwei-Gruppen KFA analysiert, dann ist zudem zu beachten, dass die verfügbaren Tests (siehe Kap. 3) unterschiedliche Basismodelle repräsentieren. Die Randsummen-abhängigen Tests repräsentieren das Basismodell der KFA erster Ordnung. Die Randsummen-unabhängigen Tests repräsentieren das Basis-modell der KFA 0-ter Ordnung.

Im Folgenden diskutieren wir das Problem der artifiziellen Typen und Antitypen weiter, das am Anfang von Kap. 7 bereits behandelt wurde. Krauth (2003) hat versucht, ebenfalls für kleine Kreuzklassifikationen, abzuleiten, welche Typen- und Antitypenmuster möglich sind. In Analogie zu dem oben beschriebenen Ergebnis kommt der Autor zu dem Schluss, dass in 2×2 Tafeln drei Typ/Antityp-Muster möglich sind: T-A-A-T, A-T-T-A und 0-0-0-0, wobei ‚0' bedeutet, dass weder ein Typ noch ein Antityp identifiziert wurde. In 2×3 Tafeln sind 13 Typ/Antityp-Muster möglich, in 2×4 Tafeln sind es 51 mögliche Typ/Antityp-Muster, und in 4×4 Tafeln sind 493 Typ/Antityp-Muster möglich. In $2 \times 2 \times 2$ Tafeln sind es bereits 985 Typ/Antityp-Muster.

Aus diesen Überlegungen wird ersichtlich, dass es mindestens fünf Formen von Typ/Antityp-Mustern gibt, die Artefakte enthalten können, weil sie der Analysemethode und nicht den empirischen Gegebenheiten geschuldet sind. Die ersten beiden wurden bereits diskutiert. Es sind dies die Typ/Antityp-Muster, die aufgrund der Eigenschaften der verwendeten KFA-Tests auftreten können. Zum Beispiel, der Test der standardisierten Residuen hat die Eigenschaft, dass Typen und Antitypen immer in Paaren auftreten, wenn eine Variable binär ist. Diese Paare sind damit komplett voneinander abhängig.

Die zweite Situation, in der artifizielle Typen und Antitypen auftreten können, ist durch Tafeln gegeben, in denen strukturelle Nullen liegen (Kap. 6). Werden die betroffenen Zellen nicht in der Designmatrix repräsentiert, dann schätzt das Modell für diese Zellen Erwartungshäufigkeiten. Dadurch steigt die Wahrscheinlichkeit, dass in den Zellen mit strukturellen Nullen und auch in anderen Zellen Antitypen entstehen.

Die dritte Situation ist dann gegeben, wenn das Skalenniveau der gekreuzten Variablen nicht berücksichtigt wird. Kreuzt man z. B. ordinale Variablen und analysiert die entstehende Kreuzklassifikation so, als wären die Variablen auf Nominalniveau beobachtet worden, dann besteht die Gefahr, dass die Information, die im Skalenniveau liegt, nicht genutzt wird und Typen und Antitypen aufscheinen, die die Eigenschaften der Häufigkeitsverteilung nicht widerspiegeln.

Die vierte Situation ist die, die von Krauth (2003) und von von Weber und Kollegen (2003) untersucht wurde. Dadurch, dass die Zahl der Typ/Antityp-Muster speziell in kleinen Kreuzklassifikationen gering ist, entstehen Abhängigkeiten der KFA-Tests. Konstituiert eine Konfiguration einen Typ oder einen Antityp, dann müssen bestimmte andere Konfigurationen ebenfalls Typen oder Antitypen konstituieren. Dies wurde oben am Beispiel der 2×2 Tafel illustriert. Durch solche Abhängigkeitsstrukturen können dann Typ/Antityp-Muster entstehen, die ebenfalls fern der Realität sind.

Die fünfte Situation ist die, die in Abschn. 7.1 diskutiert wurde. Es ist die der Phantomtypen oder -antitypen. Diese treten nur auf, weil andere Typen oder Antitypen aufgetreten sind.

Wie können artifizielle Typen oder Antitypen verhindert werden? Eine Methode, sich zu schützen wurde bereits in Kap. 2 dieses Buches behandelt. Diese Methode ist im Schutz von α gegeben. Die dafür existierenden Prozeduren schützen insbesondere gegen Probleme aufgrund der Abhängigkeit von KFA-Tests, wie sie von Krauth (2003) und von Weber und Kollegen (2003) diskutiert wurden. Zudem schützen sie gegen eine Inflation des Fehlers erster Art, die auftreten kann, wenn multiple Tests mit denselben Daten unter derselben Nullhypothese durchgeführt werden.

Gegen das Problem, dass Information nicht genutzt wird, die durch das Skalenniveau oder strukturelle Nullen gegeben ist, können Datenanalytiker sich schützen, indem sie sicherstellen, dass das Skalenniveau und die strukturellen Nullen in das Basismodell einer KFA aufgenommen werden. Geschieht dies, dann kann die Interpretation der Parameter der log-linearen Basismodelle erschwert werden. Dieses Problem ist in der KFA jedoch von untergeordneter Bedeutung. Wichtiger ist, dass auf diese Weise das Hervortreten artifizieller Typen und Antitypen verhindert werden kann.

Am wenigsten bedrohlich ist das Problem der artifiziellen Typen bei binären Variablen, die durch die Eigenschaften bestimmter Tests auftreten können. In diesem Fall wird empfohlen, andere Tests zu verwenden, die ähnlich gute Powereigenschaften aufweisen (siehe Kap. 2).

KFA Software

8

Die Entwicklung der KFA als Methode wurde begleitet von Ansätzen, ihre Anwendung durch Computerprogramme zu ermöglichen. Dies begann mit (nicht mehr verfügbaren) Programmen für programmierbare Taschenrechner, Programmen für DOS/Windows-Systeme in Turbo Pascal, Quick Basic, PowerBasic, C, Assembler und Fortran (für einen Überblick, siehe Lautsch et al., 2003) und geht bis hin zu Paketen für R (z. B. das Paket *confreq* von Heine and Alexandrowicz, 2020; vgl. Stemmler, 2020; oder das Paket *cfa* von Mair et al., 2017). Der Stand der Dinge ist, dass keines der verfügbaren Programme in der Lage ist, alle Varianten und Optionen, die in diesem Buch beschrieben wurden, umzusetzen. Viele der Programme sind jedoch breit anwendbar, und manche Optionen können mit Hilfe von allgemeinen Statistikprogrammen wie SYSTAT oder mit speziellen Programmen für die Analyse kategorialer Daten wie *LEM* emuliert werden.

In diesem Kapitel geben wir einen Überblick und Beispielanwendungen für zwei der verfügbaren Programme. Das erste ist ein stand-alone Fortran Programm (von Eye, 2001), das ohne Kosten von www.configfreq.com heruntergeladen werden kann. Das andere ist eine Sammlung von Paketen, Funktionen und Modulen für die KFA in R (vgl. R Core Team, 2020).

8.1 Ein Fortran Programm für die KFA

Das stand-alone Fortran Programm für die KFA, das hier besprochen wird, benötigt keine spezielle Programm-Umgebung, um zu operieren. Das Programm existiert in zwei Versionen, die beide unter Windows anwendbar sind. Keines der beiden Programme beherrscht alle Funktionen und Varianten der KFA, die in diesem Buch behandelt worden sind. Die erste Version bietet allerdings die Option, Kovariaten einzugeben und auf diese Weise viele Optionen ‚per Hand' zu realisieren.

© Der/die Autor(en), exklusiv lizenziert durch Springer-Verlag GmbH, DE, ein Teil von   351
Springer Nature 2021
A. von Eye und W. Wiedermann, *KFA – Die Konfigurationsfrequenzanalyse,*
https://doi.org/10.1007/978-3-662-63675-6_8

Wir beschreiben dieses Programm in zwei Schritten. Im ersten führen wir BenutzerInnen durch die Folge der Eingaben und Entscheidungen, die das Programm anbietet. Im zweiten Schritt zeigen wir eine Beispielanwendung. Abschließend weisen wir noch auf die zweite Version hin, die sich allerdings noch im Versuchsstadium befindet.

Das Programm ist interaktiv. Ist es gestartet, stellt es Fragen, mit deren Antworten die Ausführung einer KFA gesteuert wird. Abhängig von den Antworten auf diese Fragen durchläuft das Programm Verzweigungen, die dann wieder zurück zum Hauptprogramm führen.

Dateneingabe   Nach dem Start werden drei Modi für die Dateneingabe angeboten. Der erste erlaubt es, Daten von einem externen Datenfile einzulesen. Soll eine Häufigkeitabelle eingelesen werden, so erwartet das Programm in der ersten Zeile eines in ASCII abgelegten Files die Zahl der Variablen und die Zahl der Kategorien pro Variable. Das Programm liest keine Variablennamen und verarbeitet sie auch nicht. Nach der Anzahl der Kategorien für die letzte Variable erwartet das Programm die Häufigkeiten der einzelnen Konfigurationen. Danach werden Spezifikationen der zu rechnenden KFA erfragt (siehe *Spezifikationen*, unten).

Soll im Gegensatz dazu ein Rohdatenfile eingelesen werden, so fragt das Programm nach der Stichprobengröße, der Zahl der Variablen, und nach dem Namen des Files, in dem die Rohdaten abgelegt sind. Dann liest das Programm die Rohdaten, die es in einem ASCII File erwartet.

Die Rohdaten können bereits kategorial sein. Dies ist z. B. der Fall, wenn sie ordinal oder nominal erfasst worden sind. In jedem Fall fragt das Programm ob die Variablen neu geordnet werden sollen (was wichtig sein kann, wenn eine zwei-Gruppen KFA, siehe Kap. 3, gerechnet werden soll), und bietet danach an, die Variablen zu kategorisieren. Hierzu gibt es zwei Optionen. Die erste besteht darin, dass die Zahl und die numerischen Werte der cut-offs eingegeben werden. Die andere ist, dass das Programm ausgewählte Variablen am Median dichotomisiert. Danach bietet das Programm an, die auf diese Weise transformierten Rohdaten abzuspeichern und auch die entstehende Kreuzklassifikation abzuspeichern. Dann erfolgt ein Sprung zu den Spezifikationen der zu rechnenden KFA (siehe *Spezifikationen*, unten).

Der dritte Modus für die Dateneingabe ist die interaktive Eingabe der Häufigkeiten der einzelnen Konfigurationen. Das Programm macht sich zunächst sachkundig und erfragt die Zahl der Variablen und deren Kategorien. Danach zeigt es die Zellindizes an und erfragt die einzelnen Häufigkeiten. Nach dem Angebot, die zu analysierende Häufigkeitstabelle abzuspeichern, erfolgt ein Sprung zu den *Spezifikationen* der zu rechnenden KFA.

Spezifikationen der zu rechnenden KFA   Das Programm bietet als erste Option an, eine globale KFA 0-ter, erster, zweiter, ... Ordnung zu rechnen. Die zweite Option ist eine zwei-Gruppen KFA (für die die Gruppierungsvariable die letzte in der Liste der

Variablen sein muss). ISA- und P-KFA Module sind in diesem Programm nicht vorgesehen. Diese KFA-Varianten können nur dann automatisiert gerechnet werden, wenn eine der Variablengruppen insgesamt nur zwei Kategorien hat. In diesem Fall kann eine zwei-Gruppen KFA als äquivalenter Ersatz gerechnet werden. Über Nutzer-spezifizierte Kovariaten können ISA und P-KFA allerdings emuliert werden.

Entscheidet sich der/die Anwender/in für eine globale KFA, dann bietet das Programm im nächsten Schritt die Delta-Option an, bei der eine festgelegte Konstante (z. B. 0.1) zu jeder Konfiguration hinzuaddiert wird. Diese Option kann praktischen Wert haben, wenn viele Zellhäufigkeiten null sind und Schätzprobleme für das Basismodell auftreten.

Danach wird angeboten, Kovariaten in das Basismodell aufzunehmen. Dies ist besonders dann wichtig, wenn eine Kreuzklassifikation strukturelle Nullen enthält oder wenn dem ordinalen Charakter von Variablen Rechnung getragen werden soll. Das Programm zeigt an, wie viele Kovariaten noch aufgenommen werden können und fragt dann nach den Werten der Kovariaten für jede einzelne Konfiguration.

Wird dagegen eine zwei-Gruppen-KFA angewählt, dann bietet das Programm zunächst ebenfalls die Delta-Option an. Danach erfragt es das gewünschte nominale Signifikanzniveau und fragt, welche von drei Prozeduren zum Schutz von α gewünscht wird. Der Ausgabefilename soll danach eingegeben werden, gefolgt von einer Entscheidung für einen Signifikanztest. Danach fragt das Programm, ob auch eine KFA erster Ordnung für die analysierten Daten durchgeführt werden soll. Wenn ja, dann springt das Programm in die Routine für eine globale KFA. Wenn nein, dann schreibt das Programm die Ergebnisse in den Ausgabefile und beendet den Lauf.

Zurück in der Routine für eine globale KFA (oder immer noch darin) bietet das Programm acht KFA-Signifikanztests an und fragt nach dem gewünschten nominalen Signifikanzniveau. Nach der Wahl einer Prozedur zum Schutz von α erfolgt die Eingabe des Namens des Ausgabefiles. Die letzten beiden Entscheidungen, die zu treffen sind, betreffen die mögliche Angabe der Konfigurationen, die in einem Einsatz eines *probability poolers* einbezogen werden sollen, und die Ausgabe der Designmatrix (ja oder nein). Damit ist der KFA-Lauf abgeschlossen.

Im Folgenden zeigen wir den leicht editierten Ablauf einer zwei-Gruppen KFA, für die eine Häufigkeitstabelle aus dem file 2scfa.dat gelesen wurde (die manuelle Eingabe wird aus Gründen der Lesbarkeit mit „Input" gekennzeichnet):

```
----------------------------------------------------------------------------

       Configural Frequency Analysis
    data entry via file (= 1) or interactive (= 2)?
Input: 1

    if you wish to read a raw data file, type 1
    if you wish to read a frequency table, type 2
Input: 2
```

```
                           please give name of data file
Input: 2scfa.dat

          ok, file 2scfa.dat opened

                          number of cells =            28
               # of categories of variable    1 =   14
               # of categories of variable    2 =    2
                             sample size N = 702.00

      Here are the current options for CFA models:

                             Zero Order CFA = 0
                             First Order CFA = 1
          For any higher order model: indicate order

                             Two-sample CFA = 20
     (for two-sample CFA: the last variable must be the grouping variable)
                          Please make your choice
Input: 20

                         option 20 was chosen
               do you wish to invoke the Delta option?
                             yes = 1; no = 2
Input: 2
                             Marginal Frequencies
                             --------------------

Variable  Frequencies
--------  -----------
Input:
   1          99.000    45.000   141.000    30.000    27.000     3.000     4.000
77.000    111.000    16.000    73.000    19.000    46.000    11.000

   2         351.000   351.000


                    please give significance level (e.g., 0.05)
                 Input: .05

              please indicate procedure for alpha protection
                                         Bonferroni = 1
                                               Holm = 2
                             Holland & Copenhaver = 3

              Input: 3

                             please give name for output file
              Input: 2scfa.out

                                     sample size 1 =   351.
                                     sample size 2 =   351.

                    The following tests are available:

                                   Standard chi2-test = 1
                     Chi2-test with continuity correction = 2
                  z-test 1 (binomial approximation of z) = 3
                       z-test 2 (requires large samples) = 4
                                   Please make your choice
              Input: 1

                                   protected alpha =
              .0170
              .0064
              .0039
              .0102
              .0057
              .0127
              .0500
              .0037
              .0047
```

```
        .0253
        .0043
        .0073
        .0051
        .0085

                do you wish to perform a first order CFA using the same data?
                             yes = 1, no = 2
     Input: 2
     -------------------------------------------------------------------------------
```

Diese Eingabe führt zu dem folgenden output:

```
-----------------------------------------------------------------------------------

                        Configural Frequency Analysis

                     ---------- --------- --------
             author of program: Alexander von Eye, 2000
                          last changes: March 2007

        Marginal Frequencies
        --------------------
        Variable Frequencies
        -------- -----------
             1      99.  45. 141.  30.  27.   3.   4.  77. 111.  16.  73.
     19.  46.  11.

             2     351. 351.


        sample size N =  702.
          The standard chi2 2x2 test will be performed
                  with Holland-Copenhaver protection




                                     Table of results
                                     ----------------
        Configuration    f      statistic        p      pi*   Type?



     -------------- ----- --------- ------- ------ -----
             11     52.00
             12     47.00       .294    .587678   .048
     ---------------------------------------------------------------------------
             21     31.00
             22     14.00      6.862    .008804   .274
     ---------------------------------------------------------------------------
             31     44.00
             32     97.00     24.929    .000001   .273  Discrimination Type
     ---------------------------------------------------------------------------
             41     20.00
             42     10.00      3.482    .062034   .250
     ---------------------------------------------------------------------------
             51     22.00
             52      5.00     11.132    .000849   .386  Discrimination Type
     ---------------------------------------------------------------------------
```

```
       61      3.00
       62       .00     3.013     .082606    .500
-------------------------------------------------------------------------
       71      2.00
       72      2.00      .000    1.000000    .000
-------------------------------------------------------------------------
       81     16.00
       82     61.00    29.539     .000000    .369  Discrimination Type
-------------------------------------------------------------------------
       91     76.00
       92     35.00    17.988     .000022    .270  Discrimination Type
-------------------------------------------------------------------------
      101      7.00
      102      9.00      .256     .612999    .111
-------------------------------------------------------------------------
      111     19.00
      112     54.00    18.728     .000015    .324  Discrimination Type
-------------------------------------------------------------------------
      121     15.00
      122      4.00     6.546     .010514    .367
-------------------------------------------------------------------------
      131     35.00
      132     11.00    13.400     .000252    .343  Discrimination Type
-------------------------------------------------------------------------
      141      9.00
      142      2.00     4.525     .033394    .389
-------------------------------------------------------------------------
```

```
                 Alternative Measures of Deviation from Independence
                 ----------- -------- -- --------- ---- ------------

f1  f2  lambda lambdat  rho  delta  theta
--  --  ------ -------  ---  -----  -----
(1st line: measures, 2nd line: standard errors, 3rd line: z, 4th line: p(z))

52. 47.   .029    .020    .020    .020    .118
          .055    .038    .035    .035    .217
          .537    .539    .578    .578    .542
        .29559  .29506  .28155  .28155  .29391
```

```
31. 14.    .212    .104    .099    .099    .847
           .085    .042    .055    .055    .331
          2.483   2.474   1.782   1.782   2.555
         .00652  .00668  .03736  .03736  .00530

44. 97.    .245    .196   -.188    .188   -.980
           .051    .041    .030    .030    .201
          4.846   4.811  -6.312   6.312  -4.886
         .00000  .00000  .00000  .00000  .00000

20. 10.    .181    .073    .070    .070    .723
           .103    .041    .069    .069    .395
          1.755   1.764   1.024   1.024   1.831
         .03959  .03883  .15301  .15301  .03358

22.  5.    .383    .147    .126    .126   1.532
           .138    .053    .075    .075    .501
          2.786   2.764   1.678   1.678   3.056
         .00267  .00285  .04666  .04666  .00112

 3.  0.    .489    .073    .057    .057   1.954
           .000    .000    .000    .000    .000
            ---     ---     ---     ---     ---
            ---     ---     ---     ---     ---
 2.  2.    .000    .000    .000    .000    .000
           .344    .045    .217    .214   1.003
           .005    .005    .000    .001    .000
         .49803  .49790  .50000  .49957  .50000

16. 61.    .371    .232   -.205    .205  -1.483
           .075    .048    .044    .044    .292
          4.948   4.849  -4.705   4.705  -5.075
         .00000  .00000  .00000  .00000  .00000

76. 35.    .229    .167    .160    .160    .914
           .056    .041    .034    .034    .220
          4.107   4.076   4.759   4.759   4.151
         .00002  .00002  .00000  .00000  .00002

 7.  9.    .064    .019   -.019    .019   -.257
           .136    .040    .097    .097    .510
           .472    .486   -.198    .198   -.504
         .31851  .31359  .42160  .42160  .30696

19. 54.    .289    .176   -.163    .163  -1.156
           .071    .044    .044    .044    .278
```

```
           4.066   4.012  -3.705   3.705  -4.152
           .00002  .00003  .00011  .00011  .00002

15.  4.     .338    .110    .097    .097   1.354
           .160    .052    .090    .090    .568
          2.119   2.132   1.072   1.072   2.384
          .01704  .01650  .14179  .14179  .00856

35. 11.    .308    .152    .138    .138   1.231
           .092    .046    .056    .056    .354
          3.344   3.301   2.484   2.484   3.473
          .00041  .00048  .00649  .00649  .00026

 9.  2.     .381    .095    .080    .080   1.524
           .261    .062    .122    .122    .785
          1.460   1.520    .656    .656   1.941
          .07221  .06419  .25591  .25591  .02614
--------------------------------------------------------------------
```

Es existiert noch ein weiteres Fortran Programm für die KFA. Dieses Programm erlaubt die Schätzung von Erwartungshäufigkeiten unter der Annahme, dass die Variablen die die Tafel aufspannen, normalverteilt sind. Diese Programmvariante muss allerdings noch in das oben beschriebene Programm integriert werden.

8.2   R Pakete und Module

Im folgenden Abschnitt wenden wir uns der Anwendung der KFA in der statistischen Programmierumgebung R (R Core Team, 2020) zu. Hier stehen die Pakete *cfa* (Mair et al., 2017) und *confreq* (Heine et al., 2020) sowie eine Reihe weiterer nützlicher Funktionen zur Verfügung. Die Pakete können kostenlos vom Comprehensive R Archive Network (CRAN; siehe https://cran.r-project.org/mirrors.html) heruntergeladen werden. Wir konzentrieren uns hier auf die Anwendung des Pakets *confreq*. Weitere Funktionen sind ebenso kostenlos von der Webseite www.configfreq.com beziehbar. Das Paket *confreq* kann aus dem Internet installiert werden. Hierzu benötigt man den Befehl

```
install.packages("confreq")
```

Alternativ kann der Source-Code des Pakets auch vom R CRAN Server als zip-Datei heruntergeladen und über das Menü „Pakete>Installiere Paket(e) aus lokalen Zip-Dateien..." (oder in der englischen Version „packages>install package(s) from local files...") installiert werden. Um die Funktionen des Pakets zu laden, kann der Befehl library() verwendet werden:

```
library("confreq")
```

Separate Funktionen sind mittels source() verfügbar.

```
source("cfa_Rcodes.r")
```

Wir zeigen nun, wie eine Reihe von KFA Modellen schnell und unkompliziert in R geschätzt werden können. Wir beginnen mit der Durchführung globaler KFA Modelle 0-ter, 1-ter und 2-ter Ordnung. Im Anschluss diskutieren wir die Anwendung einer Prädiktions-KFA (P-KFA) und einer zwei-Gruppen KFA. Zum Abschluss konzentrieren wir uns auf die Durchführung eines Bayes-KFA Modells.

8.2.1   Globale Modelle der KFA

Beginnen wir mit dem wohl (im Sinne der Parameteranzahl) einfachsten KFA Modell; jenes 0-ter Ordnung (auch konfigurale Clusteranalyse genannt; siehe hierzu Kap. 2). Das Basismodell einer solchen KFA enthält ausschließlich die Modellkonstante und keinerlei weitere Effekte der Variablen, welche die Kontingenztafel aufspannen. Betrachten wir die Coronavirus-Daten aus Tab. 3.1. Die zwei Variablen, die hier mittels KFA 0-ter Ordnung analysiert werden, sind Altersgruppe (<18 Jahre, 18–64 Jahre, 65–74 Jahre und >74 Jahre) und Patientenstatus nach einer Covid Infektion (diagnostizierter Fall, intensivstationäre Aufnahme, Patient verstorben). Die Daten können mittels folgender Befehle in R eingegeben werden:

```
A <- gl(n=4, k=3)
C <- gl(n=3, k=1, length=12)
freq <- c(87, 3, 0, 1111, 36, 6, 272, 29, 5, 349, 30, 33)
dat <- data.frame(A, C, freq)
```

Der Befehl gl() erzeugt eine Faktorvariable mit n Faktorstufen, welche k-mal wiederholt werden. Der Befehl c() erzeugt den Häufigkeitsvektor. Das Argument length legt die Länge des Vektors fest (Default: n * k). Der data.frame() Befehl erzeugt einen Datensatz dat welcher die Faktoren A und C sowie die Zellhäufigkeiten freq enthält. Dieser Datensatz nimmt hier folgende Form an.

```
print(dat)
A C freq
1 1 1 87
2 1 2 3
3 1 3 0
4 2 1 1111
5 2 2 36
6 2 3 6
7 3 1 272
8 3 2 29
9 3 3 5
10 4 1 349
11 4 2 30
12 4 3 33
```

Das Basismodell kann mittels der im R Basispaket enthaltenen `glm()` Funktion für generalisierte linearer Modelle (GLMs) geschätzt werden. Wir verwenden das Argument `options()` zur Spezifikation effekt-kodierter Kontraste. Die Funktion `model.matrix()` dient zur Formulierung des zu schätzenden Basismodells. Da bei der KFA 0-ter Ordnung lediglich die Modellkonstante berücksichtigt wird, verwenden wir „~1". Im nachfolgenden `glm()` Befehl beginnen wir die Modellformel mit „0 +", um die Generierung der modellinternen Konstante zu unterdrücken. Alternativ kann die Formulierung der Modellgleichung auch direkt innerhalb des `glm()` Befehls erfolgen (also `m <- glm(freq~1, family=poisson)`) – für weitere Anwendungen ist es jedoch sinnvoll, sich gleich zu Beginn mit dem `model.matrix()` Befehl vertraut zu machen. Zur Schätzung des GLMs wenden wir hierbei den Poisson-Trick an; also den Umstand, dass ein multinomiales Modell auch als Poisson Regression geschätzt werden kann (siehe hierzu Agresti, 2002).

```
options(contrasts = c("contr.sum", "contr.poly"))
d <- model.matrix(~ 1, data = dat)
m <- glm(freq ~ 0 + d, family = poisson)
```

Die Funktionen `LR.fit()` und `Pearson.fit()` der Datei „cfa_Rcodes.r" (beziehbar unter www.configfreq.com) berechnen LR und Pearson X^2 Modellgütetests.

```
LR.fit(m)
  Likelihood Ratio Goodness of Fit Test
data: freq ~ 0 + d
X-squared = 4441, df = 11, p-value < 2.2e-16
```

```
Pearson.fit(m)
  Pearson X-squared Goodness of Fit Test
data: freq ~ 0 + d
X-squared = 6862.3, df = 11, p-value < 2.2e-16
```

Beide Tests lehnen die Nullhypothese ab. Somit können Typen und Antitypen erwartet werden. Die konfigurationsspezifische Testung kann anhand der erwarteten Häufigkeiten (erhältlich via `fitted()`) und einem entsprechenden Signifikanztest erfolgen. In Tab. 3.1 wurde der z-Test (implementiert in der Funktion `z_tests_cfa()` des `confreq` Pakets) unter Verwendung der Holland DiPonzio Copenhaver Prozedur angewandt. Die Holland DiPonzio Copenhaver Adjustierung ist durch die Funktion `adjustHolland()` des Pakets `scmamp` (Calvo & Santafe, 2016; seit März 2021 ist das Paket nicht mehr von CRAN beziehbar, jedoch kann der Sourcecode der Funktion kostenlos von https://rdrr.io/cran/scmamp/src/R/post_hoc.R heruntergeladen werden) verfügbar. Zur Reproduktion der in Tab. 3.1 wiedergegebenen Ergebnisse lautet die Befehlsfolge

```
freq_hat <- fitted(m)
X2tests <- z_tests_cfa(dat$freq, freq_hat)
pvals <- adjustHolland(X2tests$z.pChi)
```

Zur Klassifikation der Zellen in KFA Typen und Antitypen können zum Beispiel geschachtelte `ifelse()` Befehle dienen. Im ersten `ifelse()` Schritt fragen wir, ob die z-Statistik negativ und statistisch signifikant ist. Sind diese beiden Bedingungen erfüllt, handelt es ich um einen „`Antityp`". Ist dies nicht der Fall, erfolgt im nächsten Schritt die Überprüfung, ob die z-Statistik größer als 0 und signifikant ist. Sind beide Bedingungen erfüllt, handelt es sich um einen „`Typ`". Trifft auch das nicht zu, übergeben wir das Argument „`-`".

```
dec <- ifelse( (X2tests$z.Chi < 0 & pvals <= alpha), "Antityp",
    ifelse( (X2tests$z.Chi > 0 & pvals <= alpha), "Typ", "-" ) )
```

Zusammengefasst erhalten wir:

```
cbind(dat, freq_hat, zval = X2tests$z.Chi, pvals, dec)
   A C freq freq_hat zval pvals dec
1  1 1 87 163.4167 -5.977780 1.130996e-09 Antityp
2  1 2 3 163.4167 -12.548774 0.000000e+00 Antityp
3  1 3 0 163.4167 -12.783453 0.000000e+00 Antityp
4  2 1 1111 163.4167 74.125774 0.000000e+00 Typ
5  2 2 36 163.4167 -9.967312 0.000000e+00 Antityp
6  2 3 6 163.4167 -12.314096 0.000000e+00 Antityp
7  3 1 272 163.4167 8.494054 0.000000e+00 Typ
8  3 2 29 163.4167 -10.514895 0.000000e+00 Antityp
9  3 3 5 163.4167 -12.392322 0.000000e+00 Antityp
10 4 1 349 163.4167 14.517465 0.000000e+00 Typ
11 4 2 30 163.4167 -10.436669 0.000000e+00 Antityp
12 4 3 33 163.4167 -10.201991 0.000000e+00 Antityp
```

Die bisher dargestellten Rechenschritte lassen sich auch anhand der im *confreq* Paket implementierten Funktion CFA() durchführen. Da die Holland DiPonzio Copenhaver Prozedur zum Schutz von α allerdings nicht verfügbar ist, weichen wir auf die in der Funktion implementierten Bonferroni-Korrekur aus. Bevor der Datensatz mittels CFA() analysiert werden kann, müssen wir die Klasse des Objekts dat folgendermaßen erweitern:

```
class(dat) <- c("data.frame", "Pfreq")
```

Das Argument form der Funktion CFA() kann dazu verwendet werden, um das Basismodell zu spezifizieren. Erneut verwenden wir „~1" um eine KFA 0-ter Ordnung zu schätzen. summary() fasst die Ergebnisse zusammen (wir geben hier nur einen Ausschnitt des summary() Outputs wieder).

```
out <- CFA(dat, form = ~ 1)
summary(out)
[...]
Type (+) / Antitype (-) based on: z.pChi ; Bonferoni adj. alpha: 0.004166667
 pat. obs. exp. Type Chi df pChi ex.bin.test z.Chi z.pChi
1 1 1 87 163.417 - 35.734 1 0 0 -5.978 0
2 1 2 3 163.417 - 157.472 1 0 0 -12.549 0
3 1 3 0 163.417 - 163.417 1 0 0 -12.783 0
4 2 1 1111 163.417 + 5494.630 1 0 0 74.126 0
5 2 2 36 163.417 - 99.347 1 0 0 -9.967 0
6 2 3 6 163.417 - 151.637 1 0 0 -12.314 0
7 3 1 272 163.417 + 72.149 1 0 0 8.494 0
8 3 2 29 163.417 - 110.563 1 0 0 -10.515 0
9 3 3 5 163.417 - 153.570 1 0 0 -12.392 0
10 4 1 349 163.417 + 210.757 1 0 0 14.517 0
11 4 2 30 163.417 - 108.924 1 0 0 -10.437 0
12 4 3 33 163.417 - 104.081 1 0 0 -10.202 0
```

Hier zeigen wir nur einen Ausschnitt der lokalen Signifikanztests und die Typ/Antityp Entscheidungen. Die Spalten obs. und exp. geben die beobachteten und erwarteten Häufigkeiten wieder. Die Spalte Type enthält die Klassifikationen der einzelnen Zellen in Typen („+") und Antitypen („–"). Die *z*-Statistiken und *p*-Werte können den Spalten z.Chi und z.pChi entnommen werden. Die Ergebnisse stimmen mit den vorherigen überein.

Im nächsten Schritt demonstrieren wir die Anwendung einer KFA erster und zweiter Ordnung anhand der Daten von Finkelstein, von Eye und Preece (1994; siehe Tab. 3.4). Hier wurde Aggression von Jugendlichen anhand von vier Dimensionen zu drei Zeitpunkten (1983, 1985, und 1987) erfasst: Verbale Aggression gegen Erwachsene (V87), körperliche Aggression gegen Peers (P87), aggressive Impulse (A87), und aggressionshemmende Reaktionen (AR87). Wir verwenden den folgenden R Code, um die Daten einzulesen.

```
freq <- c(3, 2, 7, 14, 12, 4, 10, 6, 2, 19, 6, 3, 8, 7, 6, 5)
V87 <- gl(n=2, k=8)
P87 <- gl(n=2, k=4, length=16)
A87 <- gl(n=2, k=2, length=16)
AR87<- gl(n=2, k=1, length=16)
dat <- data.frame(V87, P87, A87, AR87, freq)
```

Eine KFA erster Ordnung enthält neben der Modellkonstante ausschließlich Haupteffekte der Variablen. In R kann ein solches Modell mittels der Formel `freq ~ V87 + P87 + A87 + AR87` spezifiziert werden. Unter Verwendung des Binomialtests (Funktion `binomial_test_cfa()` des Pakets *confreq*) und der Holland DiPonzio Copenhaver Prozedur erhalten wir für die `glm()` basierte Schätzung.

```
options(contrasts = c("contr.sum", "contr.poly"))
d_1 <- model.matrix(~ V87 + P87 + A87 + AR87, data = dat)
m_1 <- glm(freq ~ 0 + d_1, family = poisson)
freq_hat_1 <- fitted(m_1)
pval_1 <- binomial_test_cfa(dat$freq, freq_hat_1)
pval_1 <- adjustHolland(pval_1)
LR.fit(m_1)
        Likelihood Ratio Goodness of Fit Test
data: freq ~ 0 + d_1
X-squared = 41.556, df = 11, p-value = 1.933e-05
```

Die konfigurationsspezifischen Signifikanztests erhalten wir durch.

```
freqdiff <- dat$freq - freq_hat_1
alpha <- 0.05
dec <- ifelse( (freqdiff < 0 & pval_1 <= alpha), "Antityp",
   ifelse( (freqdiff > 0 & pval_1 <= alpha), "Typ", "-" ) )
cbind(dat, freq_hat_1, pval_1, dec)
   V87 P87 A87 AR87 freq freq_hat_1   pval_1 dec
1   1   1   1    1    3   6.747922 0.60698048 -
2   1   1   1    2    2   7.497692 0.23311504 -
3   1   1   2    1    7   6.747922 0.92546257 -
4   1   1   2    2   14   7.497692 0.23311504 -
5   1   2   1    1   12   6.988920 0.44047747 -
6   1   2   1    2    4   7.765466 0.63337183 -
7   1   2   2    1   10   6.988920 0.75647376 -
8   1   2   2    2    6   7.765466 0.91334003 -
9   2   1   1    1    2   6.515235 0.39994634 -
10  2   1   1    2   19   7.239151 0.00165902 Typ
11  2   1   2    1    6   6.515235 0.92546257 -
12  2   1   2    2    3   7.239151 0.51683260 -
13  2   2   1    1    8   6.747922 0.91334003 -
14  2   2   1    2    7   7.497692 0.92546257 -
15  2   2   2    1    6   6.747922 0.92546257 -
16  2   2   2    2    5   7.497692 0.84299842 -
```

Wie schon in Tab. 3.4 erhalten wir nur einen Typ. Möchte man diese Ergebnisse mit der Funktion CFA() reproduzieren, können die folgenden Befehle verwendet werden (wir beschränken uns wieder auf den hier relevanten Output der summary() Funktion):

```
class(dat) <- c("data.frame", "Pfreq")
out_1 <- CFA(dat, form = ~ V87 + P87 + A87 + AR87)
summary(out_1)
[...]
results of local tests:
----------------------
Type (+) / Antitype (-) based on: z.pChi ; Bonferoni adj. alpha: 0.003125
   pat. obs. exp. Type Chi df pChi ex.bin.test z.Chi z.pChi
1  1 1 1 1 1 3 6.748 . 2.082 1 0.149 0.089 -1.443 0.075
2  1 1 1 1 2 2 7.498 . 4.031 1 0.045 0.018 -2.008 0.022
3  1 1 2 1 7 6.748 . 0.009 1 0.923 0.484 0.097 0.461
4  1 1 2 2 14 7.498 . 5.639 1 0.018 0.018 2.375 0.009
5  1 2 1 1 12 6.989 . 3.593 1 0.058 0.047 1.896 0.029
6  1 2 1 2 4 7.765 . 1.826 1 0.177 0.105 -1.351 0.088
7  1 2 2 1 10 6.989 . 1.297 1 0.255 0.162 1.139 0.127
8  1 2 2 2 6 7.765 . 0.401 1 0.526 0.335 -0.634 0.263
9  2 1 1 1 2 6.515 . 3.129 1 0.077 0.039 -1.769 0.038
10 2 1 1 2 19 7.239 + 19.107 1 0.000 0.000 4.371 0.000
11 2 1 2 1 6 6.515 . 0.041 1 0.840 0.478 -0.202 0.420
12 2 1 2 2 3 7.239 . 2.482 1 0.115 0.064 -1.576 0.058
13 2 2 1 1 8 6.748 . 0.232 1 0.630 0.363 0.482 0.315
14 2 2 1 2 7 7.498 . 0.033 1 0.856 0.477 -0.182 0.428
15 2 2 2 1 6 6.748 . 0.083 1 0.773 0.484 -0.288 0.387
16 2 2 2 2 5 7.498 . 0.832 1 0.362 0.232 -0.912 0.181
```

Obwohl wir erneut auf die Bonferroni-Korrektur ausweichen, welche standardmäßig in CFA() implementiert ist, wird die Konfiguration 2 1 1 2 wieder als KFA Type identifiziert.

Um eine KFA zweiter Ordnung durchzuführen, muss in den obigen Befehlen lediglich die Modellspezifikation angepasst werden. Eine KFA zweiter Ordnung enthält zusätzlich zu den Haupteffekten auch alle zweifach Interaktionen der Variablen. Diese können auf verschiedene Weise spezifiziert werden. Zum einen besteht die Möglichkeit, alle zweifach Interaktionen händisch in die Formel einzufügen. Die Modellformel nimmt hier folgende Form an~V87+P87+A87+AR87+V87:P87+V87:A87+V87:AR 87+P87:A87+P87:AR87+A87:AR87. Eine weniger schreibintensive Alternative ist~ (V87+P87+A87+AR87)^2. Beide Modellspezifikationen führen zur Schätzung einer Modellkonstante, vier Haupteffekten und sechs zweifach Interaktionen.

```
d_2 <- model.matrix(~ (V87 + P87 + A87 + AR87)^2, data = dat)
m_2 <- glm(freq ~ 0 + d_2, family = poisson)
freq_hat_2 <- fitted(m_2)
pval_2 <- binomial_test_cfa(dat$freq, freq_hat_2)
pval_2 <- adjustHolland(pval_2)
freqdiff <- dat$freq - freq_hat_2
alpha <- 0.05
dec <- ifelse( ( freqdiff < 0 & pval_2 <= alpha), "Antityp",
    ifelse( ( freqdiff > 0 & pval_2 <= alpha), "Typ", "-" ) )


cbind(dat, freq_hat_2, pval_2, dec)
   V87 P87 A87 AR87 freq freq_hat_2 pval_2 dec
1  1 1 1 1 1  3  2.798192 0.9378690 -
2  1 1 1 1 2  2  5.246919 0.7708037 -
3  1 1 1 2 1  7  7.348187 0.9378690 -
4  1 1 1 2 2 14 10.606701 0.8770035 -
5  1 2 1 1 1 12  8.407328 0.8486917 -
6  1 2 1 1 2  4  4.547561 0.9378690 -
7  1 2 2 2 1 10 13.446293 0.8770035 -
8  1 2 2 2 2  6  5.598818 0.9378690 -
9  2 1 1 1 1  2  4.332258 0.8770035 -
10 2 1 1 1 2 19 13.622631 0.7312447 -
11 2 1 2 1  6  3.521363 0.8486917 -
12 2 1 2 2  3  8.523748 0.3380419 -
13 2 2 1 1  8  9.462222 0.9378690 -
14 2 2 1 2  7  8.582889 0.9378690 -
15 2 2 2 1  6  4.684157 0.9378690 -
16 2 2 2 2  5  3.270732 0.8770035 -
```

Mittels der Funktion CFA() erhalten wir:

```
class(dat) <- c("data.frame", "Pfreq")
out_2 <- CFA(dat, form = ~ (V87 + P87 + A87 + AR87)^2)
summary(out_2)
[...]
results of local tests:
-----------------------
Type (+) / Antitype (-) based on: z.pChi ; Bonferoni adj. alpha: 0.003125
  pat. obs. exp. Type Chi df pChi ex.bin.test z.Chi z.pChi
1  1 1 1 1  3  2.798  . 0.015 1 0.904 0.468 0.121  0.452
2  1 1 1 2  2  5.247  . 2.009 1 0.156 0.100 -1.417 0.078
3  1 1 2 1  7  7.348  . 0.016 1 0.898 0.455 -0.128 0.449
4  1 1 2 2 14 10.607  . 1.086 1 0.297 0.173 1.042  0.149
5  1 2 1 1 12  8.407  . 1.535 1 0.215 0.135 1.239  0.108
6  1 2 1 2  4  4.548  . 0.066 1 0.797 0.479 -0.257 0.399
7  1 2 2 1 10 13.446  . 0.883 1 0.347 0.199 -0.940 0.174
8  1 2 2 2  6  5.599  . 0.029 1 0.865 0.490 0.170  0.433
9  2 1 1 1  2  4.332  . 1.256 1 0.262 0.188 -1.121 0.131
10 2 1 1 2 19 13.623  . 2.123 1 0.145 0.084 1.457  0.073
11 2 1 2 1  6  3.521  . 1.745 1 0.187 0.142 1.321  0.093
12 2 1 2 2  3  8.524  . 3.580 1 0.058 0.025 -1.892 0.029
13 2 2 1 1  8  9.462  . 0.226 1 0.635 0.389 -0.475 0.317
14 2 2 1 2  7  8.583  . 0.292 1 0.589 0.367 -0.540 0.294
15 2 2 2 1  6  4.684  . 0.370 1 0.543 0.328 0.608  0.272
16 2 2 2 2  5  3.271  . 0.914 1 0.339 0.230 0.956  0.169
```

KFA Modelle höherer Ordnung können auf eine ähnliche Weise berechnet werden. Eine KFA dritter Ordnung z. B. ist durchführbar mittels ~ (V87 + P87 + A87 + AR87) ^3, für eine KFA vierter Ordnung verwendet man ~ (V87 + P87 + A87 + AR87) ^4.

8.2.2   Prädiktions-KFA

Eine Prädiktions-KFA (P-KFA) zeichnet sich dadurch aus, dass alle Effekte im Basismodell berücksichtigt werden, welche nicht den Prädiktor und das Kriterium in Beziehung zueinander setzten. Betrachten wir die in Tab. 3.9 dargestellten Daten von Bogat et al. (2006) zur Gewalt durch Intimpartner. Hier wurden 204 Frauen zu drei Messzeitpunkten (T1, T2 und T2) gefragt, ob sie Opfer von Gewalt durch ihre Intimpartner geworden sind (1 = keine Gewalt, 2 = Gewalt). Um die Daten einzugeben, verwenden wir wieder die Funktionen c (), gl () sowie data.frame ():

```
freq <- c(144, 5, 14, 3, 15, 4, 8, 11)
T1 <- gl(n=2, k=4)
T2 <- gl(n=2, k=2, length=8)
T3 <- gl(n=2, k=1, length=8)
dat <- data.frame(T1, T2, T3, freq)
print(dat)
  T1 T2 T3 freq
1  1  1  1  144
2  1  1  2  5
3  1  2  1  14
4  1  2  2  3
5  2  1  1  15
6  2  1  2  4
7  2  2  1  8
8  2  2  2  11
```

In dem in Tab. 3.9 geschätzten Modell gehen wir der Frage nach, ob Gewalt im ersten Jahr die univariaten Verteilungen der Antworten in den beiden Folgejahren prädiziert. Das Basismodell enthält die Modellkonstante, alle Haupteffekte, die $T2 \times T3$ zweifach Interaktion sowie die dreifach Interaktion von T1, T2 und T3. Somit handelt es sich hier um ein nicht-hierarchisches Modell. Ausgehend vom saturierten Modell, können die zwei zweifach Interaktionen $T1 \times T2$ und $T1 \times T3$ entfernt werden. Dieser Ansatz lässt sich wie folgt umsetzen. Mittels

```
options(contrasts = c("contr.sum", "contr.poly"))
d <- model.matrix(~ T1 * T2 * T3, data = dat)
```

erhalten wir die Designmatrix des saturierten Modells. Die Formel $\sim$ T1 * T2 * T3 führt zur Generierung der dreifach Interaktion und aller hierarchisch untergeordneten Effekte. Dadurch nimmt die Designmatrix folgende Form an:

```
print(d)
  (Intercept) T11 T21 T31 T11:T21 T11:T31 T21:T31 T11:T21:T31
1           1   1   1   1       1       1       1           1
2           1   1   1  -1       1      -1      -1          -1
3           1   1  -1   1      -1       1      -1          -1
4           1   1  -1  -1      -1      -1       1           1
5           1  -1   1   1      -1      -1       1          -1
6           1  -1   1  -1      -1       1      -1           1
7           1  -1  -1   1       1      -1      -1           1
8           1  -1  -1  -1       1       1       1          -1
```

Im nächsten Schritt entfernen wir die zwei zweifach Interaktionsterme $T11\!:\!T21$ sowie $T11\!:\!T31$ (also Spalten 5 und 6 der Matrix):

```
d <- d[, -c(5, 6)]
print(d)
(Intercept) T11 T21 T31 T21:T31 T11:T21:T31
1  1  1  1  1  1  1
2  1  1  1  1 -1 -1 -1
3  1  1 -1  1  1 -1 -1
4  1  1 -1 -1  1  1
5  1 -1  1  1  1 -1
6  1 -1  1 -1 -1  1
7  1 -1 -1  1 -1  1
8  1 -1 -1 -1  1 -1
```

Die Modellschätzung wird wie gewohnt in Form eines GLMs mit log-Link und Poisson-verteiltem Fehler vollzogen.

```
m <- glm(freq ~ 0 + d, family = poisson)
Pearson.fit(m)
    Pearson X-squared Goodness of Fit Test
data: freq ~ 0 + d
X-squared = 48.338, df = 2, p-value = 3.188e-11
```

Zur Signifikanztestung der Zellen verwenden wir wieder z-Tests mit Holland DiPonzio Copenhaver Adjustierung:

```
freq_hat <- fitted(m)
X2tests <- z_tests_cfa(dat$freq, freq_hat)
pvals <- adjustHolland(X2tests$z.pChi)
```

Nach Klassifikation der Zellen in KFA Typen und Anitypen mittels

```
alpha <- 0.05
dec <- ifelse( (X2tests$z.Chi < 0 & pvals <= alpha), "Antityp",
    ifelse( (X2tests$z.Chi > 0 & pvals <= alpha), "Typ", "-" ) )
```

erhalten wir

```
cbind(dat, freq_hat, zval = X2tests$z.Chi, pvals, dec)
  T1 T2 T3 freq freq_hat zval pvals dec
1  1  1  1 144 135.104046  0.7653469 7.150247e-01 -
2  1  1  2   5   5.516129 -0.2197562 8.625143e-01 -
3  1  2  1  14  13.483871  0.1405565 8.625143e-01 -
4  1  2  2   3  11.895954 -2.5792467 3.414512e-02 Antityp
2  1  1  1  15  23.895954 -1.8198280 1.894058e-01 -
6  2  1  2   4   3.483871  0.2765205 8.625143e-01 -
7  2  2  1   8   8.516129 -0.1768631 8.625143e-01 -
8  2  2  2  11   2.104046  6.1328858 3.451964e-09 Typ
```

Um nicht-hierarchische Modelle mittels der Funktion CFA() zu schätzen, benötigt man zunächst das saturierte Modell, welches alle Haupt- und Interaktionsterme berücksichtigt. Im nächsten Schritt werden die nicht benötigten Spalten der Designmatrix entfernt. Im letzten Schritt wird das Modell unter Verwendung der modifizierten Designmatrix erneut geschätzt:

```
class(dat) <- c("data.frame", "Pfreq")
out_3a <- CFA(dat, form = ~ T1 * T2 * T3)
d_new <- out_3a$designmatrix[, -c(5, 6)]
out_3b <- CFA(dat, form = d_new)
summary(out_3b)
[...]
results of local tests:
----------------------
Type (+) / Antitype (-) based on: z.pChi ; Bonferoni adj. alpha: 0.00625
 pat. obs. exp. Type Chi df pChi ex.bin.test [...]
1 1 1 1 144 135.104 . 0.586 1 0.444 0.106 [...]
2 1 1 2 5 5.516 . 0.048 1 0.826 0.475 [...]
3 1 2 1 14 13.484 . 0.020 1 0.888 0.482 [...]
4 1 2 2 3 11.896 - 6.653 1 0.010 0.002 [...]
5 2 1 1 15 23.896 . 3.312 1 0.069 0.028 [...]
6 2 1 2 4 3.484 . 0.076 1 0.782 0.461 [...]
7 2 2 1 8 8.516 . 0.031 1 0.860 0.481 [...]
8 2 2 2 11 2.104 + 37.612 1 0.000 0.000 [...]
```

Hierarchische P-KFA Basismodelle können ebenso problemlos mittels CFA() analysiert werden (siehe hierzu Stemmler und Heine, 2017).

8.2.3 Zwei-Gruppen KFA

In der Zwei-Gruppen KFA werden signifikante Gruppenunterschiede in Form von Diskriminationstypen angezeigt. Diese zeigen an, dass Konfigurationen in einer Gruppe signifikant häufiger oder seltener beobachtet werden. Um die Anwendung der Zwei-Gruppen KFA in R zu demonstrieren, verwenden wir die Dyslexie-Daten aus Tab. 3.14. Ohne spezielle Effekte und Kovariablen ist kein Basismodell zur Durchführung einer Zwei-Gruppen KFA erforderlich. Die Zellenvergleiche geschehen anhand einer Abfolge von 2×2 Kontingenztafeln (siehe hierzu Kap. 3). Die Funktion S2CFA() des *confreq* Pakets erlaubt die Durchführung der Zwei-Gruppen KFA. Wir geben zunächst die Daten aus Tab. 3.14 in R ein:

```
freq <- c(1, 28, 2, 4, 0, 3, 7, 1, 1, 7, 6, 1, 0, 11, 31, 4)
L <- gl(n=2, k=8)
W <- gl(n=2, k=4, length=16)
R <- gl(n=2, k=2, length=16)
G <- gl(n=2, k=1, length=16)
dat <- data.frame(L, W, R, G, freq)
```

Um die Funktion S2CFA() durchführen zu können, muss die letzte Variable des
Datensatzes die Häufigkeiten beinhalten. Die Variable vor der Häufigkeitsvariable (hier
Variable G) definiert die Gruppenzugehörigkeit. Bevor wir S2CFA()   verwenden,
weisen wir dem Datensatz dat die Objektklassen „data.frame" und „Pfreq" zu.
summary() fasst die Ergebnisse zusammen.

```
class(dat) <- c("data.frame", "Pfreq")
out <- S2CFA(dat)
summary(out)
results of local tests:
discriminating Type (+) / not discriminating Type (.) based on:
ex.fisher.test ; Bonferoni adj. alpha: 0.00625
  pat. disc.Type 1.exp. 1.obs. 2.exp. 2.obs. ex.fisher.test Chi df pChi
1 1 1 1 + 13.009 1 15.991 28 0.000 27.581 1 0.000
3 1 1 2 . 2.692 2 3.308 4 0.284 0.341 1 0.559
5 1 2 1 . 1.346 0 1.654 3 0.164 2.511 1 0.113
7 1 2 2 . 3.589 7 4.411 1 0.013 6.356 1 0.012
9 2 1 1 . 3.589 1 4.411 7 0.050 3.660 1 0.056
11 2 1 2 . 3.140 6 3.860 1 0.028 5.054 1 0.025
13 2 2 1 + 4.935 0 6.065 11 0.001 9.975 1 0.002
15 2 2 2 + 15.701 31 19.299 4 0.000 40.178 1 0.000
```

Die Spalte disc.Type zeigt, welche Konfigurationen als Diskriminationstypen klassifiziert wurden. Die nächsten vier Spalten geben die erwarteten und beobachteten Häufigkeiten beider Gruppen wieder. Die Signifikanztestung erfolgt mittels Fishers exaktem
Test und dem X^2-Test.

8.2.4   Bayes-KFA

Wir wenden uns nun der Anwendung einer Bayes-KFA zu und verwenden die in Tab. 7.29
wiedergegeben Daten zur Typologisierung des Schlafverhaltens. Die Variable S gibt die
sieben Schlaftypen wieder (1 = kurze Schlafphase am Morgen, 2 = symptomfreies Durchschlafen, 3 = symptomfreies Schlafen mit zu frühem Aufwachen, 4 = kurze Schlafphasen am
Morgen mit Symptomen von Schlafproblemen, 5 = nächtliches Schlafen mit Symptomen
von Schlafproblemen, 6 = Langschlafen mit Symptomen von Schlafproblemen, und
7 = nicht klassifizierbare Schläfer); Variable P bezeichnet das Vorliegen psychosomatischer
Symptome (1 = Symptomausprägung < Median, 2 = Symptomausprägung ≥ Median). Wir
geben die Daten wie gewohnt mittels c(), gl() und data.frame() ein. Ebenso spezifizieren wir eine KFA erster Ordnung mittels model.matrix().

```
freq <- c(19, 3, 20, 4, 16, 3, 5, 4, 4, 10, 8, 11, 65, 101)
dat <- data.frame(S = gl(n = 7, k = 2),
        P <- gl(n = 2, k = 1, length = 14))
d <- model.matrix(~ S + P, data = dat)
```

Im nächsten Schritt verwenden wir die Funktion rdirich() der Datei „cfa_Rcodes.r"
und simulieren 10.000 Zufallsstichproben einer Dirichlet-Verteilung.

```
N <- 10000
rsample <- rdirich(N, freq, length(freq) - 1)
```

Für jede Zufallsstichprobe berechnen wir das Basismodell unter Verwendung des `glm(…, family=poisson)` Befehls und berechnen die erwarteten Zellen-wahrscheinlichkeiten (pi_hat). Hierzu dividieren wir die erwarteten Häufigkeiten (errechnet via `predict(…, type="response")`) durch den Gesamtstich-probenumfang `sum(freq)`. Da diese Rechenschritte insgesamt 10.000 Mal wiederholt werden, können wir die einzelnen Schritte in eine `for`-Schleife einbetten.

```
pi_hat <- matrix(NA, ncol = length(freq), nrow = N)
for(i in 1:N){
 freq_aux <- sum(freq) * rsample[i,]
 model_aux <- glm(freq_aux ~ 0 + d, family = poisson)
 pi_hat[i,] <- predict(model_aux, type = "response")/sum(freq)
}
```

Anschließend berechnen wir die Delta-Statistik anhand der simulierten und erwarteten Zellenwahrscheinlichkeiten mittels.

```
delta <- rowSums(log(rsample / pi_hat) * rsample)
```

Der Vektor `delta` enthält nun die 10.000 simulierten Delta-Statistiken, welche graphisch als Histogramm dargestellt werden können (der folgende Code reproduziert die Graphik in Abb. 7.6).

```
hist(delta, breaks = 50, col = "grey", main = "",
  xlab = expression(delta), ylab = "Haeufigkeiten")
abline(v = quantile(delta, probs = c(.025, .975)), lty = "dashed")
box()
```

Anschließend berechnen wir das 95 %-ige Kredibilitätsintervall anhand der `quantile()` Funktion und erhalten.

```
quantile(delta, probs = c(.025, .975))
  2.5% 97.5%
0.05241774 0.14034581
```

Zur Klassifikation der einzelnen Konfigurationen in Bayes-Typen und -Antitypen benötigen wir die jeweiligen a posteriori Wahrscheinlichkeiten. Diese lassen sich durch den Vergleich der simulierten und erwarteten Zellenwahrscheinlichkeiten errechnen. Zur Klassifikation verwenden wir Schwellenwerte (e), die sich durch 2 mal die posteriori Standardabweichung der simulierten und erwarteten Zellenwahrscheinlichkeiten errechnen.

```
e <- 2 * apply(rsample - pi_hat, 2, sd)
```

Die folgende ifelse() Serie erzeugt die Klassifikation der einzelnen Zellen in Typen und Antitypen (unter Verwendung der Schwellenwerte e).

```
patt <- matrix(0, N, 14)
for(k in 1:14){
  patt[,k] <- ifelse(rsample[,k] > (pi_hat[,k] + e[k]), 1, 0)
  patt[,k] <- ifelse(rsample[,k] < (pi_hat[,k] - e[k]),-1, patt[,k])
  patt[,k] <- ifelse(abs(rsample[,k] - pi_hat[,k]) <= e[k], 0, patt[,k])
}
```

Die Matrix patt enthält die Typ/Antityp Klassifikationen der 14 Konfigurationen (die Spalten der Matrix) aller simulierten Stichproben (die Zeilen der Matrix). Der Befehl head() gibt die ersten sechs Zeilen der Matrix wieder.

```
head(patt)
  [,1] [,2] [,3] [,4] [,5] [,6] [,7] [,8] [,9] [,10] [,11] [,12] [,13] [,14]
[1,]  1  -1  1  -1  1  -1  0  0  0  0  0  0  -1  1
[2,]  1  -1  1  -1  1  -1  0  0  -1  1  0  0  -1  1
[3,]  1  -1  1  -1  1  -1  0  0  -1  1  0  0  -1  1
[4,]  1  -1  1  -1  1  -1  0  0  -1  1  0  0  -1  1
[5,]  1  -1  1  -1  1  -1  0  0  0  0  -1  1  -1  1
[6,]  1  -1  1  -1  1  -1  0  0  -1  1  -1  1  -1  1
```

Der Wert 1 steht für einen KFA Typ, -1 bezeichnet Antitypen und 0 bedeutet, dass keinerlei signifikante Abweichungen beobachtet wurden. Die a posteriori Wahrscheinlichkeiten können nun mit Hilfe von.

```
Type <- apply(patt, 2, function(x) mean(x == 1))
Neither <- apply(patt, 2, function(x) mean(x == 0))
Antitype <- apply(patt, 2, function(x) mean(x == -1))
```

berechnet werden. Zum Abschluss ermitteln wir, im Sinne einer modalen Zuweisung, welche der drei konfigurationsspezifischen Wahrscheinlichkeiten am höchsten ist. Zur besseren Lesbarkeit der Ergebnisse rekodieren wir die Ergebnisse in „Typ", „Antityp" und „–" mittels der Funktion recode() des Pakets car (Fox & Weisberg, 2020). Dies reproduziert die Ergebnisse in Tab. 7.29.

```
patt.bay <- apply(cbind(Type, Neither, Antitype), 1, which.max)
patt.bay <- car::recode(patt.bay, c("1 = 'Typ'; 2 = '-'; 3 = 'Antityp'"))
data.frame(dat, Type, Neither, Antitype, patt.bay)
  S P Type Neither Antitype patt.bay
1  1 1 0.9553 0.0447 0.0000 Type
2  1 2 0.0000 0.0447 0.9553 Antitype
3  2 1 0.9336 0.0664 0.0000 Type
4  2 2 0.0000 0.0664 0.9336 Antitype
5  3 1 0.8759 0.1241 0.0000 Type
6  3 2 0.0000 0.1241 0.8759 Antitype
7  4 1 0.0468 0.9390 0.0142 -
8  4 2 0.0142 0.9390 0.0468 -
9  5 1 0.0003 0.6411 0.3586 -
10 5 2 0.3586 0.6411 0.0003 -
11 6 1 0.0048 0.8961 0.0991 -
12 6 2 0.0991 0.8961 0.0048 -
13 7 1 0.0000 0.0040 0.9960 Antitype
14 7 2 0.9960 0.0040 0.0000 Type
```

Einer der Vorteile der Bayes-KFA gegenüber einer frequentistischen Schätzung besteht darin, dass sich Auftretenswahrscheinlichkeiten ganzer Typ/Antityp Muster schnell und unkompliziert berechnen lassen. Betrachten wir zum Beispiel den Fall $(P = 2) \rightarrow (S \neq \{1, 2, 3\})$. Die a posteriori Wahrscheinlichkeit für dieses Muster entspricht dem relativen Anteil an simulierten Stichproben, welche die Konfigurationen 1 2, 2 2 und 3 2 als Antitypen ausweisen. Hierzu fragen wir, wie oft die Summe der Spalten 2, 4 und 6 den Wert -3 ergibt. Mittels mean() erhalten wir den dazugehörigen relativen Anteil:

```
    mean(apply(patt, 1, function(x) sum(x[c(2,4,6)]) == -3 ))
    [1] 0.7788
```

Wir erhalten für dieses Muster eine Auftretenswahrscheinlichkeit von 77.9 %.

Literatur

Abramowitz, M., & Stegun, I. A. (1972). *Handbook of mathematical functions*. Dover.

Agresti, A. (2002). *Categorical data analysis*. Wiley.

Agresti, A. (2010). *Analysis of ordinal categorical data* (2. Aufl.). Wiley.

Agresti, A. (2018). *An introduction to categorical data analysis* (3. Aufl.). Wiley.

Akaike, H. (1974). A new look at the statistical model identification. *IEEE Transactions on Automatic Control, AC-19*, 716 – 723. https://doi.org/10.1109/TAC.1974.1100705

Aksan, N., Goldsmith, H. H., Smider, N. A., Essex, M. J., Clark, R., Hyde, J. S., Klein, M. H., & Vandell, D. L. (1999). Derivation and prediction of temperamental types among preschoolers. *Developmental Psychology, 35*, 958–971. https://psycnet.apa.org/doi/10.1037/0012-1649.35.4.958

Amthauer, R. (1973). *I-S-T 70. Intelligenz-Struktur-Test Handanweisung*. Göttingen: Hogrefe.

Anastasi, A. (1937). *Differential Psychology* (1. Aufl.). MacMillan.

Anscombe, F. J. (1953). Contribution of discussion of paper by H. Hotelling 'New light on the correlation coefficient and its transform'. *Journal of the Royal Statistical Spciety, 15*(B), 229–230. https://www.jstor.org/stable/2983768

Asparouhov, T., & Muthén, B. (2015). Residual associations in latent class and latent transition analysis. *Structural Equation Modeling: A Multidisciplinary Journal, 22*, 169–177. https://doi.org/10.1080/10705511.2014.935844

Baron, R. M., & Kenny, D. A. (1986). The moderator–mediator variable distinction in social psychological research: Conceptual, strategic, and statistical considerations. *Journal of Personality and Social Psychology, 51*, 1173–1182. https://doi.org/10.1037//0022-3514.51.6.1173

Beebee, H., Hitchcock, C., & Menzies, P. (Hrsg.). (2009). *The Oxford handbook of causation*. Oxford University Press.

Benjamini, Y., & Hochberg, Y. (1995). Controlling the false discovery rate: A practical and powerful approach to multiple testing. *Journal of the Royal Statistical Society B, 57*, 289–300. https://doi.org/10.1111/j.2517-6161.1995.tb02031.x

Benjamini, Y., & Hochberg, Y. (2000). On the adaptive control of the false discovery rate in multiple testing with independent statistics. *Journal of Educational and Behavioral Statistics, 25*, 60–83. https://doi.org/10.3102%2F10769986025001060

Bergman, L. R. (2009). Mediation and causality at the individual level. *Integrative Psychological and Behavioral Science, 43*, 248–252. https://doi.org/10.1007/s12124-009-9102-2

Bergman, L. R. (2017). Interpretation of single individual's measurements. *Journal for Person-Oriented Research, 3*, 119–126. https://doi.org/10.17505/jpor.2017.10

© Der/die Herausgeber bzw. der/die Autor(en), exklusiv lizenziert durch Springer-Verlag GmbH, DE, ein Teil von Springer Nature 2021
A. von Eye und W. Wiedermann, *KFA – Die Konfigurationsfrequenzanalyse*,
https://doi.org/10.1007/978-3-662-63675-6

Bergman, L. R., & Magnusson, D. (1997). A person-oriented approach in research on developmental psychopathology. *Development and Psychopathology, 9*, 291–319. https://doi.org/10.1017/S095457949700206X

Bergman, L. R., & von Eye, A. (1987). Normal approximations of exact tests in configural frequency analysis. *Biometrical Journal, 29*, 849–855. https://doi.org/10.1002/bimj.4710290714

Bierschenk, B., & Lienert, G. A. (1977). Simple methods for clustering profiles and learning curves. *Didaktometry, 56*, 1–21.

Bishop, Y. M. M., Fienberg, S. E., & Holland, P. W. (1975). *Discrete multivariate analysis.* MIT Press.

Blalock, H. M. (1964). *Causal inferences in nonexperimental research.* University of North Carolina Press.

Bogat, G. A., Leahy, K. L., Demarte, J. A., & von Eye, A. (2004). The effects of community violence on infants, children, and adolescents. In C. B. Fisher & R. M. Lerner (Hrsg.), *Applied developmental science: An encyclopedia of research, policies, and programs* (S. 1120–1123). Sage.

Bogat, G.A., Levendosky, A.A., Kobayashi, J., & von Eye, A. (2020). Does intimate partner violence cause mood liability or does mood liability cause intimate partner violence: A Granger causality model. In W. Wiedermann, Kim, D., Sungur, E., & von Eye, A. (Eds.) (2020). *Direction Dependence in Statistical Models: Methods of Analysis* (S. 325–350). Hoboken, NJ: Wiley. https://doi.org/10.1002/9781119523024.ch13

Bogat, G. A., Levendosky, A. A., von Eye, A., & Davidson, W. S. (2006). The mental and physical health consequences of domestic violence for women and children receiving Medicaid. Medicaid Administrative Services Grant.

Bollen, K. A. (1989). *Structural equations with latent variables.* Wiley.

Bolstad, W. M. (2007). *Introduction to Bayesian statistics* (2. Aufl.). Wiley and Son.

Bonferroni, C. E. (1936). Teoria statistica delle classi e calcolo delle probabilità. *Pubblicazioni del R Istituto Superiore di Scienze Economiche e Commerciali di Firenze, 8*, 3–62. https://doi.org/10.4135/9781412961288.n455

Bortz, J., & Schuster, C. (2010). *Statistik für Human- und Sozialwissenschaftler* (7te Aufl.). Springer.

Box, G. E. P., & Behnken, D. W. (1960). Some new three level designs for the study of quantitative variables. *Technometrics, 2*, 455–475. https://doi.org/10.1080/00401706.1960.10489912

Box, G. E. P., Hunter, J. S., & Hunter, W. G. (2005). *Statistics for experimenters: Design innovation, and discovery* (2. Aufl.). Wiley.

Breiman, L., Friedman, J., Olshen, R. & Stone, C. (*1984*). Classification and regression trees. New York, NY: Chapman and Hall, Wadsworth.

Brennan, R. L., & Prediger, D. J. (1981). Coefficient kappa: Some uses, misuses, and alternatives. *Educational and Psychological Measurement, 41*, 687–699. https://doi.org/10.1177%2F001316448104100307

Bunge, M. (1959). *Causality: The place of the causal principle in modern science.* Harvard University Press.

Calvo, B., & Santafé Rodrigo, G. (2016). scmamp: Statistical comparison of multiple algorithms in multiple problems. *The R Journal, 8*, Aug. 2016. https://hdl.handle.net/2454/23209

Cheney, J., & Hinze, R. (2003). *First-class phantom types.* Cornell University: Technical Report TR 2003–1901.

Christensen, R. (1997). *Log-linear models and logistic regression* (2. Aufl.). Springer.

Cliff, N., & Keats, J. A. (2003). *Ordinal measurement in the behavioral sciences.* Erlbaum.

Clogg, C. C. (1995). Latent class models. In G. Arminger, C. C. Clogg, & M. E. Sobel (Hrsg.), *Handbook of statistical modeling for the social and behavioral sciences* (S. 311–359). Plenum. https://doi.org/10.1007/978-1-4899-1292-3_6

Clogg, C. C., Petkova, E., & Shihadeh, E. S. (1992). Statistical methods for analyzing collapsibility in regression models. *Journal of Educational and Behavioral Statistics, 17*, 51–74. https://doi.org/10.3102%2F10769986017001051

Clogg, C. C., & Shihadeh, E. S. (1994). *Statistical models for ordinal variables*. Sage.

Cochran, W. G. (1954). Some Methods for Strengthening the Common χ^2 Tests. *Biometrics, 10*, 417–451. https://doi.org/10.2307/3001616

Cohen, J. (1960). A coefficient of agreement for nominal scales. *Educational and Psychological Measurement, 20*, 37–46. https://doi.org/10.1177%2F001316446002000104

Cohen, J. (1968). Weighted kappa: Nominal scale agreement with provision for scaled disagreement or partial credit. *Psychological Bulletin, 70*, 213–220. https://psycnet.apa.org/doi/10.1037/h0026256

Cohen, J. (1988). *Statistical power analysis for the behavioral sciences* (2. Aufl.). Erlbaum.

Constantino, M. J., Arnkoff, D. B., Glass, C. R., Ametrano, R. M., & Smith, J. Z. (2011). Expectations. *Journal of Clinical Psychology, 67*, 184–192. https://doi.org/10.1002/jclp.20754

Cook, T. D., & Campbell, D. T. (1979). *Quasi-experimentation: Design and analysis for field settings*. Rand McNally.

Cribbie, R., Holland, B., & Keselman, H. J. (1999). *Multiple comparisons procedures for large family sizes: Controlling the probability of at least k or more Type I errors*. Montreal: Annual Meeting of the American Educational Research Association.

Daniels, R., & Shi, D. (2005). Tree models. In B. S. Everitt & D. C. Howell (Hrsg.), *Encyclopedia of statistics in behavioral science* (Bd. 4, S. 2059–2060). Wiley. https://doi.org/10.1002/0470013192.bsa686

Darlington, R. B., & Hayes, A. F. (2000). Combining independent *p* values: Extensions of the Stouffer and binomial methods. *Psychological Methods, 5*, 496–515. https://doi.org/10.1037/1082-989X.5.4.496

Deming, W. E., & Stephan, F. F. (1940). On a least squares adjustment of a sampled frequency table when the expected marginal totals are known. *Annals of Mathematical Statistics, 11*, 427–444. https://www.jstor.org/stable/2235722

Dempster, A. P., Laird, N. M., & Rubin, D. B. (1977). Maximum likelihood from incomplete data via the EM algorithm. *Journal of the Royal Statistical Society: Series B*, 1–38. https://www.org/10.1111/j.25176161.1977.tb01600.x

Divine, G. W., Norton, J. A., & Juarez-Colunga, E. (2018). The Wilcoxon–Mann–Whitney Procedure Fails as a Test of Medians. *The American Statistician, 72*, 278–286. https://www.org/10.1080/00031305.2017.1305291

Dobson, A. J., & Barnett, A. G. (2008). *An introduction to generalized linear Models* (3. Aufl.). CRC Press.

Dodge, Y., & Rousson, V. (2000). Direction dependence in a regression line. *Communications in Statistics - Theory and Methods, 32*, 2053–2057. https://doi.org/10.1080/03610920008832589

Dodge, Y., & Rousson, V. (2001). On asymmetric properties of the correlation coefficient in the regression setting. *The American Statistician, 55*, 51–54. https://doi.org/10.1198/000313001300339932

DuMouchel, W. (1999). Bayesian data mining in large frequency tables, with an application to the FDA spontaneous reporting system. *The American Statistician, 53*, 177–190. https://doi.org/10.1080/00031305.1999.10474456

Duncan, O. D. (1975). *Introduction to structural equation models*. Academic Press.

Dunn, 1958. OJ Dunn 1958 Estimation of the Means of Dependent Variables Annals of Mathematical Statistics 29 1095 1111. https://www.jstor.org/stable/2236948

Dunnett, C. W., & Tamhane, A. C. (1992). A step-up multiple test procedure. *Journal of the American Statistical Association, 87*, 162–170. https://doi.org/10.1080/01621459.1992.104751 88

Engle, R. E., & Granger, C. W. J. (1987). Cointegration and error correction: Representation, estimation, and testing. *Econometrica, 55*, 251–276. https://doi.org/10.2307/1913236

Euler, L. (1782). Recherches sur une nouvelle espèce de quarrés magiques [research on a new type of magic squares]. *Verhandelingen uitgegeven door het zeeuwsch Genootschap der Wetenschappen te Vlissingen, 9*, 85 – 239.

Everitt, B. S. (1977). *The analysis of contingency tables*. Chapman & Hall.

Faldowski, R. A. (2009). Rediscovering the individual in mediation analyses. *Integrative Psychological and Behavioral Science, 43*, 253–259. https://doi.org/10.1007/s12124-009-9099-6

Feller, W. (1957). *Probability theory and its applications*. Wiley.

Fienberg, S. E. (1980). *The analysis of cross-classified categorical data* (2. Aufl.). MIT Press.

Finkelstein, J., von Eye, A., & Preece, M. A. (1994). The relationship between aggressive behavior and puberty in normal adolescents: A longitudinal study. *Journal of Adolescent Health, 15*, 319–326. https://doi.org/10.1016/1054-139X(94)90605-X

Finney, D. J. (1945). The fractional replication of factorial arrangements. *Annals of Eugenics, 12*, 291–301. https://doi.org/10.1111/j.1469-1809.1943.tb02333.x

Finney, D. J. (1946). Recent developments in the design of field experiments III. Fractional replication. *Journal of Agricultural Science, 36*, 184–191. https://doi.org/10.1017/S0021859600012065

Fisher, 1936. RA Fisher 1936 The use of multiple measurements in taxonomic problems Annals of Eugenics 7 179 188. https://doi.org/10.1111/j.1469-1809.1936.tb02137.x

Fleiss, J. L., Cohen, J., & Everitt, B. S. (1969). Large sample standard errors of kappa and weighted kappa. *Psychological Bulletin, 72*, 323–327. https://doi.org/10.1037/h0028106

Foucault, M. (1966). *Les mots et les choses: Une archéologie des sciences humaines*. Gallimard.

Fox, J., & Weisberg, S. (2020). car: Companion to applied regression. R package version 3.0–10 https://CRAN.R-project.org/package=car

Frane, A. V. (2015). Comment on the multiple problems of multiplicity. *The American Journal of Clinical Nutrition, 102*, 1619–1620. https://doi.org/10.3945/ajcn.115.121822

Freedman, L. S., & Schatzkin, A. (1992). Sample size for studying intermediate endpoints within intervention trials of observational studies. *American Journal of Epidemiology, 136*, 1148–1159. https://doi.org/10.1093/oxfordjournals.aje.a116581

Funke, S., Mair, P., von Eye, A., & Harloff, J. (2017). *cfa: Analysis of Configuration Frequencies (CFA)*. R package version 0.10–0, http://CRAN.

Gates, K. M., Molenaar, P. C. M., Hillary, F. G., Ram, N., & Rovine, M. J. (2010). Automatic search for fMRI connectivity mapping: An alternative to Granger causality testing using formalequivalences among SEM path modeling, VAR, and unified SEM. *NeuroImage, 50*, 1118–1125. https://doi.org/10.1016/j.neuroimage.2009.12.117

Genz, A. (1992). Numerical computation of multivariate normal probabilities. *Journal of Computational and Graphical Statistics, 1*, 141–149. https://doi.org/10.1080/10618600.1992.1 0477010

Glass, G. V., & Hopkins, K. D. (1984). *Statistical Methods in Education and Psychology* (2. Aufl.). Prentice-Hall.

Görtelmeyer, R. (2000). Veränderungsanalyse in Interventionsstudien mit adjustierter KFA. *Psychologische Beiträge, 42*, 362–382.

Görtelmeyer, R. (2001). *Interventions- und Veränderungsanalyse. Ein Vorschlag zum Paradigmenwechsel in der Therapie-Evaluation.* Peter Lang.

Gonzáles-Debén, A. (1998). *Experiencias con un nuevo índice de falta de adjuste en el análisis de tablas de contingencia.* University of Havana, Cuba: unpublished masters thesis.

Gonzáles-Debén, A., & Méndez Ramírez, I. (2000). Un nuevo concepto de tipo en el análisis de las frecuencias de las configuraciones de dos muestras. *Multiciência, 4*, 7–17.

Goodman, L. A. (1974). The analysis of systems of qualitative variables when some of the variables are unobservable. Part 1 - a modified latent structure approach. *American Journal of Sociology, 79*, 1179–1259. https://doi.org/10.1086/225676

Goodman, L. A. (1979). Simple models for the analysis of association in cross-classifications having ordered categories. *Journal of the American Statistical Association, 74*, 537–552. https://doi.org/10.1080/01621459.1979.10481650

Goodman, L. A. (1984). *The analysis of cross-classified data having ordered categories.* Harvard University Press.

Goodman, L. A. (1991). Measures, models, and graphical displays in the analysis of cross-classified data. *Journal of the American Statistical Association, 86*, 1085–1111. https://doi.org/10.1080/01621459.1991.10475155

Goodman and Kruskal, 1954. LA Goodman WH Kruskal 1954 Measures of association for cross classifications. Part I Journal of the American Statistical Association 49 732–764. https://doi.org/10.1007/978-1-4612-9995-0_1

Goupy, 2000. J Goupy 2000 Boolean experimental designs. *Analyste 28*, 563–570. https://doi.org/10.1051/analusis:2000131

Goupy, J. (2017). *Les plans d'expériences. Optimisation du choix des essais et de l'interprétation des résultats.* Dunod.

Granger, C. W. J. (1969). Investigating causal relations by economietric models and cross-spectral methods. *Journal of Econometrics, 36*, 424–438. https://doi.org/10.2307/1912791

Grömping, U. (2014). R Package FrF2 for creating and analyzing fractional factorial 2-level designs. *Journal of Statistical Software, 56*, 1–56. https://doi.org/10.18637/jss.v056.i01

Gutiérrez-Peña, E., & von Eye, A. (2000). A Bayesian approach to configural frequency analysis. *Journal of Mathematical Sociology, 24*, 151–174. https://doi.org/10.1080/0022250X.2000.9990233

Haberman, S. J. (1973). The analysis of residuals in cross-classified tables. *Biometrics, 29*, 205–220. https://doi.org/10.2307/2529686

Haberman, S. J. (1974). *The analysis of frequency data.* University of Chicago Press.

Haberman, S.J. (1979). *Analysis of qualitative data, Vol. 2. New Developments.* New York, NY: Academic Press.

Hagenaars, J.A. (1990). *Categorical, longitudinal data. Log-linear, panel, trend, and cohort analysis.* Newbury Park, CA: Sage.

Hamada, M., & Wu, C. F. J. (1992). Analysis of designed experiments with complex aliasing. *Journal of Quality Technology, 24*, 130–137. https://doi.org/10.1080/00224065.1992.11979383

Hamaker, E. L., Aspahrouov, T., Brose, A., Schmiedek, F., & Muthén, B. (2018). At the frontiers of modeling intensive longitudinal data: Dynamic structural equation models for the affective measurements of the COGITO study. *Multivariate Behavioral Research, 52*, 820–841. https://doi.org/10.1080/00273171.2018.1446819

Hand, D. J., & Viniciotti, V. (2003). Local versus global models for classification problems: Fitting models where it matters. *The American Statistician, 57*, 124–131. https://doi.org/10.1198/0003130031423

Harris, J. A. (1910). On the selective elimination occurring during the development of the fruits of *Staphylea. Biometrika, 7*, 452–504. https://doi.org/10.1093/biomet/7.4.452

Hedeker, D., Mermelstein, R. J., & Flay, B. R. (2006). Application of Item Response Theory Models for Intensive Longitudinal Data. In T. A. Walls & J. L. Schafer (Hrsg.), *Models for intensive longitudinal data* (S. 84–108). Oxford University Press. https://doi.org/10.1093/acpro f:oso/9780195173444.003.0004

Heine, J.-H., & Alexandrowicz, R. (2020). *Configural Frequencies Analysis Using Log-Linear Modeling.* {https://CRAN.R-project.org/package=confreq}

Hildebrand, D. K., Laing, J. D., & Rosenthal, H. (1977). *Prediction analysis of cross-classifications.* Wiley.

Hochberg, Y. (1988). A sharper Bonferroni procedure for multiple tests of significance. *Biometrika, 75*, 800–802. https://doi.org/10.1093/biomet/75.4.800

Holm, S. (1979). A simple sequentially rejective multiple test procedure. *Scandinavian Journal of Statistics, 6*, 65–70. https://www.jstor.org/stable/4615733

Holland, B. S., & Di Ponzio Copenhaver, M. (1987). An improved sequentially rejective Bonferroni test procedure. *Biometrics, 43*, 417–423. https://doi.org/10.2307/2531823

Holland, P. W. (1986). Statistics and causal inference. *Journal of the American Statistical Association, 81*, 945–960. https://doi.org/10.1080/01621459.1986.10478354

Holzinger, K. J., & Swineford, F. (1937). The Bi-factor method. *Psychometrika, 2*, 41–54. https://doi.org/10.1007/BF02287965

Hommel, G. (1988). A stagewise rejective multiple test procedure based on a modified Bonferroni test. *Biometrika, 75*, 383–386. https://doi.org/10.1093/biomet/75.2.383

Hommel, G. (1989). A comparison of two modified Bonferroni procedures. *Biometrika, 76*, 624–625. https://doi.org/10.1093/biomet/76.3.624

Hommel, G., Lehmacher, W., & Perli, H.-G. (1985). Residuenanalyse des Unabhängigkeitsmodells zweier kategorialer Variablen. In J. Jesdinsky & J. Trampisch (Hrsg.), *Prognose- und Entscheidungsfindung in der Medizin* (S. 494–503). Springer. https://doi.org/10.1007/978-3-642-82651-1_44

Hume, D. (1777/1975). *Enquiries concerning human understanding and concerning the principles of morals.* Oxford: Clarendon Press.

Hussy, W. (1991). Eine experimentelle Studie zum Intelligenzkonzept "Verarbeitungskapazität" *Diagnostica, 37*, 314 – 333.

Indurkhya, A., & von Eye, A. (2000). The power of tests in Configural Frequency Analysis. *Psychologische Beiträge, 42*, 301–308.

Jeffreys, H. (1961). *Theory of probability* (3. Aufl.). Oxford University Press.

Jiroušek, R., & Přeučil, S. (1995). On the effective implementation of the iterative proportional fitting procedure. *Computational Statistics and Data Analysis, 19*, 177–189. https://doi.org/10.1016/0167-9473(93)E0055-9

Jobson, J. D. (1992). *Applied multivariate data analysis. Volume II: Categorical and multivariate methods.* (Vol. 2). New York: Springer.

Jöreskog, K., & Sörbom, D. (1993). *LISREL 8 user's reference guide.* Scientific Software Inc.

Keenan, D. P., Achterberg, C., AbuShaba, R., Kris-Etherton, P. M., & von Eye, A. (1996). Use of qualitative and quantitative methods to define behavioral fat reduction strategies and their relationship to dietary fat reduction in the Patterns of Dietary Change. *Journal of the American Dietetic Association, 96*, 1245–1253.

Kempthorne, O. (1947). A simple approach to confounding and fractional replication in factorial experiments. *Biometrika, 34*, 255–272. https://doi.org/10.2307/2332436

Kendall, M. G. (1962). *Rank correlation methods* (3. Aufl.). Griffin.

Keselman, H. J., Cribbie, R., & Holland, B. (1999). The pairwise multiple comparison multiplicity problem: An alternative approach to familywise and comparisonwise Type I error control. *Psychological Methods, 4*, 58–69. https://doi.org/10.1037/1082-989X.4.1.58

Kieser, M. (1991). *Identifikation von Syndromen und Typen mit Methoden der Kontingenztafelanalyse.* Dissertation, Universität Heidelberg.

Kieser, M., & Victor, N. (1991). A test procedure for an alternative approach to configural frequency analysis. *Methodika, 5,* 87–97. https://doi.org/10.1080/0022250X.2000.9990233

Kieser, M., & Victor, N. (1999). Configural Frequency Analysis (CFA) revisited - a new look at an old approach. *Biometrical Journal, 41,* 967–983. https://doi.org/10.1002/(SICI)15214036(1999 12)41:8%3C967::AID-BIMJ967%3E3.0.CO;2-L

Kieser, M., & Victor, N. (2000). An alternative approach for the identification of types in contingency tables. *Psychologische Beiträge, 42,* 402–404.

Kieser, M., & Victor, N. (2003). Configural Frequency Analysis and association analyses in contingency Tables. *Computational Statistics and Data Analysis, 44,* 419–429. https://doi.org/10.1016/S0167-9473(03)00038-0

Kincaid, H. (2009). Causation in the social sciences. In H. Beebee, C. Hitchcock, & P. Menzies (Hrsg.), *The Oxford handbook of causation* (S. 726–743). Oxford University Press. https://doi.org/10.1093/oxfordhb/9780199279739.003.0037

Koehler, K. J., & Larntz, K. (1980). An empirical investigation of goodness-of-fit statistics for sparse multinomials. *Journal of the American Statistical Association, 75,* 336–344. https://doi.org/10.1080/01621459.1980.10477473

Koller, I., Carstensen, C. H., Wiedermann, W., & von Eye, A. (2016). Granger meets Rasch: Investigating Granger causation with multidimensional longitudinal item response models. In W. Wiedermann & A. von Eye (Hrsg.), *Statistics and causality: Methods for Applied Empirical Research* (S. 231–248). Wiley. https://doi.org/10.1002/9781118947074.ch10

Kotze, T. J. W., & Hawkins, D. M. (1984). The identification of outliers in two-way contingency tables, using 2 x 2 subtables. *Journal of Applied Statistics, 33,* 215–223. https://doi.org/10.2307/2347447

Krampen, G., & von Eye, A. (2006). Treatment motives as predictors of acquisition and transfer of relaxation methods to everyday life. *Journal of Clinical Psychology, 62,* 83–96. https://doi.org/10.1002/jclp.20214

Krauth, J. (1973). Inferenzstatistischer Nachweis von Typen und Sydromen. In J. Krauth, & G.A. Lienert (1973). *KFA. Die Konfigurationsfrequenzanalyse und ihre Anwendung in Psychologie und Medizin* (S. 39 – 51). Freiburg: Alber. (a)

Krauth, J. (1973). Nichtparametrische Ansätze zur Auswertung von Verlaufskurven. *Biometrische Zeitschrift, 15,* 557 – 566. (b). https://doi.org/10.1002/bimj.19730150804

Krauth, J. (1980). Nonparametric analysis of response curves. *Journal of Neuroscience Methods, 2,* 239–252. https://doi.org/10.1016/0165-0270(80)90013-8

Krauth, J. (1993). *Einführung in die Konfigurationsfrequenzanalyse.* Beltz Psychologie.

Krauth, J. (2003). Type structures in CFA. *Psychology Science, 45,* 330–338.

Krauth, J., & Lienert, G.A. (1973). *KFA. Die Konfigurationsfrequenzanalyse und ihre Anwendung in Psychologie und Medizin.* Freiburg: Alber.

Krauth, J., & Lienert, G.A. (1975). Konfigurationsfrequenzanalytische Auswertung von Verlaufskurven. In W.H. Tack (ed.), *Bericht über den 29. Kongreß der Deutschen Gesellschaft für Psychologie in Saarbrücken* (S. 402 – 404). Göttingen: Hogrefe.

Krauth, J., & Lienert, G. A. (1978). Nonparametric two-sample comparison of learning curves based on orthogonal polynomials. *Psychological Research Psychologische Forschung, 40,* 159–171. https://doi.org/10.1007/BF00308411

Krauth, J., & Lienert, G. A. (1982). Die Konfigurationsfrequenzanalyse XVII. Dyslexie-Verdachtstypen bei Jungen und Mädchen. *Zeitschrift für Klinische Psychologie und Psychotherapie, 30,* 196–201.

Krebs, H., Ising, M., Janke, W., Macht, M., von Eye, A., Weijers, H.-G., & Weyers, P. (1996). Response curve comparison by pseudo-multivariate two-sample configural frequency analysis. *Biometrical Journal, 38*, 195–201. https://doi.org/10.1002/bimj.4710380207

Kristof, W. (1993). Demonstration of metasyndromes in Configuration Frequency Analysis. *Zeitschrift für Klinische Psychologie, Psychiatrie, und Psychotherapie, 41*, 304–306. https://doi.org/10.4324/9781410606570

Krueger, H.-P., Lienert, G. A., Gebert, A., & von Eye, A. (1979). Eine inferentielle Clusteranalyse für Alternativdaten. *Psychologische Beiträge, 21*, 540–553.

Küchenhoff, H. (1986). A note on a continuity correction for testing in three-dimensional configural frequency analysis. *Biometrical Journal, 28*, 465–468. https://doi.org/10.1002/bimj.4710280416

Kutner, M. H., Nachtsheim, C. J., Neter, J., & Li, W. (2004). *Applied linear statistical models* (4. Aufl.). McGraw-Hill.

Landis, J. R., & Koch, G. G. (1977). The measurement of observer agreement for categorical data. *Biometrics, 33*, 159–174. https://doi.org/10.2307/2529310

Lanza, S. T., & Cooper, B. R. (2016). Latent Class Analysis for Developmental Research. *Child Development Perspectives, 10*, 59–64. https://doi.org/10.1111/cdep.12163

Larntz, K. (1978). Small sample comparisons of exact levels for chi-squared goodness-of-fit statistics. *Journal of the American Statistical Association, 73*, 253–236. https://doi.org/10.1080/01621459.1978.10481567

Lautsch, E., Lienert, G. A., & von Eye, A. (1987). Zur Anwendung der Küchenhoff Stetigkeitskorrektur des Lehmacher KFA-Tests in der Suche nach Typen soziogener Neuropathologie. *Zeitschrift für Klinische Psychologie, Psychopathologie und Psychotherapie, 35*, 134–140.

Lautsch, E., & Plichta, M. M. (2005). Configural Frequency Analysis (CFA) and Latent Class Analysis (LCA): Are the outcomes complementary? *Psychology Science, 47*, 424–430.

Lautsch, E., & von Eye, A. (1998). Using Configural Cluster Analysis toanalyze change in multiscale profiles. *Zeitschrift für Differentielle Psychologieund Diagnostische Psychologie, 19*, 200–203.

Lautsch, E., & von Eye, A. (1998). Using Configural Cluster Analysis to analyze change in multiscale profiles. *Zeitschrift für Differentielle Psychologie und Diagnostische Psychologie, 19*, 200–203.

Lautsch, E., & von Eye, A. (1998). Using Configural Cluster Analysis to analyze change in multiscale profiles. *Zeitschrift für Differentielle Psychologie und Diagnostische Psychologie, 19*, 200–203.

Lautsch, E., von Eye, A., & von Weber, S. (2003). CFA software – an overview. *Psychology Science, 45*, 437–441.

Lautsch, E., & von Weber, S. (1995). *Methoden und Anwendungen der Konfigurationsfrequenzanalyse*. Psychologie Verlags Union.

Lautsch, E., & von Weber, S. (1995). *Methoden und Anwendungen der Konfigurationsfrequenzanalyse (KFA)*. Psychologie VerlagsUnion.

Lazarsfeld, P.F., & *Henry*, N.W. (1968). Latent Structure Analysis. New York, NY: Houghton Mifflin.

Ledolter, J., & Swersey, A. J. (2007). *Testing 1-2-3: Experimental design with applications in marketing and service operations*. Stanford University Press.

Lehmacher, W. (1981). A more powerful simultaneous test procedure in Configural Frequency Analysis. *Biometrical Journal, 23*, 429–436. https://doi.org/10.1002/bimj.4710230503

Lehmacher, W., & Lienert, G. A. (1982). Die Konfigurationsfrequenzanalyse XVI. Neue Tests gegen Typen und Syndrome. *Zeitschrift für Klinische Psychologie und Psychotherapie, 30*, 5–11.

Lerner, R. M. (2018). *Concepts and theories of human development* (4. Aufl.). Routledge.

Leuner, H. C. (1962). *Die experimentelle Psychose.* Springer.

Levendosky, A.A., Bogat, G.A., Davidson, W.S., & von Eye, A. (2000). *Risk and protective factors for domestic violence.* Centers for Disease Control, Injury Prevention Center, RO1/ CCR518519–01.

Lewis, D. (1973). *Counterfactuals* (2. Aufl.). Blackwell.

Lienert, G. A. (1968). *Die "Konfigurationsfrequenzanalyse" als Klassifikationsmethode in der klinischen Psychologie.* Vortrag auf dem 26. Kongress der Deutschen Gesellschaft für Psychologie in Tübingen 1968.

Lienert, G. A. (1971). Die Konfigurationsfrequenzanalyse III. Zwei- und Mehrstichproben KFA in Diagnostik und Differentialdiagnostik. *Zeitschrift für Klinische Psychologie und Psychotherapie, 19,* 291–300.

Lienert, G.A. (1973). Zwei- und Mehrstichproben Konfigurationsfrequenzanalyse in Diagnostik und Differentialdiagnostik. In In J. Krauth, & G.A. Lienert (1973). *KFA. Die Konfigurationsfrequenzanalyse und ihre Anwendung in Psychologie und Medizin* (S. 75 – 86). Freiburg: Alber.

Lienert, G.A. (1980). Nonparametric cluster analysis of learning curves based on orthogonal polynomials. In: Hungarian Academy of Sciences (ed.), *Proceedings of the 4th Meeting of Psychologists from the Danubian Countries* (S. 595 – 609). Budapest: Akadémiai Kiadó.

Lienert, G.A. (1987). Vergleich unabhängiger Stichproben von qualitativen Variablen mittels geschlossener k-Stichproben-Konfigurationsfrequenzanalyse. In E. Raab, & G. Schulter (Hrsg.), *Perspektiven psychologischer Forschung. Festschrift zum 65. Geburtstag von Erich Mittenecker* (S. 13 – 24). Wien: Deuticke.

Lienert, G. A., & Barth, A.-R. (1987). Comparing paired samples nonparametrically by Raviv's rank test. *EDV in Medizin und Biologie, 18,* 125–128.

Lienert, G. A., & Krauth, J. (1973). Die Konfigurationsfrequenzanalyse VII. Konstellations-, Konstellationsänderungs- und Profilkonstellationstypen. *Zeitschrift für Klinische Psychologie und Psychotherapie, 21,* 197–209.

Lienert, G. A., & Krauth, J. (1975). Configural Frequency Analysis as a statistical tool for defining types. *Educational and Psychological Measurement, 35,* 231–238. https://doi.org/10.1177 %2F001316447503500201

Lienert, G. A., & Netter, P. (1987). Nonparametric analysis of treatment response tables by bipredictive configural frequency analysis. *Methods of Information in Medicine, 26,* 89–92. https://doi.org/10.1093/ntr/ntp076

Lienert, G. A., & Rudolph, J. (1983). Die Konfigurationsfrequenzanalyse. XIX. Remissionskontrollierte Inkrementen-KFA (Zuwachsmuster-Diskrimanztypen) im Therapie-Warte-gruppenvergleich. *Zeitschrift für Klinische Psychologie, Psychopathologie und Psychotherapie, 31,* 245–253.

Lienert, G. A., & Straube, E. (1980). Die Konfigurationsfrequenzanalyse XI. Strategien des Symptom-Konfigurations-Vergleichs vor und nach einer Therapie. *Zeitschrift für Klinische Psychologie und Psychotherapie, 28,* 110–123.

Lienert, G. A., & von Eye, A. (1984). Multivariate Änderungsbeurteilung mittels Inkrementen-Konfigurationsclusteranalyse. *Psychologische Beiträge, 26,* 363–371.

Lienert, G. A., & von Eye, A. (1985). Die Konfigurationsclusteranalyse (KCA) und ihre Anwendung in der klinischen Psychologie. In D. Albert (Ed.), *Bericht über den 34. Kongreß der Deutschen Gesellschaft für Psychologie 1984 in Wien* (S. 167–169). Göttingen: Hogrefe.

Lienert, G. A., & von Eye, A. (1986). Nonparametric two-sample CFA of incomplete learning curves. In F. Klix & H. Hagendorf (Hrsg.), *Human memory and cognitive capabilities* (S. 123–138). Elsevier.

Lienert, G. A., & von Eye, A. (1987). Nonparametric comparison of longitudinal response patterns from unpaired samples using CFA. *Biometrical Journal, 29,* 675–688. https://doi.org/10.1002/bimj.4710290605

Lienert, G. A., & von Eye, A. (1989). Die Konfigurationsclusteranalyse als Alternative zur KFA. *Zeitschrift für Klinische Psychologie, Psychopathologie, und Psychotherapie, 37,* 451–457.

Lienert, G. A., & von Kjerekjarto, M. (1969). Möglichkeiten der Ex-post-Klassifizierung depressiver Symptome und Patienten mittels Faktoren- und Konfigurationsfrequenzanalyse. In H. Hippius & H. Selbach (Hrsg.), *Das depressive Syndrom* (S. 219–256). Urban & Schwarzenberg.

Lienert, G. A., & zur Oeveste, H. . (1985). Configural Frequency Analysis as a statistical tool for developmental research. *Educational and Psychological Measurement, 45,* 301–307. https://doi.org/10.1177%2F001316448504500214

Lindner, K. (1984). Eine exakte Auswertungsmethode zur Konfigurationsfrequenzanalyse. *Psychologische Beiträge, 26,* 393–415.

Lo, Y., Mendell, N. R., & Rubin, D. B. (2001). Testing the number of components in a normal mixture. *Biometrika, 88,* 767–778. https://doi.org/10.1093/biomet/88.3.767

Lobato, O.C., Martínez, J.M., Miranda, V.S., Rivera, H., & Serrato, H. (2007). *Diseño de la evaluación del Índice Mexicano de Satisfacción del Usario del programa de abasto social de leche y del programa de estancias y garderías infantiles de la SEDESOL.* Universidad Iberoamericana, México, D.F.: unpublished project report.

Lord, F. M., & Novick, M. R. (1968). *Statistical theories of mental test scores. Reading.* Addison-Wesley.

Macho, S. (1999). A comparison of log-linear analysis and contrast vector approaches for modeling fundamental causal structures: A comment on von Eye and Brandtstädter (1998). *Psychological Methods, 4,* 348–365. https://doi.org/10.1037/1082-989X.4.4.348

MacKinnon, D. P. (2008). *Introduction to statistical mediation analysis.* Erlbaum.

MacKinnon, D. P., & Dwyer, J. (1993). Estimating mediated effects in prevention studies. *Evaluation Review, 4,* 144–158. https://doi.org/10.1177%2F0193841X9301700202

MacKinnon, D. P., Fairchild, A., & Fritz, M. (2007). The intermediate endpoint effect in logistic and probit regression. *Clinical Trials, 4,* 499–513. https://doi.org/10.1177%2F1740774507083434

MacKinnon, D. P., Lockwood, C. M., & Williams, J. (2004). Confidence limits for the indirect effect: Distribution of the product and resampling methods. *Multivariate Behavioral Research, 39,* 99–128. https://doi.org/10.1207/s15327906mbr3901_4

McGuigan, K., & Langholtz, B. (1988). A note on testing mediation paths using ordinary least-squares regression. Unpublished note.

Mair, P., Funke, S., Harloff, J, & von Eye, A. (2017). Packge „cfa"- Configural frequency analysis. R Package version 0.10–0. https://CRAN.R-project.org/package=cfa

Mair, P., & von Eye, A. (2007). Application scenarios for nonstandard log-linear models. *Psychological Methods, 12,* 139–156. https://doi.org/10.1037/1082-989X.12.2.139

Mantel, N., & Haenszel, W. (1959). Statistical aspects of the analysis of data from retrospective studies of disease. *Journal of the National Cancer Institute, 22,* 719–748. https://doi.org/10.1093/jnci/22.4.719

Marcus, R., Peritz, E., & Gabriel, K. R. (1976). On closed testing procedures with special reference to ordered analysis of variance. *Biometrika, 63,* 655–660. https://doi.org/10.1093/biomet/63.3.655

Mardia, K. V. (1970). Measures of multivariate skewness and kurtosis with applications. *Biometrika, 57,* 519–530. https://doi.org/10.1093/biomet/57.3.519

Martel, M. M., Gremillion, M., Roberts, B., von Eye, A., & Nigg, J. T. (2010). The structure of childhood disruptive behaviors. *Psychological Assessment, 22*, 816–826. https://doi.org/10.1037/a0020975

McCullagh, P., & Nelder, J. A. (1989). *Generalized linear models* (2. Aufl.). Chapman & Hall.

Meehl, P. E. (1950). Configural scoring. *Journal of Consulting Psychology, 14*, 165–171. https://doi.org/10.1037/h0058049

Mignon, V. (2008). *Économétrie. Théorie et applications*. Paris. Economica.

Molenaar, P. C. M. (2004). A Manifesto on Psychology as idiographic science: Bringing the person back into scientific Psychology, this time forever. *Measurement, 2*, 201–218. https://doi.org/10.1207/s15366359mea0204_1

Molenaar, P. C. M., & Nesselroade, J. R. (2015). Systems methods for developmental research. In W. F. Overton, P. C. M. Molenaar, & R. M. Lerner (Hrsg.), *Handbook of child psychology and developmental science: Theory and method* (S. 652–682). Wiley. https://doi.org/10.1002/9781118963418.childpsy117

Molenaar, W. (1970). *Mathematical Centre tract 31: Approximations to the Poisson, binomial, and hypergeometric distribution functions*. Mathematisch Centrum.

Moran, M. (2003). Arguments for rejecting the sequential Bonferroni in ecological studies. *Oikos, 100*, 403–405. https://www.jstor.org/stable/3548200

Moyé, L. A. (2006). *Statistical monitoring of clinical trials*. Springer.

Müller, N. (1985). Real structure modelling: A methodology for the description of large-scale social units. *Social Science Information, 24*, 603–624. https://doi.org/10.1177%2F053901885024003010

Mukerjee, R., & Wu, C. F. J. (2006). *A modern theory of factorial design*. Springer.

Muthén, L.K., & Muthén, B.O. (1998–2020). *Mplus User's Guide*. Los Angeles, CA: Muthén & Muthén.

Nakagawa, S. (2004). A farewell to Bonferroni: The problems of low statistical power and publication bias. *Behavioral Ecology, 15*, 1044–1045. https://doi.org/10.1093/beheco/arh107

Naud, S. J. (1997). *Categorical data analysis: Type I error rate as a function of sampling distribution and hypothesis*. Unpublished paper.

Naud, S. J. (1999). *Factors influencing Pearson's chi–squared statistic's fit to its asymptotic distributions: implications for sample size guidelines*. Unpublished Doctoral Dissertation, Michigan State University, East Lansing.

Nesselroade, J. R., & Molenaar, P. C. M. (2010). Emphasizing intraindividual variability in the study of development over the life span: Concepts and issues. Cognition, biology, and methodsIn W. F. Overton & R. M. Lerner (Hrsg.), *The handbook of life-span development* (Bd. 1, S. 30–54). Wiley. https://doi.org/10.1002/9780470880166.hlsd001002

Nesselroade, J. R., & Ram, N. (2004). Studying Intraindividual Variability: What We Have Learned That Will Help Us Understand Lives in Context. *Research in Human Development, 1*, 9–29. https://doi.org/10.1080/15427609.2004.9683328

Nesselroade, J. R., & Salthouse, T. A. (2004). Methodological and theoretical implications of intra-individual variability in perceptual-motor performance. *Journal of Gerontologoy B Psychological Sciences and Social Sciences, 59*, 49–55. https://doi.org/10.1093/geronb/59.2.P49

Netter, P. (1996). Prediction CFA as a search for types: History and specifications. *Applied. Psychology: An International Review, 45*, 338–344. https://doi.org/10.1111/j.1464-0597.1996.tb00775.x

Olejnik, S., Li, J., Supattathum, S., & Huberty, C. J. (1997). Multiple testing and statistical power with modified Bonferroni procedures. *Journal of Educational and Behavioral Statistics, 22*, 389–406. https://doi.org/10.3102%2F10769986022004389

Olkin, I., & Finn, J. D. (1995). Correlation redux. *Psychological Bulletin, 118*, 155–164. https://doi.org/10.1037/00332909.118.1.155

Ong, A. D., & Van Dulmen, M. H. M. (2006). *Oxford Handbook of Methods in Positive Psychology*. Oxford University Press.

Overall, J. E., & Gorham, D. R. (1962). The brief psychiatric rating scale. *Psychological Reports, 10*, 799–812. https://doi.org/10.2466%2Fpr0.1962.10.3.799

Padmanabhan, B. (2010). The Interestingness Paradox in Pattern Discovery. *Journal of Applied Statistics, 31*, 1019–1035. https://doi.org/10.1080/0266476042000270563

Perli, H.-G., Hommel, G., & Lehmacher, W. (1985). Sequentially rejective test procedures for detecting outlying cells in one- and two-sample multinomial experiments. *Biometrical Journal, 27*, 885–893. https://doi.org/10.1002/bimj.4710270809

Perli, H.-G., Hommel, G., & Lehmacher, W. (1987). Test procedures in configural frequency analysis (CFA) controlling the local and the multiple level. *Biometrical Journal, 29*, 255–267. https://doi.org/10.1002/bimj.4710290302

Perrine, M. W., Mundt, J. C., Searles, J. S., & Lester, L. S. (1995). Validation of daily self-report consumption using interactive voice response (IVR) technology. *Journal of Studies on Alcohol and Drugs, 56*, 487–490. https://doi.org/10.15288/jsa.1995.56.487

Plackett, R. L., & Burman, J. P. (1946). The design of optimum multifactorial experiments. *Biometrika, 33*, 305–325. https://doi.org/10.2307/2332195

Press, W. H., Flannery, B. P., Teukolsky, S. A., & Vetterling, W. T. (1989). *Numerical recipes. The art of scientific computing*. Cambridge University Press.

Pukelsheim, F. (2006). *Optimal design of experiments*. Wiley.

Rao, C. R. (1955). Estimation and tests of significance in factor analysis. *Psychometrika, 20*, 93–111. https://doi.org/10.1007/BF02288983

R Core Team (2020). *R: A language and environment for statistical computing. R Foundation for Statistical Computing*, Vienna, Austria. URL https://www.R-project.org/.

Rechtschaffner, R. L. (1967). *Saturated fractions of 2n and 3n factorial design. Technometrics, 9*, 569–575. https://doi.org/10.1080/00401706.1967.10490505

Reckase, M. D. (2009). *Multidimensional Item Response Theory*. Springer.

Reinke, W. M., Herman, K. C., & Dong, N. (2018). The incredible years teacher classroom management program: Outcomes from a group randomized trial. *Prevention Science, 19*, 1043–1054. https://doi.org/10.1007/s11121-018-0932-3

Rindskopf, D. (1990). Testing developmental models using latent class analysis. In A. von Eye (Hrsg.), *Statistical methods in longitudinal research* (Bd. 2, S. 443–469). Academic Press.

Rindskopf, D. (1999). Some hazards of using nonstandard log - linear models, and how to avoid them. *Psychological Methods, 4*, 339–347. https://doi.org/10.1037/1082-989X.4.4.339

Röhr, M. (1993). *Statistische Strukturanalysen*. Gustav Fischer.

Rosenthal, R., & Rubin, D. B. (1982). A simple, general-purpose display of magnitude of experimental effect. *Journal of Educational Psychology, 74*, 166–169. https://doi.org/10.1037/0022-0663.74.2.166

Rovine, M. J., & von Eye, A. (1997). A 14th way to look at a correlation coefficient: Correlation as the proportion of matches. *The American Statistician, 51*, 42–46. https://doi.org/10.1080/00031305.1997.10473586

Rudas, T., Clogg, C. C., & Lindsay, B. G. (1994). A new index of fit based on mixture methods for the analysis of contingency tables. *Journal of the Royal Statistical Society, 56*, 623–639. https://doi.org/10.1111/j.2517-6161.1994.tb02004.x

Salem, A. M., Rekab, K., & Whittaker, J. A. (2004). Prediction of software failures through logistic regression. *Information and Software Technology, 64*, 781–789. https://doi.org/10.1016/j.infsof.2003.10.008

Santé publique France (2020) COVID_19: *point épidémiologique du 10 mars 2020*. https://www.santepubliquefrance.fr/maladies-et-traumatismes/maladies-et-infectionsrespiratoires/infectiona-coronavirus/documents/bulletin-national/covid-19-point-epidemiologiquedu-10-mars-2020. Gelesen am 10. 3. 2020

Saunders, J.B. & Aasland, O.G. (1987) WHO *Collaborative Project on the Identification and Treatment of Persons with Harmful Alcohol Consumption. Report on Phase I: Development of a Screening Instrument* (Geneva, World Health Organization).

Schrepp, M. (2006). The use of configural frequency analysis for explorative data analysis. *British Journal of Mathematical and Statistical Psychology, 59*, 59–73. https://doi.org/10.1348/000711 005X66761

Schuster, C., & von Eye, A. (2000). Using log-linear modeling to increase power in two-sample Configural Frequency Analysis. *Psychologische Beiträge, 42*, 273–284.

Selder, H. (1973). *Einführung in die Numerische Mathematik für Ingenieure.* Hanser.

Shadish, W. R., Cook, T. D., & Campbell, D. T. (2002). *Experimental and quasi-experimental designs for generalized causal inference.* Houghton Mifflin.

Shaffer, J. P. (1995). Multiple hypothesis testing: A review. *Annual Review of Psychology, 46*, 561–584. https://doi.org/10.1146/annurev.ps.46.020195.003021

Sidak, Z. (1967). Rectangular confidence regions for the means of multivariate normal distributions. *Journal of the American Statistical Association, 62*, 623–633. https://doi.org/10.1 080/01621459.1967.10482935

Simes, R. J. (1986). An improved Bonferroni procedure for multiple tests of significance. *Biometrika, 73*, 751–754. https://doi.org/10.1093/biomet/73.3.751

Sims, C. A. (1980). Macroeconomics and reality. *Econometrica, 48*, 1–48. https://doi.org/10.2307/1912017

Smith, G. W., & Shevlin, M. (2008). Patterns of alcohol consumption and related behaviour in Great Britain: A latent class analysis of the alcohol use disorder identification test (AUDIT). *Alcohol & Alcoholism, 43*, 590–594. https://doi.org/10.1093/alcalc/agn041

Smyth and MacKinnon, 2020. HL Smyth DP MacKinnon 2020 Statistical Evaluation of Person-Oriented Mediation Using Configural Frequency Analysis Integrative Psychological and Behavioral Science 54 https://doi.org/10.1007/s12124-020-09519-2

Sobel, M.E. (1995). Causal inference in the social and behavioral sciences. In G. Arminger, C.C. Clogg., & M.E. Sobel (eds.), *Handbook of statistical modeling for the social and behavioral sciences (S. 1 – 38).* New York: Plenum. https://doi.org/10.1007/978-1-4899-1292-3_1

Somerville, P. N. (1998). Numerical computation of multivariate normal and multivariate t-probabilities over convex regions. *Journal of Computational and Graphical Statistics, 7*, 529–544. https://doi.org/10.1080/10618600.1998.10474793

Spiel, C., & von Eye, A. (1993). Configural frequency analysis as a parametric method for the search for types and antitypes. *Biometrical Journal, 35*, 151–164. https://doi.org/10.1002/bimj.4710350206

Stegmüller, W. (1983). *Erklärung, Begründung, Kausalität.* Springer.

Steiger, J. H., Shapiro, A., & Browne, M. W. (1985). On the multivariate asymptotic distribution of sequential chi-square statistics. *Psychometrika, 50*, 253–264. https://doi.org/10.1007/BF02294104

Stemmler, M. (2020). *Person-Centered Methods. Configural Frequency Analysis (CFA) and Other Methods for the Analysis of Contingency Tables* (2. Aufl.). Springer.

Stemmler, M., & Heine, J. H. (2017). Using configural frequency analysis as a person-centered analytic approach with categorical data. *International Journal of Behavioral Development, 41*, 632–646. https://doi.org/10.1177%2F0165025416647524

Stemmler, M., & von Eye, A. (2003). The analysis of change with Configural Frequency Analysis using different base models. *Psychology Science, 45*, 430–436.

Stemmler, M., von Eye, A., & Wiedermann, W. (Hrsg.). (2015). *Dependent data in social sciences research: Forms, issues, Stouffer, and methods of analysis*. Springer.

Stevens, W. L. (1939). Distribution of groups in a sequence of alternatives. *Annals of Eugenics, 9*, 10–17. https://doi.org/10.1111/j.1469-1809.1939.tb02193.x

Stouffer, S.A., Suchman, E.A., DeVinney, L.C., Star, S.A, & Williams, R.M. Jr. (1949). *Studies in Social Psychology in World War II: The American Soldier. Vol. 1, Adjustment During Army Life*. Princeton: Princeton University Press.

Su, L., & Ullah, A. (2009). Testing Conditional Uncorrelatedness. *Journal of Business & Economic Statistics, 28*, 18–29. https://doi.org/10.1198/jbes.2009.0002

Suppes, P. (1970). *A probabilistic theory of causality*. North-Holland.

Swed, F. S., & Eisenhart, C. (1943). Tables for testing randomness of grouping in a sequence of alternatives. *Annals of Mathematical Statistics, 14*, 66–87. https://www.jstor.org/stable/2236004

Tamhane, A. C., & Dunlop, D. D. (2000). *Statistics and data analysis from elementary to intermediate*. Prentice Hall.

Tatsuoka, M. M. (1988). *Multivariate Analysis. Techniques for educational and psychological research* (2te Aufl.). Macmillan.

Thompson, K. N., & Schumacker, R. E. (1997). Evaluation of Rosenthal and Rubin's binomial effect size display. *Journal of Educational and Behavioral Statistics, 22*, 109–117. https://doi.org/10.3102%2F10769986022001109

Tomizawa, S. (1991). A model of uniform association plus two-diagonals parameter and its application to occupational mobility table data. *Statistical Papers., 32*, 243–252. https://doi.org/10.1007/BF02925496

Vermunt, J. (1997). *Log-linear Models for Event Histories*. Thousand Oaks, Sage.

Victor, N. (1983). An alternative approach to configural frequency analysis. *Methodika, 3*, 61–73.

von Eye, A. (1984). Konfigurationsanalytische Typisierung multivariater Verlaufskurven. *Psychologische Beiträge, 26*, 37–51.

von Eye, A. (Ed.). (1990). *Statistical methods in longitudinal research, Vol. 2: Time series and categorical longitudinal data*. New York: Academic Press. (a)

von Eye, A. (1990). *Introduction to Configural Frequency Analysis: The search for types and antitypes in cross-classifications*. Cambridge: Cambridge University Press. (b)

von Eye, A. (2001). Configural Frequency Analysis – *Version 2000* program for 32 bit operating systems. *Methods of Psychological Research – Online, 6*, 129 – 139.

von Eye, A. (2002). *Configural Frequency Analysis – Methods, Models, and Applications*. Lawrence Erlbaum.

von Eye, A. (2004). Base models for Configural Frequency Analysis. *Psychology Science, 46*, 150–170.

von Eye, A. (2005). Comparing tests of multinormality – A Monte Carlo study. *InterStat*, http://interstat.statjournals.net/ (October, 2005).

von Eye, A. (2006). Comparing Tests of Multinormality under Sparse Data Conditions – a Monte Carlo Study. *InterStat*, http://interstat.statjournals.net/ (May, 2006) (a)

von Eye, A. (2006). Comparing tests of multinormality – A Monte Carlo study. In A. Contreras Cristán, J. A. Domínguez Molina, E. Estrada Barragán, & R. H. Mena Chávez (eds.), Memorias del XX Foro Nacional de Estadistica (S. 145 – 152). Aquascalientes, Ags., Mexico: Instituto Nacional de Estadística, Geografía e Informática. (b)

von Eye, A. (2008). Fractional factorial designs in the analysis of categorical data. *InterStat*, http://interstat.statjournals.net/YEAR/2008/articles/0804003.pdf

von Eye, A. (2010). Developing the person-oriented approach – Theory and methods of analysis. *Development and Psychopathology, 22*, 277–285. https://doi.org/10.1017/S0954579410000052

von Eye, A. (2010). The many parameters that can change. *ISSBD Bulletin, 1/57*, 4 – 7. (b) von Eye, A., & Bergman, L. R. (2003). Research strategies in developmental psychopathology: Dimensional identity and the person-oriented approach. *Development and Psychopathology, 15*, 553–580. https://doi.org/10.1017/S0954579403000294

von Eye, A., Bergman, L. R., & Hsieh, C.-A. (2015). Person-oriented methodological approaches. In W. F. Overton & P. C. M. Molenaar (Hrsg.), *Handbook of child psychology and developmental science – theory and methods* (S. 789–841). Wiley. https://doi.org/10.1002/9781118963418.childpsy121

von Eye, A., & Bogat, G. A. (2004). Testing the assumption of multivariate normality. *Psychology Science, 46*, 243–258.

von Eye, A., & Bogat, G.A. (2005). Identifying sectors of deviations from multinormality. In K. Anaya Izquierdo, A. Contreras Cristán, A. Domínguez Molina, & E. Estrada Barragán (eds.), Memorias del XIX Foro Nacional de Estadística (*S. 201 – 207*). Aguascalientes, MX: Instituto Nacional de Estadística, Geografía e Informática. (a)

von Eye, A., & Bogat, G.A. (2005). Logistic regression and Prediction Configural Frequency Analysis – A comparison. *Psychology Science, 47*, 407 – 414. (b)

von Eye, A., & Bogat, G. A. (2006). Mental health in women experiencing intimate partner violence as the efficiency goal of social welfare functions. *International Journal of Social Welfare, 15*, 31–40. https://doi.org/10.1111/j.1468-2397.2006.00442.x

von Eye, A., & Bogat, G.A. (2009). Analysis of intensive categorical longitudinal data. In J. Valsiner, P.C.M. Molenaar, M.C.D.P Lyra, & N. Chaudhary (eds.), *Dynamic Process Methodology in the Social and Developmental Sciences* (*S. 241 – 153*). New York: Springer. https://doi.org/10.1007/978-0-387-95922-1_11

von Eye, A., & Brandtstädter, J. (1981). Lebensbäume als entwicklungspsychologische Modelle: Ansätze zur Analyse von Lebensereignissequenzen. *Trierer Psychologische Berichte, 8*(2).

von Eye, A., & Brandtstädter, J. (1988). Application of prediction analysis to cross-classifications of ordinal data. *Biometrical Journal, 30*, 651 – 655. (a). https://doi.org/10.1002/bimj.4710300604

von Eye, A., & Brandtstädter, J. (1988). Formulating and testing developmental hypotheses using statement calculus and non-parametric statistics. In P. B. Baltes, D. Featherman, & R. M. Lerner (Eds.), *Life-span development and behavior* (Vol. 8, *S. 61 – 97*). Hillsdale, NJ: Erlbaum. (b)

von Eye, A., & Brandtstädter, J. (1997). Configural frequency analysis as a searching device for possible causal relationships. *Methods of Psychological Research – Online, 2*, 1–23.

von Eye, A., & DeShon, R. P. (2012). Directional dependency in developmental research. *International Journal of Behavior Development, 36*, 303–312. https://doi.org/10.1177%2F0165025412439968

von Eye, A., & Gardiner, J. C. (2004). Locating deviations from multivariate normality. *Understanding Statistics, 3*, 313–331.

von Eye, A., & Gutiérrez Peña, E. (2004). Configural Frequency Analysis – the search for extreme cells. *Journal of Applied Statistics, 31*, 981–997. https://doi.org/10.1080/0266476042000270545

von Eye, A., & Gutiérrez-Peña, E. (2005). Configural Frequency Analysis of Large Sparse Cross-Classifications. *Psychology Science, 47*, 356–376.

von Eye, A., Indurkhya, A., & Kreppner, K. (2000). CFA as a tool for person-oriented research – Unidimensional and within-individual analyses of nominal level and ordinal data. *Psychologische Beiträge, 42*, 383–401.

von Eye, A., & Lienert, G. A. (1987). Nonparametric comparison of longitudinal response patterns from paired samples using configural frequency analysis. *Biometrical Journal, 29*, 615–624. https://doi.org/10.1002/bimj.4710290513

von Eye, A., Lienert, G. A., & Wertheimer, M. (1991). Syndromkombinaionen als Metasyndrome in der KFA. *Zeitschrift für Klinische Psychologie, Psychopathologie, und Psychotherapie, 39*, 254–260.

von Eye, A., & Mair, P. (2008). A functional approach to Configural Frequency Analysis. *Austrian Journal of Statistics, 37*, 161 – 173. (a). https://doi.org/10.17713/ajs.v37i2.297

von Eye, A., & Mair, P. (2008). A functional approach to Configural Frequency Analysis – Computational Issues. In M. Stemmler, E. Lautsch, & D. Martinke (eds.), *Configural Frequency analysis (CFA) and other nonparametric statistical methods: Gustav A. Lienert Memorial Issue (S. 84 – 94).* Lengerich: Pabst. (b)

von Eye, A., & Mair, P. (2008). Functional Configural Frequency Analysis: Explaining types and antitypes. *Bulletin de la Société des Sciences Médicales, Luxembourg, 144*, 35 – 52. (c)

von Eye, A., & Mair, P. (2009). Fractional factorial designs: Categorical variable applications. In E. Estrada Barragán, A.F. Martínez Martínez, L.E. Nieto Barajas, & C. Cuevas Covarrubias (eds.), *Memoria del XXIII Foro Nacional de Estadística (S. 193 – 201).* Aguascalientes (Mexico): Instituto de Estadística y Geografía.

von Eye, A., & Mair, P. (2011). On the effects of dichotomizing information. In A.A. Hernández, & J.G. Hernández (eds.), *Memoria del XXV Foro Nacional de Estadística (S. 11 – 19).* Aguascalientes, Ags., Instituto Nacional de Estadística y Geografía.

von Eye, A., Mair, P., & Bogat, G. A. (2005). Prediction models for Configural Frequency Analysis. *Psychology Science, 47*, 342–355.

von Eye, A., Mair, P., & Mun, E.-Y. (2010). *Advances in Configural Frequency Analysis.* Guilford Press.

von Eye, A., & Mun, E.Y. (2003). Characteristics of measures for 2 x 2 tables. *Understanding Statistics, 2*, 243 – 266. (b). https://doi.org/10.1207/S15328031US0204_02

von Eye, A., & Mun, E. Y. (2005). *Analyzing rater agreement – manifest variable approaches.* Lawrence Erlbaum.

von Eye, A., & Mun, E.-Y. (2007). A note on the analysis of difference patterns – structural zeros by design. *Psychology Science, 49*, 14–25.

von Eye, A., & Mun, E.-Y. (2008). Configural Frequency Analysis of longitudinal data. In S. Menard (ed.), *Handbook of longitudinal research. Design, measurement, and analysis (S. 313 – 332).* Amsterdam: Elsevier.

von Eye, A., & Mun, E.-Y. (2012). Interindividual differences in intraindividual change in categorical variables. *Psychological Test and Assessment Modeling, 54*, 151–167.

von Eye, A., & Mun, E.-Y. (2013). *Log-linear modeling – Concepts, Interpretation and Applications.* New York: Wiley. (a)

von Eye, A., & Mun, E.-Y. (2016). Configural Frequency Analysis for research on developmental processes. In D. Cicchetti (Hrsg.), *Handbook of developmental psychopathology (S. 866–921).* Wiley. https://doi.org/10.1002/9781119125556.devpsy120

von Eye, A., Mun, E. Y., & Bogat, G. A. (2008). Temporal patterns of variable relationships in person-oriented research – Longitudinal models of Configural Frequency Analysis. *Developmental Psychology, 44*, 437–445. https://doi.org/10.1037/0012-1649.44.2.437

von Eye, A., Mun, E. Y., & Bogat, G. A. (2009). Temporal Patterns of Variable Relationships in Person-Oriented Research – Prediction and Auto-Association Models of Configural Frequency Analysis. *Applied Developmental Science, 13*, 172–187. https://doi.org/10.1080/10888690903287864

von Eye, A., Mun, E. Y., & Mair, P. (2009). What carries a mediation process? Configural analysis of mediation. *Integrative Psychological and Behavioral Science. Integrative Psychological and Behavioral Science, 43*, 228–247. https://doi.org/10.1007/s12124-009-9088-9

von Eye, A., & Niedermeier, K. E. (1999). *Statistical analysis of longitudinal categorical data – An introduction with computer illustrations.* Lawrence Erlbaum.

von Eye, A., Rovine, M. J., & Spiel, C. (1995). Concepts of nonindependence in Configural Frequency Analysis. *Journal of Mathematical Sociology, 20,* 41–54. https://doi.org/10.1080/0022250X.1995.9990151

von Eye, A., & Schuster, C. (1998). *Regression analysis for social sciences – models and applications.* San Diego: Academic Press. (a)

von Eye, A., & Schuster, C. (1998). On the specification of models for Configural Frequency Analysis – Sampling schemes in Prediction CFA. *Methods of Psychological Research – online, 3,* 55 – 73. (b)

von Eye, A., Schuster, C., & Gutiérrez-Peña, E. (2000). Configural Frequency Analysis under retrospective and prospective sampling schemes – frequentist and Bayesian approaches. *Psychologische Beiträge, 42,* 428–447.

von Eye, A., Schuster, C., & Rogers, W. M. (1998). Modeling synergy using manifest categorical variables. *International Journal of Behavioral Development, 22,* 537–557. https://doi.org/10.1080%2F016502598384261

von Eye, A., & Sörensen, S. (1991). Models of chance when measuring interrater agreement with kappa. *Biometrical Journal, 33,* 781–787. https://doi.org/10.1002/bimj.4710330704

von Eye, A., & von Eye, M. J. E. (2005). Can one use Cohen's kappa to examine disagreement? *Methodology, 1,* 129–142. https://doi.org/10.1027/1614-2241.1.4.129

von Eye, A., & von Eye, M. J. E. (2008). On the marginal dependency of Cohen's kappa. *European Psychologist, 13,* 305–315. https://doi.org/10.1027/1614-2241.1.4.129

von Eye, A., von Eye, M. J. E., & Bogat, G. A. (2006). Multinormality and symmetry: A comparison of two statistical tests. *Psychology Science, 48,* 419–435.

von Eye, A., & Wiedermann, W. (2015). Manifest variable Granger causality models for developmental research: A taxonomy. *Applied Developmental Science, 19,* 183 – 195. (a). https://doi.org/10.1080/10888691.2014.1001512

von Eye, A., & Wiedermann, W. (2015). General linear models for the analysis of single subject data and for the comparison of individuals. *Journal of Person-Oriented Research, 1,* 56 – 71. (b). https://doi.org/10.17505/jpor.2015.07

von Eye, A., & Wiedermann, W. (2016). Direction of effects in categorical variables – A structural perspective. In W. Wiedermann & A. von Eye (Hrsg.), *Statistics and causality: Methods for Applied Empirical Research* (S. 107–130). Wiley. https://doi.org/10.1002/9781118947074.ch5

von Eye, A., & Wiedermann, W. (2017). Testing event-based forms of causality. *Integrative Psychological and Behavioral Science, 51,* 324–344. https://doi.org/10.1007/s12124-017-9378-6

von Eye, A., & Wiedermann, W. (2018). Strengthening arguments based on scale levels? *Journal of Person-Oriented Research, 4,* 45 – 46. (a). https://doi.org/10.17505%2Fjpor.2018.04

von Eye, A., & Wiedermann, W. (2018). Locating event-based causal effects: A configural perspective. *Integrative Psychological and Behavioral Science, 52,* 307 – 330. (b). https://doi.org/10.1007/s12124-018-94230

von Eye, A., Wiedermann, W., Herman, K., & Reinke, W. (2021). Local effects of intervention – A configural analysis. *Prevention Science* (in press). https://doi.org/10.1007/s11121-021-01241-8

von Eye, A., Wiedermann, W., & Koller, I. (2015). Granger Causality – Linear Regression and Logit Models. In M. Stemmler, A. von Eye, & W. Wiedermann (Hrsg.), *Dependent data – Methods of analysis* (S. 127–148). Springer. https://doi.org/10.1007/978-3-319-20585-4_6

von Eye, A., Wiedermann, W., & Mun, E.-Y. (2013). Granger Causality – Statistical Analysis under a Configural Perspective. *IPBS: Integrative Psychological & Behavioral Science, 48,* 79–99. https://doi.org/10.1007/s12124-013-9243-1

von Eye, A., Wiedermann, W., & von Weber, S. (2020). Log-linear and configural analysis of tree structures. *Psychological Test and Assessment Modeling, 61*, 435–451.

von Neumann, J. (1941). Distribution of the ratio of the mean square successive difference to the variance. *Annals of Mathematical Statistics, 12*, 367–395. https://www.jstor.org/stable/2235951

von Weber, S., Lautsch, E., & von Eye, A. (2003). On the limits of Configural Frequency Analysis: Analyzing small tables. *Psychology Science, 45*, 339–354.

von Weber, S., von Eye, A., & Lautsch, E. (2004). The Type II error of measures for the analysis of 2 x 2 tables. *Understanding Statistics, 3*, 259–282. https://doi.org/10.1207/s15328031us0304_3

Wald, A., & Wolfowitz, J. (1940). On a test whether two alternatives are from the same population. *Annals of Mathematical Statistics, 11*, 147–162. https://www.jstor.org/stable/2235872

Wang and Ting, 2013. B Wang N Ting 2013 An application of graphical approach to construct multiple testing procedures in a hypothetical Phase III design Frontiers in Public Health 1 https://doi.org/10.3389/fpubh.2013.00075

Walls, T. A., & Schafer, J. L. (Hrsg.). (2006). *Models for intensive longitudinal data.* Oxford University Press.

Warrens, M. J. (2015). Five ways to look at Cohen's kappa. *Psychology & Psychotherapy, 5*, 197–200. https://doi.org/10.4172/2161-0487.1000197

Weber, E. (1967). *Grundriß der biologischen Statistik* (6. Aufl.). Gustav Fischer.

Weber, E.H. (1834). *De pulsu, resorptione, auditu et tactu.* Leipzig Köhler.

Wechsler, D. (1955). *Wechsler Adult Intelligence Scale.* APA.

Wiedermann, W., Hagmann, M., & von Eye, A. (2014). Significance tests to determine the direction of effects in linear regression models. *British Journal of Mathematical and Statistical Psychology, 68*, 116–141. https://doi.org/10.1111/bmsp.12037

Wiedermann, W., & Sebastian, J. (2019). Direction dependence analysis in the presence of confounders: Applications to linear mediation models using observational data. *Multivariate Behavioral Research, 52*, 222–241. https://doi.org/10.1080/00273171.2018.1528542

Wiedermann, W., Kim, D., Sungur, E., & von Eye, A. (Hrsg.). (2020). *Direction Dependence in Statistical Modeling: Methods of Analysis.* Wiley.

Wiedermann, W., & von Eye, A. (2015). Direction of effects in mediation analysis. *Psychological Methods, 20*, 221 – 244. (a). https://doi.org/10.1037/met0000027

Wiedermann, W., & von Eye, A. (2015). Direction of effects in multiple linear regression models. *Multivariate Behavioral Research, 50*, 23 – 40. (b). https://doi.org/10.1080/00273171.2014.958429

Wiedermann, W., & von Eye, A., (2016). Local Associations in Latent Class Analysis: Using Configural Frequency Analysis for Model Evaluation. *Journal of Person-Oriented Research, 2*, 155 – 170. (a). https://doi.org/10.17505/jpor.2016.15

Wiedermann, W., & von Eye, A. (2016). Directionality of effects in causal mediation analysis. In W. Wiedermann, & A. von Eye (eds), *Statistics and causality: Methods for Applied Empirical Research (S. 63 – 106).* Hoboken, NJ: Wiley. (b). https://doi.org/10.1002/9781118947074.ch4

Wiedermann, W., & von Eye, A. (2016). Directional dependence in the analysis of single subjects. *Journal for Person-Oriented Research, 2*, 20 – 33. (c). https://doi.org/10.17505/jpor.2016.04

Wiedermann, W., & von Eye, A. (Eds.) (2016). *Statistics and Causality: Methods for Applied Empirical Research.* Hoboken, NJ: Wiley. (d)

Wiedermann, W., & von Eye, A. (2020). Log-linear models to evaluate direction of effects in binary variables. *Statistical Papers, 61*, 317 – 346. (a). https://doi.org/10.1007/s00362-017-0936-2

Wiedermann, W., & von Eye, A. (2020). Reciprocal relations in categorical variables. *Psychological Methods, 25*, 708 – 725. (b). https://doi.org/10.1037/met0000257

Wiedermann, W. & von Eye, A. (2020). A simplified approach for testing person-oriented mediation hypotheses. *Science, 55*, 637–664. (c). https://doi.org/10.1007/s12124-020-09598-1

Wiedermann, W., & von Eye, A. (2021). Alpha protection in person-oriented mediation analysis (in preparation).

Williams, V. S. L., Jones, L. V., & Tukey, J. W. (1999). Controlling error in multiple comparisons, with examples from state-to-state differences in educational achievement. *Journal of Educational and Behavioral Statistics, 24*, 42–69. https://doi.org/10.3102%2F10769986024001042

Williamson, J. (2011). Mechanistic theories of causality. *Philosophy. Compass, 6*, 421–447. https://doi.org/10.1111/j.1747-9991.2011.00400.x

Wise, M. E. (1963). Multinomial probabilities and the chi2 and the X2 distributions. *Biometrika, 50*, 145–154. https://doi.org/10.1093/biomet/50.1-2.145

Wood, P. K., Sher, K., & von Eye, A. (1994). Conjugate and other distributional methods in configural frequency analysis. *Biometrical Journal, 36*, 387–410.

Wright, S. (1934). The method of path coefficients. *Annals of Mathematical Statistics, 5*, 161–215. https://www.jstor.org/stable/2957502

Wu, C. F. J., & Hamada, M. (2000). *Experiments: Planning, analysis and parameter design optimization*. John Wiley & Sons.

Wurzer, M. (2005). *An application of Configural Frequency Analysis*. Vienna: University, Faculty of Economics, unpublished masters thesis.

Yates, F. (1934). Contingency tables involving small numbers and the X2 test. *Supplement to the Journal of the Royal Statistical Society, 1*, 217–235. https://doi.org/10.2307/2983604

Zerbe, G. O. (1979). Randomization analysis of the completely randomized design extended to growth and response curves. *Journal of the American Statistical Association, 74*, 215–221. https://doi.org/10.1080/01621459.1979.10481640

Stichwortverzeichnis

The manufacturer's authorised representative in the EU is Springer
Nature Customer Service Centre GmbH, Europaplatz 3, 69115 Heidelberg,
Germany. If you have any concerns regarding our products, please
contact ProductSafety@springernature.com

Printed and bound by CPI Group (UK) Ltd, Croydon, CR0 4YY
28/04/2026
02098499-0011